인강 강사가 떠먹여주는
" 과외식 기출 문제집 "

나기출

08-2017학년도
평가원 기출

쉽고 깔끔한
입문자용 문제
선별집

2026
수능 국어 대비

베이직

단순 해설이 아니라,
최신 트렌드 설명과 풀이 방법까지 과외식으로!

콘텐츠가 강하다!
실전 국어 전형태

메가스터디 전형태

수능국어, 전형태로 ALL IN ONE!
전형태의 실전 국어

전형태 실전 국어 커리큘럼

입문	실전 국어 기초 시리즈	수능 국어 입문 강좌 **올인원 베이직**		문학의 기초 확립 **평가원에서 쓰는 문학 개념.zip**
개념	올인원 시리즈	일주일 만에 끝내는 **고전시가 올인원**	해석이 쉬워지는 **문학 올인원**	독해가 쉬워지는 **독서 올인원**
		전형태 시그니처 **언어와 매체 올인원**		화작의 모든 것 **화법과 작문 올인원**
기출	모의평가 분석	6평 상세 해설 및 EBS 연계 분석		9평 상세 해설 및 EBS 연계 분석
연계	나 없이, EBS 하지 마라!	나BS 수능특강 문학	나BS 수능특강 문학 변형문제 N제	나BS 수능완성 문학 스페셜
			나BS 언어와 매체	
심화	클리어 시리즈		언어(문법) 심화 학습 **언어(문법) 클리어**	
파이널	EBS 파이널	일주일 연계 작품 총정리! **나BS 파이널.zip**		EBS 파이널 문법 특강 + 언매 모의고사 10회
	전형태 파이널	수능 시험장의 행동강령 **파이널 최종점검**		전형태 **파이널 모의고사**

교재 전용 커리큘럼

올인원		수능 국어에 필요한 모든 어휘 **어휘 올인원**		
나 없이, 기출 풀지 마라	나기출 베이직		나기출 언어와 매체	
	나기출 문학	나기출 독서	나기출 화작	나기출 고난도
N제 시리즈		문법 N제	매체 N제	

인강 강사가 떠먹여주는
"과외식 기출 문제집"

나기출

008-2017학년도
평가원 기출

쉽고 깔끔한
입문자용 문제
선별집

베이직

단순 해설이 아니라,
최신 트렌드 설명과 풀이 방법까지 **과외식으로!**

콘텐츠가 강하다!
실전 국어 전형태

메가스터디 **전형태**

단계별 풀이를 통한 기출 분석효과 극대화

STEP 01

풀이 단계
공부를 위한 준비 단계

실전과 동일하게 지문당 시간을 정해놓고 풀이해야 한다. 소요 시간은 난이도에 따라 다르지만 보통 한 문제당 90초가 적절하다. 예를 들어 한 지문에 문제가 3개가 달려 있으면, 그 지문은 총 3X90=270초 안에 풀어야 하는 것이다. 다만 너무 시간에 제한을 받지 말고, 본인이 풀 수 있는 최고의 속도로 풀면 된다. 지문과 문제 난이도에 따라 풀이 시간은 크게 차이가 나기 때문이다.

STEP 02

분석 단계
실제 공부 단계

충분한 시간을 갖고 지문을 분석하고, 애매한 선지를 검토해야 한다. 이때 정답을 절대 미리 봐서는 안 된다. 정답을 보면 학생의 인지 구조가 이미 굳어져 버려 정답의 근거만 신경 쓰게 되고, 본인이 선택한 오답의 근거를 제대로 수정하지 못하게 되기 때문이다. 따라서 정답을 보기 전에 혼자서 본인의 정답(혹은 오답) 도출 과정을 하나하나 검토하고, 문제를 해결하는 시간이 필수적이다. 이때 본인이 생각한 근거를 문제에 간단하게 메모하는 것도 좋다. 메모하는 과정에서 본인의 추상적 사고를 객관적으로 볼 수 있기 때문이다. 실력 향상은 바로 이 시간에 이뤄진다.

지문 분석

평가원이 자주 출제하는 출제 요소를 지문에서 직접 찾는 것이다.
작품은 바뀌더라도 평가원은 항상 출제하는 요소들이 있다. 이것들을 매 지문에서 직접 찾는 훈련을 해야 독해력과 실전력이 극대화될 수 있다.

[시문학 출제 포인트]

출제 포인트 1 화자의 상황과 반응(정서/태도)
출제 포인트 2 시간과 공간

시문학의 경우 화자의 상황과 반응(정서/태도)을 찾고, 시간이나 공간적 배경을 확인해야 한다. 이때 시·공간의 변화와 화자의 태도 변화는 자주 출제하는 요소이니 꼭 체크하는 습관을 들이는 것이 좋다. 그리고 시 해석에 너무 힘을 주지 않아도 된다. 해설지를 읽어보면 알겠지만, 학생 혼자의 힘으로 해석할 수 없는 부분도 분명 있기 때문이다. 따라서 가볍게 해석을 시도한다는 생각으로 시를 보는 것이 좋다.

[소설문학 출제 포인트]

출제 포인트 1 **시간과 공간**
특히 현대소설은 시간, 고전소설은 공간의 변화가 많다.

출제 포인트 2 **서술자의 관심사**
 3인칭 시점에서는 서술자가 누구의 심리를 주로 얘기해 주는지 확인할 것. 인물의 심리가 여러 명 나오는지(분산형), 한 명의 심리가 집중적으로 나오는지(집약형)
 1인칭 시점에서는 누구를 중점적으로 서술해 주는지 등을 확인할 것.(고전소설은 대부분 3인칭 시점이며 초점이 분산되어 있으므로, 신경 쓰지 않아도 괜찮다.)

출제 포인트 3 **서술자의 개입**
고전소설에서 서술자의 개입은 반드시 출제되는 요소다. 나중에 지문으로 찾으러 가면 보이지 않으니, 지문을 읽을 때 반드시 찾았어야 한다.

문제 분석

문제 분석에서 가장 중요한 것은 본인이 생각한 정답 선지의 근거다. 감으로 풀든, 지문과 보기를 근거로 해서 풀든 정답의 근거가 무엇인지 친구에게 설명할 수 있어야 한다. 그리고 잘 지워지지 않는 애매한 오답 선지의 경우 본인이 생각한 근거를 아주 간단하게라도 메모해 두는 것이 좋다. 메모를 해야 본인의 사고를 객관적으로 확인할 수 있고, 이후에 정답과 해설지를 보면서 본인의 사고를 교정할 수 있기 때문이다.

STEP 03

정답 확인

드디어 정답을 보면서 채점을 한다. 해설지의 내용이 부족하다면, 메가스터디 QnA에 질문하면 된다. 이때 책 페이지를 명확하게 제시해야만 원하는 답변을 얻을 수 있다.

너의 싸움을 응원한다. 불끈!

전형태

나기출 문학의 특징

| 과외식 기출 분석서, 나기출

POINT
01

단순한 기출 문제 풀이가 아니라,
지문 분석과 문제 분석으로 **실전력을 극대화!**

2단계 | 문제편의 분석칸

형태쌤과 지문분석

지문분석	
시간	
공간	
서술자의 관심사	

형태쌤과 선지분석

선지분석	(가)	(나)	(다)
동일 시행 반복			
명사 종결 시행 반복			
의인화된 사물 → 친근감			
도치 → 긴장감			
현재 상황을 부각			

3단계 | 해설편의 상세 설명

지문분석

[지문에서 체크할 것]

※ 시간
  순행

※ 공간
  (중략 이전) 동진강 부근 → 석교천 (중략 이후) 자갈밭

※ 서술자의 관심사
  1인칭 서술자가 환경 문제에 주목하면서 상황에 대한 자신의 생각을 섬세하게 서술하고 있다.

01
오답설명

① (가) X, (나) X / (가)에 나온 '나는 중얼거린다.'의 반복은 동일한 '시행'의 반복이 아니라, 동일한 '구절' 혹은 '문장'의 반복이다. '동일한 시행'은 아예 행 전체가 동일하게 반복되어야 한다. (나) 역시 동일한 시행이 반복되진 않았다.

② (가) X, (다) O / 명사로 끝을 맺으면 당연히 여운을 주기에, 명사로 끝을 맺는지 여부만 보면 된다. (다)에서는 '백색의 산들, 덤벼드는 눈, 눈보라의 군단, 백색의 계엄령' 등에서 확인할 수 있다. (가)에서는 11행에서 단 한 번 '밤'이라는 명사로 시행이 끝나므로 '반복'된다고 볼 수 없다.

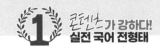

베이직

POINT
02

POINT 02

10년 이상의 현장 경력을 책에 고스란히!

과외식 설명으로
개념을 명료하게

▼
▼
▼

형태쌤의 과외시간

설의법은 결론이나 단정 부분에서 의문 형식으로써 강조하는 방법이다. 내용상으로는 의문이 아니며, 누구나 충분히 알고 있어서 결론을 내릴 수 있는 것을 독자의 판단에 맡겨 스스로 결론을 내리도록 표현하는 기교이다. 정말로 몰라서 의문을 나타내는 것은 설의법이 아니다.

[평가원 기출 사례]
- 어둠이 오는 것이 왜 두렵지 않으리 (설의 O)
- 네 본디 영물이라 내 마음 모를소냐 (설의 O)
- 고기도 상관 않거늘 하물며 너 잡으랴 (설의 O)

[추가 예시]
- 어디 닭 우는 소리 들렸으랴. (설의 O)
- 님 향한 일편 단심이야 가실 줄이 이시랴. (설의 O)
- 이번 시험 몇 점이야? (설의 X) / 어머, 이게 점수야? (설의 O)

POINT 03

모든 현대시와 고전시가에 대한 상세한 과외식 해설

현대시
작품 해석

고전시가
작품 해석

▼
▼
▼

지문분석

(가) 발열

처마 끝에 서린 연기 따라
포도순이 기어 나가는 밤, 소리 없이,
▶ 시간(밤) 체크! '처마'를 통해 '집'이라는 공간을 확인할 수 있다. 공간 체크!

가을음 땅에 시며든 더운 김이
등에 서리나니, 훈훈히,
▶ 시간(가문 땅→여름) 체크! 보통 이렇게 배경을 구체적으로 제시하는 경우 화자의 상황과 유사하거나 상반되는 경우가 많은데, 아직은 어떤 경우인지 확인되지 않으니 조금 더 살펴보자.

아아, 이 애 몸이 또 달아 오르노나.
▶ 화자의 시선이 아이를 향하고 있구나. 화자는 아마 아이의 부모인가 봐. 화자의 상황을 확인할 수 있겠다. (상황 : 아이가 아픔)

가쁜 숨결을 드내쉬노니, 박나비처럼,
▶ 화자의 시선은 계속 아이를 향하고 있어. 나비의 연약함에 주목해서 아픈 아이를 비유적으로 드러내고 있네.

가녀린 머리, 주사 찍은 자리에, 입술을 붙이고
나는 중얼거린다, 나는 중얼거린다,
▶ 동일한 구절을 두 번이나 썼어. 뭔가 간절하게 바라면서 화자가 중얼거리고 있구나.

지문분석

(가) 천만리~

천만리(千萬里) 머나먼 길히 고은 님 여희옵고
▶ 천만리 머나먼 길에 고운 님을 이별하고

닉 ᄆᄋᆷ 둘 ᄃᆝ 업셔 냇ᄀᆞ의 안자시니
▶ 내 마음 둘 곳이 없어서 냇가에 앉아 있으니

져 물도 닉 ᄋᆫ ᄀᆞᆺ ᄒᆞ여 우러 밤길 녜놋다
▶ 저 물도 내 마음 같아서 울면서 밤길을 흘러가는구나.

(나) 청초 우거진~

청초(靑草) 우거진 골에 자는다 누어는다
▶ 푸른 풀이 우거진 골에 자느냐 누웠느냐.

홍안(紅顔)을 어듸 두고 백골(白骨)만 무쳣는다
▶ 젊어서 혈색이 좋은 얼굴은 어디 두고, 백골만 묻혔느냐.

잔(盞) 자바 권(勸)ᄒᆞᆯ 이 업스니 그를 슬허 ᄒᆞ노라
▶ 잔 잡아 권할 이 없으니, 그것을 슬퍼하노라.

나기출 독서의 특징

| 과외식 기출 분석서, 나기출

단순한 기출 문제 풀이가 아니라, 지문분석으로 실전력을 극대화!

2단계 | 문제편의 분석칸

01 윗글의 내용 전개 방식에 대한 설명으로 가장 적절한 것은?

① 구체적인 사례를 제시하고 그와 관련되는 해결 방안과 한계를 설명하였다.
② 대립하는 원칙들 사이에 발생하는 문제를 검토하여 대안을 제시하였다.
③ 여러 유사한 개념들을 분석하고 해석하면서 하나의 이론 아래 통합하였다.
④ 이론적으로 설정한 가설에 대하여 현실적인 사례를 들어가며 논증하였다.
⑤ 문제 상황이 일어나게 된 근본 원인을 분석하여 일관된 해결책을 정립하였다.

지문분석으로 독해력 향상하기

3단계 | 해설편의 지문분석

지문분석

점탄성

⟶ 탄성((①)) + 점성(시간 지연성)

⟶ 응력 완화
　변형된 상태가 고정될 때 (②)이 시간에 따라 감소
　　ex) 고무줄 당기기

⟶ (③)
　응력이 고정될 때 변형이 서서히 증가
　　ex 1) 고무줄에 추 매달기
　　ex 2) 유리 아랫부분이 두꺼워지는 현상

· 분자·원자 간 결합 및 (④)의 차이로 시간차 발생
· 모든 물질은 본질적으로 점탄성체

형태쌤 Comment

　구조는 간단하지만 시험장에서 학생들의 시간을 은근히 많이 뺏은 지문이기도 하다. 이유는 단순하다. 출제자가 문제를 쉽게 내면 지문의 핵심 정보인 a, b, c의 일치 여부만 물어보는데, 문제의 난이도를 높이고자 하면 a, b, c의 관계(공통점/차이점/포함 여부)를 물어보기 때문이다. 여기서도 마찬가지이다. 단순히 a, b, c인 모순 없음, 함축, 설명적 연관이 무엇인지 확인만 하고 대충 읽었다간 문제가 풀리지 않아 지문으로 계속 돌아왔을 것이다. 명심해야 한다. 평가원은 정보 간의 관계를 물어본다. 단순히 정보의 사실 유무를 확인하는 1차적인 독해에서 나아가 정보 간의 관계(여기서는 문제와 해결의 관계 그리고 포함 관계)를 신경 쓰는 독해를 해야 한다. 그래야 흔들리지 않는다.

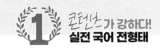

베이직

POINT 02

10년 이상의 현장 경력을 책에 고스란히!

난도 높은 지문에 대한 실전적 해설!

지문해설

① 하드 디스크는 고속으로 회전하는 디스크의 표면에 데이터를 저장한다. 데이터는 동심원으로 된 트랙에 저장되는데, 하드 디스크는 트랙을 여러 개의 섹터로 미리 구획하고, 트랙을 오가는 헤드를 통해 섹터 단위로 읽기와 쓰기를 수행한다. 하드 디스크에서 데이터 입출력 요청을 완료하는 데 걸리는 시간을 접근 시간이라고 하며, 이는 하드 디스크의 성능을 결정하는 기준 중 하나가 된다. 접근 시간은 원하는 트랙까지 헤드가 이동하는 데 소요되는 탐색 시간과, 트랙 위에서 해당 섹터가 헤드의 위치까지 회전해 오는 데 걸리는 대기 시간의 합이다. 하드 디스크의 제어기는 '디스크 스케줄링'을 통해 접근 시간이 최소가 되도록 한다. 필자는 디스크 스케줄링에 관심이 있기 때문에 하드 디스크에 대한 설명을 화두로 제시한 것이다.

접근 시간 = 탐색 시간(헤드 → 트랙) + 대기 시간(섹터 → 헤드)

② 200개의 트랙이 있고 가장 안쪽의 트랙이 0번인 하드 디스크를 생각해 보자. 현재 헤드가 54번 트랙에 있고 대기 큐에는 '99, 35, 123, 15, 66' 트랙에 대한 처리 요청이 들어와 있다고 가정하자. 요청 순서대로 데이터를 처리하는 방법을 FCFS 스케줄링이라 하며, 이때 헤드는 '54→99→35→123→15→66'과 같은 순서로 이동하여 데이터를 처리하므로 헤드의 총 이동 거리는 356이 된다. 고난도 기술 지문이라고 겁먹지 마라. 이건 어차피 국어 시험이니, 필자의 관심사와 지문의 구조만 신경 쓰면서 핵심을 따라가야 한다. 설마 헤드의 이동 거리 356을 확인하려고 열심히 계산하고 있는 건 아니겠지? 비례·증감 관계가 아닌 이상 숫자들에 하나하나 신경 쓸 필요는 없고, 숫자들을 통해 스케줄링 방식을 이해하는 데에만 신경 써라. 2문단에서는 FCFS 스케줄링이 요청 순서대로 데이터를 처리한다는 것만 알면 된다.

과외식 설명으로 개념을 명료하게!

 형태쌤의 과외시간

1) 중세 신학 자연법 : 인간 이성에 새겨진 신의 법, 종교적 권위 중시
2) 그로티우스 : 중세의 전통 수용, 이성 강조
▶ 여기까지 보면, 그로티우스가 중세의 전통을 어디까지 수용했는지 알 수 없다. 뒤를 보면서 정확하게 판단을 해야 한다.
3) 그로티우스 : 자연법은 신의 의지이자 신도 변경할 수 없는 본질적인 것. 따라서 이성을 통해 다다른 자연법은 국가와 실정법을 초월하는 규범.
4) 3문단 그로티우스 : 자연법에 기반을 두면 가톨릭, 개신교, 비기독교 등 모두가 받아들일 수 있음.
▶ 여기서 잡아야 한다. 똑같이 이성을 강조했지만, 중세 신학의 자연법은 이성에 새겨진 신의 법으로 '종교적 권위'를 중시하였다. 하지만 그로티우스의 자연법은 이성을 통해 다다른 법으로 '신도 변경할 수 없다'고 하였다. '종교적 권위'를 중시하지 않고 '누구나 따라야 하는 법(신마저도)'임을 강조했기에, 이에 기반을 두면 '가톨릭, 개신교, 비기독교 할 것 없이 모두가 받아들일 수 있는 규범'이 될 수 있다고 생각한 것이다. 따라서 그로티우스는 종교 전쟁이 일어나는 시대에 '종교적 권위'를 강조한 '전통적인 신학 이론'을 바탕으로 국제법을 구성하면 보편적으로 받아들여질 수 없다고 생각했음을 알 수 있다.

Contents | 이 책의 순서

Ⅰ。 운문 복합

II ◦ 현대 산문

III ◦ 고전 산문

Contents | 이 책의 순서

VI。 독서 part 3

| 과외식 기출 분석서, 나기출 |

나 없이
기출
풀지마라

| 과외식 기출 분석서, 나기출 |

나 없이
기출
풀지마라

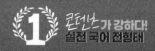

베이직

I

운문 복합

풀이시간　　　분　　초
정답과 해설　　　p.8

다음 글을 읽고 물음에 답하시오.

(가)

　　┌ 처마 끝에 서린 연기 따라
　　│ 포도순이 기어 나가는 밤, 소리 없이,
[A]│ 가믈음 땅에 시며든 더운 김이
　　└ 등에 서리나니, 훈훈히,

　　┌ 아아, 이 애 몸이 또 달아 오르노나:
　　│ 가쁜 숨결을 드내쉬노니, 박나비*처럼,
　　│ 가녀린 머리, 주사* 찍은 자리에, 입술을 붙이고
[B]│ 나는 중얼거리다, 나는 중얼거리다,
　　│ 부끄러운 줄도 모르는 다신교도(多神教徒)와도 같이.
　　└ 아아, 이 애가 애자지게 보채노나!

　　┌ 불도 약도 달도 없는 밤,
[C]│ 아득한 하늘에는
　　└ 별들이 참벌 날으듯 하여라.

　　　　　　　　　　　　　　　- 정지용, 「발열(發熱)」 -

* 박나비 : 흰제비불나방. 몸이 흰색이고 배에는 붉은 줄무늬가 있음.
* 주사 : 짙은 붉은색의 광물질로, 한방에서 열을 내리는 데 사용하였음.

(나)

검은 벽에 기대선 채로
해가 스무 번 바뀌었는디
내 기린(麒麟)*은 영영 울지를 못한다

그 가슴을 퉁 흔들고 간 노인의 손
지금 어느 끝없는 향연(饗宴)에 높이 앉았으려니
땅 우의 외론 기린이야 하마 잊어졌을라

바깥은 거친 들 이리떼만 몰려다니고
사람인 양 꾸민 잔나비떼들 쏘다니어
내 기린은 맘둘 곳 몸둘 곳 없어지다

　　┌ 문 아주 굳이 닫고 벽에 기대선 채
[D]│ 해가 또 한 번 바뀌거늘
　　└ 이 밤도 내 기린은 맘 놓고 울들 못한다

　　　　　　　　　　　　　　　- 김영랑, 「거문고」 -

* 기린 : 성인이 이 세상에 나올 징조로 나타난다는 상상 속의 동물.

(다)

해일처럼 굽이치는 백색의 산들,
제설차 한 대 올 리 없는

깊은 백색의 골짜기를 메우며
굵은 눈발은 휘몰아치고,
쪼그마한 숯덩이만한 게 짧은 날개를 파닥이며……
굴뚝새가 눈보라 속으로 날아간다.

길 잃은 등산객들 있을 듯
외딴 두메마을 길 끊어 놓을 듯
은하수가 펑펑 쏟아져 날아오듯 덤벼드는 눈,
다투어 몰려오는 힘찬 눈보라의 군단,
눈보라가 **내리는** 백색의 계엄령.

쪼그마한 숯덩이만한 게 짧은 날개를 파닥이며……
날아온다 꺼칠한 **굴뚝새가**
서둘러 뒷간에 몸을 감춘다.
그 어디에 부리부리한 **솔개**라도 도사리고 있다는 것일까.

　　┌ 길 잃고 굶주리는 산짐승들 있을 듯
　　│ 눈더미의 무게로 소나무 가지들이 부러질 듯
　　│ 다투어 몰려오는 힘찬 눈보라의 군단,
[E]│ 때죽나무와 때 끓이는 외딴집 굴뚝에
　　│ 해일처럼 굽이치는 백색의 산과 골짜기에
　　│ 눈보라가 내리는
　　└ 백색의 계엄령.

　　　　　　　　　　　　　　　- 최승호, 「대설주의보」 -

01 (가)~(다)의 표현에 대한 설명으로 가장 적절한 것은?

① (가), (나)는 동일한 시행을 반복하여 운율감을 느끼게 한다.
② (가), (다)는 명사로 끝맺은 시행을 반복하여 시적인 여운을 준다.
③ (나), (다)는 의인화된 사물을 등장시켜 독자에게 친근감을 느끼게 한다.
④ (가), (나), (다)는 어순의 도치를 통해 긴장감을 드러내고 있다.
⑤ (가), (나), (다)는 대상의 현재 상황을 부각하여 시적 정서를 형성하고 있다.

형태쌤과 선지분석

선지분석	(가)	(나)	(다)
동일 시행 반복			
명사 종결 시행 반복			
의인화된 사물 → 친근감			
도치 → 긴장감			
현재 상황을 부각			

02 다음은 (가)를 영상시로 제작하기 위한 계획서이다. 이에 대한 평가로 적절하지 <u>않은</u> 것은?

유의 사항	• 카메라의 위치와 움직임은 화자의 시선 이동에 따른다. • 낭송, 영상 및 음향 효과는 시의 내용과 표현에 따른다.
[A]	ㄱ. 카메라 시선을 위쪽부터 아래로 천천히 내림. ㄴ. 화면을 점차 뿌옇게 처리.
[B]	ㄷ. 붉은색이 두드러지는 영상과 가쁜 호흡의 음향 사용. ㄹ. 클로즈업 기법 활용. ㅁ. 5행과 10행은 영탄적 어조로 낭송.
[C]	ㅂ. 카메라 시선을 밤하늘 쪽으로 옮겨 원경으로 담아 냄. ㅅ. 빛이 흩어지는 느낌이 들도록 영상 효과를 줌.

① ㄱ, ㄴ은 사건이 일어나는 장소와 시간을 제시하고 작품 초반부의 분위기를 자아내는 데 효과적이겠군.
② ㄷ은 안타까운 상황과 분위기를 전달하고 '애'가 겪는 고통을 강조하기 위한 것으로 보여.
③ ㄹ로 '애'의 모습을 담으면 감상자의 공감을 이끌어 내는 데 도움이 되겠군.
④ ㅁ은 화자의 간절한 심정과 내면 심리를 엿보는 데 도움을 줄 수 있겠어.
⑤ ㅂ, ㅅ은 의식이 혼미해진 '애'의 상태를 보여 주는 데 효과적일 것 같아.

03 〈보기〉의 설명을 듣고, 학생들이 (나)와 (다)에 대해 보일 반응으로 적절하지 <u>않은</u> 것은?

> **보기**
>
> **김 선생님** : 순수 서정 시인 김영랑은 1930년대 후반에 이르러 더 이상 마음속 울림을 맑은 가락으로 빚어낸 시를 쓸 수 없었어요. 모국어로 시를 쓰는 것 자체가 어려웠기 때문이지요. 「거문고」는 이런 현실을 우의적 표현으로 비판한 시라고 할 수 있습니다. 그럼, 비슷한 맥락에서 1980년대 초반 많은 독자들의 호응을 얻은 「대설주의보」를 읽어 보지요. 이 작품은 새로운 권력 집단이 등장해서 강압 통치를 했던 시대와 관련이 깊습니다.

① (나)와 (다) 모두 생각의 표현이 자유롭지 못했던 시기에 창작되었어.
② (나)와 (다) 모두 고난 극복 의지와 미래에 대한 전망이 나타나지 않아.
③ (나)의 '울지를 못한다'와 (다)의 '내리는'은 모두 중의적으로 해석할 수 있겠어.
④ (나)의 '기린'은 '노인'에게, (다)의 '굴뚝새'는 세상 사람들에게 외면당한 존재야.
⑤ (나)의 '이리떼'와 '잔나비떼'처럼, (다)의 '솔개'는 부당한 권력을 암시하는 소재야.

04 [D]와 [E]에 대한 설명으로 가장 적절한 것은?

① [D]와 [E]는 자아 성찰을 위한 내면의 공간이 나타난다.
② [D]와 [E]는 화자의 심리적 갈등이 해소되는 계기를 보여 준다.
③ [D]와 [E]는 표면에 드러난 화자가 대상을 관찰하여 묘사한다.
④ [D]에는 화자와 대상의 거리감이, [E]에는 화자와 대상의 일체감이 나타난다.
⑤ [D]에는 화자가 선택한 은거의 공간이, [E]에는 생명이 위협받는 고립의 공간이 암시된다.

형태쌤과 선지분석

선지분석	[D]	[E]
자아 성찰을 위한 내면의 공간		
심리적 갈등 해소의 계기		
표면화된 화자 → 대상 관찰, 묘사		
[D] 거리감 / [E] 일체감		
[D] 은거의 공간 / [E] 고립의 공간		

다음 글을 읽고 물음에 답하시오.

(가)

조금 전까지는 거기 있었는데
어디로 갔나,
㉠ 밥상은 차려놓고 어디로 갔나,
넘치지지미 맵싸한 냄새가
코를 맵싸하게 하는데
어디로 갔나,
이 사람이 갑자기 왜 말이 없나,
내 목소리는 ㉡ 메아리가 되어
되돌아온다.
내 목소리만 내 귀에 들린다.
이 사람이 어디 가서 잠시 누웠나,
옆구리 담괴가 다시 도졌나, 아니 아니
㉢ 이번에는 그게 아닌가 보다.
한 뼘 두 뼘 어둠을 적시며 비가 온다.
혹시나 하고 나는 밖을 기웃거린다.
나는 ㉣ 풀이 죽는다.
빗발은 한 치 앞을 못 보게 한다.
왠지 느닷없이 그렇게 퍼붓는다.
㉤ 지금은 어쩔 수가 없다고,

— 김춘수, 「강우(降雨)」 —

(나)

어두운 방안엔
빠알간 숯불이 피고,

외로이 늙으신 할머니가
애처로이 잦아드는 어린 목숨을 지키고 계시었다.

이윽고 눈 속을
아버지가 약을 가지고 돌아오시었다.

아 아버지가 눈을 헤치고 따오신
그 붉은 산수유 열매—

나는 한 마리 어린 짐생,
젊은 아버지의 서느런 옷자락에
열로 상기한 볼을 말없이 부비는 것이었다.

이따금 뒷문을 눈이 치고 있었다.
그날 밤이 어쩌면 성탄제의 밤이었을지도 모른다.

어느새 나도
그때의 아버지만큼 나이를 먹었다.

옛것이라곤 찾아볼 길 없는
성탄제 가까운 도시에는
이제 반가운 그 옛날의 것이 내리는데,

서러운 서른 살 나의 이마에
불현듯 아버지의 서느런 옷자락을 느끼는 것은,

눈 속에 따오신 산수유 붉은 알알이
아직도 내 혈액 속에 녹아흐르는 까닭일까.

— 김종길, 「성탄제(聖誕祭)」 —

(다)

아직 서해엔 가보지 않았습니다
어쩌면 당신이 거기 계실지 모르겠기에

그곳 바다인들 여느 바다와 다를까요
검은 개펄에 작은 게들이 구멍 속을 들락거리고
언제나 바다는 멀리서 진펄에 몸을 뒤척이겠지요

당신이 계실 자리를 위해
가보지 않은 곳을 남겨두어야 할까봅니다
내 다 가보면 당신 계실 곳이 남지 않을 것이기에

내 가보지 않은 한쪽 바다는
늘 마음속에서나 파도치고 있습니다

— 이성복, 「서해」 —

01 (가)~(다)의 공통점으로 적절한 것은?

① 대구의 방식을 활용하여 리듬감을 주고 있다.
② 사물에 인격을 부여해 시적 정서를 드러내고 있다.
③ 도치의 방식을 활용하여 대상과의 거리를 좁히고 있다.
④ 감각적 심상을 통해 화자의 현재 상황을 나타내고 있다.
⑤ 감탄사를 사용하여 화자의 고조된 감정을 나타내고 있다.

 형태쌤과 선지분석

선지분석	(가)	(나)	(다)
대구의 방식			
사물 의인화			
도치 → 대상과 거리 좁힘			
감각적 심상 → 화자 현재 상황			
감탄사 사용			

02 (가)와 (나)에 대한 설명으로 적절하지 <u>않은</u> 것은?

① (가)에서는 독백적 어조로 화자의 내면을 드러내고 있다.
② (나)에는 과거와 현재를 연결하는 매개체가 있다.
③ (가)와 달리 (나)에는 과거 장면에 대한 묘사가 나타나 있다.
④ (나)와 달리 (가)에는 그리움의 정서가 나타나 있다.
⑤ (가)와 (나)에는 모두 시상을 집약하는 소재가 나타나 있다.

형태쌤과 선지분석

선지분석	(가)	(나)
독백적 어조		
과거 - 현재 매개체		
과거 장면 묘사		
그리움의 정서		
시상 집약 소재		

03 (가)의 ㉠~㉤에 대한 설명으로 가장 적절한 것은?

① ㉠은 화자의 마음이 '이 사람'과 함께했던 때와 마찬가지로 평온함을 나타낸다.
② ㉡은 화자와 '이 사람' 사이의 소통을 나타낸 것으로, 화자가 '이 사람'과 공감하고 있음을 나타낸다.
③ ㉢에서 화자는 스스로 던진 질문에 대한 대답을 통해 '이 사람'과 관련된 상황이 그 이전과는 다름을 스스로 인식하고 있다.
④ ㉣에는 존재를 드러내지 않는 '이 사람'에 대한 배신감이 드러나 있다.
⑤ ㉤에는 '이 사람'의 부재를 인정하지 않겠다는 화자의 다짐이 나타난다.

04 〈보기〉를 참고하여 (다)를 이해한 내용으로 적절하지 <u>않은</u> 것은?

보기

「서해」에서 화자는 바다에 다양한 의미를 부여하면서 '당신'에 대한 역설적 태도를 드러낸다.

① 제1연에서 화자가 '서해'에 가 보지 않은 것은 '당신' 때문이야. 화자는 '당신' 때문에 '서해'를 특별한 공간으로 여기는 것이지.
② 제2연에서 '그곳 바다'는 화자가 아직 알지 못하는 바다이고, '여느 바다'는 화자가 알고 있는 바다야. 그런데도 화자는 두 바다가 다르지 않을 것이라고 추측하고 있어.
③ 제2연의 제2~3행에서 화자는 '여느 바다'의 심상을 통해 '그곳 바다'를 추측하고 있어. 그런데 '멀리서'로 보아, 화자와 '당신' 사이에는 어떤 거리감이 있음을 알 수 있어.
④ 제3연에서 '계실 자리'와 '가보지 않은 곳'은 바다를 가리켜. '남겨두어야 할까봅니다'에는 지금은 '당신'에게 갈 수 없지만 나중에라도 가야겠다는 화자의 의지가 담겨 있어.
⑤ 제4연의 '한쪽 바다'는 화자가 '당신'이 계실 것으로 추측하는 곳이야. 그곳은 항상 화자의 마음속에 존재해.

다음 글을 읽고 물음에 답하시오.

접동
접동
아우래비 접동

┌ 진두강 가람 가에 살던 누나는
│ 진두강 앞마을에
│ 와서 웁니다.
│
│ 옛날, 우리나라
│ 먼 뒤쪽의
[A] 진두강 가람 가에 살던 누나는
│ 의붓어미 시샘에 죽었습니다
│
│ 누나라고 불러 보랴
│ 오오 불설워
│ 시새움에 몸이 죽은 우리 누나는
└ 죽어서 접동새가 되었습니다

아홉이나 남아 되던 오랩동생을
죽어서도 못 잊어 차마 못 잊어
야삼경(夜三更) 남 다 자는 밤이 깊으면
이 산 저 산 옮아가며 슬피 웁니다.

- 김소월, 「접동새」 -

01 윗글에 나타난 표현상의 특징으로 적절하지 <u>않은</u> 것은?

① 애상적 어조를 통해 비극적 분위기를 드러내고 있다.
② 명령형의 문장을 사용하여 주제 의식을 부각하고 있다.
③ 구체적 지명을 활용하여 향토적 정서를 환기하고 있다.
④ 행의 길이에 변화를 주어 리듬의 완급을 조절하고 있다.
⑤ 동일한 시구를 반복하여 두 연을 유기적으로 결합하고 있다.

형태쌤과 선지분석

선지분석	접동새
애상적 어조 → 비극적 분위기	
명령형 문장	
구체적 지명 → 향토적 정서	
행의 길이에 변화 → 리듬 완급 조절	
동일 시구 반복 → 두 연의 유기적 결합	

02 [A]에 대한 이해로 적절하지 <u>않은</u> 것은?

① 2연에서 '누나'의 울음은 '누나'의 이야기를 떠오르게 한다.
② 2연에서 3연으로 전개되면서 '누나'에 대한 화자의 태도가 부정적으로 변화하고 있다.
③ 3연에서는 2연의 '누나'와 관련된 사연이 제시되고 있다.
④ 4연에서는 '누나'에 대한 화자의 정서가 직설적으로 제시되고 있다.
⑤ 4연에서는 '우리'라는 시어를 통해 화자와 '누나'의 관계가 강조되고 있다.

03 〈보기〉를 참고하여 윗글을 감상한 내용으로 가장 적절한 것은?

보기

김소월의 시에서 한(恨)은 서로 모순을 이루는 두 감정이 갈등을 일으키고, 그 갈등이 끝내 풀리지 않을 때 생긴다. 예컨대 한은 체념해야 할 상황에서도 미련을 버리지 못하거나, 자책과 상대에 대한 원망(怨望)이 충돌하여 이렇게도 저렇게도 할 수 없을 때 맺힌다.

① '차마' 못 잊는다는 것으로 보아, '누나'의 한은 죽어서도 동생들에 대한 미련을 끊어내지 못하여 생긴 것 같아.
② '시샘'이 '시새움'으로 변주되고 있는 것으로 보아, '누나'의 한은 의붓어미와의 갈등이 깊어지고 있을 때 맺힌 것 같아.
③ '이 산 저 산' 떠도는 새의 모습으로 보아, '누나'의 한은 모든 희망을 버리고 방황하며 체념하고 있을 때 맺힌 것 같아.
④ '야삼경'에도 잠들지 못하는 것으로 보아, '누나'의 한은 자신의 심정이 어떤 상태인지 파악하지 못하여 생긴 것 같아.
⑤ '오랩동생'과 이별하는 심경이 표현된 것으로 보아, '누나'의 한은 홀로 가족을 떠나는 행위를 자책하고 있을 때 맺힌 것 같아.

다음 글을 읽고 물음에 답하시오.

(가)

차디찬 아침인데
묘향산행 승합자동차는 텅 하니 비어서
㉠ 나이 어린 계집아이 하나가 오른다
옛말속같이 진진초록 새 저고리를 입고
㉡ 손잔등이 밭고랑처럼 몹시도 터졌다
계집아이는 자성(慈城)으로 간다고 하는데
㉢ 자성은 예서 삼백오십 리 묘향산 백오십 리
묘향산 어디메서 삼촌이 산다고 한다
㉣ 새하얗게 얼은 자동차 유리창 밖에
내지인 주재소장 같은 어른과 어린아이 둘이 내임*을 낸다
계집아이는 운다 느끼며 운다
㉤ 텅 비인 차 안 한구석에서 어느 한 사람도 눈을 씻는다
계집아이는 몇 해고 내지인 주재소장 집에서
밥을 짓고 걸레를 치고 아이보개를 하면서
이렇게 추운 아침에도 손이 꽁꽁 얼어서
찬물에 걸레를 쳤을 것이다

　　　　　　　　　　－ 백석, 「팔원(八院)－서행시초(西行詩抄) 3」 －

＊ 내임 : 냄. '배웅'의 평안 방언.

(나)

국철 타고 앉아 가다가
문득 알아들을 수 없는 말이 들려 살피니
아시안 젊은 남녀가 건너편에 앉아 있었다
늦은 봄날 더운 공휴일 오후
나는 잔무 하러 사무실에 나가는 길이었다
저이들이 무엇 하려고
국철을 탔는지 궁금해서 쳐다보면
서로 마주 보며 떠들다가 웃다가 귓속말할 뿐
나를 쳐다보지 않았다
모자 장사가 모자를 팔러 오자
천 원 주고 사서 번갈아 머리에 써 보고
만년필 장사가 만년필을 팔러 오자
천 원 주고 사서 번갈아 손바닥에 써 보는 저이들
문득 나는 천박한 호기심이 발동했다는 생각이 들어서
황급하게 차창 밖으로 고개 돌렸다
국철은 강가를 달리고 너울거리는 수면 위에는
깃털 색깔이 다른 새 여러 마리가 물결을 타고 있었다
나는 아시안 젊은 남녀와 천연하게
동승하지 못하고 있어 낯짝 부끄러웠다
국철은 회사와 공장이 많은 노선을 남겨 두고 있었다
저이들도 일자리로 돌아가는 중이지 않을까

　　　　　　　　　　－ 하종오, 「동승」 －

---

01 (가), (나)의 공통점으로 적절한 것은?

① 대상에 대한 관찰을 통해 시상을 전개하고 있다.
② 인간과 자연을 대비하여 주제 의식을 부각하고 있다.
③ 일상적 삶에 대한 반성을 역설적으로 드러내고 있다.
④ 계절적 배경을 통해 애상적 분위기를 환기하고 있다.
⑤ 부정적 현실을 포용하려는 여유로운 태도를 보여 주고 있다.

02 ㉠~㉤에 대한 이해로 적절하지 않은 것은?

① ㉠에서 '어린', '하나'는 화자가 계집아이에게 주목하게 된 계기를 나타낸다.
② ㉡에서 '밭고랑'에 비유된 '손잔등'은 계집아이의 고달픈 삶을 드러낸다.
③ ㉢에서 '삼백오십 리', '백오십 리'는 계집아이의 여정이 고단할 것임을 나타낸다.
④ ㉣에서 '유리창 밖'은 안과 대비되어 육친과 이별하는 계집 아이의 슬픔을 강조한다.
⑤ ㉤에서 '눈을 씻는다'는 계집아이에 대한 연민의 정서를 드러낸다.

03 〈보기〉를 참고할 때, (나)에 대한 감상으로 적절하지 않은 것은?

보기

　현대 사회의 인간관계에서 시선은 여러 가지 의미를 지닌다. 시선은 관심을 표하는 것이기도 하지만, 가치 평가의 의미를 띨 경우 상대방에게 부담감을 줄 수도 있다. 그런 의미에서 시선을 보내지 않는 것은 긍정적인 무관심으로 이해된다. 조화로운 공동체를 만들기 위해서는 때로 가치 평가적 시선을 거두는 지혜가 필요하다.

① '국철'은 서로 다른 성격의 시선들이 드러나는 공간이겠군.
② '나'의 쳐다보는 행위는 '아시안 젊은 남녀'에게 부담감을 줄 수 있겠군.
③ '저이들'은 '서로'에게 긍정적인 무관심을 가지고 있겠군.
④ '나'가 황급히 '고개 돌렸'던 것은 가치 평가적 시선을 거두는 행위겠군.
⑤ '동승'은 조화로운 공동체를 만들자는 뜻이 담긴 것이겠군.

다음 글을 읽고 물음에 답하시오.

[A]
상한 갈대라도 하늘 아래선
한 계절 넉넉히 흔들리거니
뿌리 깊으면야
밑둥 잘리어도 새순은 돋거니
충분히 흔들리자 상한 영혼이여
충분히 흔들리며 고통에게로 가자

[B]
뿌리 없이 흔들리는 부평초 잎이라도
물 고이면 꽃은 피거니
이 세상 어디서나 개울은 <u>흐르고</u>
이 세상 어디서나 등불은 켜지듯
가자 고통이여 살 맞대고 가자
외롭기로 작정하면 어딘들 못 가랴
가기로 목숨 걸면 지는 해가 문제랴

고통과 설움의 땅 훨훨 지나서
㉠ <u>뿌리 깊은 벌판에 서자</u>
두 팔로 막아도 바람은 불듯
영원한 눈물이란 없느니라
영원한 비탄이란 없느니라
캄캄한 밤이라도 하늘 아래선
마주잡을 손 하나 오고 있거니

- 고정희, 「상한 영혼을 위하여」 -

01 윗글의 특징으로 가장 적절한 것은?

① 대구적 표현을 통해 시상을 강조하고 있다.
② 계절의 흐름을 통해 대상의 특성을 부각하고 있다.
③ 사물의 의인화를 통해 냉소적 태도를 드러내고 있다.
④ 공감각적 심상을 통해 관념적인 대상을 묘사하고 있다.
⑤ 과거 회상을 통해 반성적으로 화자 자신을 바라보고 있다.

 형태쌤과 선지분석

선지분석	상한 영혼을 위하여
대구	
계절의 흐름 → 대상의 특성 부각	
의인화 → 냉소적 태도	
공감각적 심상 → 관념적 대상 묘사	
과거 회상 → 반성	

02 [A]와 [B]에 대한 이해로 적절한 것은?

① [A]의 '밑둥'과 [B]의 '개울'은 실존적 위기감을 상징한다.
② [A]의 '한 계절'과 [B]의 '지는 해'는 극한 상황을 비유한다.
③ [A]의 '새순'과 [B]의 '등불'은 고난 극복의 가능성을 환기한다.
④ [A]와 [B]에는 모두 현실 부정의 비판적인 어조가 반복되고 있다.
⑤ [A]에서 [B]로 전개되면서 화자의 태도가 소극적으로 변화되고 있다.

03 다음 학습 활동의 ⓐ~ⓔ에 들어갈 말로 적절하지 <u>않은</u> 것은?

학습 활동

활동 목표 : 시에 쓰인 어구의 다양한 의미를 파악해 보자.
활동 1 : 시상을 고려하여 ㉠과 관련된 어구를 시에서 찾아 표에 넣어
보자.
활동 2 : 위의 어구들이 함축하고 있는 의미를 적어 보자.
활동 3 : 위 활동 결과를 바탕으로 ㉠의 다양한 시적 의미를 해석해 보자.

활동 1의 탐구 결과	활동 2의 탐구 결과	활동 3의 탐구 결과
갈대	흔들리는 존재	ⓐ
하늘	초월적인 공간	ⓑ
바람	막을 수 없음	ⓒ
밤	부정적인 상황	ⓓ
손	만남의 대상	ⓔ

① ⓐ : 1연의 '갈대'처럼 흔들리는 존재도 뿌리를 내릴 수 있음을 보면, ㉠은
군건한 삶의 공간이 될 수 있음을 뜻하겠군.
② ⓑ : 1연과 3연에서 '하늘'의 아래를 반복하여 표현한 것을 보면, ㉠은 초월
적인 공간에 대응되는 현실적인 공간을 뜻하겠군.
③ ⓒ : 3연에서 '바람'은 막을 수 없다고 한 것을 보면, ㉠은 영원한 운명의
구속을 벗어날 수 없는 공간을 뜻하겠군.
④ ⓓ : 3연에서 '밤'이라는 부정적인 상황이 닥쳐오는 것을 보면, ㉠은 피할
수 없는 시련에 맞서야 하는 공간을 뜻하겠군.
⑤ ⓔ : 3연에서 '손'과의 만남을 기대하고 있는 것을 보면, ㉠은 희망이 예비된
공간을 뜻하겠군.

다음 글을 읽고 물음에 답하시오.

(가)

모란이 피기까지는

나는 아직 ㉠ 나의 봄을 기다리고 있을 테요

모란이 뚝뚝 떨어져 버린 날

나는 비로소 봄을 여읜 **설움**에 잠길 테요

오월 어느 날 그 하루 무덥던 날

떨어져 누운 꽃잎마저 시들어 버리고는

천지에 모란은 자취도 없어지고

뻗쳐오르던 내 보람 서운케 무너졌으니

모란이 지고 말면 그뿐 **내 한 해**는 다 가고 말아

삼백예순 날 하냥 섭섭해 우옵네다

모란이 피기까지는

나는 아직 기다리고 있을 테요 **찬란한 슬픔**의 봄을

                 - 김영랑, 「모란이 피기까지는」 -

(나)

북한산이

다시 그 높이를 회복하려면

다음 겨울까지는 기다려야만 한다.

밤사이 눈이 내린,

그것도 백운대나 인수봉 같은

높은 봉우리만이 옅은 화장을 하듯

가볍게 눈을 쓰고

왼 산은 차가운 수묵(水墨)으로 젖어 있는,

어느 겨울날 이른 아침까지는 기다려야만 한다.

신록이나 단풍,

골짜기를 피어오르는 안개로는,

눈이래도 왼 산을 뒤덮는 적설(積雪)로는 드러나지 않는,

심지어는 장밋빛 햇살이 와 닿기만 해도 변질하는,

그 ㉡ 고고(孤高)한 높이를 회복하려면

백운대와 인수봉만이 **가볍게 눈을 쓰는**

어느 겨울날 이른 아침까지는

기다려야만 한다.

                 - 김종길, 「고고(孤高)」 -

01 (가), (나)의 공통점으로 가장 적절한 것은?

① 공간의 이동을 통해 시상을 전개하고 있다.

② 수미상관의 구조를 통해 주제를 강조하고 있다.

③ 어순의 도치를 통해 상황의 긴박감을 표현하고 있다.

④ 흑백의 대비를 통해 회화적 이미지를 강화하고 있다.

⑤ 가상의 상황을 통해 자기반성의 태도를 보여 주고 있다.

형태쌤과 선지분석

선지분석	(가)	(나)
공간의 이동		
수미상관		
도치 → 긴박감		
흑백의 대비		
가상의 상황 → 자기반성		

02 <보기>를 참고하여 (가), (나)를 감상한 내용으로 적절하지 <u>않은</u> 것은?

보기

　김영랑의 「모란이 피기까지는」과 김종길의 「고고」는 대상이 지닌 특정 속성을 통해 화자가 경험한 아름다움을 드러낸다. 「모란이 피기까지는」에서는 봄이라는 계절에 소멸을 앞둔 대상을 통해, 「고고」에서는 겨울날 대상의 고고함이 드러나는 순간을 통해 대상의 아름다움이 경험되고 있다. 한편, 전자는 대상 자체보다는 대상에서 촉발된 주관적 정서의 표현에, 후자는 정서의 직접적 표현보다는 대상 자체의 묘사에 중점을 두고 있다.

① (가)에서는 아름다움을 경험하는 주체를 직접 노출하여 정서를 표현하고 있군.

② (가)에서는 한정된 시간 동안 존속하는 속성이 대상의 아름다움을 강화하고 있군.

③ (나)에서는 대상의 높이가 고고한 아름다움을 결정하는 유일한 조건이군.

④ (나)는 대상의 고고한 아름다움이 드러나는 순간과 그렇지 않은 때의 모습을 대비하고 있군.

⑤ (가)와 (나)는 각각 특정한 계절적 배경을 통해 대상의 아름다움을 표현하고 있군.

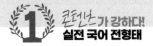
03 ㉠, ㉡과 관련지어 (가), (나)를 이해한 내용으로 적절하지 <u>않은</u> 것은?

① (가)의 '설움'은 ㉠을 경험하지 못하게 방해하는 요인을 나타낸다.

② (가)의 '내 한 해는 다 가고 말아'는 ㉠의 경험이 화자의 삶에서 차지하는 비중이 큼을 나타낸다.

③ (가)의 '찬란한 슬픔'은 ㉠에서 경험할 수 있는 강렬한 정서를 나타낸다.

④ (나)의 '어느 겨울날 이른 아침'은 ㉡을 경험할 수 있는 특정 시간을 나타낸다.

⑤ (나)의 '가볍게 눈을 쓰는'은 ㉡을 경험하기 위한 대상의 요건을 나타낸다.

다음 글을 읽고 물음에 답하시오.

(가)

흙이 풀리는 내음새
강바람은
산짐승의 우는 소릴 불러
㉠ 다 녹지 않은 얼음장 울멍울멍 떠내려간다.

진종일
나룻가에 서성거리다
행인의 손을 쥐면 따뜻하리라.

고향 가차운 주막에 들러
㉡ 누구와 함께 지난날의 꿈을 이야기하랴.
양귀비 끓여다 놓고
주인집 늙은이는 공연히 눈물지운다.

간간이 잰나비 우는 산기슭에는
아직도 무덤 속에 조상이 잠자고
설레는 바람이 가랑잎을 휩쓸어간다.

예제로* 떠도는 장꾼들이여!
상고(商賈)하며 오가는 길에
㉢ 혹여나 보셨나이까.

전나무 우거진 마을
집집마다 누룩을 디디는 소리, 누룩이 뜨는 내음새……

- 오장환, 「고향 앞에서」 -

* 예제로 : 여기저기로.

(나)

　귀향이라는 말을 매우 어설퍼하며 마당에 들어서니 다리를 저는 오리 한 마리 유난히 허둥대며 두엄자리로 도망간다. ㉣ 나의 부모인 농부 내외와 그들의 딸이 사는 슬레이트 흙담집, 겨울 해어름의 ㉤ 집 안엔 아무도 없고 방바닥은 선뜩한 냉돌이다. 여덟 자 방구석엔 고구마 뒤주가 여전하며 벽에 메주가 매달려 서로 박치기한다. 허리 굽은 어머니는 냇가 빨래터에서 오셔서 콩깍지로 군불을 피우고 동생은 면에 있는 중학교에서 돌아와 반가워한다. 닭똥으로 비료를 만드는 공장에 나가 일당 서울 광주 간 차비 정도를 버는 아버지는 한참 어두워서야 귀가해 장남의 절을 받고, 가을에 이웃의 텃밭에 나갔다 팔매질 당한 다리병신 오리를 잡는다.

- 최두석, 「낡은 집」 -

01 (가), (나)에 대한 이해로 가장 적절한 것은?

① (가)의 화자는 낯선 행인에게서 친근감을 기대하고 있고, (나)의 화자는 익숙했던 공간에 들어서며 낯선 느낌을 받는다.
② (가)의 화자는 아직도 조상의 권위가 지속되는 공간을, (나)의 화자는 여전히 가난이 지속되는 공간을 벗어나고자 한다.
③ (가)의 화자는 세상이 변해도 각박한 인심이 여전함에 좌절하고 있고, (나)의 화자는 세상이 변해도 인심은 변하지 않기를 바라고 있다.
④ (가)의 화자는 떠돌아다니는 자신의 처지를 통해, (나)의 화자는 공장 노동자로 전락한 농민의 처지를 통해 삶의 무상함을 드러내고 있다.
⑤ (가)의 화자는 자연과 조화를 이루는 농촌의 모습이 보존되기를 희망하고, (나)의 화자는 산업화를 통해 농촌의 모습이 변화되기를 희망한다.

 형태쌤과 선지분석

선지분석	(가)	선지분석	(나)
낯선 행인 → 친근감 기대		익숙했던 공간 → 낯선 느낌	
조상의 권위 지속 공간 벗어나고자		가난 지속 공간 벗어나고자	
각박한 인심에 좌절		변하지 않는 인심 소망	
떠도는 처지 → 삶의 무상함		노동자로 전락한 농민 → 삶의 무상함	
자연과 농촌의 조화·보존 희망		산업화 통한 농촌 변화 희망	

02 ㉠~㉤에 대한 이해로 적절하지 <u>않은</u> 것은?

① ㉠ : 계절이 바뀌면서 얼음이 풀리는 강변 풍경을 시각적으로 묘사하고 있다.
② ㉡ : 꿈이 있던 시절을 함께 회상할 사람이 없는 아쉬움을 설의적으로 드러내고 있다.
③ ㉢ : 이리저리 떠돌며 고향에 가지 못하는 장꾼들의 설움을 독백조로 토로하고 있다.
④ ㉣ : 가족의 일원이면서도 자신의 가족을 객관화하여 지칭하고 있다.
⑤ ㉤ : 썰렁한 집 안의 정경 묘사를 통해 화자가 느끼는 심정을 간접적으로 드러내고 있다.

03 〈보기〉를 참고하여 (가)와 (나)를 감상한 학생들의 반응으로 적절하지 <u>않</u>은 것은?

보기

　고향을 떠난 사람들이 고향을 각박하고 차가운 현실과 대비되는 공간으로 인식하고, 그곳으로 복귀하려는 것을 귀향 의식이라고 한다. 이때 고향은 공동체의 인정과 가족애가 살아 있는 따뜻한 공간으로 표상된다. 이들의 기억 속에서 고향은 평화로운 이상적 공간으로 남아 있기도 하다. 그러나 고향으로 돌아가더라도 고향이 변해 있거나 고향이 고향처럼 느껴지지 않을 때 귀향은 미완의 형태로 남게 된다.

① (가)에서 주인집 늙은이의 슬픔에 공감하는 것을 보니, 화자는 타인과의 조화를 통해서 현실을 따뜻한 공간으로 만들어 귀향을 완성하려 하겠군.

② (가)에서 전나무가 울창하고 집집마다 술을 빚고 있는 모습으로 고향을 묘사한 것을 보니, 화자의 의식 속에서 고향은 평화로운 공간으로 기억되고 있겠군.

③ (나)에서 고향의 가족들이 궁핍한 삶을 살고 있는 것을 본 화자는 현재의 고향을 이상적인 공간이라고 생각하지 않겠군.

④ (나)에서 어머니가 군불을 피우고 아버지가 오리를 잡아 주는 것을 본 화자는 고향에 와서 가족애를 느낄 수 있겠군.

⑤ (가)에서는 고향을 앞에 두고도 고향 근처 주막에 머물고 있고 (나)에서는 고향에 와서도 마음이 편치 않아 보인다는 점에서, 화자의 귀향이 완성되었다고 보기 어렵겠군.

memo

다음 글을 읽고 물음에 답하시오.

(가)

외로이 흘러간 한 송이 구름
이 밤을 어디메서 쉬리라던고.

성긴 빗방울
파초 잎에 후두기는* 저녁 어스름

창 열고 푸른 산과
마주 앉아라.

들어도 싫지 않은 물소리기에
날마다 바라도 그리운 산아

온 아침 나의 꿈을 스쳐간 구름
이 밤을 어디메서 쉬리라던고.

- 조지훈, 「파초우(芭蕉雨)」 -

* 후두기는 : 후두둑 떨어지는.

(나)

[A]
막차는 좀처럼 오지 않았다
대합실 밖에는 밤새 송이눈이 쌓이고
흰 보라 수수꽃 눈시린 유리창마다
톱밥난로가 지펴지고 있었다
그믐처럼 몇은 졸고
몇은 감기에 쿨럭이고
그리웠던 순간들을 생각하며 나는
한 줌의 톱밥을 불빛 속에 던져 주었다

[B]
내면 깊숙이 할 말들은 가득해도
청색의 손바닥을 불빛 속에 적셔두고
모두들 아무 말도 하지 않았다
산다는 것이 때론 술에 취한 듯
한 두름의 굴비 한 광주리의 사과를
만지작거리며 귀향하는 기분으로
침묵해야 한다는 것을
모두들 알고 있었다
오래 앓은 기침소리와
쓴 약 같은 입술담배 연기 속에서
싸륵싸륵 눈꽃은 쌓이고
그래 지금은 모두들
눈꽃의 화음에 귀를 적신다

[C]
자정 넘으면
낯설음도 뼈아픔도 다 설원인데
단풍잎 같은 몇 잎의 차창을 달고
밤열차는 또 어디로 흘러가는지
그리웠던 순간들을 호명하며 나는
한 줌의 눈물을 불빛 속에 던져 주었다.

- 곽재구, 「사평역(沙平驛)에서」 -

01 (가), (나)에 대한 설명으로 가장 적절한 것은?

① (가)는 (나)와 달리 비유를 통해 사물에 대한 새로운 인식을 드러낸다.
② (나)는 (가)와 달리 시상이 전개되면서 역동적인 분위기가 정적인 분위기로 바뀐다.
③ (가)는 하강의 이미지를, (나)는 상승의 이미지를 활용하여 화자의 현실적 관심을 나타낸다.
④ (가)는 현재 마주하고 있는 대상에 대한, (나)는 과거의 순간들에 대한 화자의 그리움이 드러난다.
⑤ (가)와 (나)는 모두 스스로에게 묻는 질문을 반복하여 독백적 어조에 변화를 준다.

형태쌤과 선지분석

선지분석	(가)	(나)
비유 → 사물에 대한 새로운 인식		
역동적인 분위기 → 정적인 분위기		
(가) 하강 / (나) 상승 → 현실적 관심		
(가) 현재 대상 그리움 (나) 과거 순간 그리움		
자문 반복 → 독백적 어조에 변화		

memo

02 〈보기〉를 참고하여 (가)를 이해한 내용으로 적절하지 <u>않은</u> 것은?

보기

「파초우」는 조지훈이 스스로 '방랑시편'이라고 했던 작품들 중의 하나이다. 이 작품의 화자는 자연을 떠돌면서 자연과 교감하는 자로, 저녁에도 소리를 매개로 자연과 교감하면서 자신을 성찰한다. 그의 이런 태도는 자연과 하나가 되려는 것이지만, 현실에서 벗어나 자연에 은둔하려는 것이기도 하다.

① 제1연 : '이 밤을 어디메서 쉬리라던고'는 화자가 '한 송이 구름'에 방랑자로서의 자신의 심정을 투영하고 있음을 보여 준다.
② 제2연 : '성긴 빗방울'이 '후두기는' 소리가 '저녁 어스름'과 어우러져, 화자의 성찰이 이루어지는 배경이 감각적으로 제시된다.
③ 제3연~제4연 : 화자가 '푸른 산'을 대하는 태도에서 화자가 자연 세계를 지향하고 있음이 잘 드러난다.
④ 제4연 : '들어도 싫지 않은 물소리'는 화자와 자연과의 교감이 자연의 소리를 통해 지속되고 있음을 나타낸다.
⑤ 제5연 : '어디메'는 자연 세계를 방랑하는 화자가 벗어나고자 했던 현실 공간을 가리킨다.

03 〈보기〉를 참고하여 (나)를 감상한 내용으로 적절하지 <u>않은</u> 것은?

보기

「사평역에서」의 화자는 대합실에서 막차를 기다리는 사람들의 모습을 공감 어린 시선으로 바라본다. 화자는 이런 시선으로 불빛, 눈 등을 바라보며 고단한 삶을 견디어 내는 사람들의 속내에 주목한다. '한 줌의 눈물'은 그들을 위해 화자가 바치는, 작지만 진심 어린 하나의 선물이라 할 수 있나.

① [A]의 '한 줌의 톱밥'이 불을 피우는 데 쓰여 추위를 견디게 해 주는 것처럼, '한 줌의 눈물'은 사람들이 자신의 힘든 상황을 견디는 데 위로가 된다고 할 수 있겠어.
② [B]에서 화자가 사람들의 속내를 잘 이해하는 것을 보면, '한 줌의 눈물'은 할 말이 있는데도 침묵하는 사람들의 속내에 화자가 공감하여 흘리는 것이라고 할 수 있겠어.
③ [B]에서 화자는 '눈꽃의 화음'이 열악한 상황을 드러낸다고 보고 있으므로, '한 줌의 눈물'은 그러한 상황을 극복해 내려는 화자의 의지를 담고 있는 것이라고 할 수 있겠어.
④ [C]에서 화자가 지난날을 '호명'하며 '한 줌의 눈물'을 흘리는 것을 보면, '한 줌의 눈물'은 고단한 현재를 견디어 내게 해 주는 힘이 과거의 추억처럼 소박한 데 있음을 암시한다고 할 수 있겠어.
⑤ [A]에서 [C]로 전개되면서 화자가 '불빛 속'에 '한 줌의 눈물'을 던지는 것을 보면, '한 줌의 눈물'은 삶의 고단함을 견디어 내는 데 힘을 보태고자 하는 화자의 진심이 담긴 것이라고 할 수 있겠어.

다음 글을 읽고 물음에 답하시오.

(가)

송간(松間) 세로(細路)에 ⓐ 두견화(杜鵑花)를 부치들고,

봉두(峯頭)에 급히 올라 구름 속에 앉아 보니,

천촌만락(千村萬落)이 곳곳에 펼쳐져 있네.

연하일휘(煙霞日輝)는 금수(錦繡)를 펴 놓은 듯,

엊그제 검은 들이 봄빛도 유여(有餘)할사.

공명(功名)도 날 꺼리고 부귀(富貴)도 날 꺼리니,

청풍명월(清風明月) 외에 어떤 벗이 있사올꼬.

단표누항(簞瓢陋巷)에 헛된 생각 아니 하네.

아모타 백년행락(百年行樂)이 이만한들 어찌하리.

- 정극인, 「상춘곡(賞春曲)」 -

(나)

헛된 이름 따라 허덕허덕 바삐 다니지 않고,

평생 물과 구름 가득한 마을을 찾아다녔네.

따스한 봄 잔잔한 호수엔 안개가 천 리에 끼었고,

맑은 가을날 옛 기슭엔 달이 **배 한 척** 비추네.

서울 길의 붉은 먼지 꿈에서도 바라지 않고,

초록 **도롱이** 푸른 **삿갓**과 함께 살아간다네.

어기여차 노랫소리는 **뱃사람의 흥취**이니,

세상에 **옥당(玉堂)*** 있다고 어찌 부러워하리오.

不爲浮名役役忙　　　　　生涯追逐水雲鄉

平湖春暖烟千里　　　　　古岸秋高月一航

紫陌紅塵無夢寐　　　　　綠簑青笠共行藏

一聲欸乃舟中趣　　　　　那羨人間有玉堂

- 설장수, 「어옹(漁翁)」 -

* 옥당 : 문장 관련 업무를 담당한 관청의 별칭.

(다)

　나는 성품이 또한 게을러 일찍이 동산을 가꾸지 않았고, 화훼(花卉)에 관심이 없었다. 동쪽 정원에 단지 복숭아나무 한 그루와 잡목 한 그루가 있을 뿐이다. 모두 심지 않았는데도 싹이 트고, 물을 주지 않았는데도 자랐으며, 호미질하지 않았는데도 무성하게 된 것들이다. 바야흐로 춘삼월에 복숭아꽃이 막 피어났는데, 꽃잎이 곱고 꽃부리가 연약하며 꽃술이 향기로웠다. 금으로 둥글리고 옥으로 깎은 듯, 분칠을 옅게 하고 연지를 짙게 찍은 듯하였다. 잡목은 그 곁에 서 있는데, 가지나 잎도 볼 만한 것이 없고 꽃도 피지 않았다. 그저 이름도 모르는 나무일 뿐이기에 잡목이라고 불렀다.

　하루는 종 녀석이 화원에 가서 한참 바라보더니 복숭아나무로 다가가 어루만지면서 주위를 서성였다. 다시 물을 주고 흙을 북돋아 주고서 떠났는데, 잡목은 거들떠보지 않았다.

내가 그 이유를 물으니 대답했다.

　"지금 복숭아나무가 잎이 막 싹을 틔우고 꽃이 또 봉오리를 맺으니, 그 열매가 익기를 기다리면 먹을 수 있을 것입니다. 이 나무는 사람에게 정말 사랑스러운 데다가 장차 이익까지 주게 됩니다. 저 잡목은 꽃도 잎도 볼 것이 없고, 과실도 먹을 것이 없는 데다가, 그 뿌리가 굳세고 가지가 큽니다. 뿌리가 길게 뻗으면 지맥을 막아 복숭아나무가 번식할 수 없습니다. 가지가 크면 햇볕을 가로막고 방해하여 양기(陽氣)를 소모하게 되니 복숭아나무가 번창하여 무성할 수가 없습니다. 베임을 당하지 않는 것도 다행인데, 우리가 지켜 줄 필요가 있겠습니까?"

　내가 말했다.

　"그래, 그렇군. 하지만 아니야, 아니야. 너는 큰 도리를 듣지 못했느냐? 하늘의 도(道)는 만물에 두루 은혜를 베풀어서 비와 이슬이 상대를 가리지 않고 내리고, 군자는 남을 두루 사랑하여 다른 사람과 함께 인(仁)의 경지를 이룬단다. 그러므로 태산의 언덕에 ⓑ 소나무, 계수나무가 가죽나무, 상수리나무와 함께 자라고, 달인(達人)의 문하에 어진 이와 어질지 못한 이가 같이 있게 되지. 복숭아나무와 잡목은 예쁘다는 점과 못생겼다는 점, 특이하다는 점과 평범하다는 점에서 정말로 차이가 있지. 하지만 똑같이 천지의 기를 받아 태어났고, 태어나서 또 마침 나의 동산에 심어져 있구나. 사람이 하나는 보호하고 하나는 버린다면, 잡목으로 태어난 존재가 더 무엇을 바랄 수 있겠느냐? 나는 내 화원에 있는 풀 한 포기 나무 한 그루라도 모두 그 사이에 행(幸)과 불행(不幸)이 있게 하고 싶지 않다. 너는 얼른 가서 가꾸어라."

- 남공철, 「동원화수기(東園花樹記)」 -

01 (가)~(다)의 공통점으로 가장 적절한 것은?

① 대상에 대한 그리움이 창작의 동기가 되고 있다.

② 세속적 이익을 좇지 않는 삶의 자세가 나타나 있다.

③ 인간과 자연의 대비를 통해 주제 의식을 부각하고 있다.

④ 견디기 힘든 현실의 고통을 자연에 의지해 잊고자 한다.

⑤ 현재보다 나은 삶을 살지 못하는 안타까움이 드러나 있다.

형태쌤과 선지분석

선지분석	(가)	(나)	(다)
창작 동기 : 그리움			
세속적 이익 X			
인간과 자연 대비			
자연을 통해 고통 잊음			
현재보다 나은 삶 살지 못하는 안타까움			

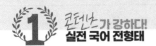
02 (가)와 (나)에 대한 설명으로 적절하지 <u>않은</u> 것은?

① (가)는 주체와 객체가 전도된 표현을 통해 화자의 인생관을 분명히 하고 있다.
② (나)는 색채의 선명한 대조를 통해 표현 효과를 높이고 있다.
③ (가), (나)는 모두 설의적 표현으로 시상을 마무리하고 있다.
④ (가), (나)는 모두 정경 묘사와 정서의 표출이 어울려져 있다.
⑤ (가)는 (나)에 비해 청각적 심상이 두드러지게 나타나 있다.

형태쌤과 선지분석

선지분석	(가)	(나)
주객전도 → 화자의 인생관		
색채 대조		
설의로 시상 마무리		
정경 묘사와 정서 표출		
청각적 심상		

03 (나)의 화자가 〈보기〉의 ㉠이라고 할 때, (나)에 대한 감상으로 적절하지 <u>않은</u> 것은?

보기

강호(江湖)에서 살아가는 어부를 소재로 한 작품에서 '어부'는 고기잡이를 직업으로 하는 실제 어부, ㉠ 이상적인 생활공간에서 자신의 삶에 만족하며 살아가는 은자(隱者) 등으로 다양하게 나타난다.

① 화자는 자연을 교감과 소통의 대상으로 인식하고 있기 때문에 '달'에 인격을 부여하여 자연과의 합일을 추구하는군.
② 화자는 고기잡이로 생계를 유지하는 어부가 아니기에 '배 한 척'은 한가롭고 평화로운 생활을 나타내는 소재라고 볼 수 있겠지.
③ 화자는 자신이 긍정하는 삶을 '도롱이' 입고 '삿갓' 쓴 어부로 표상하고 있군.
④ 화자는 자신이 원하는 공간에 존재하고 있기 때문에 즐거운 마음으로 '뱃사람의 흥취'를 느낄 수 있는 것이겠지.
⑤ 화자는 '옥당'이라는 공간과 거리를 둠으로써 자신이 추구하는 삶의 가치를 역설하고 있군.

04 (다)를 읽고 이해한 내용으로 적절한 것은?

① '나'는 잡목의 심미적 가치는 인정하지 않되, 존재 가치는 인정하고 있군.
② '나'는 복숭아나무의 실용적 가치는 인정하되, 심미적 가치는 인정하지 않고 있군.
③ '종'은 잡목의 실용적 가치는 인정하지 않되, 존재 가치는 인정하고 있군.
④ '종'은 복숭아나무의 심미적 가치는 인정하되, 실용적 가치는 인정하지 않고 있군.
⑤ '나'와 '종'은 모두 잡목의 존재 가치를 인정하고 있군.

05 ⓐ와 ⓑ에 대한 설명으로 적절한 것은?

① ⓐ, ⓑ는 모두 글쓴이의 감정이 이입된 대상이다.
② ⓐ, ⓑ는 모두 계절적 배경을 알게 해 주는 소재이다.
③ ⓐ는 향수를 불러일으키는 사물이고, ⓑ는 고독을 느끼게 하는 사물이다.
④ ⓐ는 감흥을 자아내는 자연물을, ⓑ는 어진 성품을 가진 사람을 의미한다.
⑤ ⓐ는 향토적 분위기를 조성하는 자연물을, ⓑ는 강한 생명력을 가진 존재를 의미한다.

형태쌤과 선지분석

선지분석	ⓐ	ⓑ
감정 이입 대상		
계절적 배경 알게 해 줌		
ⓐ : 향수 / ⓑ : 고독		
ⓐ : 감흥을 자아냄		
ⓑ : 어진 성품을 가짐		
ⓐ : 향토적 분위기 조성		
ⓑ : 강한 생명력		

다음 글을 읽고 물음에 답하시오.

(가)

천만리(千萬里) 머나먼 길히 고은 님 여희옵고

닉 무움 둘 딕 업셔 냇ㄱ의 안자시니

져 물도 닉 운 ㄱ호여 우러 밤길 녜놋다

　　　　　　　　　　　　　　　　- 왕방연 -

(나)

청초(靑草) 우거진 골에 자는다 누어는다

홍안(紅顔)*을 어듸 두고 백골(白骨)만 무쳣는다

잔(盞) 자바 권(勸)홀 이 업스니 그를 슬허 ㅎ노라

　　　　　　　　　　　　　　　　- 임제 -

* 홍안 : 젊어서 혈색이 좋은 얼굴.

(다)

흥망(興亡)이 유수(有數)ㅎ니 만월대(滿月臺)*도 추초(秋草)] 로다

오백 년(五百年) 왕업(王業)이 목적(牧笛)*에 부쳐시니

석양(夕陽)에 지나는 객(客)이 눈물계워 ㅎ노라

　　　　　　　　　　　　　　　　- 원천석 -

* 만월대 : 고려의 왕궁 터.
* 목적 : 목동의 피리.

---

01 (가)~(다)의 공통점에 대한 설명으로 가장 적절한 것은?

① 대상의 부재에서 느끼는 안타까움이 드러나 있다.

② 자신의 궁핍한 처지로 인한 좌절감이 표출되어 있다.

③ 예기치 않은 이별로 인한 서러운 심정이 나타나 있다.

④ 거스를 수 없는 자연의 섭리에 대한 경외감이 드러나 있다.

⑤ 자신의 이념과 배치되는 현실에서 느끼는 실망감이 표출되어 있다.

📋🔍 **형태쌤과 선지분석**

선지분석	(가)	(나)	(다)
대상의 부재			
궁핍으로 인한 좌절감 표출			
예기치 않은 이별			
자연의 섭리에 대한 경외감			
자신의 이념과 배치되는 현실에 대한 실망감			

02 (가), (나)에 대한 이해로 적절하지 <u>않은</u> 것은?

① (가)의 '천만리(千萬里) 머나먼 길히 고은 님 여희옵고'는 과장된 표현을 통해 '님'과 이별한 상황을 강조하고 있다.

② (가)의 '져 물도 닉 운 ㄱ호여'는 인간과 자연물의 동일시를 통해 화자의 슬픔을 표현하고 있다.

③ (가)의 '밤길 녜놋다'는 캄캄한 '밤'의 속성을 통해 화자의 암담한 심경을 표현하고 있다.

④ (나)의 '홍안(紅顔)을 어듸 두고 백골(白骨)만 무쳣는다'는 시어의 대비를 통해 화자의 무상감을 드러내고 있다.

⑤ (나)의 '잔(盞) 자바 권(勸)홀 이 업스니'는 각박한 세태의 제시를 통해 속세에서 벗어나고자 하는 염원을 드러내고 있다.

03 (다)와 〈보기〉를 비교하여 감상한 내용으로 적절하지 <u>않은</u> 것은?

> **보기**
>
> 홍진(紅塵)에 뭇친 분네 이 내 생애(生涯) 엇더흐고
> 녯사룸 풍류(風流)룰 미츨가 뭇 미츨가
> 천지간(天地間) 남자(男子) 몸이 날만흔 이 하건마는
> 산림(山林)에 뭇쳐 이셔 지락(至樂)을 ㅁ룰 것가
> 수간모옥(數間茅屋)을 벽계수(碧溪水) 앒픠 두고
> 송죽(松竹) 울울리(鬱鬱裏)예 풍월주인(風月主人) 되여셔라
> 엊그제 겨을 지나 새봄이 도라오니
> 도화행화(桃花杏花)는 석양리(夕陽裏)예 퓌여 잇고
> 녹양방초(綠楊芳草)는 세우중(細雨中)에 프르도다
> 칼로 몰아낸가 붓으로 그려낸가
> 조화신공(造化神功)이 물물(物物)마다 헌스룹다
>
> 　　　　　　　　　　　- 정극인, 「상춘곡」-

① (다)와 〈보기〉는 동일한 음보율을 사용하여 리듬감을 살리고 있군.

② (다)는 〈보기〉와 달리 이질적 공간을 대비하여 주제를 드러내고 있군.

③ (다)에서는 침울한 분위기를, 〈보기〉에서는 들뜬 분위기를 느낄 수 있군.

④ (다)의 '석양'은 화자의 정서를 심화하는 배경으로, 〈보기〉의 '석양'은 경치를 돋보이게 하는 배경으로 기능하고 있군.

⑤ (다)는 화자가 혼잣말을 하는 방식으로, 〈보기〉는 화자가 청자에게 말을 건네는 방식으로 자신의 내면을 드러내고 있군.

다음 글을 읽고 물음에 답하시오.

(가)

구슬이 ㉠ 바위에 떨어진들

구슬이 바위에 ㉡ 떨어진들

㉢ 끈이야 끊어지겠습니까.

천 년을 ㉣ 외따로이 살아간들

㉤ 천 년을 외따로이 살아간들

믿음이야 끊어지겠습니까.

〈제6연〉

- 작자 미상, 「정석가」 -

(나)

임이 오마 하거늘 **저녁밥**을 일찍 지어 먹고

중문(中門) 나서 대문(大門) 나가 지방 위에 올라가 앉아 손을 이마에 대고 오는가 가는가 **건넌 산** 바라보니 **거머희뜩** 서 있거늘 저것이 임이로구나. 버선을 벗어 품에 품고 신 벗어 손에 쥐고 곰비임비* 임비곰비 천방지방* 지방천방 진 데 마른 데를 가리지 말고 **워렁퉁탕** 건너가서 정(情)엣말 하려 하고 곁눈으로 흘깃 보니 작년 칠월 사흗날 껍질 벗긴 주추리 **삼대*** 가 살뜰히도 날 속였구나.

모쳐라 **밤**이기에 망정이지 행여나 낮이런들 남 웃길 뻔하였어라.

- 작자 미상 -

* 거머희뜩 : 검은빛과 흰빛이 뒤섞인 모양.

* 곰비임비 : 거듭거듭 앞뒤로 계속하여.

* 천방지방 : 몹시 급하게 허둥대는 모양. / * 삼대 : 삼[麻]의 줄기.

01 (가), (나)에 대한 설명으로 가장 적절한 것은?

① (가)는 (나)에 비해 시간과 공간이 구체적으로 드러난다.

② (나)는 (가)에 비해 설의적 표현이 두드러지게 드러난다.

③ (가)와 (나) 모두 대조와 연쇄를 통해 생동감을 드러낸다.

④ (가)와 (나) 모두 격정적 어조를 통해 고요한 분위기를 드러낸다.

⑤ (가)는 상황의 가정에서, (나)는 행동의 묘사에서 과장이 드러난다.

형태쌤과 선지분석

선지분석	(가)	(나)
구체적인 시간과 공간		
설의적 표현		
대조와 연쇄 → 생동감		
격정적 어조 → 고요한 분위기		
(가) 상황 가정 → 과장		
(나) 행동 묘사 → 과장		

02 ㉠~㉤ 중 〈보기〉의 ⓐ의 의미와 가장 가까운 것은?

보기

고려 시대에는 민간의 노래 가운데 풍속을 교화하는 데 적합하다고 여겨지는 노래를 궁중의 악곡으로 편입시켰다. 궁중 연회에서 사랑 노래가 많이 불린 것은 사랑 노래가 잔치 분위기와 잘 어울리면서도 남녀 간의 사랑을 ⓐ 군신 간의 충의로 그 의미를 확장하여 수용할 수 있었기 때문이다. 민간에서 널리 불린 「정석가」가 궁중 연회의 노래로 정착된 것 역시 이런 맥락에서 볼 수 있다.

① ㉠   ② ㉡   ③ ㉢

④ ㉣   ⑤ ㉤

03 〈보기〉를 참고할 때, (나)에 대한 이해로 가장 적절한 것은?

보기

사설시조에서의 해학성은 독자가 화자와 거리를 두되 관용의 시선을 보내는 데서 발생한다. 화자의 착각, 실수, 급한 행동과 그로 인한 낭패가 웃음을 유발하지만 독자는 그런 행동을 할 수밖에 없는 화자의 행동 이면에 있는 절실함, 진지함, 진솔함, 애틋함, 간절함을 느끼면서 화자와 공감하는 마음을 갖게 되는 것이다.

① 화자가 '저녁밥'을 짓다가 '임'이 온다는 소식을 듣고 혼잣말하는 모습에서 독자는 웃음 지으면서도 그 속에 담긴 진솔함을 공감한다.

② 화자가 '임'이라 여긴 '거머희뜩'한 것을 향해 '워렁퉁탕' 건너가는 모습에서 독자는 웃음 지으면서도 그 속에 담긴 절실함을 공감한다.

③ 화자가 집 안 마당에서 서성이며 '건넌 산'을 느긋하게 바라보는 모습에서 독자는 웃음 지으면서도 그 속에 담긴 애틋함을 공감한다.

④ 화자가 처음 보는 '삼대'를 '임'으로 착각하여 '임'을 원망하는 모습에서 독자는 웃음 지으면서도 그 속에 담긴 간절함을 수용한다.

⑤ 화자가 '임'이 오지 못하게 된 이유를 '밤' 탓으로 돌리는 모습에서 독자는 웃음 지으면서도 그 속에 담긴 진지함을 수용한다.

다음 글을 읽고 물음에 답하시오.

천지간에 어느 일이 남들에겐 서러운가

아마도 서러운 건 임 그리워 서럽도다

양대(陽臺)에 구름비는 내린 지 몇 해인가

반쪽 거울 녹이 슬어 티끌 속에 묻혀 있다

청조(青鳥)도 아니 오고 백안(白鴈)도 그쳤으니

소식도 못 듣거늘 임의 모습 보겠는가

㉠ 화조월석(花朝月夕)에 울며 그리워할 뿐이로다

그리워해도 못 보기에 그리워하지도 말라 여겨

나도 장부(丈夫)로서 모진 마음 지어 내어

이제나 잊자 한들 눈에 절로 밟히거늘 설워 아니 그리워할쏘냐

㉡ 그리워해도 못 보니 하루가 삼 년 같도다

원수(怨讐)가 원수 아니라 못 잊는 게 원수로다

사택망처(徙宅忘妻)는 그 어떤 사람인고

그 있는 곳 알고자 진초(秦楚)*엔들 아니 가랴

무심하고 쉽게 잊기 배워나 보고 싶구나

어리석은 분수에 무슨 재주가 있을까마는

임 향한 총명*이야 **사광(師曠)**인들 미칠쏘냐

총명도 병이 되어 날이 갈수록 짙어 가니

㉢ 먹던 밥 덜 먹히고 자던 잠 덜 자인다

수척한 얼굴이 시름 겨워 검어 가니

취한 듯 흐릿한 듯 청심원 소합환 먹어도 효험 없다

고황(膏肓)에 든 병을 **편작(扁鵲)**인들 고칠쏘냐

목숨이 중한지라 못 죽고 살고 있노라

㉣ 처음 인연 맺을 적에 이리되자 맺었던가

비익조(比翼鳥) 부부 되어 연리지(連理枝) 수풀 아래

나무 얽어 집을 짓고 나무 열매 먹을망정

이승 동안은 하루도 이별 세상 안 보기를 원했건만

동과 서에 따로 살며 그리워하다 다 늙었다

예로부터 이른 말이 견우직녀를

천상(天上)의 인간 중에 불쌍하다 하건마는

그래도 저희는 한 해에 한 번을 해마다 보건마는

㉤ 애달프구나 우리는 몇 은하가 가려서 이토록 못 보는고

- 박인로, 「상사곡(相思曲)」 -

* 진초 : 진나라, 초나라 지역. 매우 먼 곳을 말함.
* 총명 : 듣거나 본 것을 오래 기억하는 힘이 있음.

01 윗글에 대한 설명으로 가장 적절한 것은?

① 자문자답의 방식으로, 임에 대한 그리움을 부각하고 있다.

② 풍자의 기법으로, 떠나간 임에 대한 서운함을 나타내고 있다.

③ 언어유희를 통해, 이별의 현실을 수용하는 담담한 태도를 드러내고 있다.

④ 의태어를 나열하여, 임의 부재로 인한 외로움을 시각적 이미지로 제시하고 있다.

⑤ 반어적 표현으로, 임에 대한 애정이 식어 가는 것에 대한 안타까움을 표현하고 있다.

형태쌤과 선지분석

선지분석	상사곡
자문자답 → 그리움	
풍자 → 임에 대한 서운함	
언어유희 → 이별의 현실 담담히 수용	
의태어 나열 → 외로움 시각적 제시	
반어 → 애정이 식어가는 것에 대한 안타까움	

02 ㉠~㉤에 대한 이해로 적절하지 않은 것은?

① ㉠은 꽃피는 아침과 달 밝은 밤, 즉 경치가 좋은 시절을 뜻하는 '화조월석'이라는 시어를 통해 임과 함께 좋은 때를 누리지 못하는 서러움을 표현하고 있다.

② ㉡은 짧은 동안을 나타내는 '하루'와 긴 시간을 나타내는 '삼 년'이라는 시어의 대비를 통해 임을 기다리는 간절한 정서를 표출하고 있다.

③ ㉢은 사람이 살아가는 데에 필수적인 요소인 '밥'과 '잠'이라는 시어를 통해 임에 대한 그리움으로 인한 고통을 나타내고 있다.

④ ㉣은 인연을 맺었던 때를 가리키는 '처음'과 현재의 상황을 나타내는 '이리되자'라는 시어를 통해 임과의 예정된 이별에 대한 안타까움을 드러내고 있다.

⑤ ㉤은 임과의 만남을 가로막는 존재를 나타내는 '은하'라는 시어를 통해 임과의 만남이 이루어지지 않음으로 인한 슬픔을 표현하고 있다.

03 〈보기〉는 윗글에서 사용한 고사를 정리한 것이다. 이를 바탕으로 윗글을 이해한 내용으로 적절하지 <u>않은</u> 것은?

보기

ⓐ 청조 : 신녀 서왕모를 위해 음식물을 가져오고 소식을 전해주는 신화 속의 푸른 새.

ⓑ 사택망처 : 노나라 애공과 공자의 대화에 나오는 말로, 이사할 때 아내를 깜박 잊고 두고 가는 것.

ⓒ 사광 : 춘추 시대 진(晉)나라 악사로, 청각 능력이 우수하여 음률을 이해하고 기억하는 것에 뛰어났음.

ⓓ 편작 : 전국 시대의 명의로, 환자의 오장을 투시하는 경지에 도달하였다고 함.

ⓔ 비익조 : 암수가 각각 눈 하나와 날개 하나만 있어서 짝을 지어야만 날 수 있다는 전설 속의 새.

① ⓐ를 활용한 것은, '청조'가 소식을 전하지 못하는 것과 같이 화자와 임 사이에 소식이 끊겼음을 말하려는 것이군.

② ⓑ를 활용한 것은, '사택망처'한 이가 차라리 부러울 정도로 화자가 임을 잊기 어려워하고 있음을 말하려는 것이군.

③ ⓒ를 활용한 것은, 화자가 임에 대한 기억을 떨쳐 낼 수 없음을 '사광'의 기억력에 견주어 말하려는 것이군.

④ ⓓ를 활용한 것은, 임에 대한 화자의 그리움이 '편작'마저 고칠 수 없는 병처럼 매우 깊음을 말하려는 것이군.

⑤ ⓔ를 활용한 것은, 화자와 임이 이별하더라도 결국에는 '비익조'처럼 재회할 운명임을 말하려는 것이군.

다음 글을 읽고 물음에 답하시오.

(가)

해ㅅ살 피여
이윽한* 후,

머흘 머흘
골을 옮기는 구름.

길경(桔梗)* 꽃봉오리
흔들려 씻기우고.

차돌부리
촉 촉 죽순(竹筍) 돋듯.

┌ 물 소리에
㉠└ 이가 시리다.

앉음새 갈히여
양지 쪽에 쪼그리고,

서러운 새 되어
흰 밥알을 쫓다.

　　　　　　　　　　- 정지용, 「조찬(朝餐)」 -

* 이윽한 : 시간이 지난.
* 길경 : 도라지.

(나)

　파초는 언제 보아도 좋은 화초다. 폭염 아래서도 그의 푸르고 싱그러운 그늘은, 눈을 씻어 줌이 물보다 더 서늘한 것이며 비 오는 날 다른 화초들은 입을 다문 듯 우울할 때 파초만은 은은히 빗방울을 퉁기어 주렴(珠簾) 안에 누웠으되 듣는 이의 마음 위에까지 비는 뿌리고도 남는다. ㉡가슴에 비가 뿌리되 옷은 젖지 않는 그 서늘함, 파초를 가꾸는 이 비를 기다림이 여기 있을 것이다.

　오늘 앞집 사람이 일찍 찾아와 보자 하였다. 나가니
　"거 저 큰 파초 파십시오." 한다.
　"팔다니요?"
　"저거 이젠 팔아 버리셔야 합니다. 저렇게 꽃이 나온 건 다 큰 표구요, 내년엔 영락없이 죽습니다. 그건 제가 많이 당해 본 걸입쇼." 한다.
　"죽을 때 죽더라도 보는 날까진 봐야 않소?"
　"그까짓 인제 뭐 달 더 보자구 그냥 두세요? 지금 팔면 올엔 파초가 세 가 나 저렇게 큰 건 오 원도 더 받습니다…… 누가 마침 큰 걸 하나 구한 다뇨 그까짓 슬쩍 팔아 버리시죠."
　생각하면 고마운 말이다. 이왕 죽을 것을 가지고 돈이라도 한 오 원 만 들어 쓰라는 말이다.
　그러나 나는 마음이 얼른 쏠리지 않는다.

　"그까짓 거 팔아 뭘 허우."
　"아, 오 원쯤 받으셔서 미닫이에 비 뿌리지 않게 챙*이나 해 다시죠."
　그는 내가 서재를 짓고 챙을 해 달지 않는다고 자기 일처럼 성화하던 사람이다.
　나는, 챙을 하면 파초에 비 맞는 소리가 안 들린다고 몇 번 설명하였으나 그는 종시 객쩍은 소리로밖에 안 듣는 모양이었다.
　그는 오늘 오후에도 다시 한 번 와서
　"거 지금 좋은 작자가 있는뎁쇼……." 하고 입맛을 다시었다.
　정말 파초가 꽃이 피면 열대 지방과 달라 한번 말랐다가는 다시 소생하지 못하는지도 모른다. 그러나 내 마당에서, 아니 내 방 미닫이 앞에서 나와 두 여름을 났고 이제 그 발육이 절정에 올라 꽃이 핀 것이다. 얼마나 영광스러운 일인가!

　　　　　　　　　　- 이태준, 「파초」 -

* 챙 : 햇빛이나 비를 막기 위해 처마 끝에 덧붙이는 좁은 지붕.

01 (가)에 대한 설명으로 적절하지 않은 것은?

① 선경후정의 방식을 활용하여 시상을 전개하고 있다.
② 모든 연을 2행으로 구성하여 형태적 통일성을 추구하고 있다.
③ 제2연에서는 명사로 연을 마무리하여 사물의 정적인 모습을 강조하고 있다.
④ 제2연에서 제3연으로 전개되면서 화자의 시선이 원경에서 근경으로 이동하고 있다.
⑤ 제4연에서는 비유적 표현을 활용하여 사물에 동적인 이미지를 부여하고 있다.

형태쌤과 선지분석

선지분석	조찬
선경후정	
모든 연 2행 구성	
2연 명사로 마무리 → 정적인 사물	
2연 원경 → 3연 근경	
4연 비유적 표현 → 동적 사물	

02 ㉠과 ㉡을 비교한 내용으로 가장 적절한 것은?

① ㉠은 청각을 촉각으로, ㉡은 촉각을 시각으로 전이시키고 있다.
② ㉠은 화자가 '구름'을, ㉡은 '나'가 '폭염'을 기다리는 이유를 나타내고 있다.
③ ㉠은 화자의, ㉡은 '나'의 감각적 경험이 정서를 자극하는 양상을 표현하고 있다.
④ ㉠은 '물'과 화자의 공통점을, ㉡은 '파초'와 '다른 화초'의 공통점을 드러내고 있다.
⑤ ㉠은 화자가, ㉡은 '나'가 고통에서 벗어날 수 있는 미래를 기대하는 근거로 제시되고 있다.

03 〈보기〉를 바탕으로 (가), (나)를 감상한 내용으로 적절하지 <u>않은</u> 것은?

보기

　정지용과 이태준은 자연에 대한 관심을 서로 다른 방식으로 표현한다. 정지용은 「조찬」 같은 후기 시에서 자연을 초월과 은둔을 꿈꾸는 이상적 세계로 묘사하고 그에 대한 지향을 드러낸다. 하지만 자연은 현실의 번뇌와 억압으로 인해 그러한 지향이 좌절되는 공간으로도 나타난다. 한편 이태준은 「파초」 같은 수필에서 자연물과의 교감을 시도한다. 그에게 자연물은 속물적인 현실과 거리를 두게 하는 대상이며, 그는 그것들에 대해 심미적 감상의 태도를 드러낸다.

① (가)에 제시된 서러움이라는 정서는 현실의 번뇌로 인해 초월의 어려움을 자각한 데서 비롯된 것으로 볼 수 있겠군.

② (나)에서 '나'가 '앞집 사람'의 제안을 거절하는 이유는 '나'가 파초를 통해 얻는 경제적 이득보다 파초 자체를 감상하는 데 더 큰 가치를 부여하고 있기 때문이겠군.

③ (가)의 화자는 '새'를 통해 자신의 서러운 처지를 드러내고 있고, (나)의 '나'는 파초를 자신과 함께 살아가는 존재로 여김으로써 자연물과의 교감을 드러내고 있군.

④ (가)의 '흰 밥알'은 자연 속에서도 떨쳐 버릴 수 없는 현실의 무게를 나타내고, (나)의 '챙'은 '나'에게 속물적인 현실에서 벗어날 수 있는 여유를 제공하는 대상이군.

⑤ (가)에서 풍경 묘사는 화자가 지향하는 이상적 세계를 보여 주고 있고, (나)에서 파초가 비 맞는 장면에 대한 감각적 서술은 자연물에 대한 '나'의 심미적 감상의 태도를 보여 주고 있군.

다음 글을 읽고 물음에 답하시오.

가야 할 때가 언제인가를
㉠ 분명히 알고 가는 이의
뒷모습은 얼마나 아름다운가.

봄 한철
㉡ 격정을 인내한
나의 사랑은 지고 있다.

분분한 낙화……
결별이 이룩하는 축복에 싸여
지금은 가야 할 때,

㉢ 무성한 녹음과 그리고
㉣ 머지않아 열매 맺는
가을을 향하여

나의 청춘은 꽃답게 죽는다.

헤어지자
섬세한 손길을 흔들며
하롱하롱 꽃잎이 지는 어느 날

나의 사랑, 나의 결별,
㉤ 샘터에 물 고이듯 성숙하는
내 영혼의 슬픈 눈.

- 이형기, 「낙화」 -

01 윗글의 표현상 특징으로 가장 적절한 것은?

① 자조적 표현을 통해 삶의 모순을 드러내고 있다.
② 의성어를 활용하여 경쾌한 분위기를 자아내고 있다.
③ 영탄과 독백의 어조를 통해 화자의 심정을 드러내고 있다.
④ 감각적 이미지를 활용하여 대상의 불변성을 부각하고 있다.
⑤ 동일한 문장 형태를 반복하여 순환의 의미를 강조하고 있다.

 형태쌤과 선지분석

선지분석	낙화
자조적 표현 → 삶의 모순	
의성어 → 경쾌한 분위기	
영탄과 독백의 어조	
감각적 이미지 → 대상의 불변성 부각	
동일한 문장 형태 반복 → 순환의 의미 강조	

02 ㉠~㉤에 대한 이해로 가장 적절한 것은?

① ㉠은 이별에 직면한 화자가 겪고 있는 내적인 방황을 드러내고 있다.
② ㉡은 이별을 감내하면서도 지나간 사랑에 연연해 하고 있는 화자의 회한을 드러내고 있다.
③ ㉢은 이별의 고통으로 인하여 삶의 목표를 상실하고 번민에 가득 차 있는 화자의 상황을 표현하고 있다.
④ ㉣은 이별의 경험이 내적 충만으로 이어지리라는 화자의 기대감을 계절의 의미에 빗대어 표현하고 있다.
⑤ ㉤은 이별로 인한 상실감을 잊고 과거의 삶으로 회귀하는 화자의 태도를 표현하고 있다.

실전 국어 전형태

03 〈보기〉를 참고하여 윗글을 감상한 내용으로 적절하지 <u>않은</u> 것은?

보기

　「낙화」는 인간사의 이별을 꽃의 떨어짐에 비유함으로써 청춘기 자아의 성장 과정을 상징적으로 보여 준다. 자아는 세계와의 관계 속에서 성장의 가능성을 발견한다. 이 과정에서 자아는 시련에 부딪혀 자신이 갖고 있던 정체성의 변화를 겪게 되고, 그러한 변화를 인정하고 수용하면서 새로운 자아상을 확립해 나가게 된다.

① 제1연과 제3연의 '가야 할 때'는 이전과는 달라진 상황을 인식한 때라는 점에서, 새로운 자아의 모습을 찾게 되는 계기라고 할 수 있군.

② 제2연의 '봄 한철'과 제5연의 '꽃답게 죽는다'는 청춘기의 열정을 비유하고 있다는 점에서, 시련에 부딪혀 열정을 잃어가는 자아의 모습을 보여 준다고 할 수 있군.

③ 제3연의 '결별이 이룩하는 축복에 싸여'는 이별의 결과에 대한 긍정적인 의미를 담고 있다는 점에서, 변화의 수용이 자아 성장의 과정으로 이어질 수 있음을 알 수 있군.

④ 제6연의 '헤어지자 / 섬세한 손길을 흔들며'는 이별을 수용하는 모습을 표현하고 있다는 점에서, 세계와의 관계가 변화되었음을 인정하려는 자아의 태도를 보여 준다고 할 수 있군.

⑤ 제7연의 '내 영혼의 슬픈 눈'은 화자가 자신을 성찰하고 있음을 보여 준다는 점에서, 시련을 통해 새로워지는 자아상을 확립해 나가는 것임을 알 수 있군.

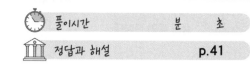
다음 글을 읽고 물음에 답하시오.

(가)

국화(菊花)야 너는 어이 삼월동풍(三月東風) 다 지내고

낙목한천(落木寒天)˚에 네 홀로 피었느냐

아마도 오상고절(傲霜孤節)은 너뿐인가 하노라

- 이정보 -

˚낙목한천 : 나뭇잎이 떨어지는 때의 추운 하늘.

(나)

이화(梨花)에 월백(月白)하고 은한(銀漢)˚이 삼경(三更)인 제

일지춘심(一枝春心)을 자규(子規)˚야 알랴마는

다정(多情)도 병(病)인 양하여 잠 못 들어 하노라

- 이조년 -

˚은한 : 은하수.

˚자규 : 두견새.

(다)

[A]
┌ 쓸쓸하게 황량한 밭 곁에   寂寞荒田側
└ 탐스러운 꽃이 여린 가지 누르고 있네.   繁花壓柔枝

[B]
┌ 향기는 매우(梅雨)˚ 지나 희미해지고   香經梅雨歇
└ 그림자는 맥풍(麥風)˚ 맞아 기우뚱하네.   影帶麥風欹

[C]
┌ 수레나 말 탄 사람 그 뉘가 보아 줄까?   車馬誰見賞
└ 벌이나 나비들만 엿볼 따름이네.   蜂蝶徒相窺

[D]
┌ 태어난 곳 비천하니 스스로 부끄럽고   自慚生地賤
└ 사람들이 내버려 두니 그저 한스럽네.   堪恨人棄遺

- 최치원, 「촉규화(蜀葵花)˚」 -

˚매우 : 매실이 누렇게 익을 무렵의 장맛비.

˚맥풍 : 보리가 익어 가는 시절에 부는 바람.

˚촉규화 : 접시꽃.

01 (가)~(다)의 공통점에 대한 설명으로 가장 적절한 것은?

① 설의적 표현으로 냉소적 태도를 드러내고 있다.

② 청각적 심상을 통해 화자의 처지를 부각하고 있다.

③ 계절감을 주는 어휘로 시적 분위기를 조성하고 있다.

④ 직유법을 사용하여 대상과의 친밀감을 나타내고 있다.

⑤ 영탄적 표현으로 화자의 단호한 의지를 표출하고 있다.

형태쌤과 선지분석

선지분석	(가)	(나)	(다)
설의적 표현 → 냉소적 태도			
청각적 심상 → 화자 처지 부각			
계절감 어휘 → 시적 분위기 조성			
직유법 → 친밀감			
영탄적 표현 → 단호한 의지			

02 (가)~(나)에 대한 이해로 적절하지 않은 것은?

① (가)의 '네 홀로'에는 다른 꽃들과 대조되는 국화의 속성이 드러나 있다.

② (나)에서는 밝은 달빛을 받는 '이화'에서 환기된 화자의 정서가 '자규'를 통해 심화되고 있다.

③ (가)에서는 '동풍'이 불어오는 '삼월'이, (나)에서는 '은한'이 기우는 '삼경'이 화자가 대상과 이별하는 시간적 배경으로 제시되어 있다.

④ (가)의 '오상고절'에는 굳건한 절개가, (나)의 '다정'에는 애상적 정서가 표현되어 있다.

⑤ (가)의 '너뿐인가 하노라'에는 대상을 예찬하는 화자의 태도가, (나)의 '잠 못 들어 하노라'에는 감정을 주체하지 못하는 화자의 모습이 나타나 있다.

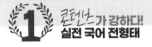

03 〈보기〉를 참고할 때 (다)에 대한 감상으로 적절하지 <u>않은</u> 것은?

> **보기**
>
> 최치원의 「촉규화」는 삶의 현실이나 인식 태도를 사물에 투사하여 그 사물과 자아의 동일성을 이룬 한문 서정시의 하나이다. 최치원의 삶을 고려할 때, 그는 탁월한 능력을 갖추고 있었지만 출신상의 한계로 인해 세상에 크게 쓰이지 못한 채 평범한 사람들 속에서 살아야 할 때가 많았다. 최치원은 이 작품에서 자신의 목소리를 대변하는 '화자'를 통해 이와 같은 자신의 처지를 '촉규화'에 투사하여 표현하고 있다.

① [A]에서 화자는 자신의 출신상의 한계와 탁월한 능력을 대비하여 말하고 있어.

② [B]에서 화자는 자신의 탁월한 능력을 조만간 펼칠 수 있을 것이라는 기대감을 표명하고 있어.

③ [C]에서 화자는 자신을 크게 써 줄 수 있는 사람들에게 관심을 받지 못하고 평범한 이들 속에서 살아야 하는 것에 대해 아쉬움을 나타내고 있어.

④ [D]에서 화자는 자신의 출신과 처지에 대한 부끄러움과 한스러움을 표현하고 있어.

⑤ [A]에서는 '촉규화'의 외양 묘사를 통해, [D]에서는 '촉규화'의 내면 서술을 통해 화자 자신의 처지를 드러내고 있어.

풀이시간 　　　분　　　초

정답과 해설　　　p.43

다음 글을 읽고 물음에 답하시오.

(가)

　　살구나무 그늘로 얼굴을 가리고, 병원 뒤뜰에 누워, 젊은 여자가 흰옷 아래로 하얀 다리를 드러내 놓고 일광욕을 한다. 한나절이 기울도록 가슴을 앓는다는 이 여자를 찾아오는 이, 나비 한 마리도 없다. 슬프지도 않은 살구나무 가지에는 바람조차 없다.

　　나도 모를 아픔을 오래 참다 처음으로 이곳에 찾아왔다. 그러나 나의 늙은 의사는 젊은이의 병을 모른다. 나한테는 병이 없다고 한다. 이 지나친 시련, 이 지나친 피로, 나는 성내서는 안 된다.

　　여자는 자리에서 일어나 옷깃을 여미고 화단에서 금잔화 한 포기를 따 가슴에 꽂고 병실 안으로 사라진다. 나는 그 여자의 건강이 ─ 아니 내 건강도 속히 회복되기를 바라며 그가 누웠던 자리에 누워 본다.

- 윤동주, 「병원」 -

(나)

　　유성에서 조치원으로 가는 어느 들판에 우두커니 서 있는 한 그루 늙은 나무를 만났다. 수도승일까. 묵중하게 서 있었다.

　　다음날은 조치원에서 공주로 가는 어느 가난한 마을 어귀에 그들은 떼를 져 몰려 있었다. 멍청하게 몰려 있는 그들은 어설픈 과객일까. 몹시 추워 보였다.

　　공주에서 온양으로 우회하는 뒷길 어느 산마루에 그들은 멀리 서 있었다. 하늘 문을 지키는 파수병일까, 외로워 보였다.

　　온양에서 서울로 돌아오자, 놀랍게도 그들은 이미 내 안에 뿌리를 펴고 있었다. 묵중한 그들의. 침울한 그들의. 아아 고독한 모습. 그 후로 나는 뽑아낼 수 없는 몇 그루의 나무를 기르게 되었다.

- 박목월, 「나무」 -

01 (가), (나)에 대한 설명으로 가장 적절한 것은?

① (가)와 (나)는 모두 색채 이미지를 활용하여 사물의 역동성을 드러내고 있다.

② (가)와 (나)는 모두 일상을 벗어난 공간과 대비하여 일상의 공간에 의미를 부여하고 있다.

③ (가)는 (나)와 달리, 사물의 속성을 분석하여 미래에 대한 긍정적인 전망을 제시하고 있다.

④ (나)는 (가)와 달리, 추측을 나타내는 표현을 변주하여 사물이 연상시키는 의미를 심화하고 있다.

⑤ (가)는 현재형 시제로 계절의 상징성을, (나)는 과거형 시제로 시간에 따른 사물의 변화상을 보여 주고 있다.

 형태쌤과 선지분석

선지분석	(가)	(나)
색채 이미지 → 사물의 역동성		
일상을 벗어난 공간과 대비 → 일상 공간에 의미 부여		
사물의 속성 분석 → 긍정적 전망		
추측의 표현 변주 → 의미 심화		
(가) 현재 시제 → 계절의 상징성		
(나) 과거 시제 → 사물의 변화		

02 〈보기〉의 관점에서 (가), (나)의 '화자와 대상의 관계'에 대해 이해한 내용으로 적절하지 <u>않은</u> 것은?

보기

　(가), (나)의 화자는 특정한 대상에 대한 인식을 통해 자신을 성찰하고 대상에 공감한다. (가)의 화자는 병원에서 본 '여자'의 모습에 주목하고 '여자'의 아픔에 비추어 자신의 처지를 성찰하며 '여자'가 지닌 치유에 대한 소망에 공감한다. (나)의 화자는 여행 중에 만난 '나무'들의 모습에 주목하고 '나무'들에 비추어 자신의 내면을 성찰하며 '나무'들의 모습에서 드러나는 정서에 공감한다. 이를 통해 (가), (나)의 화자는 대상과의 동질성을 확인한다.

① (가)의 화자는 '병원 뒤뜰'에 누워 있는 '여자'를 관찰함으로써, (나)의 화자는 여로에서 만난 '나무'를 반복적으로 제시함으로써 대상을 인식하고 있음을 보여 주고 있다.

② (가)의 화자는 찾는 이가 없는 '가슴을 앓는다는 이 여자'의 처지에, (나)의 화자는 '나무'에게서 본 '수도승', '과객', '파수병'의 모습에 자신을 비추어 보고 있다.

③ (가)의 화자는 '젊은이의 병'을 모르는 '늙은 의사'에 대한 원망을 '여자'와 공유함으로써, (나)의 화자는 '멀리 서 있'는 '나무'들의 위치를 확인함으로써 대상과 자신의 거리를 좁히려 하고 있다.

④ (가)의 화자는 '금잔화 한 포기'를 꽂고 병실로 들어가는 '여자'에게서 '회복'에 대한 소망을 읽어 냄으로써, (나)의 화자는 '나무'들이 '외로워 보였다'고 표현함으로써 대상에 공감하고 있다.

⑤ (가)의 화자는 '그가 누웠던' 곳에 '누워 본다'고 함으로써, (나)의 화자는 '뽑아 낼 수 없'는 '나무를 기르게 되었다'고 함으로써 대상과 자신의 동질성을 드러내고 있다.

다음 글을 읽고 물음에 답하시오.

(가)

　고려 속요는 고려 시대 궁중에서 형성되어 조선 시대까지 궁중 연향(宴饗)에서 전승되어 불린 노래를 가리킨다. 고려 속요의 기원과 형성에는 민간의 노래가 관여되었다.

　민간의 노래가 궁중 잔치의 노래로 사용된 연원은 중국의 오래된 시집인 『시경(詩經)』의 '풍(風)'에서 찾을 수 있다. '풍'에는 민간의 노래가 실려 있는데 사랑 노래가 대부분이다. '풍'에 실린 노래는 중국은 물론 고려와 조선의 궁중 잔치에서도 불렸다. 또한 조선의 궁중에서는 이를 참고하여 연향 악곡을 선정하였다.

　남녀 간의 사랑 노래를 포함한 민간의 노래가 궁중악으로 수용될 수 있었던 까닭은 무엇일까? 왕을 정점으로 하는 통치 구조에서는 왕권을 공고히 하고 풍속을 교화(教化)하는 수단이 필요했는데, 예법(禮法)과 음악도 중요한 역할을 하였다. 이때 그 과정에서 민중의 생활상을 진솔하게 반영한 노래 가운데 인륜의 차원으로 확장될 가능성이 있는 노래들은 통치 질서를 구현하기에 적합한 노래로 여겨져 궁중악으로 편입되었다. 특히 남녀 간의 사랑 노래는 그 화자와 대상이 '신하'와 '임금'의 구도로 치환되기 용이했기 때문에 궁중악으로 편입될 수 있었다. 이처럼 민간 가요의 궁중 악곡으로의 전환은 하층에서 상층으로의 편입·흡수 과정을 통해 상·하층이 노래를 함께 향유한 화합의 차원으로 볼 수 있다.

[A]

關關雎鳩(관관저구)　꾸욱꾸욱 우는 물수리 한 쌍
在河之洲(재하지주)　하수(河水)의 모래톱에 있도다.
窈窕淑女(요조숙녀)　요조숙녀는
君子好逑(군자호구)　군자의 좋은 짝이로다.

　위의 시는 '풍'에 실린 「관저(關雎)」편 첫째 작품으로 작품의 짜임은 대칭 구조를 이루고 있다. 이미 짝을 지은 물수리 암수의 모습과 앞으로 짝을 이룰 요조숙녀와 군자의 모습이 상응하면서 자연과 사람, 사람과 사람 사이의 조화로움을 노래한 것으로 해석되어 왔다. 문왕(文王)과 후비(后妃)*의 덕을 읊은 것, 부부간의 화락(和樂)과 공경(恭敬)을 읊은 것, 풍속 교화의 시초 등 이 노래에 대한 평(評)이 이를 짐작하게 한다. 이러한 점에서 이 노래는 궁중에서 불렸을 때 국가적 차원의 의미까지 담게 될 여지를 갖게 된다.

　한편, 고려 속요와 『시경』의 '풍'은 공통점이 있지만 고려 속요는 '풍'과 구별되는 특성을 지니고 있기도 하다. 고려 속요는 민간의 사랑 노래가 궁중악으로 정제되어 편입되는 과정에서 변화를 겪기도 했다. 즉 작품의 특정 부분에 긴밀한 유기적 관계를 맺을 수 있는 형식적 장치를 마련하여 한 작품이 구성될 때 ㉠ 작품 전체에 통일성을 부여하는 기능을 더하였다. 그리고 궁중 연향을 고려한 것으로 보이는 특정한 부분이 덧붙여지기도 했다. 예컨대, 전체적으로 애틋한 그리움의 정서를 보이는 작품에 ㉡ 송축의 내용을 담거나 ㉢ 이별의 상황과 동떨어진 시어를 붙이기도 한다. 「동동」과 「가시리」는 이러한 변화를 비교적 잘 보여 주고 있다.

* 문왕과 후비 : 고대의 이상적인 성인 군주와 그의 부인인 태사.

(나)

덕(德)으란 곰비예 받줍고 복(福)으란 림비예 받줍고
덕(德)이여 복(福)이라 호늘 나ᅀᆞ라 오소이다
아으 동동(動動)다리

〈서사〉

정월(正月)ㅅ 나릿므른 아으 어져 녹져 ᄒᆞ논ᄃᆡ
누릿 가온ᄃᆡ 나곤 몸하 ᄒᆞ올로 녈셔
아으 동동(動動)다리

〈정월령〉

이월(二月)ㅅ 보로매 아으 노피 현 등(燈)ㅅ블 다호라
만인(萬人) 비취실 즈싀샷다
아으 동동(動動)다리

〈이월령〉

삼월(三月) 나며 개(開)ᄒᆞᆫ 아으 만춘(滿春) 둘욋고지여
ᄂᆞᆷ이 브롤 즈슬 디녀 나샷다
아으 동동(動動)다리

〈삼월령〉
- 작자 미상, 「동동」 -

(다)

가시리 가시리잇고 나ᄂᆞᆫ
ᄇᆞ리고 가시리잇고 나ᄂᆞᆫ
위 증즐가 대평셩ᄃᆡ(大平盛代)

날러는 엇디 살라 ᄒᆞ고
ᄇᆞ리고 가시리잇고 나ᄂᆞᆫ
위 증즐가 대평셩ᄃᆡ(大平盛代)

잡ᄉᆞ와 두어리마ᄂᆞᆫ
선ᄒᆞ면 아니 올셰라
위 증즐가 대평셩ᄃᆡ(大平盛代)

셜온 님 보내ᅌᆞ노니 나ᄂᆞᆫ
가시ᄂᆞᆫ 둣 도셔 오쇼셔 나ᄂᆞᆫ
위 증즐가 대평셩ᄃᆡ(大平盛代)

- 작자 미상, 「가시리」 -

01 (가)를 이해한 내용으로 적절하지 <u>않은</u> 것은?

① 고려 속요는 조선 시대까지 궁중 연향에서 사용되었다.
② 『시경』의 '풍'은 조선의 궁중악에 영향을 주기도 하였다.
③ 『시경』의 '풍'에 실린 노래에는 민중의 삶이 반영되어 있다.
④ 『시경』의 '풍'과 고려 속요는 모두 상층 노래가 하층 문화에 영향을 준 결과물이다.
⑤ 궁중악에서는 남녀의 사랑이 군신 간의 관계로 확장, 전환되어서 해석될 수 있었다.

03 (가)를 참고하여 [A], (나), (다)를 감상한 것으로 적절하지 <u>않은</u> 것은?

① [A]에서는 자연과 인간 간의 조화로움이, (나)의 〈정월령〉에서는 남녀 간의 사랑으로 인한 외로움이 드러나 있군.
② [A]의 '물수리 한 쌍'과 (나)의 '만춘 들 욋곶'은 생활 속에서 민중이 긍정적 가치를 부여하는 대상을 의미하는 것으로 볼 수 있군.
③ [A]에서는 화락의 상황을, (다)에서는 이별의 상황을 보여 주고 있군.
④ [A]에서는 제1행과 제2행이, (다)에서는 제1연과 제2연이 대상의 변화에 따른 대칭 구조를 이루고 있군.
⑤ [A]에서는 풍속을 교화할 만한 이상적인 사랑을, (나)에서는 모두가 우러러볼 만한 '덕'을, (다)에서는 '님'에 대한 사랑의 감정을 읊고 있는 것으로 볼 수 있군.

02 ㉠~㉢을 바탕으로 (나)와 (다)를 설명한 내용으로 가장 적절한 것은?

① (나)의 '아으 동동다리'는 ㉠의 예로 볼 수 없다.
② (나)의 〈서사〉에서 '아으 동동다리'를 제외한 나머지 부분은 ㉠의 예로 볼 수 있으나, ㉢의 예로는 볼 수 없다.
③ (나)의 〈서사〉에서 '아으 동동다리'를 제외한 나머지 부분은 ㉡의 예로 볼 수 있다.
④ (다)의 '위 증즐가 대평셩딕'는 ㉡의 예로 볼 수 있으나, ㉢의 예로는 볼 수 없다.
⑤ (다)의 제1연에서 '위 증즐가 대평셩딕'를 제외한 나머지 부분은 ㉡의 예로 볼 수 있다.

다음 글을 읽고 물음에 답하시오.

(가)

산촌(山村)에 눈이 오니 돌길이 뭇쳐셰라
시비(柴扉)를 여지 마라 날 츠즈리 뉘 이스리
밤듕만 일편명월(一片明月)이 긔 벗인가 ㅎ노라

〈1수〉

(나)

섯ᄀ래 기나 즈르나 기동이 기우나 트나
수간모옥(數間茅屋)을 죽은 줄 웃지 마라
어즈버 만산 **나월(滿山蘿月)**이 다 닉 거신가 ㅎ노라

〈8수〉

(다)

한식(寒食) 비 온 밤에 **봄빗**치 다 퍼졋다
무정(無情)흔 화류(花柳)도 째를 아라 픠엿거든
엇더타 우리의 님은 가고 아니 오ᄂ고

〈17수〉

(라)

어지밤 비 온 후(後)에 석류(石榴)곳지 다 픠엿다
부용 당반(芙蓉塘畔)에 수정렴(水晶簾)을 거더 두고
눌 향한 깁흔 시름을 못내 푸러 ㅎ노라

〈18수〉

(마)

창(窓)밧긔 워석버셕 **님**이신가 이러 보니
혜란 혜경(蕙蘭蹊徑)에 낙엽(落葉)은 므스 일고
어즈버 유한흔 간장(肝腸)이 다 끈칠까 ㅎ노라

〈19수〉

— 신흠, 「방옹시여(放翁詩餘)」—

* 수간모옥 : 방이 몇 칸 되지 않는 작은 초가.
* 만산 나월 : 산에 가득 자란 덩굴 풀에 비친 달.
* 부용 당반 : 연꽃이 피어 있는 연못가.
* 혜란 혜경 : 난초가 자라난 지름길.

---

01 윗글의 표현상 특징에 대한 설명으로 가장 적절한 것은?

① (가)에서는 대상과의 문답을 통해 시상을 심화하고 있다.
② (나)에서는 과거와 현재를 대비하여 화자의 삶의 태도를 암시하고 있다.
③ (다)에서는 선경후정의 전개 방식을 통해 화자의 내면을 드러내고 있다.
④ (라)에서는 대상에 감정을 이입하여 심리적 변화를 우회적으로 표출하고 있다.
⑤ (마)에서는 대상을 의인화하여 대상이 지닌 속성들을 점층적으로 나열하고 있다.

🔍 형태쌤과 선지분석

선지분석	방옹시여
대상과의 문답 → 시상 심화	
과거와 현재 대비 → 화자의 태도 암시	
선경후정 → 화자의 내면 제시	
감정 이입 → 심리 변화 우회적 표출	
의인화 → 대상의 속성 점층적 나열	

02 〈보기〉의 ⓐ, ⓑ를 고려하여 (가)~(라)를 이해한 내용으로 가장 적절한 것은?

보기

「방옹시여」는 선조(宣祖) 사후에 정계에서 밀려난 신흠이 은거 상황을 배경으로 창작한 시조 작품을 모아 놓은 것이다. 여기에 수록된 30수는 몇 개의 작품군으로 분류될 수 있다. 예컨대 ⓐ 은자로서의 자족감이나 자긍심을 표현한 작품군, ⓑ '님'으로 표상되는 선왕에 대한 그리움과 연모의 정을 표현한 작품군 등이 있다.

① (가)의 '눈'은 ⓐ와 연관된 시어로, 화자의 은거가 자발적으로 이루어졌음을 알려 주는 단서이다.
② (나)의 '수간모옥'은 ⓐ와 연관된 시어로, 화자의 답답한 심정이 투영되어 있는 대상이다.
③ (나)의 '만산 나월'은 ⓑ와 연관된 시어로, '님'이 부재한 상황을 절감하게 하는 소재이다.
④ (다)의 '봄빗'은 ⓑ와 연관된 시어로, '님'에 대한 화자의 그리움을 촉발하는 계기이다.
⑤ (라)의 '부용 당반'은 ⓑ와 연관된 시어로, 화자가 연모하는 대상과 함께 지내는 공간이다.

03 (마)와 〈보기〉를 비교하여 감상한 내용으로 적절하지 <u>않은</u> 것은?

보기

벽사창(碧紗窓)이 어른어른커늘 님만 너겨 풀쩍 니러나 뚝딱 나셔 보니

님은 아니오 명월(明月)이 만정(滿庭)혼디 벽오동(碧梧桐) 져즌 닙히 봉황(鳳凰)이 누려안자 긴 부리를 휘여다가 두 누래예 너허 두고 슬금슬 젹 깃 다듬는 그림자ㅣ로다

모쳐로 밤일싀만졍 행여 낫이런들 놈 우일 번ㅎ여라

- 작자 미상 -

① (마)의 초장과 〈보기〉의 초장에서는 모두 감각적 자극이 착각을 불러일으키는 원인이 되고 있군.

② (마)의 초장과 〈보기〉의 초장에서는 모두 창밖의 변화에 즉각적으로 반응하는 화자의 모습이 그려지고 있군.

③ (마)의 중장과 〈보기〉의 중장에서는 모두 화자의 착각을 불러 일으킨 대상이 확인되고 있군.

④ (마)의 중장에서는 착각을 야기한 대상에 대한 묘사가, 〈보기〉의 중장에서는 착각을 야기한 대상에 대한 비판이 제시되고 있군.

⑤ (마)의 종장에서는 화자의 내면적 고통을 토로하고 있고, 〈보기〉의 종장에서는 타인의 평가와 조소를 의식하고 있군.

| 과외식 기출 분석서, 나기출 |

나 없이
기출
풀지마라

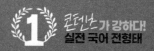

현대 산문

다음 글을 읽고 물음에 답하시오.

　　어머니는 조각마루 끝에 앉아 말이 없었다. 벽돌 공장의 높은 굴뚝 그림자가 시멘트 담에서 꺾어지며 좁은 마당을 덮었다. 동네 사람들이 골목으로 나와 뭐라고 소리치고 있었다. 통장은 그들 사이를 비집고 나와 방죽 쪽으로 걸음을 옮겼다. 어머니는 식사를 끝내지 않은 밥상을 들고 부엌으로 들어갔다. 어머니는 두 무릎을 곧추세우고 앉았다. 그리고, 손을 들어 ㉠부엌 바닥을 한 번 치고 가슴을 한 번 쳤다. 나는 동사무소로 갔다. ㉡행복동 주민들이 잔뜩 몰려들어 자기의 의견들을 큰 소리로 말하고 있었다. ⓐ들을 사람은 두셋밖에 안 되는데 수십 명이 거의 동시에 떠들어대고 있었다. 쓸데없는 짓이었다. 떠든다고 해결될 문제는 아니었다.

　　나는 바깥 게시판에 적혀 있는 공고문을 읽었다. 거기에는 아파트 입주 절차와 아파트 입주를 포기할 경우 탈 수 있는 이주 보조금 액수 등이 적혀 있었다. 동사무소 주위는 시장바닥과 같았다. 주민들과 아파트 거간꾼들이 한데 뒤엉켜 이리 몰리고 저리 몰리고 했다. 나는 거기서 아버지와 두 동생을 만났다. 아버지는 도장포 앞에 앉아 있었다. 영호는 내가 방금 물러선 게시판 앞으로 갔다. 영희는 골목 입구에 세워 놓은 검정색 승용차 옆에 서 있었다. 아침 일찍 일들을 찾아 나섰다가 ㉢철거 계고장이 나왔다는 소리를 듣고 돌아온 것이었다. 누군들 이런 날 일을 할 수 있을까. 나는 아버지 옆으로 가 아버지의 공구들이 들어 있는 부대를 둘러메었다. 영호가 다가오더니 나의 어깨에서 그 부대를 내려 옮겨 메었다. 나는 아주 자연스럽게 그것을 넘겨주면서 이쪽으로 걸어오는 영희를 보았다. 영희의 얼굴은 발갛게 상기되어 있었다. 몇 사람의 거간꾼들이 우리를 둘러싸고 아파트 입주권을 팔라고 했다. 아버지가 책을 읽고 있었다. 우리는 아버지가 책을 읽는 것을 처음 보았다. 표지를 쌌기 때문에 무슨 책을 읽는지도 알 수 없었다. 영희가 허리를 굽혀 아버지의 손을 잡아끌었다. 아버지는 우리들의 얼굴을 물끄러미 쳐다보더니 자리를 털고 일어났다. "난장이가 간다"고 처음 보는 사람들이 말했다.

　　어머니는 대문 기둥에 붙어 있는 ㉣알루미늄 표찰을 떼기 위해 식칼로 못을 뽑고 있었다. 내가 식칼을 받아 반대쪽 못을 뽑았다. 영호는 어머니와 내가 하는 일이 못마땅한 모양이었다. 그러나 마음에 드는 일이 우리에게 일어나 주기를 바랄 수는 없는 일이었다. 어머니는 무허가 건물 번호가 새겨진 알루미늄 표찰을 빨리 떼어 간직하지 않으면 나중에 괴로운 일이 생길 것이라는 것을 알고 있었다.

　　어머니는 손바닥에 놓인 표찰을 말없이 들여다보았다. 영희가 이번에는 어머니의 손을 잡아끌었다.

[중략 줄거리] 아버지는 병들고 지쳐 일을 할 수 없게 되고 '나', '영호', '영희'는 학교를 그만두게 된다. 어느 날 아버지는 말없이 집을 나간다.

　　나는 아버지가 놓고 나간 책을 읽고 있었다. 그것은 『일만 년 후의 세계』라는 책이었다. 영희는 온종일 팬지꽃 앞에 앉아 줄 끊어진 기타를 쳤다. '최후의 시장'에서 사온 기타였다. 내가 방송통신고교의 강의를 받기 위해 라디오를 사러 갈 때 영희가 따라왔었다. 쓸 만한 라디오가 있었다. 그런데, 영희가 먼지 속에 놓인 기타를 들어 퉁겨 보는 것이었다. 영희는 고개를 약간 숙이고 기타를 쳤다. 긴 머리에 반쯤 가려진 옆얼굴이 아주 예뻤다. 영희가 치는 기타 소리는 영희에게 아주 잘 어울렸다. 나는 먼저 골랐던 라디오를 살 수 없었다. 좀 더 싼 것으로 바꾸면서 영희가 든 기타를 가리켰다. 그 라디오가 고장이 나고 기타는 줄이 하나 끊어졌다. 줄 끊어진 기타를 영희는 쳤다. 나는 아버지가 무슨 생각을 하고 있는지 알 수 없었다. 『일만 년 후의 세계』라는 책을 아버지는 개천 건너 주택가에 사는 젊은이에게서 빌렸다. 그의 이름은 지섭이었다. 지섭은 밝고 깨끗한 주택가 삼층집에서 살았다. 지섭은 그 집 가정교사였다. 아버지와 그는 서로 통하는 데가 있었다. 지섭이 하는 말을 나는 들었었다. 그는 이 땅에서 우리가 기대할 것은 이제 없다고 말했다.

　　"왜?"

　　아버지가 물었다.

　　지섭은 말했다.

　　"사람들은 사랑이 없는 욕망만 갖고 있습니다. 그래서 단 한 사람도 남을 위해 눈물을 흘릴 줄 모릅니다. 이런 사람들만 사는 땅은 죽은 땅입니다."

　　"하긴!"

　　"아저씨는 평생 동안 아무 일도 안 하셨습니까?"

　　"일을 안 하다니? 일을 했지. 열심히 일했어. 우리 식구 모두가 열심히 일했네."

　　"그럼 무슨 나쁜 짓을 하신 적은 없으십니까? 법을 어긴 적 없으세요?"

　　"없어."

　　"그렇다면 기도를 드리지 않으셨습니다. 간절한 마음으로 기도를 드리지 않으셨어요."

　　"기도도 올렸지."

　　"그런데, 이게 뭡니까? 뭐가 잘못된 게 분명하죠? 불공평하지 않으세요? 이제 이 죽은 땅을 떠나야 됩니다."

　　"떠나다니? 어디로?"

　　"달나라로!"

　　"얘들아!"

　　어머니의 ㉤불안한 음성이 높아졌다. 나는 책장을 덮고 밖으로 뛰어나갔다. 영호와 영희는 엉뚱한 곳을 찾아 헤매고 있었다. 나는 방죽가로 나가 곧장 하늘을 쳐다보았다. 벽돌 공장의 높은 굴뚝이 눈앞으로 다가왔다. 그 맨 꼭대기에 아버지가 서 있었다. 바로 한 걸음 정도 앞에 달이 걸려 있었다.

　　　　　　　　　　　- 조세희, 「난장이가 쏘아 올린 작은 공」 -

형태쌤과 지문분석

지문분석	
시간	
공간	
서술자의 관심사	

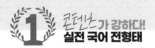
01 윗글에 대한 설명으로 가장 적절한 것은?

① 서술자의 시각을 통해 상황에 대한 비관적 인식이 드러나고 있다.
② 인물의 과장된 행동을 통해 비극적 분위기에 반전을 꾀하고 있다.
③ 현학적인 표현을 사용하여 사건을 보는 다양한 관점을 제시하고 있다.
④ 액자 구조를 통해 상이한 이야기가 갖는 유사한 의미를 강조하고 있다.
⑤ 동시에 벌어진 사건들을 나란히 배치하여 이야기의 흐름을 지연시키고 있다.

형태쌤과 선지분석

선지분석	난장이가 쏘아 올린 작은 공
서술자의 시각 → 비관적 인식	
인물의 과장된 행동 → 비극적 분위기 반전	
현학적 표현 → 다양한 관점	
액자 구조 → 상이한 이야기의 유사성	
병렬 구조 → 이야기의 흐름 지연	

02 '어머니'와 관련하여 ⊙~⑩을 이해한 내용으로 적절하지 않은 것은?

① ⊙ : 사건에 대한 '어머니'의 심리적 반응을 행동으로 구체화하고 있다.
② ⓒ : '어머니'가 처한 현실과 상반된 지명이 현실의 모순을 부각하고 있다.
③ ⓒ : '어머니'에게 닥친 문제가 구체적으로 무엇인지 드러내고 있다.
④ ⓔ : 생활의 의지마저 포기한 '어머니'의 절망적인 모습을 보여 주고 있다.
⑤ ⑩ : '어머니'의 고조된 음성이 상황의 절박함을 암시하고 있다.

03 〈보기〉를 바탕으로 윗글을 감상한 내용으로 적절하지 않은 것은?

보기

이 작품은 등장인물인 '지섭'을 통해 '죽은 땅'과 '달나라'라는 상징적 공간을 설정하여 '난장이' 일가가 직면한 현실의 문제를 드러내고 있다. '죽은 땅'은 '욕망'과 '불공평'이라는 속성으로, '달나라'는 '사랑'과 '남을 위한 눈물'이라는 속성으로 구체화된다. 이를 통해 이 작품은 산업 사회의 이면에 대한 비판과 이상 세계를 향한 낭만적 동경을 보여 주고 있다.

① '불공평'을 '죽은 땅'의 속성으로 볼 때, '공고문'은 불평등한 현실의 문제를 들춰내는 소재이겠군.
② '욕망'을 '죽은 땅'의 속성으로 볼 때, '난장이' 가족의 어려움은 '욕망'으로 가득한 현실에서 비롯되었다고 할 수 있겠군.
③ '달나라'가 '죽은 땅'과 대조되는 것으로 볼 때, '달나라'에 대한 동경은 '죽은 땅'에 대한 '지섭'의 비관적 인식을 포함한다고 할 수 있겠군.
④ '사랑'을 '달나라'의 속성으로 볼 때, '지섭'은 자신의 욕망만 앞세우는 사람들이 사는 '죽은 땅'에서는 '사랑'을 기대할 수 없다고 생각하겠군.
⑤ '남을 위한 눈물'을 '달나라'의 속성으로 볼 때, '지섭'은 '난장이'가 주어진 현실의 삶에 충실하지 못했기에 그를 위해 눈물을 흘려 줄 사람을 만나지 못한 것이라고 생각하겠군.

04 ⓐ의 상황을 나타내는 말로 가장 적절한 것은?

① 유구무언(有口無言)
② 일구이언(一口二言)
③ 중구난방(衆口難防)
④ 진퇴양난(進退兩難)
⑤ 횡설수설(橫說豎說)

다음 글을 읽고 물음에 답하시오.

1945년 8월 15일, 역사적인 날.

이날도 신기료장수 방삼복은 종로의 공원 건너편 응달에 앉아서, 구두 징을 박으면서, 해방의 날을 맞이하였다. 그러나 삼복은 감격한 줄도 기쁜 줄도 모르겠었다. 지나가는 행인이, 서로 모르던 사람끼리면서 덥쑥 서로 껴안고 기뻐하고 눈물을 흘리고 하는 것이, 삼복은 속을 모르겠고 차라리 쑥스러 보일 따름이었다. ㉠ 몰려 닫는 군중이 오히려 성가시고, 만세 소리가 귀가 아파 이맛살이 찌푸려질 지경이었다.

몰려다니고 만세를 부르고 하기에 미처 날뛰느라고 정신이 없어, 손님이 없어, 손님이 부쩍 줄었다.

"우랄질! 독립이 배부른가?"

이렇게 그는 두런거리면서 반감이 솟았다.

이삼 일 지나면서부터야 삼복에게도 삼복에게다운 해방의 혜택이 나누어졌다.

십 전이나 십오 전에 박아 주던 징을, 오십 전을 받아도 눈을 부라리는 순사를 볼 수가 없었다. ㉡ 순사가 없어졌다면야, 활개를 쳐 가면서 무슨 짓을 하여도 상관이 없고 무서울 것이 없던 것이었었다.

"옳아, 그렇다면 독립도 할 만한 건가 보다."

삼복은 징 열 개를 박아 주고 오 원을 받아 넣으면서 이렇게 속으로 중얼거리기까지 하였다.

그러나 며칠이 못 가서 삼복은 다시금 해방을 저주하여야 하였다. 삼복이 저 혼자만 돈을 더 받으며, 더 받아 상관이 없는 것이 아니라, 첫째 도가(都家)들이 제 맘대로 재료 값을 올리던 것이었었다. 징, 가죽, 고무, 실 모두가 오곱 십곱 비싸졌다. 그러니 ㉢ 신기료장수는 손님한테 아무리 비싸게 받는댔자 재료를 비싼 값으로 사야 하니, 결국 도가만 살찌울 뿐이지 소득은 전과 크게 다를 것이 없었다.

"이런 옘병헐! 그눔에 경제권 다 어디루 가 뒈졌어. 독립은 우라진다구 독립을 헌담."

석양 때 신기료 궤짝 어깨에 멘 채 홧김에 막걸릿청으로 들어가, 서너 사발 들이켜고는 그는 이렇게 게걸거렸다.

[중략 줄거리] 영어 실력 덕에 미군 통역관이 된 방삼복은 권력을 얻는다. 친일 행위로 모은 재산을 해방 이후에 모두 빼앗긴 백 주사는 방삼복을 만나 자신의 재산을 되찾아 달라고 부탁한다.

㉣ 옛날의 영화가 꿈이 되고, 일보에 몰락하여 가뜩이나 초상집 개처럼 초라한 자기가 또 한번 어깨가 옴츠러듦을 느끼지 아니치 못하였다. 그런데다 이 녀석이, 언제 적 저라고 무엄스럽게 굴어 심히 불쾌하였고, 그래서 엔간히 자리를 털고 일어설 생각이 몇 번이나 나지 아니한 것도 아니었었다. 그러나 참았다.

보아 하니 큰 세도를 부리는 것이 분명하였다. 잘만 하면 그 힘을 빌려, 분풀이와 빼앗긴 재물을 도로 찾을 여망이 있을 듯 싶었다. ⓐ 분풀이를 하고, 더구나 재물을 도로 찾고 하는 것이라면야 코삐뚤이 삼복이는 말고, 그보다 더한 놈한테라도 머리 숙이는 것쯤 상관할 바 아니었다.

"그러니, 여보게 미씨다 방……."

있는 말 없는 말 보태 가며 일장 경과 설명을 한 후에, 백 주사는 끝을 맺기를,

"어쨌든지 그놈들을 말이네, 그놈들을 한 놈 냉기지 말구섬 죄다 붙잡아다가 말이네, 괴수놈들일랑 목을 썰어 죽이구, 다른 놈들일랑 뼉다구가 부러지두룩 두들겨 주구. 꿇어앉히구 항복 받구. 그리구 빼앗긴 것 일일이 도루 다 찾구. 집허구 세간 쳐부신 것 말끔 다 물리구…… 그렇게만 해 준다면, 내, 내, 재산 절반 노나 주문세, 절반. 응, 여보게 미씨다 방."

"염려 마슈."

미스터 방은 선뜻 쾌한 대답이었다.

"진정인가?"

"머, 지끔 당장이래두, 내 입 한 번만 떨어진다 치면, 기관총 들멘 엠피가 백 명이구 천 명이구 들끓어 내려가서, 들이 쑥밭을 만들어 놉니다, 쑥밭을."

"고마우이!"

백 주사는 복수하여지는 광경을 서언히 연상하면서, 미스터 방의 손목을 덥쑥 잡는다.

"백골난망이겠네."

"놈들을 깡그리 죽여 놀 테니, 보슈."

"자네라면야 어련하겠나."

"흰말이 아니라 참 ○○○ 박사두 내 말 한마디면 고만 다 제바리유."

미스터 방은 그리고는 냉수 그릇을 집어 한 모금 물고 꿀쩍 꿀쩍 양치를 한다. ㉤ 웬 버릇인지, 하여간 그는 미스터 방이 된 뒤로, 술을 먹으면서 양치하는 버릇이 생겼었다.

양치한 물을 처치하려고 휘휘 둘러보다, 일어서서 노대로 성큼성큼 나간다.

- 채만식, 「미스터 방」 -

지문분석	
시간	
공간	
서술자의 관심사	

01 윗글의 서술상 특징으로 가장 적절한 것은?

① 서술자가 자신의 이야기를 중심으로 사건을 전개하고 있다.
② 서술자를 작중 인물로 설정하여 사건의 현장감을 높이고 있다.
③ 서술자가 작중 상황과 사건을 전지적 시점으로 전달하고 있다.
④ 서술자가 회상을 통해 외부 이야기에서 내부 이야기로 이동하고 있다.
⑤ 서술자는 과거와 현재를 반복적으로 교차시켜 사건에 입체감을 부여하고 있다.

형태쌤과 선지분석

선지분석	미스터 방
1인칭 주인공 시점	
1인칭 서술자	
3인칭 전지적 작가 시점	
회상 → 외부 이야기에서 내부 이야기로 이동	
과거와 현재의 반복 교차	

02 ㉠~㉢에 대한 설명으로 적절한 것은?

① ㉠ : 새로운 국가의 미래를 비관적으로 전망하는 인물의 복잡한 심정을 표현한다.
② ㉡ : 치안 부재의 상황으로 인해 야기된 인물의 슬픔과 분노를 표현한다.
③ ㉢ : 물가 상승으로 대표되는 경제 상황에 대한 인물의 불편한 심경을 표현한다.
④ ㉣ : 전통 윤리를 회복해 타락한 세태를 견뎌내고자 하는 인물의 의지를 표현한다.
⑤ ㉤ : 새로운 생활 문화를 체험하며 나타나는 인물의 혼란스러운 내면을 표현한다.

03 다음 학습 활동에서 [A]에 들어갈 내용으로 적절하지 <u>않은</u> 것은?

학습 활동

[감상의 길잡이]
　이 소설을 감상하기 위해서는 인물과 시대 현실을 비판적으로 이해하는 것이 중요하다.

1. 작품의 시·공간적 배경을 알아보자.
　- 해방 직후의 서울

2. 작중 인물의 태도를 살펴보자.
　- 방삼복은 해방된 사회의 현실에 대해 일관성 없는 태도를 보임.
　- 백 주사는 몰락을 가져온 현실에 대해 부정적 태도를 보임.
　- 백 주사는 갑자기 출세한 방삼복에 대해 이중적 태도를 보임.

3. 작중 인물과 시대 현실을 중심으로 작품을 감상해 보자.

[A]

① 방삼복의 출세를 통해 해방 직후 사회의 부정적 단면을 비판적으로 드러낸다.
② 백 주사의 몰락을 통해 개인을 억압하는 시대 변화의 부당함을 비판적으로 드러낸다.
③ 현실에 대한 백 주사의 부정적 태도를 통해 그의 시대착오적 역사 인식을 비판적으로 드러낸다.
④ 현실에 대한 방삼복의 일관성 없는 태도를 통해 그의 현실 인식에 나타난 문제점을 비판적으로 드러낸다.
⑤ 방삼복에 대한 백 주사의 이중적 태도를 통해 자신의 이익만을 추구하는 기회주의적인 모습을 비판적으로 드러낸다.

04 ⓐ의 상황을 나타내기에 가장 적절한 것은?

① 꿩 먹고 알 먹는다.
② 되로 주고 말로 받는다.
③ 소 잃고 외양간 고친다.
④ 오는 말이 고와야 가는 말이 곱다.
⑤ 종로에서 뺨 맞고 한강에서 눈 흘긴다.

다음 글을 읽고 물음에 답하시오.

죽음을 거부하면서도 삶답지 못한 생존의 늪을 허우적거릴 때, 이 도시의 생활환경이 왜 자연을 파손시키느냐의 또 다른 문제에 관심을 갖게 되었다. 그와 동시에 나는 동진강 하구의 삼각주 개펄에서 새 떼를 만난 것이다. 실의의 낙향 생활로 술만 죽여 내던 내 깜깜한 생활 안으로 나그네 새의 울음소리가 화톳불처럼 살아나기 시작했다. 새가 내 머릿속으로 자유자재 날아다녔다. ⓐ 수백 마리로 떼를 이루어 의식의 공간을 무한대로 휘저었다. 새 중에서도 동진강 하구에서 자취를 감춘 도요새였다. 나는 도요새를 찾아 헤매었다. 그중 중부리도요를 발견하기 위해 휴일에는 정배형과 함께, 그 외의 날은 나 혼자서 동남만 일대의 습지와 못과 개펄을 싸돌았다. 그러나 봄은 짧았고 곧 초여름으로 접어들었다. 그때는 이봐미 물떼새목의 도요샛과에 포함된 그 무리는 우리나라 남단부를 거쳐 휴전선 하늘을 질러 북상한 뒤였다. ⓑ 다시 도요새 무리가 도래할 시절을 만해의 임처럼 기다렸다. 그래서 시베리아 알래스카 캐나다의 툰드라에서 편도 일만 킬로미터를 날아 남으로 남으로 내려오는 그 작은 새 떼의 길고 긴 여정에 밤마다 동참했던 것이다. 나의 일상이 너무 권태스러울 정도로 자유스러우면서, ⓒ 전혀 자유스럽지 못한 내 사고의 굳게 닫힌 문을 도요새가 그 날카로운 부리로 쪼며 밀려들었다. 그리고 떠남의 자유와 고통에 대해 여러 말을 재잘거렸다.

[A]
　　─ 우리는 여름에 그 한대의 추운 지방에서 번식하여 가을이면 지구의 반을 가로지르는 여행길에 오른다. 우리는 떠나야 할 때를 안다. 얇은 햇살 아래 파르스름하게 살아 있던 이끼류와 작은 떨기나무가 잿빛으로 시들고, 긴 밤이 저 북빙의 찬바람을 몰아올 때쯤이면 우리는 여정의 채비를 차린다. 여름 동안 부쩍 큰 새끼들도 날개를 손질하며 출발의 한때를 기다린다. 우리의 여행은 자유를 찾기 위한 고통의 길고 긴 도정이다. 처음 떠날 때, 우리는 무리를 이룬다. 그러나 창공을 가로질러 쉬지 않고 날 때는 다만 혼자 날 뿐이다. 마라톤 선수가 사십이 점 일구오 킬로를 완주할 때는 오직 자기 자신의 극기와의 싸움이라고 말했듯, 작은 심장으로 숨 가빠 하며 열심히 열심히 혼자 날아간다. 그렇다고 방향이나 길을 잃는 법은 없다. 혼자 날지만 결코 혼자가 아니기 때문이다. 우리는 각각 떨어진 개체의 몸이지만 나는 속도가 일정하고 행로가 분명하므로 우리는 낙오되거나 결코 헤어지지 않는다. 오백만 년 전 신생대부터 우리 조상들은 그런 고통의 긴 여행을 터득해 왔다. 인간으로서는 감히 상상할 수 없는 바다와 하늘이 맞물려 있는 무공 천지에 길을 열어 봄 가을 두 차례를 대이동으로 장식해 온 것이다. 오직 생활환경에 적응키 위해서라는 한마디로 치부해 버린다면 인간도 거기에서 예외일 수는 없다. 오히려 인간은 거기에 적응하기 위해 사악하고 간사하고 탐욕하고 음란하고 권력욕에 차 있어, 자연의 환경을 파괴하고 끝내 너희들 스스로까지 파멸시키기 위해 기계와 조직의 노예가 되고 있지 않은가…….

ⓓ 나는 여름 내내 도요새의 이런 재잘거림을 꿈을 통해, 또는 환청으로 들어 왔다. 가을이 왔다. 그러나 이제 동진강 하류의 삼각주에서 중부리도요는 찾아볼 수가 없었다. 아니, 중부리도요보다 몸집이 좀 큰 마도요, 등이 불그스름한 민물도요도 볼 수가 없었다. 동진강은 이미 공장 지대에서 흘러내린 폐수로 수질이 크게 오염되고 말았다. 그래서 그 많은 철새나 나그네새 중에 이제는 공해에 비교적 강한 몇 종류의 철새와 나그네새만이 도래할 뿐이다. 바다쇠오리 청둥오리 등의 오리 무리와, 흰목물떼새 꼬

마물떼새 등의 물떼새 무리가 그것이다.

나는 열 개의 미터글라스가 꽂힌 시험관꽂이를 들고 동진강의 지류로 수질 오염도가 아주 높은 석교천 둑 위를 걷고 있었다.

(중략)

나는 시험관꽂이를 들고 자갈밭으로 되돌아 걷기 시작했다. 이제 석교천은 살아 있는 물이라 부를 수는 없다고 생각했다. 석교천 물은 이미 죽어 버렸다. 아니, 악마의 혼으로 살아 있다. 이 폐유가 결국 동진강으로 흘러들어 가지 않는가. 그렇다면 강폭이 팔십 미터에 가까운 동진강은 몰라도 이 석교천에는 분명 인체에 절대적인 영향을 줄 만큼의 크롬산이나 수은을 함량하고 있을 것이다. 또 석교천 주민 중 십 년이나 이십 년 뒤 육가크롬화로 앓지 않는다고 누가 감히 장담할 수 있을 것인가. 나는 자갈밭에 앉아 양말을 신었다. "두고 봐라. 내가 기필코 석교천은 물론 동진강까지 예전의 자연수 상태로 만들고 말 테니." 누가 들으란 듯 내가 말했다. ⓔ 나 자신도 수천 번을 반복하여 이미 자기 최면에 걸린 말이었다. 누가 이 말을 듣는다면 그것은 터무니없는 헛된 집념이라고 나를 비웃을는지도 몰랐다. 아니 미쳤다고 손가락질할 것이다. 그러나 지구의 절반을 한 해에 두 번씩이나 건너다니는 그 작은 도요새의 고통보다는 그 일이 내게 결코 어렵게 생각되지 않았다.

- 김원일, 「도요새에 관한 명상」 -

형태쌤과 지문분석

지문분석	
시간	
공간	
서술자의 관심사	

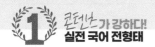
01 윗글의 서술상의 특징으로 가장 적절한 것은?

① 어리숙한 인물을 서술자로 내세워 진술의 해학성을 강화하고 있다.
② 주변 인물이 서술자가 되어 주인공의 행동과 심리를 제시하고 있다.
③ 서술자가 자신의 체험을 진술하여 현실에 대한 인식을 드러내고 있다.
④ 서술자가 관찰자의 입장에서 사건을 전달함으로써 객관성을 높이고 있다.
⑤ 작중 인물이 아닌 서술자의 전지적 시점을 통해 갈등 상황을 부각하고 있다.

형태쌤과 선지분석

선지분석	도요새에 관한 명상
어리숙한 서술자 → 해학성	
1인칭 관찰자 시점	
1인칭 주인공 시점	
관찰자 시점 → 객관성	
3인칭 전지적 시점 → 갈등 부각	

02 ㉠~㉤에 대한 이해로 적절하지 않은 것은?

① ㉠ : 인물의 의식이 대상에 대한 생각으로 가득 차 있다.
② ㉡ : 인물이 대상과의 만남을 간절하게 염원하고 있다.
③ ㉢ : 인물의 의식이 대상에 의해 각성되고 있다.
④ ㉣ : 인물이 대상의 존재를 의도적으로 부인하고 있다.
⑤ ㉤ : 인물의 의지가 확고해진 상태에 이르렀다.

03 [A]에 대한 이해로 가장 적절한 것은?

① 도요새들 간의 논쟁적 상황을 설정하여 도요새의 지혜로움을 부각하고 있다.
② 도요새의 말이라는 우화적 장치를 통해 인간 세계에 대한 비판적 관점을 드러내고 있다.
③ 도요새의 이동에 따른 공간 변화를 통해 도요새 무리의 갈등 해소 과정을 보여 주고 있다.
④ 도요새의 비행경로에 관한 관찰 결과를 제시하여 인간 문명의 발전 과정을 비유적으로 드러내고 있다.
⑤ 도요새의 습성과 인간의 특성을 비교하여 인간과 자연이 조화를 이루며 공존하고 있는 현실을 드러내고 있다.

04 윗글의 도요새와 〈보기〉의 매화에 대하여 감상한 내용으로 가장 적절한 것은?

보기

어리고 성긴 매화 너를 믿지 않았더니
눈 기약(期約) 능(能)히 지켜 두세 송이 피었구나
촉(燭) 잡고 가까이 사랑할 제 암향부동(暗香浮動)*하더라
                 - 안민영, 「매화사」 제2수 -

* 암향부동 : 그윽한 향기가 은근히 떠돎.

① '도요새'는 인물에게 자신감을 주고, '매화'는 화자에게 자존감을 상실하게 한다.
② '도요새'는 인물의 욕망을 대리 표현하고, '매화'는 화자가 극복해야 할 존재를 의미한다.
③ '도요새'는 인물에 종속된 존재를 표상하고, '매화'는 화자에게서 독립된 존재를 상징한다.
④ '도요새'는 작지만 인물에게 교훈을 주고, '매화'는 어리지만 화자에게 경이로움을 느끼게 한다.
⑤ '도요새'는 현실의 문제를 회피하고자 하는 인물의 태도를 표상하고, '매화'는 화자가 추구하는 이념을 상징한다.

다음 글을 읽고 물음에 답하시오.

[앞부분의 줄거리] 화랑도를 숭상하는 '유종'과 당나라를 숭상하는 '금지'는 내심 서로 못마땅해한다. 이런 가운데 '금지'는 아들 '금성'과 '유종'의 딸 '주만'과의 혼사를 진행하려 한다.

설령 금성이가 출중한 재주와 인물을 갖추었다 하더라도 유종은 이 혼인을 거절할밖에 없었으리라. 첫째로 금지는 당학파의 우두머리가 아니냐. 나라를 좀먹게 하는 그들의 소위만 생각해도 뼈가 저리거든 그런 가문에 내 딸을 들여보내다니 될 뻔이나 한 수작인가. 도대체 당학*이 무에 그리 좋은고. 그 나라의 바로 전 임금인 당 명황(唐明皇)만 하더라도 양귀비란 계집에게 미쳐서 정사를 다스리지 않은 탓에 필경 안녹산(安祿山)의 난을 빚어 내어 오랑캐의 말굽 아래 그네들의 자랑하는 장안이 쑥밭을 이루고 천자란 빈 이름뿐, 촉나라란 두메 속에 오륙 년을 갇히어 있지 않았는가. 금지가 당대 제일 문장이라고 추어올리는 이백이만 하더라도 제 임금이 성색에 빠져 헤어날 줄을 모르는 것을 죽음으로 간하지는 못할지언정 몇 잔 술에 감지덕지해서 그 요망한 계집을 칭찬하는 글을 지어 도리어 임금을 부추겼다 하니 우리네로는 꿈에라도 생각 밖이 아니냐. ㉠ 그네들의 한문이란 난신적자를 만들어 내기에 꼭 알맞은 것이거늘 이것을 좋아라고 배우려 들고 퍼뜨리려 드니 참으로 한심한 노릇이 아니냐. 이 당학을 그대로 내버려 두었다가는 우리나라에도 오래지 않아 큰 난이 일어날 것이요, 난이 일어난다면 누가 감당해 낼 자이랴.

"한 나이나 젊었더면!"

유종은 이따금 시들어 가는 제 팔뚝의 살을 어루만지면서 한탄한다. 몇 해 전만 해도 자기와 뜻을 같이하는 이가 조정에 더러는 있었지만 어느 결엔지 하나씩 둘씩 없어지고 인제는 ㉡ 무 밑둥과 같이 동그랗게 자기 혼자만 남았다. 속으로는 그의 주의에 찬동하는 이가 없지도 않으련만 당학파의 세력에 밀리어 감히 발설을 못 하는지 모르리라. 지금이라도 젊은이 축 속으로 뛰어 들어가면 동지를 얼마든지 찾아낼는지 모르리라. 아직도 이 나라의 명맥이 끊어지지 않은 다음에야 방방곡곡을 뒤져 찾으면 몇천 명 몇만 명의 화랑도를 닦는 이를 모을 수 있으리라. 그러나 아들이 없는 그는 젊은이와 접촉할 기회조차 없었다. 이런 점에도 그는 아들이 없는 것이 원이 되고 한이 되었다. ㉢ 이 늙은 향도(香徒)에게 남은 오직 하나의 희망은 자기의 주의 주장에 공명하는 사윗감을 구하는 것이었다. 벌써 수년을 두고 ㉣ 그럴 만한 인물을 내심으로 구해 보았지만 그리 쉽사리 눈에 뜨이지 않았다. 고르면 고를수록 사람 구하기란 하늘에 별따기보담 더 어려웠다. 유종은 기대고 있던 서안에서 쭉 미끄러지는 듯이 털요 바닥 위에 누웠다. 금지의 청혼을 그렇게 거절한 다음에는 하루바삐 사윗감을 구해야 된다. 금지로 하여금 다시 입을 열지 못하도록 ㉤ 다른 데 정혼을 해 놓아야 한다. 그러면 신라를 두 손으로 떠받들고 나아갈 인물이 누가 될 것인가. 삼한 통일 당년의 늠름하고 씩씩한 기풍(氣風)이 당학에 지질리고 문약(文弱)에 흐르는 이 나라를 바로잡을 인물이 누가 될 것인가.

[중략 부분의 줄거리] '유종'이 사위를 구하는 가운데, '주만'이 부여의 천민 석공 '아사달'을 사모하고 있음이 알려진다. 한편 '아사달'은 자신을 찾아온 아내 '아사녀'가 끝내 자신을 만나지 못하고 그림자못에서 죽은 사실을 알게 되자, 그 못 둑에서 '아사녀'를 그리워하는 마음을 돌에 담아 새겨 내는 작업에 몰입한다.

그러나 어느 결엔지 아사녀의 환영은 깜박 사라져 버렸다. 아까까지는 어렴풋이라도 짐작되던 그 흔적마저 놓치고 말았다. 아무리 눈을 닦고 돌 얼굴을 들여다보았으나 눈매까지는 그럴싸하게 드러났지마는 그 아래로는 캄캄한 밤빛이 쌓인 듯 아득할 뿐. 돌을 들여다보면 볼수록 골머리만 부질없이 휭휭 내어 둘리었다. 그러자 문득 그 돌 얼굴이 굼실 움직이는 듯하며 주만의 얼굴이 부시도록 선명하게 살아났다. 마치 어젯밤의 아사녀의 환영 모양으로.

[A] ┌ 그 눈동자는 띠룩띠룩 애원하듯 원망하듯 자기를 쳐다보는 것 같다.
│ "이 돌에 나를 새겨 주세요. 네, 아사달님, 네, 마지막 청을 들어주세요."
└ 그 입술은 달싹달싹 속살거리는 것 같다.

아사달은 정을 쥔 채로 머리를 털고 눈을 감았다. 돌 위에 나타난 주만의 모양은 그의 감은 눈시울 속으로 기어들어 오고야 말았다. 이 몇 달 동안 그와 지내던 가지가지 정경이 그림등 모양으로 어른어른 지나간다. 초파일 탑돌이할 때 맨 처음으로 마주치던 광경, 기절했다가 정신이 돌아날 제 코에 풍기던 야릇한 향기, 우레가 울고 악수가 쏟아질 적 불꽃을 날리는 듯한 그 뜨거운 입김들……. 아사달은 고개를 또 한 번 흔들었다. 그제야 저 멀리 돈짝만 한 아사녀의 초라한 자태가 아른거린다. 주만의 모양을 구름을 헤치고 둥둥 떠오르는 햇발과 같다 하면, 아사녀는 샐녘의 하늘에 반짝이는 별만 한 광채밖에 없었다.

[B] ┌ 물동이를 이고 치마꼬리에 그 빨간 손을 씻으며 배시시 웃는 모양, 이별하던 날 밤 그린 듯이 도사리고 남편을 기다리던 앉음앉음, 일부러 자는 척하던 그 가늘게 떨던 눈시울, 버드나무 그늘에서 숨기던 눈물들……. └

아사달의 머리는 점점 어지러워졌다. 아사녀와 주만의 환영도 흔들린다. 휘술레를 돌리듯 핑핑 돌다가 소용돌이치는 물결 속에서 조각조각 부서지는 달그림자가 이내 한 곳으로 합하듯이, 두 환영은 마침내 하나로 어우러지고 말았다. 아사달의 캄캄하던 머릿속도 갑자기 환하게 밝아졌다. 하나로 녹아들어 버린 아사녀와 주만의 두 얼굴은 다시금 거룩한 부처님의 모양으로 변하였다.

아사달은 눈을 번쩍 떴다. 설레던 가슴이 가을 물같이 맑아지자, 그 돌 얼굴은 세 번째 제 원불(願佛)로 변하였다. 선도산으로 뉘엿뉘엿 기우는 햇발이 그 부드럽고 찬란한 광선을 던질 제 못물은 수멀수멀 금빛 춤을 추는데 흥에 겨운 마치와 정 소리가 자지러지게 일어나 저녁나절의 고요한 못둑을 울리었다.

새벽만 하여 한가위 밝은 달이 홀로 정 자리가 새로운 돌부처를 비칠 제 정 소리가 그치자 은물결이 잠깐 헤쳐지고 풍하는 소리가 부근의 적막을 한순간 깨트렸다.

- 현진건, 「무영탑」-

*당학 : 당나라의 학문.

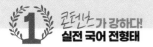
형태쌤과 지문분석

지문분석	
시간	
공간	
서술자의 관심사	

01 윗글에 대한 설명으로 가장 적절한 것은?

① 인물의 의식이 내적 갈등에 초점을 둔 서술 방식을 통해 드러나고 있다.
② 인물들 간의 대화를 통해 특정 인물의 생각과 행동을 희화화하고 있다.
③ 미래에 대한 낙관적 전망이 신분이 낮은 인물의 발언을 통해 제시되고 있다.
④ 물신주의에 빠진 세태가 탈속적 세계를 지향하는 인물의 비판을 통해 제시되고 있다.
⑤ 권력과 사랑을 동시에 쟁취하여 신분 상승을 도모하는 소외된 개인의 욕망이 구체적인 일화를 통해 드러나고 있다.

형태쌤과 선지분석

선지분석	무영탑
내적 갈등에 초점 → 인물의 의식 제시	
인물들 간의 대화 → 특정 인물 희화화	
신분이 낮은 인물 → 낙관적 전망을 발언	
탈속적 세계를 지향하는 인물 → 물신주의 세태 비판	
권력과 사랑을 동시에 추구하는 소외된 인물의 일화	

02 ㉠~㉤에 대한 이해로 적절하지 <u>않은</u> 것은?

① ㉠은 신라를 '문약'하게 하는 요인으로 '유종'이 인식하고 있는 대상이다.
② ㉡은 '유종'의 외로운 처지를 보여 주는 비유이다.
③ ㉢은 현재의 주류적 '기풍'을 거부하는 '유종'을 지칭하는 표현이다.
④ ㉣은 '유종'이 자신의 이상을 실현하기 위해 원하는 대상이다.
⑤ ㉤은 '유종'이 자신과 대립하는 세력과의 연대를 위한 방도이다.

03 [A], [B]에 대한 분석으로 가장 적절한 것은?

① [A]에는 떠나는 '아사달'에 대한 '주만'의 걱정이 나타나 있다.
② [B]에는 '아사달'과 '아사녀'의 이별의 원인이 제시되어 있다.
③ [B]에는 훗날의 만남에 대한 '아사달'과 '아사녀'의 기약이 나타나 있다.
④ [A]와 [B] 모두에서, 이별한 대상인 '주만'과 '아사녀'를 잊고자 하는 '아사달'의 의지가 직접적으로 드러나 있다.
⑤ [A]의 '주만'의 모습과 [B]의 '아사녀'의 모습은 모두 '아사달'이 그들의 환영을 보는 방식으로 제시되어 있다.

04 〈보기〉를 바탕으로 윗글을 감상한 내용으로 적절하지 <u>않은</u> 것은?

> **보기**
>
> 「무영탑」은 작가 현진건의 예술관, 민족주의적 태도, 현실 인식 등을 드러낸 작품이다. 이 작품은 석가탑 조성에 얽힌 인물들의 이야기를 펼쳐 내면서 숭고한 예술적 성취의 과정을 잘 보여 준다. 이러한 예술적 성취는 석공 아사달이 자신의 고뇌를 극복하며 예술품을 만들어 가는 과정, 특히 사랑과 예술혼이 하나로 융합되어 신앙의 궁극이라는 새로운 경지에 이르는 데에서 잘 드러난다.

① '유종'이 '이백'을 칭송하는 '금지'를 비판하고 화랑도 사윗감을 구하려 하는 장면에서, 작가의 민족주의적 태도를 엿볼 수 있군.
② '아사달'이 '아사녀'의 환영을 돌에 담아내려고 하는 장면에서, 주인공의 사랑과 예술혼을 융합해 내려는 작가의 의도를 엿볼 수 있군.
③ '금지'와 같은 '당학파'를 '나라를 좀먹게 하는' 집단으로 간주하는 장면에서, 외세를 추종하는 현실을 비판하려는 작가의 태도를 엿볼 수 있군.
④ '아사녀'와 '주만'의 환영이 하나로 어우러져 '부처님의 모양'으로 변한 장면에서, 신앙의 세계로 나아갈 수 없어 절망하는 인물의 내면이 나타나 있군.
⑤ '아사달'이 '아사녀'를 '별만 한 광채'로, '주만'을 '떠오르는 햇발'로 떠올리며 갈등하는 장면에서, 새로운 예술적 경지에 이르는 과정에서 빚어진 '아사달'의 고뇌가 드러나 있군.

05 〈보기〉를 참고하여 윗글을 이해한 내용으로 적절하지 <u>않은</u> 것은?

> **보기**
>
> 　아사달과 아사녀의 이야기는 조선 후기의 설화(「서석가탑」)뿐만 아니라, 현진건의 기행문(「고도 순례 경주」, 1929)과 그의 소설(「무영탑」, 1939)에도 나타난다.
>
> [자료 1]
> 　불국사 창건 시 당나라에서 온 석공에게 아사녀라는 여인이 있었다. 아사녀가 갑자기 와서 석공과 만나기를 요구하였으나, 큰 공사가 끝나지 않았고 아사녀가 비루한 몸이라는 이유로 허락되지 않았다. 다음날 아침 아사녀가 남서쪽 십 리쯤에 있는 연못을 내려다보면 석공이 보일 듯하여, 가서 살펴보니 정말 석공의 모습이 비쳤다. 그러나 탑의 그림자는 비치지 않았다. 그래서 무영탑이라 불렀다.
>
> 　　　　　　　　　　　　　　　　　　　　　　　- 「서석가탑」 -
>
> [자료 2]
> 　제 환상에 떠오른 사랑하는 아내의 모양은 다시금 거룩한 부처님의 모양으로 변하였다. 그는 제 예술로 죽은 아내를 살리고 아울러 부처님에게까지 천도(薦度)하려 한 것이다. 이 조각이 완성되면서 자기 역시 못 가운데 몸을 던져 아내의 뒤를 따랐다. 불국사 남서방에 영지(影池)란 못이 있으니 여기가 곧 아사녀와 당나라 석공이 빠져 죽은 데다.
>
> 　　　　　　　　　　　　　　　　　　　- 현진건, 「고도 순례 경주」 -

① 윗글은 [자료 1]과 같은 설화를 차용하여 소설로 변용한 모습을 확인할 수 있는 작품이군.

② 윗글은 [자료 2]처럼 '아내'의 죽음을 종교적 상징으로 승화하고 있는 관점을 이어 간 작품이군.

③ 윗글은 [자료 1]과 [자료 2]의 이야기에 '유종'과 '주만' 등의 서사를 추가하고 있군.

④ 윗글과 [자료 2]의 '못'은 [자료 1]의 '연못'이 부부간의 비극적인 사랑 이야기를 환기하는 공간으로 변용된 것이군.

⑤ 윗글의 '새로운 돌부처' 형상에 석공의 얼굴이 새겨진 것은 윗글이 [자료 1]과 [자료 2]의 서사 모티프를 이어받은 것으로 볼 수 있군.

나 없이

기출

풀지마라

다음 글을 읽고 물음에 답하시오.

[앞부분의 줄거리] 뱃사공 삼바우는 전쟁터로 나가는 아들 용팔과 마을 청년 두칠, 천달을 배에 태워 강 건너로 보낸다. 얼마 후 두칠은 부상을 입어 흉측한 모습으로 돌아오지만, 용팔과 천달에게서는 아직 소식이 없다.

첫서리가 보얗게 내린 어느 날 아침나절, 읍으로부터 오는 길에 멀리 자전거가 한 대 나타났다. 삼바우는 나룻배를 몰아 물가에 갖다 대 놓고, 가까워 오는 자전거를 기다렸다. 그것은 안면이 있는 자전거였다. ㉠ 빨간 자전거였다. 편지가 오는구나, 삼바우는 가슴이 뛰었다. 혹시 용팔이한테서나…… 자전거에서 내리는 배달부는 낯이 선 사람이었다.

"여보이소, 저 마을이 강동리 이구 맞지요?"
"야, 맞구마. 편지 어디서 왔능교?"
"양봉재라는 사람 있능게?"
"야, 있구마, 천달이 저거 어르신네구마. 어디서 왔능교?"
"에에……."
배달부는 편지를 뒤집는다.
"천달이한테서 왔능교?"
"아니요, 군수한테서 왔구마."
"군수라니요?"
"군수도 모르능게? 고을 원님 말이구마."
"구운수?"
삼바우의 두 눈은 퉁방울처럼 휘둥그레진다.
"정말로 카능게? 부러 카능게?"
"이 양반 보소. 내가 어디 할 일이 없어서 장난하로 댕기는 사람인 줄 아능게? 허허……."
"하아, 군수한테서……."
참 희한한 일도 다 있다는 듯 삼바우의 벌어진 입은 쉬 다 물리지가 않는다. 배달부의 자전거를 번쩍 들어 배에 올려 주며,
"나한테는 없능교, 편지? 배(裵)삼바우구마."
"그 집 하나뿐이구마."
서운했다. 그러나 삼바우는 노를 저으면서도, 군수한테서 편지가 오다니, 양 생원 인제 팔자 고치는 거 아니가? 곧장 감격스러웠다. 한편 어떻게 생각하면, 양 생원한테 군수라니…… 너무 당치가 않아 슬그머니 겁이 나기도 했다.

마을에서 울음소리가 일어난 것은 그로부터 잠시 후의 일이었다. 물론 양 생원네 집이었다. 온 집안이 그대로 울음의 도가니였다. 난데없는 곡성에 마을은 발칵 뒤집히었다. 순녀의 피나는 ㉡ 울음소리는 유독 마을 사람들의 간장을 끊었다. 대열이도 덩달아 삐이삐이 소리를 질렀다. 천달이 뭐 어쩌고…… 뼈다귀 뭐 어쩌고 어쩌고…… 사람들은 서로 귀에 입을 대고 쑥덕거렸다. 마을은 ㉢ 밤이 되어도 뒤숭숭했다. 목이 잠겨 이제 부서진 풀무 소리 같은 곡성이 그래도 끊일락 이을락 한이 없었다. 뒤 언덕 도토리나무 잎새를 털고 지나가는 바람 소리도 별나게 스산하기만 했다.

며칠 뒤, 이른 새벽. 양 생원네는 강을 건너 ㉣ 읍내로 들어갔다. 삼바우는 멀어져 가는 그들의 뒷모습을 바라보며 크게 한숨을 쉬었다.

순녀의 등에 업힌 대열이는 곧장 엄마에게,

"엄마야, 우이 어디 가노?"

"읍내 간다."
"읍내가 머꼬?"
"……"
"앙? 엄마."
"읍내가 읍내지 뭐까 봐. 저어기 가면 읍내라고 있다."
"머 하로 가노?"
[A]
"……"
"앙?"
"……"

순녀는 뭐라고 대답할 말이 없었다. 땅이 한쪽으로 기울어지는 듯 어지럽기만 했다. 엄마의 대답이 없으니, 대열이는 할아버지를 돌아본다.

"……"
"하부이! 우리 머 하로 가노?"
"……"
"하부이 니도 모르나?"
"……"

벌그레 부어 오른 두 눈을 무겁게 내리감을 따름, 할아버지 역시 아무런 대꾸가 없다.

대열이는 울상이 되어 킹킹 칭얼거리다가 그만 엄마의 등짝을 마구 때려 준다.

그날 저녁답은 왜 그렇게 하늘이 타는지 몰랐다. ㉤ 벌건 불길이 구름을 태우며 온 벌판으로 쏟아져 내렸다. 강물도 꽃자주색으로 출렁거리고, 불어오는 바람에도 붉은 빛깔이 물들어 있었다. 이처럼 무섭게 저물어 가는 황혼 속으로 양 생원네는 돌아왔다. 양 생원은 목에 띠를 걸고 네모반듯한 상자를 하나 받쳐 안고 있었다. 상자는 하얀 보에 싸여 있었다.

(중략)

빌어먹을 세상이지, 하필 와 남의 집 외동아들을 잡아가노 말이다. 이런 소리를 주워섬기는 노인도 있고, 어떤 노파는 관셈보사알 하고, 가슴 앞에 두 손을 모으기도 했다. 갑분이의 탐스런 얼굴에도 그늘이 서리었고, 두칠이의 도깨비 같은 얼굴도 오늘은 거기 섞여 있었다. 그러나 두칠이만은 입 언저리에 얄궂은 웃음을 띠고 있다. 흥, 유골이라! 저 안에 든 것이 천달이 뼈다귀라 그 말씀이지, 흥! 흥! 목덜미로 흘러내린 삔들삔들한 살점이 곧장 실룩거린다. 누렁이란 놈도 물가에 내려서서 주둥이를 하늘로 쳐들고 컹컹컹 짖어 댄다.

유골이 배에서 내리자, 나루터는 잠시 걷잡을 수 없이 들끓었다. 양 생원의 손목을 가서 붙잡고, 이 사람아, 이 사람아, 하고 한숨을 짓는 노인. 위로를 한답시고 떠들어 대는 노파들. 순녀의 울음을 달래며 찔끔찔끔 눈물을 짜는 아낙네가 있는가 하면, 옷고름에 물코를 푸는 큰애기가 있고, 우는 아이가 있고, 짖는 개가 있고…… 그러나 두칠이는 연방 얼굴을 실룩거리며,

"머 보통이지, 보통이지……."

하고 중얼거렸다. 그러나 그의 하나 남은 눈깔에도 눈물은 어리어 있었다.

- 하근찬, 「나룻배 이야기」 -

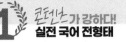
03 [A]를 읽은 학생들의 반응으로 적절한 것은?

① 말이 없는 어른들을 아이의 입장에서 비판하고 있군.
② 철없는 아이와 권위적인 어른들이 선명하게 대비되고 있군.
③ 어른들의 침묵을 통해 그들 간의 갈등이 심화되고 있음을 알 수 있군.
④ 아이의 물음에 대답하지 못하는 어른들을 통해 비극적 상황을 부각하고 있군.
⑤ 지속적으로 어른들에게 질문하는 아이를 통해 작중 분위기를 반전시키고 있군.

형태쌤과 지문분석

지문분석	
시간	
공간	
서술자의 관심사	

---

01 윗글의 서술상 특징으로 가장 적절한 것은?

① 대화와 독백적 발화를 통해 인물의 심리를 생생하게 드러내고 있다.
② 의식의 흐름 기법을 활용하여 인물의 내적 욕망을 드러내고 있다.
③ 현재와 과거를 교차 서술하여 갈등을 심화하고 있다.
④ 서술자를 교체하면서 새로운 사건을 도입하고 있다.
⑤ 풍자적 서술을 통해 인물의 행위를 비판하고 있다.

형태쌤과 선지분석

선지분석	나룻배 이야기
대화·독백적 발화	
의식의 흐름 → 내적 욕망	
현재·과거 교차 → 갈등 심화	
서술자 교체 → 새로운 사건	
풍자적 서술	

---

04 〈보기〉를 참고하여 윗글을 감상한 내용으로 적절하지 <u>않은</u> 것은?

> **보기**
>
> 전쟁 소설은 전쟁의 비극성을 다각도로 드러낸다. 전쟁의 비극성은 전쟁을 체험한 인물의 정신적 상처로 구체화된다. 특히 신체적 손상과 정신적 상처를 함께 안고 살아가는 인물은 자신의 운명을 원망하며 공동체에 잘 적응하지 못한다.

① 군수의 편지, 유골 상자 등은 전쟁의 비극성과 관련된 소재군.
② 하나만 남은 두칠의 눈은 자신의 정신적 상처를 지속적으로 떠올리게 하겠군.
③ 천달의 유골을 보며 중얼거리는 두칠의 모습은 전쟁의 상처가 되살아나는 것을 보여 주는군.
④ 천달의 유골이 배에서 내리자 나루터가 들끓은 것은 마을 사람들이 전쟁의 아픔을 공유하고 있음을 보여 주는군.
⑤ 천달의 유골이 도착했을 때 사람들 틈에 섞여 있는 두칠의 모습은 그가 마을 공동체에 동화되고 있음을 보여 주는군.

---

02 ㉠~㉤에 대한 설명으로 적절하지 <u>않은</u> 것은?

① ㉠ : 마을 밖의 소식을 전해 주는 매개 역할을 한다.
② ㉡ : 천달이 무사히 돌아오기를 바라는 순녀의 기대가 좌절되었음을 의미한다.
③ ㉢ : 불길한 일을 암시하는 복선 역할을 하여 긴장감을 조성한다.
④ ㉣ : 천달의 죽음을 구체적으로 확인하게 되는 공간이다.
⑤ ㉤ : 천달의 죽음으로 인한 마을의 분위기를 반영하고 있다.

다음 글을 읽고 물음에 답하시오.

정작 문제가 터진 건 손님들이 돌아가고 난 후였다. 아들은 민 노인을 하얗게 질린 얼굴로 다잡았다. 아버지는 왜 제 체면을 판판이 우그러뜨리냐는 게 항변의 줄거리였다. 그 녀석들은 아버지의 북소리를 꼭 듣고 싶어서 청한 것이 아니라, 그 북을 통해 자기의 면목이나 위치를 빈정대기 위해서 그러는 것임을 왜 모르냐고, 민 노인의 괜찮은 기분을 구석으로 떼밀어 조각을 내었다. ㉠아들 옆에서 입을 꼭 다물고 있는 며느리는, 차라리 더 많은 힐난을 내쏘고 있음을 민 노인은 모르지 않았다. 아들 내외는 요컨대 아버지가 그냥 보통 노인네로 머물러 있기를 바랐다.

아버지의 북이 상징하는 아버지의 허랑방탕한 한평생이, 일단은 **세련된 입신(立身)**으로 평가되는 아들의 내력에 중요한 흠으로 작용한다는 점에서도 그랬다. ㉡하라는 공부는 작파하고, 북을 메고 떠돌아다니며 아내와 자식을 모른 체한 민익태, 한때는 아편쟁이로 세상을 구른 민익태, 그러면서도 북을 놓지 않은 그와 아들의 단절은, 따라서 오래 지속될 수밖에 없었다. 더구나 시아버지의 그런 생애와 전적으로 무관한 며느리가, 떼어 버릴 수도 없는 인연으로 맺어지고 있을지언정, 자기를 올곧게만은 대할 수 없는 형편임을 민 노인은 이해하고 있었다. 심지어 다 늦게 아들네 집을 찾아온 영감을 대하던 마누라의 눈에도, 당장은 증오가 앞섰으니까 더 할 말이 없다. ㉢그래도 할망구가 살아 있던 시절은, 미움과 연민을 골고루 섞어 가면서도 어지간히 바람막이 구실을 해 주어 견디기가 쉬웠는데, 외톨이로 남으면서 운신하기가 수월찮았다. 그러나 아들이 결정적으로 자기의 **날씬한 생활** 속에서 아버지를 격리시키고자 하는 까닭은, 부담의 차원보다는 아버지를 접함으로써 새삼스럽게 확인하게 되는, 자신의 고통과 낭떠러지의 세월을 떠올리기 때문이 아닌가 하였다.

(중략)

"너는 할아버지와 나와의 관계에 대해, 특히 내가 취하고 있는 입장에 대단히 불만이지?"

"그럴 것도 없습니다. 아버지의 할아버지에 대한 처지를 이해하면서도, 그 논리를 그대로 저와 연결시키고 싶지도 않고, 그럴 필요도 없다고 생각하는 편이에요."

"㉣기특하구나. 그러니까 너만이라도 할아버지에게 화해의 제스처를 보이겠다는 거냐 뭐냐. 지금까지의 네 행동을 보면 그런 추측을 가능케 하더라만."

"그것도 맞지 않는 말이에요. 도대체 할아버지와 저와는 갈등이 있었어야 말이죠. 처음부터 갈등이 없었는데 화해의 제스처를 보이고 말고가 어디 있습니까. 할아버지와의 갈등이 있었다면, 그건 아버지의 몫이지 저와는 상관이 없는 겁니다. 오히려 전 세대끼리의 갈등이 다음 세대에서 쾌적한 만남으로 이어진다면, 그건 환영할 만한 일이고, 그게 또 **역사의 의미** 아니겠습니까?"

"뭐야, 이놈의 자식, 네가 나를 훈계하는 거야!"

말이 떨어지기 무섭게, 아버지의 손바닥이 성규의 볼때기를 후려쳤다. 옆에 있던 어머니의 쇳소리가 그의 뺨에 달라붙었다.

㉤"또박또박 말대답하는 것 좀 봐."

"아버지의 마음을 모르는 게 아니에요. 그렇다고 아버지의 생각 속으로만 저를 챙겨 넣으려고 하지 마세요."

성규는 얻어맞은 자리를 어루만지지도 않고, 되레 풀죽은 목소리가 되었다.

"네가 알긴 뭘 알아. 네가 내 속을 어떻게 알아."

"그런 말씀은 이제 그만 좀 하셨으면 해요. 안팎에서 듣는 그 말에 물릴 지경이거든요. '너는 아직 모른다. 너도 내 나이가 되어 봐…….' 고깝게 듣지 마세요. 그때 가서 그 뜻을 알지언정, 지금부터 제 사고와 행동을 포기하고 싶지는 않습니다. 그런 뜻에서 제가 할아버지를 우리 모임에 초청한 사실을 후회하지 않을뿐더러, 옳았다고 생각합니다. 아버지가 할아버지를 심리적으로 격리시키려 하고, 또 한편으로는 이해하려는 모순을 저도 이해합니다. 노상 이기적인 현실에의 집착이 그걸 누르는 데 대한, 어쩔 수 없는 **생활인의 감각**까지도 저는 알고 있습니다. 그러나 역설적이고 건방지게 들릴지 모르지만, 제 나이는 또 할아버지의 생애를 이해합니다. 북으로 상징되는 할아버지의 삶을 놓고, 아버지와 제가 감정적으로 갈라서는 걸 **비극의 차원**에서 파악할 것도 아니라고 봅니다. 할아버지가 자신의 광대 기질에 철저하여 가족을 버린 건 비난받아야 할 일이나, 예술의 이름으로는 용서 받을 수 있습니다."

"그래서? 할아버지가 나름대로의 예술을 완성했니?"

아버지의 입가에 냉소가 머물렀다.

"그건 인식하기 나름입니다. 다만 할아버지에게서 북을 뺏는 건, 할아버지의 한(恨)을 배가시키고, 생의 마지막 의지를 짓밟는 것에 다름 아니라는 생각만은 갖고 있습니다."

- 최일남, 「흐르는 북」 -

형태쌤과 지문분석

지문분석	
시간	
공간	
서술자의 관심사	

01 ㉠~㉤에 대한 설명으로 적절하지 <u>않은</u> 것은?

① ㉠ : 특정 인물의 시선을 통해 다른 인물의 심리를 해석하여 보여 준다.

② ㉡ : 인물의 행적을 요약적으로 제시하여 다른 인물과의 갈등을 짐작하게 한다.

③ ㉢ : 현재의 상황을 과거의 상황과 대비하여 인물의 처지를 강조한다.

④ ㉣ : 인물의 반어적인 발화를 제시하여 다른 인물의 의견에 대한 부정적 태도를 드러낸다.

⑤ ㉤ : 새로운 인물의 발화를 제시하여 갈등이 발생한 근본적 원인을 보여 준다.

02 윗글의 구절에 대한 이해로 가장 적절한 것은?

① '세련된 입신'은 '성규'의 아버지가 방황하는 삶을 그만두고 세속적인 삶을 지향하기를 바라는 '민 노인'의 소망을 드러내고 있다.

② '날씬한 생활'은 새로운 세대인 '성규'가 지향하는 삶에 대한 '아버지'의 비판적 시선을 보여 주고 있다.

③ '역사의 의미'는 '민 노인'의 자유로운 삶이 자신에게로 이어지는 것에 대한 '성규'의 두려움을 반영하고 있다.

④ '생활인의 감각'은 현실에 집착하는 모습을 보이는 '아버지'를 바라보는 '성규'의 태도를 보여 주고 있다.

⑤ '비극의 차원'은 '민 노인'과 '아버지'가 감정적으로 갈라선 상황에 대한 '성규'의 판단을 드러내고 있다.

03 다음 〈학습 활동 과제〉를 해결한 내용으로 적절하지 <u>않은</u> 것은?

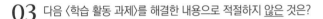

학습 활동 과제

　최일남의 「흐르는 북」은 산업화 시대에 전통 예술을 둘러싼 세대 간의 가치관 대립과 갈등, 그리고 화해의 문제를 다룬 소설이다. 다음을 참고하여 작품을 감상해 보자.

> 　소통은 경험이나 가치관의 공유를 전제로 하는데, 인간은 다양한 방식의 소통을 통해 사회적 관계 속에서 자신의 존재 가치를 인정받으려 한다. 그런데 산업화 시대에는 가치관이 급격히 변하고 세대 간에 서로가 경험을 공유하지 못하여 소통에 어려움을 겪는 경우가 많았다. 이는 예술가의 삶에도 영향을 미쳤다.

① '성규'의 아버지가 '민 노인'과 소통할 수 없는 것은 예술에 대한 가치관을 '민 노인'과 공유하지 못한 데서 원인을 찾을 수 있겠군.

② '성규'가 자신의 아버지와 소통할 수 없는 것은 '민 노인'의 예술가로서의 삶에 대한 두 사람의 가치관이 서로 다르기 때문이겠군.

③ '민 노인'이 자신의 아들에게서 예술가로서의 삶을 이해받지 못하고 격리된 것은 아버지로서 존재 가치를 인정받지 못했기 때문이겠군.

④ '성규'가 '민 노인'에게서 예술적 재능을 인정받으려 한 것은 자신의 아버지와 '민 노인' 간의 화해를 이끌어 내려는 노력으로 해석할 수 있겠군.

⑤ '성규'의 아버지가 '민 노인'이 평범한 노인으로 살기를 바라는 것은 사회적 관계에서 자신의 존재 가치를 인정받는 데 '민 노인'의 예술가로서의 삶이 방해가 된다고 판단했기 때문이겠군.

다음 글을 읽고 물음에 답하시오.

[앞부분의 줄거리] 광산에서 갱도가 무너지는 매몰 사고가 발생한다. 마침 현장에 있던 홍 기자는 특종을 예감하며 보도에 나선다.

9. 현장

홍 기자 : 여기는 동진 광업소 사고 현장입니다. 지난 10월 22일 갱구 매몰로 11명의 광부의 목숨을 빼앗은 광산 사고는 올 들어 두 번째 큰 사고로 지금 유일한 생존자인 김창호 씨가 무려 열하루째 지하 1천5백 미터 아래서 구출의 손길이 닿기를 애타게 기다리며 갇혀 있습니다. 지금 보시는 부분이 사고가 난 동5 갱구입니다. 먼저 김창호 구조 위원회 회장이시며 동진 광업소 소장이신 권오창 선생님께 구조 현황을 알아보겠습니다.

갱구 입구 필름, 인터셉트*된 구경꾼의 얼굴들. 손을 흔들며 웃어대는 필름들.

소장 : (마이크 앞에 선다) 에헴, 국민 여러분, 감사합니다. 지금 구조대는 지주공 2명, 조수 2명, 감독 1명, 신호수 1명으로 구성되어 있어 6시간 씩 교대하여 불철주야 김창호 씨 구출에 온갖 힘을 다하고 있습니다.

홍 기자 : 앞으로 구출 전망을 어떻게 보십니까?

소장 : 애초 예상과 달리 갱목 철근 등의 장애물이 많은 데다 갱내에 물이 쏟아져 작업에 지장이 많습니다. 앞으로 2, 3일 더 걸릴 전망입니다. 그러나 우리로선 최선을 다하고 있습니다.

홍 기자 : 감사합니다.

비서관, 수행원과 경찰의 호위를 받으며 등장한다. 비서관, 소장의 안내로 사무실에 들어가기 전 카메라에 포즈를 취한다. 기자들의 접근을 막는 수행원, 경찰.

홍 기자 : (기자에게) 어떻게 보십니까? 각계각층에서 이 사건에 지대한 관심을 쏟고 있는데요.

기자 1 : 대단합니다. 전 국민의 성원이 이렇게 뜨겁고 클 줄은 몰랐습니다.

기자 2 : 현지 주민들이 기자 숙소로 옥수수와 감자들을 삶아 갖고 와서 김창호 씨를 꼭 구해 달라고 호소할 땐 눈물이 핑 돌더군요.

홍 기자 : 이런 국민의 여망에 보답하는 뜻으로도 꼭 살아 나와야겠습니다. (감격해서) 생명은 존엄한 것입니다. 우리는 너무 인간 생명을 경시하는 풍조에 젖어 왔습니다. 이 사건을 계기로 인간에 대해 다시 한 번 그 존엄성을 확인해야 할 것입니다. 지금까지 사건 현장에서 홍성기 기자 말씀드렸습니다. (쪽지 보며) 이 방송은 여성의 미를 창조하는 몽쉘 느그므 화장품 제공입니다.

10. 사무소와 갱내

전화벨 울리며 갱내를 비춘다. 지친 듯 쓰러져 있던 김창호, 간신히 몸을 움직여 전화를 받는다. 사무실엔 비서관, 수행원, 의사, 경찰 서장이 전

화 거는 것을 지켜본다.

김창호 : 네?

소장 : 나 소장이오. 지금 회장님께서 김창호 씨의 건강을 염려하여 비서관님을 보내셨습니다. 받아 보시오.

비서관 : (전화 바꾼다) 김창호 씨, 나 신난다 비서관입니다. 회장님께선 김창호 씨가 어서 구출되어 나오길 바라고 계십니다. 용기를 잃지 마시고 끝까지 견디십시오. 꼭 구출될 겁니다.

김창호 : ㉠ (기운 없이) 감사합니다.

비서관 : 뭐 부족한 거 없습니까?

(중략)

14. 기자 회견 석상

김창호, 주치의의 호위하에 단상에 앉는다. 기자들, 카메라맨, 카메라를 들이대자 김창호, 얼굴을 가린다.

카메라맨 : 김창호 씨, 얼굴 좀.

주치의 : 잠깐 기다려 주십시오. 시력이 약화돼서 카메라 플래시에 견디질 못합니다. (주머니에서 선글라스를 꺼내 김창호에게 씌운다) 참으세요, 곧 끝납니다. ㉡ 전 국민에게 김창호 씨를 알려야 합니다.

플래시 터진다. ㉢ 김창호, 움찔거리지만 참고 견딘다.

홍 기자 : 김창호 씨, 우리 기자단을 대표해서 김창호 씨의 생환을 환영하는 바입니다. 제가 사고 첫날부터 현장에서 김창호 씨가 구출되기까지 쭉 지켜보았던 한일 매스컴센터의 홍성기 기자입니다. 먼저 이렇게 살아 나오신 소감 한 말씀 부탁합니다.

김창호 : ㉣ (당황) 뭐가 뭔지 모르겠습니다. 난 집에 가고 싶습니다!

주치의, 귀에 대고 뭐라고 한다.

김창호 : ㉤ 저 감사합니다…… 국민 여러분.

기자 1 : 16일 동안 어려운 환경에서 살아 견디셨는데 어디서 그런 인내력이 나셨는지요?

김창호 : 예?

주치의, 쉽게 설명해 준다.

– 윤대성, 「출세기」 –

* 인터셉트 : 화면에 다음 화면을 끼워 넣음.

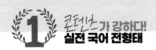
01 윗글에 대한 설명으로 적절하지 <u>않은</u> 것은?

① 사고 당사자 대신 다른 인물들을 통해 사고의 의미가 부여되고 있다.
② 사건에 대한 인물들의 상반된 견해를 드러내어 극적 긴장감을 높이고 있다.
③ 영상을 통해 구경꾼들의 태도를 드러내어 사건의 심각성과 대비하고 있다.
④ 서로 다른 두 공간을 동시에 보여 주며 상황을 효과적으로 드러내고 있다.
⑤ 상황에 맞지 않는 대사와 작위적인 이름으로 극적 긴장감을 이완시키고 있다.

 형태쌤과 선지분석

선지분석	출제기
사고 당사자가 아닌 인물 → 사고의 의미 부여	
사건에 대한 상반된 견해 → 극적 긴장감↑	
구경꾼들의 태도 드러내는 영상 → 사건의 심각성과 대비	
서로 다른 두 공간을 동시에 보여 줌	
상황에 맞지 않는 대사, 작위적 이름 → 극적 긴장감 이완	

02 윗글의 등장인물에 대한 이해로 적절한 것은?

① 홍 기자는 사건을 객관적으로 평가하여 전달하고 있군.
② 소장은 취재 활동에 대해 비판적인 시각을 보여 주고 있군.
③ 비서관은 현장에 등장하면서 언론을 의식하고 있군.
④ 기자들은 사건에 대한 국민적 관심을 부담스러워하고 있군.
⑤ 주치의는 기자 회견에 대해 소극적 태도를 취하고 있군.

03 〈보기〉를 바탕으로 ㉠~㉤을 이해할 때, 가장 적절한 것은?

보기

이 글의 제목 「출세기」의 '출세'는, 갇혀 있던 사람이 세상에 나오게 된다는 의미의 ⓐ 출세이기도 하고 사회적으로 높은 지위에 오르거나 유명하게 된다는 의미의 ⓑ 출세이기도 하다.

① ㉠에는 ⓐ뿐만 아니라 ⓑ를 확신하는 주인공의 기대가 표현되어 있다.
② ㉡에는 주인공이 ⓐ를 계기로 ⓑ로 나아가는 상황에 대한 주변 인물의 인식이 투영되어 있다.
③ ㉢에는 ⓐ에 대한 주인공의 갈등이 드러나 있다.
④ ㉣에는 ⓑ를 추구하는 주인공의 의지가 담겨 있다.
⑤ ㉤에는 ⓐ를 계기로 ⓑ에 이르고자 하는 주인공의 집념이 드러나 있다.

다음 글을 읽고 물음에 답하시오.

장남 : 전 이 집 장남입니다. 이쪽 높은 방은 저하고 누이동생이 생활하는 곳입니다. 아버지를 소개하기 전에 행복한 가정을 이룰 수 있는 비결을 말씀드리겠습니다. 아주 간단합니다. 부모는 자식들에게 맡은 바 책임을 다하면 됩니다. 밥 세 끼도 제대로 못 먹이고, 학비도 제대로 못 주는 부모들이 아들딸이 결혼할 때가 되면 아주 귀찮게 간섭을 한단 말입니다. 우리는 이런 버릇을 버려야 합니다. 우리 집이 비교적 행복한 것도 우리 부모의 열렬한 책임감 때문입니다. (자기 손목시계를 보며) 지금이 저녁 일곱 시 반이니 아마 아버지가 곧 돌아올 것입니다. 아버지는 늘 쾌활한 얼굴에다 발걸음은 참새처럼 가볍지요.

졸음이 오는 **지루한 음악**과 더불어 철문 도어가 무겁게 열리며 교수 등장. 아래위 **양복**이 원고지를 덧붙여 만든 것처럼 이것도 **원고지 칸투성이**다. 손에는 큼직한 낡은 가방을 들고 있다. 허리에 쇠사슬을 두르고 있는데 허리를 돌고 남은 줄이 마루에 줄줄 끌려 다닌다. 쇠사슬이 도어 밖까지 나가 있어 끝이 없다. 도어를 닫고 소파에 힘들게 앉는다. 여전히 쇠사슬을 끌고 다니면서 가방은 자기 옆에 놓고 처음으로 전면을 바라본다. 중년에 퍽 마른 얼굴, 이마에는 주름살이 가고 찌푸린 얼굴은 돌 모양 변화가 없다. 잠시 후 피곤하다는 듯이 두 손을 옆으로 뻗치면서 크게 기지개를 한다. '아아' 하고 토하는 큰 하품은 무엇에 두들겨 맞아 죽는 **비명**같이 비참하게 들려 오히려 관객들을 놀라게 한다. 장녀가 플랫폼에 나타난다.

장녀 : 저의 아버지랍니다. 밖에서 돌아오시면 늘 이렇게 **달콤한 하품**을 하신답니다. (교수는 머리를 기대고 잠을 자고 있다. 코를 고는데 흡사 고양이 우는 소리다.) 인제 어머님이 돌아오셔요. 어머님은 늘 아버지의 건강을 염려하세요.

적당한 곳에서 처가 나타난다. 과거에는 살도 쪘지만 현재는 몸이 거의 헝클어져 있다. 퇴색한 옷을 입고 있다. 소리를 안 내고 들어와 잠자는 교수의 주머니를 살살 턴다. 돈을 한 주먹 쥐고 이어 교수의 가방을 턴다. 돈 부스러기를 몇 장 찾아내고 그 액수가 적음에 실망을 한다. 잠시 후 교수를 흔들어 깨운다.

장녀 : 제 말이 맞았지요?

플랫폼 방 불이 서서히 꺼진다.

처 : 여보, 여기서 그냥 주무시면 어떡해요. 옷도 안 갈아입으시고.
교수 : 깜빡 잠이 들었군.

교수 일어선다.

처 : 어서 옷을 갈아입으세요. (처는 교수 허리에 칭칭 감긴 **철쇄**를 풀어 헤치고 소파 뒤의 막대기에 감겨 있는 또 하나의 굵은 줄을 풀어 교수 허리에 다시 감아 준다.) 옷을 갈아입으시니 한결 시원하시지 않아요?
교수 : 난 잘 모르겠어.

― 이근삼, 「원고지」 ―

01 윗글에 대한 이해로 적절하지 <u>않은</u> 것은?

① '지루한 음악'을 삽입하여 장남의 말과 배치되는 극의 분위기를 조성하고 있다.
② '원고지 칸투성이'인 '양복'을 제시하여 교수가 처한 상황과 교수의 신분을 관객이 인지하도록 유도하고 있다.
③ 교수의 '비명' 같은 하품을 '달콤한 하품'이라고 말하는 장녀의 대사를 통해 가족 간 소통이 원활하지 않음을 드러내고 있다.
④ '플랫폼 방 불'이 서서히 꺼지는 효과를 활용하여 관객의 시선을 교수와 처의 연기에 집중시키고 있다.
⑤ '철쇄'를 풀어 주는 처의 행위를 통해 교수가 자율성을 회복했음을 강조하고 있다.

02 〈보기〉를 바탕으로 윗글을 해석한 내용으로 적절한 것은?

보기

이근삼 희곡에는 극중 배역에서 일시적으로 빠져나와 관객에게 직접 발화하는 '해설자'가 빈번하게 등장한다. 해설자는 관객들에게 인물·사건·배경에 관한 정보를 제공하고, 무대에서 배우의 연기를 지시하거나 설명하는 역할을 수행한다. 따라서 해설자는 기본적으로 관객들을 극중 상황으로 자연스럽게 인도하는 매개자 역할을 하지만, 관객들이 극중 상황에 몰입하는 것을 차단하는 효과를 유발하기도 한다.

① 장남의 대사는 처의 극중 행동을 설명하는 기능을 수행한다.
② 장남은 극중 인물과의 대화를 통해 다른 인물의 등장을 예고한다.
③ 장녀는 직접적인 발화를 통해 관객들에게 시·공간적 배경을 명시적으로 알려 준다.
④ 장녀는 해설자 역할을 효과적으로 수행하기 위해 교수·처와 분리된 공간에 위치한다.
⑤ 장녀는 관객들에게 객관적 정보를 제공하여 관객들이 이를 의심 없이 수용하고 극중 상황에 몰입하도록 인도한다.

Free note.

나 없이

기출

풀지마라

다음 글을 읽고 물음에 답하시오.

이때 그물을 메고 풀이 죽은 연철이 들어온다. ⊙ 네 사람, 우르르 몰려가 연철을 에워싼다.

곰치 : 그래 을마나 올렸어?

도삼 : 기다리는 사람들 생각을 해 줘사 쓸 것 아니라고! 자네 기다리다가 지쳤어! (기대에 찬 얼굴로) 어서 어서 말이나 해 보게!

성삼 : 석 장은 올랐제?

구포댁 : 저 사람 무담씨 장난치고 싶응께는 일부러 쌍다구 딱 찡그리고 말 않는 거 봐! 그라제? (수선스럽게 웃어댄다.)

연철 : (ⓒ 아무 말 없이 마루 끝에 가 앉으며 침통하게) 놀려라우? 맘이 기뻐사 놀릴 맘도 생기지라우!

곰치 : (영문을 몰라) 믄 소리여? (ⓒ 와락 연철의 팔을 붙들고) 아니, 믄 소리여? 엉?

연철 : (처절하게) 다, 다 뺏겼오! 아무 것도 없이 다 뺏겼오!

일동 : (비명처럼) 뭇이라고?

곰치 : (미친 사람처럼) 뺏기다니? 뺏기다니? 뭇을 누구한테 뺏겼단 말이여? 엉?

연철 : (처절하게) 빚에 싹 잽혀지라우! 그것도 빚은 이만 원이나 남고……. (절규하듯) 믄 도리로 막는단 말이요?

성삼 : (주먹을 불끈 쥐곤) 죽일 놈!

도삼 : (두 손바닥으로 얼굴을 감싸 버리며) 아아!

구포댁 : (손바닥을 철썩 철썩 때려 가며) 그렇게 됐어? 뺏겼어? (신음처럼) 허어!

연철 : (사립문 쪽을 가리키며) 쉬잇!

임제순 어색한 미소를 흘리며 들어온다. 그 뒤로 야릇한 표정의 범쇠 따라 들어와선 눈길을 땅에 박은 채, 뒷짐을 쥐고 마당을 서성댄다. 긴장해서 그들을 응시하고 있는 네 사람.

임제순 : (능글맞게 웃음을 흘리며) 곰치! 오늘 잘 했어! 자네가 제일 많이 했어! 거 참 멋있거등!

곰치 : (건성으로) 예에! 예에!

임제순 : 부서 떼도 몇 십 년 만이지만 부서 크기도 처음이여! 죄다 허벅다리 같은 놈들이니……. (갑자기 불만스러운 얼굴을 해 가지곤) 그라제만 나는 손해여! 이익이 없그등! 천상 널린 돈 거둔 것뿐잉께……. 그나마도 일부분만 거뒀으니……. (속상한다는 듯이) 진장칠 놈의 것, 그 돈을 다른 사람한테 줘서 이자만 키웠어도……. 에잇! 쯧쯧!

범쇠 : (여전히 마당을 서성대며) 아암!

임제순 : 곰치!

곰치 : (넋 빼고 서선, 헛소리처럼) 예에! 예에!

(중략)

임제순 : …… 자네 섭섭할지 모르겠네만은……. (강경하게) 남은 이만 원 청산할 때까지 내일부터 배를 묶겠네! 묶겠어!

곰치 : (기겁할 듯 놀라) 예에? 아니 배, 배를 묶어라우?

성삼·연철·도삼 : 배를 묶다니?

구포댁 : (펄쩍 뛰며) 웠따! 믄 말씀이싱게라우? 아니, 해필이면 이럴 때 배를 묶으라우? 예에?

임제순 : (단호하게) 나는 두말 않는 사람이여!

곰치 : (애걸조로) 영감님! 배만은, 배만은…….

임제순 : (손을 저으며) 더 말 말어! (ⓔ 몇 걸음 걸어 나가며) 배가 없어서 고기를 못 잡어! 배 빌려 달란 사람이 밀린단 말이여!

곰치 : (따라가며) 영감님! 사나흘 안으로 빚 갚지랍녀! 요참 물만 안 놓치면 되고 말고라우! 제발 배는 풀어 주씨요! 제발!

임제순 : (ⓜ 곰치를 떠밀며) 안 돼! 안 된다면!

— 천승세, 「만선」 —

---

01 윗글에 대한 설명으로 적절하지 않은 것은?

① 대화를 간결하고 속도감 있게 진행시키고 있다.
② 현장감을 강조하기 위해서 사투리를 사용하고 있다.
③ 언어유희를 통해 인물 간의 갈등을 부각시키고 있다.
④ 인물의 직업과 공간적 배경을 짐작하게 하는 단어를 사용하고 있다.
⑤ 지시문을 많이 사용하여 인물의 말과 행동에 대한 이해를 돕고 있다.

🔍 **형태쌤과 선지분석**

선지분석	만선
간결한 대화 제시	
사투리 사용	
언어유희 → 인물 간 갈등 부각	
직업과 공간적 배경 암시하는 단어	
지시문을 많이 사용	

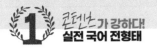

02 〈보기〉는 '연철'과 관련된 설명이다. 적절하지 <u>않은</u> 것은?

> **보기**
>
> 연철은 ⓐ <u>무대 바깥에서 일어난 사건을 등장인물과 관객에게 전달하는 역할을 맡는다.</u> ⓑ <u>연철의 첫 대사는 분위기를 반전시킨다.</u> 또한 연철은 관객의 호기심을 자극하는 역할을 한다. ⓒ <u>연철은 전달해야 할 내용을 부분적인 정보로 분할하여 점진적으로 제공하고 있지만, 누가 빼앗아 갔느냐는 물음에는 끝까지 명시적으로 대답하지 않는다.</u> ⓓ <u>연철은 그 인물이 등장하는 시점을 무대에 있는 사람들에게 알려 줌으로써, 빼앗아 간 자의 정체를 관객들에게 시각적으로 소개하는 기능도 수행하고 있다.</u> ⓔ <u>이후에는 방관적인 태도를 취하며 사태를 관망한다.</u>

① ⓐ ② ⓑ ③ ⓒ ④ ⓓ ⑤ ⓔ

03 연출가가 〈보기〉와 같이 ㉠~㉤을 해석한 후 연기를 지시한다고 할 때, 적절하지 <u>않은</u> 것은?

> **보기**
>
> 배우의 움직임은 상대와 접촉하려는 욕망이나 상대를 회피하려는 욕망을 표현합니다. 움직임은 사람의 다양한 감정, 심리, 태도 등을 드러내는데, ㉠, ㉢, ㉣, ㉤은 접촉하려는 욕망으로, ㉡은 회피하려는 욕망으로 해석해 봅시다.

① ㉠ : 상대에 대한 적극적인 관심을 드러내야 합니다.
② ㉡ : 상대의 기대에 부응할 수 없는 착잡함을 드러내야 합니다.
③ ㉢ : 상대를 질책하는 태도를 표현해야 합니다.
④ ㉣ : 상대를 초조하게 만들어야 합니다.
⑤ ㉤ : 상대에게 자신의 생각이 확고한 척해야 합니다.

다음 글을 읽고 물음에 답하시오.

파수꾼 가 : 이리 떼다, 이리 떼! 이리 떼가 몰려온다!

　　'파수꾼 나'는 확신 있게 양철북을 두드린다. '파수꾼 다'는 여느 때와는 달리 침착하게 일어선다. 그리고 담요를 벗어 네모반듯하게 갠 다음 식탁 위에 놓는다. 그는 북을 두드리는 '파수꾼 나'를 바라보면서 몹시 안타까운 표정이 된다.

파수꾼 가 : 북소리 중지! 이리 떼는 물러갔다.
파수꾼 다 : 정말 이리가 있다구 믿으세요?
파수꾼 나 : 보렴, 방금도 이리 떼가 오질 않았니? 그렇지 않다면 내가 왜 양철북을 치며 평생을 보냈겠느냐? 서운하다. 아무리 아픈 애라지만 너무 심한 말을 하는구나.

[A]

파수꾼 다 : 죄송해요. 하지만 어쩜 그 많은 나날을 단 한 번도 의심 없이 보내셨어요?
파수꾼 나 : 넌 그렇게도 무섭니, 이리가?
파수꾼 다 : 오히려 이리가 있다구 믿었던 때가 좋았던 것 같아요. 그땐 숨기라도 했으니까요. 땅에 엎드리면 아늑하게 느껴졌어요. 지금은요, 이리가 없으니 땅에 엎드려야 아무 소용 없구요, 양철북도 쓸모가 없게 됐어요. 오직 이제는 제가 본 그 사실만을 말하고 싶어요.

　　해설자, 촌장이 되어 등장. 검은 옷차림. 이해심이 많아 보이는 얼굴과 정중한 태도. 낮고 부드러운 음성으로 말한다.

（중략）

촌장 : 오다 보니까 저쪽 둔덕에 이리가 치어 있습니다.
파수꾼 나 : 이리요? 어느 쪽이죠?
촌장 : 저쪽요, 저쪽. 찔레 덩굴 밑이던가요…….
파수꾼 나 : 드디어 잡는군요!

　　'파수꾼 나' 퇴장. 촌장은 편지를 꺼내 '파수꾼 다'에게 보인다.

촌장 : 이것, 네가 보낸 거니?
파수꾼 다 : 네, 촌장님.
촌장 : 나를 이곳에 오도록 해서 고맙다. 한 가지 유감스러운 건, 이 편지를 가져온 운반인이 도중에서 읽어 본 모양이더라. '이리 떼는 없구, 흰 구름뿐.' 그 수다쟁이가 사람들에게 퍼벌리고 있단다. 조금 후엔 모두들 이곳으로 몰려올 거야. 물론 네 탓은 아니다. 넌 나 혼자만을 와 달라구 하지 않았니? 몰려오는 사람들은, 말하자면 불청객이지. 더구나 어떤 사람은 도끼까지 들고 온다더라.
파수꾼 다 : 도끼는 왜 들고 와요?
촌장 : 망루를 부순다고 그런단다. '이리 떼는 없구, 흰 구름뿐.' 이것이 구호처럼 외쳐지고 있어. 그 성난 사람들만 오지 않는다면 난 너하고 딸기라도 따러 가고 싶다. 난 어디에 딸기가 많은지 알고 있거든. 이리 떼를 주의하라는 [팻말] 밑엔 으레히 잘 익은 [딸기]가 가득하단다.
파수꾼 다 : 촌장님은 이리가 무섭지 않으세요?
촌장 : 없는 걸 왜 무서워하겠니?
파수꾼 다 : 촌장님도 아시는군요?
촌장 : 난 알고 있지.

파수꾼 다 : 아셨으면서 왜 숨기셨죠? 모든 사람들에게, 저 둔덕을 보러 간 파수꾼에게, 왜 말하지 않는 거예요?
촌장 : 말해 주지 않는 것이 더 좋기 때문이다.
파수꾼 다 : 거짓말 마세요, 촌장님! 일생을 이 쓸쓸한 곳에서 보내는 것이 더 좋아요? 사람들도 그렇죠! '이리 떼가 몰려온다.' 이 헛된 두려움에 시달리는데 그게 더 좋아요?
촌장 : 얘야, 이리 떼는 처음부터 없었다. 없는 걸 좀 두려워한다는 것이 뭐가 그렇게 나쁘다는 거냐? 지금까지 단 한 사람도 이리에게 물리지 않았단다. 마을은 늘 안전했어. 그리고 사람들은 이리 떼에 대항하기 위해서 단결했다. 그들은 질서를 만든 거야. 질서, 그게 뭔지 넌 알기나 하니? 모를 거야, 너는. 그건 마을을 지켜 주는 거란다.

－ 이강백, 「파수꾼」 －

01 윗글에 대한 설명으로 가장 적절한 것은?

① 극중 시간의 흐름이 전환되고 있다.
② 공간적 배경은 황야에 위치한 마을이다.
③ 무대 밖의 사건이 무대 내의 사건에 영향을 준다.
④ 등장인물들은 서로에게 협력하는 태도를 드러낸다.
⑤ 중심 갈등은 '파수꾼 나'와 '파수꾼 다' 사이에 나타난다.

형태쌤과 선지분석

선지분석	파수꾼
시간의 흐름 전환	
공간적 배경 : 황야에 위치한 마을	
무대 밖 사건 → 무대 내 사건에 영향	
등장인물들의 협력적 태도	
'파수꾼 나'와 '파수꾼 다'의 갈등이 중심	

02 〈보기〉를 참조하여 [A]를 서사극으로 공연하기 위한 의견으로 적절한 것은?

> **보기**
>
>   정통 연극은 무대의 모든 사건과 인물이 현실 그대로라는 것을 강조한다. 무대 위의 햄릿은 진짜 햄릿이지 특정한 배우가 아니며 무대 위의 상황도 현실의 상황인 것처럼 보여야 한다. 하지만 서사극은 현실과 극중 상황을 분리하여 관객을 관찰자로 만든다. 관객에게 무대에서 이루어지는 모든 것은 '연극'일 뿐이다. 그리고 그 비판적 거리를 유지하기 위해 서사극에서는 '낯설게 하기'의 기법을 활용하여, 일부러 무대 장치를 노출하기도 하고 배우가 관객에게 극중 상황을 설명하기도 한다.

① 무대의 배경 그림이나 망루를 실감 나게 제작한다.
② 배우들의 표정에서 내면이 잘 드러나도록 조명을 활용한다.
③ '촌장'이 해설자의 역할도 맡고 있다는 점을 관객이 알게 한다.
④ 파수꾼들에게 각각 고유한 이름을 부여하여 개성을 드러낸다.
⑤ '파수꾼 다'는 역할에 어울리는 연기로 관객의 연민을 이끌어낸다.

03 윗글의 팻말과 딸기에 대한 해석으로 가장 적절한 것은?

① '딸기'는 본연의 직무에 충실한 파수꾼에게 촌장이 제공하는 보상을 뜻한다.
② '팻말'은 촌장이 지난날을 돌아보며 자신의 가치관을 바꾸도록 하는 기능을 한다.
③ '팻말'은 명분 뒤에 숨겨진 '딸기'라는 실리를 촌장이 차지하게 하는 수단이 된다.
④ '팻말'은 이리 떼라는 위협으로부터 '딸기'라는 공동체적 가치를 보호하는 기능을 한다.
⑤ '딸기'는 '팻말'이라는 금기와 이리 떼라는 위협 아래에서도 사라지지 않는 희망을 나타낸다.

다음 글을 읽고 물음에 답하시오.

[앞부분의 줄거리] 궁에서 쫓겨난 평강 공주는 대사와 함께 절로 가던 길에 온달을 만나 결혼한다. 10년 후 온달과 함께 궁으로 돌아온 공주는 온달이 장군이 되도록 돕는다. 온달은 전쟁터에서 죽게 되는데 장례를 치르려고 하나 관이 움직이지 않는다.

공주 : 장군*, 비록 어제까지 장군이 치닫던 벌판이라 하나, ㉠ 이제 누구를 위해 여기 머물겠다고 이렇게 떼를 쓰십니까? 장군의 마음을 내가 알고 있으니 집으로 돌아가십시다. 고구려는 내 아버지의 나라. 당신의 원수를 용서치 않으리다. 평양성에 가서 반역자들을 모조리 도륙을 합시다. 자, 돌아가십시다. (손짓을 한다.)

  의병장들, ㉡ 관 뚜껑을 닫고 관을 올려놓은 받침의 채를 감는다.

공주 : 들어 올려라.

  올라오는 관. 모두, 놀라는 소리.

공주 : 가자, 평양성으로. 그곳에서 잔악한 반역자들을 샅샅이 가려내어 목을 베이리라. (공주, 움직인다.)

  공주, 시녀, 관, 군사들, 서서히 퇴장. 부장과 장수 몇 사람만 무대에 남는다.

장수1 : (부장에게) 공주의 노여워하심이 두렵습니다.
장수2 : 필시 무슨 기미를 알아보셨음이 틀림없습니다.
부장 : 어떻게 알 수 있단 말인가?
장수3 : 투구를 벗으라고 하신 것이 증거가 아닙니까?
부장 : 어떻게 알았을까? (둘러보고) 너희들 중에 배반하는 자가 있으면 행여 온전히 상금을 누릴 목숨이 있거니는 생각 말아라.
장수들 : 무슨 말씀입니까. 억울합니다.
부장 : 그렇겠지. 이것을 문제 삼는다 치더라도 (투구를 벗는다. 머리를 처맸다. 피가 배어 있다.) 이것이 어쨌단 말인가. ㉢ 이토록 신라 놈들과 싸운 것이 군법에 어긋난단 말인가? (음험한 웃음) 두려워 말라. 공주보다 더 높은 분이 우리 편이야.
장수들 : (비위 맞추는 너털웃음)
부장 : 가자, 평양성으로. 그곳에서 과연 누구의 목이 먼저 떨어지는가를 보기로 하자.

(중략)

장교 : (공주에게) 자, 걸으시오.
공주 : 네가 정녕 내 말을 듣지 못하겠느냐?
장교 : 내 말을? 왕명을 받들고 온 사람에게?
공주 : 이놈이 정녕 실성했구나. 내가 돌아가면 어찌 될 줄을 모르느냐? 나는 이곳에 머물기로 하고 이미 아버님께도 여쭙고 오는 길, 누가 또 나를 지시한단 말이냐? 정 그렇다면 근일 중에 내가 궁에 갈 것이니 오늘은 물러가라.
장교 : 정 안 가시겠소?
공주 : (분을 누르며) 내가? 말을 어느 귀로 듣느냐? (타이르듯) 네가 아마 잘못 알고 온 것이니, 그대로 돌아가면 오늘의 허물을 내가

과히 묻지 않으리라.
장교 : (들은 체를 않고) ㉣ 정 소원이라면 평안하게 모셔오라는 명령이었다. 잡아라.
[A]

  병사들, 공주의 팔을 좌우에서 잡는다.

공주 : 어머니.
장교 : 편하게 해 드려라.

  병사1, 칼을 뽑아 공주를 앞에서 찌른다. 공주, 앞으로 쓰러진다. 붙잡았던 병사들, 서서히 땅에 눕힌다.

  장교, 손으로 지시한다.
  병사2, ㉤ 큰 비단 보자기로 공주의 시체를 싼다.
  장교, 또 지시한다.
  병사들, 공주를 들고 퇴장. 장교, 뒤따라 퇴장. 공주의 살해에서 퇴장까지의 동작은 마치 의전(儀典) 동작처럼. 기계적으로 마디 있게 처리.

대사 : 공주. 좋은 세상에서 또다시 만납시다.

  온모*, 사건이 진행되는 동안 전혀 움직이지 않고 서 있다가 모두 퇴장한 다음 무대 정면으로 조금씩 움직여 나온다.

- 최인훈, 「어디서 무엇이 되어 만나랴」 -

* 장군 : 온달.
* 온모 : 온달의 어머니.

---

01 윗글의 인물에 대한 설명으로 적절하지 <u>않은</u> 것은?

① 공주는 장군의 죽음에 반역자가 연루되었다고 생각한다.
② 장수들은 부장의 머리 상처의 진실이 밝혀지는 것을 염려하고 있다.
③ 부장은 공주와의 싸움에서 승리할 것이라고 예상한다.
④ 장교는 부장의 명을 받고 왔다고 말한다.
⑤ 병사들은 장교의 명령에 복종하고 있다.

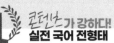
02 ①~⑩ 중 〈보기〉의 밑줄 친 부분과 가장 관계가 깊은 것은?

보기

이 작품은 고전 비극의 형식을 모방하여 '바보 온달과 평강 공주 이야기'를 재창작하면서 <u>설화가 지니는 비현실적 요소를 여전히 남겨 놓았다</u>.

① ㉠   ② ㉡   ③ ㉢   ④ ㉣   ⑤ ㉤

03 [A]를 연극으로 상연하기 위해 두 명의 연출가가 [A]의 첫 장면의 무대 구성을 〈보기〉와 같이 짜 보았다. 연출 의도를 비교한 것으로 적절하지 <u>않은</u> 것은? (단, 인물의 배치만 고려할 것)

보기

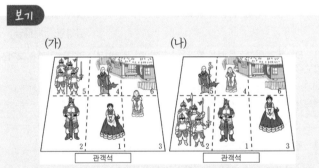

- 무대 구성의 목적은 무대 위에 서게 될 배우들의 위치를 정하면서 무엇을 강조할 것인가를 보여 주는 것임.
- 그림의 숫자는 등장인물이 서는 무대 지역의 중요도 순서임.

① (가)에서는 대사를 공주와 가깝게 배치하여 (나)에 비해 대사와 공주와의 친밀도를 더 부각할 수 있겠군.

② (가)에서는 장교를 2번 지역에 배치하여 (나)에 비해 장교가 극적 사건 진행의 주도권을 쥐고 있음을 더 잘 보여 줄 수 있겠군.

③ (가)에서는 장교·병사들과 공주·대사·온모를 좌우로 나누어 배치하여 (나)에 비해 두 집단의 갈등 관계를 더 강조할 수 있겠군.

④ (가)에서는 이후 사건 진행 과정에서 온모를 다른 인물에 가리지 않게 함으로써, 움직이지 않고 사건을 지켜보는 온모의 역할을 (나)에 비해 더 잘 드러낼 수 있겠군.

⑤ (나)에서는 병사들을 2번 지역에 배치하여 (가)에 비해 위압감을 더 잘 나타낼 수 있겠군.

다음 글을 읽고 물음에 답하시오.

S# 29 궁궐 외각의 작은 문(밤)
　⊙ 보쌈한 박 나인을 들고 가는 일단의 나인들. 역시 은밀하고 기민한 동작이다. 불안한 얼굴로 보자기를 하나 들고 뒤따라가는 한 나인. 온몸이 사시나무처럼 떨고 있다. 몸도 마음도 진정시키기가 어렵다.

S# 30 산 계곡 은밀한 곳(밤)
　보쌈을 풀고 나오는 박 나인. 나인 하나가 눈과 입을 풀어 주면 앞의 전경이 보인다. 가운데 최고 상궁인 최 상궁이 떡 버티고 서 있고 옆엔 기미 상궁, 그리고 나인들 예닐곱 명이 서 있다. 그 가운데 불안한 눈빛의 최 나인, 그리고 한 나인, 또 한 나인이 들고 있는, 보자기를 벗긴 술병까지. 이윽고 바닥에 꿇려지는 박 나인. 박 나인, 뭔가 일이 크게 잘못되었음을 깨닫는데, 그런 상황에서 주변을 살피며 재빨리 술병 안에 무언가를 넣는 한 나인.

박 나인 : (영문을 모르는 채 두려움에 떨고)
최고 상궁 : 네 죄를 인정하겠느냐?
박 나인 : 무엇을 말씀하시는 것입니까?
ⓛ 최고 상궁 : 다시 묻겠다! 네 죄를 인정하느냐?
박 나인 : (더욱 안타까워) 마마님, 무엇이옵니까? 무슨 연유로 이리 하시는지 알려 주시옵소서.
한 나인 : …….

(중략)

S# 47 암자 안(밤)
　들어오는 천수, 보면 박 나인이 한삼으로 입을 막은 채 토악질을 하고 있다. 천수, 얼른 들어와,

ⓒ 천수 : 막지 마시오! 토악질을 해야 살아난다고 했소.

하고는 얼른 박 나인의 옆으로 가 등을 쓰다듬고, 두드려 주며 토악질을 돕는다. 한참을 그러고 나니, 잠시 토악질을 멈추는 박 나인. 힘없이 누우려는데, 박 나인이 누웠던 곳에 작은 쪽지 하나가 있다. 쪽지를 발견하는 천수. 박 나인에게 말없이 쪽지를 건넨다. 박 나인, 받아 들어 펴 본다. 수라간에서 급히 썼는지, 종이에 간장으로 쓴 한 나인의 옛 한글 서찰이다. 보는 박 나인의 눈에 금방 눈물이 맺히고, 천수도 같이 보게 되나 천수의 얼굴은 복잡하다.

한 나인 : (E') 명이야, 살았느냐? 살았느냐? 지금 너를 죽일 약병을 들고 어찌할 줄을 모르겠다.

S# 48 수라간(회상*, 밤)
　급히 들어오는 한 나인. ⓔ 이리저리 휘돌아보다가 선반 옆 서랍 속에서 무언가를 급히 찾는다.

한 나인 : (E) 순간, 부자탕은 감두탕이나 녹두로 해독할 수 있다는 네 말이 떠올랐다. 그러나, 네가 이걸로 살아날 수 있을지 알 수가 없구나. 살았느냐, 명이야…….

이윽고 녹두물 그릇을 찾은 듯 급히 품에 넣고 나간다.

S# 49 암자 안(밤)
　눈물을 흘리며 보고 있는 박 나인, 옆에서 보는 천수. 박 나인에게 연민과 동질감이 느껴질수록 마음이 복잡하다.

한 나인 : (E) 혹, 죽었거든 나를 용서치 말며 혹, 살았거든 내 말을 들어다오.

S# 50 수라간(회상, 밤)
　급히 글을 쓰고 있는 한 나인의 모습. ⓜ 글을 쓰며, 하염없이 눈물이 흐르고 있다.

한 나인 : 2
(E) 나도 일의 전모는 알 수 없으나, 네가 남자와 통정했다는 말을 나는 믿지 않는다. 믿지 않기에 너는 다시 궁으로 돌아와서는 안 된다. 그들의 눈에 띄어서도 안 된다. 멀리 도망가서 살아라. 살아다오! 그리해서 힘없이 너를 보낸 나를, 그들의 협박에 무릎 꿇은 나를 벌해 다오! 이를 어찌하면 좋으냐, 명이야…….

S# 51 암자 안(밤)
　박 나인, 하염없이 눈물을 흘리는데……, 천수, 조용히 나오고.
　　　　　　　　　　　　　　　　　　　　　- 김영현, 「대장금」 -

* E : 'Effect'의 약자로서 보통 효과음을 말함. 이 극본에서는 말하는 장면은 보이지 않고 목소리만 나오는 경우를 가리킴.
* 회상 : 현재 상황에서 과거를 떠올리는 것을 말함. 이 극본에서는 지난 사건에 대한 정보가 담긴 서찰 내용의 재현을 가리킴.

01 윗글에 대한 설명으로 가장 적절한 것은?

① 암시적이고 비유적인 대사들이 활용되고 있다.
② 사건의 발생 순서에 따라 장면이 연결되고 있다.
③ 시간적 배경에 의해 고즈넉한 분위기가 조성되고 있다.
④ 인물 간의 우호적 관계와 대립적 관계가 드러나고 있다.
⑤ 장소의 변화에 따라 갈등이 해결되는 양상을 보이고 있다.

 형태쌤과 선지분석

선지분석	대장금
암시적, 비유적 대사	
순차적 진행	
시간적 배경 → 고즈넉한 분위기	
인물 간 우호적·대립적 관계	
장소 변화 → 갈등 해결 양상	

실전 국어 전형태

02 [서찰]과 관련지어 윗글을 이해한 내용으로 적절하지 <u>않은</u> 것은?

① '한 나인'은 '박 나인'의 생존에 대해 확신하지 못했다.
② '박 나인'은 남자와 통정했다는 혐의를 받고 징벌을 당했다.
③ '한 나인'은 구체적인 증거물에 근거하여 '박 나인'이 결백하다고 보았다.
④ '박 나인'이 '한 나인'에게 알려 준 정보 덕분에 '박 나인'이 살 수 있었다.
⑤ '한 나인'은 '박 나인'을 살리려는 시도가 발각될지도 모른다는 생각에 불안해 했다.

03 ㉠~㉤ 중 〈보기〉의 촬영 기법을 적용하기에 가장 적절한 것은?

보기

앙각(仰角, Low-angle) : 주로 인물의 권위나 위세를 시각적으로 표현하기 위해 카메라를 인물보다 아래쪽에 설치하여 올려 찍는 기법.

① ㉠   ② ㉡   ③ ㉢   ④ ㉣   ⑤ ㉤

| 과외식 기출 분석서, 나기출 |

나 없이
기출
풀지마라

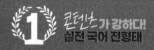

콘텐츠가 강하다!
실전 국어 전형태

베이직

III

고전 산문

다음 글을 읽고 물음에 답하시오.

이때 함경도 가달산에 한 도적이 있어 재물을 노략하며 인민을 살해하매 본읍 원이 관군을 발하여 잡으려 하되 능히 잡지 못하고 나라에 장계(狀啓)하니, ㉠ 상이 크게 근심하사 조정에 전지(傳旨)하사 도적을 칠 계책을 의논하라 하시니, 우치 아뢰길,

"도적의 형세 심히 크다 하오니 신이 홀로 나아가 적세를 보온 후 잡을 묘책을 정하리이다."

㉡ 상이 크게 기뻐하사 어주(御酒)와 인검을 주셔 왈,

"적세 심히 크거든 이 칼로 사졸을 호령하라."

하시니, 우치 사은하고 물러 나와 즉시 말에 올라 장졸을 거느리고 여러 날 만에 가달산 근처에 다다라 보니 큰 산이 하늘에 닿은 듯하고 수목이 빽빽하며 기암괴석이 첩첩하니 가장 험악한지라, 우치 군사를 산하에 머무르고 스스로 하사하신 인검을 가지고 몸을 흔들어 변하여 솔개 되어 가달산을 바라고 가니라.

원래 가달산 산중에 수천 명 적당 중에 한 괴수가 있으니, 성은 엄이요 명은 준이라. 용맹이 절륜하고 무예 출중하더라.

이때 우치 공중에서 두루 살피더니, 엄준이 엄연히 홍일산*을 받고 천리백총마(千里白驄馬)를 타고 채의홍상(彩衣紅裳)한 시녀를 좌우에 벌이고 종자 백여 인을 거느리고 바야흐로 사냥을 하거늘, 우치 자세히 살펴보니 기골이 장대하고 신장이 팔 척이요 낯빛이 붉고 눈이 방울 같으며 수염은 바늘을 묶어 세운 듯하니 곧 일대 걸물이러라. 엄준이 추종들을 거느리고 이 골 저 골로 한바탕 사냥하다가 분부하되,

"오늘은 각처에 갔던 장수들이 다 올 것이니 마땅히 소 열 필만 잡고 잔치하리라."

하는 소리 쇠북을 울림 같더라.

이때 우치 일계를 생각하고 나뭇잎을 훑어 신병을 만들어 창검을 들리고 기치를 벌여 진을 이루고, 머리에 쌍봉투구를 쓰고 몸에 황금 갑옷에 황색 비단 전포를 겹쳐 입고 천리오추마(千里烏騅馬)를 타고 손에 청사양인도(靑蛇兩刃刀)를 들고 짓쳐 들어가니, 성문을 굳게 닫았거늘 우치 문 열리는 진언을 염하니 문이 절로 열리는지라. 들어가며 좌우를 살펴보니 장려한 집이 두루 펼쳐졌고 사방 창고에 미곡이 가득하며 차차 전진하여 한 곳에 이르니, 전각이 굉장하여 주란화동*이 반공에 솟았거늘, 우치 이윽히 보다가 몸을 변하여 솔개 되어 날아 들어가 보니, 으뜸 도적이 황금 교자에 높이 앉고 좌우에 제장을 차례로 앉히고 크게 잔치하며 그 뒤에 대청이 있으니 미녀 수백 인이 열좌하여 상을 받았거늘, 우치 하는 양을 보려 하고 진언을 염하니, 무수한 수리가 내려와 모든 장수의 상을 걷어 치워 가지고 중천에 높이 떠오르며 광풍이 대작하여 눈을 뜨지 못하고 그러한 운문차일과 수놓은 병풍이 움직여 공중으로 날아가니, ⓐ 엄준이 정신을 진정치 못하여 뜰 아래 나뭇등걸을 붙들고 모든 군사가 차반을 들고 바람에 떠서 구르더라.

(중략)

이때 우치 문사낭청*으로 임금을 모시고 있더니, 불의에 이름이 역도(逆徒)의 진술에 나오는지라. ㉢ 상이 크게 노하사 왈,

"우치의 역모를 짐작하되 나중을 보려 하였더니, 이제 발각되었으니 빨리 잡아 오라."

하시니, 나졸이 명을 받아 일시에 달려들어 관대를 벗기고 옥계 하에 꿇리

니, ㉣ 상이 진노하사 형틀에 올려 매고 죄를 추궁하며 왈,

"네 전일 나라를 속이고 도처마다 작란함도 용서치 못할 바이거늘, 이제 또 역모를 꾸몄으니 변명하나 어찌 면하리오?"

하시고, 나졸을 호령하사 한 매에 죽이라 하시니, 집장과 나졸이 힘껏 치나 능히 또 매를 들지 못하고 팔이 아파 치지 못하거늘, 우치 아뢰되,

"신이 전일 죄상은 죽어 마땅하오나, 금일 일은 만만 애매하오니 용서하옵소서."

하고, 심중에 생각하되 '주상이 필경 용서치 않으시리라.' 하고 다시 아뢰길,

"신이 이제 죽사올진대 평생에 배운 재주를 세상에 전하지 못하올지라. 지하에 돌아가오나 원혼이 되리니 원컨대 성상은 원을 풀게 하옵소서."

㉤ 상이 헤아리시되, '이놈이 재주가 능하다 하니 시험하여 보리라.' 하시고 왈,

"네 무슨 능함이 있어 이리 보채느뇨?"

우치 아뢰길,

"신이 본시 그림 그리기를 잘하니, 나무를 그리면 나무가 점점 자라고 짐승을 그리면 짐승이 기어가고 산을 그리면 초목이 나서 자라오매 이러므로 명화라 하오니, 이런 그림을 전하지 못하옵고 죽사오면 어찌 원통치 않으리잇고?"

㉥ 상이 가만히 생각하시되, '이놈을 죽이면 원혼이 되어 괴로움이 있을까.' 하여 즉시 맨 것을 끌러 주시고 지필을 내리사 원을 풀라 하시니, 우치 지필을 받자와 산수를 그리니 천봉만학과 만장폭포가 산 위로부터 산 밖으로 흐르게 그리고 시냇가에 버들을 그려 가지 늘어지게 그리고 밑에 안장 없는 나귀를 그리고 붓을 던진 후 사은하되, 상이 물어 왈,

"너는 방금 죽을 놈이라. 사은함은 무슨 뜻이뇨?"

우치 아뢰길,

"신이 이제 폐하를 하직하옵고 산림에 들어 여년을 마치고자 하와 아뢰나이다."

하고 나귀 등에 올라 산 동구에 들어가더니, 이윽고 간 데 없거늘 상이 크게 놀라사 왈,

"내 이놈의 꾀에 또 속았으니 이를 어찌하리오?"

하시고 그 죄인들은 내어 베라 하시고 친국을 파하시니라.

- 작자 미상, 「전우치전」 -

* 홍일산 : 붉은 양산.
* 주란화동 : 단청을 곱게 하여 아름답게 꾸민 집.
* 문사낭청 : 임금의 심문 내용을 기록하고 낭독하는 직분.

형태쌤과 지문분석

지문분석	
공간	
서술자의 개입	

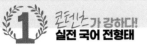
01 윗글에 대한 이해로 적절하지 <u>않은</u> 것은?

① 함경도 고을 원이 도적을 잡지 못해 우치가 토벌할 기회를 얻었다.

② 임금은 우치에게 어주와 인검을 내려 그동안의 수고를 치하하였다.

③ 엄준은 성 안의 큰 전각에서 장수들과 미녀들을 데리고 잔치를 벌였다.

④ 집장과 나졸이 우치를 한 매에 죽이라는 명령을 수행하지 못하는 동안 우치는 임금에게 용서를 청했다.

⑤ 우치는 과거의 죄와 역모의 혐의가 함께 거론되는 것을 듣고 임금에게서 용서받지 못하리라고 생각했다.

03 〈보기〉를 참고하여 윗글을 감상한 내용으로 적절하지 <u>않은</u> 것은?

> **보기**
>
> 「전우치전」은 전우치가 사건 해결을 주도하는 '전우치 설화'를 토대로 다양한 삽화가 결합된 소설이다. 각각의 삽화들은 서로 긴밀하지는 않지만 주인공의 도술 사용을 연결 고리로 하여 결합된다. ㉠ <u>엄준 토벌 삽화</u>와 ㉡ <u>역모 누명 삽화</u>가 그 예로서 주인공이 조력자 없이 도술로 문제를 해결해 가는 것은 그에게 신비감을 부여하고 이야기에 환상성을 더한다. 또한 다양한 도술 사용은 다음 삽화에 대한 독자의 호기심을 자극하여 지속적인 흥미를 제공한다.

① ㉠와 ㉡는 사건 해결을 우치가 주도한다는 점에서 공통점이 있군.

② ㉠와 ㉡에서 삽화마다 각기 다른 도술이 사용된 것은 독자에게 지속적인 흥미를 제공하는군.

③ ㉠와 ㉡는 주인공이 문제를 해결하기 위해 도술을 사용한다는 것을 연결 고리로 하여 결합되는군.

④ ㉠와 ㉡에서 주인공이 초월적 존재와 교감하여 문제를 해결하는 것은 이야기에 환상성을 더하는군.

⑤ ㉠에서 솔개로 변하는 장면과 ㉡에서 그림 속으로 들어가는 장면은 주인공에게 신비감을 부여하는군.

02 ㉠~㉺에 대한 설명으로 가장 적절한 것은?

① ㉠의 원인이 되는 사건이 ㉡을 유발한 우치에 의해서 야기되고 있다.

② ㉡은 사건 해결의 실마리를 찾은 것에 대한, ㉢은 사건 해결의 실마리가 사라진 것에 대한 반응을 보여 준다.

③ ㉢으로 인해 형성된 임금과 우치의 갈등에 제삼자가 개입하여 ㉣을 촉발하고 있다.

④ ㉣에서 ㉤으로의 변화는 임금과 우치의 갈등 원인이 제거되어 사건이 해결되는 과정을 보여 준다.

⑤ ㉤과 ㉥은 우치의 의도대로 상황이 전개되고 있음을 드러낸다.

04 ⓐ의 상황을 나타내는 말로 가장 적절한 것은?

① 기호지세(騎虎之勢)

② 방약무인(傍若無人)

③ 우후죽순(雨後竹筍)

④ 풍수지탄(風樹之嘆)

⑤ 혼비백산(魂飛魄散)

다음 글을 읽고 물음에 답하시오.

그 이전에 진 공이 병부에서 벼슬을 살던 때였다. 엄숭의 가자(假子) 조문화는 진 소저가 아름답다는 말을 듣고 제 자식을 위해 진 공에게 혼인을 청한 적이 있었다. 그때 진 공이 엄한 말로 거절하자, 조문화는 매우 노하여 엄숭에게 사주해 공을 노안부 제독으로 내쫓게 했다. 그 무렵에 다시 양석을 시켜 '진 공이 사사로이 태원의 돈 삼십만 냥을 훔쳤다.'고 무고하게 했다. 그리고 금위옥에 가둔 뒤 온갖 방법으로 죄를 조작하게 했다. 조문화는 오 부인과 진 소저가 옛집으로 올라왔다는 말을 듣고는 부인의 종형 오 낭중이라는 자를 불러 놓고 말했다.

[A]
　"진형수는 죽어 마땅한 죄를 지었지. 그렇지만 내가 진실로 한번 입을 연다면 족히 목숨은 구할 수 있을 것이니라. 지난날에 형수가 나를 지나치게 무시하여 혼인을 박절하게 거절한 적이 있었다. 이제 와서 내가 그 원한을 묻어 둔 채로 덕을 베풀어 주지는 못하겠다. 들으니 그대는 형수와 인척이 된다 하더군. 만일 형수가 살아서 옥문을 나서게 하고 싶다면 시험 삼아 나를 위해 형수의 딸에게 내가 한 말을 전해 주어 보거라. 그녀가 만일 효녀라면 스스로 거취할 방도를 필시 깨우치게 될 것이니라."

오 낭중은 본시 권세를 두려워하여 예예 하고 대답만 할 줄 아는 위인이었다. 그는 공손하게 손을 모은 채 명을 받은 뒤 오 부인을 찾아가 조문화가 한 말을 그대로 전했다.

㉠ 오 부인은 크게 노했다.

"조가 도적놈이 감히 우리 딸에게 욕을 보이려 한다고?"

그러자 진 소저가 분연히 고했다.

"옛날 효녀 중에는 스스로 관비가 되기를 청하여 제 아비의 죽음을 면하게 한 자가 있었으며, 또한 자신을 팔아 제 부모의 장사를 치르게 한 자도 있었습니다. 소녀의 신체발부는 모두 부모님께서 주신 것입니다. 이제 부친께서 중죄를 받을 형편에 놓이신 마당에 자식 된 자로서 ㉡ 어느 겨를에 일신의 욕과 불욕을 논할 수 있겠습니까?"

오 부인은 평소 소저의 빙옥 상설 같은 지조를 잘 알고 있었다. 따라서 그 말을 듣고는 깜짝 놀라 말도 하지 못한 채 한동안 눈물만 흘리다가 마침내 탄성을 발했다.

[B]
　"슬프다! 총계정에서 학을 읊은 시가 족히 너의 성안(成案)이 되고 말겠구나. 내가 어찌 네 마음을 의심할 리 있겠느냐? 그러나 딸을 죽여서 그 아비를 구한다면, 산 사람의 마음이 오죽이나 하겠느냐? 옛사람이 이르기를, '황금을 걸어놓고 도박을 벌이면 그 지혜가 더욱 어두워진다.'고 했지. 지금 내 마음은 황금을 건 것에 비할 바가 아니로구나. 네 스스로 잘 생각해서 현명하게 처신하거라."

진 소저는 ㉢ 추호도 망설이는 기색이 없이 친히 오 낭중을 향해 혼인을 허락했다. 오 낭중은 몹시 기뻐하며 조문화에게 돌아가 그녀의 말을 전했다. 조문화는 미칠 듯이 기뻐하더니 그 이튿날 다시 엄숭을 사주해 진 공의 옥사를 천자에게 아뢰게 했다. 이윽고 천자는 진 공의 사형을 감하는 대신 운남으로 귀양을 보내게 했다.

(중략)

마침내 진 공은 오 부인과 함께 길을 떠났다. 그 뒤 진 소저는 침실로 돌아가 자리에 누운 채 밤낮없이 엉엉 울고 있었다. 그때 조문화의 가인(家人)들이 속속 찾아와 진 소저에게 혼인을 재촉했다. 진 소저는 유모로 하여금 말을 전하게 했다.

"방금 부모님을 작별했으므로 정회가 망극하기 그지없습니다. 앞으로 수십 일 정도를 보내면서 마음을 조금 진정시킨 연후에 성례하면 좋을 듯합니다."

조문화의 가인이 돌아가 진 소저의 말을 전했다. 그러나 조문화의 아들은 다급하게 서둘러 마지않았다. 조문화가 말했다.

"인정상 본디 그럴 것이니 그 말대로 따르도록 하거라. 또한 저 아이는 이미 주머니 속에 든 물건이나 다름이 없게 되었다. 서두르지 않는다고 달아날 곳이 있겠느냐?"

사오일 뒤 조문화는 시비로 하여금 진 소저를 찾아가 살펴보게 했다. 진 소저는 머리를 풀어 얼굴을 가린 채 이불을 덮고 신음하고 있다가 희미한 목소리로 유모를 불러 놓고 일렀다.

"슬픔으로 심란하던 차에 다시 감기에 걸리고 말았네. 이제는 마음도 추스르고 병도 조섭하여 속히 쾌차한 후에 부모님을 살려 주신 ㉣ 큰 은혜를 보답하려 하네. 그런데 지금 바깥 사람들이 자주 왔다 갔다 하니 내 마음이 편하질 않구려."

그 사람이 돌아가 진 소저의 말을 조문화에게 그대로 전했다. 그러자 조문화는 몹시 기뻐했다.

"진실로 뛰어난 효녀로서 은혜를 갚을 줄 아는 사람이로구나. 이제 그 뜻에 순종하여 화를 돋우게 하지 마라. 앞으로도 모름지기 매일 문밖에서 동정을 살피되 집 안에는 다시 함부로 들어가지 말거라."

다시 10여 일이 지난 뒤 진 소저는 공의 행차가 이미 멀리까지 갔으리라 짐작하고 유모 및 시녀 운섬 등과 함께 야밤에 간단하게 행장을 꾸렸다. 그리고 모두 남장을 한 뒤 나귀 한 필을 끌고 회남을 향해 떠나갔다.

그 이튿날에도 조문화의 가인이 소저를 찾아갔더니 ㉤ 빈집만 황량할 뿐 다시는 인적을 찾아볼 수 없었다. 그 사람은 몹시 놀랍고도 의아하여 마을 사람에게 물어보았다.

"저 집 소저가 어디로 갔습니까?"

마을 사람은 쌀쌀하게 대답했다.

"소저고 대저고 나는 모릅니다."

그 사람은 무안만 당하고 돌아가 조문화에게 고했다.

- 작자 미상, 「창선감의록」 -

📋 형태쌤과 지문분석

지문분석	
공간	
서술자의 개입	

01 윗글의 내용으로 적절하지 않은 것은?

① 진 소저가 부모님과 이별한 뒤 집 안에 머문 것은 혼인 여부를 결정하기 위한 것이었다.

② 조문화의 아들은 진 소저와의 혼인이 늦어지는 것에 대해 조급해하며 혼인을 서두르고 싶어 했다.

③ 조문화는 진 소저의 부모가 떠났다고 하여 아들과 진 소저의 혼사가 무산될 것이라고는 여기지 않았다.

④ 운섬은 진 소저와 함께 밤중에 행장을 꾸려 길을 떠났다.

⑤ 마을 사람은 진 소저의 행방에 대해 조문화의 가인이 원하는 답을 주지 않았다.

03 〈보기〉를 바탕으로 윗글을 감상할 때 적절하지 않은 것은?

보기

조선 후기에 들어 가문을 둘러싼 갈등과 정치적 대립이 서사화되는 양상이 두드러진다. 임금과 신하의 권력 관계가 역전된 정치적 구조에서 권세 있는 신하가 정치를 좌우하는 현실이 소설에 반영된다. 이러한 정치적 문제는 가문의 문제에 연결되면서 가족 구성원이 고난을 겪는 서사 구성으로 드러난다. 이때 자신의 판단과 지략으로 해결책을 모색하는 적극적 인물들이 나타난다. 이들은 사리 판별을 돕는 인물이나 주변 인물의 도움을 받기도 한다.

① 오 낭중이 가문 사이를 매개하는 것을 보니, 사리 판별을 하여 가족 구성원이 위기 상황을 극복하게 하는 모습을 알 수 있군.

② 진 공이 옥에 갇히고 귀양을 가게 되는 과정을 보니, 권력을 가진 신하가 정치를 좌우하는 현실의 문제를 추측할 수 있군.

③ 진 소저가 길을 떠나기까지의 과정을 보니, 자신의 판단에 따라 지혜롭게 문제 상황을 해결해 가는 적극적 인물의 면모를 알 수 있군.

④ 조문화가 성사시키려 한 혼인 문제로 진 공의 가족이 고난을 겪게 되는 과정을 보니, 정치적 문제와 가문의 문제가 연결될 수 있음을 알 수 있군.

⑤ 유모가 조문화의 가인과 시비에게 말을 전하고 진 소저와 함께 남장을 하는 정황을 보니, 주변 인물이 적극적 인물에게 도움이 되고 있음을 알 수 있군.

02 [A]와 [B]에 대한 이해로 가장 적절한 것은?

① [A]는 청자와의 동등한 관계를 전제로, [B]는 청자와의 상하 관계를 이용하여 자신의 목적을 이루고자 한다.

② [A]는 지난 일을 들어 청자에 대한 원한을 드러내고, [B]는 이전에 쓰인 글을 떠올려 청자에 대한 원망을 표출한다.

③ [A]는 청자에게 선택 가능한 여러 방안을 제시하여, [B]는 선택 가능성을 제한하여 청자의 문제를 해결해 주고자 한다.

④ [A]는 가정할 수 있는 상황을 들어 자신의 의중을 청자에게 전하고, [B]는 비교할 만한 상황을 들어 자신의 의중을 청자에게 드러낸다.

⑤ [A], [B] 모두 이상적 가치를 내세워 자신의 결정을 청자가 따르도록 유도하고 있다.

04 문맥을 고려할 때 ㉠~㉤을 표현하기에 가장 적절한 것은?

① ㉠ : 나중에 보자는 사람 무섭지 않다.

② ㉡ : 없는 자가 찬밥 더운밥을 가리랴.

③ ㉢ : 만사가 욕심대로라면 하늘에다 집도 짓겠다.

④ ㉣ : 산이 높아야 옥이 난다.

⑤ ㉤ : 빈대 잡으려고 초가삼간 태운다.

다음 글을 읽고 물음에 답하시오.

자라가 기막혀 우는 말이,

"㉠ 못 보겠네, 못 보겠네, 병든 용왕 못 보겠네. 나의 충성 부족던가, 나의 정성 부족던가? 객사 신세 자라 팔자, 이 아니 불쌍한가? 명천 감동하와 백호를 죽여 주오, 애고애고 설운지고."

이렇듯이 슬피 우니 호랑이 듣더니,

"이놈, 무슨 내게 해로운 소리만 하느냐?"

자라 생각하되,

'왕명을 뫼와 만 리 밖에 나와 이 지경을 당하니 일사(一死)면 도무사(都無死)라. 무이불식(無以不食)이라, 모조리 먹는다 하니 내 한번 고기 값이나 하리라.'

하고 모진 마음을 굳게 먹고,

"어따, 네가 내 근본을 알려느냐?"

하며 호랑이 앞턱을 냅다 물고 매어 달리니, 호랑이가,

"애고, 놓아. 아니 먹으마."

자라 놓고 나앉으며 움쳐 든 목을 길게 빼어 염려 없이 기를 보이니, 호랑이 보더니,

"이크, 장사 갑주 속의 방망이 총 나온다."

하며 저만치 물러앉으니, 자라 호랑이 질리는 기색을 알고,

"게서 내 근본을 자세히 아는가? 나는 수국 충신 간의대부 겸 시랑 별주부, 별나리라 하네."

호랑이 무식하여 자라 별자 몰라듣고 무수히 새겨,

"별나리, 별나리, 그저 나리도 무섭다 하되 별나리 더 무섭다. 생긴 모양보다는 직품은 높고 찬란한데, 그러면 목은 어찌 그리 되었으며, 이곳엔 어찌 나왔는가?"

자라 대답하되,

"이곳 나오고 목이 이리 된 근본을 알려나?"

"어디 좀 알아보세."

"㉡ 우리 수궁이 퇴락하여 새로 다시 지은 후에 천여 개 기와를 내 손으로 이어갈 제, 추녀 끝에 돌아가다 한 발길 미끄러져 공중 뚝 떨어져 빙빙 돌아 나려오다 목으로 쩔꺽 나려 박혀 목이 이리 되었기로 명의더러 물어본즉 호랑이 쓸개가 약이 된다 하기에 벽력 장군 앞세우고 도로랑 귀신 잡아타고 호랑 사냥 나왔으니 게가 호랑이면 쓸개 한 보 못 주겠나. 도로랑 귀신 게 있느냐? 어서 급히 빨리 나와 용천검 드는 칼로 이 호랑이 배 갈라라라, 도로랑!"

하고 달려드니 호랑이 깜짝 놀라 물동을 와락 싸고, ㉢ 초가성중(楚歌聲中) 놀란 패왕 포위 뚫고 남쪽으로 달아나듯, 적벽강 불 싸움에 패군장 위왕 조조 정욱 따라 도망하듯, 북풍에 구름 닫듯, 편전살 달아나듯, 왜물 조총 철환 닫듯, 녹수를 얼른 건너 동림(東林)을 헤치면서 쑤루쑤루 달아나 만첩청산 바위틈에 혼자 앉아 장담하고 하는 말이,

"내 재주 아니런들 도로랑 귀신 피할손가? 하마터면 죽을 뻔하였구나."

(중략)

한창 이리 춤을 출 제, 대장 범치 토끼 옆에 섰다가,

"이크, 토끼 뱃속에 간이 촐랑촐랑하는고."

토끼 깜짝 놀라,

'어떤 게 간이라고? 뱃속에 물똥이 들어 촐랑거리는 걸 간이라 하것다.

아뿔싸, 낌새를 보아 떠나라고 하였거니 즉시 가는 것만 못할지고.'

이리할 제 별주부 연석에 참여하였다가 눈을 부릅떠 토끼를 보며 가만히 꾸짖어 왈,

"내 듣기에도 촐랑촐랑하는 것이 분명한 간인 듯하거든 네 저러한 꾀로 우리 대왕을 속이려 하느냐?"

토끼 마음에 분하여 파연(罷宴) 후에 왕께 주왈,

"소토 세상에서 약간 의서를 보았거니와 음허화동(陰虛火動)의 병에 원기 회복하옵기는 왕배탕이 제일 좋다 하오니 왕배는 곧 자라라, 오래 묵은 자라를 구하여 쓰면 기운 자연 회복하올 것이요, 그 다음에 소토의 간을 쓰면 병세 불일내(不日內) 평복(平復)하오리다."

왕이 이때 토끼 말이라 하면 지록위마(指鹿爲馬)라도 믿고 듣는지라. 즉시 하령하되,

"출세(出世)하였던 별주부 오래 묵은지라. 법을 좇아 잡아들이라."

하니 현의도독 거북이 아뢰되,

"㉣ 옛 말씀에 '토끼를 다 잡으면 사냥개를 삶아 먹고 높이 뜬 새 없어지면 좋은 활이 숨는다.' 하였사오니 선생 말씀이 옳사오나 주부는 만리타국의 정성을 다하여 공을 이루고 왔삽거늘 제후로 봉하기는 고사하고 죽이는 것은 불가사문어인국(不可使聞於隣國)*이라. 특별히 권도(權道)를 좇아 암자라로 대용하심을 바라나이다."

왕 왈,

"윤허하노라."

하시니.

이때 주부 천지 망극하여 집에 돌아와서 부부 서로 손을 잡고 통곡하다가 문득 생각하여 왈,

"내 일시 경솔한 말로 음해를 만나 무죄한 부인을 이 지경을 당하게 하였거니와 천 리 동행한 정분이 적지 아니하고 제 마음이 악독하여 고집스럽지 않으니 우리 정성을 다하여 빌면 다시 측은히 생각하여 구하리라."

하고, ㉤ 즉시 별당을 소쇄(掃灑)하고 잔치를 배설하여 토끼를 정으로 청하여 상좌에 앉히고 주부 내외 당하에 꿇어 백배 애걸하는 말이,

"오늘날 우리 양인(兩人) 목숨이 선생께 달렸으니 넓으신 도량으로 짐작하여 잔명을 구하여 주옵소서."

토끼 수염을 만작이며 웃어 왈,

"네 당초에 날 죽을 곳으로 유인함도 심장에 고이하거늘 하물며 없는 간을 있다 하여 기어이 죽이려 함은 무슨 일이며, 위태한 때에 이르러 애걸하는 것은 나를 조롱함이냐?"

- 작자 미상, 「토끼전」 -

* 불가사문어인국 : 이웃 나라에 알려져서는 안 됨.

01 윗글에 대한 이해로 가장 적절한 것은?

① 별주부가 호랑이 앞에서 고기 값이나 하겠다는 것은 죽음을 각오하고 상대에 맞서겠다는 의지를 드러낸 것이다.

② 호랑이가 별주부의 외양에서 떠올린 갑주와 방망이 총은 상대와 맞설 의지를 갖게 하는 것이다.

③ 호랑이가 바위틈에서 자기 재주를 장담하는 것은 패배를 설욕하려는 의지를 다지는 것이다.

④ 토끼가 껌새를 보아 떠나라는 말을 떠올리고 즉시 가야겠다고 생각하는 것은 용왕의 믿음을 저버릴 수 없다는 의지 때문이다.

⑤ 별주부가 부인이 대신 죽게 된 것을 자신의 경솔한 말과 음해 때문이라고 하는 것은 아내가 아니라 자신이 죽겠다는 의지를 가지고 있기 때문이다.

02 ㉠~㉤에 대한 설명으로 적절하지 <u>않은</u> 것은?

① ㉠ : 유사한 어구의 반복과 대구를 통해 인물의 심경을 드러내고 있다.

② ㉡ : 의태어를 활용하여 대상의 움직이는 모습을 생생하게 보여 주고 있다.

③ ㉢ : 동일 행위에 대한 다양한 묘사를 통해 대상이 처한 긴박한 상황을 역동적으로 보여 주고 있다.

④ ㉣ : 고사를 활용하여 상대에게 화자의 의견을 전달하고 있다.

⑤ ㉤ : 편집자적 논평을 통해 인물의 행위에 대한 서술자의 시각을 보여 주고 있다.

03 〈보기〉를 참고하여 윗글을 감상한 내용으로 적절하지 <u>않은</u> 것은?

> **보기**
>
> 「토끼전」은 자신이 알고 있는 바를 적절히 활용하여 상대를 설득하거나 공박하는 지혜의 대결을 서사의 기초로 한다. 인물들은 상대가 모르거나 상대에게 불리한 화제로 대화를 이끄는 것 같은 방법을 통해 대결에서 우위를 점하려 하며, 불리한 국면에서는 제삼자를 끌어들이거나 대결을 회피하기도 한다.

① 별주부는 호랑이가 모르는 별주부 자신의 근본으로 화제를 이끌어 자신의 우위를 확보해 나가고 있군.

② 호랑이는 별나리에 대한 자신의 무지를 드러내어 별주부에게 자신을 공략할 빌미를 제공하고 있군.

③ 별주부는 범치가 토끼의 간에 대해 말한 바를 가지고 토끼를 회유하여 토끼와의 대결을 회피하고 있군.

④ 토끼는 용왕의 병과 관련하여 자신으로부터 별주부로 화제를 옮김으로써 불리한 상황을 벗어나려 하고 있군.

⑤ 토끼는 별주부가 자신을 유인했던 과거의 일을 화제로 끌어들여 자신의 우위를 강화하고 있군.

다음 글을 읽고 물음에 답하시오.

　일일은 승상이 술에 취하시어 ⓐ 책상에 의지하여 잠깐 졸더니 문득 봄바람에 이끌려 한 곳에 다다르니 이곳은 승상이 평소에 고기도 낚으며 풍경을 구경하던 조대(釣臺)*라. 그 위에 상서로운 기운이 어렸거늘 나아가 보니 청룡이 ⓑ 조대에 누웠다가 승상을 보고 고개를 들어 소리를 지르고 반공에 솟거늘, 깨달으니 일장춘몽이라.

[A]
　심신이 황홀하여 죽장을 짚고 월령산 ⓒ 조대로 나아가니 나무 베는 아이가 나무를 베어 시냇가에 놓고 버들 그늘을 의지하여 잠이 깊이 들었거늘, 보니 의상이 남루하고 머리털이 흩어져 귀밑을 덮었으며 검은 때 줄줄이 흘러 두 뺨에 가득하니 그 추레함을 측량치 못하나 그 중에도 은은한 기품이 때 속에 비치거늘 승상이 깨우지 않으시고, 옷에 무수한 이를 잡아 죽이며 잠 깨기를 기다리더니, 그 아이가 돌아누우며 탄식 왈,

　　⊙ 형산백옥이 돌 속에 섞였으니 누가 보배인 줄 알아 보랴. 여상의 자취 조대에 있건마는 그를 알아본 문왕의 그림자 없고 와룡은 남양에 누웠으되 삼고초려한 유황숙의 자취는 없으니 어느 날에 날 알아줄 이 있으리오.

　　하니 그 소리 웅장하여 산천이 울리는지라.

　탈속한 기운이 소리에 나타나니, 승상이 생각하되, '영웅을 구하더니 이제야 만났도다.' 하시고, 깨우며 물어 왈,

　"봄날이 심히 곤한들 무슨 잠을 이리 오래 자느냐? 일어앉으면 물을 말이 있노라."

　"어떤 사람이관데 남의 단잠을 깨워 무슨 말을 묻고자 하는가? 나는 배고파 심란하여 말하기 싫도다."

　아이 머리를 비비며 군말하고 도로 잠이 들거늘, 승상이 왈,

　"네 비록 잠이 달지만 어른을 공경치 아니하느냐. 눈을 들어 날 보면 자연 알리라."

　그 아이 눈을 뜨고 이윽히 보다가 일어앉으며 고개를 숙이고 잠잠하거늘, 승상이 자세히 보니 두 눈썹 사이에 천지조화를 갈무리하고 가슴속에 만고흥망을 품었으니 진실로 영웅이라. 승상의 ⓛ 명감(明鑑)*이 아니면 그 누가 알리오.

[중략 부분의 줄거리] 승상은 아이(소대성)를 자기 집에 묵게 하고 딸과 부부의 연을 맺도록 하지만, 승상이 죽자 그 아들들이 대성을 제거하려고 한다. 이에 대성은 영보산으로 옮겨 공부하다가 호왕이 난을 일으킨 소식에 산을 나가게 된다.

　한 동자 마중 나와 물어 왈,

　"상공이 해동 소상공 아니십니까?"

　"동자, 어찌 나를 아는가?"

　소생이 놀라 묻자, 동자 답 왈,

　"우리 노야의 분부를 받들어 기다린 지 오랩니다."

　"노야라 하시는 이는 뉘신고?"

　"아이 어찌 어른의 존호를 알리까? 들어가 보시면 자연 알리이다."

[B]
　생이 동자를 따라 들어가니 청산에 불이 명랑하고 한 노인이 자줏빛 도포를 입고 금관을 쓰고 책상을 의지하여 앉았거늘 생이 보니 학발 노인은 청주 이 승상일러라. 생이 생각하되, '승상이 별세하신 지 오래이거늘 어찌 ⓓ 이곳에 계신가?' 하는데, 승상이 반겨 손을 잡고 왈,

　"내 그대를 잊지 못하여 줄 것이 있어 그대를 청하였나니 기쁘고도 슬프도다."

　하고 동자를 명하여 저녁을 재촉하며 왈,

　"내 자식이 무도하여 그대를 알아보지 못하고 망령된 의사를 두었으니 어찌 부끄럽지 아니하리오. 하나 그대는 대인군자로 허물치 아니할 줄 알았거니와 모두 하늘의 뜻이라. 오래지 아니하여 공명을 이루고 용문에 오르면 딸과의 신의를 잊지 말라."

　하고 갑주 한 벌을 내어 주며 왈,

　"이 갑주는 보통 물건이 아니라 입으면 내게 유익하고 남에게 해로우며 창과 검이 뚫지 못하니 천하의 얻기 어려운 보배라. 그대를 잊지 못하여 정을 표하나니 전장에 나가 대공을 이루라."

　생이 자세히 보니 쇠도 아니요, 편갑도 아니로되 용의 비늘같이 광채 찬란하며 백화홍금포로 안을 대었으니 사람의 정신이 황홀한지라. 생이 매우 기뻐 물어 왈,

　"이 옷이 범상치 아니하니 근본을 알고자 하나이다."

　"이는 천공의 조화요, 귀신의 공역이라. 이름은 '보신갑'이니 그 조화를 헤아리지 못하리라. 다시 알아 무엇 하리오?"

　승상이 답하시고, 차를 내어 서너 잔 마신 후에 승상 왈,

　"이제 칠성검과 보신갑을 얻었으니 만 리 청총마를 얻으면 그대 재주를 펼칠 것이나, 그렇지 아니하면 당당한 기운을 걷잡지 못하리라. 하나 적을 가벼이 여기지 말라. 지금 적장은 천상 나타의 제자 익성이니 북방 호국 왕이 되어 중원을 침노하니 지혜와 용맹이 범인과 다른지라. 삼가 조심하라."

　"만 리 청총마를 얻을 길이 없으니 어찌 공명을 이루리까?"

　생이 묻자, 승상이 답 왈,

　"동해 용왕이 그대를 위하여 이리 왔으니 내일 오시에 얻을 것이니 급히 공을 이루라. 지금 싸움이 오래되었으나 중국은 익성을 대적할 자 없으며 황제 지금 위태한지라. 머물지 말고 바삐 가라. 할 말이 끝없으나 밤이 깊었으니 자고 가라."

　하시고 책상을 의지하여 누우시니 생도 잠깐 졸더니, 홀연 찬 바람, 기러기 소리에 깨달으니 승상은 간데없고 누웠던 자리에 갑옷과 투구 놓였거늘 좌우를 둘러보니 ⓔ 소나무 밑이라.

- 작자 미상, 「소대성전」 -

* 조대 : 낚시터.
* 명감 : 사람을 알아보는 뛰어난 능력.

📖 형태쌤과 지문분석

지문분석	
공간	
서술자의 개입	

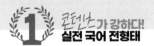
01 [A]와 [B]에 나타난 서술상 특징으로 가장 적절한 것은?

① [A]는 묘사를 통해 인물의 외양을, [B]는 발화를 통해 인물의 감회를 드러내고 있다.
② [A]와 달리, [B]는 대구적 표현을 통해 인물에 대한 부정적 인식을 드러내고 있다.
③ [B]와 달리, [A]는 요약적 서술을 통해 시대적 배경을 제시하고 있다.
④ [A]와 [B]는 모두 인물들 간의 대화를 통해 인물들 사이의 갈등을 제시하고 있다.
⑤ [A]와 [B]는 모두 과거 사건에 대한 회상을 통해 현재 사건의 원인을 제시하고 있다.

형태쌤과 선지분석

선지분석	[A]	[B]
[A] 인물 외양 묘사 / [B] 발화 → 인물 감회		
대구 → 인물에 대한 부정적 인식		
요약적 서술 → 시대적 배경		
대화 → 인물들 간 갈등		
회상 → 현재 사건의 원인		

02 윗글의 '승상'에 대한 감상으로 가장 적절한 것은?

① 곤히 잠든 '아이'를 깨우지 않고 이를 잡아 주며 기다리는 모습에서 따뜻한 인정을 느낄 수 있군.
② 나이 어린 '소생'에게 자신이 범한 과오를 시인하고 부끄러워하는 모습에서 자신을 비우고 낮추는 겸허함을 볼 수 있군.
③ '소생'에게 '딸과의 신의'를 잊지 않아야 공명을 이룰 수 있다고 당부하는 모습에서 신의를 중시하는 가치관을 볼 수 있군.
④ '청총마'를 이미 얻고 '동해 용왕'의 도움까지 얻은 '소생'에게 적을 가벼이 여기지 말라고 하는 모습에서 신중한 자세를 볼 수 있군.
⑤ 살아서는 '소생'을 도왔지만 죽은 몸으로 '소생'을 도울 수 없어 안타까워하는 모습에서 남을 도우려는 한결같은 성품을 느낄 수 있군.

03 〈보기〉를 참고할 때, ⓐ~ⓔ를 이해한 내용으로 적절하지 <u>않은</u> 것은?

> **보기**
>
> 고전 소설에서 공간은 산속이나 동굴 등 특정 현실 공간에 초현실 공간이 겹쳐진 것으로 설정되기도 한다. 이 경우, 초현실 공간이 특정 현실 공간에 겹쳐지거나 특정 현실 공간에서 사라지는 것은 보통 초월적 존재의 등·퇴장과 관련된다. 한편 어떤 인물이 꿈을 꿀 때, 그는 현실의 어떤 공간에서 잠을 자고 있지만, 그의 정신은 꿈속 공간을 경험한다. 이 경우, 특정 현실 공간이 꿈에 나타나면 이 꿈속 공간은 특정 현실 공간에 근거하면서도 초현실 공간의 성격을 지니기도 한다.

① '승상'은 ⓐ에 몸을 의지하고 있지만 정신은 봄바람에 이끌려 ⓑ로 나아갔으니, 그는 현실의 한 공간에서 잠들어 꿈속 공간을 경험하고 있는 것이군.
② ⓑ는 ⓒ에 근거를 둔 꿈속 공간으로, ⓑ에서 본 '청룡'은 ⓒ에서 자고 있는 '아이'를 상징하는군.
③ ⓑ와 ⓓ는 모두 초현실 공간으로, ⓑ는 '승상'을 '아이'에게로 이끌기 위해, ⓓ는 '소생'과 초월적 존재인 '승상'의 만남을 위해 설정된 곳이군.
④ ⓒ는 '승상'의 정신이 경험하는 꿈속 공간이고, ⓔ는 '소생'이 자기 경험이 꿈이었음을 확인하는 공간이군.
⑤ '승상'이 '누웠던 자리'에 '갑옷과 투구'가 놓여 있는 것으로 보아, ⓔ에 ⓓ가 겹쳐져 있었지만 '승상'이 사라지면서 ⓓ도 함께 사라졌군.

04 ⊙의 화자에게 ⓒ을 지닌 '승상'이 격려해 줄 말로 가장 적절한 것은?

① '굼벵이도 구르는 재주가 있다'라고 하듯이, 네 재주로도 할 일은 있을 터이니 너무 낙담하지 마라.
② '자루 속의 송곳'이라고 하듯이, 앞으로 너의 진가가 반드시 드러나 많은 사람이 너를 우러러 보게 될 거야.
③ '장마다 꼴뚜기가 나올까'라고 하듯이, 운수가 좋아야만 성공할 수 있으니 좋은 때가 오기를 기다려 보아라.
④ '차면 넘친다'라고 하듯이, 지금 너의 괴로움은 욕심이 지나쳐서 생기는 것이니 욕심을 줄이면 나아질 거야.
⑤ '하룻강아지 범 무서운 줄 모른다'라고 하듯이, 너의 용기는 무모하니 현실을 직시하면 성공할 날이 곧 올 거야.

다음 글을 읽고 물음에 답하시오.

⊙ 산은 첩첩하고 물은 중중한데, 잠자려는 새들은 숲으로 들어가 객회(客懷)를 자아내니 숙향이 갈 데 없어서 앉아서 울고 있었다. 문득 파랑새가 꽃봉오리를 물고 손등에 앉거늘 숙향이 배고픔을 견디지 못해 꽃봉오리를 먹으니 눈이 맑아지고 배가 불러 정신이 상쾌하며 몸에 향내 진동하더라.

일어나서 ⓒ 파랑새가 가는 대로 따라 두어 고개를 넘어가니 산골짜기에 한 궁궐이 있는데, 그 새가 큰 문으로 들어가거늘 숙향이 따라 들어갔다. 한 계집이 마중 나와 숙향을 안고 들어가 큰 전각(殿閣) 앞에 놓으니 한 부인이 머리에 화관(花冠)을 쓰고 황금 의자에 앉아 있다가 숙향을 맞아 팔을 밀어 동편 백옥 의자에 앉기를 청하거늘 숙향이 어찌할 줄 모르고 다만 울 뿐이었다.

부인 왈,

"선녀께서 인간 세상에 내려와 더러운 물을 많이 먹었으니 정신이 바뀌어 전생 일을 모르나이다."

선녀에게 명해 경액(瓊液)*을 드리라 한대 선녀가 만호잔에 호박대를 받쳐 이슬 같은 것을 부어 드리거늘 숙향이 받아먹으니 맛은 젖맛 같고 매우 향기롭더라. ⓒ 먹은 후에 천상의 일과 인간 세상에 내려와 부모 잃고 헤매며 고생한 일을 일일이 알게 되니 몸은 비록 아이나 마음은 어른이라. 즉시 일어나 부인께 예를 표해 왈,

[A] "첩은 천상에 득죄(得罪)하여 인간 세상에 내려와 고초가 심하거늘 이다지도 불쌍히 여겨 대접하시니 지극히 감격하나이다."

"선녀께서는 저를 알아보시겠나이까?"

"인간 세상에 내려와 정신이 바뀌었사오니 자세히 아옵지 못하나이다."

"이 땅은 명사계(冥司界)요, 저는 후토 부인이니이다. 선녀께서 인간 세상에 내려와 고생을 겪었으매 접때 잔나비와 황새를 보내 도와 드렸고 이번에는 파랑새를 보내었삽더니 보셨나이까?"

"다 보았사오나 부인의 하늘 같은 은혜를 갚을 길이 없사오니 부인의 시비나 되어 만분지일이나 갚사올까 바라나이다."

부인이 정색하고 왈,

[B] "저는 한낱 조그마한 신령이요, 그대는 월궁의 으뜸 선녀. 비록 천상에서 지은 죄로 인간 세상에 내려와 일시 고생을 겪었으나 그런 말씀을 어찌 하시나이까? 선녀 가실 곳이 또한 머오니 그 사이에 고생을 많이 겪을 것이오매 쉬어 내일 가소서."

하고, 잔치를 배설하여 환대하니 음식과 보배 등이 극히 화려하더라.

숙향이 부인께 왈,

"첩이 전일 들사오니 명사계는 시왕(十王)이 계신 데라 하더니 그러하오이까?"

"그러하여이다."

"그러하오면 시왕전이 어디오이까?"

"멀지 아니하오이다."

"인간 세상의 부모가 난중에 죽었으면 시왕전에 왔사올 것이니 반가이 만나 볼 수 있겠나이까?"

[C] "그대 부모는 인간 세상에 반석같이 계시고 그들도 원래 인간 세상 사람이 아니요, 봉래산 선관 선녀로서 인간 세상에 귀양 왔사오니 기한이 차면 봉래로 돌아갈 것이요, 이곳은 오지 아니하리이다."

(중략)

이선이 숙향이 보내 온 혈서를 보고 크게 놀라 통곡하고 그 편지를 숙모께 드리고 낙양 옥중에 가서 숙향과 함께 죽으려 하더니 숙부인 왈,

"아직 자세히 알지도 못하는데 성급히 굴지 마라."

하며 하인을 불러 할미 집에 가 보고 오라 하고, 그 고을의 이방 원통을 불러서 그 연고를 물으니 원통이 고하기를,

ⓐ "상서께서 명을 내리시어 숙향을 잡아다가 죽이라 하신 고로 원님이 상서 명을 거역하지 못하여 어젯밤에 숙향을 잡아다 죽이려고 큰 매로 치라 하되 집장 사령이 매를 들지 못하여 죽이지 못하였사오나 원님이 오늘 죽이려 하옵고 큰 칼을 씌워 옥에 가두었나이다."

숙부인이 듣고 크게 놀라 왈,

"선이 비록 상서의 아들이나 내가 양자로 들였으매 선과 숙향이 혼사를 치르도록 했거늘, 내게 묻지 아니하고 나를 과부라 업신여겨 이러하니 내 황성에 들어가 상서에게 일러 듣지 아니하면 황후께 아뢰어 황제께서 아시게 하리라."

하고 즉시 행장을 차려서 장안으로 가니라.

한편 이선은 집에 들어가 울며 숙향이 죽었으면 함께 죽으리라고 하더라.

이튿날 김전이 숙향을 올리라 하니 이때 낭자가 옥 같은 두 귀 밑에 흐르나니 눈물이라. ⓒ 연약한 몸이 큰칼 쓰고 여러 사람에게 붙들려 가니 반은 죽은 사람이라. 이를 보는 사람이 눈물 아니 짓는 이가 없더라.

김전이 왈,

"네 고향은 어디며 이름은 무엇이며 나이는 몇이나 되며 뉘 집 딸이라 하나뇨?"

낭자 왈,

"오 세에 부모를 난중에 잃고 사방에 유리(流離)하옵다가 겨우 의탁한 몸 되었사오니 고향과 부모의 성명은 모르오되 나이 찬 후에 혹 들사오니 김 상서의 딸이라 하오며 이름은 숙향이요 나이는 십육 세로소이다."

김전의 아내 장 씨가 그 말을 듣고 눈물을 흘리며 김전에게 왈,

"그 여자의 얼굴을 보오니 죽은 우리 딸과 같삽고 연치(年齒) 또한 같사오되 다만 김 상서의 딸이라 하니 그 근본을 자세히 모르오나 이름도 같고 나이도 같으니 혹 죽은 자식이 살아서 돌아다니는지 마음이 자연 비창(悲愴)하오니 아직 죽이지 말고 상서께 기별하여 스스로 처치하게 하오소서."

김전이 부인의 말을 옳게 여겨 숙향을 도로 하옥하라 하고, 이 사연을 이 상서에게 회보(回報)하니라.

- 작자 미상, 「숙향전」 -

* 경액 : 신선이 마신다는 신비로운 약물.

형태쌤과 지문분석

지문분석	
공간	
서술자의 개입	

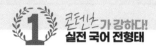
01 윗글의 인물에 대한 이해로 적절하지 <u>않은</u> 것은?

① '후토 부인'은 '숙향'을 명사계로 인도하여 전생에서의 '숙향'의 정체를 깨닫게 해 주고 있다.
② '이선'은 '숙향'이 처한 상황을 알고서 '숙향'과 생사를 같이 하겠다고 다짐하고 있다.
③ '숙부인'은 '숙향'과 '이선'의 혼사가 이루어지도록 '이 상서'로 하여금 '황후'에게 아뢰게 하고 있다.
④ '김전'은 '장 씨'의 말을 수용하여 '숙향'에 대한 형 집행을 미루고 있다.
⑤ '장 씨'는 '숙향'을 보고서 자신의 딸을 떠올리며 '숙향'에게 연민을 느끼고 있다.

03 〈보기〉를 참고하여 [A]~[C]를 감상한 내용으로 적절하지 <u>않은</u> 것은?

> **보기**
>
> 고전 소설 중에는 '천상'과 '선계'를 포함하는 '천상계'와 인간 세상인 '지상계'가 인과응보의 원리에 의해 연결되어 서사가 진행되는 작품들이 많다. 이 원리는 '천상계-지상계-천상계'의 순환 구조를 기반으로 하여 천상계에서 죄를 지으면 지상계에서 벌을 받는 것으로 구현된다. 이 원리를 토대로 하여 인물에게 주어지는 처벌과 보상, 인물이 겪는 고난의 정도와 기한이 결정된다.

① [A]에는 지상계에서 고초를 겪게 되는 원인이 천상계에서 지은 죄에 있다는 생각이 드러나 있군.
② [B]에는 천상계에서 지은 죄의 대가를 지상계에서 모두 치르면 천상계의 신분이 변할 수 있다는 생각이 드러나 있군.
③ [B]에는 천상계에서 높은 신분인 인물이라도 죄를 지으면 지상계에 내려와 고난을 겪어야 한다는 생각이 드러나 있군.
④ [C]에는 지상계가 천상계에서 죄를 지은 자들의 귀양지라는 생각이 드러나 있군.
⑤ [C]에는 천상계에서 지은 죄의 대가를 지상계에서 치르는 인물은 이미 정해진 고난의 기한이 차야만 천상계로 돌아갈 수 있다는 생각이 드러나 있군.

02 ㉠~㉤에 대한 이해로 적절하지 <u>않은</u> 것은?

① ㉠에서는 인물이 처한 힘든 상황을 나타내는 시공간적 배경을 제시하고 있다.
② ㉡에서는 인물이 현실의 경계를 넘어 초현실의 공간으로 진입해 가는 장면을 서술하고 있다.
③ ㉢에서는 인물에게 갑자기 일어난 변화를 서술자가 직접적으로 제시하고 있다.
④ ㉣에서는 인물의 발화를 통해 이전 사건을 요약적으로 제시하고 있다.
⑤ ㉤에서는 인물의 외양 묘사를 통해 그 인물의 심리를 드러내고 있다.

다음 글을 읽고 물음에 답하시오.

심청이 수궁에 머물 적에 옥황상제의 명이니 거행이 오죽하랴. 사해 용왕이 다 각기 시녀를 보내어 아침저녁으로 문안하고, 번갈아 당번을 서서 문안하고 호위하며, 금수능라 비단옷에 화용월태 고운 얼굴 다 각기 잘 보이려고 예쁜 모습 웃는 시녀, 얌전하게 차린 시녀, 천성으로 고운 시녀, 수려한 시녀들이 주야로 모실 적에 사흘마다 작은 잔치, 닷새마다 큰 잔치를 베푸니, 상당에는 비단 백 필, 하당에는 진주 서 되었다. 이처럼 받들면서도 오히려 잘못하지나 않을까 조심이 각별했다.

이때 무릉촌 장 승상 댁 부인이 심 소저의 글을 벽에 걸어 두고 날마다 징험하되 빛이 변하지 아니하더니, 하루는 ⓐ 글 족자에 물이 흐르고 빛이 변하여 검어지니, '심 소저가 물에 빠져 죽었는가?' 하여 무수히 슬퍼하고 탄식하더니, 이윽고 물이 걷히고 빛이 도로 황홀해지니, 부인이 괴이히 여겨 '누가 구하여 살아났는가?' 하며 십분 의혹하나 어찌 그러하기 쉬우리오.

그날 밤에 장 승상 댁 부인이 제물을 갖추어 강가에 나아가 심 소저를 위하여 혼을 불러 위로하는 제사를 바치려 마음먹고 시비를 데리고 ⓑ 강가에 다다르니, 밤은 깊어 삼경인데 첩첩이 쌓인 안개 산골짜기에 잠겨 있고, 첩첩이 이는 연기 강물에 어리었다. 편주(片舟)를 흘리저어* 중류에 띄워 놓고, 배 안에 제사상을 차리고 부인이 친히 잔을 부어 오열하며 소저를 불러 위로하니,

"아아! 슬프다, 심 소저야. 죽기를 싫어하고 살기를 즐거워함은 인정에 당연커늘 일편단심에 양육하신 부친의 은덕을 죽음으로써 갚으려 하고, 한 가닥 쇠잔한 목숨을 스스로 끊으니, 고운 꽃이 흩어지고 나는 나비 불에 드니 어찌 아니 슬플쏘냐. 한 잔 술로 위로하니 응당 소저의 혼이 아니면 없어지지 아니하리니 속히 와서 흠향함을 바라노라."

하며 눈물 뿌려 통곡하니 천지 미물인들 어찌 아니 감동하리. 뚜렷이 밝은 달도 구름 속에 숨어 있고, 사납게 불던 바람도 고요하고, 용왕이 도왔는지 강물도 고요하고, 백사장에 놀던 갈매기도 목을 길게 빼어 꾸루룩 소리하며, 심상한 어선들은 가던 돛대 머무른다. 뜻밖에 강 가운데로부터 한 줄 ⓒ 맑은 기운이 뱃머리에 어렸다가 잠시 뒤에 사라지며 날씨가 화창해지거늘, 부인이 반겨 일어서서 보니 가득히 부었던 잔이 반이나 없었으므로, 소저의 영혼을 못내 슬퍼하더라.

하루는 광한전 옥진 부인이 오신다 하니 ⓓ 수궁이 뒤눕는 듯 용왕이 겁을 내어 사방이 분주했다. 원래 이 부인은 심 봉사의 처 곽씨 부인이 죽어 광한전 옥진 부인이 되었더니, 그 딸 심 소저가 수궁에 왔다는 말을 듣고, 상제께 말미를 얻어 모녀 상봉하려고 온 것이었다.

심 소저는 뉘신 줄을 모르고 멀리 서서 바라볼 따름이었다. 오색구름이 어린 오색 가마를 옥기린에 높이 싣고 벽도화 단계화를 좌우에 벌여 꽂고, 각 궁 시녀들은 옆에서 모시고, 청학 백학들은 앞에서 모시며, 봉황은 춤을 추고, 앵무는 말을 전하는데, 보던 중 처음이더라.

이윽고 교자에서 내려 섬돌에 올라서며,

"내 딸 심청아!"

하고 부르는 소리에 모친인 줄 알고 왈칵 뛰어 나서며,

"어머니 어머니, ⓐ 나를 낳고 초칠일 안에 죽었으니 지금까지 십오 년을 얼굴도 모르오니 천지간 끝없이 깊은 한이 갤 날이 없었습니다. 오늘날 이곳에 와서야 어머니와 만날 줄을 알았더라면, 오던 날 부친 앞에서 이 말씀을 여쭈었더라면 날 보내고 설운 마음 적이 위로했을 것을……. 우리

모녀는 서로 만나 보니 좋지만은 외로우신 부친은 뉘를 보고 반기시리까. 부친 생각이 새롭습니다."

부인이 울며 말하기를,

"나는 죽어 귀히 되어 인간 생각 아득하다. 너의 부친 너를 키워 서로 의지하였다가 너조차 이별하니, 너 오던 날 그 모습이 오죽하랴. 내가 너를 보니 반가운 마음이야 너의 부친 너를 잃은 설움에다 비길쏘냐. 묻노라. 너의 부친 가난에 절어 그 모습이 어떠하냐. 응당 많이 늙었으리라. 그간 십수년에 홀아비나 면했으며, 뒷마을 귀덕 어미 네게 극진하지 않더냐?"

얼굴도 대어 보며, 수족도 만져 보며,

"귀와 목이 희니 너의 부친 같기도 하다. 손과 발이 고운 것은 어찌 아니 내 딸이랴. 내 끼던 ⓔ 옥지환도 네가 지금 가졌으며, '수복강녕', '태평안락' 양편에 새긴 돈 붉은 줌치 청홍당사 벌매듭도 애고 네가 찼구나. 아비 이별하고 어미 다시 보니 다 갖추기 어려운 건 인간 고락이라. 그러나 오늘날 나를 다시 이별하고 너의 부친을 다시 만날 줄을 네가 어찌 알겠느냐? 광한전 맡은 일이 직분이 허다하여 오래 비우기 어렵기로 도리어 이별하니 애통하고 딱하나 내 맘대로 못 하니 한탄한들 어이할쏘냐. 후에 다시 만나 즐길 날이 있으리라."

하고 떨치고 일어서니, 소저 만류하지 못하고 따를 길이 없어 울며 하직하고 수정궁에 머물더라.

이때 심 봉사는 딸을 잃고 모진 목숨 죽지 못하여 근근이 살아갈 제, 도화동 사람들이 심 소저가 지극한 효성으로 물에 빠져 죽은 일을 불쌍히 여겨 비석을 세우고 글을 새겼으되,

앞 못 보는 아버지 위해
제 몸 바쳐 효도하러 용궁에 갔네.
안개 어린 먼 바다에 마음도 푸르니
봄풀에 해마다 한이 가없네.

강가를 오가는 행인이 비문을 보고 아니 우는 이가 없고, 심 봉사는 딸이 생각나면 그 비를 안고 울더라.

- 작자 미상, 「심청전」(완판본, 71장) -

* 흘리저어 : 배 따위를 흘러가게 띄워서 저어.

📝 형태쌤과 지문분석

지문분석	
공간	
서술자의 개입	

01 윗글에 대한 설명으로 가장 적절한 것은?

① 초월적 인물을 통해 주인공의 운명이 예고되고 있다.
② 시대 배경을 구체적으로 묘사하여 현실감을 획득하고 있다.
③ 간결한 문체를 사용하여 사건 전개의 속도감을 높이고 있다.
④ 사건을 생동감 있게 서술하여 긴박한 분위기를 조성하고 있다.
⑤ 독백과 대화의 반복적 교차로 인물의 내면 갈등이 드러나고 있다.

형태쌤과 선지분석

선지분석	심청전
초월적 인물 → 주인공 운명 예고	
시대 배경의 구체적 묘사 → 현실감	
간결한 문체 → 속도감↑	
생동감 있는 서술 → 긴박한 분위기	
독백·대화 반복 교차 → 내면 갈등	

02 ㉠~㉤의 서사적 기능에 대한 이해로 적절하지 않은 것은?

① ㉠ : 심청의 생사 여부를 짐작하게 하는 징표이다.
② ㉡ : 장 승상 댁 부인에게 이승과 저승의 경계로 인식되는 공간이다.
③ ㉢ : 장 승상 댁 부인이 지닌 비범한 능력을 보여 주는 증거이다.
④ ㉣ : 심청이 자신의 희생에 대해 보상을 받는 공간이다.
⑤ ㉤ : 심청과 옥진 부인 사이의 관계를 확인시키는 징표이다.

03 〈보기〉를 참고하여, 윗글을 감상할 때 적절하지 않은 것은?

보기

「심청전」 완판본(71장)에는 장 승상 댁 부인의 등장, 수궁에서의 모녀 상봉, 삽입 시 등과 같이 경판본에 없는 대목이 보인다. 이러한 요소들은 서사의 분위기 형성이나 인물의 성격 구현, 주제 의식의 발현 등에 일정한 차이를 가져왔다.

① 옥진 부인의 등장은 심청의 위상을 높여 주는 역할을 하고 있군.
② 장 승상 댁 부인이 제사를 지내는 행위는 슬픈 분위기를 자아내고 있군.
③ 비석에 새겨진 시는 심청의 죽음을 안타까워하는 세간의 마음을 보여 주고 있군.
④ 심청과 옥진 부인이 만나는 대목은 혈연의 친밀감을 드러내는 데 기여하고 있군.
⑤ 옥진 부인이 심청에게 하는 말은 딸을 물에 빠지게 한 심 봉사의 어리석은 행위를 부각하고 있군.

04 ⓐ를 표현하기에 가장 적절한 한자 성어는?

① 각골통한(刻骨痛恨)
② 물아일체(物我一體)
③ 이심전심(以心傳心)
④ 진퇴양난(進退兩難)
⑤ 천우신조(天佑神助)

다음 글을 읽고 물음에 답하시오.

[A] 국순(麴醇)의 자(字)는 자후(子厚)이다. 그 조상은 농서(隴西) 출신이다. 90대(代) 선조였던 모(牟)가 후직(后稷)을 도와 백성들을 먹여 공이 있었다. 『시경』에 '내게 밀과 보리를 주다'라고 한 것이 그것이다. 모(牟)가 처음에는 숨어 벼슬하지 않고 말하기를, "나는 반드시 밭을 갈아 먹으리라." 하며 밭이랑에서 살았다. 임금이 그의 자손이 있다는 말을 듣고 수레를 보내 부르며 각 고을에 명하여 후한 예물을 보내라 하고, 신하를 시켜 친히 그 집에 찾아가도록 해 결국 절구와 절굿공이 사이에서 귀천 없는 교분을 맺고, 자신을 덮어 감추고 세상과 더불어 화합하게 되었다.

(중략)

[B] 순은 그릇과 도량이 크고 깊었다. ㉠ 출렁대고 넘실거림이 만경창파(萬頃蒼波) 같으며, 맑게 하려 해도 더는 맑아질 수 없고 뒤흔든대도 흐려지지 않았다. 그런 풍류 취향이 한 시대를 풍미하여 자못 사람의 기운을 일으켜 주었다.

일찍이 섭법사(葉法師)에게 나아가 온종일 담론하였는데, 자리에 있던 모든 이들이 탄복하여 쓰러지자, 드디어 이름이 알려지게 되었다. 호를 '국(麴) 처사'라 하매 공경대부로부터 머슴에 이르기까지 그 향기로운 이름을 접하는 이마다 모두 그를 흠모하였으며, 성대한 모임이 있을 때마다 순이 오지 아니하면 모두 슬퍼하여 말하기를,

"국 처사가 없으면 즐겁지 않다."

했다. 그가 당시 세상에서 사랑받음이 이와 같았다.

산도(山濤)라는 이는 감식안이 있었는데, 일찍이 순을 보고는 감탄하여 말했다.

㉡ "어떤 늙은 할미가 이토록 잘난 기린아를 낳았을꼬? 하지만 천하의 백성들을 그르치는 자도 필경 이 아이일 것이다."

관부(官府)에서 순을 불러 청주종사(青州從事)*를 삼았으나, 마땅한 벼슬자리가 아니라 하여 다시 평원독우(平原督郵)*를 시켰다. 얼마 후 탄식하기를,

㉢ '내가 이 얼마 되지 않는 녹봉을 받고, 이 따위 시골 아이들에게 허리를 굽힐 수 없다. 내 마땅히 술잔과 술상 사이에 곧추 서서 담론하리라.'

그 무렵 관상을 잘 보는 이가 있어 말했다.

"그대의 얼굴엔 불그레한 기운이 감돌고 있소. 뒤에 반드시 귀하게 되어 높은 벼슬을 얻게 될 것이니, 마땅히 좋은 자리를 기다렸다가 벼슬에 나아가시오."

진 후주(陳後主) 때에 임금이 그의 그릇을 남다르게 여겨 장차 크게 쓸 뜻이 있다 하여 광록대부 예빈경의 자리로 옮겨 주었고, 공(公)의 작위에 오르게 하였다. 그리고 무릇 군신의 회의에는 임금이 꼭 순으로 참여케 하니, 그 나아가고 물러남과 그 수작이 거슬림이 없이 뜻에 들어맞았다.

㉣ 순이 권세를 얻게 되자, 어진 이와 사귀고 손님을 대접하며, 종묘에 제사를 받드는 등의 일을 앞장서서 맡아 주관하였다. 임금이 밤에 잔치를 열 때도 오직 그와 궁인만이 곁에서 모실 수 있었을 뿐, 아무리 임금과 가까운 신하여도 참여할 수 없었다.

이후로 임금은 곤드레만드레 취하여 정사를 폐하게 되었다. 그러나

[C] 순은 ⓐ 입을 굳게 다문 채 그 앞에서 간언할 줄 몰랐다. 그리하여 예법을 지키는 선비들은 그를 마치 원수처럼 미워하게 되었다. 그러나 임금은 매양 그를 감싸고돌았다.

순은 또 돈을 거둬들여 재산 모으기를 좋아하므로, 사람들이 그를 천하게 여겼다. 임금이 묻기를,

"경은 무슨 버릇이 있소?"

하니, 순이 대답하기를,

"신(臣)은 돈을 좋아하는 습성이 있나이다."

했다. 임금이 크게 웃고 그에게 더 많은 관심을 기울이게 되었다. 한번은 조정에 들어가 임금 앞에 마주 대하고 아뢰었는데, 순이 본디 입에서 나는 냄새가 있었고, 이에 임금이 싫어하며 말했다.

"경이 나이 들고 기운도 없어 나의 부림을 못 견디는구료!"

그러자 순은 마침내 관을 벗고 물러나면서 아뢰었다.

㉤ "신(臣)이 높은 벼슬을 받고 남에게 물려주지 아니하면 망신이 될까 두렵습니다. 부디 집으로 돌아갈 수 있도록 해주신다면 그것으로 만족하겠습니다."

왕의 명으로 좌우의 부축을 받아 집에 돌아온 순은 갑자기 병이 나 하룻밤 사이에 죽고 말았다.

[D] 자식은 없고 먼 친척 가운데 아우뻘 되는 청(清)이, 훗날 당나라에 출사(出仕)*하여 벼슬이 내공봉에 이르렀으며, 그 자손이 다시 중국에서 번성하였다.

[E] 사신(史臣)은 이렇게 말했다.

"국 씨의 조상이 백성에게 공로가 있고, 청백한 기상을 자손에게 물려주었다. 울창주(鬱鬯酒)는 주나라에서 칭송이 하늘에 닿을 듯했으니, 가히 그 조상의 기풍이 있다 하겠다. 순이 가난한 집안에서 자라나 높은 벼슬에 오르는 영광을 얻게 되어 술 단지와 술상 사이에 서서 담론하게 되었다. 그러나 옳고 그름을 변론하지 못하고, 왕실이 어지러워져도 붙들지 못하여 마침내 천하의 웃음거리가 되었으니, 산도(山濤)의 말을 족히 믿을 만하다."

- 임춘, 「국순전」 -

* 청주종사 : 배꼽 밑까지 시원하게 넘어가는 좋은 술. '높은 벼슬'을 뜻함.
* 평원독우 : 명치 위에 머물러 숨이 막히는 좋지 않은 술. '낮은 벼슬'을 뜻함.
* 출사 : 벼슬에 나아감.

형태쌤과 지문분석

지문분석	
공간	
서술자의 개입	

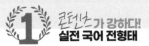
01 윗글에 대한 설명으로 가장 적절한 것은?

① 서술자가 자신의 체험을 직접 서술하고 있다.
② 인물 간의 대화를 통해 시·공간적 배경이 드러나고 있다.
③ 예화를 열거하는 방식으로 인물의 성격을 나타내고 있다.
④ 과거와 현재를 교차시켜 사건을 유기적으로 구성하고 있다.
⑤ 권위 있는 인물의 중재를 통해 인물 간의 갈등이 해소되고 있다.

형태쌤과 선지분석

선지분석	국순전
1인칭 시점	
인물 간 대화 → 시·공간 배경 제시	
예화 열거 → 인물의 성격 제시	
과거와 현재 교차 → 유기적 구성	
권위 있는 인물의 중재 → 인물 간 갈등 해소	

02 ㉠~㉤에 대한 이해로 적절하지 않은 것은?

① ㉠은 국순의 성품을 바다에 비유한 것으로, 넓고 깊은 국순의 마음을 의미한다.
② ㉡은 국순의 장래를 예언한 것으로, 국순이 세상에 부정적 영향을 끼칠 것임을 경고한다.
③ ㉢은 불만족스러운 처지와 이를 넘어서려는 심경을 표현한 것으로, 국순의 자존심을 나타낸다.
④ ㉣은 국순이 높은 자리에 있으면서 맡았던 소임을 기술한 것으로, 친교 모임이나 공식적 행사에서 능력을 인정받은 국순의 면모를 부각한다.
⑤ ㉤은 퇴임하면서 국순이 한 말로, 선조의 뜻을 받들어 자신의 순수했던 성품을 되찾고자 스스로 물러난 국순의 의지를 드러낸다.

03 〈보기〉를 참고하여 [A]~[E]를 감상한 내용으로 적절하지 않은 것은?

보기

가전(假傳)은 사물을 의인화하여 그 일생을 전(傳)의 형식으로 서술한 글로서 인물의 가계와 성품, 생애, 공과(功過) 등을 '가계-행적-논평'이라는 틀 속에 담아내었다. 내용상으로는 인간 세태를 풍자하고 세상을 경계(警戒)하려는 성격이 강해 교훈성을 지닌다.

① [A]는 가문 내력을 소개하는 가계에 해당하는 부분으로서 주인공이 유서 깊은 가문 출신임을 알려 주고 있군.
② [B]와 [C]는 주인공의 행적을 구분하여 [B]에서는 주로 주인공의 과오를, [C]에서는 주로 훌륭한 업적을 기술하고 있군.
③ [C]에서 형상화된 주인공의 행적으로부터 작가가 전하고자 하는 교훈을 [E]에서 요약적으로 제시하고 있군.
④ [D]는 후대의 가문 내력을 기술하여 국순 가문이 세상에 널리 퍼져 나갔음을 보여 주고 있군.
⑤ [E]는 사신(史臣)이 논평하는 객관적 형식을 활용하여 인간 세태에 대한 작가 자신의 견해를 나타내고 있군.

04 ⓐ를 나타낸 말로 가장 적절한 것은?

① 함구무언(緘口無言)
② 중언부언(重言復言)
③ 중구난방(衆口難防)
④ 이실직고(以實直告)
⑤ 어불성설(語不成說)

다음 글을 읽고 물음에 답하시오.

이때, 함경도 곡산 땅에 한 사람이 있으되, 성은 김(金)이요 명은 덕령(德齡)이라. 힘은 능히 삼천 근을 들고 신장은 구 척이요, 검술과 육도삼략이 옛날 황석공의 도술을 당하는지라. 아깝도다. 이때는 부친의 초토(草土)* 중에 있고, 모부인을 섬겨 하루도 떠나지 아니하더니, 일일은 들으니 왜적이 백 리 안에 온다 하거늘 모부인께 여쭈오되,

"국운이 불행하여 왜적이 산과 들에 가득 찼사오니, 소자가 비록 초토에 있사오나 지금은 국사가 망극하오니 신민의 도리로 어찌 편안하오리이까? 나아가 도적을 물리치고 즉시 돌아오리이다."

부인이 책망하여 왈,

"너는 어찌 무지한 말로 어미를 놀라게 하느냐? 공자(公子)는 구 년 거상(居喪)이요, 군자(君子)는 육 년 거상이요, 대부(大夫)는 삼 년 거상이라. 네 어찌 무슨 지략으로 사정에 어두운 말을 하느냐? 만일 내 말을 거역하면 모자지의(母子之義)를 끊으리라."

덕령이 다시 말을 못하고 마음을 억누르고 있더니, 수일 후 들으니 도적이 머지않아 들어온다 하거늘, 마음이 송구하여 슬하를 떠나 가등청정의 진에 자취도 없이 들어가 외쳐 왈,

"나는 조선 장수 김덕령이라. 왜적의 씨를 없이하려니와 천운이 불행하여 내 몸이 상중에 있기로 너희를 이제까지 살렸도다. 무지한 왜적은 천위를 모르고 외람되이 조선을 침범하였으니 목숨을 아끼거든 바삐 살아 가라. 너의 명이 내 수중에 달렸으니 빨리 돌아가라. 만일 내 말을 믿지 못하거든 내일 오시(午時)에 올 것이니, 그때를 기다려 재주를 구경하되 백지를 오려 너희 군졸 머리 위에 낱낱이 붙이고 기다리라."

하고, 마침 간데없거늘, 가등청정이 대로하여 ㉠ 수문장을 베어 장대에 달고 왈,

"문을 어찌 지켜 요망한 놈이 임의로 출입하는가."

하고, 군중에 전령하여,

"백지를 오려 머리 위에 낱낱이 붙여라. 내일 오시에 요망한 놈이 반드시 올 것이니, 동정을 살피되 일시에 함께 총과 활을 쏘아라."

하고, 이튿날 오시가 되도록 종적이 없더니, 오시 후에 북쪽으로부터 일점 흑운이 일어나며 광풍이 대작하고 시석(矢石)*이 날리며 큰 나무가 부러지며 천지가 뒤넘는 듯하더니 공중에서 한 소년이 상복을 입은 채 포선(布扇)*을 들고 오른손으로 억만 군중 백화 밭이 된 백지를 거두어 쥐고 천둥같이 호령 왈,

"너희는 내 재주를 보라. 내 몸이 상중이 아니면 너희 장졸의 머리를 이 종이같이 경각에 거두고자 하나니, 너희가 목숨을 아끼거든 빨리 퇴병하라. 만일 나의 말을 업신여기면 내 포선으로 너희를 씨도 없이하리라."

하고 간데없거늘, 가등청정이 간담이 서늘하여 차탄 왈,

"내 팔 년 동안 도술을 배워 조선에 나왔으되 저러한 재주는 처음이라. 천신 같도다."

하고, 진을 풀어 조섭의 진과 합하고자 하더라.

- 작자 미상, 「임진록」 -

* 초토 : 거적자리와 흙 베개라는 뜻으로, 상중에 있음을 이르는 말.
* 시석 : 전쟁에 쓰던 화살과 돌.
* 포선 : 상주가 외출할 때 얼굴을 가리는 부채.

형태쌤과 지문분석

지문분석	
공간	
서술자의 개입	

01 윗글을 통해 알 수 있는 내용이 <u>아닌</u> 것은?

① 김덕령은 종이를 이용해서 자신의 신이한 능력을 드러냈다.
② 어머니는 김덕령에게 신민의 도리보다 아들의 도리를 요구했다.
③ 상복을 입고 공중에서 나타난 소년은 김덕령이 둔갑한 인물이다.
④ 김덕령은 국가에 대한 충성과 부모에 대한 효도를 모두 중시했다.
⑤ 가등청정은 김덕령의 능력을 두려워하여 군사들의 머리에 백지를 붙이게 했다.

02 윗글과 〈보기〉는 같은 전쟁을 배경으로 하고 있다. 윗글과 〈보기〉의 비교로 적절하지 <u>않은</u> 것은?

> **보기**
>
> 남원부 사람으로 전에 참봉을 지냈던 변사정이 의병을 모집하여 영남으로 가려고 할 때, 최척은 활쏘기와 말 타기를 잘했기 때문에 의병에 뽑혀서 동행하게 되었다. 최척은 진중에 있으면서 옥영에 대한 근심과 걱정으로 몸이 아프게 되었다. 혼례를 치르기로 약속한 날이 되어 소장(訴狀)을 올려 휴가를 청하자, 의병장이 화를 내며 말했다.
>
> "지금이 어느 때인데 감히 혼사에 대해 말하느냐? 임금께서도 난리를 당하여 피난을 가서 풀숲을 방황하고 계시니, 이러한 때 신하 된 자는 마땅히 창을 베고 잘 겨를도 없어야 할 것이다."
>
> 의병장은 이렇게 꾸짖으며 끝내 최척의 귀가를 허락하지 않았다. 옥영도 최척이 돌아오지 않자 혼례를 치르지 못하고 그날을 헛되게 보낼 수밖에 없었다.

① 윗글은 〈보기〉에 비해 통쾌한 느낌을 자아내고 있다.
② 윗글은 〈보기〉에 비해 주인공이 능동적으로 그려져 있다.
③ 〈보기〉는 윗글에 비해 사실성이 두드러진다.
④ 〈보기〉는 윗글에 비해 서술자의 개입이 두드러진다.
⑤ 〈보기〉는 윗글에 비해 개인의 애환이 구체적으로 그려져 있다.

03 문맥으로 보아 ㉠과 가장 잘 어울리는 한자 성어는?

① 일벌백계(一罰百戒)
② 유구무언(有口無言)
③ 청천벽력(靑天霹靂)
④ 토사구팽(兔死狗烹)
⑤ 비분강개(悲憤慷慨)

다음 글을 읽고 물음에 답하시오.

[A] 조선 초에 송경 숭인문 안에 한 선비 있으니, 성은 전이요 이름은 우치라. 일찍 높은 스승에게서 신선의 도를 배우되, 본래 재질이 뛰어나고 정성이 지극하여 마침내 오묘한 이치를 통하고 신기한 재주를 얻었으나 소리를 숨기고 자취를 감추어 지내므로 비록 가까이 지내는 이도 알 리 없더라.

이때 남방 해변 여러 고을이 여러 해 바다 도적의 노략을 당하고 엎친 데 덮쳐 무서운 흉년까지 만나니, 그곳 백성의 참혹한 형상은 이루 붓으로 그리지 못할지라. 그러나 조정에 벼슬하는 이들은 권세 다투기에만 눈이 붉고 가슴이 탈 뿐이요 백성의 고통은 모르는 듯 버려두니, 뜻있는 이가 통분함이 이를 길 없더니 우치 또한 참다못하여 뜻을 결단하고 집을 버리며 세간을 헤치고, 천하로써 집을 삼고 백성으로써 몸을 삼으려 하더라.

(중략)

이때 간의태위 상소하여 왈,

"호서 땅에 사오십 명이 모여 반역을 모의하여 조만간 기병(起兵)한다는 문서를 사자가 신에게 가져왔사오니, 그를 가두어 두고 사연을 아뢰나이다."

상이 탄식하며 말하기를,

"과인이 박덕(薄德)하여 ⓐ 곳곳에 도적이 일어나니 어찌 한심치 아니하리오."

하고 금부와 포청으로 잡으라 하시니, 오래지 않아 적당을 잡았거늘, 상이 친히 신문하는데 그중에 한 놈이,

"선전관 전우치 재주 과인(過人)하기로 신 등이 우치로 임금을 삼아 만민을 평안케 하려 하더니, 하늘이 돕지 않아 발각되었으니 죄사무석(罪死無惜)*이로소이다."

하더라. 이때 우치 문사낭청(問事郎廳)*으로 있더니, 뜻밖에 이름이 역도(逆徒)의 진술에 나오는지라. 상이 대로하사,

"우치 역모함을 짐작하되 나중을 보려 하였더니, 이제 발각되었으니 빨리 잡아오라."

하시니, 나졸이 명을 받들어 일시에 달려들어 관대를 벗기고 옥계 하에 꿇리니, 상이 진노하사 형틀에 올려 매고 죄를 추궁하여 왈,

"네 전일 나라를 속이고 도처마다 장난함도 용서치 못할 일이거늘, 이제 또 역적죄에 들었으니 ⓑ 변명한들 어찌 면하리오."

하시고, 나졸을 호령하사 한 매에 죽이라 하시니, 집장과 나졸이 힘껏 치나 능히 또 매를 들지 못하고 ⓒ 팔이 아파 치지 못하거늘, 우치 아뢰되,

"신의 전일 죄상은 죽어 마땅하오나, 금일 이 일은 만만 애매하오니 용서하옵소서."

하고, 심중에 생각하되, '주상이 필경 용서치 아니시리라.' 하고 다시 아뢰기를,

"신이 이제 죽사올진대, 평생에 배운 재주를 세상에 전하지 못할지라. 지하에 돌아가오나 원혼이 되리니, 엎드려 바라건대 성상은 원을 풀게 하옵소서."

상이 헤아리시되, '이놈이 재주 능하다 하니 시험하여 보리라.' 하시고 가라사대,

"네 무슨 능함이 있어 이리 보채느뇨?"

우치 아뢰기를,

"신이 본대 그림 그리기를 잘하니 나무를 그리면 나무가 점점 자라고 짐승을 그리면 짐승이 걸어가고 산을 그리면 초목이 나서 자라니 이러므로 명화라 하오니, 이런 그림을 전하지 못하고 죽사오면 ⓓ 어찌 원통치 아니리오."

상이 가만히 생각하되, '이놈을 죽이면 원혼이 되어 괴로움이 있을까' 하여 즉시 맨 것을 끌러 주시고 지필(紙筆)을 내리사 원을 풀라 하시니, ㉠ 우치 지필을 받자와 산수를 그리니 천봉만학과 만장폭포가 산 위로부터 산 밖으로 흐르게 그리고 시냇가에 버들을 그려 가지가지 늘어지게 그리고 그 밑에 안장 지은 나귀를 그리고, 붓을 던진 후 사은(謝恩)하매, 상이 묻기를,

"너는 ⓔ 방금 죽을 놈이라, 이제 사은함은 무슨 뜻이뇨?"

우치 아뢰기를,

"신이 이제 폐하를 하직하옵고 산림에 들어 여년을 마치고자 하와 아뢰나이다."

하고, 나귀 등에 올라 산 동구에 들어가더니 이윽고 간 데 없거늘, 상이 대경하사 왈,

"내 이놈의 꾀에 또 속았으니, 이를 어찌하리오."

— 작자 미상, 「전우치전」 —

* 죄사무석 : 죽어도 아깝지 않을 만큼 죄가 큼.
* 문사낭청 : 죄인을 신문할 때 기록과 낭독을 맡은 임시 벼슬.

형태쌤과 지문분석

지문분석	
공간	
서술자의 개입	

01 윗글을 통해 '전우치'에 대해 알 수 있는 내용으로 적절하지 <u>않은</u> 것은?

① 기지로 어려운 국면을 타개하였다.
② 조정에서 내린 벼슬을 받지 않았다.
③ 임금의 신뢰를 받지 못하고 있었다.
④ 사사로운 이익보다 대의를 중시하였다.
⑤ 예전에도 나라를 곤란하게 한 적이 있다.

02 [A]와 비교하여 〈보기〉의 특징을 말한 내용으로 적절하지 <u>않은</u> 것은?

> **보기**
>
> 인조 대왕 시절에 강원도 원주에 사는 한 사람이 있으되, 성은 전이요 명은 중보였다. 근본이 관노였지만 부자였고 늦도록 아들이 없어 걱정이었다. 어느 해 흉년이 들었을 때, 중보는 재산을 풀어 백성을 구제한 공으로 벼슬을 얻었다. 인조 10년에 전중보는 신선의 제자가 자신의 덕성을 칭찬하는 꿈을 꾼 후 아들을 얻어서 이름을 우치라 하였다. 우치는 태어난 지 한 달 만에 걷고, 오십 일 만에는 언어를 통달하였다. 전중보는 불도를 가르칠 생각으로 우치를 절에 보냈다.

① 전우치의 태몽을 제시하여 인물의 신이성을 강화했군.
② 전우치의 출생을 전우치 아버지의 행적과 관련지었군.
③ 전우치의 득도 과정을 보여 주어 초월적 인물임을 강조했군.
④ 전우치의 출생 시기를 구체적으로 제시하여 인물의 역사적 실재성을 부각했군.
⑤ 전우치 아버지의 원래 신분을 밝혀 전우치가 하층 출신 영웅임을 암시했군.

03 ㉠의 그림에 대한 적절한 설명을 〈보기〉에서 모두 고른 것은?

> **보기**
>
> ㄱ. 다른 공간으로 이어지는 통로이다.
> ㄴ. 의롭지 못한 자를 단죄하는 방법이다.
> ㄷ. 주인공의 능력을 보여 주는 수단이다.
> ㄹ. 사건을 요약적으로 제시하는 방편이다.

① ㄱ   ② ㄱ, ㄷ   ③ ㄴ, ㄷ
④ ㄴ, ㄹ   ⑤ ㄱ, ㄴ, ㄹ

04 ⓐ~ⓔ를 바꾸어 쓴 표현으로 가장 적절한 것은?

① ⓐ : 침소봉대(針小棒大)하니
② ⓑ : 목불인견(目不忍見)이리라
③ ⓒ : 수수방관(袖手傍觀)하거늘
④ ⓓ : 각골통한(刻骨痛恨)하리이다
⑤ ⓔ : 기사회생(起死回生)하리니

다음 글을 읽고 물음에 답하시오.

[A] "여보 장모! 춘향이나 좀 보아야제?"

"그러지요. 서방님이 춘향을 아니 보아서야 인정이라 하오리까?"

향단이 여짜오되,

"지금은 문을 닫았으니 바라를 치거든 가사이다."

이때 마침 바라를 뎅뎅 치는구나. 향단이는 미음상 이고 등롱 들고 어사또는 뒤를 따라 옥문간 당도하니 인적이 고요하고 사정이도 간곳없네.

이때 춘향이 비몽사몽간에 서방님이 오셨는데, 머리에는 금관(金冠)이요 몸에는 홍삼(紅衫)이라. 상사일념(相思一念) 끝에 만단정회(萬端情懷)하는 차라,

"춘향아." 부른들 대답이나 있을쏘냐. 어사또 하는 말이,

"크게 한번 불러 보소."

"모르는 말씀이오. 예서 동헌이 마주치는데, 소리가 크게 나면 사또 염문(廉問)할 것이니, 잠깐 지체하옵소서."

"무어 어때, 염문이 무엇인고? 내가 부를게 가만있소! 춘향아!"

부르는 소리에 깜짝 놀라 일어나며,

[B] "허허, 이 목소리, 잠결인가, 꿈결인가? 그 목소리 괴이하다."

어사또 기가 막혀 "내가 왔다고 말을 하소."

"왔단 말을 하게 되면 기절담락(氣絕膽落)할 것이니, 가만히 계시옵소서."

춘향이 저의 모친 음성 듣고 깜짝 놀라,

[C] "어머니, 어찌 와 계시오? 몹쓸 딸자식을 생각하와 천방지방(天方地方) 다니다가 낙상(落傷)하기 쉽소. 이훌랑은 오실라 마옵소서."

"날랑은 염려 말고 정신을 차리어라. 왔다."

"오다니 누가 와요?"

"그저 왔다."

"갑갑하여 나 죽겠소! 일러 주오. 꿈 가운데 임을 만나 만단정회하였더니, 혹시 서방님께서 기별 왔소? 언제 오신단 소식 왔소? 벼슬 띠고 내려온단 노문(路文) 왔소? 애고, 답답하여라!"

[D] "너의 서방인지 남방인지, 걸인 하나 내려왔다!"

"허허, 이게 웬 말인가? 서방님이 오시다니 몽중에 보던 임을 생시에 본단 말가?"

문틈으로 손을 잡고 말 못하고 기색하며,

"허허, 이게 누구시오? 아마도 꿈이로다. 상사불견(相思不見) 그런 임을 이리 쉬이 만날쏜가? 이제 죽어 한이 없네. 어찌 그리 무정한가? 박명하다, 나의 모녀. 서방님 이별 후에 ⓐ 자나 누우나 임 그리워 일구월심(日久月深) 한(恨)일러니, 이내 신세 이리 되어 매에 감겨 죽게 되니, 날 살리러 와 계시오?"

한참 이리 반기다가 임의 형상 자세 보니, 어찌 아니 한심하랴.

[E] "여보 서방님, 내 몸 하나 죽는 것은 설운 마음 없소마는 서방님 이 지경이 웬일이오?"

"오냐 춘향아, 설워 마라. 인명이 재천인데 설만들 죽을쏘냐?"

춘향이 저의 모친 불러,

"한양성 서방님을 칠 년의 큰 가뭄에 백성들이 비 기다린들 나와 같이 자진(自盡)턴가. 심은 나무 꺾어지고 공든 탑이 무너졌네. 가련하다, 이내 신세, 하릴없이 되었구나. 어머님, 나 죽은 후에라도 원이나 없게 하여 주옵소서. (중략) 만수운환(漫垂雲鬟) 흐트러진 머리 이렁저렁 걷어 얹고 이

리 비틀 저리 비틀 들어가서 매 맞아 죽거들랑, 삯군인 척 달려들어 둘러 업고 우리 둘이 처음 만나 놀던 ㉠ 부용당(芙蓉堂)의 적막하고 요적한 데 뉘어 놓고 서방님 손수 염습(殮襲)하되, 나의 혼백 위로하여 입은 옷 벗기지 말고 양지 끝에 묻었다가, 서방님 귀히 되어 청운에 오르거든 일시도 둘라 말고 육진장포(六鎭長布) 다시 염하여 조촐한 상여 위에 덩그렇게 실은 후에 북망산천 찾아갈 제, 앞 남산 뒤 남산 다 버리고 한양으로 올려다가 ㉡ 선산(先山)발치에 묻어 주고, 비문에 새기기를, '수절원사(守節寃死)*춘향지묘(春香之墓)'라 여덟 자만 새겨 주오. 망부석이 아니 될까. 서산에 지는 해는 내일 다시 오련마는 불쌍한 춘향이는 한번 가면 어느 때 다시 올까. 신원(伸寃)*이나 하여 주오. 애고 애고, 내 신세야."

－ 작자 미상, 「열녀춘향수절가」 －

* 수절원사 : 절개를 지키다 원통하게 죽음.
* 신원 : 가슴에 맺힌 원한을 풀어 버림.

형태쌤과 지문분석

지문분석	
공간	
서술자의 개입	

---

01 윗글에 대한 설명으로 가장 적절한 것은?

① 꿈의 삽입을 통해 환상적 분위기를 조성하고 있다.

② 서술자의 직접 개입으로 인물의 성격을 희화화하고 있다.

③ 순차적 사건 진행으로 갈등이 해소되었음을 보여 주고 있다.

④ 우의적 소재를 활용하여 사건 해결의 실마리를 제공하고 있다.

⑤ 인물 간의 대화를 통해 주인공이 처한 상황과 내면을 드러내고 있다.

형태쌤과 선지분석

선지분석	열녀춘향수절가
꿈 삽입 → 환상적 분위기	
서술자 개입 → 인물 성격 희화화	
순차적 사건 진행 → 갈등 해소	
우의적 소재 활용 → 사건 해결의 실마리	
인물 간 대화 → 주인공의 상황·내면 제시	

02 〈보기〉를 참고하여 ㉠, ㉡에 대해 토의하였다. 토의한 내용으로 적절하지 <u>않은</u> 것은?

보기

「춘향전」은 춘향과 이몽룡의 신분을 초월한 사랑 이야기를 중심으로 여성의 정절 및 신분 상승의 문제를 다루면서 당대 사회에 대한 비판 의식을 드러내고 있다.

① ㉠은 춘향과 어사또의 사랑이 싹튼 곳이니까 두 사람의 추억이 어린 공간이라 할 수 있어.

② ㉠을 춘향의 혼백이 위로받는 장소로 본다면 춘향이 어사또의 사랑을 다시 확인받고자 하는 공간이라 할 수 있어.

③ ㉡은 수절원사라는 표현으로 보아 춘향의 정절에 대한 보상이 이루어지는 공간이라 할 수 있어.

④ ㉡은 춘향의 한이 풀어지는 장소이자 신분 상승을 상징하는 공간이라 할 수 있어.

⑤ ㉡은 춘향에게 정절을 강요하는 당대 사회에 대한 춘향의 비판 의식이 투영된 공간이라 할 수 있어.

03 [A]~[E]를 이해한 것으로 적절한 것은?

① [A] : '어사또'와 '춘향 모친'은 높임말로 서로에게 존대하고 있다.

② [B] : '춘향'은 자책하는 말로 '어사또'에 대한 그리움을 드러내고 있다.

③ [C] : '춘향'은 불평하는 말로 '모친'에 대한 원망(怨望)을 드러내고 있다.

④ [D] : '춘향 모친'은 비꼬는 말로 '어사또'에 대한 불편한 심기를 나타내고 있다.

⑤ [E] : '춘향'은 자문자답하는 말로 '어사또'에 대한 믿음을 드러내고 있다.

04 ⓐ의 상황을 나타내는 말로 가장 적절한 것은?

① 동병상련(同病相憐)

② 오매불망(寤寐不忘)

③ 이심전심(以心傳心)

④ 조변석개(朝變夕改)

⑤ 풍수지탄(風樹之嘆)

다음 글을 읽고 물음에 답하시오.

　막 씨 졸연 복통이 있어 마치 태중에 아이 놀 듯하여 점점 불러 오거늘 심히 괴이히 여겨 행여 남이 알까 근심하더니, 십 삭에 미쳐는 산점*이 있어 ㉠ 초막(草幕)에 엎드렸더니, 해산하고 돌아보니 아이는 아니요, 금방울 같은 것이 금광이 찬란하거늘, 막 씨 대경하여 괴이히 여기며 손으로 누르되 터지지 아니하고 돌로 깨쳐도 깨어지지 아니하거늘, 이에 집어다가 멀리 버리고 돌아보니 금방울이 굴러 따라오는지라. 더욱 의심하여 집어다가 깊은 물에 들이치고 돌아오니 금방울이 물 위에 가볍게 떠다니다가 막 씨의 가는 양을 보고 여전히 굴러 따라오는지라.

　막 씨 헤아리되,

　'나의 팔자 기구하여 이 같은 괴물을 만나 타일에 이로 인하여 반드시 큰 화근이 되리로다.'

　하고 불 땔 때에 아궁이에 들이쳤더니, 닷새 후에 헤쳐 본즉 금방울이 뛰어나오되 상하기는커녕 새로이 금빛이 더욱 씩씩하고 ㉡ 향내 진동하거늘, 막 씨 하릴없이 두고 보니 밤이면 품속에 들어 자고 낮이면 굴러다니며 혹 칩떠 나는 새도 잡고 나무에 올라 과실도 따 가지고 와 앞에 놓으니, 막 씨 자세히 본즉 속에서 실 같은 것이 온갖 것을 묻혀 오되 그 털이 출입이 있어 평시에는 반반하고 뵈지 아니하거늘, 추위를 당하여도 방울이 굴러 품에 들면 조금도 춥지 아니하여 엄동설한에 한데서 남의 방아를 찧어 주고 저녁에 초막으로 돌아오니 방울이 굴러 막에서 내달아 반기는 듯 뛰놀거늘 막 씨 추위를 견디지 못하여 막 속으로 들어가니 그 속이 놀랍게 더우며 방울이 빛을 내어 밝기 낮 같거늘, 막 씨 기이히 여겨 남이 알까 저어하여 낮이면 막 속에 두고 밤이면 품속에 품고 자더니, 방울이 점점 자라매 산에 오르기를 평지같이 다니며 진 데와 마른 데 없이 굴러다니되 몸에 흙이 묻지 아니하더라.

[중략 부분의 줄거리] 금방울을 탐내다 뜻을 이루지 못한 자가 금방울이 요괴롭다고 비방한다. 이에 고을 수령인 장 공은 막 씨를 잡아서 금방울을 제압하고자 하나, 오히려 금방울이 신통력을 발휘하여 장 공은 먹고 자는 것조차 여의치 않게 된다.

　부인이 막 씨 놓음을 권하니 장 공이 깨닫고 즉시 막 씨를 놓으니 그날부터 침식이 여전한지라. 장 공이 막 씨의 효행을 듣고 크게 뉘우쳐 초막을 헐고 그 터에 크게 집을 지으며 ㉢ 정문(旌門)*을 세워 잡인을 금하고 달마다 월음*을 주어 일생을 편안케 하니라.

[A]
┌　차설. 장 공이 뇌양에 온 후로 몸이 평안하나 주야 해룡을 생각하고 부인으로 더불어 슬퍼하더니, 부인이 이로 인하여 침석에 위독하여 백약이 무효하매 공이 주야 병측을 떠나지 아니하더니, 일일은 부인이 공의 손을 잡고 눈물을 흘려 왈,

　"첩의 팔자 기박하여 한 낱 자식을 난중(亂中)에 잃고 지금 보전함은 요행 생전에 만나 볼까 하였더니 십여 년 존망을 모르매 병입골수하여 명이 오늘뿐이라. ⓐ 구천에 돌아간들 어찌 눈을 감으리오? 바라건대 공은 길이 보중하소서."

　하고 인하여 명이 진하니, 장 공이 낯을 대고 애통하여 자로 기절하매 좌우가 붙들어 구호하더니, 밖에서 방울이 굴러 부인 시신 앞으로 들어가거늘, 모두 보니 풀잎 같은 것을 물어다 놓고 가는지라. 급히
└　집어 보니 나뭇잎 같은 것이로되 가늘게 썼으되 '보은초(報恩草)'라 하

였거늘, 공이 대희 왈,

　"이는 막 씨가 보은한 것이로다."

　하고, 그 풀을 부인 입에 넣으니, 식경 후에 부인이 몸을 운동하여 돌아눕거늘, 좌우가 울음을 그치고 수족을 주무르니 그제야 부인이 숨을 길게 쉬는지라. 공이 병을 물은대, 부인이 자고 나매 정신이 씩씩하다고 대답하니, 공이 대열하여 방울의 수말*을 다하고 못내 기뻐하더라.

　그 후로 부인의 병세 과연 평복되니 부인이 친히 막 씨의 ㉣ 집에 가 재생지은(再生之恩)을 만만사례하고 맺어 형제 되매, 그 후로는 방울이 굴러 부인 앞에 오거늘 장 공 부부 사랑하여 손에 놓지 아니하니, 방울이 아는 듯 이리 안기며 저리 품기어 영민함이 사람 뜻대로 하는지라, 이름을 ㉤ '금령(金鈴)'이라 했다.

　　　　　　　　　　　　　　　　- 작자 미상, 「금방울전」 -

* 산점 : 해산의 기미.
* 정문 : 충신·효자·열녀 들을 표창하기 위해 집 앞에 세우던 붉은 문.
* 월음 : 매달 주는 돈이나 물품.
* 수말 : 일의 처음부터 끝.

📝 형태쌤과 지문분석

지문분석	
공간	
서술자의 개입	

01 [A]에 대한 이해로 가장 적절한 것은?

① 서술자가 주인공으로 등장하여 자신의 체험을 사실적으로 서술하고 있다.
② 요약적 서술과 등장인물의 말을 통해 사건의 경과를 드러내고 있다.
③ 인물 간의 갈등 양상을 통해 불신의 감정을 표현하고 있다.
④ 배경 묘사를 통해 인물의 내면 심리를 표출하고 있다.
⑤ 부정적 인물에 대한 비판 의식을 표현하고 있다.

형태쌤과 선지분석

선지분석	[A]
1인칭 주인공 서술자 → 체험 사실적 서술	
요약적 서술·등장인물의 말 → 사건의 경과	
인물 간 갈등 양상 → 불신의 감정 표현	
배경 묘사 → 인물의 내면 심리 표출	
부정적 인물에 대한 비판 의식	

02 ㉠~㉤에 대한 설명으로 적절하지 않은 것은?

① ㉠ : 막 씨의 당시 처지를 보여 주는 공간이다.
② ㉡ : 금방울의 신이한 면모를 보여 준다.
③ ㉢ : 막 씨의 효행에 대한 사회적 보상을 상징한다.
④ ㉣ : 막 씨와 장 공 부인의 갈등이 심화되는 공간이다.
⑤ ㉤ : 금방울이 존재 가치를 인정받았음을 보여 준다.

03 〈보기〉를 참고하여 윗글을 감상한 내용으로 적절하지 않은 것은?

> **보기**
>
> 「금방울전」은 비정상적인 모습으로 태어난 주인공이 온갖 고난과 시련을 극복한 후, 방울을 깨고 사람으로 변신하는 과정을 그리고 있다. 금방울은 태어나자마자 어머니로부터 시련을 겪지만, 방울의 모습을 한 채로 자신의 의지를 지니고 다양한 능력을 발휘한다. 또 주인공이면서도 타인을 돕는 조력자로서의 모습을 강하게 지닌다.

① 막 씨가 금방울을 '손으로 누르'고 '돌로 깨'는 것은 금방울의 변신을 돕기 위한 행동이다.
② 막 씨가 금방울을 '깊은 물'과 '아궁이'에 들이치는 행위는 어머니에 의한 금방울의 시련을 형상화한 것이다.
③ 막 씨가 금방울을 거듭 버려도 '여전히 굴러 따라오는' 것은 금방울의 의지를 드러낸 것이다.
④ 금방울이 '나는 새도 잡고' '산에 오르기를 평지같이 다니'는 것 등은 금방울의 다양한 능력을 보여 준 것이다.
⑤ 금방울이 '보은초'를 구해 와 장 공의 부인을 살려 내는 것은 조력자로서의 성격을 보여 주는 것이다.

04 ⓐ의 상황을 나타내는 말로 가장 적절한 것은?

① 각골통한(刻骨痛恨)
② 구사일생(九死一生)
③ 사필귀정(事必歸正)
④ 순망치한(脣亡齒寒)
⑤ 연목구어(緣木求魚)

다음 글을 읽고 물음에 답하시오.

(가)

정(鄭)나라 어느 고을에 벼슬에 뜻이 없는 선비가 살았으니, 북곽 선생이라 했다. 나이 마흔에 손수 교정해 낸 책이 만 권이었고, 또 구경(九經)의 뜻을 풀어서 다시 지은 책이 일만 오천 권이었다. 천자가 그의 행의(行義)를 가상히 여기고, 제후가 그 이름을 사모했다.

그 고을 동쪽에는 동리자라는 미모의 과부가 있었다. 천자가 그 절개를 가상히 여기고 제후가 그 현숙함을 사모하여, 그 고을 몇 리의 땅을 봉하여 '동리과부지려(東里寡婦之閭)'라 했다. 이처럼 동리자는 수절을 잘하는 과부였다. 그런데 그녀는 아들 다섯을 두었으니, 그들은 저마다 다른 성(姓)을 지녔다.

(나)

어느 날 ㉠밤, 다섯 아들이 서로 말했다.

"강 북쪽에선 닭이 울고 강 남쪽에선 별이 반짝이는데, ㉡방 안에서 흘러나오는 말소리는 어찌 그리도 북곽 선생의 목소리를 닮았을까."

다섯 형제가 차례로 문틈으로 들여다보니, 동리자가 북곽 선생에게 청하고 있었다.

"오랫동안 선생님의 덕을 사모해왔는데 오늘 밤엔 선생님의 글 읽는 소리를 듣고자 하옵니다."

북곽 선생이 옷깃을 바로잡고 점잖게 앉아서 시를 지어 읊었다.

"병풍에는 원앙새요 반딧불이는 반짝반짝,

가마솥과 세발솥은 무얼 본떠 만들었나.

흥(興)이라."

(다)

이에 다섯 아들이 서로 수군댔다.

"예법에 '과부의 문에는 함부로 들지 않는다.'고 했으니, 북곽 선생은 어진 이라 그런 일이 없을 거야."

"내 들으니, 우리 고을의 성문이 헐었는데 여우 굴이 있다고 하더군요."

"내 들으니, 여우란 놈은 천 년을 묵으면 둔갑하여 사람 시늉을 할 수 있다 하니, 저건 틀림없이 여우란 놈이 북곽 선생으로 둔갑한 것일 게다."

그러고서 함께 의논했다.

"내 들으니, 여우의 갓을 얻으면 큰 부자가 될 수 있고, 여우의 신발을 얻으면 대낮에 그림자를 감출 수 있으며, 여우의 꼬리를 얻으면 애교를 잘 부려서 누구라도 그를 좋아한다더라. 우리 저 여우를 잡아 죽여서 나눠 갖는 게 어떨까?"

(라)

이에 다섯 아들이 같이 어미의 방을 둘러싸고 쳐들어가니 북곽 선생이 크게 놀라서 도망쳤다. 사람들이 자기를 알아볼까 겁이 나 한 다리를 목덜미에 얹고 귀신처럼 춤추고 낄낄거리며 문을 나가서 내닫다가 그만 들판의 구덩이 속에 빠져 버렸다. 그 ㉢구덩이에는 똥이 가득 차 있었다.

(마)

간신히 기어올라 머리를 내밀고 바라보니 한 범이 길을 막고 있었다. 범이 오만상을 찌푸리고 구역질을 하며 코를 싸쥐고 머리를 왼편으로 돌리며 한숨을 쉬고 말했다.

"어허, 유자(儒者)여! 구리도다."

북곽 선생이 머리를 조아리고 엉금엉금 기어 나와서 세 번 절하고 꿇어앉아 우러러 말했다.

"범님의 덕은 지극하시지요. 대인은 그 변화를 본받고 제왕은 그 걸음을 배우며, 자식 된 자는 그 효성을 본받고 장수는 그 위엄을 취합니다. 범님의 이름은 신룡(神龍)의 짝이 되는지라, 한 분은 바람을 일으키시고 한 분은 구름을 일으키시니, 저 같은 하토(下土)의 천한 신하는 감히 아랫자리에 서옵니다."

범이 꾸짖었다.

"내 앞에 가까이 오지 마라. 앞서 내 듣건대, 유(儒)*란 것은 유(諛)*라 하더니 과연 그렇구나. 네가 평소에 천하의 악명을 모아 망령되게 내게 덮어씌우더니, 이제 사정이 급해지자 면전에서 아첨을 떠니 누가 곧이듣겠느냐. 천하의 원리는 하나다. 범의 본성이 악한 것이라면 인간의 본성도 악할 것이요, 인간의 본성이 선한 것이라면 범의 본성도 선할 것이다."

(중략)

(바)

북곽 선생이 자리에서 물러나 한참 엎드렸다가 일어나 엉거주춤하더니, 두 번 절하고 머리를 거듭 조아리며 말했다.

"『맹자』에 이르기를, 비록 악한 사람이라도 목욕재계를 한다면 상제(上帝)라도 섬길 수 있다 하였사오니, 이 하토에 살고 있는 천한 신하가 감히 아랫자리에 서옵니다."

숨을 죽이고서 가만히 들어 보았다. 오래도록 아무런 분부가 없으므로 실로 황송키도 하고 두렵기도 하여 손을 맞잡고 머리를 조아리며 우러러보니 동녘이 밝았는데, 범은 벌써 가고 없었다.

마침 ㉣아침에 밭 갈러 온 농부가,

"선생님, 무슨 일로 이 꼭두새벽에 ㉤들판에 대고 절을 하시옵니까?"

라 물으니, 북곽 선생이 말했다.

"내 일찍이 들으니

'하늘이 높다 하되 머리 어찌 안 굽히며,

땅이 두텁다 하되 어찌 조심스레 걷지 않겠는가.'

하였네그려."

― 박지원, 「호질」 ―

* 유(儒) : 선비.

* 유(諛) : 아첨하다.

형태쌤과 지문분석

지문분석	
공간	
서술자의 개입	

01 (가)~(마)에 대한 설명으로 가장 적절한 것은?

① (가)와 달리 (나)에서는 인물 간의 대립 관계가 드러나 있다.
② (나)에 비해 (다)는 서술자의 서술 위주로 사건이 진행된다.
③ (다)는 (라)의 사건이 발생하도록 하는 계기를 마련해 준다.
④ (라)는 행위에 의해, (마)는 주로 대화에 의해 갈등이 해결된다.
⑤ (마)는 (가)와 구조 면에서 호응하여 작품의 완결성을 높여 준다.

03 〈보기〉를 참고하여 (다)를 이해한 내용으로 적절하지 않은 것은?

> **보기**
>
> 이 작품에서 다섯 아들은 북곽 선생을 여우로 여기고 있다. 이는 북곽 선생의 위선을 풍자하기 위하여 작가가 마련한 설정으로, 그들이 여우에 대해 하는 말과 행동은 북곽 선생의 성격과 행위를 암시한다.

① '여우가 사람 시늉을 한다'는 말은 북곽 선생이 진정한 선비가 아님을 암시한다.
② '여우의 갓을 얻으면 부자가 된다'는 말은 북곽 선생이 부를 이용하여 높은 벼슬을 얻었음을 암시한다.
③ '여우의 신발을 얻으면 그림자를 감출 수 있다'는 말은 북곽 선생이 농부 앞에서 자신의 치부를 감추는 행위를 예고한다.
④ '여우의 꼬리를 얻으면 애교를 잘 부린다'는 말은 북곽 선생이 범 앞에서 비위를 맞추려는 행위와 연결된다.
⑤ '여우를 잡아 죽이자'는 말은 북곽 선생이 봉변을 당할 것임을 시사한다.

02 ㉠~㉤에 대한 이해로 적절하지 않은 것은?

① ㉠ : 북곽 선생과 동리자의 본색이 드러나는 시간이다.
② ㉡ : 북곽 선생의 욕망이 표출되는 공간이다.
③ ㉢ : 북곽 선생의 타락을 상징하는 공간이다.
④ ㉣ : 북곽 선생의 위선을 재확인하는 시간이다.
⑤ ㉤ : 북곽 선생이 자신을 성찰하는 공간이다.

04 (라)~(바)에 나타난 북곽 선생의 행위를 표현하는 말로 거리가 먼 것은?

① 자화자찬(自畵自讚)
② 감언이설(甘言利說)
③ 임기응변(臨機應變)
④ 대경실색(大驚失色)
⑤ 전전긍긍(戰戰兢兢)

다음 글을 읽고 물음에 답하시오.

　　경자년(庚子年, 1600년) 늦봄, 최척(崔陟)은 주우(朱佑)*와 함께 배를 타고 이곳저곳을 돌아다니며 차(茶)를 팔다가 마침내 안남*에 이르게 되었다. 이때 일본인 상선(商船) 10여 척도 강어귀에 정박하여 10여 일을 함께 머물게 되었다.

　　날짜는 어느덧 4월 보름이 되어 있었다. 하늘에는 구름 한 점 없고 물은 비단결처럼 빛났으며, 바람이 불지 않아 물결 또한 잔잔하였다. 이날 밤이 장차 깊어 가면서 밝은 달이 강에 비치고 옅은 안개가 물 위에 어리었으며, 뱃사람들은 모두 깊은 잠에 빠지고 물새만이 간간이 울고 있었다. 이때 문득 일본인 배 안에서 염불하는 소리가 은은히 들려왔는데, 그 소리가 매우 구슬펐다. 최척은 홀로 선창에 기대어 있다가 이 소리를 듣고 자신의 신세가 처량하게 느껴졌다. 그래서 즉시 행장에서 피리를 꺼내 몇 곡을 불어서 가슴속에 맺힌 회한을 풀었다. 때마침 바다와 하늘은 고요하고 구름과 안개가 걷히니, 애절한 가락과 그윽한 흐느낌이 피리 소리에 뒤섞이어 맑게 퍼져 나갔다. 이에 수많은 뱃사람들이 놀라 잠에서 깨어났으며, 그들은 처연하게 앉아 피리 소리에 조용히 귀를 기울였다. 격분해서 머리가 곤추선 사람도 피리 소리에 분을 가라앉힐 정도였다.

　　잠시 후에 일본인 배 안에서 조선말로 칠언절구(七言絶句)를 읊었다.

　　왕자진*의 피리 소리에 달마저 떨어지려 하는데, 　　[王子吹簫月欲底]
　　바다처럼 푸른 하늘엔 이슬만 서늘하구나. 　　[碧天如海露凄凄]

　　시를 읊는 소리는 처절하여 마치 원망하는 듯, 호소하는 듯하였다. 시를 다 읊더니, 그 사람은 길게 한숨을 내쉬었다. 최척은 그 시를 듣고 크게 놀라서 피리를 땅에 떨어뜨린 것도 깨닫지 못한 채, 마치 실성한 사람처럼 멍하니 서 있었다. 이를 보고 주우가 말했다.

　　"어디 안 좋은 곳이라도 있는가?"

　　최척은 대답을 하고 싶었으나 목이 메고 눈물이 떨어져 말을 할 수 없었다. 시간이 조금 흐른 뒤에 최척은 기운을 차려 말했다.

　　"조금 전에 저 배 안에서 들려왔던 시구는 바로 내 아내가 손수 지은 것이라네. 다른 사람은 평생 저 시를 들어도 절대 알아내지 못할 것일세. 게다가 시를 읊는 소리마저 내 아내의 목소리와 너무 비슷해 절로 마음이 슬퍼진 것이라네. 하지만 어떻게 내 아내가 여기까지 와서 저 배 안에 있을 수 있겠는가?"

　　이어서 온 가족이 왜군에게 포로로 잡혀간 일을 말하자, 배 안에 있던 사람들 가운데 비탄에 젖지 않은 사람이 없었다. 그 가운데는 두홍(杜洪)*이라는 사람이 있었는데, 젊고 용맹한 장정이었다. 그는 최척의 말을 듣더니, 얼굴에 의기를 띠고 주먹으로 노를 치면서 분연히 일어나며 말했다.

　　"내가 가서 알아보고 오겠소."

　　주우가 저지하며 말했다.

　　"깊은 밤에 시끄럽게 굴면 많은 사람들이 동요할까 두렵네. 내일 아침에 조용히 물어보아도 늦지 않을 것일세."

　　주위 사람들이 모두 말했다.

　　"그럽시다."

　　최척은 앉은 채로 아침이 되기를 기다렸다. 동방이 밝아 오자, 즉시 강둑을 내려가 일본인 배에 이르러 조선말로 물었다.

　　"어젯밤에 시를 읊었던 사람은 조선 사람 아닙니까? 나도 조선 사람이

기 때문에 한번 만나 보았으면 합니다. 멀리 다른 나라를 떠도는 사람이 비슷하게 생긴 고국 사람을 만나는 것이 어찌 그저 기쁘기만 한 일이겠습니까?"

　　옥영(玉英)도 어젯밤에 들려왔던 피리 소리가 조선의 곡조인 데다 평소에 익히 들었던 것과 너무나 흡사하여서 남편 생각에 감회가 일어 저절로 시를 읊게 되었던 것이다. 옥영은 자기를 찾는 사람의 목소리를 듣고는 황망하게 뛰어나와 최척을 보았다. 두 사람은 서로 마주 바라보고는 놀라서 소리를 지르며 끌어안고 모래밭을 뒹굴었다. 목이 메고 기가 막혀 마음을 안정할 수가 없었으며, 말도 할 수 없었다. 눈에서는 눈물이 다하자 피가 흘러내려 서로를 볼 수도 없을 지경이었다. 두 나라의 뱃사람들이 저잣거리처럼 모여들어 구경하였는데, 처음에는 단지 친척이나 잘 아는 친구인 줄로만 알았다. 뒤에 그들이 부부 사이라는 것을 알고 사람마다 서로 돌아보며 소리쳐 말했다.

　　"이상하고 기이한 일이로다! 이것은 하늘의 뜻이요, 사람이 이룰 수 있는 일이 아니로다. 이런 일은 옛날에도 들어 보지 못하였다."

　　최척은 옥영에게 그간의 소식을 물으며 말했다.

　　"산 속에서 붙들려 강가로 끌려갔다는데, 그때 아버님과 장모님은 어떻게 되었소?"

　　옥영이 말했다.

　　"날이 어두워진 뒤에 배에 오른 데다 정신이 없어 서로 잃어버리게 되었으니, 제가 두 분의 안위를 어찌 알 수 있었겠습니까?"

　　두 사람이 손을 붙들고 통곡하자, 옆에서 지켜보던 사람들도 슬퍼하며 눈물을 닦지 않는 이가 없었다.

　　주우는 돈우(頓于)*를 만나 백금 세 덩이를 주고 옥영을 사서 데려 오려고 하였다. 그러자 돈우가 얼굴을 붉히며 말했다.

　　"내가 이 사람을 얻은 지 이제 4년 되었는데, 그의 단정하고 고운 마음씨를 사랑하여 친자식처럼 생각해 왔습니다. 그래서 침식을 함께하는 등 잠시도 떨어진 적이 없었으나, 지금까지 그가 아낙네인 것을 몰랐습니다. 오늘 이런 일을 직접 겪고 보니, 이는 천지신명도 오히려 감동할 일입니다. 내가 비록 어리석고 무디기는 하지만 진실로 목석은 아닙니다. 그런데 차마 어떻게 그를 팔아서 먹고살 수 있겠습니까?"

　　돈우는 즉시 주머니 속에서 은자(銀子) 10냥을 꺼내어 전별금(餞別金)으로 주면서 말했다.

　　"4년을 함께 살다가 하루아침에 이별하게 되니, 슬픈 마음에 가슴이 저리기만 하오. 온갖 고생 끝에 살아남아 다시 배우자를 만나게 된 것은 실로 기이한 일이며, 이 세상에는 없었던 일일 것이오. 내가 그대를 막는다면 하늘이 반드시 나를 미워할 것이오. 사우(沙于)*여! 사우여! 잘 가시게! 잘 가시게!"

　　　　　　　　　　　　　　　　　　　　　　　　　- 조위한, 「최척전(崔陟傳)」 -

* 주우, 두홍 : 최척과 함께 장사를 하는 중국인들.
* 안남 : 베트남.
* 왕자진 : 주나라 영왕의 태자로, 죄를 입어 서인이 되었음.
* 돈우 : 옥영을 데리고 장사를 하는 일본인.
* 사우 : 돈우가 옥영에게 붙여 준 이름.

고전 산문

형태쌤과 지문분석

지문분석	
공간	
서술자의 개입	

01 최척과 옥영의 재회에 대한 이해로 가장 적절한 것은?

① 타국에서 만난 동포의 도움을 통해 우연히 이루어진다.
② 두 인물이 공유하고 있는 과거의 기억을 매개로 하여 이루어진다.
③ 두 인물이 평소에 주변 사람들에게 베푼 자비로 인해 이루어진다.
④ 주변 사람들의 오해로 인해 우여곡절을 겪다가 기적적으로 이루어진다.
⑤ 주변 인물들 중 대다수에게는 환영을 받지만 일부에게는 의구심을 유발한다.

03 〈보기〉를 참고하여 윗글을 감상한 내용으로 적절하지 <u>않은</u> 것은?

보기

임진왜란(1592~1598년) 등 16세기 말~17세기 초 동아시아에서 발생한 전쟁들은 각국 백성들의 삶에 심대한 수난을 초래했다. 이러한 역사를 반영한 대표적인 작품이 조위한의 「최척전」이다. 최척에게서 체험의 전말을 전해 듣고 이 작품을 썼다는 후기로 보면 이 작품이 실제 체험에 바탕을 둔 인물들의 이산(離散)과 귀향의 과정을 그린 유랑의 서사임을 알 수 있다. 특히 서사 공간이 조선을 포함하여 아시아 여러 국가에 걸쳐 있고 국가 간 갈등을 넘어선 개인 간의 인간적 배려 및 전쟁의 참상에 대해 각국 백성들이 보인 인류애적 연민의 모습도 형상화하고 있다는 점이 주목할 만하다.

① '경자년', '4년' 등은 최척과 옥영이 겪어야 했던 전란과 유랑 체험이 역사적 실제성을 지닌 것임을 알려 주는군.
② 처절하게 시를 읊고 한숨까지 내쉰 것은 시가 옥영 자신의 이산과 유랑 체험을 계기로 지어진 것임을 알려 주는군.
③ '조선말', '조선의 곡조' 등이 사건 전개에 중요한 역할을 하는 것은 최척 부부의 재회가 외국에서 이루어지고 있기 때문이겠군.
④ 최척 가족의 이산의 사연을 듣고 주변 사람들이 눈물 흘린 것은 전쟁의 참상에 대한 인류애적인 연민을 보여 준 사례이겠군.
⑤ 돈우가 백금을 받고 옥영을 파는 대신 오히려 옥영에게 전별금을 주며 안타까이 보낸 것은 국가 간 갈등을 넘어선 인간적 배려를 보여 주는 사례이겠군.

02 윗글의 '밤'과 '아침'에 대한 설명으로 가장 적절한 것은?

① 밤은 주인공이 초월적 존재와 교감하고, 아침은 주인공이 현실적 문제와 대결하는 시간이다.
② 밤은 운명과의 대결을 통해 주인공이 위기에 처하고, 아침은 조력자의 등장으로 그 위기에서 벗어나는 시간이다.
③ 밤은 폐쇄적인 공간에서 새로운 계획이 구상되고, 아침은 개방적인 공간에서 그 계획을 실행할지 논의하는 시간이다.
④ 밤은 인물의 내면적 갈등이 점진적으로 심화되고, 아침은 그 내면적 갈등이 새로운 인물들 간의 갈등으로 비화되는 시간이다.
⑤ 밤은 주인공이 새로운 상황을 맞이하면서 서사적 긴장이 조성되고, 아침은 극적 장면이 펼쳐지면서 그 긴장이 해소되는 시간이다.

| 과외식 기출 분석서, 나기출 |

나 없이
기출
풀지마라

베이직

IV

독서 Part 1

다음 글을 읽고 물음에 답하시오.

A회사의 온라인 취업 사이트에 갑을 비롯한 수만 명의 가입자가 개인 정보를 제공하였다. 누군가 A회사의 시스템 관리가 허술한 것을 알고 링크 파일을 만들어 자신의 블로그에 올렸다. 이를 통해 많은 이들이 가입자들의 정보를 자유롭게 열람하였다. 이 사실을 알게 된 갑은 A회사에 사이트 운영의 중지와 배상을 요구하였지만, A회사는 거부하였다. 갑은 소송을 검토하였는데, 받게 될 배상액에 비해 들어갈 비용이 적지 않다는 생각에 망설였다. 갑은 온라인 카페를 통해 소송할 사람들을 모았고 마침내 100명이 넘는 가입자들이 동참하게 되었다. 갑은 이들과 함께 ㉠ 공동 소송을 하여 A회사에 사이트 운영의 중지와 피해의 배상을 청구하였다.

공동 소송은 소송 당사자의 수가 여럿이 되는 소송을 말한다. 이는 저마다 개별적으로 수행할 수 있는 소송들을 하나의 절차에서 한꺼번에 심리하고 진행할 수 있도록 배려하는 것으로서, 경제적이고 효율적으로 일괄 구제할 수 있다는 장점이 있다. 하지만 당사자의 수가 지나치게 많으면 한꺼번에 소송을 진행하기에 번거롭다. 그래서 실제로는 대개 공동으로 변호사를 선임하여 그가 소송을 수행하도록 한다. 또한 선정 당사자 제도를 이용할 수도 있는데, 이는 갑과 같은 이를 선정 당사자로 삼아 그에게 모두의 소송을 맡기는 것이다.

위 사건에서 수만 명의 가입자가 손해를 입었지만, 배상받을 금액이 적은 탓에 대부분은 소송에 참여하지 않았다. 그리하여 전체 피해 규모가 엄청난 데 비하면, 승소해서 받게 될 배상금의 총액은 매우 적을 것이다. 이래서는 피해 구제도 미흡하고, 기업에 시스템을 개선하도록 하는 동기를 부여하지 못한다. 이를 해결할 방안으로 다른 나라에서 시행되는 집단 소송과 단체 소송 제도의 도입이 논의되어 왔다.

집단 소송은 피해자들의 일부가 전체 피해자들의 이익을 대변하는 대표 당사자가 되어, 기업을 상대로 손해 배상 청구 등의 소를 제기할 수 있도록 하는 방식이다. 만일 갑을 비롯한 피해자들이 공동 소송을 하여 승소한다면 이들만 배상을 받게 된다. 반면에 집단 소송에서 대표 당사자가 수행하여 이루어진 판결은 원칙적으로 소송에 참가하지 않은 사람들에게도 그 효력이 미친다. 그러나 대표 당사자는 초기에 고액의 소송 비용을 내야 하는 등의 부담이 있어 소송의 개시가 쉽지만은 않다.

단체 소송은 법률이 정한, 전문성과 경험을 갖춘 단체가 기업을 상대로 침해 행위의 중지를 청구하는 소를 제기할 수 있도록 하는 제도이다. 위의 사례에서도 IT 관련 협회와 같은 전문 단체가 소송을 한다면 더 효과적일 수 있을 것이다. 하지만 단체 소송은 공익적 이유에서 인정되는 것이어서, 이를 통해 개인 피해자들을 위한 손해 배상 청구는 하지 못한다.

최근에 ㉡ 우리나라도 집단 소송과 단체 소송을 제한적으로 도입하였다. 먼저 증권관련 집단소송법이 제정되어, 기업이 회계 내용을 허위로 공시하거나 조작하는 등의 사유로 주식 투자에서 피해를 입은 사람들은 집단 소송을 할 수 있게 되었다. 이후에 단체 소송도 도입되었는데, 소비자 분쟁과 개인 정보 피해에 한하여 소비자기본법과 개인정보 보호법에 규정되었다.

01 윗글의 내용 전개 방식에 대한 설명으로 가장 적절한 것은?

① 구체적인 사례를 제시하고 그와 관련되는 해결 방안과 한계를 설명하였다.
② 대립하는 원칙들 사이에 발생하는 문제를 검토하여 대안을 제시하였다.
③ 여러 유사한 개념들을 분석하고 해석하면서 하나의 이론 아래 통합하였다.
④ 이론적으로 설정한 가설에 대하여 현실적인 사례를 들어가며 논증하였다.
⑤ 문제 상황이 일어나게 된 근본 원인을 분석하여 일관된 해결책을 정립하였다.

02 윗글에 대한 이해로 적절하지 않은 것은?

① 선정 당사자 제도는 소송 당사자들이 한꺼번에 절차를 진행해야 하는 부담을 덜어줄 수 있다.
② 공동 소송은 다수의 피해자를 대신하여 대표 당사자가 소송을 수행한다는 점에서 공익적 성격을 지닌다.
③ 단체 소송에서 기업이 일으키는 피해를 중지시키려고 소를 제기할 수 있는 단체의 자격은 법률이 정한다.
④ 다수의 소액 피해가 발생한 사건이라도 피해자들은 공동 소송을 하지 않고 개별적으로 소송을 수행할 수 있다.
⑤ 일부의 피해자들이 집단 소송을 수행하여 승소하면 그런 소송이 진행되는지 몰랐던 피해자들도 배상받을 수 있다.

03 ㉠의 목적에 대한 설명으로 적절하지 않은 것은?

① 개인 정보의 침해가 계속 진행되는 것을 막고자 한다.
② 개인 정보를 철저히 관리하지 못한 책임을 묻고자 한다.
③ 개인 정보의 침해가 일어난 데 대한 배상을 받고자 한다.
④ 개인 정보를 판매한 데 대하여 경각심을 촉구하고자 한다.
⑤ 개인 정보의 침해를 당한 피해자들이 소송에 드는 비용을 절감하고자 한다.

04 ⓒ의 결과로 볼 수 있는 것은?

① 포털 사이트의 개인 정보 유출로 피해를 입은 가입자들이 소를 제기하여 단체 소송을 할 수 있게 되었다.

② 기업의 허위 공시 때문에 증권 관련 피해를 입은 투자자들이 소를 제기하여 집단 소송을 할 수 있게 되었다.

③ 증권과 관련된 사건에서 피해자들은 중립적인 단체를 대표 당사자로 내세워 집단 소송을 수행할 수 있게 되었다.

④ 대기업이 출시한 제품이 지닌 결함 때문에 피해를 입은 소비자들이 소를 제기하여 집단 소송을 할 수 있게 되었다.

⑤ 소비자들이 기업에 손해 배상 청구의 소를 제기하였을 때 전문성 있는 소비자 협회가 대신 소송을 수행할 수 있게 되었다.

다음 글을 읽고 물음에 답하시오.

어떤 명제가 참이라는 것은 무슨 뜻인가? 이 질문에 대한 답변 중 하나가 정합설이다. 정합설에 따르면, 어떤 명제가 참인 것은 그 명제가 다른 명제와 정합적이기 때문이다. 그러면 '정합적이다'는 무슨 의미인가? 정합적이라는 것은 명제 간의 특별한 관계인데, 이 특별한 관계가 무엇인지에 대해 전통적으로는 '모순 없음'과 '함축', 그리고 최근에는 '설명적 연관' 등으로 정의해 왔다.

먼저 '정합적이다'를 모순 없음으로 정의하는 경우, 추가되는 명제가 이미 참이라고 ⊙ 인정한 명제와 모순이 없으면 정합적이고, 모순이 있으면 정합적이지 않다. 여기서 모순이란 "은주는 민수의 누나이다."와 "은주는 민수의 누나가 아니다."처럼 ㉮ 동시에 참이 될 수도 없고 또 동시에 거짓이 될 수도 없는 명제들 간의 관계를 말한다. '정합적이다'를 모순 없음으로 정의하는 입장에 따르면, "은주는 민수의 누나이다."가 참일 때 추가되는 명제 "은주는 학생이다."는 앞의 명제와 모순이 되지 않기 때문에 정합적이고, 정합적이기 때문에 참이다. 그런데 '정합적이다'를 모순 없음으로 이해하면, 앞의 예에서처럼 전혀 관계가 없는 명제들도 모순이 ⓒ 발생하지 않는다는 이유 하나만으로 모두 정합적이고 참이 될 수 있다는 문제가 생긴다.

이 문제를 ⓒ 해결하기 위해서 '정합적이다'를 함축으로 정의하기도 한다. 함축은 "은주는 민수의 누나이다."가 참일 때 "은주는 여자이다."는 반드시 참이 되는 것과 같은 관계를 이른다. 명제 A가 명제 B를 함축한다는 것은 'A가 참일 때 B가 반드시 참'이라는 의미이다. '정합적이다'를 함축으로 이해하면, 명제 "은주는 민수의 누나이다."가 참일 때 이와 무관한 명제 "은주는 학생이다."는 모순이 없다고 해도 정합적이지 않다. 왜냐하면 "은주는 학생이다."는 "은주는 민수의 누나이다."에 의해 함축되지 않기 때문이다.

그런데 '정합적이다'를 함축으로 정의할 경우에는 참이 될 수 있는 명제가 ② 과도하게 제한된다. 그래서 '정합적이다'를 설명적 연관으로 정의하기도 한다. 명제 "민수는 운동 신경이 좋다."는 "민수는 농구를 잘한다."는 명제를 함축하지는 않지만, 민수가 농구를 잘하는 이유를 그럴듯하게 설명해 준다. 그 역의 관계도 마찬가지이다. 두 경우 각각 설명의 대상이 되는 명제와 설명해 주는 명제 사이에는 서로 설명적 연관이 있다고 말한다. 설명적 연관이 있는 두 명제는 서로 정합적이기 때문에 그중 하나가 참이면 추가되는 다른 하나도 참이다. 설명적 연관으로 '정합적이다'를 정의하게 되면 함축 관계를 이루는 명제들까지도 ⓜ 포괄할 수 있는 장점이 있다. 함축 관계를 이루는 명제들은 필연적으로 설명적 연관이 있기 때문이다. '정합적이다'를 설명적 연관으로 정의하면, 함축으로 이해하는 것보다는 많은 수의 명제를 참으로 추가할 수 있다.

그러나 설명적 연관이 정확하게 어떤 의미인지, 그리고 그 연관의 긴밀도가 어떻게 측정될 수 있는지는 아직 완전히 해결되지 않은 문제이다. 이 문제와 관련된 최근 연구는 확률 이론을 활용하여 정합설을 발전시키고 있다.

01 윗글의 내용과 일치하지 <u>않는</u> 것은?

① 정합설에서 참 또는 거짓을 판단하는 기준은 명제들 간의 관계이다.

② 정합설에서 이미 참이라고 인정한 명제와 어떤 새로운 명제가 정합적이면, 그 새로운 명제도 참이다.

③ '정합적이다'를 모순 없음으로 이해했을 때 참이 아닌 명제는 함축으로 이해했을 때에도 참이 아니다.

④ 함축 관계에 있는 명제들은 설명적 연관이 있는 명제들일 수는 있지만 모순 없는 명제들일 수는 없다.

⑤ '정합적이다'를 설명적 연관으로 이해한다고 해도 연관의 긴밀도 문제 때문에 정합설은 아직 한계가 있다.

02 ㉮의 사례로 적절한 것은?

① 민수는 은주보다 키가 크다. - 민수는 은주보다 키가 크지 않다.

② 민수는 농구를 좋아한다. - 민수는 농구보다 축구를 좋아한다.

③ 그것은 민수에게 이익이다. - 그것은 민수에게 손해이다.

④ 오늘은 화요일이 아니다. - 오늘은 수요일이 아니다.

⑤ 민수의 말이 옳다. - 은주의 말이 틀리다.

03 〈보기〉의 명제를 참이라고 할 때, 윗글을 바탕으로 추론한 내용으로 적절하지 <u>않은</u> 것은?

보기

• 우리 동네 전체가 정전되었다.

① '정합적이다'를 모순 없음으로 이해하면, "우리 동네에는 솔숲이 있다."를 참인 명제로 추가할 수 있다.

② '정합적이다'를 함축으로 이해하면, "우리 집이 정전되었다."를 참인 명제로 추가할 수 있다.

③ '정합적이다'를 설명적 연관으로 이해하면, "예비 전력의 부족으로 전력 공급이 중단됐다."를 참인 명제로 추가할 수 있다.

④ '정합적이다'를 함축으로 이해하면, "우리 동네에는 솔숲이 있다."를 참인 명제로 추가할 수 없다.

⑤ '정합적이다'를 설명적 연관으로 이해하면, "우리 집이 정전되었다."를 참인 명제로 추가할 수 없다.

지문분석으로 독해력 향상하기

04 문맥상 ㉠~㉤을 바꿔 쓰기에 적절하지 <u>않은</u> 것은?

① ㉠ : 받아들인

② ㉡ : 일어나지

③ ㉢ : 밝혀내기

④ ㉣ : 지나치게

⑤ ㉤ : 아우를

다음 글을 읽고 물음에 답하시오.

　법과 정의의 관계는 법학의 고전적인 과제 가운데 하나이다. 때와 장소에 관계없이 누구에게나 보편적으로 받아들여질 수 있는 정의롭고 도덕적인 법을 떠올리게 되는 것은 자연스러운 일이다. 전통적으로 이런 법을 '자연법'이라 부르며 논의해 왔다. 자연법은 인위적으로 제정되는 것이 아니라 인간의 경험에 앞서 존재하는 본질적인 것으로서 신의 법칙이나 우주의 질서, 또는 인간 본성에 근원을 둔다. 특히 인간의 본성에 깃든 이성, 다시 말해 참과 거짓, 선과 악을 분별할 수 있는 인간만의 자질은 자연법을 발견해 낼 수 있는 수단이 된다.

　서구 중세의 신학에서는 자연법을 인간 이성에 새겨진 신의 법이라고 이해하여 종교적 권위를 중시하였다. 이후 근대의 자연법 사상에서는 신학의 의존으로부터 독립하여 자연법을 오직 이성으로써 확인할 수 있다고 보았다. 이런 경향을 열었다고 할 수 있는 그로티우스(1583~1645)는 중세의 전통을 수용하면서도 인간 이성에 따른 자연법의 기초를 확고히 하였다. 그는 이성을 통해 확인되고 인간 본성에 합치하는 법 규범은 자연법이자 신의 의지라고 말하면서, 이 자연법은 신도 변경할 수 없는 본질적인 것이라고 주장하였다. 이성의 올바른 인도를 통해 다다르게 되는 자연법은 국가와 실정법을 초월하는 규범이라고 보았다.

　그로티우스가 활약하던 시기는 한편으로 종교 전쟁의 시대였다. 그는 이 소용돌이 속에서 어떤 법도 존중받지 못하는 일들을 보게 되고, 자연법에 기반을 두면 가톨릭, 개신교, 비기독교 할 것 없이 모두가 받아들일 수 있는 규범을 세울 수 있다고 생각했다. 나아가 이렇게 이루어진 법 원칙으로써 각국의 이해를 조정하여 전쟁의 참화를 막고 인류의 평화와 번영을 ㉠ 실현할 수 있다고 믿었다. 이러한 그의 사상은 1625년 『전쟁과 평화의 법』이란 저서를 낳았다. 이 책에서는 개전의 요건, 전쟁 중에 지켜져야 할 행위 등을 다루었으며, 그에 대한 이론적 근거로서 자연법 개념의 기초를 다지고, 그것을 바탕으로 국가 간의 관계를 규율하는 법 이론을 구성하였다. 이 때문에 그로티우스는 국제법의 아버지로도 불린다.

　신의 권위에서 독립한 이성의 법에는 인간의 권리가 그 핵심에 자리 잡았고, 이는 근대 사회의 주요한 사상적 배경이 되었다. 한 예로 1776년 미국의 독립 선언에도 자연법의 영향이 나타난다. 더욱이 프랑스 대혁명기의 인권 선언에서는 자유권, 소유권, 생존권, 저항권을 불가침의 자연법적 권리로 선포하였다. 이처럼 자연법 사상은 근대적 법체계를 세우는 데에 중요한 기반을 제공하였고, 특히 자유와 평등의 가치가 법과 긴밀한 관계를 맺도록 하는 데 이바지하였다.

　그러나 19세기에 들어서자 현실적으로 자연법을 명확히 확정하기 어렵다는 비판 속에서 자연법 사상은 퇴조하는 경향을 보였다. 이때 비판의 선봉에 서며 새롭게 등장한 이론이 이른바 '법률실증주의'이다. 법률실증주의는 국가의 입법 기관에서 제정하여 현실적으로 효력을 갖는 법률인 실정법만이 법으로 인정될 수 있다는 입장이다. 이에 따르면 입법자가 합법적인 절차로 제정한 법률은 그 내용이 어떻든 절대적인 법이 되며, 또한 그것은 국가 권위에 근거하여 이루어진 것이기에 국민은 이를 따라야 할 의무가 있다. 하지만 현대에 와서 합법의 외관을 쓴 전체주의로 말미암은 참혹한 세계 대전을 겪게 되자, 자연법에 대한 논의는 부흥기를 맞기도 하였다. 오늘날 자연법은 실정법이 지향해야 할 이상을 제시하는 역할에서 여전히 의의가 인정된다.

01 윗글의 내용에 부합하는 것은?

① 실정법은 인간의 경험에 앞서 존재하는 규범이다.
② 미국의 독립 선언에 법률실증주의가 영향을 주었다.
③ 서구의 근대적 법체계에는 평등의 이념이 담겨 있다.
④ 중세의 신학에서는 신의 법에 인간의 이성을 관련시키지 않았다.
⑤ 프랑스 대혁명에서 저항권은 인간의 기본적 권리로 인정되지 않았다.

02 윗글을 바탕으로 할 때, 그로티우스의 국제법 사상에 대한 추론으로 적절하지 **않은** 것은?

① 국가 사이의 관계를 규율하는 법은 자연법에 근거를 두어야 한다.
② 국가 간에 전쟁을 할 때에도 마땅히 지켜야 할 법 규범이 있다.
③ 국제 분쟁을 조정하고 인류의 평화를 이루기 위하여 국제 사회에 적용되는 법이 있어야 한다.
④ 각국의 실정법을 두루 통합하여 국제법으로 만들면 그것은 어디서나 통용되는 현실적 규범이 될 수 있다.
⑤ 종교의 차이로 전쟁이 이어지는 상황에서 전통적인 신학 이론을 바탕으로 국제법을 구성하면 보편적으로 받아들여질 수 없다.

03 윗글을 바탕으로 할 때, 자연법 사상에 대한 설명으로 가장 적절한 것은?

① 국가의 권위만이 자연법에 제한을 둘 수 있다고 생각했다.
② 윤리나 도덕과 관련이 없는 근원적인 법 규범이 존재한다고 생각했다.
③ 자연법은 인간의 본성과 대립하지만 인류를 번영으로 이끈다고 생각했다.
④ 인간의 이성이 시공을 초월하는 본질적인 법을 찾아낼 수 있다고 생각했다.
⑤ 자연법의 역할은 실정법에 없는 내용을 보충하는 데 머물러야 한다고 생각했다.

04 〈보기〉는 윗글을 읽고 쓴 글이다. @~@ 중 윗글에 대한 이해로 적절하지 않은 것은?

보기

법과 정의의 관계로 법을 바라볼 때 자연법 사상과 법률실증주의는 서로 마주 보도록 양쪽 끝에 세울 수 있을 것 같다. ⓐ 자연법 사상에서는 법의 내용이 정의로워야 한다고 주장하는 반면에, ⓑ 법률실증주의는 적법한 절차를 거쳐 제정된 법률이라면 그 내용이 정의로운지는 따지지 않는다고 하기 때문이다. ⓒ 현실적으로 자연법을 뚜렷이 확정하기 어렵다는 점을 생각할 때, 법률실증주의를 따르면 실정법만이 법이 되므로, 무엇이 법인지 확정하는 일이 간편하다. 하지만 ⓓ 법률실증주의에 따르면 심각하게 부당한 내용의 법률조차도 입법의 형식만 거쳤다면 법이라고 해야 한다는 문제점이 있다. 그렇지만 ⓔ 법률실증주의는 법을 왜 지켜야 하는지에 대해서 국가의 권위와 같은 형식적인 요소와 함께 국민의 준수 의지라는 도덕적인 근거를 들어 답변한다.

① ⓐ 　② ⓑ 　③ ⓒ

④ ⓓ 　⑤ ⓔ

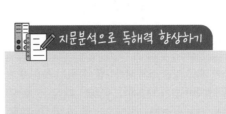

05 문맥상 ㉠과 바꿔 쓰기에 가장 적절한 것은?

① 가늠할

② 가져올

③ 기다릴

④ 떠올릴

⑤ 헤아릴

다음 글을 읽고 물음에 답하시오.

음식이 상한 것과 가스가 새는 것을 쉽게 알아차릴 수 있는 것은 우리에게 냄새를 맡을 수 있는 후각이 있기 때문이다. 이처럼 후각은 우리 몸에 해로운 물질을 탐지하는 문지기 역할을 하는 중요한 감각이다. 어떤 냄새를 일으키는 물질을 '취기재(臭氣材)'라 부르는데, 우리가 어떤 냄새가 난다고 탐지할 수 있는 것은 취기재의 분자가 코의 내벽에 있는 후각 수용기를 자극하기 때문이다.

일반적으로 인간은 동물만큼 후각이 예민하지 않다. 물론 인간도 다른 동물과 마찬가지로 취기재의 분자 하나에도 민감하게 반응하는 후각 수용기를 갖고 있다. 하지만 개[犬]가 10억 개에 이르는 후각 수용기를 갖고 있는 것에 비해 인간의 후각 수용기는 1천만 개에 불과하여 인간의 후각이 개의 후각보다 둔한 것이다.

우리가 냄새를 맡으려면 공기 중에 취기재의 분자가 충분히 많아야 한다. 다시 말해, 취기재의 농도가 어느 정도에 이르러야 냄새를 탐지할 수 있다. 이처럼 냄새를 탐지할 수 있는 최저 농도를 '탐지 역치'라 한다. 탐지 역치는 취기재에 따라 차이가 있다. 우리가 메탄올보다 박하 냄새를 더 쉽게 알아챌 수 있는 까닭은 메탄올의 탐지 역치가 박하향에 비해 약 3,500배가량 높기 때문이다.

취기재의 농도가 탐지 역치 정도의 수준에서는 냄새가 나는지 안 나는지 정도를 탐지할 수는 있지만 그 냄새가 무슨 냄새인지 인식하지 못한다. 즉 ㉠ 냄새의 존재 유무를 탐지할 수는 있어도 냄새를 풍기는 취기재의 정체를 인식하지는 못하는 상태가 된다. 취기재의 정체를 인식하려면 취기재의 농도가 탐지 역치보다 3배가량은 높아야 한다. 즉 취기재의 농도가 탐지 역치 수준으로 낮은 상태에서는 그 냄새가 꽃향기인지 비린내인지 알 수 없는 것이다. 한편 같은 취기재들 사이에서는 농도가 평균 11% 정도 차이가 나야 냄새의 세기 차이를 구별할 수 있다고 알려져 있다.

연구에 따르면 인간이 구별할 수 있는 냄새의 가짓수는 10만 개가 넘는다. 하지만 그 취기재가 무엇인지 다 인식해 내지는 못한다. 그 이유는 무엇일까? 한 실험에서 실험 참여자에게 실험에 쓰일 모든 취기재의 이름을 미리 알려 준 다음, 임의로 선택한 취기재의 냄새를 맡게 하고 그 종류를 맞히게 했다. 이때 실험 참여자가 틀린 답을 하면 그때마다 정정해 주었다. 그 결과 취기재의 이름을 알아맞히는 능력이 거의 두 배로 향상되었다.

위의 실험은 특정한 냄새의 정체를 파악하기 어려운 이유가 냄새를 느끼는 능력이 부족하기 때문이 아님을 보여 준다. 그것은 우리가 모든 냄새에 대응되는 명명 체계를 갖고 있지 못할 뿐만 아니라 특정한 냄새와 그것에 해당하는 이름을 연결하는 능력이 부족하기 때문이다. 즉 인간의 후각은 기억과 밀접한 관련이 있는 것이다. 이에 따르면 어떤 냄새를 맡았을 때 그 냄새와 관련된 과거의 경험이나 감정이 떠오르는 일은 매우 자연스러운 현상이다.

01 윗글의 내용과 일치하지 않는 것은?

① 후각 수용기는 취기재의 분자에 반응한다.
② 후각은 유해한 물질을 탐지하는 역할도 한다.
③ 박하향의 탐지 역치는 메탄올의 탐지 역치보다 높다.
④ 인간은 개[犬]에 비해 적은 수의 후각 수용기를 갖고 있다.
⑤ 인간의 후각 수용기는 취기재의 분자 하나에도 반응할 수 있다.

02 윗글을 통해 알 수 있는 내용으로 적절하지 않은 것은?

① 과거에 경험한 사건이 그와 관련된 냄새를 통해 환기되는 경우가 있다.
② 특정한 냄새와 그 명칭을 정확히 연결하는 능력은 학습을 통해 향상될 수 있다.
③ 취기재의 이름을 알아맞히는 능력이 향상되면 그 취기재의 탐지 역치를 낮출 수 있다.
④ 인간이 구별할 수 있는 냄새의 가짓수는 인간이 인식하는 취기재의 가짓수보다 많다.
⑤ 같은 취기재들 사이에서 농도 차이가 평균 11% 미만이라면 냄새의 세기를 구별하기 어렵다.

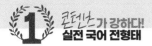
03 ㉠의 경우에 해당하는 것은?

① 탐지 역치가 10인 취기재의 농도가 5인 경우
② 탐지 역치가 10인 취기재의 농도가 15인 경우
③ 탐지 역치가 10인 취기재의 농도가 35인 경우
④ 탐지 역치가 20인 취기재의 농도가 15인 경우
⑤ 탐지 역치가 20인 취기재의 농도가 85인 경우

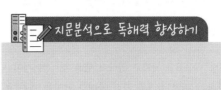

다음 글을 읽고 물음에 답하시오.

어떤 물체가 점탄성이라는 성질을 가지고 있다고 했을 때, 점탄성이란 무엇일까? 점탄성을 이해하기 위해 점성을 가진 물체와 탄성을 가진 물체의 특징을 알아보자. 용수철에 힘을 가하여 잡아당기면 용수철은 즉각적으로 늘어나며 용수철에 가한 힘을 제거하면 바로 원래의 형태로 되돌아가는데, 이는 용수철이 탄성을 가지고 있기 때문이다. 이와 같이 용수철은 힘과 변형의 관계가 즉각적으로 형성되는 '즉각성'을 가지고 있다. 반면 꿀을 평평한 판 위에 올려놓으면 꿀은 중력에 의해 서서히 흐르는 변형을 하게 되는데, 이는 꿀이 흐름에 저항하는 성질인 점성을 가지고 있기 때문이다. 즉 꿀은 힘과 변형의 관계가 시간에 따라 변하는 '시간 지연성'을 가지고 있다.

어떤 물체가 힘과 변형의 관계에서 탄성체가 가지고 있는 '즉각성'과 점성체가 가지고 있는 '시간 지연성'을 모두 가지고 있을 때 점탄성을 가지고 있다고 하고, 그 물체를 점탄성체라 한다. 이러한 점탄성을 잘 보여 주는 물리적 현상으로 응력 완화와 크리프를 들 수 있다. 응력 완화는 변형된 상태가 고정되어 있을 때, 물체가 받는 힘인 응력이 시간에 따라 감소하는 현상이다. 그리고 크리프는 응력이 고정되어 있을 때 변형이 서서히 증가하는 현상이다.

응력 완화를 이해하기 위해 고무줄에 힘을 주어 특정 길이만큼 당긴 후 이 길이를 유지하는 경우를 생각해 보자. 외부에서 힘을 주면 고무줄은 즉각적으로 늘어나게 된다. 힘과 변형의 관계가 탄성의 특성인 '즉각성'을 보여 주는 것이다. 그런데 이때 늘어난 고무줄의 길이를 그대로 고정해 놓으면, 시간이 지남에 따라 겉보기에는 아무 변화가 없지만 고무줄의 분자들의 배열 구조가 점차 변하며 응력이 서서히 감소하게 된다. 이는 점성의 특성인 '시간 지연성'을 보여 주는 것이다. 이처럼 점탄성체의 변형이 그대로 유지될 때, 응력이 시간에 따라 서서히 감소하는 현상이 응력 완화이다.

이제는 고무줄에 추를 매달아 고무줄이 일정한 응력을 받도록 하는 경우를 살펴보자. 고무줄은 순간적으로 일정 길이만큼 늘어난다. 이는 탄성체가 가지고 있는 특성을 보여 준다. 그러나 이후에는 시간이 지남에 따라 점성체와 같이 분자들의 위치가 점차 변하며 고무줄이 서서히 늘어나게 되는데, 이러한 현상이 크리프이다. 오랜 세월이 지나면 유리창 유리의 아랫부분이 두꺼워지는 것도 이와 같은 현상이다.

점탄성체의 변형에 걸리는 시간이 물질마다 다른 것은 분자나 원자 간의 결합 및 배열된 구조가 서로 다르기 때문이다. 나일론과 같은 물질의 응력 완화와 크리프는 상온(常溫)에서도 인지할 수 있지만, 금속의 경우 너무 느리게 일어나므로 상온에서는 관찰이 어렵다. 온도를 높이면 물질의 유동성이 증가하기 때문에, 나일론의 경우 온도를 높임에 따라 응력 완화와 크리프가 가속화되며, 금속도 고온에서는 응력 완화와 크리프를 인지할 수 있다. 모든 물체는 본질적으로는 점탄성체이며 물체의 점탄성 현상이 우리가 인지할 정도로 빠르게 일어나는가 아닌가의 차이가 있을 뿐이다.

01 윗글을 이해한 내용으로 가장 적절한 것은?

① 용수철의 힘과 변형의 관계가 '즉각성'을 갖는 것은 점성 때문이다.
② 같은 온도에서는 물질의 종류와 무관하게 물질의 유동성 정도는 같다.
③ 물체가 서서히 변형될 때에는 물체를 이루는 분자의 위치에 변화가 없다.
④ 유리창의 유리 아랫부분이 두꺼워지는 것은 '시간 지연성'과 관련이 있다.
⑤ 판 위의 꿀이 흐르는 동안 중력에 대응하여 꿀의 응력은 서서히 증가한다.

02 윗글을 바탕으로 〈보기〉의 (가), (나)에 대해 탐구한 내용으로 적절하지 <u>않</u>은 것은?

> **보기**
>
> (가) 나일론 재질의 기타 줄을 길이가 늘어나게 당긴 후 고정하여 음을 맞추고 바로 풀어 보니 원래의 길이로 돌아갔다. 이번에는 기타 줄을 길이가 늘어나게 당긴 후 고정하여 음을 맞추고 오랫동안 방치해 놓으니, 매여 있는 기타 줄의 길이는 그대로였지만 팽팽한 정도가 감소하여 음이 맞지 않았다.
>
> (나) 무거운 책을 선반에 올려놓으니 선반이 즉각적으로 아래로 휘어졌다. 이 상태에서 선반이 서서히 휘어져 몇 달이 지난 후 살펴보니 선반의 휘어진 정도가 처음보다 더 심해져 있었다. 다른 조건이 모두 같을 때 선반이 서서히 휘는 속력은 따뜻한 여름과 추운 겨울에 따라 차이가 있었다.

① (가)에서 기타 줄이 원래의 길이로 돌아간 것은 기타 줄이 탄성을 가지고 있기 때문이군.
② (가)에서 기타 줄의 팽팽한 정도가 달라진 것은 기타 줄에 응력 완화가 일어났기 때문이군.
③ (가)에서 나일론 재질 대신 금속 재질의 기타 줄을 사용한다면 기타 줄의 팽팽한 정도가 더 빨리 감소하겠군.
④ (나)에서 선반이 책 무게 때문에 서서히 변형된 것은 선반이 크리프 현상을 보였기 때문이겠군.
⑤ (나)에서 여름과 겨울에 선반의 휘어지는 속력이 차이가 나는 것은 선반이 겨울보다 여름에 휘어지는 속력이 더 크기 때문이군.

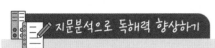

다음 글을 읽고 물음에 답하시오.

　우리 몸은 단백질의 합성과 분해를 끊임없이 반복한다. 단백질 합성은 아미노산을 연결하여 긴 사슬을 만드는 과정인데, 20여 가지의 아미노산이 체내 단백질 합성에 이용된다. 단백질 합성에서 아미노산들은 DNA 염기 서열에 담긴 정보에 따라 정해진 순서대로 결합된다. 단백질 분해는 아미노산 간의 결합을 끊어 개별 아미노산으로 분리하는 과정이다. 체내 단백질 분해를 통해 오래되거나 손상된 단백질이 축적되는 것을 막고, 우리 몸에 부족한 에너지 및 포도당을 보충할 수 있다.

　단백질 분해 과정의 하나인, 프로테아솜이라는 효소 복합체에 의한 단백질 분해는 세포 내에서 이루어진다. 프로테아솜은 유비퀴틴이라는 물질이 일정량 이상 결합되어 있는 단백질을 아미노산으로 분해한다. 단백질 분해를 통해 생성된 아미노산의 약 75%는 다른 단백질을 합성하는 데 이용되며, 나머지 아미노산은 분해된다. 아미노산이 분해될 때는 아미노기가 아미노산으로부터 분리되어 암모니아로 바뀐 다음, 요소(尿素)로 합성되어 체외로 배출된다. 그리고 아미노기가 떨어지고 남은 부분은 에너지나 포도당이 부족할 때는 이들을 생성하는 데 이용되고, 그렇지 않으면 지방산으로 합성되거나 체외로 배출된다.

　단백질이 지속적으로 분해됨에도 불구하고 체내 단백질의 총량이 유지되거나 증가할 수 있는 것은 세포 내에서 단백질 합성이 끊임없이 일어나기 때문이다. 단백질 합성에 필요한 아미노산은 세포 내에서 합성되거나, 음식으로 섭취한 단백질로부터 얻거나, 체내 단백질을 분해하는 과정에서 생성된다. 단백질 합성에 필요한 아미노산 중 체내에서 합성할 수 없어 필요량을 스스로 충족할 수 없는 것을 필수아미노산이라고 한다. 어떤 단백질 합성에 필요한 각 필수아미노산의 비율은 정해져 있다. 체내 단백질 분해를 통해 생성되는 필수아미노산도 다시 단백질 합성에 이용되기도 하지만, 부족한 양이 외부로부터 공급되지 않으면 전체의 체내 단백질 합성량이 줄어들게 된다. 그러므로 필수아미노산은 반드시 음식물을 통해 섭취되어야 한다. 다만 성인과 달리 성장기 어린이의 경우, 체내에서 합성할 수는 있으나 그 양이 너무 적어서 음식물로 보충해야 하는 아미노산도 필수아미노산에 포함된다.

　각 식품마다 포함된 필수아미노산의 양은 다르며, 필수아미노산이 균형을 이룰수록 공급된 필수아미노산의 총량 중 단백질 합성에 이용되는 양의 비율, 즉 필수아미노산의 이용 효율이 ㉠ 높다. 일반적으로 육류, 계란 등 동물성 단백질은 필수아미노산을 균형 있게 함유하고 있어 필수아미노산의 이용 효율이 높은 반면, 쌀이나 콩류 등에 포함된 식물성 단백질은 제한아미노산을 가지며 필수아미노산의 이용 효율이 상대적으로 낮다.

　제한아미노산은 단백질 합성에 필요한 각각의 필수아미노산의 양에 비해 공급된 어떤 식품에 포함된 해당 필수아미노산의 양의 비율이 가장 낮은 필수아미노산을 말한다. 가령, 가상의 P단백질 1몰*을 합성하기 위해서는 필수아미노산 A와 B가 각각 2몰과 1몰이 필요하다고 하자. P를 2몰 합성하려고 할 때, A와 B가 각각 2몰씩 공급되었다면 A는 필요량에 비해 2몰이 부족하게 되어 P는 결국 1몰만 합성된다. 이때 A가 부족하여 합성할 수 있는 단백질의 양이 제한되기 때문에 A가 제한아미노산이 된다.

* 몰 : 물질의 양을 나타내는 단위.

01 윗글의 내용과 일치하지 않는 것은?

① 체내 단백질의 분해를 통해 오래되거나 손상된 단백질의 축적을 막는다.
② 유비퀴틴이 결합된 단백질을 아미노산으로 분해하는 것은 프로테아솜이다.
③ 아미노산에서 분리되어 요소로 합성되는 것은 아미노산에서 아미노기를 제외한 부분이다.
④ 세포 내에서 합성되는 단백질의 아미노산 결합 순서는 DNA 염기 서열에 담긴 정보에 따른다.
⑤ 성장기의 어린이에게 필요한 필수아미노산 중에는 체내에서 합성할 수 있는 것도 포함되어 있다.

02 윗글을 읽고 이해한 내용으로 적절하지 않은 것은?

① 필수아미노산을 제외한 다른 아미노산도 제한아미노산이 될 수 있겠군.
② 체내 단백질을 분해하여 얻어진 필수아미노산의 일부는 단백질 합성에 다시 이용되겠군.
③ 체내 단백질 합성에 필요한 필수아미노산은 음식물의 섭취나 체내 단백질 분해로부터 공급되겠군.
④ 제한아미노산이 없는 식품은 단백질 합성에 필요한 필수아미노산이 균형 있게 골고루 함유되어 있겠군.
⑤ 체내 단백질 합성과 분해의 반복 과정에서, 외부로부터 필수아미노산의 공급이 줄어들면 체내 단백질 총량은 감소하겠군.

03 윗글을 바탕으로 할 때, 〈보기〉의 실험에 대한 이해로 적절하지 <u>않은</u> 것은?

> **보기**
>
> 　가상의 단백질 Q를 1몰 합성하는 데 필수아미노산 A, B, C가 각각 2몰, 3몰, 1몰이 필요하다고 가정하자. 단백질 Q를 2몰 합성하려고 할 때 (가), (나), (다)에서와 같이 A, B, C의 공급량을 달리하고, 다른 조건은 모두 동일한 상황에서 최대한 단백질을 합성하는 실험을 하였다.
>
> (가) : A 4몰, B 6몰, C 2몰
> (나) : A 6몰, B 3몰, C 3몰
> (다) : A 4몰, B 3몰, C 3몰
>
> (단, 단백질과 아미노산의 분해는 없다고 가정한다.)

① (가)에서는 단백질 합성을 제한하는 필수아미노산이 없겠군.
② (가)에서는 (다)에 비해 단백질 합성에 이용된 필수아미노산의 총량이 많겠군.
③ (나)에서는 (다)에 비해 합성된 단백질의 양이 많겠군.
④ (나)와 (다) 모두에서는 단백질 합성을 제한하는 필수아미노산이 B가 되겠군.
⑤ (나)에서는 (다)에 비해 단백질 합성에 이용되지 않고 남은 필수아미노산의 총량이 많겠군.

04 ㉠의 문맥적 의미와 가장 가까운 것은?

① 가을이 되면 그 어느 때보다 하늘이 <u>높다</u>.
② 우리나라는 원자재의 수입 의존도가 <u>높다</u>.
③ 이번에 새로 지은 건물은 높이가 매우 <u>높다</u>.
④ 잘못을 시정하라는 주민들의 목소리가 <u>높다</u>.
⑤ 친구는 이 분야의 전문가로서 이름이 <u>높다</u>.

다음 글을 읽고 물음에 답하시오.

　사람들은 어떤 결과에는 항상 그에 상응하는 원인이 존재한다고 생각한다. 원인과 결과의 필연성은 개별적인 사례들을 통해 일반화될 수 있다. 가령, A라는 사람이 스트레스로 병에 걸렸고, B도 스트레스로 병에 걸렸다면 이런 개별적인 사례들로부터 '스트레스가 병의 원인이다.'라는 일반적인 인과가 도출된다. 이때 개별적인 사례에 해당하는 인과를 '개별자 수준의 인과'라 하고, 일반적인 인과를 '집단 수준의 인과'라 한다. 사람들은 오랫동안 이러한 집단 수준의 인과가 필연성을 지닌다고 믿어 왔다.

　그런데 집단 수준의 인과를 필연적인 것이 아니라 개연적인 것으로 파악해야 한다고 주장하는 사람들이 있다. 가령 '스트레스가 병의 원인이다.'라는 진술에서 스트레스는 병의 필연적인 원인이 아니라 단지 병을 발생시킬 확률을 높이는 요인일 뿐이라고 말한다. A와 B가 특정한 병에 걸렸다 하더라도 집단 수준에서는 그 병의 원인을 스트레스로 단언할 수 없다는 것이다. 그렇게 본다면 스트레스와 병은 필연적인 관계가 아니라 개연적인 관계에 놓인 것으로 설명된다. 이에 따르면 '스트레스가 병의 원인이다.'라는 집단 수준의 인과는, 'A가 스트레스를 받았지만 병에 걸리지 않은 경우'나 'A가 스트레스를 받았고 병에 걸리기도 했지만 병의 실제 원인은 다른 것인 경우' 등의 개별자 수준의 인과와 동시에 성립될 수 있다. 이렇게 되면 개별자 수준의 인과와 집단 수준의 인과는 별개로 존재하게 되는 것이다.

　이처럼 개별자 수준과 집단 수준의 인과가 독립적이라고 주장하는 철학자들은, 두 수준의 인과가 서로 다른 방식으로 해명되어야 한다고 본다. 왜냐하면 이들은 개별자 수준의 인과가 지닌 복잡성과 특이성은 집단 수준의 인과로 설명될 수 없다고 여기기 때문이다. 가령 A의 병은 유전적 요인, 환경적 요인, 개인의 생활 습관 등에서 비롯될 수도 있고 그 요인들이 우연적이며 복합적으로 작용하는 과정을 거치며 발생될 수도 있다.

　이에 대해 ㉠ 개별자 수준과 집단 수준의 인과가 연관된다고 주장하는 사람들은, 병의 여러 요인들이 있다 하더라도 여전히 인과의 필연성이 성립된다고 본다. 개별적인 사례들에서 스트레스와 그 외의 모든 요인들을 함께 고려할 때 여전히 스트레스가 병의 필수적인 요인이라면 개별자 수준 인과의 필연성은 훼손되지 않으며, 이에 따라 집단 수준 인과의 필연성도 훼손되지 않는다는 것이다.

01 윗글의 서술 방식으로 가장 적절한 것은?

① 논의된 내용을 종합하면서 새로운 주장을 제기하고 있다.

② 상반된 견해에 대하여 절충적 대안을 제시하고 있다.

③ 이론의 장단점을 비교하여 독자의 이해를 돕고 있다.

④ 대비되는 두 관점을 예를 들어서 설명하고 있다.

⑤ 일반인의 상식을 논리적으로 비판하고 있다.

02 윗글을 통해 알 수 있는 것은?

① 하나의 결과에는 항상 하나의 원인이 존재한다.

② 집단 수준 인과의 필연성은 오랫동안 받아들여지지 않았다.

③ 개별자 수준의 인과는 집단 수준의 인과를 일반화한 것이다.

④ 집단 수준의 인과는 개별자 수준 인과의 개연성으로 충분히 설명된다.

⑤ 집단 수준 인과의 개연성을 주장하는 사람은 집단 수준과 개별자 수준의 인과를 독립적인 것으로 본다.

03 ㉠의 입장에서 〈보기〉의 [가]로부터 [나]를 이끌어 내려 할 때, ⓐ의 내용으로 가장 적절한 것은?

보기

[가]
- 좋은 씨앗을 심는 것은 좋은 열매가 열리는 원인이다.
- 영희네는 좋은 씨앗을 심어 좋은 열매를 수확했다.
- 철수네는 좋은 씨앗을 심었으나 물을 제때 주지 않아 좋은 열매가 열리지 않았다.
- 우리 집은 좋은 씨앗을 심었으나 병충해로 좋은 열매가 열리지 않았다.
-                 ⓐ

[나]
- 그러므로 좋은 씨앗을 심는 것과 좋은 열매가 열리는 것 사이의 필연적인 인과는 여전히 훼손되지 않는다.

① 좋은 씨앗이 아니더라도 얼마든지 좋은 열매를 얻을 수 있다.

② 우리 집과 철수네가 좋은 열매를 얻지 못한 것은 필연적인 결과이다.

③ 좋은 씨앗이 좋은 열매를 맺게 한다는 것은 경험적으로 증명하기 어렵다.

④ 다른 모든 요인에도 불구하고 좋은 씨앗은 좋은 열매를 맺게 하는 필수적인 요인이다.

⑤ 병충해 방제와 적절한 물 공급은 좋은 열매를 맺는 데에 결정적으로 작용하는 요인이다.

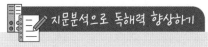
지문분석으로 독해력 향상하기

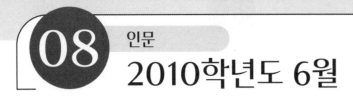

다음 글을 읽고 물음에 답하시오.

(가)

조선 전기 조선군의 전술에서는 기병을 동원한 활쏘기와 돌격, 그리고 이를 뒷받침하는 보병의 다양한 화약 병기 및 활의 사격 지원을 중시했다. 이는 여진족이나 왜구와의 전투에 효과적이었는데, 상대가 아직 화약 병기를 갖추지 못한 데다 전투 규모도 작았기 때문이다. 하지만 이러한 전술적 우위는 일본군의 조총 공격에 의해 상쇄되었다.

(나)

16세기 중반 일본에 도입된 조총은 다루는 데 특별한 무예나 기술이 필요하지 않았다. 그 결과 신분이 낮은 계층인 조총 무장 보병이 주요한 전투원으로 등장할 수 있었다. 한편 중국의 절강병법은 이러한 일본군에 대응하기 위해 고안된 전술로, 조총과 함께 다양한 근접전 병기를 갖춘 보병을 편성한 전술이었다. 이 전술은 주력이 천민을 포함한 일반 농민층이었는데, 개인의 기량은 떨어지더라도 각각의 병사를 특성에 따라 편제하고 운용하여 전체의 전투력을 높일 수 있었다. 근접전용 무기도 주변에서 쉽게 구할 수 있는 것이 이용되었다.

(다)

조선군의 전술은 절강병법을 일부 수용하면서 기병 중심에서 보병 중심으로 급속히 전환되었다. 조총병인 포수와 각종 근접전 병기로 무장한 살수에 전통적 기예인 활을 담당하는 사수를 포함시켜 편제한 삼수병 체제에서 보병 중심 전술이 확립되었음을 볼 수 있다. 17세기 중반 이후 조총의 신뢰성과 위력이 높아지면서 삼수 내의 무기 체계의 분포에도 변화가 시작되었다. 상대적으로 사격 기술을 익히기 어렵고 주요 재료를 구하기 어려웠던 활 대신, 조총이 차지하는 비중이 점점 증가했다.

(라)

조선에서의 새로운 무기 수용과 전술의 변화는 단순한 군사적 변화에 그치지 않고 정치적, 경제적 변화를 수반하였다. 군의 규모는 관노와 사노 등 천민 계층까지 충원되면서 급격히 커졌고, 군사력을 유지하기 위해 백성에 대한 통제도 엄격해졌다. 성인 남성에게 이름과 군역 등이 새겨진 호패를 차게 하였으며, 거주지의 변동이 있을 때마다 관가에 보고하게 하였다. 대규모 군사력의 운용으로 국가 단위의 재정 수요도 크게 증대했는데, 대동법은 이러한 수요에 부응하는 제도이기도 했다. 선혜청에서 대동법의 운영을 전담하면서 재정권의 중앙 집중화가 시도되었으며, 이에 따라 지방에서 자율적으로 운영하던 재정의 상당 부분이 조정으로 귀속되었다. 한편 가호(家戶)를 단위로 부과하던 공물을 농지 면적에 따라 쌀이나 무명 등으로 납부하게 하여, 논밭이 없거나 적은 농민들의 부담은 줄어들었다.

---

01 윗글의 내용과 일치하지 않는 것은?

① 일본이 중국이나 조선보다 먼저 조총을 실전에 사용했다.
② 조선과 중국에서는 조총을 받아들이면서 전술이 변화되었다.
③ 조선이 조총을 도입한 뒤 구성한 보병의 무기 체계는 중국과 달랐다.
④ 조선에 조총이 보급된 뒤에도 원거리 무기인 활의 사용 비중은 여전했다.
⑤ 조선·중국·일본에서는 조총의 도입으로 하위 신분의 군사적 비중이 높아졌다.

02 윗글과 관련하여 〈보기〉를 참고 자료로 제시할 때, (가)~(다)에 적절한 자료를 바르게 제시한 것은?

보기

ㄱ. 화포가 적에 대응하는 데에는 그 이익이 크니, 왜구나 야인들이 두려워하는 이유도 여기에 있다.
ㄴ. 기병은 평지에서 이롭고 보병은 험지에서 이롭습니다. 우리나라는 구릉이나 논이 많아 진실로 보병을 쓰는 것이 합당합니다.
ㄷ. 지방의 군사 제도는 지극히 허술하다. 수령의 휘하에 한 명의 군졸도 없으니 만약 급박한 일이 생겼을 경우 실로 방어할 도리가 없다.
ㄹ. 낭선은 가지를 다 자르지 않은 대나무에 창날을 꽂아 만들고, 당파는 작살을 개량해 만든다. 나이가 장성하고 얼굴이 크고 힘이 센 사람이 낭선을 다루고, 살기와 담력이 있는 자가 당파를 다룬다.

	(가)	(나)	(다)
①	ㄱ	ㄹ	ㄴ
②	ㄱ	ㄹ	ㄷ
③	ㄴ	ㄷ	ㄱ
④	ㄴ	ㄷ	ㄹ
⑤	ㄷ	ㄹ	ㄴ

03 (라)를 통해 추론한 당시 사람들의 반응으로 적절하지 않은 것은?

① 관노 : 양민들이 담당하던 군역을 이제는 우리도 맡게 되었군.
② 양반 : 집안에서 부리는 종놈은 개인 재산인데, 군대에 끌고 가니 너무한걸.
③ 양민 : 호패를 늘 차야 하는 데다 이사할 때마다 신고해야 하니 귀찮네그려.
④ 지주 : 집집마다 내던 공물을 논밭의 면적에 따라 내도록 하니 우리만 불리해졌어.
⑤ 수령 : 백성들을 단속하는 업무가 늘었지만 고을의 재정 형편은 훨씬 나아지게 되었군.

1 콘텐츠가 강하다!
실전 국어 전형태

독서 part 1

지문분석으로 독해력 향상하기

문제편 – IV. 독서 part 1

다음 글을 읽고 물음에 답하시오.

　선암사(仙巖寺) 가는 길에는 독특한 미감을 자아내는 돌다리인 승선교(昇仙橋)가 있다. 승선교는 번잡한 속세와 경건한 세계의 경계로서 옛사람들은 산사에 이르기 위해 이 다리를 건너야 했다. 승선교는 가운데에 무지개 모양의 홍예(虹霓)를 세우고 그 좌우에 석축을 쌓아 올린 홍예다리로서, 계곡을 가로질러 산길을 이어 준다.

　홍예는 위로부터 받는 하중을 좌우의 아래쪽으로 효과적으로 분산시켜 구조적 안정성을 얻을 수 있기 때문에 예로부터 동서양에서 널리 ㉠ <u>활용되었다</u>. 홍예를 세우는 과정은 홍예 모양의 목조로 된 가설틀을 세우고, 그 위로 홍예석을 쌓아 올려 홍예가 완전히 세워지면, 가설틀을 해체하는 순으로 이루어진다. 홍예는 장대석(長臺石)의 단면을 사다리꼴로 잘 다듬어, 바닥에서부터 상부 가운데를 향해 차곡차곡 반원형으로 쌓아올린다. 모나고 단단한 돌들이 모여 반원형의 구조물로 탈바꿈함으로써 부드러운 곡선미를 형성한다. 또한 홍예석들은 서로를 단단하게 지지해 주기 때문에 특별한 접착 물질로 돌과 돌을 이어 붙이지 않았음에도 ㉡ <u>견고하게</u> 서 있다.

　승선교는 이러한 홍예와 더불어, 홍예 좌우와 위쪽 일부에 주위의 막돌을 쌓아 올려 석축을 세웠는데 이로써 승선교는 온전한 다리의 형상을 갖게 되고 사람이 다닐 수 있는 길의 일부가 된다. 층의 구분이 없이 무질서하게 쌓인 듯 보이는 석축은 잘 다듬어진 홍예석과 대비가 되면서 전체적으로는 변화감 있는 조화미를 이룬다. 한편 승선교의 홍예 천장에는 용머리 모양의 장식 돌이 물길을 향해 ㉢ <u>돌출되어</u> 있다. 이런 장식은 용이 다리를 건너는 사람들이 물로부터 화를 입는 것을 ㉣ <u>방지한다고</u> 여겨 만든 것이다.

　　　　　계곡 아래쪽에서 멀찌감치 승선교를 바라보자. 계곡 위쪽에 있는 강선루(降仙樓)와 산자락이 승선교 홍예의 반원을 통해 초점화되어 보인다. 또한 녹음이 우거지고 물이 많은 계절에는 다리의 홍예가 잔잔하게 흐르는 물 위에 비친 홍예 그림자와 이어져 원 모양을 이루고 주변의 수목들의 그림자도 수면에 비친다. 이렇게 승선교와 주변 경관은 서로 어우러지며 극적인 합일을 이룬다. 승선교와 주변 경관이 만들어 내는 아름다움은 계절마다 그 모습을 바꿔 가며 다채롭게 드러난다.

　승선교는 뭇사람들이 산사로 가기 위해 계곡을 건너가는 길목에 세운 다리다. 그러기에 호사스러운 치장이나 장식을 할 까닭은 없었을 것이다. 그럼에도 이 다리가 아름다운 것은 주변 경관과의 조화를 중시하는 옛사람들의 자연스러운 미의식이 반영된 덕택이다. 승선교가 오늘날 세사의 번잡함에 지친 우리에게 자연의 소박하고 조화로운 미감을 ㉤ <u>선사하는</u> 것은 바로 이 때문이다.

01 윗글을 통해 알 수 있는 내용으로 가장 적절한 것은?

① 홍예석들은 접착제로 이어 붙여서 서로를 단단하게 지지한다.

② 홍예와 그 물그림자가 어우러져 생긴 원은 승선교의 미감을 형성한다.

③ 홍예는 조상들의 미의식이 잘 드러나는 우리나라 특유의 건축 구조이다.

④ 홍예는 사다리꼴 모양의 목조로 된 가설틀을 활용하여 홍예석을 쌓아 만든다.

⑤ 승선교의 하중은 상부 홍예석에 집중됨으로써 그 구조적 안정성이 확보된다.

02 윗글의 '승선교'와 〈보기〉의 '옥천교'에 대한 이해로 적절하지 <u>않은</u> 것은?

보기

　옥천교(玉川橋)는 창경궁(昌慶宮)의 궁궐 정문과 정전 사이에 인위적으로 조성한 금천(禁川) 위에 놓여 있다. 이 다리는 지엄한 왕의 공간과 궁궐 내의 일상적 공간을 구획하는 경계였고 임금과 임금에게 허락받은 자들만이 건널 수 있었다. 옥천교는 두 개의 홍예를 이어 붙이고 홍예와 석축은 모두 미려하게 다듬은 돌로 쌓았다. 또 다리 난간에는 갖가지 조각을 장식해 전체적으로 장중한 화려함을 드러내었다. 두 홍예 사이의 석축에는 금천 바깥의 사악한 기운이 다리를 건너 안으로 침범하는 것을 막기 위해 도깨비 형상을 조각했다.

① 승선교와 달리 옥천교는 통행할 수 있는 대상에 제약이 있었던 것으로 보아, 권위적인 영역으로 진입하는 통로이겠군.

② 승선교와 달리 옥천교는 다듬은 돌만을 재료로 사용하고 난간에 조각 장식을 더한 것으로 보아, 장엄함을 드러내려는 의도가 반영된 것이겠군.

③ 옥천교와 달리 승선교는 계곡 사이를 이어 통행로를 만든 것으로 보아, 자연의 난관을 해소하기 위한 것이겠군.

④ 옥천교와 승선교는 모두 서로 다른 성격의 두 공간 사이에 놓인 것으로 보아, 이질적인 공간의 경계이겠군.

⑤ 옥천교와 승선교는 모두 재앙을 막기 위한 장식을 덧붙인 것으로 보아, 세속을 구원하고자 하는 종교적 의식이 반영된 것이겠군.

03 문맥상 ㉠~㉫을 바꿔 쓰기에 적절하지 <u>않은</u> 것은?

① ㉠ : 쓰였다

② ㉡ : 튼튼하게

③ ㉢ : 튀어나와

④ ㉣ : 그친다고

⑤ ㉫ : 주는

지문분석으로 독해력 향상하기

다음 글을 읽고 물음에 답하시오.

플래시 메모리는 수많은 스위치들로 이루어지는데, 각 스위치에 0 또는 1을 저장한다. 디지털 카메라에서 사진 한 장은 수백만 개 이상의 스위치를 켜고 끄는 방식으로 플래시 메모리에 저장된다. 메모리에서는 1비트의 정보를 기억하는 이 스위치를 셀이라고 한다. 플래시 메모리에서 셀은 그림과 같은 구조의 트랜지스터 1개로 이루어져 있다. 플로팅 게이트에 전자가 들어 있는 상태를 1, 들어 있지 않은 상태를 0이라고 정의한다.

플래시 메모리에서 데이터를 읽을 때는 그림의 반도체 D에 3V의 양(+)의 전압을 가한다. 그러면 다른 한 쪽의 반도체인 S로부터 전자들이 D 쪽으로 이끌리게 된다. 플로팅 게이트에

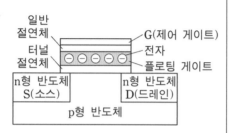

전자가 들어 있을 때는 S로부터 오는 전자와 플로팅 게이트에 있는 전자가 마치 자석의 같은 극처럼 서로 반발하기 때문에 전자가 흐르기 힘들다. 한편 플로팅 게이트에 전자가 없는 상태에서는 S와 D 사이에 전자가 흐르기 쉽다. 이렇게 전자의 흐름 여부, 즉 S와 D 사이에 전류가 흐르는가로 셀의 값이 1인지 0인지를 판단한다.

플래시 메모리에서는 두 가지 과정을 거쳐 데이터가 저장된다. 일단 데이터를 지우는 과정이 필요하다. 데이터 지우기는 여러 개의 셀이 연결된 블록 단위로 이루어진다. 블록에 포함된 모든 셀마다 G에 0V, p형 반도체에 약 20V의 양의 전압을 가하면, 플로팅 게이트에 전자가 있는 경우, 그 전자가 터널 절연체를 넘어 p형 반도체로 이동한다. 반면 전자가 없는 경우는 플로팅 게이트에 변화가 없다. 따라서 해당 블록의 모든 셀은 0의 상태가 된다. 터널 절연체는 전류 흐름을 항상 차단하는 일반 절연체와는 다르게 일정 이상의 전압이 가해졌을 때는 전자를 통과시킨다.

이와 같은 과정을 거친 후에야 데이터 쓰기가 가능하다. 데이터를 저장하려면 1을 쓰려는 셀의 G에 약 20V, p형 반도체에는 0V의 전압을 가한다. 그러면 p형 반도체에 있던 전자들이 터널 절연체를 넘어 플로팅 게이트로 들어가 저장된다. 이것이 1의 상태이다.

플래시 메모리는 EPROM과 EEPROM의 장점을 취하여 만든 메모리이다. EPROM은 한 개의 트랜지스터로 셀을 구성하여 셀 면적이 작은 반면, 데이터를 지울 때 칩을 떼어 내어 자외선으로 소거해야 한다는 단점이 있다. EEPROM은 전기를 이용하여 간편하게 데이터를 지울 수 있지만, 셀 하나당 두 개의 트랜지스터가 필요하다. 플래시 메모리는 한 개의 트랜지스터로 셀을 구성하며, 전기적으로 데이터를 쓰고 지울 수 있다. 한편 메모리는 전원 차단 시에 데이터의 보존 유무에 따라 휘발성과 비휘발성 메모리로 구분되는데, 플래시 메모리는 플로팅 게이트가 절연체로 둘러싸여 있기 때문에 전원을 꺼도 1이나 0의 상태가 유지되므로 비휘발성 메모리이다. 이런 장점 때문에 휴대용 디지털 장치는 주로 플래시 메모리를 이용하여 데이터를 저장한다.

01 윗글에 대한 설명으로 가장 적절한 것은?

① 대상의 구조를 바탕으로 작동 원리를 설명하고 있다.
② 대상의 장점을 설명한 뒤 사용 방법을 알려 주고 있다.
③ 대상의 크기를 기준으로 자세한 기능을 설명하고 있다.
④ 대상의 구성 요소를 설명한 뒤 제작 원리를 알려 주고 있다.
⑤ 대상의 단점을 나열하고 새로운 방식의 필요성을 제기하고 있다.

02 윗글의 '플래시 메모리'에 대하여 추론한 내용으로 옳은 것은?

① D에 3V의 양의 전압을 가하면 플로팅 게이트의 전자가 사라진다.
② 터널 절연체 대신에 일반 절연체를 사용하면 데이터를 반복해서 지우고 쓸 수 없다.
③ 데이터 지우기 과정에서 자외선에 노출해야 데이터를 수정할 수 있다.
④ EEPROM과 비교되는 EPROM의 단점을 개선하여 셀 면적을 더 작게 만들었다.
⑤ 데이터를 유지하기 위해서는 전력을 계속 공급해 주어야 한다.

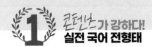

03 윗글과 〈보기〉에 따라 플래시 메모리의 데이터 〈1 0〉을 〈0 1〉로 수정하려고 할 때, 단계별로 전압이 가해질 위치가 옳은 것은?

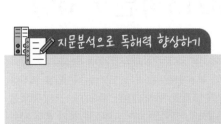 지문분석으로 독해력 향상하기

보기

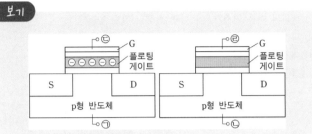

* 두 개의 셀이 하나의 블록을 이룬다.
* 그림은 데이터 〈1 0〉을 저장하고 있는 현재 상태이고, ㉠~㉣은 20V의 양의 전압이 가해지는 위치이다.

	1단계	2단계
①	㉠	㉣
②	㉢	㉡
③	㉠과 ㉡	㉣
④	㉡과 ㉢	㉣
⑤	㉢과 ㉣	㉡

다음 글을 읽고 물음에 답하시오.

하드 디스크는 고속으로 회전하는 디스크의 표면에 데이터를 저장한다. 데이터는 동심원으로 된 트랙에 저장되는데, 하드 디스크는 트랙을 여러 개의 섹터로 미리 구획하고, 트랙을 오가는 헤드를 통해 섹터 단위로 읽기와 쓰기를 수행한다. 하드 디스크에서 데이터 입출력 요청을 완료하는 데 걸리는 시간을 접근 시간이라고 하며, 이는 하드 디스크

섹터   디스크 헤드

트랙

의 성능을 결정하는 기준 중 하나가 된다. 접근 시간은 원하는 트랙까지 헤드가 이동하는 데 소요되는 탐색 시간과, 트랙 위에서 해당 섹터가 헤드의 위치까지 회전해 오는 데 걸리는 대기 시간의 합이다. 하드 디스크의 제어기는 '디스크 스케줄링'을 통해 접근 시간이 최소가 되도록 한다.

㉠ 200개의 트랙이 있고 가장 안쪽의 트랙이 0번인 하드 디스크를 생각해 보자. 현재 헤드가 54번 트랙에 있고 대기 큐*에는 '99, 35, 123, 15, 66' 트랙에 대한 처리 요청이 들어와 있다고 가정하자. 요청 순서대로 데이터를 처리하는 방법을 FCFS 스케줄링이라 하며, 이때 헤드는 '54→99→35→123→15→66'과 같은 순서로 이동하여 데이터를 처리하므로 헤드의 총 이동 거리는 356이 된다.

만일 헤드가 현재 위치로부터 이동 거리가 가장 가까운 트랙 순서로 이동하면 '54→66→35→15→99→123'의 순서가 되므로, 이때 헤드의 총 이동 거리는 171로 줄어든다. 이러한 방식을 SSTF 스케줄링이라 한다. 이 방법을 사용하면 FCFS 스케줄링에 비해 헤드의 이동 거리가 짧아 탐색 시간이 줄어든다. 하지만 현재 헤드 위치로부터 가까운 트랙에 대한 데이터 처리 요청이 계속 들어오면 먼 트랙에 대한 요청들의 처리가 계속 미뤄지는 문제가 발생할 수 있다.

이러한 SSTF 스케줄링의 단점을 개선한 방식이 SCAN 스케줄링이다. SCAN 스케줄링은 헤드가 디스크의 양 끝을 오가면서 이동 경로 위에 포함된 모든 대기 큐에 있는 트랙에 대한 요청을 처리하는 방식이다. 위의 예에서 헤드가 현재 위치에서 트랙 0번 방향으로 이동한다면 '54→35→15→0→66→99→123'의 순서로 처리되며, 이때 헤드의 총 이동 거리는 177이 된다. 이 방법을 쓰면 현재 헤드 위치에서 멀리 떨어진 트랙이라도 최소한 다음 이동 경로에는 포함되므로 처리가 지나치게 늦어지는 것을 막을 수 있다. SCAN 스케줄링을 개선한 LOOK 스케줄링은 현재 위치로부터 이동 방향에 따라 대기 큐에 있는 트랙의 최솟값과 최댓값 사이에서만 헤드가 이동함으로써 SCAN 스케줄링에서 불필요하게 양 끝까지 헤드가 이동하는 데 걸리는 시간을 없애 탐색 시간을 더욱 줄인다.

* 대기 큐 : 하드 디스크에 대한 데이터 입출력 처리 요청을 임시로 저장하는 곳.

01 윗글의 내용과 일치하지 않는 것은?

① 데이터에 따라 트랙당 섹터의 수가 결정된다.
② 헤드의 이동 거리가 늘어나면 탐색 시간도 늘어난다.
③ 디스크 스케줄링은 데이터들의 처리 순서를 결정한다.
④ 대기 시간은 하드 디스크의 회전 속도에 영향을 받는다.
⑤ 접근 시간은 하드 디스크의 성능을 평가하는 척도 중 하나이다.

02 〈보기〉는 주어진 조건에 따라 ㉠에서 헤드가 이동하는 경로를 나타낸 것이다. (가), (나)에 해당하는 스케줄링 방식으로 적절한 것은?

보기

조건 1. 대기 큐에 있는 요청 트랙 : 98, 183, 37, 122, 14
조건 2. 헤드는 50번 트랙의 작업을 마치고 현재 53번 트랙의 작업을 진행하는 중.

(가)

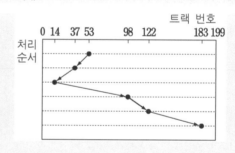

(나)

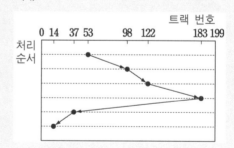

	(가)	(나)
①	FCFS	SSTF
②	SSTF	SCAN
③	SSTF	LOOK
④	SCAN	LOOK
⑤	LOOK	SCAN

03 헤드의 위치가 트랙 0번이고 현재 대기 큐에 있는 요청만을 처리한다고 할 때, 각 스케줄링의 탐색 시간의 합에 대한 비교로 옳은 것은?

① 요청된 트랙 번호들이 내림차순이면, SSTF 스케줄링과 LOOK 스케줄링에 서 탐색 시간의 합은 같다.

② 요청된 트랙 번호들이 내림차순이면, FCFS 스케줄링이 SSTF 스케줄링보다 탐색 시간의 합이 작다.

③ 요청된 트랙 번호들이 오름차순이면, FCFS 스케줄링과 LOOK 스케줄링에 서 탐색 시간의 합은 다르다.

④ 요청된 트랙 번호들이 오름차순이면, FCFS 스케줄링이 SCAN 스케줄링보 다 탐색 시간의 합이 크다.

⑤ 요청된 트랙 번호들에 끝 트랙이 포함되면, LOOK 스케줄링이 SCAN 스케 줄링보다 탐색 시간의 합이 크다.

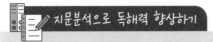
지문분석으로 독해력 향상하기

다음 글을 읽고 물음에 답하시오.

일상생활에서 흔히 사용하는 컴퓨터, 스마트폰 등에는 반도체 소자가 핵심 부품으로 사용되는데 반도체 소자는 수십에서 수백 나노미터 크기의 패턴으로 이루어져 있다. 반도체 소자의 크기는 패턴의 크기에 달려 있기 때문에 패턴의 크기를 줄여 반도체 소자의 집적도를 높이는 것이 반도체 생산 공정에서는 매우 중요하다. 반도체 소자의 집적도는 매년 꾸준하게 증가하였으며 여기에 가장 핵심적인 역할을 한 것이 바로 포토리소그래피이다.

포토리소그래피는 반도체 기판 위에 패턴을 형성하는 기술을 의미하는데 이는 판화를 만들어 내는 과정과 유사성이 있다. 원판으로부터 수없이 많은 판화를 종이 위에 찍어 낼 수 있듯이 포토리소그래피의 경우 마스크라는 하나의 원판을 제작한 후, 빛을 사용하여 같은 모양의 패턴을 기판 위에 반복 복사하여 패턴을 대량으로 만든다. 판화의 원판은 조각칼을 이용하여 만드는 데 비해, 포토리소그래피의 경우 마스크 패턴의 크기가 매우 작기 때문에 레이저를 이용하여 만든다.

포토리소그래피는 아래 그림과 같이 진행된다.

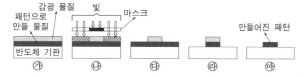

먼저 ㉮와 같이 패턴으로 만들 물질이 코팅된 반도체 기판 위에 감광 물질을 고르게 바른다. 감광 물질이란 빛을 받으면 화학적 성질이 변하는 물질을 말한다. 두 번째로, ㉯와 같이 마스크 위에서 빛을 쏘여 준다. 마스크에는 패턴이 새겨져 있는데, 빛은 마스크의 패턴을 제외한 부분만을 통과할 수 있다. 따라서 마스크의 패턴과 동일한 크기와 모양의 그림자가 감광 물질에 드리우게 되며, 이때 빛을 받은 부분의 감광 물질만 화학적 성질이 변하게 된다. 세 번째로, ㉯에서 빛을 받은 부분만을 현상액으로 제거하면 ㉰와 같이 된다. 이렇게 빛을 받은 부분만을 현상액으로 제거할 때 사용하는 감광 물질을 양성 감광 물질이라 한다. 이와 반대로 빛을 받지 않은 부분만을 현상액으로 제거할 수도 있는데 이때 쓰는 감광 물질을 음성 감광 물질이라고 한다. 네 번째로, ㉰에 남아 있는 감광 물질을 보호층으로 활용하여 감광 물질이 덮여 있지 않은 부분만을 제거하면 ㉱와 같은 모양이 된다. 마지막으로, 더 이상 필요 없는 감광 물질을 제거하면 반도체 기판에는 ㉲와 같이 마스크에 있던 것과 동일한 패턴이 만들어진다.

한편, 반도체 기판 위에 새길 수 있는 패턴의 크기는 빛의 파장이 짧을수록 작게 만들 수 있기 때문에, ㉠ 짧은 파장의 광원을 포토리소그래피에 이용하려는 노력과 짧은 파장의 광원에 반응하는 새로운 감광 물질을 개발하려는 연구가 진행되고 있다. 이와 더불어 더욱 정교하고 미세하게 마스크에 패턴을 만드는 기술의 개발 또한 진행되고 있다.

01 윗글에 대한 이해로 적절하지 <u>않은</u> 것은?

① 반도체 기판 위에 수백 나노미터 크기의 패턴을 만드는 것이 가능하다.
② 포토리소그래피에 쓰이는 마스크는 반복 사용이 가능하다.
③ 마스크에 패턴을 새겨 넣는 레이저는 판화의 조각칼과 유사한 역할을 한다.
④ 마스크에 새겨진 패턴의 크기는 기판 위에 만들어지는 패턴의 크기보다 작다.
⑤ 사용하는 빛의 파장에 따라 쓰이는 감광 물질이 달라진다.

02 〈보기〉의 모든 공정을 수행했을 때, 반도체 기판 위에 형성될 패턴으로 적절한 것은?

보기

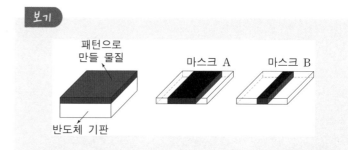

양성 감광 물질을 패턴으로 만들 물질 위에 바르고 마스크 A를 이용하여 포토리소그래피 공정을 수행하여 패턴을 얻은 후, 그 위에 **음성 감광 물질**을 바르고 마스크 B를 이용하여 포토리소그래피 공정을 수행하였다.

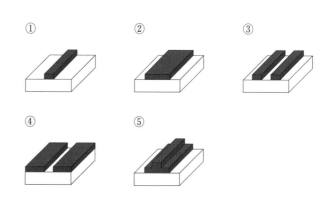

① ② ③ ④ ⑤

03 ⊙의 이유로 가장 적절한 것은?

① 감광 물질 없이 패턴을 형성하기 위해

② 반도체 소자의 집적도를 더욱 높이기 위해

③ 빛을 사용하지 않고 패턴을 복사하는 방법의 발명을 위해

④ 한 개의 마스크를 사용하여 다양한 반도체 소자를 생산하기 위해

⑤ 반도체 소자 생산을 위한 포토리소그래피 공정의 단계를 줄이기 위해

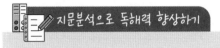
지문분석으로 독해력 향상하기

다음 글을 읽고 물음에 답하시오.

　　공자가 살았던 춘추 시대는 주나라 봉건제가 무너지고 제후국들이 주
도권을 놓고 치열하게 전쟁을 일삼던 시기였다. 이러한 사회적 혼란을 극
복하기 위한 방법으로 공자는 예(禮)를 제안하였다. 예란 인간의 도덕적
본성을 그 사회에 맞게 규범화한 것으로 단순히 신분적 차이를 드러내거
나 행동을 타율적으로 규제하는 억압 장치는 아니었다. 예는 개인의 윤리
규범이면서 사회와 국가의 질서를 바로잡는 제도였으며, 인간관계를 올바
르게 형성하는 사회적 장치였다.

　　공자는 예에 기반을 둔 정치는 정명(正名)에서 시작한다고 하며, 정명
을 실현할 주체로서 군자를 제시하였다. 정명이란 '이름을 바로잡는다'라
는 뜻으로, 다양한 사회적 관계 속에서 자신이 마땅히 해야 할 도리를 행
하는 것을 의미한다. 군주는 군주다운 덕성을 갖추고 그에 ⓐ 맞는 예를
실천해야 하며, 군주뿐만 아니라 신하, 부모 자식도 그러해야 한다. 만일
군주가 예에 의지하지 아니하고 법과 형벌에 ⓑ 기대어 정치를 한다면, 백
성들은 형벌을 면하기 위해 법을 지킬 뿐, 무엇이 옳고 그른지 스스로 판
단하려 하지 않는 문제가 생길 것이라고 공자는 보았다.

　　공자가 제시한 군자는 도덕적 인격을 완성하기 위해 애쓰는 사람이기
도 하면서 자신의 도덕적 수양을 통해 예를 실현하는 사람이다. 원래 군
자는 정치적 지배 계층을 ⓒ 가리키는 말로 일반 서민을 가리키는 소인과
대비되는 개념이었다. 공자는 이러한 개념을 확장하여 군자와 소인을 도
덕적으로도 구별하였다. 사리사욕에 ⓓ 사로잡혀 자신의 이익과 욕심을
채우는 데만 몰두하는 소인과 도덕적 수양을 최우선으로 삼는 군자를 도
덕적으로 차별화한 것이다. 군자는 이익을 따지기보다는 무엇이 옳고 그
른지를 먼저 판단해야 한다고 하였다.

　　공자는 군주는 군자다운 성품을 지녀야 한다고 함으로써 정치적 지도
자가 가져야 할 덕목으로 도덕적 수양과 실천을 강조하였다. 이는 공자가
당시 지배 계층에게 도덕적 본성을 요구했다는 점에서 큰 의미가 있다.
인간의 도덕적 본성에 근거한 정치를 시행해야 한다는 유학적 정치 이념
을 제시한 것이기 때문이다. 또한 공자는 소인도 군자가 될 수 있다고 강
조하여 사회 전반에 걸쳐 정명을 통한 예의 실천을 구현하고자 하였다.

　　공자는 군자가 되기 위해서는 항상 마음이 참되고 미더운 상태가 되도
록 자신의 내면을 잘 ⓔ 살피라고 하였다. 이렇게 도덕적 수양을 할 뿐만
아니라 옛 성현의 책을 읽고 육예(六藝)를 고루 익혀 다양한 학문적 소양
을 갖춰야 한다고 하였다. 이를 통해 어느 한 가지 특정 분야에서 뛰어나
기보다는 어떤 상황에서든 그에 맞는 제 역할을 다하는 사람이 되라고
독려하였다.

　　유학에서 말하는 이상적인 인간은 성인(聖人)이다. 공자도 자신을 성인
이라고 자처하지 않았다. 성인은 도덕적 수양이 더 이상 필요 없는, '인간
의 도덕적 본성'을 완성한 인격자를 가리키는데 언제 어디서건 인간의 도
리를 벗어나는 일을 하지 않는 완전한 존재로 보았다. 따라서 군자는 일
상생활에서의 도덕적 수양을 통해 성인의 경지에 도달할 것을 목표로 삼
아야 한다고 하였다. 공자는 정치적 지도자뿐만 아니라 일반 서민의 지속
적인 도덕적 수양을 통해 혼란스러운 당시의 세상을 이상적인 사회로 이
끌고자 하였다.

01 윗글의 내용과 일치하지 <u>않는</u> 것은?

① 공자가 살았던 시기는 제후국의 패권 경쟁이 심하던 시대였다.
② 공자는 군자의 개념을 확장하고 유학적 정치 이념을 제시하였다.
③ 공자는 예에 기반을 둔 정치를 실현할 주체로 군자를 제시하였다.
④ 공자는 다양한 학문적 소양을 군자가 갖추어야 할 요소로 보았다.
⑤ 공자는 도덕적 판단의 기준으로 법과 형벌의 중요성을 강조하였다.

02 윗글에 나타난 '예(禮)'에 대한 설명으로 적절하지 <u>않은</u> 것은?

① 인간관계를 올바르게 형성하는 사회적 장치이다.
② 당시 사회의 혼란을 극복할 방법으로 제안되었다.
③ 인간의 도덕적 본성을 사회적으로 규범화한 것이다.
④ 사회 구성원의 신분적 평등 관계를 추구하는 규범이다.
⑤ 모든 계층에게 도덕성을 요구하는 규범으로 강조되었다.

03 윗글의 내용에 부합하는 것을 〈보기〉에서 고른 것은?

보기

ㄱ. 소인이 군자가 되면 인간의 도리를 벗어나는 법이 없다.

ㄴ. 군자는 완전한 인격체로서 유학에서 목표로 삼는 대상이다.

ㄷ. 소인도 도덕적 수양을 하고 학문적 소양을 갖추면 군자가 될 수 있다.

ㄹ. 군자와 성인을 구별하는 기준으로는 도덕적 본성의 완성 여부를 들 수 있다.

① ㄱ, ㄴ 　　② ㄱ, ㄷ 　　③ ㄴ, ㄷ

④ ㄴ, ㄹ 　　⑤ ㄷ, ㄹ

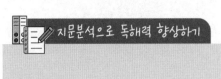
지문분석으로 독해력 향상하기

04 ⓐ~ⓔ를 한자어로 바꾼 것으로 적절하지 <u>않은</u> 것은?

① ⓐ : 합당(合當)한

② ⓑ : 의거(依據)하여

③ ⓒ : 지칭(指稱)하는

④ ⓓ : 매수(買收)되어

⑤ ⓔ : 성찰(省察)하라고

| 과외식 기출 분석서, 나기출 |

나 없이
기출
풀지마라

베이직

V

독서 Part 2

다음 글을 읽고 물음에 답하시오.

　　논증은 크게 연역과 귀납으로 나뉜다. 전제가 참이면 결론이 확실히 참인 연역 논증은 결론에서 지식이 확장되는 것처럼 보이지만, 실제로는 전제에 이미 포함된 결론을 다른 방식으로 확인하는 것일 뿐이다. 반면 귀납 논증은 전제들이 모두 참이라고 해도 결론이 확실히 참이 되는 것은 아니지만 우리의 지식을 확장해 준다는 장점이 있다. 여러 귀납 논증 중에서 가장 널리 ⓐ 쓰이는 것은 수많은 사례들을 관찰한 다음에 그것을 일반화하는 것이다. ㉠ 우리는 수많은 까마귀를 관찰한 후에 우리가 관찰하지 않은 까마귀까지 포함하는 '모든 까마귀는 검다.'라는 새로운 지식을 얻게 되는 것이다.

　　철학자들은 과학자들이 귀납을 이용하기 때문에 과학적 지식에 신뢰를 보낼 수 있다고 생각했다. 그러나 모든 귀납에는 논리적인 문제가 있다. 수많은 까마귀를 관찰한 사례에 근거해서 '모든 까마귀는 검다.'라는 지식을 정당화하는 것은 합리적으로 보이지만, 아무리 치밀하게 관찰하여도 아직 관찰되지 않은 까마귀 중에서 검지 않은 까마귀가 ⓑ 있을 수 있기 때문이다.

　　포퍼는 귀납의 논리적 문제는 도저히 해결할 수 없지만, 귀납이 아닌 연역만으로 과학을 할 수 있는 방법이 있으므로 과학적 지식은 정당화될 수 있다고 주장한다. 어떤 지식이 반증 사례 때문에 거짓이 된다고 추론하는 것은 순전히 연역적인데, 과학은 이 반증에 의해 발전하기 때문이다. 다음 논증을 보자.

　　(ㄱ) 모든 까마귀가 검다면 어떤 까마귀는 검어야 한다.
　　(ㄴ) 어떤 까마귀는 검지 않다.
　　_____
　　(ㄷ) 따라서 모든 까마귀가 다 검은 것은 아니다.

　　'모든 까마귀는 검다.'라는 지식은 귀납에 의해서 참임을 ⓒ 보여 줄 수는 없지만, 이 논증에서처럼 전제 (ㄴ)이 참임이 밝혀진다면 확실히 거짓임을 보여 줄 수 있다. 그러나 아직 (ㄴ)이 참임이 밝혀지지 않았다면 그 지식을 거짓이라고 말할 수 없다.

　　포퍼에 따르면, 지금 우리가 받아들이는 과학적 지식들은 이런 반증의 시도로부터 잘 ⓓ 견뎌 온 것들이다. 참신하고 대담한 가설을 제시하고 그것이 거짓이라는 증거를 제시하려는 노력을 진행해서, 실제로 반증이 되면 실패한 과학적 지식이 되지만 수많은 반증의 시도로부터 끝까지 살아남으면 성공적인 과학적 지식이 되는 것이다. 그런데 포퍼는 반증 가능성이 ⓔ 없는 지식, 곧 아무리 반증을 해 보려 해도 경험적인 반증이 아예 불가능한 지식은 과학적 지식이 될 수 없다고 비판한다. 가령 '관찰할 수 없고 찾아낼 수 없는 힘이 항상 존재한다.'처럼 경험적으로 반박할 수 있는 사례를 생각할 수 없는 주장이 그것이다.

01 윗글을 통해 알 수 있는 것은?

① 연역 논증은 결론에서 지식의 확장이 일어난다.
② 귀납 논증은 전제가 참이면 결론은 항상 참이다.
③ 치밀하게 관찰한 후 도출된 귀납의 결론은 확실히 참이다.
④ 과학적 지식은 새로운 지식이라는 점에서 연역의 결과이다.
⑤ 전제에 없는 새로운 지식이 귀납의 논리적인 문제를 낳는다.

02 윗글로 미루어 볼 때, 포퍼의 견해를 표현한 것으로 가장 적절한 것은?

① 충분한 관찰에 근거한 지식은 반증 없이 정당화할 수 있음을 인정하라.
② 과감하게 가설을 세우고 그것이 거짓임을 증명하려고 시도하라.
③ 실패한 지식이 곧 성공적인 지식임을 명심하라.
④ 수많은 반증의 시도에 일일이 대응하지 말라.
⑤ 과학적 지식을 귀납 논증으로 정당화하라.

03 윗글의 (ㄱ)~(ㄷ)과 〈보기〉에 대한 설명으로 적절하지 않은 것은?

보기

㉠은 다음과 같은 논증으로 표현할 수 있다.

　　┌ 내가 오늘 관찰한 까마귀는 모두 검다.
　　│ 내가 어제 관찰한 까마귀는 모두 검다.
(가)│ 내가 그저께 관찰한 까마귀는 모두 검다.
　　└ 　　　　　　　⋮
　　_____
(나)　따라서 모든 까마귀는 검다.

① (가)가 확실히 참이어도 검지 않은 까마귀가 내일 관찰된다면 (나)는 거짓이 된다.
② (ㄴ)과 (가)가 참임을 밝히는 작업은 모두 경험적이다.
③ '모든 까마귀는 검다.'는 (ㄴ)만으로 거짓임이 밝혀지지만 (가)만으로는 참임을 밝힐 수 없다.
④ (ㄱ), (ㄴ)에서 (ㄷ)이 도출되는 것이나 (가)에서 (나)가 도출되는 것은 모두 지식이 확장되는 것이다.
⑤ 포퍼에 따르면 ㉠의 '모든 까마귀가 검다.'가 과학적 지식임은 (가)~(나)의 논증이 아니라 (ㄱ)~(ㄷ)의 논증을 통해 증명된다.

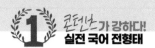
04 문맥상 ⓐ~ⓔ를 바꿔 쓰기에 적절하지 <u>않은</u> 것은?

① ⓐ : 사용(使用)되는

② ⓑ : 실재(實在)할

③ ⓒ : 입증(立證)할

④ ⓓ : 인내(忍耐)해

⑤ ⓔ : 전무(全無)한

다음 글을 읽고 물음에 답하시오.

기원전 5세기, 헤로도토스는 페르시아 전쟁에 대한 책을 쓰면서 『역사(Historiai)』라는 제목을 붙였다. 이 제목의 어원이 되는 'histor'는 원래 '목격자', '증인'이라는 뜻의 법정 용어였다. 이처럼 어원상 '역사'는 본래 '목격자의 증언'을 뜻했지만, 헤로도토스의 『역사』가 나타난 이후 '진실의 탐구' 혹은 '탐구한 결과의 이야기'라는 의미로 바뀌었다.

헤로도토스 이전에는 사실과 허구가 뒤섞인 신화와 전설, 혹은 종교를 통해 과거에 대한 지식이 전수되었다. 특히 고대 그리스인들이 주로 과거에 대한 지식의 원천으로 삼은 것은 『일리아스』였다. 『일리아스』는 기원전 9세기의 시인 호메로스가 오래전부터 구전되어 온 트로이 전쟁에 대해 읊은 서사시이다. 이 서사시에서는 전쟁을 통해 신들, 특히 제우스 신의 뜻이 이루어진다고 보았다. 헤로도토스는 바로 이런 신화적 세계관에 입각한 서사시와 구별되는 새로운 이야기 양식을 만들어 내고자 했다. 즉, 헤로도토스는 가까운 과거에 일어난 사건의 중요성을 인식하고, 이를 직접 확인·탐구하여 인과적 형식으로 서술함으로써 역사라는 새로운 분야를 개척한 것이다.

『역사』가 등장한 이후, 사람들은 역사 서술의 효용성이 과거를 통해 미래를 예측하게 하여 후세인(後世人)에게 교훈을 주는 데 있다고 인식하게 되었다. 이러한 인식에는 한 번 일어났던 일이 마치 계절처럼 되풀이하여 다시 나타난다는 순환 사관이 바탕에 깔려 있다. 그리하여 오랫동안 역사는 사람을 올바르고 지혜롭게 가르치는 '삶의 학교'로 인식되었다. 이렇게 교훈을 주기 위해서는 과거에 대한 서술이 정확하고 객관적이어야 했다.

물론 모든 역사가들이 정확성과 객관성을 역사 서술의 우선적 원칙으로 앞세운 것은 아니다. 오히려 헬레니즘과 로마 시대의 역사가들 중 상당수는 수사학적인 표현으로 독자의 마음을 움직이는 것을 목표로 하는 역사 서술에 몰두하였고, 이런 경향은 중세 시대에도 어느 정도 지속되었다. 이들은 이야기를 감동적이고 설득력 있게 쓰는 것이 사실을 객관적으로 기록하는 것보다 더 중요하다고 보았다. 이런 점에서 그들은 역사를 수사학의 테두리 안에 집어넣은 셈이 된다.

하지만 이 시기에도 역사의 본령은 과거의 중요한 사건을 가감 없이 전달하는 데 있다고 보는 역사가들이 여전히 존재하여, 그들에 대해 날카로운 비판을 가하기도 했다. 더욱이 15세기 이후부터는 수사학적 역사 서술이 역사 서술의 장에서 퇴출되고, ㉠ 과거를 정확히 탐구하려는 의식과 과거 사실에 대한 객관적 서술 태도가 역사의 척도로 다시금 중시되었다.

01 윗글의 내용과 일치하지 않는 것은?

① 오늘날에 이르기까지 역사는 수사학의 범위 안에서 점차 발전되어 왔다.
② 헤로도토스는 『역사』에서 페르시아 전쟁의 원인과 결과를 서술하였다.
③ 역사의 어원이 되는 'histor'라는 단어는 재판 과정에서 증인을 지칭할 때 쓰였다.
④ 사람들이 역사를 '삶의 학교'라고 인식한 것은 역사에서 교훈을 얻고자 기대했기 때문이다.
⑤ 『역사』의 등장 이후, 사람들은 역사 서술의 효용성을 과거를 통해 미래를 예측하는 데에서 찾았다.

02 윗글을 바탕으로 〈보기〉에 대해 반응한 내용으로 적절하지 않은 것은?

보기

(가) 필라르코스는 자신이 쓴 역사서에서 독자들의 동정심을 일으키고 주의를 끌 만한 장면들을 세세히 묘사하고 있다. 역사가는 그런 과장된 묘사로 독자를 감동시키려고 애쓰면 안 된다. 또 비극 작가들처럼 등장인물들이 했을 법한 말을 상상하여 서술해서도 안 된다.

- 폴리비오스, 『세계사』 -

(나) 역사가는 무엇보다 거울 같은 마음을 지녀야 한다. 거울은 맑고 밝게 빛나며 왜곡이나 채색함이 없이 사물의 형상을 있는 그대로 보여 준다. 역사가가 말하는 것, 즉 사실은 스스로 말한다. 그것은 이미 일어난 일인 까닭이다.

- 루키아노스, 『역사에 대하여』 -

(다) 과거사에 대해, 그리고 인간의 본성에 따라 언젠가는 비슷한 형태로 다시 나타날 미래의 일에 대해 명확한 진실을 알고자 하는 사람이라면 내 책을 유용하게 여길 것이다.

- 투키디데스, 『펠로폰네소스 전쟁사』 -

① (가)의 '필라르코스'는 수사학적 역사 서술을 했다고 보아야겠군.
② (나)는 역사가의 덕목인 정확성과 객관성을 '거울'로 표상하고 있군.
③ (다)의 투키디데스는 순환 사관에 입각하여 자신의 저작의 효용성을 내세우고 있군.
④ (가), (나)는 모두 과거사를 가감 없이 전달하는 것을 중요시하고 있군.
⑤ (가), (다)는 모두 역사 서술에서 교훈성보다 설득력을 중시하고 있군.

03 ㉠의 입장에서 호메로스의 『일리아스』를 비판한 내용으로 적절하지 <u>않은</u> 것은?

① 직접 확인하지 않고 구전에만 의거해 서술했으므로 내용이 정확하지 않을 수 있다.

② 신화와 전설 등의 정보를 후대에 전달하면서 객관적 서술 태도를 배제하지 못했다.

③ 트로이 전쟁의 중요성은 인식하였으나 실제 사실을 확인하는 데까지는 이르지 못했다.

④ 신화적 세계관에 따른 서술로 인해 과거에 대해 정확한 정보를 추출해 내기 어렵다.

⑤ 과거의 지식을 습득하는 수단으로 사용되기도 했지만 과거를 정확히 탐구하려는 의식은 찾을 수 없다.

지문분석으로 독해력 향상하기

다음 글을 읽고 물음에 답하시오.

우리나라의 남해안 일대에서는 중생대 백악기에 살았던 공룡의 발자국 화석이 1만 개 이상 발견되었다. 이 화석들은 당시 한반도에 서식했던 공룡들의 특성을 밝히는 실마리를 제공한다. 공룡 발자국 연구에서는 발자국의 형태를 관찰하고, 발자국의 길이와 폭, 보폭 거리 등을 측정한다. 이렇게 수집한 정보를 분석하여 공룡의 종류, 크기, 보행 상태 등을 알아낸다.

우선 공룡 발자국의 형태로부터 공룡의 종류를 알아낸다. 남해안 일대에서 발견된 공룡 발자국은 초식 공룡인 용각류와 조각류, 육식 공룡인 수각류의 것으로 대별된다. 용각류의 발자국은 타원형이나 원형에 가까우며 앞발이 뒷발보다 작고 그 모양도 조금 다르다. 이들은 대체로 4족 보행렬을 나타낸다. 조각류의 발자국은 세 개의 뭉툭한 발가락이 앞으로 향해 있고 발뒤꿈치는 완만한 곡선을 이룬다. 이들은 대개 규칙적인 2족 보행렬을 보인다. 수각류의 발자국은 날카로운 발톱이 달린 세 개의 발가락과 좁고 뾰족한 발뒤꿈치를 보인다. 조각류처럼 2족 보행렬을 나타내지만 발자국의 길이가 발자국의 폭보다 더 길다는 점이 조각류와 다르다.

다음으로 공룡 발자국의 길이로부터 공룡의 크기를 추정할 수 있다. '발자국의 길이(FL)'에 4를 곱해 '지면으로부터 골반까지의 높이(h)'를 구하여[h=4FL], 그 크기를 짐작할 수 있다. 4족 보행 공룡의 경우에는 일반적으로 뒷발자국의 길이를 기준으로 한다. 단, h와 FL의 비율은 공룡의 성장 단계나 종류에 따라 약간씩 다르게 적용된다.

또한 '보폭 거리(SL)'는 보행 상태를 추정하는 기준으로 사용된다. 여기서 SL은 공룡의 크기에 따라 달라지기 때문에 SL을 h로 나눈 '상대적 보폭 거리[SL/h]'를 사용한다. 학자들은 SL/h의 값이 2.0 미만이면 보통 걸음, 2.0 이상 2.9 이하이면 빠른 걸음이었을 것으로, 2.9를 초과하면 달렸을 것으로 추정하고 있다.

남해안 일대에서는 공룡 발자국 외에도 공룡의 뼈나 이빨, 다른 동식물의 화석 등도 발견된다. 공룡 발자국과 함께 발견되는 물결 자국이나 건열* 등의 퇴적 구조를 분석하여 발자국이 만들어진 당시의 기후나 환경을 짐작할 수 있다.

* 건열 : 건조한 대기로 인해 땅 표면이 말라서 갈라진 것.

01 윗글의 표제와 부제로 가장 적절한 것은?

① 공룡 발자국 화석 연구와 그 의미
 - 한반도의 공룡 발자국 화석을 중심으로
② 공룡 화석과 중생대 백악기의 기후 환경
 - 공룡의 분포와 서식지 특성을 중심으로
③ 한반도 공룡 발자국 화석의 세계
 - 공룡과 환경의 연관성을 중심으로
④ 한반도 서식 공룡의 다양성
 - 용각류, 조각류, 수각류의 공존을 중심으로
⑤ 공룡 화석 연구의 가치
 - 공룡 골격 화석의 학술적 활용 방안을 중심으로

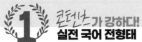
※ 〈보기〉는 중생대 백악기 지층의 공룡 발자국 화석을 조사한 결과이다. 윗글과 〈보기〉를 바탕으로 2번과 3번의 두 물음에 답하시오.

보기

[조사 결과]

ㄱ. 발자국 길이 - A : 평균 25 cm, D : 평균 25 cm

ㄴ. 뒷발자국 길이 - B : 평균 30 cm, C : 평균 36 cm

ㄷ. 보폭 거리 - A : 평균 230 cm, D : 평균 150 cm

ㄹ. 발자국 모양 - A와 D 모두 발톱 자국이 보이며, 발자국의 길이가 폭보다 긺.

ㅁ. 동일한 지층에서 공룡 발자국, 건열, 새의 발자국이 발견됨.

02 윗글을 읽고 〈보기〉로부터 추론한 내용으로 적절하지 <u>않은</u> 것은?

① A와 C를 남긴 공룡은 모두 초식 공룡이었을 것이다.

② 이 지층은 건조한 환경에 노출된 적이 있었을 것이다.

③ 중생대 백악기에는 공룡과 새가 함께 서식했을 것이다.

④ B를 남긴 공룡은 C를 남긴 공룡보다 'h'가 작았을 것이다.

⑤ B를 남긴 공룡은 4족 보행, D를 남긴 공룡은 2족 보행을 했을 것이다.

03 '상대적 보폭 거리'를 이용하여 A와 D로부터 공룡의 보행 상태를 바르게 추정한 것은?

	A	D
①	보통 걸음	보통 걸음
②	빠른 걸음	보통 걸음
③	빠른 걸음	빠른 걸음
④	달림	보통 걸음
⑤	달림	빠른 걸음

지문분석으로 독해력 향상하기

다음 글을 읽고 물음에 답하시오.

심해저의 다양한 퇴적물 중에서 생물의 골격과 그 파편 등에 의해 생성된 것을 생물기원퇴적물이라 한다. 심해저의 가장 흔한 생물기원퇴적물은 ㉠ 연니(軟泥, ooze)이다. 이는 주로 죽은 부유생물의 껍질, 골격 등과 바람이나 유수에 의해 육지로부터 멀리 운반된 점토류가 섞여 형성된다. 심해저에서 연니를 형성하지 않는 점토류는 1,000년에 걸쳐 2mm 정도가 퇴적되는데 비해, 연니는 1,000년 동안 약 1~6cm가 퇴적된다. 연니는 표층수에 사는 부유생물의 양이 많을수록, 해저에서 형성된 후의 용해 속도가 느릴수록 많이 퇴적된다.

코콜리스나 유공충과 같이 탄산염으로 구성된 석회질의 생물체 잔해가 적어도 30% 이상 포함된 퇴적물을 '석회질연니'라고 하고, 규소를 함유한 규질 성분으로 이루어진 생물체의 잔해를 30% 이상 포함한 퇴적물을 '규질연니'라 부른다.

석회질연니는 비교적 따뜻하고 얕은 곳에 분포한다. 왜냐하면 차가운 해수는 탄산염을 용해시키는 이산화탄소를 더 많이 포함하므로, 탄산염보상수심*보다 깊은 곳에서는 탄산염 성분으로 구성된 생물체의 골격이나 잔해가 녹아 없어지기 때문이다. 심해저 표면의 약 48%를 덮고 있는 석회질연니는 대서양 중앙 부분과 동태평양 등에 집중적으로 분포하고 있다.

한편, 심해저 표면의 약 14% 정도를 차지하는 규질연니는 탄산염이 녹는 수심보다 깊은 곳에서도 발견된다. 특히 용승 현상으로 영양분이 풍부한 물이 표층으로 올라오는 곳에 규질연니가 많이 분포하는데, 이는 용승이 일어나는 곳에 규질연니를 구성하는 부유생물이 많이 서식하기 때문이다. 예를 들어 용승이 일어나고 차가운 해류가 흐르는 남극 부근에서는 용승 현상으로 규조류가 많이 서식하므로 심해저에서 규질연니가 가장 흔하게 나타난다. 또한 태평양의 적도 부근에 길게 분포하는 용승 지역에 규질연니가 많이 형성된 것도 규질 생명체 중 하나인 방산충이 많이 서식하기 때문이다.

연니의 형성과 분포, 그리고 구성물의 내용 등을 과학적으로 분석하면, 퇴적물이 쌓일 당시의 고해양 환경, 생물의 서식 분포 등 다양한 정보를 얻을 수 있다. 즉, 연니는 과거의 해양 환경을 연구하는 데 열쇠 구실을 한다.

---

* 탄산염보상수심 : 탄산염의 공급량과 용해량이 같아지는 수심. 평균적으로 약 4,500m 임.

01 ㉠과 관련된 내용으로 적절하지 <u>않은</u> 것은?

① 연니는 죽은 생물체의 잔해와 점토류가 섞여 생성된다.
② 유공충의 잔해가 40% 포함된 퇴적물은 석회질연니이다.
③ 표층수에 서식하는 생물체의 양과 연니의 양은 비례한다.
④ 규질연니는 탄산염보상수심보다 깊은 곳에서도 발견된다.
⑤ 연니의 퇴적 속도는 심해저 점토류의 퇴적 속도보다 느리다.

02 윗글에 제시된 내용만을 〈보기〉에서 있는 대로 고른 것은?

보기

ㄱ. 연니의 생성 시기
ㄴ. 연니의 유형
ㄷ. 연니의 지리적 분포
ㄹ. 연니의 시추 방법
ㅁ. 연니 연구의 효용성

① ㄱ, ㄴ　　　　② ㄴ, ㄷ　　　　③ ㄱ, ㄷ, ㄹ
④ ㄴ, ㄷ, ㅁ　　　⑤ ㄷ, ㄹ, ㅁ

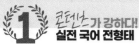
03 윗글과 〈보기〉를 참고하여 다음 지도에서 시추 지점을 바르게 추정한 것은?

보기

조사 항목 \ 시추 지점	(가) 지점	(나) 지점	(다) 지점
수 심	약 5,000m	약 2,500m	
표층 수온 (상대적 비교)	낮 음		높 음
기타 사항	해수의 수직 운동이 활발함	탄산염 성분의 퇴적물로 구성됨	표층수에 방산충이 많이 분포함

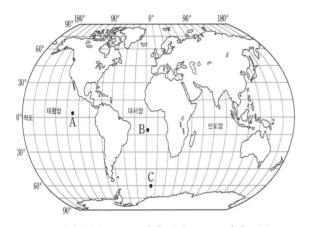

	(가) 지점	(나) 지점	(다) 지점
①	A	B	C
②	A	C	B
③	B	A	C
④	C	A	B
⑤	C	B	A

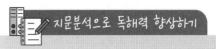

다음 글을 읽고 물음에 답하시오.

　　상온에서 대기압 상태에 있는 1리터의 공기 안에는 수없이 많은 질소, 산소 분자들을 비롯하여 다양한 기체 분자들이 있다. 이들 중 어떤 산소 분자 하나는 짧은 시간에도 다른 분자들과 매우 많은 충돌을 하며, 충돌을 할 때마다 이 분자의 운동 방향과 속력이 변할 수 있기 때문에, 어떤 분자 하나의 정확한 운동 궤적을 아는 것은 불가능하다. 우리는 다만 어떤 구간의 속력을 가진 분자 수 비율이 얼마나 되는지를 의미하는 분자들의 속력 분포를 알 수 있을 뿐이다.

　　위에서 언급한 상태에 있는 산소처럼 분자들 사이의 평균 거리가 충분히 먼 경우에, 우리는 분자들 사이의 인력을 무시할 수 있고 분자의 운동 에너지만 고려하면 된다. 이 경우에 분자들이 충돌을 하게 되면 각 분자의 운동 에너지는 변할 수 있지만, 분자들이 에너지를 서로 주고받기 때문에 기체 전체의 운동 에너지는 변하지 않게 된다.

　　기체 분자들의 속력 분포는 맥스웰의 이론으로 계산할 수 있는데, 가로축을 속력, 세로축을 분자 수 비율로 할 때 종(鐘) 모양의 그래프로 그려진다. 이 속력 분포가 의미하는 것은 기체 분자들이 0에서 무한대까지 모든 속력을 가질 수 있지만 꼭짓점 부근에 해당하는 속력을 가진 분자들의 수가 가장 많다는 것이다. 기체 분자들의 속력은 온도와 기체 분자의 질량에 의해서 결정된다. 다른 조건은 그대로 두고 온도만 올리면 기체의 평균 운동 에너지가 증가하므로, 그래프의 꼭짓점이 속력이 빠른 쪽으로 이동한다. 이와 동시에 그래프의 모양이 납작해지고 넓어지는데, 이는 전체 분자 수가 변하지 않았기 때문에 그래프 아래의 면적이 같아야만 하기 때문이다. 전체 분자 수와 온도는 같은데 분자의 질량이 큰 경우에는, 평균 속력이 느려져서 분포 그래프의 꼭짓점이 속력이 느린 쪽으로 이동하며, 분자 수는 같기 때문에 그래프의 모양이 뾰족해지고 좁아진다.

　　그림은 맥스웰 속력 분포를 알아보기 위해서 ㉠ 밀러와 쿠슈가 사용했던 실험 장치를 나타낸 것이다. 가열기와 검출기 사이에 두 개의 회전 원판이 놓여 있다. 각각의 원판에는 가는 틈이 있고 두 원판은 서로 연결되어 있다. 두 원판은 일정한 속력으로 회전하면서 특정한 속력 구간을 가진 분자들을 선택적으로 통과시킬 수 있다.

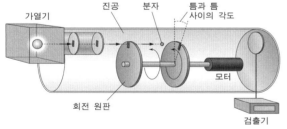

　　가열기에서 나와 첫 번째 회전 원판의 가는 틈으로 입사한 기체 분자들 중 조건을 만족하는 분자들만 두 번째 회전 원판의 가는 틈을 지나 검출기에 도달할 수 있다. 첫 번째 원판의 틈을 통과하는 분자들의 속력은 다양하지만, 회전 원판의 회전 속력에 의해 결정되는 특정한 속력 구간을 가진 분자들만 두 번째 원판의 틈을 통과한다. 특정한 속력 구간보다 더 빠른 분자들은 두 번째 틈이 꼭대기에 오기 전에 원판과 부딪치며, 느린 분자들은 지나간 후에 부딪친다. 만일 첫 번째와 두 번째 틈 사이의 각도를 더 크게 만들면, 같은 회전 속력에서도 더 속력이 느린 분자들이 검출될 것이다. 이 각도를 고정하고 회전 원판의 회전 속력을 바꾸면, 새로운 조건에 대응되는 다른 속력을 가진 분자들을 검출할 수 있다. 이 실험 장치를 이용하여 어떤 온도에서 특정한 기체의 속력 분포를 알아보았더니, 그 결과는 맥스웰의 이론에 부합하였다.

01 윗글의 내용과 일치하지 <u>않는</u> 것은?

① 분자들의 충돌은 개별 분자의 속력을 변화시킬 수 있다.
② 대기 중 산소 분자 하나의 운동 궤적을 정확히 구할 수 없다.
③ 분자들 사이의 평균 거리가 충분히 멀다면 인력을 무시할 수 있다.
④ 분자의 충돌에 의해 기체 전체의 운동 에너지가 증가한다.
⑤ 대기 중에서 개별 기체 분자의 속력은 다양한 값을 가진다.

02 〈보기〉의 A, B, C는 맥스웰 속력 분포를 나타내는 그래프이다. 윗글에 비추어 볼 때, 기체와 그래프를 바르게 연결한 것은?

보기

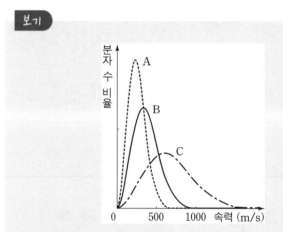

· 아르곤 분자는 크립톤 분자보다 가볍다.
· 아르곤의 온도는 각각 25℃, 727℃, 크립톤의 온도는 25℃이다.
· 각 기체의 분자 수는 모두 같다.

	아르곤(25℃)	아르곤(727℃)	크립톤(25℃)
①	A	B	C
②	A	C	B
③	B	C	A
④	B	A	C
⑤	C	B	A

03 ㉠과 연관된 설명으로 적절하지 <u>않은</u> 것은?

① 맥스웰 속력 분포 이론을 실험으로 증명하기 위해 고안되었다.

② 첫 번째 회전 원판에 입사된 기체 분자들 중 일부가 검출기에 도달한다.

③ 첫 번째 회전 원판의 틈을 통과하는 분자들은 다양한 값의 속력을 가진다.

④ 원판의 회전 속력은 같고 틈과 틈 사이의 각도가 커지면 더 빠른 분자들이 검출된다.

⑤ 틈과 틈 사이의 각도를 고정하고 원판의 회전 속력을 느리게 하면 더 느린 분자들이 두 번째 회전 원판의 틈을 통과한다.

지문분석으로 독해력 향상하기

다음 글을 읽고 물음에 답하시오.

전국 시대(戰國時代)의 사상계가 양주(楊朱)와 묵적(墨翟)의 사상에 ⓐ 경도되어 유학의 영향력이 약화되고 있다고 판단한 맹자(孟子)는 유학의 수호자를 자임하면서 공자(孔子)의 사상을 계승하는 한편, 다른 학파의 사상적 도전에 맞서 유학 사상의 이론화 작업을 전개하였다. 그는 공자의 춘추 시대(春秋時代)에 비해 사회 혼란이 ⓑ 가중되는 시대적 환경 속에서 사회 안정을 위해 특히 '의(義)'의 중요성을 강조하였다.

맹자가 강조한 '의'는 공자가 제시한 '의'에 대한 견해를 강화한 것이었다. 공자는 사회 혼란을 치유하는 방법을 '인(仁)'의 실천에서 찾고, '인'의 실현에 필요한 객관 규범으로서 '의'를 제시하였다. 공자가 '인'을 강조한 이유는 자연스러운 도덕 감정인 '인'을 사회 전체로 확산했을 때 비로소 사회가 안정될 것이라고 보았기 때문이다. 이때 공자는 '의'를 '인'의 실천에 필요한 합리적 기준으로서 '정당함'을 의미한다고 보았다.

맹자는 공자와 마찬가지로 혈연관계에서 자연스럽게 드러나는 도덕 감정인 '인'의 확산이 필요함을 강조하면서도, '의'의 의미를 확장하여 '의'를 '인'과 대등한 지위로 격상하였다. 그는 부모에게 효도하는 것은 '인'이고, 형을 공경하는 것은 '의'라고 하여 '의'를 가족 성원 간에도 지켜야 할 규범이라고 규정하였다. 그리고 나의 형을 공경하는 것에서 시작하여 남의 어른을 공경하는 것으로 나아가는 유비적 확장을 통해 '의'를 사회 일반의 행위 규범으로 정립하였다. 나아가 그는 '의'를 개인의 완성 및 개인과 사회의 조화를 위해 필수적인 행위 규범으로 설정하였고, 사회 구성원으로서 개인은 '의'를 실천하여 사회 질서 수립과 안정에 기여해야 한다고 주장하였다.

또한 맹자는 '의'가 이익의 추구와 구분되어야 한다고 주장하였다. 이러한 입장에서 그는 사적인 욕망으로부터 비롯된 이익의 추구는 개인적으로는 '의'의 실천을 가로막고, 사회적으로는 혼란을 야기한다고 보았다. 특히 작은 이익이건 천하의 큰 이익이건 '의'에 앞서 이익을 내세우면 천하는 필연적으로 상하 질서의 문란이 초래될 것이라고 역설하였다. 그래서 그는 사회 안정을 위해 사적인 욕망과 ⓒ 결부된 이익의 추구는 '의'에서 ⓓ 배제되어야 한다고 주장하였다.

맹자는 '의'의 실현을 위해 인간에게 도덕적 행위를 할 수 있는 근거와 능력이 있음을 밝히는 데에도 관심을 기울였다. 그는 인간이라면 누구나 도덕 행위를 할 수 있는 선한 마음이 선천적으로 내면에 갖추어져 있다는 일종의 ㉠ 도덕 내재주의를 주장하였다. 그는, 인간은 자기의 행동이 옳지 못함을 부끄러워하고 남이 착하지 못함을 미워하는 마음을 본래 가지고 있는데, 이러한 마음이 의롭지 못한 행위를 하지 않도록 막아 주는 동기로 작용한다고 보았다. 아울러 그는 어떤 것이 옳고 그른 것인지 판단할 수 있는 능력도 모든 인간의 마음에 갖춰져 있다고 하여 '의'를 실천할 수 있는 도덕적 역량이 내재화되어 있음을 제시하였다.

맹자는 '의'의 실천을 위한 근거와 능력이 인간에게 갖추어져 있음을 제시한 바탕 위에서, 이 도덕적 마음을 현실에서 실천하는 노력이 필요하다고 ⓔ 역설하였다. 그는 본래 갖추고 있는 선한 마음의 확충과 더불어 욕망의 절제가 필요하다고 보았으며, 특히 생활에서 마주하는 사소한 일에서도 '의'를 실천해야 함을 강조하였다. 나아가 그는 목숨과 '의'를 함께 얻을 수 없다면 "목숨을 버리고 의를 취한다."라고 주장하여 '의'를 목숨을 버리더라도 실천해야 할 가치로 부각하였다.

01 윗글에 대한 설명으로 가장 적절한 것은?

① 맹자의 '의' 사상에 대한 사회적 통념을 비판하고 있다.
② 맹자의 '의' 사상이 가지는 한계에 대해 분석하고 있다.
③ 맹자의 '의' 사상에 대한 상반된 관점들을 비교하고 있다.
④ 맹자의 '의' 사상이 가지는 현대적 의의를 재조명하고 있다.
⑤ 맹자의 '의' 사상의 형성 배경과 내용에 대해 설명하고 있다.

02 윗글의 '맹자'에 대한 이해로 적절하지 않은 것은?

① 일상생활에서 '의'를 실천하는 것이 중요하다고 보았다.
② '의'의 실천은 목숨을 바칠 만큼 가치가 있다고 보았다.
③ 가정 내에서 '인'과 더불어 '의'도 실천해야 한다고 보았다.
④ '의'의 의미 확장보다는 '인'의 확산이 더 필요하다고 보았다.
⑤ 사회 규범으로서 '의'는 '인'과 대등한 지위를 지닌다고 보았다.

03 ㉠에 해당하는 것으로 가장 적절한 것은?

① 세상의 올바른 이치가 모두 나의 마음속에 갖추어져 있으니, 수양을 통해 이것을 깨달으면 이보다 큰 즐거움은 없다.
② 바른 도리를 행하려면 분별이 있어야 하니, 분별에는 직분이 중요하고, 직분에는 사회에서 통용되는 예의가 중요하다.
③ 인간이 지켜야 할 도덕은 지혜와 덕이 매우 뛰어난 성인들이 만든 것이지 인간의 성품으로부터 생겨난 것이 아니다.
④ 군자에게 용기만 있고 의로움이 없으면 어지러움을 일으키게 되고, 소인에게 용기만 있고 의로움이 없으면 남의 것을 훔치게 된다.
⑤ 저 사람이 어른이기 때문에 내가 그를 어른으로 대우하는 것이지, 나에게 어른으로 대우하고자 하는 마음이 원래부터 있어서 그런 것이 아니다.

04 윗글의 '맹자'와 〈보기〉의 '묵적'을 이해한 내용으로 적절하지 <u>않은</u> 것은?

보기

'묵적'은 인간이 이기적인 존재이기 때문에 자기 자신과 자기 집단만의 이익을 추구하여 개인 간의 갈등과 사회의 혼란이 생긴다고 보았다. 그는 '의'를 개인과 사회 전체의 이익을 충족하는 것으로 보아, '의'를 통해 이러한 개인과 사회의 혼란을 해결할 수 있다고 하였다. 모든 사람을 차별 없이 똑같이 서로 사랑하면 '의'가 실현되어 사회의 혼란이 해소될 것이라고 본 것이다. 아울러 그는 이러한 '의'의 실현이 만물을 주재하는 하늘의 뜻이라고 하여 '의'를 실천해야 할 당위성을 강조하였다.

① '맹자'와 '묵적'은 모두 '의'라는 개념을 사용하지만, 그 의미를 다르게 보았다.
② '맹자'는 '의'와 이익이 밀접하게 관련된다고 보았고, '묵적'은 '의'와 이익을 명확히 구분되는 것으로 보았다.
③ '맹자'는 이익의 추구를 사회 혼란의 원인이라고 보았고, '묵적'은 이익의 충족을 통해 사회 혼란을 해결할 수 있다고 보았다.
④ '맹자'는 인간의 잘못에 대한 수치심을 '의'를 실천하게 하는 동기로 보았고, '묵적'은 '의'의 실천을 하늘의 뜻에 따르는 것으로 보았다.
⑤ '맹자'는 '의'의 실천이 개인과 사회의 조화를 위해 필요하다고 보았고, '묵적'은 '의'의 실천이 개인과 사회의 이익을 충족하는 데 필요하다고 보았다.

05 ⓐ~ⓔ의 사전적 의미로 적절하지 <u>않은</u> 것은?

① ⓐ : 잘못 보거나 잘못 생각함.
② ⓑ : 책임이나 부담 등을 더 무겁게 함.
③ ⓒ : 일정한 사물이나 현상을 서로 연관시킴.
④ ⓓ : 받아들이지 아니하고 물리쳐 제외함.
⑤ ⓔ : 자기의 뜻을 힘주어 말함.

다음 글을 읽고 물음에 답하시오.

　　전통적 공리주의는 세 가지 요소에 기초하여 성립하는 대표적 윤리 이론이다. 첫째, 공리주의는 행동의 윤리적 가치가 행동의 결과에 의존한다는 결과주의이다. 행동은 전적으로 예상되는 결과에 의해서 선하거나 악한 것으로 판단된다. 둘째, 행동의 결과를 평가할 때의 유일한 기준은 바로 행동의 결과가 산출할, 계산 가능한 '행복의 양'이다. 이에 ⓐ 따르면 불행과 대비하여 행복의 양을 많이 산출할수록 선한 행동이 되며, 가장 선한 행동은 최대 다수의 최대 행복을 산출하는 것이다. 셋째, 행동을 하기 전 발생할 행복의 양을 계산할 때 개개인의 행복을 모두 동일하게 중요한 것으로 간주하므로 어느 누구의 행복도 다른 누구의 행복보다 더 중요하지는 않다. 그래서 두 사람의 행복을 비교할 때 오로지 그 둘에게 산출될 행복의 양들만을 고려한다. 이는 공리주의가 전형적인 공평주의라는 사실을 보여 준다.

　　이러한 공리주의에 대하여 <u>반공리주의자</u>가 제기하는 가장 심각한 문제는 공리주의가 때때로 정의의 개념을 배제하는 결과를 초래한다는 것이다. 그는 위의 세 요소들을 실천하는 공리주의자인 민우가 집단 A와 집단 B 간의 갈등이 심각하게 진행되고 있는 나라를 방문했다고 가정한다. 민우는 집단 A의 한 사람이 집단 B의 한 사람을 심하게 폭행하는 장면을 우연히 목격하게 되었다. 민우가 만약 진실을 증언하면 두 집단의 갈등을 더 악화시켜 유혈 사태를 야기할 수 있지만, 집단 B의 무고한 한 사람을 지목하여 거짓 증언을 하면 집단 간의 충돌을 막을 수 있다. 증언하지 않을 때 생기는 불확실성은 더 위험하다. ㉠ 이 상황에서 전통적 공리주의자인 민우는 어떤 행동을 할 것인가?

[A]
　　이와 같은 정의 배제 상황에 대한 공리주의자들의 몇 가지 대응 중 가장 주목할 만한 하나는 공리주의 또한 정의의 개념을 포함할 수 있다는 것이다. 이것은 진실을 증언하는 사회와 그렇지 않은 사회를 먼저 가정하고 과연 어느 사회가 결과적으로 더 많은 행복을 산출하는 사회인가를 검토하는 것이다. 장기적인 관점에서 전자의 사회가 더 많은 행복을 산출하기 때문에 좋은 사회라는 결론이 도출된다. 그래서 행복을 더 많이 산출하는 진실을 증언함으로써 정의를 바로 세우는 규칙을 만들고 그에 따라 행동하도록 개인의 행동을 제약한다. 이와 같은 대응을 하는 공리주의자들을 규칙 공리주의자라고 한다.

01 〈보기〉의 '갑'의 행동을 전통적 공리주의의 관점에서 선하다고 평가할 때, 그 이유로 적절하지 <u>않은</u> 것은?

보기

　　'갑'은 몸살로 집에 누워 있는 친구를 간호하러 가던 중, 교통사고로 심각하게 다친 운전자를 목격했다. '갑'은 도와야 한다는 생각에 그를 급히 응급실로 옮겨서 다행히도 목숨을 구할 수 있었다. 그러나 '갑'은 친구를 간호할 수는 없었다.

① '갑'은 전체의 행복의 양을 증가시키는 쪽으로 행동했군.
② '갑'은 다친 사람을 도우면 자신만이 행복해진다고 판단했겠군.
③ '갑'은 친한 사람이라고 해서 그 사람의 행복이 더 가치 있다고 판단하지 않았겠군.
④ '갑'은 몸살 환자보다 다친 사람을 돕는 것이 더 많은 행복을 산출한다고 판단했겠군.
⑤ '갑'은 자신의 행동이 결과적으로 선할 것이라는 판단에 따라 누구를 도울지를 결정했겠군.

02 ㉠에 대해 <u>반공리주의자</u>가 예상하는 답으로 가장 적절한 것은?

① 피해자를 적극적으로 설득하여 가해자를 용서하도록 할 것이다.
② 증언의 결과가 미칠 파장을 우려하여 묵비권을 행사할 것이다.
③ B 집단의 무고한 한 사람을 범인으로 지목할 것이다.
④ 가해자와 피해자를 적극적으로 화해시킬 것이다.
⑤ 가해자에 관한 진실을 증언할 것이다.

03 [A]의 규칙 공리주의자와 〈보기〉의 의무론자에 대한 설명으로 가장 적절한 것은?

보기

의무론자는 어떤 경우에도 항상 거짓말을 하지 않아야 한다고 주장한다. 거짓말을 하지 않아야 하는 이유는 거짓말을 하지 않을 때 좋은 결과가 산출되어서가 아니라, 거짓말을 하지 않는 것이 조건 없이 따라야 하는 절대적인 규칙이기 때문이다.

① 규칙 공리주의자는 규칙을 무조건적으로 따라야 한다고 했어.
② 의무론자는 예상되는 결과에 따라 진실을 말해야 한다고 했어.
③ 의무론자와 규칙 공리주의자는 모두 결과의 중요성을 강조했어.
④ 의무론자는 규칙의 절대성을, 규칙 공리주의자는 정의의 배제를 강조했어.
⑤ 의무론자는 결과와 무관하게, 규칙 공리주의자는 결과에 의존하여 정의를 강조했어.

지문분석으로 독해력 향상하기

04 밑줄 친 부분이 ⓐ와 가장 가까운 뜻으로 쓰인 것은?

① 어머니 말씀을 <u>따르면</u> 항상 좋은 일이 생긴다.
② 누구라도 나를 잘 <u>따르면</u> 귀여워할 수밖에 없다.
③ 누구나 남들이 하는 대로 <u>따르면</u> 비슷한 결과가 나온다.
④ 네가 어머니의 음식 솜씨를 <u>따르면</u> 좋은 요리사가 될 거냐.
⑤ 이러한 원칙에 <u>따르면</u> 그 사람에게는 상을 주는 것이 맞다.

다음 글을 읽고 물음에 답하시오.

거센 바람이 불고 화재가 잇따르자 정(鄭)나라의 재상 자산(子産)에게 측근 인사가 하늘에 제사를 지내라고 요청했지만, 자산은 "천도(天道)는 멀고, 인도(人道)는 가깝다."라며 거절했다. 그가 보기에 인간에게 일어나는 일은 더 이상 하늘의 뜻이 아니었고, 자연 변화 또한 인간의 ㉠ 화복(禍福)과는 거리가 멀었다. 인간이 자연 변화를 파악하면 얼마든지 재난을 대비할 수 있고, 인간사는 인간 스스로 해결할 문제라 생각한 것이다. 이러한 생각에 기초하여 그는 인간의 문제 해결 범위를 확대했고, 정나라의 현실 문제를 극복하고자 하였다.

그가 살았던 정나라는 요충지에 위치한 작은 나라였기 때문에 춘추 초기부터 제후국의 쟁탈 대상이었고, 실제로 다른 나라의 침략을 받기도 하였다. 춘추 중기에는 귀족 간의 정치 투쟁이 벌어져 자산이 ㉡ 집정(執政)하기 직전까지도 정변이 이어졌다. 따라서 귀족 정치의 위기를 수습하고 부국강병을 통해 강대한 제후국의 지배를 받지 않는 것이 정나라와 자산에게 부여된 과제였다. 그래서 그는 집권과 동시에 귀족에게 집중됐던 정치적, 경제적 특권을 약화시키는 데 초점을 맞춰 개혁을 추진하였다.

그는 귀족이 독점하던 토지를 백성들도 소유할 수 있게 하였고, 이것을 문서화하여 세금을 부과하였다. 이에 따라 백성은 ㉢ 개간(開墾)을 통해 경작지를 늘려 생산을 증대하였고, 국가는 경작지를 계량하고 등록함으로써 민부(民富)를 국부(國富)로 연결시켰다. 아울러 그는 중간 계급도 정치 득실을 논할 수 있도록 하여 귀족들의 정치 기반을 약화시키는 한편, 중국 역사상 처음으로 형법을 성문화하여 정(鼎)*에 새김으로써 모든 백성이 법을 알고 법에 따라 처신하게 하는 법치의 체계를 세웠다. 성문법 도입은 귀족의 임의적인 법 제정과 집행을 막아 그들의 지배력을 약화시키는 조치였으므로 당시 귀족들은 이 개혁 조치에 반발하였다.

귀족의 반대를 무릅쓰고 단행한 자산의 개혁 조치에 따라 정나라는 부국강병을 이루었다. 그리고 법을 알려면 글을 알아야 하기 때문에, 성문법 도입은 백성들도 교육을 받을 수 있는 계기가 되는 등 그의 개혁 조치는 이전보다 상대적으로 백성의 ㉣ 위상(位相)을 높였다. 하지만 그의 개혁은 힘에만 의존하여 다스리는 역치(力治)의 가능성이 ㉤ 농후(濃厚)하였고, 결국 국가의 엄한 형벌과 과중한 세금 수취로 이어지는 폐단을 낳기도 했다.

* 정 : 발이 셋이고 귀가 둘 달린 솥.

01 윗글에서 언급하지 <u>않은</u> 것은?

① 자산이 추진한 개혁의 사상적 기초
② 자산이 추진한 개혁의 시대적 배경
③ 자산이 단행한 개혁 조치의 내용
④ 자산이 단행한 개혁 조치의 영향
⑤ 자산이 단행한 개혁에 대한 계승

02 윗글에서 자산의 개혁에 대한 당시 사람들의 반응으로 보기 <u>어려운</u> 것은?

① 백성 : 이전보다 일관성 있는 법 적용을 받겠군.
② 백성 : 법을 알기 위해 우리도 글을 배워야겠군.
③ 백성 : 주인 없는 땅을 개간하면 내 재산이 될 수 있겠군.
④ 귀족 : 백성도 토지를 소유하니 우리 입지가 약화되겠군.
⑤ 귀족 : 중간 계급의 정치력 강화에 맞서 법치 전통을 세워야겠군.

03 〈보기〉의 입장에서 윗글의 자산을 평가한 것으로 가장 적절한 것은?

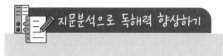

보기

노자(老子)는, 만물의 생성과 변화는 자연스럽고 무의지적이지만, 스스로의 작용에 의해 극대화된다고 보았다. 인간도 이러한 자연의 원리에 따라 삶을 영위해야 한다고 보아 통치자의 무위(無爲)를 강조하였다. 또한 사회의 도덕, 법률, 제도 등은 모두 인간의 삶을 인위적으로 규정하는 허위라 파악하고, 그것의 해체를 주장하였다.

① 인간의 문제를 스스로 해결하겠다는 시도는 결국 현실 사회를 허위로 가득 차게 할 것이다.
② 자연이 인간의 화복을 주관하지 않는다는 생각은 자연의 의지에 반하는 것이다.
③ 현실주의적 개혁은 궁극적으로 백성들에게 안정과 혜택을 줄 것이다.
④ 사회 제도에 의거하는 정치 개혁은 사회 발전을 극대화할 것이다.
⑤ 사회 규범의 법제화는 자발적인 도덕의 실현으로 이어질 것이다.

04 ㉠~㉤의 사전적 뜻풀이로 바르지 <u>않은</u> 것은?

① ㉠ : 재앙과 복을 아우르는 말.
② ㉡ : 군주가 직접 통치할 수 없을 때에 군주를 대신하여 나라를 다스림.
③ ㉢ : 거친 땅이나 버려진 땅을 일구어 논밭이나 쓸모 있는 땅으로 만듦.
④ ㉣ : 어떤 대상이 다른 대상과의 관계 속에서 가지는 위치나 상태.
⑤ ㉤ : 어떤 경향이나 기색 따위가 뚜렷함.

풀이시간   분   초
정답과 해설   p.148

다음 글을 읽고 물음에 답하시오.

동물은 다양한 방식으로 중요한 장소의 위치를 기억하고 이를 활용하여 자신의 은신처까지 길을 찾아올 수 있다. 동물의 길찾기 방법에는 '장소기억', '재정위', '경로적분' 등이 있다. '장소기억'은 장소의 몇몇 표지만을 영상 정보로 기억해 두었다가 그 영상과의 일치 여부를 확인하며 길을 찾는 방법이다. 기억된 영상은 어떤 각도에서 바라보는지에 따라 달라지기에, 이 방법을 활용하는 꿀벌은 특정 장소를 특정 각도에서 본 영상으로 기억해 두었다가 다시 그곳으로 갈 때는 자신이 보는 영상과 기억된 영상이 일치하도록 비행한다. 장소기억은 곤충과 포유류를 비롯한 많은 동물이 길찾기에 활용한다.

'재정위'는 방향 기억이 헝클어진 상황에서도 장소의 기하학적 특징을 활용하여 방향을 다시 찾는 방법이다. 예를 들어, 직사각형 방에 갇힌 배고픈 흰쥐에게 특정 장소에만 먹이를 두고 찾게 하면, 긴 벽이 오른쪽에 있었는지와 같은 공간적 정보만을 활용하여 먹이를 찾는다. 이런 정보는 흰쥐의 방향 감각을 혼란시킨 상황에서도 보존되는데, 흰쥐는 재정위 과정에서 장소기억 관련 정보를 무시한다. 하지만 최근 연구에 따르면, 원숭이는 재정위 과정에서 벽 색깔과 같은 장소기억 정보도 함께 활용한다는 점이 밝혀졌다.

'경로적분'은 곤충과 새의 가장 기본적인 길찾기 방법으로 이를 활용하는 능력은 타고나는 것으로 알려졌다. 예를 들어 먹이를 찾아 길을 나선 ㉠ 사하라 사막의 사막개미는 집 근처를 이리저리 탐색하다가 일단 먹이를 찾으면 집을 향해 거의 일직선으로 돌아온다. 사막개미는 장소기억 능력이 있지만 눈에 띄는 지형지물이 거의 없는 사막에서는 장소기억을 사용할 수 없기 때문에 경로적분을 활용한다. 사막개미의 이러한 놀라운 집

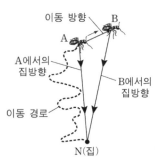

이동 방향
A
B
A에서의 집방향
B에서의 집방향
이동 경로
N(집)

찾기는 집을 출발하여 먹이를 찾아 이동하면서 자신의 위치에서 집 방향을 계속하여 다시 계산함으로써 가능하다. 가령, 그림에서 이동 경로를 따라 A에 도달한 사막개미가 먹이를 찾았다면 그때 파악한 집 방향 $\overrightarrow{AN}$ 으로 집을 향해 갈 것이다. 만약 A에서 먹이를 찾지 못해 B로 한 걸음 이동했다고 가정하자. 이때 사막개미는 A에서 B로의 이동 방향과 거리에 근거하여 새로운 집 방향 $\overrightarrow{BN}$ 을 계산한다. 사막개미는 먹이를 찾을 때까지 이러한 과정을 반복하여 매 위치에서의 집 방향을 파악한다.

한편, 이동 경로상의 매 지점에서 사막개미가 방향을 결정하기 위해서는 기준이 있어야 한다. 이 기준을 정하기 위해 사막개미는 태양의 위치와 산란된 햇빛을 함께 이용한다. 태양의 위치는 태양이 높이 떠 있거나 구름에 가려 보이지 않을 때는 유용하지 않다. 이때 결정적 도움을 주는 것이 산란된 햇빛 정보이다. 사막개미는 마치 하늘을 망원경으로 관찰하는 천문학자처럼 하늘을 끊임없이 관찰하고 있는 셈이다.

01 윗글에 대한 이해로 가장 적절한 것은?

① 곤충은 길찾기 과정에서 경로적분을 사용하지 않는다.
② 새는 길찾기 과정에서 장소기억을 기본적으로 사용한다.
③ 흰쥐는 재정위 과정에서 산란된 햇빛 정보를 활용한다.
④ 원숭이는 재정위 과정에서 기하학적 정보도 활용한다.
⑤ 꿀벌은 특정 장소를 여러 각도에서 바라본 영상을 기억하여 길을 찾는다.

02 윗글을 바탕으로 할 때, ㉠의 길찾기에 대한 추론으로 가장 적절한 것은?

① 사막개미는 암흑 속에서도 집 방향을 계산할 수 있겠군.
② 사막개미의 경로적분 능력은 학습을 통해 얻어진 것이겠군.
③ 지형지물이 많은 곳에서 사막개미는 장소기억을 활용하겠군.
④ 사막개미가 먹이를 찾은 후 집으로 되돌아갈 때는 왔던 경로를 따라 가겠군.
⑤ 사막개미는 한 걸음씩 이동하면서 그때마다 집까지의 직선 거리를 다시 계산하겠군.

03 윗글을 바탕으로 할 때, 〈보기〉의 상황에서 병아리가 보일 행동에 대한 추론
으로 가장 적절한 것은?

보기

병아리가 재정위 과정에서 기하학적 특징만을 활용한다고 가정하자.
아래 그림의 직사각형 모양의 상자에서 먹이는 A에만 있다. 병아리가
A, B, C, D를 모두 탐색하여 먹이가 어디에 있는지 학습하게 한 후, 상자
에서 꺼내 방향을 혼란시킨 다음 병아리를 상자 중앙에 놓고 먹이를 찾도
록 한다. 이와 같은 실험을 여러 번 수행하여 병아리가 A, B, C, D를
탐색하는 빈도를 측정한다.

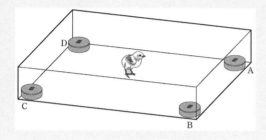

① A를 높은 빈도로 탐색하고 B, C, D를 비슷한 정도의 낮은 빈도로 탐색한다.
② A, B를 비슷한 정도의 높은 빈도로 탐색하고 C, D를 비슷한 정도의 낮은
   빈도로 탐색한다.
③ A, C를 비슷한 정도의 높은 빈도로 탐색하고 B, D를 비슷한 정도의 낮은
   빈도로 탐색한다.
④ A, D를 비슷한 정도의 높은 빈도로 탐색하고 B, C를 비슷한 정도의 낮은
   빈도로 탐색한다.
⑤ A, B, C, D를 비슷한 정도의 빈도로 탐색한다.

다음 글을 읽고 물음에 답하시오.

　　회전 운동을 하는 물체는 외부로부터 돌림힘이 작용하지 않는다면 일정한 빠르기로 회전 운동을 유지하는데, 이를 각운동량 보존 법칙이라 한다. 각운동량은 질량이 m인 작은 알갱이가 회전축으로부터 r만큼 떨어져 속도 v로 운동하고 있을 때 mvr로 표현된다. 그런데 회전하는 물체에 회전 방향으로 힘이 가해지거나 마찰 또는 공기 저항이 작용하게 되면, 회전하는 물체의 각운동량이 변화하여 회전 속도는 빨라지거나 느려지게 된다. 이렇게 회전하는 물체의 각운동량을 변화시키는 힘을 돌림힘이라고 한다.

　　그러면 팽이와 같은 물체의 각운동량은 어떻게 표현할까? 아주 작은 균일한 알갱이들로 팽이가 이루어졌다고 볼 때, 이 알갱이 하나하나를 질량 요소라고 한다. 이 질량 요소 각각의 각운동량의 총합이 팽이 전체의 각운동량에 해당한다. 회전 운동에서 물체의 각운동량은 (각속도)×(회전 관성)으로 나타낸다. 여기에서 각속도는 회전 운동에서 물체가 단위 시간당 회전하는 각이다. 질량이 직선 운동에서 물체의 속도를 변화시키기 어려운 정도를 나타내듯이, 회전 관성은 회전 운동에서 각속도를 변화시키기 어려운 정도를 나타낸다. 즉, 회전체의 회전 관성이 클수록 그것의 회전 속도를 변화시키기 어렵다.

　　회전체의 회전 관성은 회전체를 구성하는 질량 요소들의 회전 관성의 합과 같은데, 질량 요소들의 회전 관성은 질량 요소가 회전축에서 떨어져 있는 거리가 멀수록 커진다. 그러므로 질량이 같은 두 팽이가 있을 때 홀쭉하고 키가 큰 팽이보다 넓적하고 키가 작은 팽이가 회전 관성이 크다.

　　각운동량 보존의 원리는 스포츠에서도 쉽게 확인할 수 있다. 피겨 선수에게 공중 회전수는 중요한데 이를 확보하기 위해서는 공중회전을 하는 동안 각속도를 크게 해야 한다. 이를 위해 피겨 선수가 공중에서 팔을 몸에 바짝 붙인 상태로 회전하는 것을 볼 수 있다. 피겨 선수의 회전 관성은 몸을 이루는 질량 요소들의 회전 관성의 합과 같다. 따라서 팔을 몸에 붙이면 팔을 구성하는 질량 요소들이 회전축에 가까워져서 팔을 폈을 때보다 몸 전체의 회전 관성이 줄어들게 된다. 점프 이후에 공중에서 각운동량은 보존되기 때문에 팔을 붙였을 때가 폈을 때보다 각속도가 커지는 것이다. 반대로 착지 직전에는 각속도를 줄여 착지 실수를 없애야 하기 때문에 양팔을 한껏 펼쳐 회전 관성을 크게 만드는 것이 유리하다.

01 윗글로 미루어 알 수 있는 내용으로 적절한 것은?

① 정지되어 있는 물체는 회전 관성이 클수록 회전시키기 쉽다.
② 회전하는 팽이는 외부에서 가해지는 돌림힘의 작용 없이 회전을 멈출 수 있다.
③ 지면과의 마찰은 회전하는 팽이의 회전 관성을 작게 만들어 팽이의 각운동량을 줄어들게 한다.
④ 크기와 질량이 동일한, 속이 빈 쇠공과 속이 찬 플라스틱 공이 자전할 때 회전 관성은 쇠공이 더 크다.
⑤ 회전하는 하나의 시곗바늘 위의 두 점 중 회전축에 가까이 있는 점이 멀리 있는 점보다 각속도가 작다.

02 윗글을 바탕으로 〈보기〉를 이해한 내용으로 적절한 것은?

보기

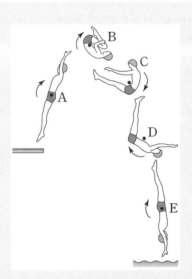

　　다이빙 선수가 발판에서 점프하여 공중회전하며 A~E 단계를 거쳐 1.5바퀴 회전하여 입수하고 있다. 여기에서 검은 점은 회전 운동의 회전축을 나타내며 회전 운동은 화살표 방향으로만 진행된다. 단, 다이빙 선수가 공중에 머무는 동안은 외부에서 돌림힘이 작용하지 않는다고 간주한다.

① A보다 B에서 다이빙 선수의 각운동량이 더 크겠군.
② B보다 D에서 다이빙 선수의 질량 요소들의 합은 더 작겠군.
③ A~E의 다섯 단계 중 B 단계에서 다이빙 선수는 가장 작은 각속도를 갖겠군.
④ C에서 E로 진행함에 따라 다이빙 선수의 팔과 다리가 펼쳐지면서 회전 관성이 작아지겠군.
⑤ B 단계부터 같은 자세로 회전 운동을 계속하여 입수한다면 다이빙 선수는 1.5바퀴보다 더 많이 회전하겠군.

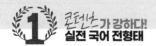
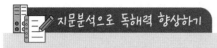

다음 글을 읽고 물음에 답하시오.

　　19세기 중반 화학자 분젠은 불꽃 반응에서 나타나는 물질 고유의 불꽃색에 대한 연구를 진행하고 있었다. 그는 버너 불꽃의 색을 제거한 개선된 버너를 고안함으로써 물질의 불꽃색을 더 잘 구별할 수 있도록 하였다. 하지만 두 종류 이상의 금속이 섞인 물질의 불꽃은 색깔이 겹쳐서 분간이 어려웠다. 이에 물리학자 ㉠ 키르히호프는 프리즘을 통한 분석을 제안했고 둘은 협력하여 불꽃의 색을 분리시키는 분광 분석법을 창안했다. 이것은 과학사에 길이 남을 업적으로 이어졌다.

　　그들은 불꽃 반응에서 나오는 빛을 프리즘에 통과시켜 띠 모양으로 분산시킨 후 망원경을 통해 이를 들여다보는 방식으로 실험을 진행하였다. 빛이 띠 모양으로 분산되는 것은 빛의 파장이 짧을수록 굴절하는 각이 커지기 때문이다. 이 방법을 통해 그들은 알칼리 금속과 알칼리 토금속의 스펙트럼을 체계적으로 조사하여 그것들을 함유한 화합물들을 찾아내었다. 이 과정에서 그들은 특정한 금속의 스펙트럼에서 띄엄띄엄 떨어진 밝은 선의 위치는 그 금속이 홑원소로 존재하든 다른 원소와 결합하여 존재하든 불꽃의 온도에 상관없이 항상 같다는 결론에 도달하였다. 이로써 화학 반응을 이용하는 전통적인 분석 화학의 방법에 의존하지 않고도 정확하게 화합물의 원소를 판별해 내는 분광 분석법이 탄생하였다. 이 방법의 유효성은 그들이 새로운 금속 원소인 세슘과 루비듐을 발견함으로써 입증되었다.

　　1859년 키르히호프는 이 방법을 천문학 분야로까지 확장하였다. 그는 불꽃 반응 실험에서 관찰한 나트륨 스펙트럼의 두 개의 인접한 밝은 선과 1810년대 프라운호퍼가 프리즘을 이용하여 태양빛의 스펙트럼에서 발견한 검은 선들을 비교하는 과정에서, 태양빛의 스펙트럼에 검은 선이 나타나는 원인을 설명할 수 있었다. 그는 태양빛의 스펙트럼의 검은 선들 중에서 프라운호퍼의 D선이 나트륨 고유의 밝은 선들과 같은 파장에서 겹쳐지는 것을 확인하고, D선은 태양에서 비교적 차가운 부분인 태양 대기 중에 존재하는 나트륨 때문에 생긴다고 해석했다. 이것은 태양 대기 중의 나트륨이 태양의 더 뜨거운 부분에서 나오는 빛 가운데 D선에 해당하는 파장의 빛들을 흡수하기 때문이다. 태양빛의 스펙트럼을 보면 D선 이외에도 차가운 태양 대기 중의 특정 원소에 의해 흡수된 빛의 파장 위치에 검은 선들이 나타난다. 이 검은 선들은 그 특정 원소가 불꽃 반응에서 나타내는 스펙트럼 상의 밝은 선들과 나타나는 위치가 동일하다.

　　이후 이러한 원리의 적용을 통해 철과 헬륨 같은 다른 원소들도 태양 대기 중에 존재함이 밝혀졌으며 다른 항성을 연구하는 데도 같은 원리가 적용되었다. 이를 두고 동료 과학자들은 물리학, 화학, 천문학에 모두 적용될 수 있는 분광 분석법이 천체 대기의 화학적 조성을 밝혀냄으로써 우주의 통일성을 드러내었고 우주의 모든 곳에 존재하는 자연의 원리를 인식하게 하는 데 공헌했다고 평가했다.

01 윗글을 바탕으로 할 때, ㉠의 업적으로 볼 수 있는 것은?

① 화학 반응을 이용하는 분석 화학 방법을 확립하였다.
② 태양빛의 스펙트럼에 검은 선이 존재함을 알아내었다.
③ 물질을 불꽃에 넣으면 독특한 불꽃색이 나타나는 것을 발견하였다.
④ 프리즘을 이용하여 태양빛의 스펙트럼을 얻는 방법을 창안하였다.
⑤ 천체에 가지 않고도 그 대기에 존재하는 원소에 관한 정보를 얻을 수 있는 길을 열었다.

02 윗글을 이해한 내용으로 가장 적절한 것은?

① 루비듐의 존재는 분광 분석법이 출현하기 전에 확인되었다.
② 빛을 프리즘을 통해 분산시키면 빛의 파장이 길수록 굴절하는 각이 커진다.
③ 금속 원소 스펙트럼의 밝은 선의 위치는 불꽃의 온도를 높여도 변하지 않는다.
④ 철이 태양 대기에 존재한다는 사실은 나트륨이 태양 대기에 존재한다는 사실보다 먼저 밝혀졌다.
⑤ 분젠은 두 종류 이상의 금속이 섞인 물질에서 나오는 각각의 불꽃색이 겹치는 현상을 막아 주는 버너를 고안하였다.

03 윗글을 바탕으로 〈보기〉를 해석한 내용으로 적절하지 <u>않은</u> 것은?

보기

　　우리 은하의 어떤 항성 α와 β의 별빛 스펙트럼을 살펴보니 많은 검은 선들을 볼 수 있었다. 이것들을 나트륨, 리튬의 스펙트럼의 밝은 선들과 비교했을 때, 나트륨 스펙트럼의 밝은 선들은 각각의 파장에서 항성 β의 검은 선들과 겹쳐졌으나, 항성 α의 검은 선들과는 겹쳐지지 않았다. 리튬 스펙트럼의 밝은 선들은 각각의 파장에서 항성 α의 검은 선들과 겹쳐졌으나 항성 β의 검은 선들과는 겹쳐지지 않았다.

① 항성 α는 태양이 아니겠군.
② 항성 α의 별빛 스펙트럼에는 리튬이 빛을 흡수해서 생긴 검은 선들이 있겠군.
③ 항성 β에는 리튬이 존재하지 않겠군.
④ 항성 β의 별빛 스펙트럼에는 D선과 일치하는 검은 선들이 없겠군.
⑤ 항성 β의 별빛 스펙트럼에는 특정한 파장의 빛이 흡수되어 생긴 검은 선들이 있겠군.

지문분석으로 독해력 향상하기

다음 글을 읽고 물음에 답하시오.

사회 이론은 사회 구조나 사회적 상호 작용을 연구하는 이론들을 통칭한다. 사회 이론은 과학적 방법을 적용하면서도 연구 대상뿐 아니라 이론 자체가 사회 상황이나 역사적 조건에 긴밀히 연관된다는 특징을 지닌다. 19세기의 시민 사회론을 이야기할 때 그 시대를 함께 살펴보게 되는 것도 바로 이와 같은 이유 때문이다.

시민 사회라는 용어는 17세기에 등장했지만, 19세기 초에 이를 국가와 구분하여 개념적으로 정교화한 인물이 헤겔이다. 그가 활동하던 시기에 유럽의 후진국인 프로이센에는 절대주의 시대의 잔재가 아직 남아 있었다. 산업 자본주의도 미성숙했던 때여서, 산업화를 추진하고 자본가들을 육성하며 심각한 빈부 격차나 계급 갈등 등의 사회 문제를 해결해야 하는 시대적 과제가 있었다. 그는 사익의 극대화가 국부(國富)를 증대해 준다는 점에서 공리주의를 긍정했으나, 그것이 시민 사회 내에서 개인들의 무한한 사익 추구가 일으키는 빈부 격차나 계급 갈등을 해결할 수는 없다고 보았다. 그는 시민 사회가 개인들이 사적 욕구를 추구하며 살아가는 생활 영역이자 그 욕구를 사회적 의존 관계 속에서 추구하게 하는 공동체적 윤리성의 영역이어야 한다고 생각했다. 특히 시민 사회 내에서 사익 조정과 공익 실현에 기여하는 ㉠ 직업 단체와 복지 및 치안 문제를 해결하는 복지 행정 조직의 역할을 설정하면서, 이 두 기구가 시민 사회를 이상적인 국가로 이끌 연결 고리가 될 것으로 기대했다. 하지만 빈곤과 계급 갈등은 시민 사회 내에서 근원적으로 해결될 수 없는 것이었다. 따라서 그는 국가를 사회 문제를 해결하고 공적 질서를 확립할 최종 주체로 설정하면서 시민 사회가 국가에 협력해야 한다고 생각했다.

한편 1789년 프랑스 혁명 이후 프랑스 사회는 혁명을 이끌었던 계몽주의자들의 기대와는 다른 모습을 보이고 있었다. 사회는 사익을 추구하는 파편화된 개인들의 각축장이 되어 있었고 빈부 격차와 계급 갈등은 격화된 상태였다. 이러한 혼란을 극복하기 위해 노동자 단체와 고용주 단체 모두를 불법으로 규정한 르 샤플리에 법이 1791년부터 약 90년간 시행되었으나, 이 법은 분출되는 사익의 추구를 억제하지도 못하면서 오히려 프랑스 시민 사회를 극도로 위축시켰다. 뒤르켐은 이러한 상황을 아노미, 곧 무규범 상태로 파악하고 최대 다수의 최대 행복을 표방하는 공리주의가 사실은 개인의 이기심을 전제로 하고 있기에 아노미를 조장할 뿐이라고 생각했다. 그는 사익을 조정하고 공익과 공동체적 연대를 실현할 도덕적 개인주의의 규범에 주목하면서, 이를 수행할 주체로서 ㉡ 직업 단체의 역할을 강조하였다. 국가의 역할을 강조한 헤겔의 영향을 받았음에도 불구하고, 뒤르켐은 직업 단체가 정치적 중간 집단으로서 구성원의 이해관계를 국가에 전달하는 한편 국가를 견제해야 한다고 보았던 것이다.

헤겔과 뒤르켐은 시민 사회를 배경으로 직업 단체의 역할과 기능을 연구했다는 공통점이 있었다. 하지만 직업 단체에 대한 두 사람의 생각은 달랐다. 이러한 차이는 두 학자의 시민 사회론이 철저하게 시대의 산물이라는 점을 보여 준다. 이들의 이론은 과학적 연구로서 객관적으로 타당하다는 평가를 받기도 하지만, 이론이 갖는 객관적 속성은 그 이론이 마주선 현실의 문제 상황이나 이론가의 주관적인 문제의식으로부터 근본적으로 자유로울 수는 없는 것이다.

01 윗글의 내용 전개 방식에 대한 설명으로 가장 적절한 것은?

① 논지를 제시한 후, 대표적인 사례를 검토하는 과정을 통해 주제를 명료화하고 있다.
② 화제를 소개한 후, 예외적인 사례를 배제하는 과정을 통해 주제를 일반화하고 있다.
③ 주장을 제시한 후, 예상되는 반증 사례를 검토하는 과정을 통해 주제를 강화하고 있다.
④ 쟁점을 도출한 후, 각 주장의 근거 사례를 비교 평가하는 과정을 통해 주제를 정당화하고 있다.
⑤ 주제를 제시한 후, 동일한 사례를 다른 관점에서 분석하는 과정을 통해 주제를 초점화하고 있다.

02 윗글을 통해 알 수 있는 내용으로 적절하지 않은 것은?

① 19세기 초 프로이센에는 절대주의의 잔재와 미성숙한 산업 자본주의가 혼재하였다.
② 프랑스 혁명 후 수십 년간 프랑스는 개인들의 사익 추구가 불가능한 상황이었다.
③ 헤겔은 국가를 빈곤 문제나 계급 갈등과 같은 사회 문제를 해결할 최종 주체라고 생각하였다.
④ 뒤르켐은 혁명 이후의 프랑스 사회를 이기적 욕망이 조정되지 않은 아노미 상태로 보았다.
⑤ 헤겔과 뒤르켐은 공리주의가 시민 사회의 문제를 해결하지 못할 것으로 보았다.

03 ㉠과 ㉡의 공통점으로 가장 적절한 것은?

① 사익을 조정하고 공익 실현을 추구한다.
② 국가를 견제하는 정치적 기능을 수행한다.
③ 치안 및 복지 문제 해결의 기능을 담당한다.
④ 공리주의를 억제하고 도덕적 개인주의를 수용한다.
⑤ 시민 사회 외부에서 국가와의 연결 고리로 작용한다.

04 윗글의 글쓴이의 관점으로 가장 적절한 것은?

① 사회 문제에 대해서는 과학적 연구를 수행할 수 없다.
② 객관적 사회 이론은 이론가의 주관적 문제의식과 무관하다.
③ 시·공간을 넘어 보편타당하게 적용할 수 있는 객관적 사회 이론이 성립할 수 있다.
④ 과학적 연구 방법에 의거한 사회 이론은 사회 현실의 문제 상황과 무관하게 성립할 수 있다.
⑤ 사회 이론을 이해하는 데에는 그 이론이 만들어진 당시의 시대적 배경에 대한 이해가 도움이 된다.

지문분석으로 독해력 향상하기

다음 글을 읽고 물음에 답하시오.

일반적으로 법률에서는 일정한 법률 효과와 함께 그것을 일으키는 요건을 규율한다. 이를테면, 민법 제750조에서는 불법 행위에 따른 손해 배상 책임을 규정하는데, 그 배상 책임의 성립 요건을 다음과 같이 정한다. '고의나 과실'로 말미암은 '위법 행위'가 있어야 하고, '손해가 발생'하여야 하며, 바로 그 위법 행위 때문에 손해가 생겼다는, 이른바 '인과 관계'가 있어야 한다. 이 요건들이 모두 충족되어야, 법률 효과로서 가해자는 피해자에게 손해를 배상할 책임이 생기는 것이다.

소송에서는 이런 요건들을 입증해야 한다. 소송에서 입증은 주장하는 사실을 법관이 의심 없이 확신하도록 만드는 일이다. 어떤 사실의 존재 여부에 대해 법관이 확신을 갖지 못하면, 다시 말해 입증되지 않으면 원고와 피고 가운데 누군가는 패소의 불이익을 당하게 된다. 이런 불이익을 받게 될 당사자는 입증의 부담을 안을 수밖에 없고, 이를 입증 책임이라 부른다.

대체로 어떤 사실이 존재함을 증명하는 것이 존재하지 않음을 증명하는 것보다 쉽다. 이 둘 가운데 어느 한 쪽에 부담을 지워야 한다면, 쉬운 쪽에 지우는 것이 공평할 것이다. 이런 형평성을 고려하여 특정한 사실의 발생을 주장하는 이에게 그 사실의 존재에 대한 입증 책임을 지도록 하였다. 그리하여 상대방에게 불법 행위의 책임이 있다고 주장하는 피해자는 소송에서 원고가 되어, 앞의 민법 조문에서 규정하는 요건들이 이루어졌다고 입증해야 한다.

그런데 이들 요건 가운데 인과 관계는 그 입증의 어려움 때문에 공해 사건 등에서 문제가 된다. 공해에 관하여는 현재의 과학 수준으로도 해명되지 않는 일이 많다. 그런데도 피해자에게 공해와 손해 발생 사이의 인과 관계를 하나하나의 연결 고리까지 자연 과학적으로 증명하도록 요구한다면, 사실상 사법적 구제를 거부하는 일이 될 수 있다. 더구나 관련 기업은 월등한 지식과 기술을 가지고 훨씬 더 쉽게 원인 조사를 할 수 있는 상황이기에, 피해자인 상대방에게만 엄격한 부담을 지우는 데 대한 형평성 문제도 제기된다.

공해 소송에서도 인과 관계에 대한 입증 책임은 여전히 피해자인 원고에 있다. 판례도 이 원칙을 바꾸지는 않는다. 다만 입증되었다고 보는 정도를 낮추어 인과 관계 입증의 어려움을 덜어 주려 한다. 곧 공해 소송에서는 예외적으로 인과 관계의 입증에 관하여 의심 없는 확신의 단계까지 요구하지 않고, 다소 낮은 정도의 규명으로도 입증되었다고 인정하는 판례가 등장하는 것이다. 이렇게 해서 인과 관계가 인정되면 가해자인 피고는 인과 관계의 성립을 방해하는 증거를 제출하여 책임을 면해야 한다.

01 윗글을 이해한 내용으로 가장 적절한 것은?

① 소송에서 양 당사자에게 부담을 공평하게 하려는 고려가 입증 책임을 분배하는 원리에 작용한다.
② 원칙적으로 어떤 사실이 일어났을지도 모른다는 개연성이 인정되면 입증이 성공하였다고 본다.
③ 민법 제750조에서 규정하는 요건들이 충족되었다는 사실을 입증할 책임은 소송에서 피고에게 있다.
④ 위법 행위를 저지르면 고의와 과실이 없다는 사실을 입증하더라도 불법 행위에 따른 손해 배상 책임이 성립한다.
⑤ 문제되는 사실이 실제로 일어났는지 밝혀지지 않으면 그 사실의 존재에 대한 입증 책임이 없는 쪽이 소송에서 불이익을 받는다.

02 윗글을 바탕으로 〈보기〉에서 대법원의 입장을 추론한 것으로 적절하지 <u>않</u>은 것은?

보기

다음은 어느 공해 소송에 대한 대법원의 판결에 관한 내용이다.
공장의 폐수 방류 때문에 양식 중이던 김이 폐사하였다고 주장하는 어민들은, 해당 회사를 상대로 불법 행위에 따른 손해 배상을 청구하는 소를 제기하였다. 폐수의 방류 때문에 김이 폐사하였다고 하기 위해서는 다음의 세 가지가 모두 자연 과학적으로 뚜렷이 밝혀져야 할 것이다. 1) 방류된 폐수가 해류를 타고 양식장에 도달하였다. 2) 그 폐수 안에 김의 생육에 악영향을 미치는 오염 물질이 들어 있었다. 3) 오염 물질의 농도가 안전 범위를 넘었다. 이에 대해 대법원은 폐수가 해류를 따라 양식장에 이르렀다는 것만 증명하면 인과 관계를 입증하는 데 충분하다고 인정하였다.

① 피해자인 어민들이 원고로서 겪게 되는 입증의 어려움을 완화시켜 주려 한 것이다.
② 인과 관계를 입증할 수 있는 자연 과학적 연결 고리가 존재한다는 점을 인정한 것이다.
③ 공장 폐수가 김 양식장으로 흘러들었다는 사실을 어민들 쪽에서 입증하라고 한 것이다.
④ 위법 행위와 손해 사이에 인과 관계가 존재한다는 데 대한 입증 책임이 회사 쪽에 있다고 인정한 것이다.
⑤ 공장 폐수 속에 김의 폐사에 영향을 주는 물질이 들어 있지 않다는 사실은 회사 쪽에서 입증하라고 한 것이다.

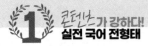

나 없이
기출
풀지마라

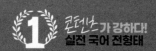

베이직

VI

독서 Part 3

다음 글을 읽고 물음에 답하시오.

문화가 발전하려면 저작자의 권리 보호와 저작물의 공정 이용이 균형을 이루어야 한다. 저작물의 공정 이용이란 저작권자의 권리를 일부 제한하여 저작권자의 허락이 없어도 저작물을 자유롭게 이용하는 것을 말한다. 비영리적인 사적 복제를 허용하는 것이 그 예이다. 우리나라의 저작권법에서는 오래전부터 공정 이용으로 볼 수 있는 저작권 제한 규정을 두었다.

그런데 디지털 환경에서 저작물의 공정 이용은 여러 장애에 부딪혔다. 디지털 환경에서는 저작물을 원본과 동일하게 복제할 수 있고 용이하게 개작할 수 있다. 따라서 저작물이 개작되더라도 그것이 원래 창작물인지 이차적 저작물인지 알기 어렵다. 그 결과 디지털화된 저작물의 이용 행위가 공정 이용의 범주에 드는 것인지 가늠하기가 더 어려워졌고 그에 따른 처벌 위험도 커졌다.

이러한 문제를 해소하기 위한 시도의 하나로 포괄적으로 적용할 수 있는 '저작물의 공정한 이용' 규정이 저작권법에 별도로 신설되었다. 그리하여 저작권자의 동의가 없어도 저작물을 공정하게 이용할 수 있는 영역이 확장되었다. 그러나 공정 이용 여부에 대한 시비가 자율적으로 해소되지 않으면 예나 지금이나 법적인 절차를 밟아 갈등을 해소해야 한다. 저작물 이용의 영리성과 비영리성, 목적과 종류, 비중, 시장 가치 등이 법적인 판단의 기준이 된다.

저작물 이용자들이 처벌에 대한 불안감을 여전히 느낀다는 점에서 저작물의 자유 이용 허락 제도와 같은 '저작물의 공유' 캠페인이 주목을 받고 있다. 이 캠페인은 저작권자들이 자신의 저작물에 일정한 이용 허락 조건을 표시해서 이용자들에게 무료로 개방하는 것을 말한다. 누구의 저작물이든 개별적인 저작권을 인정하지 않고 모두가 공동으로 소유하자고 주장하는 사람들과 달리, 이 캠페인을 펼치는 사람들은 기본적으로 자신과 타인의 저작권을 존중한다. 캠페인 참여자들은 저작권자와 이용자들의 자발적인 참여를 통해 자유롭게 활용할 수 있는 저작물의 양과 범위를 확대하려고 노력한다. 이들은 저작물의 공유가 확산되면 디지털 저작물의 이용이 활성화되고 그 결과 인터넷이 더욱 창의적이고 풍성한 정보 교류의 장이 될 것이라고 본다. 그러나 캠페인에 참여한 저작물을 이용할 때 허용된 범위를 벗어난 경우 법적 책임을 질 수 있다.

한편 ㉠ 다른 시각을 가진 사람들도 있다. 이들은 저작물의 공유 캠페인이 확산되면 저작물을 창조하려는 사람들의 동기가 크게 감소할 것이라고 우려한다. 이들은 결과적으로 활용 가능한 저작물이 줄어들게 되어 이용자들도 피해를 입게 된다고 주장한다. 또 디지털 환경에서는 사용료 지불 절차 등이 간단해져서 '저작물의 공정한 이용' 규정을 별도로 신설할 필요가 없었다고 본다. 이들은 저작물의 공유 캠페인과 신설된 공정 이용 규정으로 인해 저작권자들의 정당한 권리가 침해받고 있으므로 이를 시정하는 것이 오히려 공익에 더 도움이 된다고 말한다.

01 윗글에 대한 이해로 적절하지 않은 것은?

① 저작자의 권리 보호는 문화 발전의 한 축을 이룬다.
② 디지털 환경 이전에도 공정 이용과 관련된 규정이 있었다.
③ 저작권자의 동의가 없을 경우에도 저작물의 공정 이용은 성립할 수 있다.
④ 공정 이용의 대상이 되는 저작물에도 저작권이 인정된다.
⑤ 저작물이 모두의 소유라는 주장은 저작물 공유 캠페인의 핵심이다.

02 ㉠의 주장에 가장 가까운 것은?

① 이용 허락 조건을 저작물에 표시하면 창작 활동을 더욱 활성화한다.
② 저작권자의 정당한 권리 보호를 위해 저작물의 공유 캠페인이 확산되어야 한다.
③ 비영리적인 경우 저작권자의 동의가 없어도 복제가 허용되는 영역을 확대해야 한다.
④ 저작권자가 자신들의 노력에 상응하는 대가를 정당하게 받을수록 창작 의욕이 더 커진다.
⑤ 자신의 저작물을 자유롭게 이용하도록 양보하는 것은 다른 저작권자의 저작권 개방을 유도하여 공익을 확장시킨다.

03 윗글을 바탕으로 〈보기〉를 이해할 때, 적절하지 <u>않은</u> 것은?

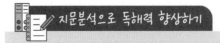

보기

【자료 1】

　다음은 저작물 공유 캠페인의 '자유 이용 허락' 조건 표시의 한 예이다.

🛈 : 출처를 표시하고 자유롭게 사용 가능함.

🛈🚫 : 출처를 표시하고 사용하되 상업적 사용은 안 됨.

【자료 2】

　A는 자신의 미술 평론에 항상 🛈 표시를 하여 블로그에 올렸다. B는 표시의 조건을 지키며 A의 미술 평론을 이용해왔다. 최근 A는 조카의 돌잔치 동영상을 만들고 🛈🚫 표시를 하여 블로그에 올렸다. 그런데 B는 그 동영상에서 자신의 저작물인 예술 사진이 동의 없이 사용된 것을 발견하였다. B는 A에게 예술 사진에 대한 저작권 사용료를 지불하라고 요구하였다.

① A는 '자유 이용 허락' 조건 표시를 사용하는 것으로 보아 저작물의 공유 캠페인에 참여하는 사람이겠군.

② B가 평소 A의 자료를 이용한 것에 대해서 A는 B에게 사용료 지불을 요구할 수 없겠군.

③ A의 행위가 공정 이용에 해당한다면, A는 B에게 사용료를 지불하지 않아도 되겠군.

④ B는 공정 이용 규정이 없었다면, A에게 사용료 지불을 요구할 수 없겠군.

⑤ B가 A의 미술 평론의 일부를 편집해 자신의 블로그에 올렸다면, A의 동의를 별도로 받지 않아도 되었겠군.

지문분석으로 독해력 향상하기

다음 글을 읽고 물음에 답하시오.

베토벤의 교향곡은 서양 음악사에 한 획을 그은 걸작으로 평가된다. 그 까닭은 음악 소재를 개발하고 그것을 다채롭게 처리하는 창작 기법의 탁월함으로 설명될 수 있다. 연주 시간이 한 시간 가까이 되는 제3번 교향곡 '영웅'에서 베토벤은 으뜸화음을 펼친 하나의 평범한 소재를 모티브로 취하여 다양한 변주와 변형 기법을 통해 통일성을 유지하면서도 가락을 다채롭게 들리게 했다. 이처럼 단순한 소재에서 착상하여 이를 다양한 방식으로 가공함으로써 성취해 낸 복잡성은 후대 작곡가들이 본받을 창작 방식의 전형이 되었으며, 유례없이 늘어난 교향곡의 길이는 그들이 넘어서야 할 산이었다.

그렇다면 오로지 작품의 내적인 원리만이 베토벤의 교향곡을 19세기의 중심 레퍼토리로 자리매김하게 했을까? 베토벤의 신화를 이해하기 위해서는 19세기 초 음악사의 중심에 서고자 했던 독일 민족의 암묵적 염원을 들여다볼 필요가 있다. 그것은 1800년을 전후하여 뚜렷하게 달라진 빈(Wien)의 청중의 음악관, 음악에 대한 독일 비평가들의 새로운 관점, 그리고 당시 유행한 천재성 담론에 반영되었다.

빈의 ㉠ 새로운 청중의 귀는 유럽의 다른 지역 청중과는 달리 순수 기악을 향해 열려 있었다. 순수 기악이란 악기에서 나오는 소리 외에는 다른 어떤 것과도 연합되지 않는 음악을 뜻한다. 당시 청중은 언어가 순수 기악이 주는 의미를 담기에 부족하다고 생각했기 때문에 제목이나 가사 등의 음악 외적 단서를 원치 않았다. 그들이 원했던 것은 말로 형용할 수 없는, 무한을 향해 열려 있는 '음악 그 자체'였다.

또한 당시 음악 비평가들은 음악을 앎의 방식으로 이해하기를 원했다. 이는 음악을 정서의 촉발자로 본 이전 시대와 달리 음악을 감상자가 능동적으로 이해해야 할 대상으로 인식하기 시작했음을 뜻한다. 슐레겔은 모든 순수 기악이 철학적이라고 보았으며, 호프만은 베토벤의 교향곡이 '보편적 진리를 향한 문'이라고 주장하였다. 요컨대 당시의 빈의 청중과 독일의 음악 비평가들은 베토벤의 교향곡이 음악의 독립적 가치를 극대화한 음악이자 독일 민족의 보편적 가치를 실현해 주는 순수 기악의 정수라 여겼다.

더욱이 당시 독일 지역에서 유행한 천재성 담론도 베토벤의 교향곡이 특별한 지위를 얻는 데 한몫했다. 그 시대가 요구하는 천재상은 타고난 재능으로 기존의 관습에서 벗어나 새로운 전통을 창조하는 자였다. 베토벤은 이전의 교향곡의 전통을 수용하면서도 자신만의 독창적인 색채를 더하여 교향곡의 새로운 지평을 열었다고 여겨졌다. 베토벤이야말로 이러한 천재라는 인식이 널리 받아들여지면서 그의 교향곡은 더욱 주목받았다.

01 윗글의 내용과 일치하지 않는 것은?

① 베토벤 신화 형성 과정에는 독일 민족의 음악적 이상이 반영되었다.
② 베토벤 교향곡의 확대된 길이는 후대 작곡가들이 극복해야 할 과제였다.
③ 베토벤 교향곡에서 복잡성은 단순한 모티브를 다양하게 가공하는 창작 방식에 기인한다.
④ 베토벤 교향곡 '영웅'의 변주와 변형 기법은 통일성 속에서도 다양성을 구현하게 해 주었다.
⑤ 베토벤의 천재성은 기존의 음악적 관습을 부정하고 교향곡이라는 새로운 장르를 창시한 데에서 비롯된다.

02 ㉠의 관점에 가장 가까운 것은?

① 음악은 소리를 다양하게 변형시켜 그것을 듣는 인간의 정서를 순화시킨다.
② 음악은 인간의 구체적인 감정을 전달하는 수단이라는 점에서 그 자체가 언어이다.
③ 가사는 가락을 통해 전달되는 메시지라는 점에서 언어는 음악의 본질적 요소이다.
④ 음악은 언어가 표현할 수 없는 것을 보여 준다는 점에서 언어를 초월하는 예술이다.
⑤ 창작 당시의 시대상이 음악에 반영된다는 점에서 음악 외적 상황은 음악 이해에 중요한 단서가 된다.

03 〈보기〉와 윗글을 이해한 내용으로 가장 적절한 것은?

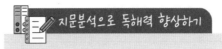

보기

로시니는 베토벤과 동시대인으로 당대 최고의 인기를 누리던 오페라 작곡가였다. 당시 순수 기악이 우세했던 빈과는 달리 이탈리아와 프랑스에서는 오페라가 여전히 음악의 중심에 있었다. 당대의 소설가이자 음악 비평가인 스탕달은 로시니가 빈의 현학적인 음악가들과는 달리 유려한 가락에 능하다는 이유를 들어 그를 최고의 작곡가로 평가하였다.

① 슐레겔은 로시니를 '순수 기악의 정수'를 보여 준 베토벤만큼 높이 평가하지 않았겠군.
② 호프만은 당시의 이탈리아와 프랑스에서 유행하던 음악이 '새로운 전통'을 창조했다고 보았겠군.
③ 음악을 '앎의 방식'으로 보는 관점을 가진 사람들에게 오페라는 교향곡보다 우월한 장르로 평가받았겠군.
④ 스탕달에 따르면, 로시니의 음악은 베토벤이 세운 '창작 방식의 전형'을 따름으로써 빈의 현학적인 음악가들을 뛰어넘은 것이겠군.
⑤ 당시 오페라가 여전히 인기를 얻을 수 있었던 것은 음악을 '정서의 촉발자'가 아닌 '능동적 이해의 대상'으로 보려는 청중의 견해 때문이었겠군.

다음 글을 읽고 물음에 답하시오.

회화적 재현이 성립하려면, 즉 하나의 그림이 어떤 대상의 그림이 되기 위해서는 그림과 대상이 닮아야 할까? 입체주의의 도래를 알리는 〈아비뇽의 아가씨들〉을 그리기 한 해 전, 피카소는 시인인 스타인을 그린 적이 있었는데, 완성된 그림을 보고 사람들은 놀라움을 금치 못했다. 스타인의 초상화가 그녀를 닮지 않았던 것이다. 이에 대해 피카소는 "앞으로 닮게 될 것이다."라고 말했다고 한다. 이 에피소드는 미술사의 차원과 철학적 차원에서 회화적 재현에 대해 생각해 볼 계기를 제공한다.

우선 어떻게 닮지 않은 그림이 대상의 재현일 수 있는지를 알아보기 위해서는 당시 피카소와 브라크가 중심이 되었던 입체주의의 예술적 실험과 그것을 가능케 한 미술사의 흐름을 고려해 보아야 한다. 르네상스 시대의 화가들은 원근법을 사용하여 '세상을 향한 창'과 같은 사실적인 그림을 그렸다. 현대회화를 출발시켰다고 평가되는 인상주의자들이 의식적으로 추구한 것도 이러한 사실성이었다. 그들은 모든 대상을 빛이 반사되는 물체로 간주하고 망막에 맺힌 대로 그리는 것을 회화의 목표로 삼았다. 따라서 빛을 받는 대상이면 무엇이든 주제가 될 수 있었고, 대상의 고유한 색 같은 것은 부정되었다. 햇빛의 조건에 따라 다르게 그려진 모네의 낟가리 연작이 그 예이다.

그러나 세잔의 생각은 달랐다. "모네는 눈뿐이다."라고 평했던 그는 그림의 사실성이란 우연적 인상으로서의 사물의 외관보다는 '그 사물임'을 드러낼 수 있는 본질이나 실재에 더 다가감으로써 ⓐ 얻게 되는 것이라고 생각하였다. 세잔이 그린 과일 그릇이나 사과를 보면 대부분의 형태는 실물보다 훨씬 단순하게 그려져 있고, 모네의 그림에서는 볼 수 없었던 부자연스러운 윤곽선이 둘러져 있으며, 원근법조차 정확하지 않다. 이는 어느 한순간 망막에 비친 우연한 사과의 모습 대신 사과라는 존재를 더 잘 드러낼 수 있는 모습을 포착하려 했던 세잔의 문제의식을 보여주는 것이다.

이를 계승하여 한 발 더 나아간 것이 바로 입체주의이다. 입체주의는 대상의 실재를 드러내기 위해 여러 시점에서 본 대상을 한 화면에 결합하는 방식을 택했다. 비록 스타인의 초상화는 본격적인 입체주의 그림은 아니지만, 세잔에서 입체주의로 이어지는 실재의 재현이라는 관심이 반영된 작품으로 볼 수 있는 것이다.

하지만 여전히 의문인 것은 '닮게 될 것'이라는 말의 의미이다. 실제로 세월이 지난 후 피카소의 예언대로 사람들은 결국 스타인의 초상화가 그녀를 닮았다는 것을 발견하게 되었다고 한다. 어떻게 그럴 수 있었을까? 이를 설명하려면 회화적 재현에 대한 철학적 차원의 논의가 필요한데, 곰브리치와 굿맨의 이론이 주목할 만하다.

이들은 대상을 '있는 그대로' 보는 '순수한 눈' 같은 것은 없으며, 따라서 객관적인 사실성이란 없고, 사실적인 그림이란 결국 한 문화나 개인에게 익숙한 재현 체계를 따른 그림일 뿐이라고 주장한다. ㉠ 이 이론에 따르면 지각은 우리가 속한 관습과 문화, 믿음 체계, 배경 지식의 영향을 받아 구성된다고 한다. 예를 들어 우리가 작가와 작품에 대해 사전 지식을 가지고 있다면 이러한 믿음은 그 작품을 어떻게 지각하느냐에까지도 영향을 준다는 것이다. 이것이 사실이라면, 피카소의 경우에 대해서도, '이 그림이 피카소가 그린 스타인의 초상'이라는 우리의 지식이 종국에는 그림과 실물 사이의 닮음을 발견하는 방식으로 우리의 지각을 형성해 냈을 것이라는 설명이 가능하다. 사실성이라는 것이 과연 재현 체계에 따라 상대적인지는 논쟁의 여지가 많지만 피카소의 수수께끼 같은 답변과 자신감 속에는 회화적 재현의 본성에 대한 이러한 통찰이 깔려 있었다고도

볼 수 있다.

01 스타인의 초상화와 관련된 피카소의 의도를 이해한 것으로 적절한 것은?

① 어느 한순간의 스타인의 외양이 아니라 그녀의 본질을 재현하려 했다.
② 현재의 모습이 아니라 훗날 변하게 될 스타인의 모습을 나타내려 했다.
③ 고전적인 미의 기준에 맞추어 스타인을 이상화된 모습으로 나타내려 했다.
④ 눈으로 관찰할 수 있는 스타인의 모습을 가감 없이 정확히 모사하려 했다.
⑤ 정지된 모습이 아니라 역동적으로 움직이는 스타인의 모습을 재현하려 했다.

02 윗글을 바탕으로 〈보기〉를 바르게 이해한 것은?

보기

(가)
모네(1891)
〈늦여름 아침의 낟가리〉

(나)
세잔(1899)
〈사과와 오렌지〉

(다)
피카소(1907)
〈아비뇽의 아가씨들〉

① (가)와 (나)는 모두 뚜렷한 윤곽선이 특징인 그림이군.
② (나)와 (다)는 모두 대상이 빛에 따라 달라지는 모습을 그린 그림이군.
③ (가)와 달리 (나)는 원근법이 잘 지켜지지 않고 있는 그림이군.
④ (가)와 달리 (다)는 사물의 고유색을 인정하지 않고 있는 그림이군.
⑤ (가), (나), (다)는 모두 '세상을 향한 창'이 되고자 하는 목표에서 나온 그림이군.

03 곰브리치와 굿맨이 인상주의자들에게 할 수 있는 말로 가장 적절한 것은?

① 망막에 맺힌 상은 오히려 '순수한 눈'을 왜곡할 수 있다.
② 객관적인 사실성은 의식적인 노력의 결과라기보다는 우연의 산물이다.
③ 망막에 맺힌 상을 그대로 그린다고 하더라도 객관적인 사실성은 얻을 수 없다.
④ 대상의 숨어 있는 실재를 지각하기 위해서는 눈 이외의 감각 기관이 필요하다.
⑤ 인상주의의 재현 체계는 다른 유파의 재현 체계에 비해 사실성을 얻기가 어렵다.

지문분석으로 독해력 향상하기

04 ㉠을 뒷받침하는 근거로 적절한 것은?

① 서양 사람이라도 동양의 수묵화나 사군자화를 감상하는 데 어려움이 없다.
② 그림에 재현된 대상이 무엇인지 알아보는 능력은 서로 다른 문화에 속한 사람들 간에도 크게 다르지 않다.
③ 대상의 그림자까지 묘사한 그림이 그렇지 않은 그림보다 공간감과 깊이를 더 사실적으로 나타낼 수 있듯이 재현 체계는 발전할 수 있다.
④ 그림에서 대상을 알아보는 능력은 선천적이어서 생후 일정 기간 그림을 보지 않고 자란 아이들도 처음 그림을 대하자마자 자신들이 알고 있는 대상을 그림에서 알아본다.
⑤ 나무를 그린 소묘 속의 불분명한 연필 자국은 나무를 보게 될 것이라는 우리의 사전 지식으로 인해 나무로 보이고, 소 떼 그림에 있는 비슷한 연필 자국은 소로 보인다.

05 문맥상 ⓐ와 바꾸어 쓸 수 있는 것은?

① 습득(習得)하게   ② 체득(體得)하게
③ 취득(取得)하게   ④ 터득(攄得)하게
⑤ 획득(獲得)하게

다음 글을 읽고 물음에 답하시오.

일반적으로 환율*의 상승은 경상 수지*를 개선하는 것으로 알려져 있다. 이를테면 국내 기업은 수출에서 벌어들인 외화를 국내로 들여와 원화로 바꾸기 때문에, 환율이 상승한 경우에는 외국에서 우리 상품의 외화 표시 가격을 다소 낮추어도 수출량이 늘어나면 수출액이 증가한다. 동시에 수입 상품의 원화 표시 가격은 상승하여 수입품을 덜 소비하므로 수입액은 감소한다. 그런데 이와 같이 환율 상승이 항상 경상 수지를 개선할 것 같지만 반드시 그런 것은 아니다.

환율이 올라도 단기적으로는 경상 수지가 오히려 악화되었다가 점차 개선되는 현상이 있는데, 이를 그래프로 표현하면 J자 형태가 되므로 'J커브 현상'이라 한다. J커브 현상에서 경상 수지가 악화되는 원인 중 하나로, 환율이 오른 비율만큼 수입 상품의 가격이 오르지 않는 것을 꼽을 수 있다. 이는 환율 상승 후 상당 기간 동안 외국 기업이 매출 감소를 우려해 상품의 원화 표시 가격을 바로 올리지 않기 때문이다. 또한 소비자들의 수입 상품 소비가 가격 변화에 따라 줄어들기까지는 상당 기간이 소요된다. 그뿐만 아니라 국내 기업이 수출 상품의 외화 표시 가격을 낮추더라도 외국 소비자가 이를 인식하고 소비를 늘리기까지는 다소 시간이 걸린다. 그러나 J커브의 형태가 보여 주듯이, 당초에 올랐던 환율이 지속되는 상황에서 어느 정도 시간이 지나 상품의 가격 및 물량의 조정이 제대로 이루어진다면 경상 수지가 개선된다.

한편, J커브 현상과는 별도로 환율 상승 후에 얼마의 기간이 지나더라도 경상 수지의 개선을 이루지 못하는 경우도 있다. 첫째, 상품의 가격 조정이 일어나도 국내외의 상품 수요가 가격에 어떻게 반응하는가 하는 수요 구조에 따라 경상 수지는 개선되지 못하기도 한다. 수출량이 증가하고 수입량이 감소하더라도, ㉠ 경상 수지가 그다지 개선되지 않거나 오히려 악화될 수도 있다는 것이다. 둘째, 장기적인 차원에서 ㉡ 수출 기업이 환율 상승에만 의존하여 품질 개선이나 원가 절감 등의 노력을 계속하지 않는다면 경쟁력을 잃어 경상 수지를 악화시킬 수도 있다.

우리나라의 경우 환율은 외환 시장에서 결정되나, 정책 당국이 필요에 따라 간접적으로 외환 시장에 개입하는 환율 정책을 구사한다. 경상 수지가 적자 상태라면 일반적으로 고환율 정책이 선호된다. 그러나 이상에서 언급한 환율과 경상 수지 간의 복잡한 관계 때문에 환율 정책은 신중하게 검토되어야 한다.

* 환율 : 외화 1단위와 교환되는 원화의 양.
* 경상 수지 : 상품(재화와 서비스 포함)의 수출액에서 수입액을 뺀 결과. 수출액이 수입액보다 클 때는 흑자, 작을 때는 적자로 구분함.

01 윗글에서 다루지 않은 내용은?

① 환율 상승에 따르는 수입 상품의 가격 변화
② 경상 수지 개선을 위한 고환율 정책의 필연성
③ 가격 변화에 대한 외국 소비자의 지체된 반응
④ 국내외 수요 구조가 경상 수지에 미치는 영향
⑤ 환율 상승이 경상 수지에 미치는 영향에 대한 일반적인 기대

02 윗글을 바탕으로 〈보기〉의 J커브 그래프를 해석한 내용으로 옳은 것만을 있는 대로 고른 것은?

보기

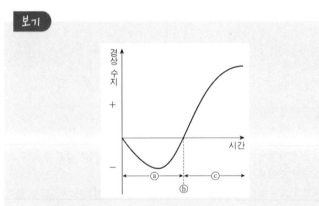

ㄱ. 수입 상품 가격의 상승 비율이 환율 상승 비율에 가까울수록 ⓐ의 골이 얕아진다.
ㄴ. 수출 기업의 품질 및 원가 경쟁력이 강화될수록 ⓐ 구간이 넓어진다.
ㄷ. ⓑ를 기점으로 하여 환율이 상승하게 된다.
ㄹ. ⓒ는 환율 상승을 통해 경상 수지 개선 효과가 나타나는 구간이다.

① ㄱ, ㄷ   ② ㄱ, ㄹ   ③ ㄴ, ㄷ
④ ㄱ, ㄴ, ㄹ   ⑤ ㄴ, ㄷ, ㄹ

03 ㉠의 이유로 가장 적절한 것은?

① 환율이 상승하면 국내외 상품의 수요 구조에 따라 수출 상품의 가격 조정이 선행될 수 있다.
② 환율이 상승하더라도 국내외 기업은 환율이 얼마나 안정적인지 관찰한 후 가격을 조정한다.
③ 환율이 상승하더라도 경우에 따라서는 국내외 상품 수요가 가격에 민감하지 않을 수 있다.
④ 가격의 조정이 신속하게 이루어질수록 국내외 상품 수요는 가격에 민감하게 반응한다.
⑤ 국내외 상품 수요가 가격에 얼마나 민감한지는 경상 수지의 개선 여부와는 무관하다.

04 ⓒ에 대해 〈보기〉처럼 이해한다고 할 때, 밑줄 친 곳에 들어갈 말로 가장 적절한 것은?

> **보기**
>
> _____더니, 수출 기업이 환율 상승만 믿고 경쟁력을 제고하기 위한 방책을 강구하지 않는다는 말이군.

① 감나무 밑에 누워 홍시 떨어지기를 바란다
② 소도 비빌 언덕이 있어야 비빈다
③ 가난 구제는 나라님도 어렵다
④ 원숭이도 나무에서 떨어진다
⑤ 말 타면 경마 잡히고 싶다

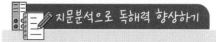

지문분석으로 독해력 향상하기

다음 글을 읽고 물음에 답하시오.

소프트웨어 개발에서 자료 관리를 위한 구조로는 '배열'과 '연결 리스트'가 흔히 사용된다. 이 구조를 가진 저장소가 실제 컴퓨터 메모리에 구현된 위치를 '포인터'라고 한다.

㉠ 배열은 물리적으로 연속된 저장소들을 사용한다. 배열에서는 흔히 〈그림 1〉과 같이 자료의 논리적 순서와 실제 저장 순서가 일치하도록 자료가 저장된다. 이때 원하는 자료의 논리적인 순서만 알면 해당 포인터 값을 계산할 수 있으므로, 바로 접근하여 읽기와 쓰기를 할 수 있다. 그런데 〈그림 1〉에서 자료 '지리'를 삭제하려면 '한라'를 한 칸 당겨야 하고, 가나다순에 따라 '소백'을 삽입하려면 '지리'부터 한 칸씩 밀어야 한다. 따라서 삽입하거나 삭제하는 자료의 순번이 빠를수록 나머지 자료의 재정렬 시간이 늘어난다.

	포인터:	저장소		포인터:	저장소	
	0000:	산 이름		0000:	산 이름	다음 포인터
	1000:	백두		1000:	백두	1008
	1001:	설악		1002:	ⓐ	ⓑ
	1002:	지리		1004:	지리	1006
	1003:	한라		1006:	한라	----
	1004:			1008:	설악	ⓒ1004

〈그림 1〉 배열   〈그림 2〉 연결 리스트

㉡ 연결 리스트는 저장될 자료와 다음에 올 자료의 포인터인 '다음 포인터'를 한 저장소에 함께 저장한다. 이 구조에서는 〈그림 2〉와 같이 '다음 포인터'의 정보를 담을 공간이 더 필요하지만, 이 정보에 의해 물리적 저장 위치에 상관없이 자료의 논리적 순서를 유지할 수 있다. 또한 자료의 삽입과 삭제는 '다음 포인터'의 내용 변경으로 가능하므로 상대적으로 간단하다. 예를 들어 〈그림 2〉에서 '소백'을 삽입하려면 빈 저장소의 ⓐ에 '소백'을 쓰고 ⓑ와 ⓒ에 논리적 순서에 따라 다음에 올 포인터 값인 '1004'와 '1002'를 각각 써 주면 된다. 하지만 특정 자료를 읽으려면 접근을 시작하는 포인터부터 그 자료까지 저장소들을 차례로 읽어야 하므로 자료의 논리적 순서에 따라 접근 시간에 차이가 있다.

한편 '다음 포인터'뿐만 아니라 논리순으로 앞에 연결된 저장소의 포인터를 하나 더 저장하는 ㉢ '이중 연결 리스트'도 있다. 이 구조에서는 현재 포인터에서부터 앞뒤 어느 방향으로도 연결된 자료에 접근할 수 있어 연결 리스트보다 자료 접근이 용이하다.

01 윗글을 통해 알 수 있는 사실로 옳지 않은 것은?

① 저장된 자료에 접근할 때는 포인터를 이용한다.
② 자료 접근 과정은 사용하는 자료 관리 구조에 따라 달라진다.
③ '배열'에서는 자료의 논리적 순서에 따라 자료 접근 시간이 달라진다.
④ '연결 리스트'는 저장되는 전체 자료의 개수가 자주 변할 때 편리하다.
⑤ '이중 연결 리스트'의 한 저장소에는 세 가지 다른 정보가 저장된다.

02 ㉠~㉢에 대해 〈보기〉의 실험을 한 후 얻은 결과로 옳은 것은?

보기

동일 수의 자료를 논리순이 유지되도록 메모리에 저장한 다음 읽기, 삽입, 삭제를 동일 횟수만큼 차례로 실행하였다.

* 단, 충분히 많은 양의 자료로 충분한 횟수만큼 실험을 하되, 자료를 무작위로 선택하고 자료의 논리순이 유지되도록 함.

① ㉠은 ㉡에 비해 삭제 실험에 걸리는 총시간이 길었다.
② ㉠은 ㉢에 비해 저장 실험의 메모리 사용량이 많았다.
③ ㉡은 ㉠에 비해 삽입 실험에 걸리는 총시간이 길었다.
④ ㉡은 ㉢에 비해 저장 실험의 메모리 사용량이 많았다.
⑤ ㉢은 ㉡에 비해 읽기 실험에 걸리는 총시간이 길었다.

지문분석으로 독해력 향상하기

다음 글을 읽고 물음에 답하시오.

1883년 백열전구를 개발하고 있던 에디슨은 우연히 진공에서 전류가 흐르는 현상을 발견했다. 이것은 플레밍이 2극 진공관을 발명하는 ⑤ 토대가 되었다. 2극 진공관은 진공 상태의 유리관과 그 속에 들어 있는 필라멘트와 금속판으로 이루어져 있다. 진공관 내부의 필라멘트는 고온으로 가열되면 표면에서 전자(-)가 방출된다. 이때 금속판에 (+)전압을 걸어 주면 전류가 흐르고, 반대로 금속판에 (-)전압을 걸어 주면 전류가 흐르지 않게 된다. 이렇게 전류를 한 방향으로만 흐르게 하는 작용을 정류라 한다. 이후 개발된 3극 진공관은 2극 진공관의 필라멘트와 금속판 사이에 '그리드'라는 전극을 추가한 것으로, 그리드의 전압을 약간만 변화시켜도 필라멘트와 금속판 사이의 전류를 큰 폭으로 변화시킬 수 있었다. 이것이 3극 진공관의 증폭 기능이다.

진공관의 개발은 라디오, 텔레비전, 컴퓨터의 출현 및 발전에 지대한 역할을 하였으나 진공관 자체는 문제가 많았다. 진공관은 부피가 컸으며, 유리관은 깨지기 쉬웠고, 필라멘트는 예열이 필요하고 끊어지기도 쉬웠다. 그러다가 1940년대에 이르러 게르마늄(Ge)과 규소(Si)에 불순물을 첨가하면 전류가 잘 흐르게 된다는 사실을 과학자들이 발견하게 되면서 문제 해결의 계기가 마련되었다. 순수한 규소는 원자의 결합에 관여하는 전자인 최외각 전자가 4개이며 최외각 전자들은 원자에 속박되어 있어 전류가 흐르기 힘들다. 그러나 그림 (가)와 같이 최외각 전자가 5개인 비소(As)를 규소에 소량 첨가하면 결합에 참여하지 않는 1개의 잉여 전자가 전류를 더 잘 흐르게 해 준다. 이를 n형 반도체라고 한다.

한편 그림 (나)와 같이 규소에 최외각 전자가 3개인 붕소(B)를 소량 첨가하면 빈 자리인 정공(+)이 생기게 된다. 이 정공은 자유롭게 움직일 수 있어 전류를 더 잘 흐르게 해 준다. 이를 p형 반도체라고 한다.

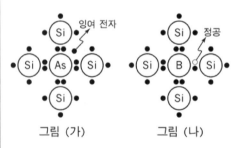

그림 (가)　　　그림 (나)

p형과 n형 반도체를 각각 하나씩 접합하여 pn 접합 소자*를 만들면 이 소자는 정류 기능을 할 수 있다. 즉 p형에 (+)전압을, n형에 (-)전압을 걸어 주면 전류가 흐르는 반면, 이와 반대로 전압을 걸어 주면 전류가 거의 흐르지 않는다. 한편 n형이나 p형을 3개 접합하면 트랜지스터라 불리는 pnp 혹은 npn 접합 소자를 만들 수 있다. 이때 가운데 위치한 반도체가 진공관의 그리드와 같은 역할을 하여 트랜지스터는 증폭 기능을 한다. 이렇듯 반도체 소자는 진공을 만들거나 필라멘트를 가열하지 않고도 진공관의 기능을 대체했을 뿐 아니라 소형화도 이룰 수 있었다. 이로써 전자 공학 기술의 비약적 발전이 가능해졌다.

* 소자 : 독립된 고유의 기능을 가진 낱낱의 부품.

01 윗글의 내용과 일치하지 <u>않는</u> 것은?

① pnp 접합 소자는 그리드를 사용한다.
② 진공관은 컴퓨터의 출현에 기여하였다.
③ 2극 진공관은 3극 진공관보다 먼저 출현하였다.
④ pn 접합 소자는 2극 진공관과 같이 정류 기능을 한다.
⑤ 진공관 내의 필라멘트를 고온으로 가열하면 전자가 방출된다.

02 그림 (가)와 (나)에 대한 설명으로 적절한 것은?

① (가)에서 잉여 전자는 원자 간 결합에 참여한다.
② 순수한 규소는 (나)에 비해 전류가 더 잘 흐른다.
③ 순수한 규소를 (가)로 변형시킨 것이 p형 반도체이다.
④ (가), (나), (가)를 차례로 접합하여 증폭 기능을 하는 소자를 만들 수 있다.
⑤ (가)와 (나)를 접합한 후 (가)에 (-)전압을, (나)에 (+)전압을 걸어 주면 전류가 흐르지 않는다.

03 윗글과 〈보기〉를 읽고 '반도체 소자를 적용한 보청기'에 대해 보인 반응으로 적절하지 <u>않은</u> 것은?

보기

● 보청기는 음향을 전기적 신호로 바꾸어 주는 마이크로폰, 전기 신호를 크게 만드는 증폭기, 증폭된 전기 신호를 음향으로 환원하는 수화기로 구성되어 있다.
● 진공관을 사용한 보청기는 1920년대에 개발되었고, 반도체 소자를 적용한 보청기는 1950년대에 개발되었다.

① 예열이 필요 없게 되었겠군.
② 진공관 보청기에 비해 부피가 줄어들었겠군.
③ 트랜지스터가 증폭 기능을 위해 사용되었겠군.
④ 내구성을 위해 보청기 내부를 진공으로 만들었겠군.
⑤ 순수한 규소나 게르마늄만 가지고는 만들 수 없었겠군.

04 ㉠과 바꿔 쓰기에 적절하지 <u>않은</u> 것은?

① 기준이 되었다
② 기초가 되었다
③ 기틀이 되었다
④ 바탕이 되었다
⑤ 발판이 되었다

다음 글을 읽고 물음에 답하시오.

디지털 ㉮피아노는 ㉯건반의 움직임에 따라 내장 컴퓨터가 해당 건반의 소리를 재생하는 ㉰악기이다. 각 건반의 소리는 디지털 데이터 형태로 녹음되어 내장 컴퓨터의 저장 장치에 저장되어 있다.

건반의 움직임은 일반적으로 각 건반마다 설치된 3개의 센서가 감지한다. 각 센서는 정해진 순서대로 작동하는데, 가장 먼저 작동하는 센서는 건반의 눌림 동작을 감지하고, 나머지 둘은 건반을 누르는 세기를 감지한다. 첫 센서에 의해 건반의 움직임이 감지되면 내장 컴퓨터의 중앙 처리 장치(CPU)가 해당 건반에 대응하는 소리 데이터를 저장 장치로부터 읽어 온다.

건반을 누르는 세기에 따라 음의 크기가 달라지도록 해 주어야 하는데, 이를 위해서는 나머지 두 센서를 이용한다. 강하게 누르면 건반이 움직이는 속도가 빨라져 두 번째와 세 번째 센서가 작동하는 시간 간격이 줄어든다. CPU는 두 센서가 작동하는 시간의 차이가 줄어드는 만큼 음의 크기가 커지도록 소리 데이터를 처리한다. 이렇게 처리가 끝난 소리 데이터는 디지털-아날로그 신호 변환 장치(DAC)를 거쳐 아날로그 신호로 바뀌고 앰프와 스피커를 통해 피아노 소리로 재현된다.

그렇다면 저장 장치에 저장되어 있는 각 건반의 소리는 어떤 과정을 거쳐 디지털 데이터로 바뀐 것일까? ㉠각 건반의 소리는 샘플링과 양자화 과정을 거쳐 디지털 데이터의 형태로 녹음된다. 샘플링은 시간에 따라 지속적으로 변하는 소리 파동의 모양에 대한 정보를 얻기 위해 파동을 일정한 시간 간격으로 나누고, 매 구간마다 파동의 크기를 측정하여 수치화한 샘플을 얻는 것이다. 이때의 시간 간격을 샘플링 주기라고 하는데, 이

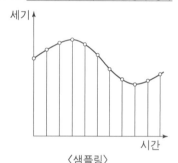
〈샘플링〉

주기를 짧게 설정할수록 음질이 좋아진다. 하지만 각 주기마다 데이터가 하나씩 생성되기 때문에 샘플링 주기가 짧아지면 단위 시간당 생성되는 데이터도 많아진다.

양자화는 샘플링을 통해 얻어진 측정값을 양자화 표를 이용해 디지털 부호로 바꾸는 것이다. 양자화 표는 일반 피아노가 낼 수 있는 소리의 최대 변화 폭을 일정한 수의 구간으로 나눈 다음, 각 구간에 이진수로 표현되는 부호를 일대일로 대응시켜 할당한 표이다. 양자화 구간의 개수는 부호에 사용되는 이진수의 자릿수에 의해 결정된다. 가령, 하나의 부호를 3자리의 이진수로 나타낸다면 양자화 구간의 개수는 000~111까지의 부호가 할당된 8개가 된다. 즉 가장 작은 소리부터 가장 큰 소리까지 8단계로 구분하여 나타낼 수 있다. 만일 자릿수가 늘어나면 양자화 구간의 간격이 좁아져 소리를 세밀하게 표현할 수 있지만 전체 데이터의 양은 커진다. 이렇게 건반의 소리는 샘플링과 양자화 과정을 통해 변환된 부호의 형태로 저장 장치에 저장된다.

01 윗글의 내용과 일치하지 않는 것은?

① 소리는 디지털 데이터로 미리 녹음되어 저장된다.
② 각 건반에는 같은 수의 센서가 설치되어 있다.
③ 건반의 눌림 동작과 세기는 동시에 감지된다.
④ 소리 파동 모양의 정보는 샘플링을 통해 얻는다.
⑤ 양자화 구간마다 할당된 부호는 서로 다르다.

02 〈보기〉는 디지털 피아노의 작동 원리를 도식화한 것이다. ⓐ~ⓔ에 해당하는 것으로 옳지 않은 것은?

보기

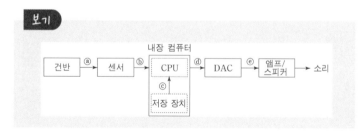

① ⓐ : 건반의 눌림과 움직이는 속도
② ⓑ : 샘플링된 소리의 측정값
③ ⓒ : 해당 건반의 소리 데이터
④ ⓓ : 처리된 소리 데이터
⑤ ⓔ : 변환된 아날로그 신호

03 ㉠에 대한 설명으로 옳지 <u>않은</u> 것은?

① 소리 파동의 모양은 생성되는 데이터의 개수를 결정한다.
② 부호의 자릿수는 소리 표현의 세밀한 정도를 결정한다.
③ 부호의 자릿수는 양자화 구간의 개수를 결정한다.
④ 샘플의 측정값은 양자화를 통해 부호로 바뀐다.
⑤ 샘플링 주기는 재생되는 음질에 영향을 준다.

지문분석으로 독해력 향상하기

04 ㉮와 ㉯의 의미 관계를 A, ㉮와 ㉰의 의미 관계를 B라고 할 때, A와 B의 예로 옳은 것은?

	A	B
①	동물 : 개	나라 : 국민
②	비행기 : 날개	복숭아 : 과일
③	버스 : 택시	구두 : 신발
④	고양이 : 꼬리	사람 : 인간
⑤	아들 : 딸	옷장 : 가구

다음 글을 읽고 물음에 답하시오.

경제학에서는 가격이 한계 비용과 일치할 때를 가장 이상적인 상태라고 본다. '한계 비용'이란 재화의 생산량을 한 단위 증가시킬 때 추가되는 비용을 말한다. 한계 비용 곡선과 수요 곡선이 만나는 점에서 가격이 정해지면 재화의 생산 과정에 ㉠ 들어가는 자원이 낭비 없이 효율적으로 배분되며, 이때 사회 전체의 만족도가 가장 커진다. 가격이 한계 비용보다 높아지면 상대적으로 높은 가격으로 인해 수요량이 줄면서 거래량이 따라 줄고, 결과적으로 생산량도 감소한다. 이는 사회 전체의 관점에서 볼 때 자원이 효율적으로 배분되지 못하는 상황이므로 사회 전체의 만족도가 떨어지는 결과를 ㉡ 낳는다.

위에서 설명한 일반 재화와 마찬가지로 수도, 전기, 철도와 같은 공익 서비스도 자원 배분의 효율성을 ㉢ 생각하면 한계 비용 수준으로 가격(=공공요금)을 결정하는 것이 바람직하다. 대부분의 공익 서비스는 초기 시설 투자 비용은 막대한 반면 한계 비용은 매우 적다. 이러한 경우, 한계 비용으로 공공요금을 결정하면 공익 서비스를 제공하는 기업은 손실을 볼 수 있다.

[A] 예컨대 초기 시설 투자 비용이 6억 달러이고, 톤당 1달러의 한계 비용으로 수돗물을 생산하는 상수도 서비스를 가정해 보자. 이때 수돗물 생산량을 '1톤, 2톤, 3톤, …'으로 늘리면 총비용은 '6억 1달러, 6억 2달러, 6억 3달러, …'로 늘어나고, 톤당 평균 비용은 '6억 1달러, 3억 1달러, 2억 1달러, …'로 지속적으로 줄어든다. 그렇지만 평균 비용이 계속 줄어들더라도 한계 비용 아래로는 결코 내려가지 않는다. 따라서 한계 비용으로 수도 요금을 결정하면 총비용보다 총수입이 적으므로 수도 사업자는 손실을 보게 된다.

이를 해결하는 방법에는 크게 두 가지가 있다. 하나는 정부가 공익 서비스 제공 기업에 손실분만큼 보조금을 ㉣ 주는 것이고, 다른 하나는 공공요금을 평균 비용 수준으로 정하는 것이다. 전자의 경우 보조금을 세금으로 충당한다면 다른 부문에 들어갈 재원이 ㉤ 줄어드는 문제가 있다. 평균 비용 곡선과 수요 곡선이 교차하는 점에서 요금을 정하는 후자의 경우에는 총수입과 총비용이 같아져 기업이 손실을 보지는 않는다. 그러나 요금이 한계 비용보다 높기 때문에 사회 전체의 관점에서 자원의 효율적 배분에 문제가 생긴다.

01 윗글의 내용과 일치하지 <u>않는</u> 것은?

① 자원이 효율적으로 배분될 때 사회 전체의 만족도가 극대화된다.

② 가격이 한계 비용보다 높은 경우에는 한계 비용과 같은 경우에 비해 결국 그 재화의 생산량이 줄어든다.

③ 공익 서비스와 일반 재화의 생산 과정에서 자원을 효율적으로 배분하기 위한 조건은 서로 같다.

④ 정부는 공공요금을 한계 비용 수준으로 유지하기 위하여 보조금 정책을 펼 수 있다.

⑤ 평균 비용이 한계 비용보다 큰 경우, 공공요금을 평균 비용 수준에서 결정하면 자원의 낭비를 방지할 수 있다.

02 〈보기〉는 [A]의 내용을 그래프로 나타낸 것이다. 윗글과 관련지어 이해한 내용으로 옳지 <u>않은</u> 것은?

보기

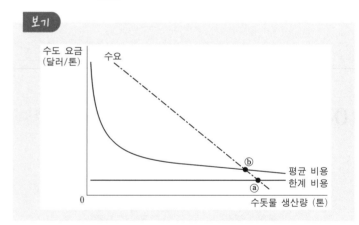

① ⓐ에서 수도 요금을 결정하면 수도 사업자는 손실을 본다.

② ⓐ에서 수도 요금을 결정하면 수도 요금은 톤당 1달러이다.

③ ⓑ에서 수도 요금을 결정하면 수도 사업자의 총수입과 총비용은 같다.

④ 수돗물 생산량이 증가함에 따라 평균 비용과 한계 비용의 격차가 줄어든다.

⑤ 요금 결정 지점이 ⓐ에서 ⓑ로 이동하면 사회 전체의 만족도는 증가한다.

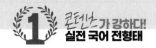
03 문맥상 ㉠~㉤과 바꾸어 쓰기에 적절하지 <u>않은</u> 것은?

① ㉠ : 투입(投入)되는
② ㉡ : 초래(招來)한다
③ ㉢ : 추정(推定)하면
④ ㉣ : 지급(支給)하는
⑤ ㉤ : 감소(減少)하는

지문분석으로 독해력 향상하기

다음 글을 읽고 물음에 답하시오.

　어떤 경제 주체의 행위가 자신과 거래하지 않는 제3자에게 의도하지 않게 이익이나 손해를 주는 것을 '외부성'이라 한다. 과수원의 과일 생산이 인접한 양봉업자에게 벌꿀 생산과 관련한 이익을 준다든지, ㉠ 공장의 제품 생산이 강물을 오염시켜 주민들에게 피해를 주는 것 등이 대표적인 사례이다.

　외부성은 사회 전체로 보면 이익이 극대화되지 않는 비효율성을 초래할 수 있다. 개별 경제 주체가 제3자의 이익이나 손해까지 고려하여 행동하지는 않을 것이기 때문이다. 예를 들어, [A] [과수원의 이윤을 극대화하는 생산량이 Q_a라고 할 때, 생산량을 Q_a보다 늘리면 과수원의 이윤은 줄어든다. 하지만 이로 인한 과수원의 이윤 감소보다 양봉업자의 이윤 증가가 더 크다면, 생산량을 Q_a보다 늘리는 것이 사회적으로 바람직하다.] 하지만 과수원이 자발적으로 양봉업자의 이익까지 고려하여 생산량을 Q_a보다 늘릴 이유는 없다.

　전통적인 경제학은 이러한 비효율성의 해결책이 보조금이나 벌금과 같은 정부의 개입이라고 생각한다. 보조금을 받거나 벌금을 내게 되면 제3자에게 주는 이익이나 손해가 더 이상 자신의 이익과 무관하지 않게 되므로, 자신의 이익에 충실한 선택이 사회적으로 바람직한 결과로 이어진다는 것이다.

　그러나 전통적인 경제학은 모든 시장 거래와 정부 개입에 시간과 노력, 즉 비용이 든다는 점을 간과하고 있다. 외부성은 이익이나 손해에 관한 협상이 너무 어려워 거래가 일어나지 못하는 경우이므로, 보조금이나 벌금뿐만 아니라 협상을 쉽게 해주는 법과 규제도 해결책이 될 수 있다. 어떤 방식이든, 정부 개입은 비효율성을 줄이는 측면도 있지만 개입에 드는 비용으로 인해 비효율성을 늘리는 측면도 있다.

01 윗글의 내용에 대한 이해로 적절하지 <u>않은</u> 것은?

① 개별 경제 주체는 사회 전체가 아니라 자신의 이익을 기준으로 행동한다.

② 제3자에게 이익을 주는 외부성은 사회 전체적으로 비효율성을 초래하지 않는다.

③ 전통적인 경제학은 보조금을 지급하거나 벌금을 부과하는 데 따르는 비용을 고려하지 않는다.

④ 사회 전체적으로 보아 이익을 더 늘릴 여지가 있다면 그 사회는 사회적 효율성이 충족된 것이 아니다.

⑤ 이익이나 손해를 주고받는 당사자들 사이에 그 손익에 관한 거래가 이루어지는 경우는 외부성에 해당되지 않는다.

02 ㉠의 사례를 [A]처럼 설명할 때, 〈보기〉의 ㉮~㉰에 들어갈 말로 옳은 것은?

보기

　공장의 이윤을 극대화하는 생산량이 Q_b라고 할 때, 생산량을 Q_b보다 (㉮) 공장의 이윤은 줄어든다. 하지만 이로 인한 공장의 이윤 감소보다 주민들의 피해 감소가 더 (㉯), 생산량을 Q_b보다 (㉰) 것이 사회적으로 바람직하다.

	㉮	㉯	㉰
①	줄이면	크다면	줄이는
②	줄이면	크다면	늘리는
③	줄이면	작다면	줄이는
④	늘리면	작다면	줄이는
⑤	늘리면	작다면	늘리는

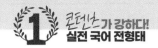

지문분석으로 독해력 향상하기

다음 글을 읽고 물음에 답하시오.

대부분의 민주주의 국가에서 국민은 자신의 대표자를 뽑아 국정의 운영을 맡기는 제도를 채택하고 있다. 그런데 여기에는 국민과 대표자 사이의 관계와 관련하여 근대 정치의 고전적인 딜레마가 내포되어 있다. 가령 입법안을 둘러싸고 국회의원과 소속 지역구 주민들의 생각이 다르다고 가정해 보자. 누구의 의사를 우선하는 것이 옳을까?

우리 헌법 제1조 제2항은 "대한민국의 주권은 국민에게 있고, 모든 권력은 국민으로부터 나온다."라고 규정하고 있다. 이 규정은 국가의 모든 권력의 행사가 주권자인 국민의 뜻에 따라 이루어져야 한다는 의미로 해석할 수 있다. 따라서 국회의원은 지역구 주민의 뜻에 따라 입법해야 한다고 생각하는 사람이 있다면, 그는 이 조항에서 근거를 ⓐ <u>찾으면</u> 될 것이다. 이 주장에서와 같이 대표자가 자신의 권한을 국민의 뜻에 따라 행사해야 한다고 할 때 그런 대표 방식을 ⊙ <u>명령적 위임 방식</u>이라 한다. 명령적 위임 방식에서는 민주주의의 본래 의미가 충실하게 실현될 수 있으나, 현실적으로 표출된 국민의 뜻이 국가 전체의 이익과 다를 경우 바람직하지 않은 결과가 초래될 수 있다.

한편 우리 헌법은 "입법권은 국회에 속한다."(제40조), "국회의원은 국가 이익을 우선하여 양심에 따라 직무를 행한다."(제46조 제2항)라고 규정하고 있다. 이 규정은, 입법권이 국회에 속하는 이상 입법은 국회의원의 생각에 따라야 한다는 뜻이다. 이 규정의 목적은 국회의원 각자가 현실적으로 표출된 국민의 뜻보다는 국가 이익을 고려하도록 하는 데 있다. 이에 따르면 국회의원은 소속 정당의 지시에도 반드시 따를 필요는 없다. 이와 같이 대표자가 소신에 따라 자유롭게 결정할 수 있도록 하는 대표 방식을 ⓛ <u>자유 위임 방식</u>이라고 부른다. 자유 위임 방식에서는 구체적인 국가 의사 결정은 대표자에게 맡기고, 국민은 대표자 선출권을 통해 간접적으로 대표자를 통제한다. 국회의원의 모든 권한은 국민이 갖는 이 대표자 선출권에 근거하기 때문에 자유 위임 방식은 헌법 제1조 제2항에도 모순되지 않는다. 우리나라는 기본적으로 이 후자의 입장을 취하고 있다.

그러나 자유 위임 방식에서는 국민이 대표자를 구체적인 사안에서 직접적으로 통제하지 못하기 때문에 국민과 대표자 사이의 신뢰 관계가 약화되어 민주주의의 원래 의미가 퇴색될 우려가 있다. 극단적으로는 대표자가 사적 이익을 추구하는 데 권한을 남용하더라도 제재할 수단이 없게 된다. 이런 문제점을 보완하기 위해 국가에 따라서는 국가의 의사 결정에 국민이 직접 참여하거나 대표자를 직접 통제할 수 있는 ㉮ <u>직접 민주주의적 제도</u>를 부분적으로 도입하기도 한다.

01 윗글의 전개 방식으로 가장 적절한 것은?

① 두 견해의 특징과 장단점을 제시하고 있다.
② 두 견해를 시간적 순서에 따라 설명하고 있다.
③ 두 견해가 서로 인과 관계에 있음을 논증하고 있다.
④ 두 견해의 공통점을 부각하여 논지를 강화하고 있다.
⑤ 한 견해의 관점에서 일관되게 다른 견해를 비판하고 있다.

02 〈보기〉의 상황에 ⊙, ⓛ을 적용할 때, 타당한 것은?

보기

어떤 나라의 의회 의원인 A는 법안 X의 의회 표결을 앞두고 있는데, 소속 지역구 주민들은 법안 X가 지역 경제에 심대한 타격이 되리라는 우려에서 A에게 법안 X에 반대하도록 요구하고 있다.

① ⊙ : A는 국가 이익에 도움이 된다고 확신할 때는 X에 찬성할 수 있다.
② ⊙ : A는 지역구 주민의 의사가 자신의 소신과 다르다면 기권해야 한다.
③ ⓛ : A는 반대하기로 선거 공약을 했다면 X에 반대해야 한다.
④ ⓛ : A는 소속 정당의 당론이 찬성 의견이라면 X에 찬성해야 한다.
⑤ ⓛ : A는 지역구 주민들의 우려가 타당하더라도 X에 찬성할 수 있다.

03 ㉮에 대한 설명으로 적절하지 <u>않은</u> 것은?

① 자유 위임 방식을 채택한 국가에서 ㉮의 도입은 선택적이다.
② 법률안 등을 국민이 투표로 직접 결정하는 제도는 ㉮에 해당한다.
③ 명령적 위임 방식에서 나타나는 문제점이 ㉮를 도입할 때에도 나타날 수 있다.
④ 일정 연령에 도달한 국민에게 차별 없이 대표자 선출권을 부여하는 제도는 ㉮에 해당한다.
⑤ ㉮의 도입은 국민과 대표자 사이의 신뢰 관계가 약화될 수 있다는 문제점을 보완하려는 것이다.

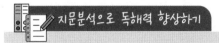

04 ⓐ의 문맥적 의미와 가장 가까운 것은?

① 누나가 문제 해결의 실마리를 <u>찾았습니다</u>.
② 아버지는 이 약을 복용하고 생기를 <u>찾았습니다</u>.
③ 그는 잃어버린 권리를 <u>찾기</u> 위한 활동을 계속했다.
④ 형은 자신의 적성에 맞는 직업을 <u>찾으려</u> 노력했다.
⑤ 그들은 자신의 안일과 이익만을 <u>찾다가</u> 화를 입었다.

다음 글을 읽고 물음에 답하시오.

태양빛은 흰색으로 보이지만 실제로는 다양한 파장의 가시광선이 혼합되어 나타난 것이다. 프리즘을 통과시키면 흰색의 가시광선은 파장에 따라 붉은빛부터 보랏빛까지의 무지갯빛으로 분해된다. 가시광선의 파장의 범위는 390~780nm* 정도인데 보랏빛이 가장 짧고 붉은빛이 가장 길다. 빛의 진동수는 파장과 반비례하므로 진동수는 보랏빛이 가장 크고 붉은빛이 가장 작다. 태양빛이 대기층에 입사하여 산소나 질소 분자와 같은 공기 입자(직경 0.1~1nm 정도), 먼지 미립자, 에어로졸*(직경 1~100,000nm 정도) 등과 부딪치면 여러 방향으로 흩어지는데 이러한 현상을 산란이라 한다. 산란은 입자의 직경과 빛의 파장에 따라 '레일리(Rayleigh) 산란'과 '미(Mie) 산란'으로 구분된다.

레일리 산란은 입자의 직경이 파장의 1/10보다 작을 경우에 일어나는 산란을 말하는데 그 세기는 파장의 네제곱에 반비례한다. 대기의 공기 입자는 직경이 매우 작아 가시광선 중 파장이 짧은 빛을 주로 산란시키며, 파장이 짧을수록 산란의 세기가 강하다. 따라서 맑은 날에는 주로 공기 입자에 의한 레일리 산란이 일어나서 보랏빛이나 파란빛이 강하게 산란되는 반면 붉은빛이나 노란빛은 약하게 산란된다. 산란되는 세기로는 보랏빛이 가장 강하겠지만 우리 눈은 보랏빛보다 파란빛을 더 잘 감지하기 때문에 하늘은 파랗게 보이는 것이다. 만약 태양빛이 공기 입자보다 큰 입자에 의해 레일리 산란이 일어나면 공기 입자만으로는 산란이 잘 되지 않던 긴 파장의 빛까지 산란되어 하늘의 파란빛은 상대적으로 엷어진다.

미 산란은 입자의 직경이 파장의 1/10보다 큰 경우에 일어나는 산란을 말하는데 주로 에어로졸이나 구름 입자 등에 의해 일어난다. 이때 산란의 세기는 파장이나 입자 크기에 따른 차이가 거의 없다. 구름이 흰색으로 보이는 것은 미 산란으로 설명된다. 구름 입자(직경 20,000nm 정도)처럼 입자의 직경이 가시광선의 파장보다 매우 큰 경우에는 모든 파장의 빛이 고루 산란된다. 이 산란된 빛이 동시에 우리 눈에 들어오면 모든 무지갯빛이 혼합되어 구름이 하얗게 보인다. 이처럼 대기가 없는 달과 달리 지구는 산란 효과에 의해 파란 하늘과 흰 구름을 볼 수 있는 것이다.

* 나노미터 : 물리학적 계량 단위. 1nm = 10^{-9}m.
* 에어로졸 : 대기에 분산되어 있는 고체 또는 액체 입자.

01 윗글의 중심 내용으로 가장 적절한 것은?

① 산란의 원리와 유형
② 무지갯빛의 형성 원리
③ 빛의 파장과 진동수의 관계
④ 미 산란의 원리와 구름의 색
⑤ 가시광선의 종류와 산란의 세기

02 윗글을 읽고 추론한 내용으로 적절하지 않은 것은?

① 가시광선의 파란빛은 보랏빛보다 진동수가 작다.
② 프리즘으로 분해한 태양빛을 다시 모으면 흰색이 된다.
③ 파란빛은 가시광선 중에서 레일리 산란의 세기가 가장 크다.
④ 빛의 진동수가 2배가 되면 레일리 산란의 세기는 16배가 된다.
⑤ 달의 하늘에서는 공기 입자에 의한 태양빛의 산란이 일어나지 않는다.

03 윗글을 바탕으로 〈보기〉의 (가), (나)의 산란 현상에 대해 탐구한 내용으로 가장 적절한 것은?

> **보기**
>
> (가) A 도시에서 많은 비가 내린 후 하늘이 더 파랗게 보였다. 비가 오기 전 대기에서는 직경 10~20nm의 먼지 미립자들이 균질하게 분포하였는데, 비가 온 후에는 그것이 관측되지 않았다.
>
> (나) B 도시 지표 근처의 낮은 하늘은 뿌연 안개처럼 흰색으로 보이고 흰 구름이 낮게 떠 있었다. 그곳에 있는 초고층 건물에 올라 높은 하늘을 보니 하늘이 파랗게 보였다. 지표 근처의 대기에서는 직경이 10,000nm 정도의 에어로졸이 균질하게 분포하는 것이 관측되었다.

① A 도시에서 하늘이 더 파랗게 보인 것은 미 산란이 더 많이 일어났기 때문이겠군.

② A 도시에서 비가 오기 전에는 미 산란이, 비가 온 후에는 레일리 산란이 일어났겠군.

③ B 도시에서 낮은 하늘이 뿌연 안개처럼 흰색으로 보인 것은 미 산란 때문이겠군.

④ B 도시의 높은 하늘이 파랗게 보이고 구름이 희게 보인 것은 레일리 산란 때문이겠군.

⑤ A 도시의 비가 온 후의 하늘과 B 도시의 낮은 하늘에서는 모두 미 산란이 일어났겠군.

다음 글을 읽고 물음에 답하시오.

어떤 학생이 ⓐ 가볍게 걷다가 빠르게 뛴다고 하자. 여기에는 어떤 운동생리학적 원리가 작용하고 있을까? 운동을 수행할 때 근육에서 발현되는 힘, 즉 근수축력은 운동 강도에 비례하여 증가한다. 따라서 운동을 하는 학생이 뛰는 속도를 높이게 되면, 다리 근육의 근수축력은 그에 따라 증가한다.

다리 근육을 포함한 골격근*은 수많은 근섬유*들로 이루어져 있다. 이러한 근섬유들은 운동 신경의 자극에 의해 수축되는데, 이때 하나의 운동 신경과 이에 의해 지배되는 근섬유들을 '운동 단위'라고 부른다. 운동 신경의 지배를 받는 근섬유는 크게 지근섬유와 속근섬유로 구분된다. 지근섬유는 근육 내 산소저장과 운반에 관여하는 미오글로빈의 함량이 높아 붉은색을 띠고 있어 적근섬유라고 부르며, 상대적으로 미오글로빈의 함량이 적어 흰색을 띠는 속근섬유는 백근섬유라고 한다. 운동 단위를 기준으로 할 때, 지근섬유는 하나의 운동 신경에 10~180개 정도가 연결되고, 속근섬유는 300~800개 정도가 연결된다. 하나의 운동 신경에 연결되는 근섬유가 많을수록 근육의 수축력은 증가한다. 이러한 이유에서 속근섬유로 구성된 운동 단위가 훨씬 강한 수축력을 발생시킨다.

[가] 한편 근섬유들은 종류에 따라 수축력, 수축 속도, 피로에 대한 저항력이 다르게 나타난다. 지근섬유는 상대적으로 낮은 수축력과 느린 수축 속도, 높은 피로 저항력을 지니고 있다. 속근섬유는 세부적인 생리적 특성에 따라 다시 a형과 b형으로 나뉜다. b형 속근섬유는 지근섬유에 비해 빨리 피로해지는 속성을 가지고 있으나 신속하고 폭발적인 수축력을 발생시킨다. 반면에 a형 속근섬유는 지근섬유와 b형 속근섬유의 중간 속성을 가지고 있어 지근섬유보다 수축 속도가 빠르며, 동시에 b형 속근섬유보다 높은 피로 저항력을 가진다. 따라서 근육의 지근섬유 비율이 높은 사람은 지구력이 강해 마라톤과 같은 장거리 운동에 적합하다. 반면에 속근섬유 비율이 높은 사람은 100m 달리기와 같은 단거리 운동에 적합하다.

운동 강도가 점진적으로 증가할 때 근육의 수축력도 이에 비례하여 높아진다. 여기에 적용되는 원리 중의 하나가 ㉠ 크기의 원리이다. 이 원리에 따르면 운동 강도가 점차 높아지는 운동을 할 때 운동 단위는 크기에 따라 순차적으로 동원된다. 저강도 운동을 할 때는 가장 작은 크기의 운동 단위를 가지는 지근섬유가 동원된다. 이후 운동 강도가 증가되면 더 큰 운동 단위를 가지는 속근섬유의 운동 단위가 추가적으로 동원된다. 따라서 저강도의 '걷기'에서는 대부분의 다리 근력에 지근섬유가 동원되고, 중강도의 '달리기'에서는 지근섬유에 a형 속근섬유가 추가적으로 동원된다. 또한 고강도의 '전력 질주'에서는 지근섬유와 a형 속근섬유에 b형 속근섬유가 추가적으로 활성화된다.

* 골격근 : 중추 신경의 지배에 따라 골격을 움직이는 근육.
* 근섬유 : 근육 조직을 구성하는 수축성을 가진 섬유상 세포.

01 윗글의 내용과 일치하지 않는 것은?

① 운동 단위는 운동 신경과 근섬유로 구성된다.
② 속근섬유는 미오글로빈의 함량이 적어 흰색을 띤다.
③ 다리 근육을 포함하는 골격근은 운동 신경의 자극에 의해 수축된다.
④ 하나의 운동 신경에 결합하는 근섬유 수가 많으면 근수축력이 높아진다.
⑤ 하나의 운동 신경이 지배하는 근섬유 수는 지근섬유가 속근섬유보다 많다.

02 ㉠을 표현한 그래프로 가장 적절한 것은?

①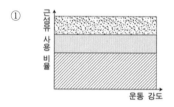

②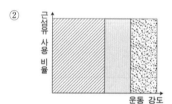

③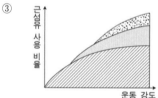

④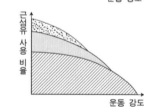

⑤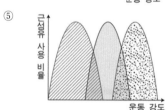

▨ 지근섬유
☐ a형 속근섬유
⬚ b형 속근섬유

03 [개]를 바탕으로 〈보기〉에 대해 이해한 내용으로 적절한 것은?

보기

운동선수 A, B, C의 장딴지 근육은 속근섬유 비율이 각각 20%, 50%, 80%이다.

＊단, 세 선수의 장딴지 근육의 운동 단위 수는 같으며, a형, b형 속근섬유의 비율 및 다른 생리학적 특성은 고려하지 않음.

① A는 B보다 장딴지 근육의 피로 저항력이 낮다.
② B는 C보다 장딴지 근육의 수축 속도가 느리다.
③ C는 A보다 근육의 수축력이 낮다.
④ 100m 달리기에 가장 적합한 사람은 B이다.
⑤ 마라톤에 가장 적합한 사람은 C이다.

지문분석으로 독해력 향상하기

04 ⓐ와 가장 가까운 뜻으로 쓰인 것은?

① 어머니는 할머니를 위해 <u>가벼운</u> 이불을 준비했다.
② 나는 용돈을 탄 지 오래 되어서 주머니가 <u>가볍다</u>.
③ 철수는 입이 <u>가벼워서</u> 내 비밀을 말해 줄 수가 없다.
④ 아직 병중이니 <u>가벼운</u> 활동부터 시작하는 것이 좋겠다.
⑤ 사태를 <u>가볍게</u> 보았다가 해결할 수 없는 지경에 이르렀다.

다음 글을 읽고 물음에 답하시오.

　근대 철학의 아버지라고 불리는 ㉠ 데카르트는 수학 분야에서도 불후의 업적을 남겼다. 『방법서설』의 부록인 '기하학'에서 데카르트는 일견 단순해 보이는 '좌표'라는 개념을 제시했는데, 이 개념으로 그는 해석(解析) 기하학의 토대를 놓았고 그 파급 효과는 엄청났다. 수학자 라그랑주는 이에 대해 "기하학과 대수학이 서로 다른 길을 걸어오는 동안에는 두 학문의 발전이 느렸고, 적용 범위도 한정되어 있었다. 그러나 두 학문이 길동무가 되어 함께 가면서 서로 신선한 활력을 주고받으며 완벽을 향해 빠른 발걸음을 옮기고 있다."라고 묘사했다.

　데카르트의 업적을 기리기 위해, 직교하는 직선들이 만드는 좌표계를 데카르트 좌표계라고 부른다. 통상적으로 이 좌표계의 가로축은 'x축', 세로축은 'y축'이라고 하며 두 축이 교차하는 지점을 '원점'이라고 한다. 이것을 3차원으로 확장하려면 x축과 y축을 포함하는 평면에 수직으로 원점을 지나도록 'z축'을 세우면 된다. 데카르트는 방 안에 날아다니는 파리의 순간적인 위치를 나타낼 방법을 찾다가 이 좌표 개념을 생각해 냈다고 한다. 서로 직교하는 세 평면 각각에서 파리가 있는 곳까지의 거리를 알면 파리의 위치가 정확하게 결정되는 것이다. 누군가가 목표 지점까지 가는 방법을 알려 달라고 했을 때, "동쪽으로 세 블록, 북쪽으로 두 블록 가시오."라고 대답했다면 당신은 데카르트 좌표계를 사용하고 있는 셈이다.

　데카르트의 발견은 좌표를 이용하여 모든 기하학적 형태를 수의 집합으로 나타낼 수 있다는 것을 의미한다. 가령, 좌표 평면의 원점에서 5만큼 떨어져 있는 모든 점들을 연결하면 원이 얻어진다. 피타고라스의 정리를 이용하면 이 원 위에 있는 점 (x, y)는 원의 방정식 $x^2 + y^2 = 5^2$을 만족시킨다는 것을 쉽

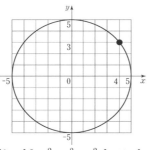

게 증명할 수 있다. 이 원 위의 (4, 3)이라는 점은 $4^2 + 3^2 = 5^2$이므로 이 방정식을 만족시킨다. 이렇게 대수학의 방정식으로 평면 위의 도형을 정확하게 나타낼 수 있다.

　전통적으로 도형을 다루는 수학은 기하학이었다. 고대 그리스 이래 기하학은 자명한 명제인 공리에서 출발하여 증명을 통해 새로운 정리들을 발견해 가는 연역적 방법을 사용해 왔다. 그렇지만 이러한 방법으로 도형을 다루는 것은 매우 까다로웠다. 이 상황에서 데카르트가 좌표 개념을 도입하자 직선, 원, 타원 등 여러 가지 도형을 대수학의 방정식으로 표현할 수 있게 되었다. 이로부터 기하학과 대수학이 연결되어 근대적인 수학 발전의 토대가 된 해석 기하학이 탄생하였다.

01 윗글에서 알 수 있는 내용이 <u>아닌</u> 것은?

① 어떤 점의 좌표로 그 점의 위치를 표시할 수 있다.
② 좌표 평면 위의 원은 방정식으로 표현할 수 있다.
③ 좌표 개념은 고대 그리스의 기하학에서 찾을 수 있다.
④ 피타고라스 정리를 이용하여 원의 방정식을 설명할 수 있다.
⑤ 어떤 물체가 움직인 경로를 좌표를 사용하여 나타낼 수 있다.

02 ㉠의 근거로 가장 적절한 것은?

① 방정식의 해법을 수학의 독립된 분야로 발전시켰다.
② 도형 간의 논리적 관계를 설명하는 방법을 발견했다.
③ 다양한 형태의 도형을 연역적 증명의 방법으로 설명했다.
④ 기하학적 문제를 대수학적 방법으로 풀 수 있게 해 주었다.
⑤ 그림을 그리지 않고 대수학을 푸는 보편적인 원리를 구축했다.

03 윗글을 바탕으로 〈보기〉를 이해한 내용으로 적절하지 <u>않은</u> 것은?

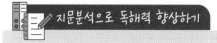

보기

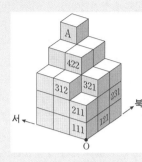

그림과 같은 건물에 있는 31개의 사무실에 데카르트 좌표계를 활용하여 호수를 지정하고자 한다. 먼저 모든 사무실이 같은 크기의 정육면체임을 주목한다. 건물의 모퉁이 O점을 원점으로 삼고 k축은 위쪽, l축은 북쪽, m축은 서쪽으로 향하도록 설정한다. 각 사무실의 8개의 꼭짓점 중 원점에서 가장 먼 꼭짓점의 좌표 (k, l, m)를 세 자리의 수 'klm'으로 만들어 그 사무실의 호수로 정한다. 가령, 원점에 접한 사무실은 111호, 그 위층은 211호이다. 그 밖의 몇 개의 사무실의 호수는 그림에 표시되어 있다.

① 건물이 같은 크기의 정육면체들로 구성된 데 착안하여 데카르트 좌표계를 활용하기로 하였군.
② k축을 위쪽으로 향하게 하니 사무실의 층이 사무실 호수의 백의 자릿수가 되었군.
③ 원점으로부터 사무실까지의 거리에 따라 사무실의 호수가 정해지는군.
④ A 사무실의 꼭짓점 중 원점에서 가장 먼 꼭짓점의 좌표는 (5,3,3)이군.
⑤ 벽면이 맞닿은 두 사무실은 호수를 구성하는 세 개의 수 중 두 개가 같겠군.

다음 글을 읽고 물음에 답하시오.

보험은 같은 위험을 보유한 다수인이 위험 공동체를 형성하여 보험료를 납부하고 보험 사고가 발생하면 보험금을 지급받는 제도이다. 보험 상품을 구입한 사람은 장래의 우연한 사고로 인한 경제적 손실에 ⓐ 대비할 수 있다. 보험금 지급은 사고 발생이라는 우연적 조건에 따라 결정되는데, 이처럼 보험은 조건의 실현 여부에 따라 받을 수 있는 재화나 서비스가 달라지는 조건부 상품이다.

　　　위험 공동체의 구성원이 납부하는 보험료와 지급받는 보험금은 그 위험 공동체의 사고 발생 확률을 근거로 산정된다. 특정 사고가 발생할 확률은 정확히 알 수 없지만 그동안 발생된 사고를 바탕으로 그 확률을 예측한다면 관찰 대상이 많아짐에 따라 실제 사고 발생 확률에 근접하게 된다. 본래 보험 가입의 목적은 금전적 이득을 취하는 데 있는 것이 아니라 장래의 경제적 손실을 보상받는 데 있으므로 위험 공동체의 구성원은 자신이 속한 위험 공동체의 위험에 상응하는 보험료를 납부하는 것이 공정할 것이다. 따라서 공정한 보험에서
[가] 는 구성원 각자가 납부하는 보험료와 그가 지급받을 보험금에 대한 기댓값이 일치해야 하며 구성원 전체의 보험료 총액과 보험금 총액이 일치해야 한다. 이때 보험금에 대한 기댓값은 사고가 발생할 확률에 사고 발생 시 수령할 보험금을 곱한 값이다. 보험금에 대한 보험료의 비율(보험료/보험금)을 보험료율이라 하는데, 보험료율이 사고 발생 확률보다 높으면 구성원 전체의 보험료 총액이 보험금 총액보다 더 많고, 그 반대의 경우에는 구성원 전체의 보험료 총액이 보험금 총액보다 더 적게 된다. 따라서 공정한 보험에서는 보험료율과 사고 발생 확률이 같아야 한다.

물론 현실에서 보험사는 영업 활동에 소요되는 비용 등을 보험료에 반영하기 때문에 공정한 보험이 적용되기 어렵지만 기본적으로 위와 같은 원리를 바탕으로 보험료와 보험금을 산정한다. 그런데 보험 가입자들이 자신이 가진 위험의 정도에 대해 진실한 정보를 알려 주지 않는 한, 보험사는 보험 가입자 개개인이 가진 위험의 정도를 정확히 ⓑ 파악하여 거기에 상응하는 보험료를 책정하기 어렵다. 이러한 이유로 사고 발생 확률이 비슷하다고 예상되는 사람들로 구성된 어떤 위험 공동체에 사고 발생 확률이 더 높은 사람들이 동일한 보험료를 납부하고 진입하게 되면, 그 위험 공동체의 사고 발생 빈도가 높아져 보험사가 지급하는 보험금의 총액이 증가한다. 보험사는 이를 보전하기 위해 구성원이 납부해야 할 보험료를 ⓒ 인상할 수밖에 없다. 결국 자신의 위험 정도에 상응하는 보험료보다 더 높은 보험료를 납부하는 사람이 생기게 되는 것이다. 이러한 문제는 정보의 비대칭성에서 비롯되는데 보험 가입자의 위험 정도에 대한 정보는 보험 가입자가 보험사보다 더 많이 갖고 있기 때문이다. 이를 해결하기 위해 보험사는 보험 가입자의 감춰진 특성을 파악할 수 있는 수단이 필요하다.

우리 상법에 규정되어 있는 고지 의무는 이러한 수단이 법적으로 구현된 제도이다. 보험 계약은 보험 가입자의 청약과 보험사의 승낙으로 성립된다. 보험 가입자는 반드시 계약을 체결하기 전에 '중요한 사항'을 알려야 하고, 이를 사실과 다르게 진술해서는 안 된다. 여기서 '중요한 사항'은 보험사가 보험 가입자의 청약에 대한 승낙을 결정하거나 차등적인 보험료를 책정하는 근거가 된다. 따라서 고지 의무는 결과적으로 다수의 사람들이 자신의 위험 정도에 상응하는 보험료보다 더 높은 보험료를 납부해야 하거나, 이를 이유로 아예 보험에 가입할 동기를 상실하게 되는 것을 방지한다.

보험 계약 체결 전 보험 가입자가 고의나 중대한 과실로 '중요한 사항'을 보험사에 알리지 않거나 사실과 다르게 알리면 고지 의무를 위반하게 된다. 이러한 경우에 우리 상법은 보험사에 계약 해지권을 부여한다. 보험사는 보험 사고가 발생하기 이전이나 이후에 상관없이 고지 의무 위반을 이유로 계약을 해지할 수 있고, 해지권 행사는 보험사의 일방적인 의사 표시로 가능하다. 해지를 하면 보험사는 보험금을 지급할 책임이 없게 되며, 이미 보험금을 지급했다면 그에 대한 반환을 청구할 수 있다. 일반적으로 법에서 의무를 위반하게 되면 위반한 자에게 그 의무를 이행하도록 강제하거나 손해 배상을 청구할 수 있는 것과 달리, 보험 가입자가 고지 의무를 위반했을 때에는 보험사가 해지권만 행사할 수 있다. 그런데 보험사의 계약 해지권이 제한되는 경우도 있다. 계약 당시에 보험사가 고지 의무 위반에 대한 사실을 알았거나 중대한 과실로 인해 알지 못한 경우에는 보험 가입자가 고지 의무를 위반했어도 보험사의 해지권은 ⓓ 배제된다. 이는 보험 가입자의 잘못보다 보험사의 잘못에 더 책임을 둔 것이라 할 수 있다. 또 보험사가 해지권을 행사할 수 있는 기간에도 일정한 제한을 두고 있는데, 이는 양자의 법률관계를 신속히 확정함으로써 보험 가입자가 불안정한 법적 상태에 장기간 놓여 있는 것을 방지하려는 것이다. 그러나 고지해야 할 '중요한 사항' 중 고지 의무 위반에 해당되는 사항이 보험 사고와 인과 관계가 없을 때에는 보험사는 보험금을 지급할 책임이 있다. 그렇지만 이때에도 해지권은 행사할 수 있다.

보험에서 고지 의무는 보험에 가입하려는 사람의 특성을 검증함으로써 다른 가입자에게 보험료가 부당하게 ⓔ 전가되는 것을 막는 기능을 한다. 이로써 사고의 위험에 따른 경제적 손실에 대비하고자 하는 보험 본연의 목적이 달성될 수 있다.

01 윗글에 대한 설명으로 가장 적절한 것은?

① 보험 계약에서 보험사가 준수해야 할 법률 규정의 실효성을 검토하고 있다.

② 보험사의 보험 상품 판매 전략에 내재된 경제학적 원리와 법적 규제의 필요성을 강조하고 있다.

③ 공정한 보험의 경제학적 원리와 보험의 목적을 실현하는 데 기여하는 법적 의무를 살피고 있다.

④ 보험금 지급을 두고 벌어지는 분쟁의 원인을 나열한 후 경제적 해결책과 법적 해결책을 모색하고 있다.

⑤ 보험 상품의 거래에 부정적으로 작용하는 법률 조항의 문제점을 경제학적인 시각에서 분석하고 있다.

02 윗글을 이해한 내용으로 가장 적절한 것은?

① 보험사가 청약을 하고 보험 가입자가 승낙해야 보험 계약이 해지된다.

② 구성원 전체의 보험료 총액보다 보험금 총액이 더 많아야 공정한 보험이 된다.

③ 보험 사고 발생 여부와 관계없이 같은 보험료를 납부한 사람들은 동일한 보험금을 지급받는다.

④ 보험에 가입하고자 하는 사람이 알린 중요한 사항을 근거로 보험사는 보험 가입을 거절할 수 있다.

⑤ 우리 상법은 보험 가입자보다 보험사의 잘못을 더 중시하기 때문에 보험사에 계약 해지권을 부여하고 있다.

03 [가]를 바탕으로 〈보기〉의 상황을 이해한 내용으로 적절한 것은?

보기

사고 발생 확률이 각각 0.1과 0.2로 고정되어 있는 위험 공동체 A와 B가 있다고 가정한다. A와 B에 모두 공정한 보험이 항상 적용된다고 할 때, 각 구성원이 납부할 보험료와 사고 발생 시 지급받을 보험금을 산정하려고 한다.

단, 동일한 위험 공동체의 구성원끼리는 납부하는 보험료가 같고, 지급받는 보험금이 같다. 보험료는 한꺼번에 모두 납부한다.

① A에서 보험료를 두 배로 높이면 보험금은 두 배가 되지만 보험금에 대한 기댓값은 변하지 않는다.

② B에서 보험금을 두 배로 높이면 보험료는 변하지 않지만 보험금에 대한 기댓값은 두 배가 된다.

③ A에 적용되는 보험료율과 B에 적용되는 보험료율은 서로 같다.

④ A와 B에서의 보험금이 서로 같다면 A에서의 보험료는 B에서의 보험료의 두 배이다.

⑤ A와 B에서의 보험료가 서로 같다면 A와 B에서의 보험금에 대한 기댓값은 서로 같다.

04 윗글의 고지 의무에 대한 설명으로 적절하지 않은 것은?

① 고지 의무를 위반한 보험 가입자가 보험사에 손해 배상을 해야 하는 근거가 된다.

② 보험사가 보험 가입자의 위험 정도에 따라 차등적인 보험료를 책정하는 데 도움이 된다.

③ 보험 계약 과정에서 보험사가 가입자들의 특성을 파악하는 데 드는 어려움을 줄여 준다.

④ 보험사와 보험 가입자 간의 정보 비대칭성에서 기인하는 문제를 줄일 수 있는 법적 장치이다.

⑤ 자신의 위험 정도에 상응하는 보험료보다 높은 보험료를 내야 한다는 이유로 보험 가입을 포기하는 사람들이 생기는 것을 방지하는 효과가 있다.

05 윗글을 바탕으로 〈보기〉의 사례를 검토한 내용으로 가장 적절한 것은?

보기

　　보험사 A는 보험 가입자 B에게 보험 사고로 인한 보험금을 지급한 후, B가 중요한 사항을 고지하지 않았다는 사실을 뒤늦게 알고 해지권을 행사할 수 있는 기간 내에 보험금 반환을 청구했다.

① 계약 체결 당시 A에게 중대한 과실이 있었다면 A는 계약을 해지할 수 없으나 보험금은 돌려받을 수 있다.
② 계약 체결 당시 A에게 중대한 과실이 없다 하더라도 A는 보험금을 이미 지급했으므로 계약을 해지할 수 없다.
③ 계약 체결 당시 A에게 중대한 과실이 있고 B 또한 중대한 과실로 고지 의무를 위반했다면 A는 보험금을 돌려받을 수 있다.
④ B가 고지하지 않은 중요한 사항이 보험 사고와 인과 관계가 없다면 A는 보험금을 돌려받을 수 없다.
⑤ B가 자신의 고지 의무 위반 사실을 보험 사고가 발생한 후 A에게 즉시 알렸다면 고지 의무를 위반한 것이 아니다.

06 ⓐ~ⓔ를 사용하여 만든 문장으로 적절하지 않은 것은?

① ⓐ : 지난해의 이익과 손실을 대비해 올해 예산을 세웠다.
② ⓑ : 일을 시작하기 전에 상황을 파악하는 것이 중요하다.
③ ⓒ : 임금이 인상되었다는 소식에 많은 사람들이 기뻐했다.
④ ⓓ : 이번 실험이 실패할 가능성을 전혀 배제할 수는 없다.
⑤ ⓔ : 그는 자신의 실수에 대한 책임을 동료에게 전가했다.

지문분석으로 독해력 향상하기

나 없이

기출

풀지마라

다음 글을 읽고 물음에 답하시오.

'콘크리트'는 건축 재료로 다양하게 사용되고 있다. 일반적으로 콘크리트가 근대 기술의 ㉠ 산물로 알려져 있지만 콘크리트는 이미 고대 로마 시대에도 사용되었다. 로마 시대의 탁월한 건축미를 보여 주는 판테온은 콘크리트 구조물인데, 반구형의 지붕인 돔은 오직 콘크리트로만 이루어져 있다. 로마인들은 콘크리트의 골재 배합을 달리하면서 돔의 상부로 갈수록 두께를 점점 줄여 지붕을 가볍게 할 수 있었다. 돔 지붕이 지름 45m 남짓의 넓은 원형 내부 공간과 이어지도록 하였고, 지붕의 중앙에는 지름 9m가 넘는 ㉡ 원형의 천창을 내어 빛이 내부 공간을 채울 수 있도록 하였다.

콘크리트는 시멘트에 모래와 자갈 등의 골재를 섞어 물로 반죽한 혼합물이다. 콘크리트에서 결합재 역할을 하는 시멘트가 물과 만나면 ㉢ 점성을 띠는 상태가 되며, 시간이 지남에 따라 수화 반응이 일어나 골재, 물, 시멘트가 결합하면서 굳어진다. 콘크리트의 수화 반응은 상온에서 일어나기 때문에 작업하기에도 좋다. 반죽 상태의 콘크리트를 거푸집에 부어 경화시키면 다양한 형태와 크기의 구조물을 만들 수 있다. 콘크리트의 골재는 종류에 따라 강도와 밀도가 다양하므로 골재의 종류와 비율을 조절하여 콘크리트의 강도와 밀도를 다양하게 변화시킬 수 있다. 그리고 골재들 간의 접촉을 높여야 강도가 높아지기 때문에, 서로 다른 크기의 골재를 배합하는 것이 효과적이다.

콘크리트가 철근 콘크리트로 발전함에 따라 건축은 구조적으로 더욱 견고해지고, 형태 면에서는 더욱 다양하고 자유로운 표현이 가능해졌다. 일반적으로 콘크리트는 누르는 힘인 압축력에는 쉽게 부서지지 않지만 당기는 힘인 인장력에는 쉽게 부서진다. 압축력이나 인장력에 재료가 부서지지 않고 그 힘에 견딜 수 있는, 단위 면적당 최대의 힘을 각각 압축 강도와 인장 강도라 한다. 콘크리트의 압축 강도는 인장 강도보다 10배 이상 높다. 또한 압축력을 가했을 때 최대한 줄어드는 길이는 인장력을 가했을 때 최대한 늘어나는 길이보다 훨씬 길다. 그런데 철근이나 철골과 같은 철재는 인장력과 압축력에 의한 변형 정도가 콘크리트보다 작은 데다가 압축 강도와 인장 강도 모두가 콘크리트보다 높다. 특히 인장 강도는 월등히 더 높다. 따라서 보강재로 철근을 콘크리트에 넣어 대부분의 인장력을 철근이 받도록 하면 인장력에 취약한 콘크리트의 단점이 크게 보완된다. 다만 철근은 무겁고 비싸기 때문에, 대개는 인장력을 많이 받는 부분을 정확히 계산하여 그 지점을 ㉣ 위주로 철근을 보강한다. 또한 가해진 힘의 방향에 수직인 방향으로 재료가 변형되는 점도 고려해야 하는데, 이때 필요한 것이 포아송 비이다. 철재는 콘크리트보다 포아송 비가 크며, 대체로 철재의 포아송 비는 0.3, 콘크리트는 0.15 정도이다.

강도가 높고 지지력이 좋아진 철근 콘크리트를 건축 재료로 사용하면서, 대형 공간을 축조하고 기둥의 간격도 넓힐 수 있게 되었다. 20세기에 들어서면서부터 근대 건축에서 철근 콘크리트는 예술적 ㉤ 영감을 줄 수 있는 재료로 인식되기 시작하였다. 기술이 예술의 가장 중요한 근원이라는 신념을 가졌던 르 코르뷔지에는 철근 콘크리트 구조의 장점을 사보아 주택에서 완벽히 구현하였다. 사보아 주택은, 벽이 건물의 무게를 지탱하는 구조로 설계된 건축물과는 달리 기둥만으로 건물 본체의 하중을 지탱하도록 설계되어 건물이 공중에 떠 있는 듯한 느낌을 준다. 2층 거실을 둘러싼 벽에는 수평으로 긴 창이 나 있고, 건축가가 '건축적 산책로'라고 이름 붙인 경사로는 지상의 출입구에서 2층의 주거 공간으로 이어지다가 다시 테라스로 나와 지붕까지 연결된다. 목욕실 지붕에 설치된 작은 천창을 통해 하늘을 바라보면 이 주택이 자신을 중심으로 펼쳐진 또 다른 소우주임을 느낄 수 있다. 평평하고 넓은 지붕에는 정원이 조성되어, 여기서 산책하다 보면 대지를 바다 삼아 항해하는 기선의 갑판에 서 있는 듯하다.

철근 콘크리트는 근대 이후 가장 중요한 건축 재료로 널리 사용되어 왔지만 철근 콘크리트의 인장 강도를 높이려는 연구가 계속되어 프리스트레스트 콘크리트가 등장하였다. 프리스트레스트 콘크리트는 다음과 같이 제작된다. 먼저, 거푸집에 철근을 넣고 철근을 당긴 상태에서 콘크리트 반죽을 붓는다. 콘크리트가 굳은 뒤에 당기는 힘을 제거하면, 철근이 줄어들면서 콘크리트에 압축력이 작용하여 외부의 인장력에 대한 저항성이 높아진 프리스트레스트 콘크리트가 만들어진다. 킴벨 미술관은 개방감을 주기 위하여 기둥 사이를 30m 이상 벌리고 내부의 전시 공간을 하나의 층으로 만들었다. 이 간격은 프리스트레스트 콘크리트 구조를 활용하였기에 구현할 수 있었고, 일반적인 철근 콘크리트로는 구현하기 어려웠다. 이 구조로 이루어진 긴 지붕의 틈새로 들어오는 빛이 넓은 실내를 환하게 채우며 철근 콘크리트로 이루어진 내부를 대리석처럼 빛나게 한다.

이처럼 건축 재료에 대한 기술적 탐구는 언제나 새로운 건축 미학의 원동력이 되어 왔다. 특히 근대 이후에는 급격한 기술의 발전으로 혁신적인 건축 작품들이 탄생할 수 있었다. 건축 재료와 건축 미학의 유기적인 관계는 앞으로도 지속될 것이다.

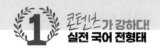
01 윗글에 대한 설명으로 가장 적절한 것은?

① 건축 재료의 특성과 발전을 서술하면서 각 건축물들의 공간적 특징을 설명하고 있다.
② 건축 재료의 특성에 기초하여 건축물들의 특징에 대한 상반된 평가를 제시하고 있다.
③ 건축 재료의 기원을 검토하여 다양한 건축물들의 미학적 특성과 한계를 평가하고 있다.
④ 건축 재료의 시각적 특성을 설명하면서 각 재료와 건축물들의 경제적 가치를 탐색하고 있다.
⑤ 건축물들의 특징에 대한 평가가 시대에 따라 달라진 원인을 제시하고 건축 재료와의 관계를 설명하고 있다.

02 윗글의 내용에 대한 이해로 적절하지 <u>않은</u> 것은?

① 판테온의 돔에서 상대적으로 더 얇은 부분은 상부 쪽이다.
② 사보아 주택의 지붕은 여유를 즐길 수 있는 공간으로도 활용되었다.
③ 킴벨 미술관은 철근 콘크리트의 인장 강도를 높이는 방법을 이용하여 넓고 개방된 내부 공간을 확보하였다.
④ 판테온과 사보아 주택은 모두 천창을 두어 빛이 위에서 들어올 수 있도록 하였다.
⑤ 사보아 주택과 킴벨 미술관은 모두 층을 구분하지 않도록 구성하여 개방감을 확보하였다.

03 윗글을 바탕으로 추론한 내용으로 가장 적절한 것은?

① 당기는 힘에 대한 저항은 철근 콘크리트가 철재보다 크다.
② 일반적으로 철근을 콘크리트에 보강재로 사용할 때는 압축력을 많이 받는 부분에 넣는다.
③ 프리스트레스트 콘크리트에서는 철근의 인장력으로 높은 강도를 얻게 되어 수화 반응이 일어나지 않는다.
④ 프리스트레스트 콘크리트는 철근이 복원되려는 성질을 이용하여 콘크리트에 압축력을 줌으로써 인장 강도를 높인 것이다.
⑤ 콘크리트의 강도를 높이는 데에는 크기가 다양한 자갈을 사용하는 것보다 균일한 크기의 자갈만 사용하는 것이 효과적이다.

04 윗글을 바탕으로 〈보기〉에 대해 탐구한 내용으로 적절하지 <u>않은</u> 것은?

보기

철재만으로 제작된 원기둥 A와 콘크리트만으로 제작된 원기둥 B에 힘을 가하며 변형을 관찰하였다. A와 B의 윗면과 아랫면에 수직인 방향으로 압축력을 가했더니 높이가 줄어들면서 지름은 늘어났다. 또, A의 윗면과 아랫면에 수직인 방향으로 인장력을 가했더니 높이가 늘어나면서 지름이 줄어들었다. 이때 지름의 변화량의 절댓값을 높이의 변화량의 절댓값으로 나누어 포아송 비를 구하였더니, 일반적으로 알려진 철재와 콘크리트의 포아송 비와 동일하게 나왔다. 그리고 A와 B의 포아송 비는 변형 정도에 상관없이 그 값이 변하지 않았다. (단, 힘을 가하기 전 A의 지름과 높이는 B와 동일하다.)

① 동일한 압축력을 가했다면 B는 A보다 높이가 더 줄어들었을 것이다.
② A에 인장력을 가했다면 높이의 변화량의 절댓값은 지름의 변화량의 절댓값보다 컸을 것이다.
③ B에 압축력을 가했다면 지름의 변화량의 절댓값은 높이의 변화량의 절댓값보다 작았을 것이다.
④ A와 B에 압축력을 가했을 때 줄어든 높이의 변화량이 같았다면 B의 지름이 A의 지름보다 더 늘어났을 것이다.
⑤ A와 B에 압축력을 가했을 때 늘어난 지름의 변화량이 같았다면 A의 높이가 B의 높이보다 덜 줄어들었을 것이다.

05 윗글과 〈보기〉를 읽고 추론한 내용으로 적절하지 <u>않은</u> 것은?

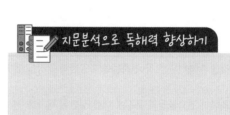

보기

철골은 매우 높은 강도를 지닌 건축 재료로, 규격화된 직선의 형태로 제작된다. 철근 콘크리트 대신 철골을 사용하여 기둥을 만들면 더 가는 기둥으로도 간격을 더욱 벌려 세울 수 있어 훨씬 넓은 공간 구현이 가능하다. 하지만 산화되어 녹이 슨다는 단점이 있어 내식성 페인트를 칠하거나 콘크리트를 덧입히는 등 산화 방지 조치를 하여 사용한다.

베를린 신국립미술관은 철골의 기술적 장점을 미학적으로 승화시킨 건축물이다. 거대한 평면 지붕은 여덟 개의 십자형 철골 기둥만이 떠받치고 있고, 지붕과 지면 사이에는 가벼운 유리벽이 사면을 둘러싸고 있다. 최소한의 설비 외에는 어떠한 것도 천장에 닿아 있지 않고 내부 공간이 텅 비어 있어 지붕은 공중에 떠 있는 느낌을 준다. 미술관 내부에 들어가면 넓은 공간 속에서 개방감을 느끼게 된다.

① 베를린 신국립미술관의 기둥에는 산화 방지 조치가 되어 있겠군.
② 휘어진 곡선 모양의 기둥을 세우려 할 때는 대체로 철골을 재료로 쓰지 않겠군.
③ 베를린 신국립미술관은 철골을, 킴벨 미술관은 프리스트레스트 콘크리트를 활용하여 개방감을 구현하였겠군.
④ 가는 기둥들이 넓은 간격으로 늘어선 건물을 지을 때 기둥의 재료로는 철골보다 철근 콘크리트가 더 적합하겠군.
⑤ 베를린 신국립미술관의 지붕과 사보아 주택의 건물이 공중에 떠 있는 느낌을 주는 것은 벽이 아닌 기둥이 구조적으로 중요한 역할을 하고 있기 때문이겠군.

06 ㉠~㉤을 사용하여 만든 문장으로 적절하지 <u>않은</u> 것은?

① ㉠ : 행복은 성실하고 꾸준한 노력의 산물이다.
② ㉡ : 이 건축물은 후대 미술관의 원형이 되었다.
③ ㉢ : 이 물질은 점성 때문에 끈적끈적한 느낌을 준다.
④ ㉣ : 그녀는 채소 위주의 식단을 유지하고 있다.
⑤ ㉤ : 그의 발명품은 형의 조언에서 영감을 얻은 것이다.

나 없이

기출

풀지마라

빠른 정답

I. 운문 복합

01. 2010학년도 6월	⑤⑤④⑤
02. 2011학년도 6월	④④③④
03. 2014학년도 6월A	②②①
04. 2014학년도 6월B	①④③
05. 2014학년도 9월A	①③③
06. 2015학년도 9월B	②③①
07. 2015학년도 11월B	①③①
08. 2014학년도 11월B	④⑤③
09. 2008학년도 9월	②⑤①①④
10. 2014학년도 11월AB	①⑤②
11. 2015학년도 9월A	⑤③②
12. 2015학년도 11월A	①④⑤
13. 2015학년도 11월A	③③④
14. 2014학년도 11월A	③④②
15. 2015학년도 6월A	③③②
16. 2017학년도 9월	④③
17. 2017학년도 6월	④③④
18. 2017학년도 9월	③④④

II. 현대 산문

01. 2014학년도 11월A	①④⑤③
02. 2014학년도 6월A	③③②①
03. 2015학년도 9월B	③④②④
04. 2015학년도 11월AB	①⑤⑤④⑤
05. 2012학년도 9월	①③④⑤
06. 2016학년도 6월B	⑤④④
07. 2013학년도 6월	②③②
08. 2014학년도 9월AB	⑤④
09. 2008학년도 11월	③⑤③
10. 2009학년도 9월	③③③
11. 2011학년도 9월	④①②
12. 2012학년도 6월	④③②

III. 고전 산문

01. 2016학년도 6월B	②⑤④⑤
02. 2016학년도 9월B	①④①②
03. 2016학년도 11월AB	①⑤③
04. 2015학년도 11월A	①①④②
05. 2015학년도 11월B	③⑤②
06. 2012학년도 6월	①③⑤①
07. 2014학년도 9월B	③⑤②①
08. 2008학년도 6월	⑤④①
09. 2008학년도 9월	②③②④
10. 2013학년도 9월	⑤⑤④②
11. 2013학년도 11월	②④①①
12. 2012학년도 11월	③⑤②①
13. 2017학년도 6월	②⑤②

Ⅳ. 독서 part 1

01. 2014학년도 9월AB	①②④②
02. 2015학년도 6월B	④①⑤③
03. 2015학년도 9월A	③④④⑤②
04. 2015학년도 9월A	③③②
05. 2015학년도 9월B	④③
06. 2015학년도 11월A	③①③②
07. 2009학년도 11월	④⑤④
08. 2010학년도 6월	④①⑤
09. 2014학년도 11월A	②⑤④
10. 2014학년도 6월A	①②③
11. 2013학년도 6월	①③①
12. 2013학년도 9월	④③②
13. 2013학년도 9월	⑤④⑤④

Ⅴ. 독서 part 2

01. 2013학년도 11월	⑤②④④
02. 2013학년도 6월	①⑤②
03. 2009학년도 11월	①①②
04. 2010학년도 9월	⑤④⑤
05. 2013학년도 9월	④③④
06. 2015학년도 9월B	⑤④①②①
07. 2011학년도 9월	②③⑤⑤
08. 2011학년도 11월	⑤⑤①②
09. 2014학년도 9월A	④③③
10. 2014학년도 9월B	④⑤
11. 2014학년도 11월A	⑤③④
12. 2015학년도 11월B	①②①⑤
13. 2014학년도 6월A	①④

Ⅵ. 독서 part 3

01. 2014학년도 6월B	⑤④④
02. 2014학년도 11월B	⑤④①
03. 2011학년도 6월	①③③⑤⑤
04. 2011학년도 9월	②②③①
05. 2011학년도 11월	③①
06. 2012학년도 6월	①④④①
07. 2012학년도 9월	③②①②
08. 2012학년도 9월	⑤⑤③
09. 2012학년도 11월	②①
10. 2013학년도 6월	①⑤④①
11. 2014학년도 6월A	①③③
12. 2012학년도 6월	⑤③②④
13. 2012학년도 9월	③④③
14. 2017학년도 11월	③④⑤①④①
15. 2017학년도 9월	①⑤④④④②

나 없이

기출

풀지마라

나 없이

인강 강사가 떠먹여주는
" 과외식 기출 문제집 "

나기출

2026
수능 국어 대비

08-2017학년도
평가원 기출

쉽고 깔끔한
입문자용 문제
선별집

베이직

단순 해설이 아니라,
최신 트렌드 설명과 풀이 방법까지 과외식으로!

콘텐츠가 강하다!
실전 국어 전형태

메가스터디 전형태

Contents | 이 책의 순서

I ◦ 운문 복합

II ∘ 현대 산문

III ∘ 고전 산문

Contents | 이 책의 순서

VI。 독서 part 3

| 과외식 기출 분석서, 나기출 |

나 없이
기출
풀지마라

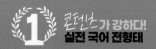

I

운문 복합

발열 / 거문고 / 대설주의보

지문분석

(가) 발열

처마 끝에 서린 연기 따라
포도순이 기어 나가는 밤, 소리 없이,

▶ 시간(밤) 체크! '처마'를 통해 '집'이라는 공간을 확인할 수 있다. 공간 체크!

가물음 땅에 시며든 더운 김이
등에 서리나니, 훈훈히,

▶ 시간(가문 땅→여름) 체크! 보통 이렇게 배경을 구체적으로 제시하는 경우 화자의 상황과 유사하거나 상반되는 경우가 많은데, 아직은 어떤 경우인지 확인되지 않으니 조금 더 살펴보자.

아아, 이 애 몸이 또 달아 오르노나.

▶ 화자의 시선이 아이를 향하고 있구나. 화자는 아마 아이의 부모인가 봐. 화자의 상황을 확인할 수 있겠다. (상황 : 아이가 열병을 앓고 있음.)

가쁜 숨결을 드내쉬노니, 박나비처럼,

▶ 화자의 시선은 계속 아이를 향하고 있어. 나비의 연약함에 주목해서 아픈 아이를 비유적으로 드러내고 있네.

가녀린 머리, 주사 찍은 자리에, 입술을 붙이고
나는 중얼거리다, 나는 중얼거리다,

▶ 동일한 구절을 두 번이나 썼어. 뭔가 간절하게 바라면서 화자가 중얼거리고 있구나.

부끄러운 줄도 모르는 다신교도(多神教徒)와도 같이.

▶ 하나님, 부처님, 알라신이시여!!! 아픈 아이를 둔 부모가 신에게 빌 소원이 뭐겠니? 당연히 아이의 회복이겠지. 여러 신에게 소원을 빌 만큼 아이가 회복되길 간절히 바라는 마음이 드러나는구나.

아아, 이 애가 애자지게 보채노나!

▶ 영탄으로 감정을 표출하고 있다.

불도 약도 달도 없는 밤,

▶ 이제 시간적 배경의 의미를 확인할 수 있겠지. '여름 밤'은 화자의 답답한 마음을 심화 혹은 부각시키는 배경이다.

아득한 하늘에는
별들이 참벌 날으듯 하여라.

▶ 지금까지의 시선은 누구의 시선이었지? 아이를 바라보는 화자의 시선이었지. 따라서 '별들'을 바라보는 시선의 '주체'도 역시 화자라고 할 수 있다. 아픈 아이를 보던 화자가 초점을 잃고 별을 바라보는 것일 수도 있고, 화자의 눈물 때문에 별이 번져 보이는 것일 수도 있다. 행위의 주체는 중요하게 출제하는 요소이니 화자의 '시선'에 주목해서 명확하게 판단할 수 있어야 한다.

(나) 거문고

검은 벽에 기대선 채로
해가 스무 번 바뀌었는디

▶ 시간의 흐름 체크!

내 기린(麒麟)은 영영 울지를 못한다

▶ 시작부터 난해하다. '내 기린'을 정확하게 처리해야 하는데... 일단 주석을 보니 '기린'이 '상상 속의 동물'이란다. 그리고 제목을 보니 '거문고'라고 한다. 그리고 시어 자체를 보면 '나'라고 볼 수 있다. 어떻게 '나'라고 볼 수 있냐고?

'은유'라고 하면 학생들은 문장 형태의 은유만 생각하는데, 시에서는 문장 형태의 은유보다는 구 형태의 은유가 오히려 많이 쓰인다.

▶ 좀 더 쉽게 설명하면, 은유는 원관념과 보조 관념을 직접적으로 연결하지 않고 간접적으로 연결하는 방법이다. 'A(원관념)는 B(보조 관념)다.'와 같이 문장 형태로 나타나기도 하고, 'A(원관념)의 B(보조 관념)'와 같이 구 형태로 나타나기도 한다. 예를 들어, '내 마음이 호수 같다.'라는 표현을 나타내기 위해 '내 마음은 호수요.'라고 표현할 수도 있지만 '내 마음의 호수'와 같이 표현할 수도 있다. 이때 '내 마음'과 '호수'는 동격으로 연결된 것이다.

▶ 자, 시를 봐라. '나의 기린'이다. 아직도 이해가 안 된 학생을 위해 직유로 바꿔 볼까? '기린 같은 나'다. 이해가 가니?

▶ 다시 해석으로 돌아오면, '나=거문고=기린'은 20년 동안이나 울지 못하고 있는 것이다.

그 가슴을 퉁 흔들고 간 노인의 손
지금 어느 끝없는 향연(饗宴)에 높이 앉았으려니

▶ 노인의 부재를 확인할 수 있겠다. 노인의 존재가 무엇인지 알려면 반드시 외적인 정보를 담고 있는 <보기>가 있어야 한다. 다만 작품만 가지고 볼 때는 '예전엔 있었지만 지금은 없는 존재' 정도로 볼 수 있겠다. 시험장에서는 딱 이 정도의 해석만 할 수 있으면 된다. 내신처럼 '노인'에 밑줄 그어 놓고 밑도 끝도 없이 의미가 뭐냐고 물어볼 평가원이 아니다.

땅 우의 외론 기린이야 하마 잊겠졌을라

▶ 내 가슴에 뭔가 강한 충격을 준 어떤 노인은 이미 높이 어딘가로 올랐을 테고, 땅 위의 기린(=나)은 벌써 잊었을까.

바깥은 거친 들 이리떼만 몰려다니고
사람인 양 꾸민 잔나비떼들 쏘다니어
내 기린은 맘둘 곳 몸둘 곳 없어지다

▶ 현재 밖에는 아직 무서운 이리떼가, 또 거짓된 존재들(사람인 양 꾸민 잔나비떼들)이 다니고, 이런 상황에서 나(=기린)는 마음과 몸을 둘 곳이 없구나.

문 아주 굳이 닫고 벽에 기대선 채
해가 또 한 번 바뀌거늘
이 밤도 내 기린은 맘 놓고 울들 못한다

▶ 그러다 보니 나(=기린)는 아예 문을 닫아걸고 외부와 단절한 채 1년을 보내는데... 지금까지도 나(=기린=거문고)는 맘껏 소리 내지 못하고 있어.

▶ 3번 문제의 <보기>에 나온 외적 전제를 깔고 보면 단순하다. 때는 1930년대 일제 치하로 부정적 현실 속에서 외부와 단절한 채로 시간을 보내고 있는 화자의 모습을 나타내고 있는 시다. 다만 이런 외적 전제가 없을 때에는 화자의 상황과 그에 따른 반응만 체크하면서 읽어 가야 한다.

(다) 대설주의보

해일처럼 굽이치는 백색의 산들,

▶ 백색의 산? 눈 덮인 산이로구나. 시간(겨울) 체크!

제설차 한 대 올 리 없는

▶ 제설차가 없으니 눈을 치울 방법은 없고.

깊은 백색의 골짜기를 메우며
굵은 눈발은 휘몰아치고,

▶ 흰색의 이미지(눈) 반복

▶ 반복하면 무조건 강조가 된다. 여기선 상황을 강조하고 있다.

쪼그마한 숯덩이만한 게 짧은 날개를 파닥이며……
굴뚝새가 눈보라 속으로 날아간다.
▶ 그때 숯덩이만 한 새가 그 눈보라 속으로 날아가고 있구나.

길 잃은 등산객들 있을 듯
외딴 두메마을 길 끊어 놓을 듯
은하수가 펑펑 쏟아져 날아오듯 덤벼드는 눈,
다투어 몰려오는 힘찬 눈보라의 군단,
눈보라가 내리는 백색의 계엄령.
▶ 지문을 보기 전에 당연히 3번 <보기>를 먼저 봤겠지? 보통 흰색은 주로 순수
  나 진실 등을 의미하는 경우가 많지만 여기서의 '눈'은 '강자'라는 이미지와 결
  부되어 부정적 상황을 암시하고 있다는 것, 그리고 두 번째는 '대설주의보'라
  는 긴장감을 유발하는 제목과 시어를 통해 1980년대 독재 정권의 '계엄령'이
  라는 시대적 상황을 형상화하고 있다는 것을 확인할 수 있겠다.

쪼그마한 숯덩이만한 게 짧은 날개를 파닥이며……
날아온다 꺼칠한 굴뚝새가
서둘러 뒷간에 몸을 감춘다.
▶ 계속 <보기>를 전제로 해석해 보자. 굴뚝새의 태도가 보여? 눈에 맞서는 게 아
  니라 몸을 감추지? 마치 부정한 세력 밑에서 힘겹게 목숨을 영위하는 민중의
  모습처럼 보이는구나.

그 어디에 부리부리한 솔개라도 도사리고 있다는 것일까.
▶ 솔개 : 강자

길 잃고 굶주리는 산짐승들 있을 듯
▶ 산짐승 : 약자

눈더미의 무게로 소나무 가지들이 부러질 듯
▶ 소나무 : 약자

다투어 몰려오는 힘찬 눈보라의 군단,
때죽나무와 때 끓이는 외딴집 굴뚝에
해일처럼 굽이치는 백색의 산과 골짜기에
눈보라가 내리는
백색의 계엄령.
▶ 이런 상황 속에서 굴뚝새는 무서운 솔개(부정한 권력)의 존재를 인식하고 몸
  을 숨기고, 밖에는 계속해서 눈보라가 내려 대설주의보(백색의 계엄령)가 내
  려져 있는 상황이야. 특이한 점은 (나)와 (다) 모두 부정적 상황을 보여 주고
  있음에도 극복 의지나 전망 등은 드러내지 않고 있다는 거야.

문제분석 01-04번

번호	정답	정답률 (%)	선지별 선택비율(%)				
			①	②	③	④	⑤
1	⑤	76	6	5	10	3	76
2	⑤	65	7	5	15	8	65
3	④	78	3	5	12	78	2
4	⑤	80	4	2	9	5	80

01

정답설명

⑤ 평가원 공통점 문제는 거시적으로 접근을 해야 한다. **기출에 정답으로
가장 많이 나오는 것이 1) 구체적 사물을 통해 정서를 드러낸다. 2)
상황이 부정적이다. 3) 상황에 대한 반응이 있다. 이렇게 세 가지이
다.** 시험장에서 이런 선지가 등장할 때는 가장 먼저 검토를 해야 한다.
그래야 시간을 절약할 수 있다. 이 문제는 3)의 경우다.
'상황을 부각하여 시적 정서를 형성하고 있다.' 어디서 많이 보던 말 아
니니? '서정(세계의 자아화=시)란 상황에 따른 화자의 반응을 나타낸
것)'을 문장으로 풀어 놓은 것이나 마찬가지이다. 못 들어 봤다 해도 좌
절할 필요는 없다. 앞으로 기출 문제 풀이와 해설을 통해서 반복적으로
만나게 될 것이다.^^
즉, ⑤는 대상의 현재 상황을 부각하여 시적 정서(시인의 생각=주제)를
형성하고 있다는 것이고, '시적 정서(시인의 생각=주제)'는 학생이 고민
할 부분이 아니므로 '대상의 현재 상황'만 부각되면 당연히 허용할 수
있는 선지라는 것이다.
(가)에서는 '아이가 아픈 상황'이, (나)에서는 '기린이 울지 못하는 상황'
이, (다)에서는 '눈보라 속에서 굴뚝새가 날고 있는 상황'이 부각되고
있다.

오답설명

① (가) X, (나) X / (가)에 나온 '나는 중얼거린다.'의 반복은 동일한 '시행'
의 반복이 아니라, 동일한 '구절' 혹은 '문장'의 반복이다. '동일한 시행'
은 아예 행 전체가 동일하게 반복되어야 한다. (나) 역시 동일한 시행이
반복되진 않았다.

② (가) X, (다) O / 명사로 끝을 맺으면 당연히 여운을 주기에, 명사로 끝
을 맺는지 여부만 보면 된다. (다)에서는 '백색의 산들, 덤벼드는 눈, 눈
보라의 군단, 백색의 계엄령' 등에서 확인할 수 있다. (가)에서는 11행
에서 단 한 번 '밤'이라는 명사로 시행이 끝나므로 '반복'된다고 볼 수
없다.

③ (나) O, (다) X / 사물을 의인화하였다고 해서 친근감을 느끼는 것은 아
니다. 화자가 긍정적 혹은 우호적으로 바라보는 대상일 때 친근감을 허
용할 수 있다. '친근감=정서적 거리가 가깝다'고 보면 되겠다. (나)는 기
린을 의인화하였다. '외론 기린', '내 기린은 맘둘 곳 몸둘 곳 없어지
다', '내 기린은 맘 놓고 울지 못한다' 등에서 친근감을 잡을 수 있다.
(다)에는 '다투어 몰려오는 힘찬 눈보라의 군단'에서 의인화는 나타나지
만 부정적 대상이기 때문에 '친근감'을 줄 수는 없다.

④ (가) O, (나) X, (다) X / (다)의 3연에 도치가 쓰였다고 생각하면 안 된
다. 시는 '문장 단위'로 읽어야 한다. 문장 단위로 3연을 보면 다음과
같다.
   - 쪼그마한 숯덩이만한 게 짧은 날개를 파닥이며…… / 날아온다.
   - 꺼칠한 굴뚝새가 / 서둘러 뒷간에 몸을 감춘다.
문장 단위로 보면 자연스럽게 이어진다. 하지만 행 단위로 보면 마치
'도치' 같은 느낌을 준다. 이것을 '행간걸침'이라고 한다. **'행간걸침'이
란 자연스럽게 이어지는 문장을 강제로 구분하여 행의 처음에 나오
는 단어를 강조하는 방법이다.**

02

정답설명

⑤ 과연 'ㅂ, ㅅ'을 통해 '애(아이)'의 상태를 보여 줄 수 있을까? 이 선지가 적절하지 않은 이유는 'ㅂ, ㅅ'을 통해서는 '애'의 상태를 보여 주지 못하기 때문이다. 만약 ⑤가 맞는 말이 되어서 'ㅂ, ㅅ'을 통해 '혼미해진 애의 상태'를 보여 주려면, 별을 바라보는 시선의 주체가 '애'가 되어야 한다. 그러면 흩어진 별빛을 통해 의식이 혼미해진 '애'의 상태를 보여 줄 수 있겠지.

자. 시를 다시 보자. 화자가 '아이'인지 '부모'인지 생각해 봐라. 처음부터 끝까지 서술의 주체는 '부모'이고 아이를 바라보며 안타까운 마음을 나타내고 있다. 그리고 전체적으로 시에서 아이를 바라보는 부모(화자)의 일관된 시각이 유지되고 있다. 즉, 시상의 전환에 대한 단서가 있기 전에는 시에 등장하는 모든 사물은 '부모의 시선'으로 바라보고 있다는 것이다. 따라서 ⑤는 적절하지 않다.

오답설명

① 필수 독해 요소인 '시간'과 '공간'을 물어보고 있구나. 사건이 일어나는 장소와 시간이 '여름 밤'과 '집'이라는 것을 지문에서 확인할 수 있고, 시간과 장소를 제시하면 당연히 분위기를 자아내는 데 효과적이다.

② 각주는 반드시 봐야 한다. '박나비'는 몸통에 붉은 줄무늬를 가진 나비이고 '주사'는 한방 약재료로 붉은색이야. 아이가 열병을 앓아 몸이 달아 오르고 있으므로 '박나비'와 '주사'의 붉은색을 영상에 담으면 아이가 처한 안타까운 상황과 분위기가 잘 전달될 거야. 그리고 아이가 '가쁜 숨결을 드내쉬노니'라고 했으니까 적절한 음향이 사용되었다.

③ '클로즈업'이 뭔지는 알고 들어오라는 평가원의 의도를 확인할 수 있다. 참고로 '클로즈업'은 '대상에 가까이 접근해서 화면 가득 찍는 것'을 말한다. 지문을 보면 '주사 찍은 자리에, 입술을 붙이고'라는 구절에서 클로즈업을 허용할 수 있다. 아픈 아이를 화면 가득 담아내면 그것을 바라보는 감상자들도 아이의 아픔에 공감할 수 있지 않겠냐는 선지다. '난 절대 공감할 수 없어!'라고 한다면 네가 못된 것이다. 일반적인 정서를 가진 감상자들이라면(평가원이 기대하는 일반적인 생각을 가진 학생이라면) 공감할 수 있을 것이다.

④ 지문에 영탄적 표현이 들어가 있으니('아아', '보채노나!'), 영탄적 어조로 낭송을 한다면 화자의 심리가 잘 전달되겠지.

03

정답설명

④ 어렵게 해석하려 하지 말고 있는 그대로의 사실 관계만 확인하면 된다. (나)에서는 '기린' 옆에 '노인'이 예전엔 있다가 지금은 없으니 '외면'이라는 말을 허용할 수 있지만, (다)에서는 '굴뚝새'에 대한 '세상 사람들'의 태도를 찾을 수 없기에 '외면'이라는 것을 허용할 수 없다.

오답설명

① 〈보기〉에서 「거문고」는 '1930년대 후반', '모국어로 시를 쓰는 것 자체가 어려웠'던 시대와, 「대설주의보」는 '강압 통치를 했던 시대'와 관련이 깊다고 나와 있어.

② (나)는 '이 밤도 내 기린은 맘 놓고 울들 못한다', (다)는 '눈보라가 내리는 백색의 계엄령.' 즉, 둘 다 부정적인 상황의 지속만 나타나고 극복 의지나 전망은 보이지 않아.

③ 서술어의 주체를 확인해 보자. (나)에서 '울지를 못'하는 것은 '기린'이다. '기린'의 의미는 3가지 정도로 해석이 된다.
1) 화자 자신-지문을 고려한 해석 (내 기린→나=기린)
2) 거문고-제목을 고려한 해석
3) 상상 속의 동물-주석을 고려한 해석
(다)에서 '내리는'의 주체인 '눈보라'도 마찬가지이다.
(1) 눈보라-있는 그대로의 의미(바람에 휘몰아쳐 날리는 눈)
(2) 권력 집단-〈보기〉를 고려한 해석
주체가 중의적으로 해석되니 당연히 서술어도 중의적으로 해석되겠지.

⑤ (나)에서 '바깥은 거친 들 이리떼만 몰려다니고 / 사람인 양 꾸민 잔나비떼들 쏘다니어 / 내 기린은 맘둘 곳 몸둘 곳 없어지다'라고 해. (다)에서도 '굴뚝새가 / 서둘러 뒷간에 몸을 감춘다. / 그 어디에 부리 부리한 솔개라도 도사리고 있다는 것일까.'라고 말하니까 '이리떼'와 '잔나비떼'는 '기린'을, '솔개'는 '굴뚝새'를 억압하는 부당한 권력을 암시한다고 볼 수 있겠지.

04

정답설명

⑤ [D]에서는 '문 아주 굳이 닫고'라는 구절에서 화자의 태도를 확인할 수 있다. 부정적 세상에 대해 단절을 시도하였으니, '은거'라는 말을 허용할 수 있다.
[E]에서는 '눈' 때문에 '길 잃고 굶주리는 산짐승들'이 있고, 부러지는 소나무가 있으니, '생명이 위협받는 고립의 공간'을 허용할 수 있겠지.

오답설명

① [D] △, [E] X / [D]에는 부정적 세상에 문을 닫고 혼자 있는 화자의 모습이 나타나 있다. 그리고 '기린'을 화자 자신으로 본다면, 부정적 현실에서 마음껏 울지도 못하는 자신에 대한 성찰을 하고 있다고 볼 여지가 있다. 따라서 △로 처리하였다. 이런 부분은 너무 큰 고민을 하지 않아도 된다. [E]에서 확실한 X가 기다리고 있지 않니.

② [D] X, [E] X / [D]에는 '기린'이 맘 놓고 울지 못하는 상황이 지속되고 있고, [E]에는 거센 '눈보라'가 내리는 상황이 계속되고 있어. 그러니 화자의 심리적 갈등은 해소될 리가 없겠지.

③ [D] O, [E] X / '표면에 드러난 화자'='나, 우리' 등의 단어만 확인할 수 있으면 된다.

④ [D] X, [E] △ / 운문에서의 '거리'에는 두 가지가 있다.
1) 심리적 거리 : 멀다→부정적 대상, 가깝다→긍정적 대상
2) 관찰적 거리 : 멀다→정서 절제, 가깝다→정서 표출
문맥에 따라서 이 두 가지 중 하나로 보면 된다. 거의 대부분 1)의 의미로 출제가 되고 있고, 평가원에서는 논란을 피하기 위해 둘 중 어떤 의미로 보더라도 정답과 오답이 달라지지 않게끔 출제를 하고 있다. 여기서는 문맥적으로 볼 때 심리적 거리를 물어본 것 같구나.
[D]에서 화자와 기린은 동일한 대상 혹은 거리가 가까운 대상이다.

[E]는 조금 애매하다. 긍정적 대상(약자-산짐승, 소나무)도 있고, 부정적 대상(강자-눈보라)도 있기 때문이다.

하지만 대상을 긍정적으로 보든, 부정적으로 보든 [D]가 명확하게 틀렸기 때문에 충분히 처리를 할 수 있겠다.

memo

강우 / 성탄제 / 서해

지문분석

(가) 강우

조금 전까지는 거기 있었는데
어디로 갔나,

▶ 상황 1 : 대상의 부재(그럼 지향점은 대상, 태도는 대상에 대한 그리움). 그런데 화자는 조금 전까지 대상이 곁에 있었다고 생각하고 있어.

밥상은 차려놓고 어디로 갔나,
넘치지지미 맵싸한 냄새가
코를 맵싸하게 하는데
어디로 갔나,

▶ 상황 2 : 대상의 부재. 시각적 이미지와 후각적 이미지로 대상의 흔적은 남아 있는데 정작 대상은 없음을 드러내고 있다. 그럼 이런 대상과 관계된 이미지들은 화자의 정서와 상황을 '심화'시킬 수 있겠지? 모르겠다고? 나중에 경험해 봐~ 애인에게 차인 후에 그 사람이 주었던 '선물'들을 보면 어떤 느낌인지 알 거야.

이 사람이 갑자기 왜 말이 없나,
내 목소리는 메아리가 되어
되돌아온다.
내 목소리만 내 귀에 들린다.

▶ 상황 3 : 청각적 이미지(메아리)로 화자의 상황이 한 번 더 '심화'되는구나. 불렀으나, 내 목소리만(보조사 보이지? 강조!) 들린다. 불러도 대답 없는 너. 소통이 되지 않는 상황.

이 사람이 어디 가서 잠시 누웠나,
옆구리 담괴가 다시 도졌나, 아니 아니
이번에는 그게 아닌가 보다.

▶ 상황 4 : 현실의 인식. 화자는 스스로 묻고 답하며 무언가 전과 다름을 인식하고 있어.

한 뼘 두 뼘 어둠을 적시며 비가 온다.
혹시나 하고 나는 밖을 기웃거린다.
나는 풀이 죽는다.
빗발은 한 치 앞을 못 보게 한다.
왠지 느닷없이 그렇게 퍼붓는다.
지금은 어쩔 수가 없다고,

▶ 이런 상황에서 비는 내리고(하강적 이미지→정서의 심화), 나는 풀이 죽고(슬픔) 비는 더 퍼붓고(하강). 상황 파악은 이 정도면 됐고, 그럼 화자의 태도는? (어쩔 수 없다=방법이 없다=체념)

(나) 성탄제

▶ 들어가기 전에 : 산수유는? 백과사전을 한번 보자. <층층나무과의 낙엽교목인 산수유나무의 열매이다.~8월에서 10월에 붉게 익는~> 이 시는 중딩 필독 시이니 다들 알고 있겠지만 문제는 '왜 산수유가 아버지의 사랑과 희생정신이냐'이다. 본문 보면서 파악해 보자.

어두운 방안엔
빠알간 숯불이 피고,

▶ 공간적 배경과 실내 분위기가 제시되고,

외로이 늙으신 할머니가
애처로이 잦아드는 어린 목숨을 지키고 계시었다.

▶ 어린 화자는 앓고 있어. 할머니가 화자를 간호하고 계시는 상황.

이윽고 눈 속을
아버지가 약을 가지고 돌아오시었다.

아 아버지가 눈을 헤치고 따오신
그 붉은 산수유 열매—

▶ 자! 결정적 장면! 눈을 헤치고 따오신...? 산수유 열매는 가을에 익는다. 그럼 아버지는 아픈 자식을 위해 매우 어려운 일을 해낸 셈. 그래서 산수유는 아버지의 '사랑, 희생'이란다.

나는 한 마리 어린 짐생,
젊은 아버지의 서느런 옷자락에
열로 상기한 볼을 말없이 부비는 것이었다.

▶ 아버지는 추운 겨울날 산수유 열매를 어렵게 구해 오셨고, 그런 아버지에게 나는 열로 상기한 볼을 부비고 있네. 여기서 감각의 대비를 살짝 체크해 주자 (서느런↔열로 상기한).

이따금 뒷문을 눈이 치고 있었다.
그날 밤이 어쩌면 성탄제의 밤이었을지도 모른다.

▶ 눈(과거 회상의 매개물)

▶ 그날 밤(과거)

▶ 성탄제(현재 화자의 그날 밤에 대한 평가).

▶ 왜냐고? 기쁨과 축복과 사랑이 가득한 성탄일 알지? 화자는 그날 밤에 받은 아버지의 사랑으로 인해 그날이 크리스마스처럼 느껴졌다는 것이지.

어느새 나도
그때의 아버지만큼 나이를 먹었다.

옛것이라곤 찾아볼 길 없는
성탄제 가까운 도시에는
이제 반가운 그 옛날의 것이 내리는데,

▶ 현재 성인이 된 '나'가 살고 있는 도시에 그 옛날의 것(눈)이 내리고, 화자는 아마도 그것을 보면서 과거를 회상한 것(눈=과거 회상의 매개물)이겠지.

서러운 서른 살 나의 이마에
불현듯 아버지의 서느런 옷자락을 느끼는 것은,

눈 속에 따오신 산수유 붉은 알알이
아직도 내 혈액 속에 녹아흐르는 까닭일까.

▶ 그런 일이 있었기에 나의 피에는 아직도 산수유가, 즉 아버지의 사랑이 흐르고 있다고 화자는 느끼고 있어. 정리해 보면, 현재의 화자는 눈을 보며 과거의 아버지(의 사랑)를 그리워하고 있고 당시의 상황을 여러 가지 이미지(숯불, 서느런, 열, 눈)를 통해 제시하고 있어.

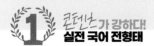
(다) 서해

아직 서해엔 가보지 않았습니다

어쩌면 당신이 거기 계실지 모르겠기에

▶ 생각해 보자. 나는 네가 그리워→너는 거기(서해)에 있을지도 몰라→그래서 나는 서해에 가보지 않았어. ??? 일단 서해는 '당신'이 있을 수 있는 곳이기 때문에 특별한 공간인 것은 확실해 보이네. 계속 보면서 무슨 소린지 확인해 보자.

그곳 바다인들 여느 바다와 다를까요

검은 개펄에 작은 게들이 구멍 속을 들락거리고

언제나 바다는 멀리서 진펄에 몸을 뒤척이겠지요

▶ 물론 서해는 당신이 있어서 특별한 공간이지만 여느 바다와 다르지 않을 거라고 화자는 생각하나 보다. 또한 '멀리서' 진펄에 어쩌구 저쩌구 하는 것으로 보아 그 바다가 화자와 먼 거리, 즉 거리감이 있다고 말하고 있어.

당신이 계실 자리를 위해

가보지 않은 곳을 남겨두어야 할까봅니다

내 다 가보면 당신 계실 곳이 남지 않을 것이기에

▶ 아마 화자는 '당신'이 사무치도록 그리울 거야. 그런데도 당신이 계실 자리(바다)를 남겨 두겠다는 말을 하는 것은 당신을 배려함과 동시에 자신에 대한 일종의 위로로 볼 수도 있을 거야.(다음 연 해설 참조)

내 가보지 않은 한쪽 바다는

늘 마음속에서나 파도치고 있습니다

▶ 그래서 나는 당신의 자리를 남겨 둘 것이고 그 자리는(또한 너는) 내 마음속에 있을 것이래.

▶ 자, 그럼 전체 내용을 재구성해 보자.
1) 나는 네가 보고 싶다.
2) 그래서 다 가봤다. 서해만 빼고.
3) 너는 아마 서해에 있을 것이다.
4) 하지만 나는 너를 찾으러 서해로 가지 않을 것이다.
5) 너도 너의 자리가 필요할 것이기에.
6) 또는 거기에도 네가 없으면 난 너무 슬플 것이기에.
7) 그래서 너와 그 바다는 내 마음속에 항상 있을 것이다.

문제분석 01-04번

번호	정답	정답률 (%)	선지별 선택비율(%)				
			①	②	③	④	⑤
1	④	88	4	3	4	88	1
2	④	90	2	1	2	90	5
3	③	92	2	2	92	2	2
4	④	83	2	5	8	83	2

01

정답설명

④ 감각적 심상(오감으로 인지 가능한 시어)은 사실 대부분의 시에 있다고 볼 수 있다. 따라서 이런 선지가 나오면 가장 먼저 검토해야 한다. 해당 작품에서도 많이 발견되지만 대표적인 것을 아래에 적어본다.

(가) : 냄새(후각), 메아리(청각), 비(시각)

(나) : 눈(시각), 붉은 산수유 열매(시각), 서느런 옷자락(촉각)

(다) : 검은 개펄(시각), 파도치고(시각)

오답설명

① (가) X, (나) X, (다) X / 대구를 쓰면 비슷한 구절이 반복되니 무조건 리듬감이 생긴다. 따라서 '대구' 여부만 고민하면 된다. (가)는 동일한 구절을 반복하고 유사한 종결 어미를 사용하여 운율을 드러내고 있지만, 대구는 나타나지 않는다. '대구'는 '비슷한 문장 구조가 대등하게 연결되는 표현 방식'이다.

② (가) O, (나) X, (다) △ / 시는 시인의 정서를 드러내는 '서정' 문학이기에, '시적 정서를 드러내고 있다.'라는 표현은 고민할 필요가 없다. 사물에 인격을 부여하는 의인법만 찾으면 된다. (가)에서 '빗발'은 화자에게 "지금은 어쩔 수가 없다고" 말하면서 '한 치 앞을 못 보'도록 퍼붓고 있다. '비'에게 인격을 부여하여 체념의 정서를 드러내고 있으므로 적절하다.

(다)에서 '바다는 멀리서 진펄에 몸을 뒤척이겠지요'라는 부분을 주목해 보자. 보통 동물이라면 '몸통'이라는 표현을 쓰지 '몸'이라는 표현은 잘 사용하지 않는다. 그리고 '뒤척이다'는 '물체나 몸을 이리저리 뒤집다'의 의미로 사람의 행동을 설명할 때 흔하게 쓰인다. 이로써 '의인화'가 사용되었음을 확인할 수 있으나 확연하게 '사람'의 특성이 나타나는 것은 아니므로 언뜻 보기엔 '활유법'으로도 볼 수 있을 것이다. 결론을 제시하마. '애매한 것을 가지고 고민하지 마라.' 평가원에서는 애매한 '의인 or 활유'로 정답과 오답을 구별하지 않는다.

③ (가) X, (나) X, (다) △ / (가)의 마지막 부분 '왠지 느닷없이~어쩔 수가 없다고'와 (다)의 1, 3연에서 도치가 나타난다. 그러나 (가)는 대상과의 거리를 좁히고 있지 않다. 대상과의 거리를 좁히려면 '대상에 대한 심리적인 가까움, 즉 긍정적인 태도(친밀감)'가 나타나야 하는데 (가)에서는 '이 사람'의 부재로 인해 '체념의 태도'가 주를 이루기 때문이다. 이에 반해 (다)에서는 '대상에 대한 배려의 태도'가 드러나고 있으므로 '거리를 좁히고 있다'를 허용하였다. (다)가 좀 애매하게 느껴진다고? 애매하게 느꼈다면 버려도 좋다. 다시 말하지만 평가원에선 애매하게 출제하지 않는다. 확연하게 오답인 (나)를 확인할 수 있기 때문이다.^^

⑤ (가) O, (나) O, (다) X / 감탄사를 쓰면 당연히 감정이 고조된다. 따라서 '화자의 고조된 감정'은 신경 쓸 필요가 없다. (가)에서는 감탄사 '아니'를 반복하여 상황이 변한 것에 따른 고조된 감정을 나타내며, (나)에서는 감탄사 '아'를 사용하여, 한겨울에 아들을 위해 '눈 속'을 헤치고 '붉은 산수유 열매'를 따오신 아버지에 대한 고조된 감정을 표현하고 있다.

02

정답설명

④ 둘 다 그리움의 정서가 나타나 있다. (가)의 화자는 '어디로 갔나'를 반복하여, '이 사람'이 부재하고 있는 상태임을 드러내고 있다. 부재한 대상(고향, 부모님, 임금, 연인, 친구 등)을 언급한다는 것은 기본적으로 그 대상을 그리워하는 것이 전제로 깔린 것이다. 따라서 '그립다'라는 시어가 없더라도, '대상의 부재'라는 상황에서는 무조건 '그리움'을 허

용해 줄 수 있어야 한다. (나)의 마지막 연에서는 아버지가 따오신 '산수유'가 '아직도 내 혈액 속에 녹아흐르'고 있다고 하였다. 당연히 화자가 아버지의 사랑을 그리워하고 있음을 알 수 있다.

오답설명

① '화자의 내면(=정서=감정=반응)'을 드러내는 것이 시 문학이다. 따라서 '독백적 어조'만 고민하면 된다. 밥상은 차려 놓고 어디로 갔나↔당신 지금 어디로 갔어? / 비교해 보니 느낌이 오지? (가)는 '독백적 어조'를 통해 화자가 혼잣말하는 느낌을 뚜렷하게 주고 있다.

② 이질적인 두 대상을 연결하기 위해선 공통적 요소가 필요하겠지. 자, 과거와 현재에서 공통적으로 존재하는 대상이 뭐지? 바로 '눈'이다.

③ (나)의 1연부터 6연까지 '서른 살'의 화자가 겪었던 어린 시절의 모습을 보여 주고 있네.

⑤ 일단 '시상'은 '시인의 생각'을 말한다. 그리고 '시상을 집약하는 소재'는 이렇게 찾으면 된다.

1) 제목이 시 안에 등장하는 경우 : 제목을 아무거나 멋대로 짓지는 않을 것이다. 그렇게 중요한 제목에 해당하는 시어가 등장할 경우 시인의 생각이 집약된 소재가 되겠지.

2) 반복되는 소재가 있는 경우 : 반복은 중요하니까 하는 것이다. 시인의 생각이 집약된 소재라면 반복적으로 제시하겠지.

(가)에서는 제목인 '강우'가 지문에서 '비'라는 대상으로 나타나고 있다.

(나)에서는 '눈'과 '산수유'라는 소재가 반복되고 있다.

03

정답설명

③ 대단할 것이 없는 일치 선지이다. '나'는 '이 사람'을 찾으면서 이전의 '이 사람과 관련된 상황'을 떠올리지만, '아니 아니'라고 하면서 '이번에는' 이전의 상황과는 다르다는 것을 '인식'하고 있다.

오답설명

① '나'는 '이 사람'이 어디로 갔는지 찾고 있으니 '평온'한 상태가 아니겠지.

② '내 목소리만 내 귀에 들린다.'라고 하니까 '소통'도 '공감'도 아니지.

④ '아마도 배신감을 느낄 거야.-_-'하고 상상의 나래를 펼치면 안 된다. 화자는 이 사람을 찾으려고 밖을 기웃거리다가 풀이 죽을 뿐 어디에도 '배신감'은 나타나 있지 않다.

⑤ ⑩은 부재를 인정하지 않겠다는 '화자의 다짐'이 아니라 '이 사람'의 부재를 인식하고 난 뒤의 체념이 나타난 거지.

04

정답설명

④ 그냥 있는 그대로 작품을 바라보면 된다. '남겨두어야 할까봅니다'라고 했는데, 어떻게 '가야겠다'라는 의지라고 보는 것인가! 화자는 분명 '내다 가보면 당신 계실 곳이 남지 않을 것이기에'라고 말하고 있다. 있는 그대로 작품을 바라보지 않고, 멋대로 해석을 하려들면 요런 깜찍한 해석을 할 수도 있다.

오답설명

① '서해'는 화자가 지향하는 대상이 있는 공간이다. 따라서 화자에게는 '특별한 공간'이라는 것을 허용할 수 있겠지.

② '그곳 바다인들 여느 바다와 다를까요'라고 한 데서 확인할 수 있어.

③ 화자는 서해(바다)엔 당신이 있을 것 같아서 가보지 않았다고 했다. 따라서 '서해(바다)=당신이 있는 곳'이라고 정리할 수 있겠다. 바다가 멀리 있다는 것은, 그곳(바다)에 있는 당신 역시 멀리 있다는 의미로 화자와 당신 사이에 거리감이 있다고 허용할 수 있겠다.

⑤ '아직 서해엔 가보지 않았습니다 / 어쩌면 당신이 거기 계실지 모르겠기에'와 '내 가보지 않은 한쪽 바다는 / 늘 마음속에서나 파도치고 있습니다'에서 확인할 수 있어.

김소월 - 접동새

지문분석

접동
접동
아우래비 접동

▶ 왜 하필 '접동새'일까? 보통 문학에서 '접동새(=두견, 소쩍새, 자규, 귀촉도, 불여귀)'는 '한(恨)'을 가졌다고 본다. 누나가 죽어서 비둘기나 참새가 되었다고 하면, 작품이 애상적으로 느껴지지 않겠지? 참고로 '아우래비'는 '아홉+오라비'를 줄여서 표현한 것이다.

진두강 가람 가에 살던 누나는
진두강 앞마을에
와서 웁니다.

▶ 구체적 지명으로 향토적인 느낌을 살렸네.

옛날, 우리나라
먼 뒤쪽의
진두강 가람 가에 살던 누나는
의붓어미 시샘에 죽었습니다

▶ 과거를 회상하고 있구나. 문제에서 물어보지 않더라도 일단은 체크!

누나라고 불러 보랴
오오 불설워
시새움에 몸이 죽은 우리 누나는
죽어서 접동새가 되었습니다

▶ '불설워'는 평안도 사투리로 '몹시 서럽다'라는 뜻이다. 물론 이렇게 낯선 사투리를 가지고 방언을 썼냐 안 썼냐 물어보진 않는다.

아홉이나 남아 되던 오랩동생을
죽어서도 못 잊어 차마 못 잊어
야삼경(夜三更) 남 다 자는 밤이 깊으면
이 산 저 산 옮아가며 슬피 웁니다.

▶ 죽어서도 아홉이나 되는 오랩동생(남동생)을 못 잊어 울고 있는 누나(새)의 모습이 나오는구나.

▶ 아마도 화자는 밤에 접동새의 울음소리를 들으면서 죽은 누나를 그리워하는 것 같아.

문제분석 01-03번

번호	정답	정답률(%)	선지별 선택비율(%)				
			①	②	③	④	⑤
1	②	88	3	88	2	2	5
2	②	92	3	92	2	2	1
3	①	73	73	12	5	3	7

01

정답설명

② '누나라고 불러 보랴'에 낚이면 안 된다. 해당 구절은 '누나라고 불러 볼 수 있겠냐' 정도의 영탄적 표현이지, '누나라고 불러라'의 의미가 아니다. 시에서는 명령형의 문장이 나타나지 않았다.

오답설명

① 애상적(哀傷的) : 슬퍼하거나 가슴 아파하는 것. 화자의 상황이 누나의 죽음이기에 충분히 허용 가능하다.
③ 구체적 지명, 그것도 시골의 지명이 나타나면 향토적인 느낌을 준다고 보면 된다. '진두강'이라는 구체적 지명이 나왔으니 Ok!
④ 행의 길이가 길어지면, 독자는 한 번에 읽어야 하는 내용이 많아지기에 호흡이 빨라지게 된다. 보통 독자는 한 번에 한 행을 읽는데, 많은 글자 수를 한 번에 읽어야 하면 당연히 호흡이 빨라지겠지? 이 시는 행의 길이가 점점 길어지고 호흡이 빨라지면서 리듬의 변화가 생기고, 내용 또한 점점 고조되고 있으므로 선지의 내용은 적절하다.
⑤ 시는 각 연의 내용이 유기적으로(긴밀하게) 연결되어야 한다. 이때 동일한 시구를 반복하면 두 연은 유기적으로 결합이 된다. 이 시에서는 2연과 3연에서 '진두강 가람 가에 살던 누나는'이라는 동일한 시구를 반복하여 2연과 3연의 내용을 유기적으로 연결하고 있다.

02

정답설명

② 화자인 '남동생'은 처음부터 마지막까지 '누나'를 불쌍하고 안타깝게 여기고 있으므로 태도의 변화가 나타나지 않는다. 따라서 화자의 태도가 부정적으로 변화하고 있다는 선지는 적절하지 않다.

오답설명

① 화자는 1연에서 접동새 울음소리를 듣고 2연에서 누나의 울음소리를 연상함으로써 '진두강 가람 가'에 살던 누나의 이야기를 떠올리고 있다.
③ 2연에서 누나가 우는 상황을 제시하고, 누나가 의붓어미 시샘 때문에 죽게 된 사연을 3연에서 말하고 있지.
④ 4연의 '오오 불설워'에서 몹시 서러움을 느끼는 화자의 정서를 확인할 수 있다. 참고로 '불설워'는 '몹시 서럽다'라는 평안도 사투리다.
⑤ 4연에서는 그냥 '누나'라고 반복하지 않고 '우리 누나'라고 했으니까 화자와 '누나'의 관계가 강조되고 있지.

03

정답설명

① <보기>가 나올 때는 <보기>의 포인트를 정확하게 잡아야 한다. <보기>에서 '한'은 모순을 이루는 감정, 예를 들어 '체념과 미련', '자책과 원망'에서 비롯된다고 하였다. 이를 통해 작품을 보면 죽어서도 동생 곁을 떠나지 못하는 누나의 한은 '죽음이라는 체념의 상황'에서도 '동생들에 대한 미련'을 버리지 못해서 생겼다고 볼 수 있다.

오답설명

② 혹시 이 선지를 골라 틀린 학생이라면 주목하길 바란다. '시샘'이 '시새움'으로 '변주'되는 것은 맞아. 그리고 '누나'가 '의붓어미'의 시샘을 받았으므로 두 사람이 갈등 관계에 있었다고도 볼 수 있겠지. 하지만 이 선지는 틀린 선지야. 어디서부터 판단이 꼬인 걸까? 냉정하게 본인의 생각을 정리해 보고 다음을 읽어 보자.

〈보기〉에서 '한'은 개인 내부에서 모순된 두 감정 때문에 생기는 것이라고 했어. 이 시에서 '누나'가 한이 생기는 이유는 죽어서 이승을 떠나야 한다는 감정과, 남겨진 동생들이 걱정되어 떠날 수 없다는 감정이 모순을 이루어 충돌을 하였기 때문이야. 만일 '누나'의 '한'이 '의붓어미'와의 갈등 상황에서 생긴 것이라면, '의붓어미'에 대한 모순된 두 감정(사랑과 증오 등)이 지문에 나왔어야 해. 그런데 지문에서 '누나'가 '죽어서도 못 잊어 차마 못 잊'는 것은 '의붓어미'에 대한 증오가 아니라 '아홉이나 남아 되던 오랩동생'인 것이지. 바로 이 부분이 결정적인 판단의 기준이 되는 것이다.

선지만 보고 지문을 대충 읽으면 충분히 허용 가능할 것 같은 내용도 〈보기〉의 포인트를 냉정하게 대입해 보면 틀린 선지가 될 수 있다. 특히나 〈보기〉를 통해 적절한 것을 하나 고르라는 문제 유형은 그 〈보기〉 안에서 핵심 포인트를 잡아내는 것이 풀이의 관건이야. 혹시나 틀렸던 학생이라면 이 문제를 가슴속에 소중하게 새기고 수능 날에는 틀리지 않길 바란다.

③ '누나'는 '오랩동생'을 못 잊어 떠도는 것인데, 〈보기〉에서 '한'은 체념하지 못할 때 맺힌다고 했어. '누나'가 '모든 희망을 버리고 방황하며 체념'했으면 떠돌지 않았겠지.

④ '누나'가 '잠들지 못하는 것'은 '오랩동생'을 잊지 못해서이지 자신의 '심정'을 파악하지 못해서가 아니다.

⑤ '누나'가 '오랩동생'과 이별하는 슬픈 심경은 나타나지만, '홀로 가족을 떠나는 행위'를 자책하는 부분은 없어.

팔원-서행시초 3 / 동승

지문분석

(가) 팔원-서행시초 3

차디찬 아침인데

▶ 쌀쌀한 겨울 아침을 배경으로 설정한 이유는 화자가 주목하고 있는 대상의 상황과 잘 어울려서겠지.

묘향산행 승합자동차는 텅 하니 비어서
나이 어린 계집아이 하나가 오른다

▶ 화자가 있는 공간과 화자가 주목하는 대상이 나왔다. 대상에 대한 화자의 태도가 나오는지 여부를 신경 쓰면서 읽어보자.

옛말속같이 진진초록 새 저고리를 입고
손잔등이 밭고랑처럼 몹시도 터졌다

▶ 예쁜 옷차림과 손이 대조를 이루고 있구나. 아이는 몹시 고생을 했나 봐.

계집아이는 자성(慈城)으로 간다고 하는데
자성은 예서 삼백오십 리 묘향산 백오십 리
묘향산 어디메서 삼촌이 산다고 한다
새하얗게 얼은 자동차 유리창 밖에
내지인 주재소장 같은 어른과 어린아이 둘이 내임을 낸다

▶ 내지인(일본인)! 작품의 배경을 알 수 있겠다. 시대는 바야흐로 일제 치하로 일본인 집에서 고생했던 아이가 어디론가 떠나고 있는 상황이구나. 참고로 '내임'은 '배웅'의 평안 방언이다.

계집아이는 운다 느끼며 운다
텅 비인 차 안 한구석에서 어느 한 사람도 눈을 씻는다

▶ '어느 한 사람'은 아마도 화자겠다. 분명 텅 빈 차에 계집아이가 탔다고 했으니까. 다만 '나'라고 하지 않고 이렇게 3인칭으로 표현하면 좀 더 객관적으로 표현이 가능해서 감정을 절제하는 효과를 얻을 수 있다. 대상에 대한 연민의 감정을 행동(눈물을 닦음)을 통해 간접적으로 보여주고 있구나.

계집아이는 몇 해고 내지인 주재소장 집에서
밥을 짓고 걸레를 치고 아이보개를 하면서
이렇게 추운 아침에도 손이 꽁꽁 얼어서
찬물에 걸레를 쳤을 것이다

▶ 실제로 그랬는지 알 수는 없다. 다만 화자가 대상을 보면서 이렇게 추측을 하고 있을 뿐이다. 아이라는 개인을 통해서 일제 치하 속 고통 받는 우리 민족의 모습을 말하고 싶었나 보다.

(나) 동승

국철 타고 앉아 가다가
문득 알아들을 수 없는 말이 들려 살피니
아시안 젊은 남녀가 건너편에 앉아 있었다

▶ 일단 화자는 '아시안 젊은 남녀'에게 관심을 갖고 있구나.

늦은 봄날 더운 공휴일 오후
나는 잔무 하러 사무실에 나가는 길이었다

▶ 그리고 화자의 상황도 제시하고 있구나. (가)에서는 화자의 구체적인 상황을 제시하지 않았는데, 여기서는 왜 제시하고 있지? (가)에서는 화자의 초점이 일관되게 외부 대상(아이)을 향하고 있는데, (나)에서는 화자의 초점이 외부에서 내면(자기 자신)으로 이동을 한다. 따라서 이 부분은 뒤에서 화자가 초점

을 옮겨서 자기 자신에 대해 얘기하기 위한 전제로 볼 수 있다. 물론 여러분이 시험장에서 시를 읽을 때는 그것까지 고민할 필요는 없고, 그냥 읽어 가면 된다.

저이들이 무엇 하려고
국철을 탔는지 궁금해서 쳐다보면
서로 마주 보며 떠들다가 웃다가 귓속말할 뿐
나를 쳐다보지 않았다

▶ 쌍방향이 아닌 일방적인 관심이로구나.

모자 장사가 모자를 팔러 오자
천 원 주고 사서 번갈아 머리에 써 보고
만년필 장사가 만년필을 팔러 오자
천 원 주고 사서 번갈아 손바닥에 써 보는 저이들

▶ 그들은 화자가 아닌 '모자', '만년필'에 관심을 보이고 있다.

문득 나는 천박한 호기심이 발동했다는 생각이 들어서
황급하게 차창 밖으로 고개 돌렸다

▶ 이제야 화자가 자신의 무례함을 인식했구나.

국철은 강가를 달리고 너울거리는 수면 위에는
깃털 색깔이 다른 새 여러 마리가 물결을 타고 있었다

▶ 여기서 왜 '자연물'이 등장했을까? 짧은 시 안에서 2행이나 어떤 대상을 묘사했다는 것은 이유가 있어서겠지. 바로 화자와의 '대비'다. 자연에서는 색깔이 다른 여러 새가 함께 조화를 이루고 있는데, 화자는 자신과 다르다는 이유 하나만으로 대상에게 무례한 관심을 표출했지.

나는 아시안 젊은 남녀와 천연하게
동승하지 못하고 있어 낯짝 부끄러웠다

▶ 반성하는 화자의 모습이 나타나 있다.

국철은 회사와 공장이 많은 노선을 남겨 두고 있었다
저이들도 일자리로 돌아가는 중이지 않을까

▶ 화자는 그들도 '동일한 노동자'고, 일자리를 가진 사람들이라는 추측을 하면서 마무리하고 있다.

▶ 정리하자면 화자가 대상을 바라보는 심리 변화는 '이질감→반성→동질감'이라고 볼 수 있겠다.

문제분석 01-03번

번호	정답	정답률(%)	선지별 선택비율(%) ①	②	③	④	⑤
1	①	95	95	1	2	1	1
2	④	81	8	2	4	81	5
3	③	87	3	2	87	4	4

01

정답설명

① 화자의 관심사만 신경 쓰면 간단하게 찾아낼 수 있다. (가)에서는 '계집아이'에게 관심을 두고 있고, (나)에서는 '아시안 젊은 남녀'에게 관심을 두다가 초점을 이동하여 자기 자신을 반성하고 있다.

오답설명

② (가) X, (나) O / 시 안에 있는 모든 표현법은 주제 의식을 부각한다. 따라서 '인간과 자연을 대비'하는 표현이 있는지 여부만 보면 된다. 보통 '인간과 자연의 대비'는 '속세의 공간 vs 자연이라는 공간'을 의미하는 것으로 '순간성 vs 영원성', '인위성 vs 무위성', '시비, 분별 vs 조화, 합일' 등의 속성의 대비가 나타난다. '자연'의 개념을 공간이 아닌 '자연물'까지 넓혀 본다면, (나)에는 자연스럽게 어울리고 있는 '새'(자연)와 천연하게 동승하지 못하는 화자(인간)의 대비가 나타난다고 볼 수 있다.

③ (가) X, (나) X / (가)에는 일상적 삶에 대한 반성이 나타나지 않았고, 이를 역설적으로 드러내지도 않았다. (나)에는 '일상'도 있고, '반성'도 있지만 '일상적 삶에 대한 반성'은 나타나지 않았고 역설도 없다. 즉, 화자가 일상을 통해 어떠한 경험(지하철을 탄 아시안 남녀 목격)을 하였고, 그것을 통해 자신의 천박한 호기심에 대한 반성을 했지만, '일상적 삶(반복되는 삶)'에 대한 반성을 한 것이 아니라는 것이다. 이는 평가원에서 자주 출제하는 선지 패턴이다. 지문에 A가 있고 B가 있을 때, 아무 관계가 없는 A와 B를 인과로 묶는 경우이다. 마찬가지다. '일상'이 나타났고, '반성'이 나타났지만, '일상에 대한 반성'을 하는 것은 아니라는 것이다. 만약 화자가 '일상적 삶에 대한 반성'을 했다면 '저 아시안 남녀도 휴일엔 데이트를 하는데, 나는 왜 평일과 똑같이 일을 하러 사무실에 출근을 하고 있을까. 내 삶은 왜 항상 똑같은 삶의 패턴을 쳇바퀴 돌 듯 무의미하게 반복하고 있을까.' 뭐 이 정도의 반성이 나왔어야 한다.

④ (가) O, (나) X / 애상적(哀傷的) : 슬퍼하거나 가슴 아파하는 것. (가)에서는 '차디찬 아침', '새하얗게 얼은 자동차 유리창 밖' 등을 통해 '겨울'이라는 계절적 배경을 나타냈으며, 한 소녀의 손잔등과 추운 날씨를 통해 그 소녀의 고된 삶을 짐작한 화자가 슬픔과 연민을 느끼고 있기에, 애상적 분위기를 환기하였다고 볼 수 있다. 하지만 (나)에서는 계절적 배경(봄)은 제시되지만, 애상적 분위기는 나타나지 않는다.

⑤ (가) X, (나) X / '부정적 현실을 포용'은 문제가 있는 현실이지만 받아들인다는 것이다. (가)에서 소녀를 통해 부정적인 현실(일제 치하)이 나타났지만, 화자는 이를 연민의 시선으로 안타까워할 뿐 부정적 현실을 포용하려는 여유로운 태도는 보이지 않았다. (나)에서는 화자가 아시안 남녀와 천연히 동승하지 못했던 사실을, 자신과 다르다는 이유로 조화를 이루지 못하는 사회로 확대해서 해석한다면 부정적인 현실이 드러난다고 볼 수도 있겠다. 하지만 이러한 현실을 받아들이려는 태도는 나타나지 않는다. 오히려 화자는 자신의 문제점을 깨닫고 반성을 하고 있지.

02

정답설명

④ 기본적인 어휘는 알고 들어오라는 평가원의 요구다. 일제 강점기 문학에서 자주 등장하는 '내지인'은 '일본 사람'을 의미한다. 그리고 '육친'은 '부모와 형제'를 의미한다. 따라서 육친과의 이별은 말도 안 되고, '유리창 안'이 따뜻하거나 가족과 함께하는 공간도 아니기에 '대비'라는 말도 어색하다.

오답설명

① '어린 계집아이 하나'가 혼자서 멀리 가는 자동차를 탔으면 충분히 주목받을 수 있겠다. 굳이 딴지를 걸 필요가 없으니 스킵하자.

② 비유적 표현을 쓴 이유는 대상을 구체적으로 나타내기 위함이다. 손잔등이 갈라졌다는 것은 그만큼 힘들게 일했다는 것을 짐작하게 한다.

③ 구체적 단위를 쓰면서 먼 거리를 부각한 이유는 그만큼 가는 길이 힘들다는 것이겠지?

⑤ 화자가 자신이 아닌 다른 대상을 바라보며 시상을 전개할 때는 반드시 대상에 대한 화자의 태도를 체크하며 읽어야 한다. '계집아이'의 울음에 '차 안 한구석'에 있는 '어느 한 사람'도 '눈을 씻는다'라고 하였으므로, 대상에 대한 연민의 태도를 간접적으로 보여준 것이다.

03

정답설명

③ 분명 지문에 '서로 마주 보며 떠들다가 웃다가 귓속말할 뿐'이라고 제시되어 있다. '긍정적인 무관심'은 말도 안 되겠지.

오답설명

① 아시안 젊은 남녀가 서로 마주 보는 것은 '관심'이고, '나'가 그들을 바라본 것은 '가치 평가'의 시선이므로 국철은 '서로 다른 성격의 시선들이 드러나는 공간'이야.

② '나'가 '천박한 호기심이 발동'해서 바라보는 것은 아시안 젊은 남녀가 자신과 다르다는 '가치 평가'의 시선이다. 〈보기〉에서 시선이 '가치 평가의 의미를 띨 경우 상대방에게 부담감을 줄 수도 있다.'라고 했으니 적절한 말이지.

④ '나'는 자신이 아시안 젊은 남녀에게 '가치 평가적 시선'을 보냈음을 깨닫고 부끄러움을 느끼지. 그런 후 고개를 돌리니까 이 행위는 가치 평가적 시선을 거두는 것이겠지.

⑤ 여기에서 '동승'은 물리적으로 차를 함께 타는 것뿐 아니라 같은 차를 탄 상대방을 대등하게 생각하는 것도 포함된 거야. 따라서 '나'가 아시안 젊은 남녀와 동승하지 못한 것을 부끄럽게 여겨 가치 평가적 시선을 거두는 것은 '조화로운 공동체'를 위한 뜻이 담긴 것이지.

고정희 – 상한 영혼을 위하여

지문분석

상한 갈대라도 하늘 아래선
한 계절 넉넉히 흔들리거니

▶ 일단 화자가 주목한 대상은 '상한 갈대'다. 튼튼한 갈대가 아니라 상태가 안 좋은 갈대를 주목했다면 뭔가 이유가 있겠지. 이유가 뭘까?

뿌리 깊으면야
밑둥 잘리어도 새순은 돋거니

▶ '밑둥'이 잘리는 처참한 상황에서도 뿌리만 깊으면 살 수 있구나.

충분히 흔들리자 상한 영혼이여
충분히 흔들리며 고통에게로 가자

▶ 화자가 '고통'을 지향하네? 희한하군. 계속 가 보자.

뿌리 없이 흔들리는 부평초 잎이라도
물 고이면 꽃은 피거니
이 세상 어디서나 개울은 흐르고
이 세상 어디서나 등불은 켜지듯

▶ 이 세상 어느 곳에도 '개울'과 '등불', 즉 희망이 있듯이

가자 고통이여 살 맞대고 가자

▶ 모든 고통아 내게로 와라!! 화자가 고통을 꺼리지 않는다는 것은 알겠는데, 그 구체적인 의미는 아직 모르겠다.

외롭기로 작정하면 어딘들 못 가랴
가기로 목숨 걸면 지는 해가 문제랴

▶ 아, 드디어 고통이 끝나는 벌판에 서자는 것인가?

고통과 설움의 땅 훨훨 지나서
뿌리 깊은 벌판에 서자

▶ 아, 드디어 고통이 끝나는 벌판에 서자는 것인가?

두 팔로 막아도 바람은 불 듯

▶ 그치. 바람은 어떻게 해도 막을 수 없지. 하지만 바람은 영원하지 않지. 순간적으로 불고, 또 순간적으로 사라지지.

영원한 눈물이란 없느니라
영원한 비탄이란 없느니라

▶ 맞아. 영원한 시련은 없어. 시련은 하나의 바람 같은 존재야. 피할 수는 없지만 그렇다고 영원하지도 않지. 그래서 화자가 고통을 피하려 하지 않은 것이구나. 어차피 피할 수 없다면 당당하게 맞서자고, 혹은 받아들이자고. 고통은 순간에 불과하니까.

캄캄한 밤이라도 하늘 아래선
마주잡을 손 하나 오고 있거니

▶ 그리고 세상에는 나 혼자만 있는 것이 아니야.

▶ 문학을 많이 공부한 학생이라면, 화자가 자연물을 주목할 때는 그것을 통해 인간의 삶을 얘기하는 경우가 많음을 알 것이다. 여기서도 마찬가지이다. 화자는 '상한 갈대'를 통해 인생의 시련을 겪고 있는 '우리 나약한 인간들'을 말하고 싶었던 것이다. '시련'은 어차피 피할 수 없다. 하지만 시련은 영원하지 않다. 화자는 순간적으로 겪는 시련에 당당하게 맞서고 이겨내자는 얘기를 하고 싶었던 것이다.

문제분석 01-03번

번호	정답	정답률 (%)	선지별 선택비율(%)				
			①	②	③	④	⑤
1	①	86	86	2	5	6	1
2	③	90	2	5	90	2	1
3	③	74	5	11	74	6	4

01

정답설명

① 대구는 유사한 문장 구조 두 개가 대등하게 제시된 것을 말한다. 2연의 '이 세상 어디서나 개울은 흐르고 / 이 세상 어디서나 등불은 켜지듯', 3연의 '영원한 눈물이란 없느니라 / 영원한 비탄이란 없느니라' 등에서 대구가 나타난다.

형태쌤의 과외시간

자, 그럼 아래 구절은 대구일까, 아닐까?

충분히 흔들리자 상한 영혼이여
충분히 흔들리며 고통에게로 가자

대구는 문장의 구조가 유사해야 한다. 즉, 앞 문장이 '충분히 흔들리자 상한 영혼이여'라면 뒷 문장 또한 '~자 ~여'와 유사한 문장 구조를 가져야 대구라고 볼 수 있다. 하지만 뒷 문장이 앞 문장과 유사하지 않은 구조를 가지고 있으므로 대구로 볼 수 없다. 단순히 같은 단어가 쓰였다고 해서 대구로 볼 수 없는 것이다.

오답설명

② 특정한 계절적 배경이 제시되지 않았고, 계절의 흐름 또한 드러나지 않았다.

③ '여/이여' : 정중하게 부르는 뜻을 나타내는 호격 조사. 흔히 감탄이나 호소의 뜻이 포함된다. 사람이 아닌 대상을 부른다면 무조건 의인화가 쓰였다고 봐야 한다. 왜? 사람이 아닌 대상에게 인간의 언어를 이해하고 있다는 속성을 부여했으니까. '상한 영혼이여', '가자 고통이여'에서 화자는 말을 건네고 있으므로 의인화가 사용되었다고 보는 것이다. 다만 냉소적 태도(냉소 : 쌀쌀한 태도로 비웃음. 또는 그런 웃음. / 쉽게 말해 대상에 대한 비판적인 비웃음을 생각하면 된다.)가 나타나지는 않는다.

④ 다양한 심상을 사용하였지만, 공감각적 심상은 활용하지 않았다.

⑤ 화자는 고통을 피할 수 없다면 고통에 당당하게 맞서자고 이야기하고 있다. 과거에 대한 회상이 아니라 앞으로의 삶에 대한 당부라고 볼 수 있겠지. 과거에 대한 반성도 드러나지 않는다.

02

정답설명

③ 둘 다 화자가 긍정하는 시어로 '영원한 시련은 없다'는 의미이기에 '고난 극복의 가능성'과 연결 지어 볼 수 있다.

오답설명

① [A]의 '밑둥'이 아니라 '밑둥 잘리어도'가 실존적 위기감과 관련된다. [B]의 '개울'은 '물 고이면 꽃은 피거니'에서 알 수 있듯이 '부평초'가 살 수 있는 곳이 되므로 화자에게 긍정적인 시어다.

② [A]의 '한 계절'은 '극한 상황'과 관련이 없으며, 오히려 '극한 상황'은 '상한 갈대'에서 엿볼 수 있다. '한 계절 넉넉히 흔들리거니'에서 화자는 상한 갈대라도 한 계절 정도는 넉넉하게 흔들릴 수 있다고 말한다. 즉 넉넉하게 흔들릴 수 있는 계절이기에 '한 계절'을 극한 상황이라고 볼 수 없다는 것이다. [B]의 '지는 해'는 부정적 상황이니 '극한 상황'과 관련이 있다고 볼 수 있다.

④ 지문에 현실 부정의 비판적 어조가 나타난 부분은 없다.

⑤ '가자 고통이여'라며 고통과 함께 가겠다는 화자의 적극적인 자세를 소극적으로 봐서는 안 되겠지.^^

03

시 해석은 단정이 아니라 조건에 맞춘 융통성 있는 판단이라는 평가원의 특성을 여실히 보여 주는 문제다. 그리고 고난도 문제의 출제 방식을 알 수 있는 좋은 문제다. 오답률도 높았고 얻어갈 것이 많은 문제이니 틀린 학생들은 이 문제를 꼭 기억해라.

정답설명

③ 1연에서 흔들리는 것이 시련의 상황임을 잡았다면, 대상을 흔들리게 하는 '바람'은 일단 부정적 시어라는 것은 알 수 있다. 그럼 이제 '바람'의 특성을 생각해 보자. 바람은 일단 피할 수 없다. 그래서 '활동 2'에서 '막을 수 없음'이라는 결과가 나온 것이다. 그럼 막을 수 없는 바람이 부는 공간은 영원한 운명의 구속을 벗어날 수 없는 공간일까?

여기까지만 오면 ③을 그냥 Skip하고 넘어갔을 확률이 높다. 하나 더 생각해야지. 〈학습 활동〉과 선지만 비교하지 말고, 하나 더 봐야 한다. 무엇을? 바로 지문이다. 학생들이 〈학습 활동〉 문제에서 가장 쉽게 낚이는 케이스가 바로 지문을 배제한 채 〈학습 활동〉과 선지만 비교하는 케이스다.

물론 〈학습 활동〉과 선지만 비교해도 쉽게 답이 나오는 난도 떨어지는 문제들도 있다. 하지만 고난도의 문제에서는 반드시 〈학습 활동〉과 선지, 그리고 지문을 모두 고려해서 대응해야 한다.

자. 잔소리는 이쯤 하고 지문으로 들어가 보자. 3연을 보면, '두 팔로 막아도 바람은 불'겠지만 그럼에도 불구하고 영원한 눈물과 비탄은 없다고 하였다. Ok. '바람'은 결국 '눈물'과 '비탄'과 대응되는 시어이고, 영원하지 않은 존재로구나! 지문에서는 바람의 순간적인 속성에 주목하고 있는 것이다!

정리를 해보자.

1) 바람(눈물, 비탄)은 피할 수 없다.

2) 바람(눈물, 비탄)은 순간적이다.

3) 피할 수 없는 바람은 그냥 받아들이자. 바람은 영원하지 않으니까.

따라서 ③은 절대로 불가능한 해석이다.

오답설명

① '상한 갈대라도~뿌리 깊으면야 / 밑둥 잘리어도 새순은 돋거니'에서 확인할 수 있다.

② 대응(對應) : 어떤 두 대상이 주어진 관계에 의하여 짝을 이루는 것. 두 대상이 서로 유사할 때에는 '상응'이나 '호응'이라는 말을 쓴다. '대응'은 좀 더 포괄적인 단어로 유사든 상반이든 짝만 이루면 쓸 수 있다. '하늘'이 초월적 공간이라고 〈학습 활동〉에서 제시했고, 그 아래에 있는 '벌판'은 현실적 공간이니 두 대상이 짝을 이룬다는 말이다.

④ 많은 학생들이 여기에 낚였다. 일단 낚인 학생들은 보통 두 가지 케이스로 정리가 된다.

학생들이 자주 묻는 질문

1) 첫 번째 케이스

Q. 쌤~ 지문에서 '고통과 설움의 땅을 지났다고 했으니까 '뿌리 깊은 벌판'에는 시련이 없어야 되는 것 아닌가요?

A. 〈보기〉와 지문까지 같이 보는 기본기는 갖췄지만, 완전하지는 않은 중수의 케이스다. 쌤은 이 학생에게 이렇게 얘기하고 싶다. 시의 해석은 문맥과 흐름에 의해 판단해야 돼. 분명 네가 얘기한 구절만 본다면, 너의 말도 맞아. 하지만 그 뒤에 보면 '바람'을 피할 수 없다고 하고 '캄캄한 밤'이 온다고 하지? 아직 시련은 끝나지 않은 것인데 부분만 보고 자기가 생각하는 대로만 해석을 하면 안 된다.^^

2) 두 번째 케이스

Q. 쌤! 굳이 이렇게 봐야 하나요? 밤이 다가오고 있으니까 '뿌리 깊은 벌판'은 그냥 시련의 공간으로 보면 안 되나요? 왜 굳이 시련에 맞서야 하는 공간으로 보나요?

A. 어느 정도 실력도 있고 주관이 강한 케이스다.

이런 학생들은 특히 문학에서 '단정이 아닌 허용의 태도'를 갖춰야 한다. 문학은 수학과 달리 해석이 하나로 고정된 것이 아니기 때문이다. 이런 학생을 만나면, 쌤은 토닥토닥 다독이며 이렇게 얘기한다. 수능에서 해석은 정해져 있지 않단다. 너의 해석이 틀린 것은 아니야. 하지만 출제자가 한 해석에 딴지 걸 이유는 없잖니. 너만 맞고 출제자는 틀렸다고 우길 근거가 없기 때문이지. 문학은 해석이 단일하지 않고 관점이나 〈보기〉에 따라 얼마든지 다양한 해석이 나올 수 있어. 너의 생각만 고집하지 말고 출제자의 생각을 허용할 여지가 있다면 허용하고, 좀 더 명확하게 떨어지는 정답을 찾으려 가는 게 수능 날 네가 해야 하는 판단이야. 정리하자면 '뿌리 깊은 벌판'은 바람을 피할 수 없고, 캄캄한 밤이 온다는 점에서 시련의 공간이 돼. 그러니까 너의 판단도 맞아. 그러나 화자는 '영원'한 '눈물'과 '비탄'은 없다고 하였고, 어둠 속에서도 '마주잡을 손'이 있다고 하였으므로 시련에 맞서야 한다는 내용은 충분히 허용할 수 있지 않겠니?

⑤ '밤'이라는 부정적인 상황에서 '마주잡을 손'이 오고 있다는 것은 화자의 고통을 함께 이겨낼 누군가가 있음을 뜻한다. 따라서 ㉠은 '희망이 예비된 공간'으로 볼 수 있다.

모란이 피기까지는 / 고고

지문분석

(가) 모란이 피기까지는

모란이 피기까지는
나는 아직 나의 봄을 기다리고 있을 테요
모란이 뚝뚝 떨어져 버린 날
나는 비로소 봄을 여읜 설움에 잠길 테요

▶ 일단 화자는 자신의 얘기를 하고 있구나. 화자에게 있어서 모란은 참으로 소중한 존재였나 봐. 모란이 떨어지니 설움에 잠긴다고 하는 것을 통해 모란이 질 때의 절망감이 얼마나 큰 것인지를 보여주고 있다.

오월 어느 날 그 하루 무덥던 날
떨어져 누운 꽃잎마저 시들어 버리고는
천지에 모란은 자취도 없어지고
뻗쳐오르던 내 보람 서운케 무너졌으니

▶ 화자가 그렇게도 좋아하던 모란이 떨어져 버렸대. 그러자 보람이 서운케 무너졌다고 하네.

모란이 지고 말면 그뿐 내 한 해는 다 가고 말아

▶ 모란이 졌을 뿐인데 한 해가 다 갔다고 표현하고 있어. 그만큼 모란은 화자에게 있어서 절대적인 존재였나 봐.

삼백예순 날 하냥 섭섭해 우웁네다

▶ 설마 한 해 내내 울 수는 없겠지. 상당히 과장된 표현으로 모란의 소멸을 안타까워하고 있어.

모란이 피기까지는
나는 아직 기다리고 있을 테요 찬란한 슬픔의 봄을

▶ 여기가 대박이다. 모란이 화자에게 기쁨만 주는 것이 아님을 이미 모란의 소멸을 통해 느꼈음에도 불구하고, 또 다시 모란의 개화를 기다리고 있어. 시의 처음과 비교해 보면 수미상관인데, 약간 다른 것이 느껴지지? 바로 '찬란한 슬픔'이라는 구절이 그것이야. 화자는 모란이 피면서 느낄 수 있는 찬란함과 모란이 지면서 느끼는 슬픔을 모두 경험한 것이라 볼 수 있지. 따라서 화자는 찬란함과 슬픔을 모두 경험한 상태, 즉 성숙한 상태로 또 다시 모란을 기다린다는 것이야. 모란이 그만큼 좋다는 의미도 되고, 예전의 미성숙한 기다림에서 나아가 성숙한 기다림의 태도를 갖겠다는 의미로도 볼 수 있겠어.

(나) 고고

북한산이
다시 그 높이를 회복하려면
다음 겨울까지는 기다려야만 한다.

▶ 이번에도 화자는 뭔가를 기다리고 있는 자기 얘기를 하고 있어. 정확히 말하자면 화자는 북한산의 '높이'를 원하는데, 그것을 만나려면 일단 기다려야 한다는 것이지.

밤사이 눈이 내린,
그것도 백운대나 인수봉 같은
높은 봉우리만이 옅은 화장을 하듯
가볍게 눈을 쓰고

▶ 문장이 아직 끝나지 않았어! 아래까지 이어서 읽어보자.

윈 산은 차가운 수묵(水墨)으로 젖어 있는,
어느 겨울날 이른 아침까지는 기다려야만 한다.

▶ 단순히 '높이'라고 하면 너무 추상적이잖아. 그래서 화자가 원하는 '높이'가 어떤 것인지 구체화를 해주고 있어.

신록이나 단풍,
골짜기를 피어오르는 안개로는,
눈이래도 윈 산을 뒤덮는 적설(積雪)로는 드러나지 않는,

심지어는 장밋빛 햇살이 와 닿기만 해도 변질하는,

▶ 신록, 단풍, 안개, 적설, 햇살 모두 화자가 원하는 것들이 아니지. 화자가 지향하는 '높이'와 대조적인 이미지를 나열해서 '높이'의 의미를 강조하고 있어.

그 고고(孤高)한 높이를 회복하려면

백운대와 인수봉만이 가볍게 눈을 쓰는
어느 겨울날 이른 아침까지는
기다려야만 한다.

▶ 수미상관을 통해서 화자의 태도를 강조하며 마무리하고 있어. 도대체 '높이'가 뭐냐고 물어본다면, '화자가 원하는 것'이 시험장을 전제로 한 실전적 대답이야. 좀 더 이해하기 쉽게 설명해 준다면, '높이'는 화자가 지향하는 삶의 자세로 볼 수 있어. 화자는 고결하고 순수하며 고고한 '높이'와 같은 삶을 살고 싶다는 것이겠지.

문제분석 01-03번

번호	정답	정답률(%)	선지별 선택비율(%)				
			①	②	③	④	⑤
1	②	86	4	86	4	3	3
2	③	67	5	6	67	21	1
3	①	84	84	3	7	2	4

01

정답설명

② (가) O, (나) O / (가)의 1~2행이 11~12행에서, (나)의 1연이 5~6연에서 변형된 수미상관 구조로 나타나고 있구나. 시에 있는 모든 표현들은 주제를 위한 것이고, 작가가 수미상관을 쓴 것은 주제를 강조하기 위한 것이니 굳이 선지의 뒷부분은 고민할 필요가 없겠지.

학생들이 자주 묻는 질문

Q. '수미상관'은 두 연이 완전히 똑같아야 하나요?

A. '수미상관'은 말 그대로 머리[首]와 꼬리[尾]가 서로 관련을 가졌다는 의미야. 앞과 뒤에서 비슷한 구조, 비슷한 형식, 비슷한 내용을 담아서 형태적으로 안정감을 주고 강조, 여운 등의 효과를 주는 것이지. 앞뒤의 내용이 완전히 동일해야만 하는 것은 아니야. 앞뒤 내용이 동일하지 않아도, 내용과 형식의 유사성이 보인다면 수미상관이라고 봐주렴.

오답설명

① (가) X, (나) X / (가)는 '모란', (나)는 '북한산'이라는 하나의 대상에 대해서만 이야기할 뿐 공간의 이동은 나타나지 않아.

③ (가) X, (나) X / (가)의 마지막을 보자. '나는 아직 기다리고 있을 테요 찬란한 슬픔의 봄을'에서 '어순의 도치'는 나타나지만 이것이 상황의 긴박감을 표현한 것은 아니다. 그리고 (나)에는 어순의 도치도, 상황의 긴박감도 나타나지 않았다. 간혹 (나)에서 도치가 있다고 의심한 학생은 문장 단위의 독해를 제대로 하지 못한 학생이다. 문장이 끝나지 않았다면 행이나 연으로 구분되어 있더라도 계속해서 이어서 읽어가야 한다.

④ (가) X, (나) △ / (가)에는 흑백의 대비가 없다. (나)의 경우, '눈'과 '수묵(빛이 엷은 먹물)'에서 흑백의 대비가 나타난다고 볼 여지가 있기는 하지만, 평가원에서는 색채어(구체적인 색이 명시된 단어)에 한해 색채 대비를 허용하고 있으므로 △로 처리했다. 물론 (가)에서 확실히 'X'가 제시되니, 고민할 필요는 없겠지.

⑤ (가) X, (나) X / (가)의 '모란이 지고 말면', (나)의 '다시 그 높이를 회복하려면'을 일단 주목하자. (가)에서는 실제로 모란이 졌고, 화자는 섭섭함을 느낀다고 하였다. 즉, '모란이 지고 말면'은 가상의 상황이 아니라는 것이다. (나)의 경우 아직 높이를 회복한 것이 아니기에 가상의 상황은 맞지만 자기반성의 태도가 나오지 않았다.

02

정답설명

③ 화자가 원하는 것은 산이 높이를 회복하는 것이다. 어떤 높이냐 하면 '고고한 높이'인데 단순히 물리적 높이가 높다고 해서 화자가 원하는 산이 되는 것은 아니다. 화자가 기다리는 고고한 높이에는 여러 가지 조건이 있다. 먼저 '가볍게 눈'을 써야 하고, '수묵으로 젖어' 있어야 하고, '겨울날 이른 아침'이어야 한다. 따라서 '대상의 높이'가 고고한 아름다움을 결정하는 유일한 조건이라는 것은 적절하지 않다.

오답설명

① '나는 아직 나의 봄을 기다리고 있을 테요', '나는 비로소~설움에 잠길 테요', '내 보람 서운케' 등에서 확인할 수 있다.

② 문학에서는 〈보기〉가 슈퍼갑이고 〈보기〉를 전제로 작품과 선지를 바라봐야 한다고 누차 강조하였다. 따라서 〈보기〉에서 '소멸을 앞둔 대상'을 통해 아름다움이 경험되고 있다고 하였으니, 이러한 모란의 속성(한정된 시간 동안 존속하는 속성)이 아름다움을 강화한다는 선지를 허용해 줄 수 있다.

반드시 기억해라. 지문을 먼저 보거나 선지를 먼저 보면 그 이질감에 당황하여 오답에 손이 갈 수 있다. 반드시 〈보기〉를 먼저 읽어야 한다. 단순하고 당연한 말이지만 잠깐의 판단 미스에도 정·오답이 갈리는 시험장에서 철저하게 지켜야 하는 원칙이다.

④ (나)의 주된 시상 전개 방법은 '구체화'와 '대조'이다. 따라서 당연히 나올 수 있는 선지로 볼 수 있겠다. (나)에서 대상의 고고한 아름다움은 밤사이 눈이 내려 높은 봉우리만 가볍게 눈을 쓰고 있을 때 드러난다(2연). '신록이나 단풍', '안개'가 높은 봉우리를 덮을 때와, 눈이 '왼 산을 뒤덮'고 있을 때는 고고한 아름다움이 드러나지 못한다(4연). 따라서 대상의 고고한 아름다움이 드러나는 순간(2~3연)과 그렇지 않은 때(4연)

가 '대비'된다.

⑤ (가)는 '찬란한 슬픔의 봄'에서, (나)는 '북한산이~다음 겨울까지는 기다려야만 한다.'에서 '봄'과 '겨울'이라는 계절적 배경을 확인할 수 있겠다.

03

정답설명

① 단순한 일치 수준에서 정답이 나오는구나. '설움'은 '모란이 뚝뚝 떨어져 버린 날' 느끼는 '봄을 여읜 설움'이야. 따라서 나는 이미 '나의 봄'을 경험했다고 봐야겠지.

오답설명

② '나의 봄'은 모란이 핀 순간을 의미해. 그런데 그 모란이 지고 말면 '내 한 해는 다 가고 말아' 버린다고 하므로 모란이 핀 순간은 화자의 삶에서 차지하는 비중이 매우 크겠지.

③ 역설적 표현은 친숙하지 않은 낯선 표현이야. 굳이 이런 표현을 썼다는 것은 작가가 독자로 하여금 이 부분을 주목시키려는 의도가 담겨 있다고 보면 된다. '찬란한 슬픔'이 바로 역설적인 표현인데, 작품 해설에도 있지만 모란의 개화와 소멸을 통해 화자는 기쁨과 슬픔을 모두 느끼게 되지. 그리고 그때 느꼈던 강렬한 정서를 역설을 통해 강조한 것이야.

④ '그 고고한 높이를 회복하려면~어느 겨울날 이른 아침까지는 / 기다려야만 한다.'에서 확인할 수 있다.

⑤ 4연의 '신록이나 단풍', '안개', '적설', 5연의 '장밋빛 햇살'은 '고고한 높이'를 회복하지 못하게 하는 대상으로 나타난다. 이와 달리 2연의 '그것도 백운대나 인수봉 같은 / 높은 봉우리만이 엷은 화장을 하듯 / 가볍게 눈을 쓰고'와 6연의 '백운대와 인수봉만이 가볍게 눈을 쓰는~기다려야만 한다.'에서 '고고한 높이'를 경험하기 위한 요건을 확인할 수 있다.

고향 앞에서 / 낡은 집

지문분석

(가) 고향 앞에서

흙이 풀리는 내음새

▶ 일단 얼었던 흙이 풀리고 있으니, 봄이 왔다는 것을 알 수 있겠다.

강바람은
산짐승의 우는 소릴 불러
다 녹지 않은 얼음장 울멍울멍 떠내려간다.

▶ 얼음이 '울멍울멍' 떠내려간다고? 화자의 마음 상태가 '울멍울멍'하니까 그렇게 느껴지겠지. 화자의 마음 상태가 어찌해서 우울한지 화자의 상황을 알 수 있는 단서를 찾아가 보자.

진종일
나룻가에 서성거리다
행인의 손을 쥐면 따듯하리라.

▶ 행인의 손을 쥐면 따뜻해진다니. 뭔가 춥고 외로운 상황 같다.

고향 가차운 주막에 들러

▶ 공간이 나왔구나. 참고로 '가찹다'는 '가깝다'의 사투리다. 암튼 고향 근처에 있구나. 문학에서 고향은 반드시 돌아가야 할 곳으로 긍정적인 공간인데, 왜 화자의 마음 상태가 안 좋은걸까? 혹시 고향에 무슨 일이라도 생겼나?

누구와 함께 지난날의 꿈을 이야기하랴.

▶ 아, 지난날을 그리워하고 있구나. 여기서 지난날은 문맥을 고려할 때 고향에 대한 추억임을 알 수 있어. 화자가 고향의 예전 모습을 추억하는 것을 통해 현재는 고향에 문제가 있다는 것을 알 수 있겠구나.

양귀비 끓여다 놓고
주인집 늙은이는 공연히 눈물지운다.

▶ '공연히'는 '이유 없이'이다. 주인집 늙은이는 이유 없이 울고 있다. 울고 있는 이유? 알 수 없지. 주인집 늙은이의 상황이 안 나왔는데 어떻게 반응의 이유를 알 수 있겠냐. 그냥 감수성이 예민한 늙은이겠지. 혹은 무슨 일이 있겠지. 이렇게 넘어가야 한다! 나오지 않았는데 섣불리 추론을 하면 안 된다는 것이다. 참고로 [2006학년도 6평]에서 이 시를 출제했는데, 당시 '화자와 늙은이의 상황이 동일하다'는 선지가 틀린 선지로 출제가 되었다.

간간이 잰나비 우는 산기슭에는

▶ '잰나비(잔나비)'는 원숭이를 말한다. 원숭이 우는 풍경은 쓸쓸한 분위기를 고조시키는 관습적 장치라고 봐도 좋다.

아직도 무덤 속에 조상이 잠자고
설레는 바람이 가랑잎을 휩쓸어간다.

▶ 조금 외적으로 들어가 볼까? 창작 배경이 일제 치하임을 감안한다면, 우리의 고향(조국)은 이미 짓밟힌 상황이므로, 화자는 조상을 볼 면목이 없겠지. 따라서 화자의 마음 상태는 '설렘'이 되는 것이야. 상황이 안 좋은데, 왜 설레냐고? '설레다'라는 표현은 마음이 가라앉지 않고 계속 들뜨는 것을 말해. 보통 긍정적 상황에서 많이 쓰이지만, 예전의 문학을 보면 부정적 상황에서도 많이 쓰였어. 여기선 문맥(울멍울멍 떠내려가는 얼음장, 서성거리며 따뜻함을 그리워하는 화자, 지난날의 꿈을 그리워하는 화자)을 고려해서 부정적으로 볼 수 있지. 더군다나 '가랑잎을 휩쓸어간다.'라는 표현에서 쓸쓸한 분위기를 환기한다고 볼 수 있다.

▶ 시험장에서는 이 정도의 해석은 무리야. 시험장에선 '설레는 바람'이라... 뭔가 화자의 심정이 담긴 소재로군. 딱 이 정도 판단만 하고 넘어가면 돼. 그리고 간혹 "'설렘'을 긍정으로 보면 안 될까요? 고향에 가고 싶어서 설렐 수 있잖아요! 인터넷에도 이 같은 해설이 있어~"라는 안타까운 학생들이 있다. 결론부터 말하자면, 절대 안 된다. 해석은 항상 유기적으로 문맥을 고려해서 판단해야 한다. 화자는 현재 고향 앞에서 예전의 고향을 그리워하고 있는데 어떻게 긍정적인 설렘으로 해석을 할 수 있겠니. 게다가 위에서 언급했듯이 '울멍울멍 떠내려가는 얼음장, 서성거리며 따뜻함을 그리워하는 화자, 지난날의 꿈을 그리워하는 화자' 등을 통해서 시 전체의 정서가 ⊖임을 확인할 수 있는데, 어떻게 이 구절만 ⊕의 정서로 볼 수 있겠니. 참고로 인터넷에 떠도는 해설은 근거 없는 주관적 해설이 많단다. 참고 정도로 이용해야지 맹신해서는 절대 안 된다!

예제로 떠도는 장꾼들이여!
상고(商賈)하며 오가는 길에

▶ '상고'란 떠돌며 좌판을 벌여 놓고 하는 장사를 가리키는 말이야.

혹여나 보셨나이까.

▶ 무엇을 보았냐고 묻는 거겠니? 당연히 화자의 고향이겠지.

전나무 우거진 마을

▶ 이 마을이 어떤 마을이겠니. 바로 화자의 고향이지.

집집마다 누룩을 디디는 소리, 누룩이 뜨는 내음새……

▶ 감각적 이미지로 마지막에 여운을 주고 있구나. 결국 화자는 고향 근처에서 예전의 고향을 그리워하고 있다고 정리하면 되겠구나.

(나) 낡은 집

　귀향이라는 말을 매우 어설퍼하며 마당에 들어서니

▶ '어설픈 귀향'에 주목해 보자. 화자에게 귀향은 친숙한 것이 아니라 오랜만에 이뤄진 행동으로 상당히 어설프게 다가왔나 보다. 암튼 화자는 현재 오랜만에 고향에 왔다.

다리를 저는 오리 한 마리 유난히 허둥대며 두엄자리로 도망간다. 나의 부모인 농부 내외와 그들의 딸이 사는 슬레이트 흙담집, 겨울 해어름의 집 안엔 아무도 없고 방바닥은 선뜩한 냉돌이다. 여덟 자 방구석엔 고구마 뒤주가 여전하며 벽에 메주가 매달려 서로 박치기한다.

▶ 오랜만에 왔는데 고향의 모습은 '여전'하다. 변함이 없는 고향이면 좋아야 정상인데... '여전히 가난해서'가 문제다. '아무도 없고, 선뜩한' 등의 표현에서 화자의 정서를 간접적으로 확인할 수 있구나.

허리 굽은 어머니는 냇가 빨래터에서 오셔서 콩깍지로 군불을 피우고 동생은 면에 있는 중학교에서 돌아와 반가워한다. 닭똥으로 비료를 만드는 공장에 나가 일당 서울 광주 간 차비 정도를 버는 아버지는 한참 어두워서야 귀가해 장남의 절을 받고, 가을에 이웃의 텃밭에 나갔다 팔매질 당한 다리병신 오리를 잡는다.

▶ 뭔가 없어 보이는 분위기인데도 이상하게 정겨움이 느껴지는구나. 그리고 담담하게 '-ㄴ다'를 반복적으로 서술했는데도 불구하고 따뜻함이 느껴진다. 앞에 「고향 앞에서」와는 달리 고향에 가족들이 남아 있고, 그들이 자신을 반겨주어서겠지. 다만 담담한 어조와 자신의 가족을 '농부 내외와 그들의 딸'이라고 표현해서 거리감을 준 것(객관화)이 조금 걸리는구나. 아마도 오랜만에 온 고향이라 마음이 불편하고, 여전히 가난한 고향이라 그랬겠지. 따라서 수능 날 출제자는 '귀향은 미완의 형태'로 남아 있다고 출제를 한 것이야.

문제분석 01-03번

번호	정답	정답률(%)	선지별 선택비율(%)				
			①	②	③	④	⑤
1	①	62	62	3	6	25	4
2	③	78	5	6	78	4	7
3	①	37	37	3	29	22	9

01

정답설명

① (가) O, (나) O / (가)의 화자는 '행인의 손을 쥐면 따듯하리라.'라고 했으니까 '친근감을 기대'한다고 볼 수 있어. (나)의 화자는 고향집에 대해 '여덟 자 방구석엔 고구마 뒤주가 여전'하다고 했으니 이곳은 화자에게 익숙했던 공간이구나. 화자는 고향집 마당에 들어서며 '어설퍼'하였기에 익숙한 공간에서 낯선 느낌을 받았다는 선지를 허용할 수 있지.

오답설명

② (가) X, (나) X / (가)에서 '무덤 속에 조상이 잠자고'라는 것은 '조상의 권위'와는 관련이 없는 시구이다. (나)에서는 '여덟 자 방구석', '일당 서울 광주 간 차비 정도를 버는 아버지'를 통해 가족들의 가난한 처지를 알 수 있지만, 이 공간을 벗어나고자 하는 태도는 나타나지 않아.

③ (가) X, (나) X / (가)의 화자는 낯선 행인에게서 친근함을 기대하고 있으니까 '각박한 인심' 때문에 좌절한다고 볼 수 없어. 그리고 (나)에서 세상의 변화나 인심에 대한 화자의 생각은 나타나지 않아.

④ (가) X, (나) X / (가)에서 화자가 떠돌아다니는 처지인지는 나타나지 않았고, 떠도는 사람은 '예제로 떠도는 장꾼들이여!'를 통해 '장꾼들'임을 알 수 있어. (나)에서는 '나의 부모인 농부 내외'와 '비료를 만드는 공장에 나가~차비 정도를 버는 아버지'를 통해 농부였던 아버지가 현재는 공장 노동자로 일하는 처지가 드러나지만 이를 통해 '삶의 무상함(삶이 참 허무하구나)'을 나타내지는 않아.

⑤ (가) X, (나) X / (가)의 화자가 그리는 고향은 '전나무 우거진 마을 / 집집마다 누룩을 디디는 소리, 누룩이 뜨는 내음새'에서 드러나지. 하지만 여기에 자연과 조화를 이루는 농촌의 모습이 보존되기를 희망하는 것은 나타나지 않아. 이는 단순히 화자가 긍정적으로 생각하던 예전 고향 모습일 뿐이지. (나)의 화자는 '공장에 나가 일당 서울 광주 간 차비 정도를 버는 아버지는 한참 어두워서야 귀가해'라고 하면서 공장 노동자로 일하는 아버지를 보며 안타까워하고 있어. 이것을 보고 산업화를 통해 농촌 모습이 변화되기를 희망한다고 보긴 어렵겠다.

02

정답설명

③ '장꾼들이여!'라고 부르는 말이 있으니까 명확한 청자가 있는 말을 건네는 방식이야. '독백'이라는 부분에서 울컥 했어야 한다. 그리고 ⓒ은 '장꾼들의 설움'이 아니라 고향에 대한 '화자'의 안타까운 마음이 나타난 거야. 장사꾼은 당연히 물건을 팔기 위해서 떠돌아다니는 것이지.

오답설명

① '흙이 풀리는 내음새'라는 부분에서 ㉠이 겨울에서 봄이 되면서 얼음이

풀리는 강변의 모습을 묘사한 것임을 알 수 있어.

② ㉡은 지난날의 꿈을 함께 이야기할 사람이 없다는 아쉬움을 '-랴'와 같은 의문의 형식으로 나타내고 있지.

④ '객관화'는 제삼자의 입장에서 바라보는 것을 말해. 화자는 자신의 가족을 마치 남을 소개하듯이 '농부 내외와 그들의 딸'이라고 말하고 있지.

⑤ '아무도 없고', '선뜩한 냉돌'이라는 표현을 통해 썰렁한 집 안의 모습을 묘사하는 데서 화자가 느끼는 낯섦이 간접적으로 나타나 있어.

03

정답설명

① (가)의 '주인집 늙은이는 공연히 눈물짓는다.'를 보자. 분명 화자는 주인집 늙은이가 '공연히' 눈물을 흘린다고 했어. 절대 공감으로 볼 수 없겠지. 늙은이가 자신의 상황을 화자에게 하소연하고 화자가 그런 늙은이를 보면서 눈물짓는 경우여야 '주인집 늙은이의 슬픔에 공감하는 것' 부분을 허용해 줄 수 있어. 냉정하게 일치 관계를 확인하며 접근해야 깔끔하게 정답을 골라낼 수 있어.

오답설명

② (가)의 마지막 연은 화자가 기억하는 고향의 모습을 그린 거야. 이것을 〈보기〉와 연결시키면 화자의 의식 속에서 '고향은 평화로운 이상적 공간'으로 남아 있음을 알 수 있겠지.

③ 이 선지에 낚인 학생들은 〈보기〉에 있는 단어만 보고 흥분한 케이스야. 잘 봐봐. 〈보기〉에서 '기억 속에서 고향은 평화로운 이상적 공간으로 남아 있기도' 한다고 했어. 다만 '고향이 고향처럼 느껴지지 않을 때 귀향은 미완의 형태로 남게 된다.'라고 했지. 작품 해설을 읽어봐서 알겠지만 화자에게 '현재의 고향'은 분명 낯설어. 오랜만에 오기도 했고, 가난한 삶도 여전하지. 이런 고향을 화자가 '이상적인 공간(모든 불화가 사라진 완전한 공간)'으로 생각하지는 않겠지.

④ 낯설고 불편해도 가족이 남아 있는 고향이 아니겠니. 어머니는 군불을 피우고, 동생은 화자를 반가워하고, 아버지는 화자의 절을 받고 오리를 잡아주려 하니, 이 모든 모습은 가족애라고 볼 수 있겠지?

⑤ (가)의 화자는 고향 근처 주막에 머물고 있어. 화자가 고향 근처까지 와서도 고향에 가지 못하는 이유는 〈보기〉에 따르면 고향이 변해 있거나 그가 그리워했던 예전의 고향의 모습처럼 느껴지지 않기 때문이야. (나)의 화자는 가족들의 궁핍한 삶을 보면서 고향에 와서도 맘이 편치 않아. 따라서 (가), (나) 모두 '귀향은 미완의 형태'라고 할 수 있겠지.

학생들이 자주 묻는 질문

Q. 그래도 분명 기억 속에서는 이상적 공간이라고 했잖아요.

A. 인간의 기억만큼 거짓말을 잘 하는 것이 없단다. 화자에게 있어서 과거의 고향은 분명 가난하고 힘들었던 생활의 연속이었을 것이야. 하지만 바쁜 도시 생활에서 가끔씩 생각나는 고향은 도시와는 다른 매력을 지닌 이상적 공간일 순 있어. 사실은 그렇지 않더라도 말이지. 쌤의 군생활도 분명 객관적으로 따져보면 처절한 해병대 훈련의 연속이었지만, 가끔씩 떠오르는 군대 풍경은 맛있는 야식이 있고 멋진 바다가 있는 풍경이야. 물론 결코 다시 가고 싶진 않아. 절대로. 죽는 한이 있어도.

2014학년도 11월B

파초우 / 사평역에서

지문분석

(가) 파초우

외로이 흘러간 한 송이 구름
이 밤을 어디메서 쉬리라던고.

▶ 화자는 일단 구름을 주목하고 있다. 그런데 '외로운 구름'이 어디서 쉴 것인가를 생각한다. 진심으로 구름이 이런 생각을 한다면 정상이 아니겠지? 당연히 '구름'은 화자의 상황과 정서가 투영된 객관적 상관물이다. 즉, 화자가 외로운 것이고 어디선가 쉬고 싶은 것이다.

성긴 빗방울

▶ '성긴'은 자주 나오는 어휘이니 알아두자. '듬성듬성한'이라는 말이다. 즉, 드문드문 빗방울이 떨어지고 있다는 것을 의미한다.

파초 잎에 후두기는 저녁 어스름

▶ 시간적 배경을 제시해 주었구나. 빗방울이 후두둑 떨어지는 저녁 무렵이다.

창 열고 푸른 산과
마주 앉아라.

▶ 보통 시에서 화자가 바라보는 대상이 긍정의 대상일 경우 출제자들은 '화자가 그 대상을 지향한다.'라는 표현을 즐겨 쓰니 알아두자.

들어도 싫지 않은 물소리기에
날마다 바라도 그리운 산아

▶ 다정하게 산을 부르면서 얘기하고 있구나. 화자는 자연을 참으로 좋아하나 봐. 2번 문제의 <보기>는 당연히 먼저 봤겠지? 화자는 현실에서 벗어나 자연에 은둔하고 싶은 것이다.

온 아침 나의 꿈을 스쳐간 구름
이 밤을 어디메서 쉬리라던고.

▶ 1연에서도 설명했지만 구름은 화자의 감정이 투영된 대상이다. 화자가 구름을 자신과 유사한 대상으로 인식하고 있는 것으로 보아, 화자 역시 구름처럼 어디론가 흘러가는 사람이구나. 화자는 구름에게 '이 밤을 어디쯤에서 쉴까.'라고 이야기하고 있는 거야. 흘러가는 구름처럼 자신도 어디론가 떠돌아다니고 있는 상황에서 이 밤은 어디쯤에서 쉴 것인가를 스스로에게 이야기하는 것으로 이해하면 돼. 아마도 화자가 은둔하고 싶은 자연은 구름이 쉬고 있는 '어디메'쯤 되겠지?

(나) 사평역에서

막차는 좀처럼 오지 않았다
대합실 밖에는 밤새 송이눈이 쌓이고
흰 보라 수수꽃 눈시린 유리창마다
톱밥난로가 지펴지고 있었다

▶ 시적 상황을 제시하고 있다. 시간과 공간을 체크하자. 일단 '막차 대합실'이라는 공간 자체가 서민들의 삶을 나타내기에 좋은 공간이구나.

그믐처럼 몇은 졸고

▶ 막차를 기다리는 사람들을 소멸의 이미지인 '그믐달'에 비유하고 있구나.

몇은 감기에 쿨럭이고
그리웠던 순간들을 생각하며 나는
한 줌의 톱밥을 불빛 속에 던져 주었다

▶ 화자는 과거의 추억을 떠올리고 있고, 막차를 기다리는 서민들에게 관심(시선)이 있구나. 그리고 난로에 톱밥을 던지면 대합실이 따뜻해지겠지. <보기>를 통해서도 알 수 있지만, 기본적으로 화자는 이들에 대한 따뜻한 시선을 갖고 있다.

내면 깊숙이 할 말들은 가득해도
청색의 손바닥을 불빛 속에 적셔두고
모두들 아무 말도 하지 않았다

▶ 손바닥이 청색이라는 것은 그만큼 추위 속에서 떨었다는 것이고, 이들의 삶이 험난했다는 것을 보여준다.

산다는 것이 때론 술에 취한 듯
한 두름의 굴비 한 광주리의 사과를
만지작거리며 귀향하는 기분으로
침묵해야 한다는 것을
모두들 알고 있었다

▶ 삶이 힘들다고 그만둘 수는 없다. 언제 가더라도 정겨운 고향을 생각하며 힘겨운 타향의 삶을 견뎌야 하는 것이 인생이라는 것을 모두 알고 있었고, 그렇기에 모두들 말이 없었다고 화자는 생각하고 있다.

오래 앓은 기침소리와
쓴 약 같은 입술담배 연기 속에서
싸륵싸륵 눈꽃은 쌓이고
그래 지금은 모두들
눈꽃의 화음에 귀를 적신다

▶ 아마 이들은 하루 종일 힘겨운 시간을 보냈을 것이다(청색의 손바닥). 하지만 지금은 모든 일과가 끝나고 잠깐의 휴식을 취하고 있다. 이런 모습을 화자는 '눈꽃의 화음에 귀를 적신다'라는 표현으로 나타내고 있다.

자정 넘으면
낯설음도 뼈아픔도 다 설원인데

▶ '눈'은 다양한 의미를 갖고 있다. 차갑기에 '시련', 하얗기에 '순수', 모든 것을 덮기에 '정화와 포용'의 의미로 주로 쓰인다. 여기서는 '정화와 포용'의 의미를 가져와 보자. '낯설음, 뼈아픔(힘겨웠던 일과)'도 자정이 넘어 내일이 되면 모두 '과거'가 되고 '그리운 추억'이 된다는 말이다.

단풍잎 같은 몇 잎의 차창을 달고
밤열차는 또 어디로 흘러가는지

▶ 열차를 타면 또 어디론가 가겠지. 이처럼 인생도 또 어디론가 흘러가겠지.

그리웠던 순간들을 호명하며 나는
한 줌의 눈물을 불빛 속에 던져 주었다.

▶ 아까는 '한 줌의 톱밥'이었는데, 이번엔 '한 줌의 눈물'이다. 지금껏 관심을 갖고 바라보던 대상에 대한 화자의 태도(연민 혹은 공감 혹은 위로)를 확인할 수 있는 구절이다.

문제분석 **01-03번**

번호	정답	정답률 (%)	선지별 선택비율(%)				
			①	②	③	④	⑤
1	④	66	12	12	5	66	5
2	⑤	86	2	6	3	3	86
3	③	77	2	6	77	14	1

01

정답설명

 형태쌤의 과외시간

물 속에는 / 물만 있는 것이 아니다
하늘에는 / 그 하늘만 있는 것이 아니다
그리고 내 안에는 / 나만이 있는 것이 아니다

내 안에 있는 이여 / 내 안에서 나를 흔드는 이여
물처럼 하늘처럼 내 깊은 곳 흘러서
은밀한 내 꿈과 만나는 이여
그대가 곁에 있어도 / 나는 그대가 그립다

– 류시화, 「그대가 곁에 있어도 나는 그대가 그립다」 –

④ 류시화 시인의 시로 유명한 이 구절은 '그리움'의 정체를 잘 보여주고 있다. '그리움'은 '보고 싶어 애타는 마음'을 얘기한다. 보통은 부재한 대상에 쓰는 말이지만, 바로 옆에 있는 대상에도 쓸 수 있다. 그리고 고향에 대한 그리움처럼 공간에 대해서도 쓸 수 있다. 얼마나 사무치게 좋아했으면, 바로 옆에 있음에도 불구하고 그리울 수 있을까?

(가)의 시가 바로 그런 경우다. '날마다 바라도 그리운 산'은 대상에 대한 화자의 마음을 잘 드러내는 구절이다. (나)의 화자는 막차를 기다리며 과거의 추억을 떠올리고 있다. '그리웠던 순간들을 생각하며'에서 과거에 대한 화자의 그리움이 명확히 드러난다.

단순하게 생각의 폭을 넓히면 쉽게 해결할 수 있는 문제인데 본인 스스로 생각을 좁게 해서 틀리는 학생들이 간혹, 아니, 은근히 많이 있었다. 명심해라. 수능 날에는 문학 개념이 아닌 이상 절대 어휘의 의미를 좁게 처리해서 학생들을 낚지 않는다. 선지에 나온 어휘는 사전적 의미 그대로 알고 있는 것이 가장 좋고, 선지에 자주 나오는 문학적 개념에 한해서 정확하게 처리하면 된다.

오답설명

 형태쌤의 과외시간

시 문학에서 '비유'를 찾는 것처럼 안타까운 일이 없다. 시는 '형상화'라는 기본적 특징을 가지고 있고, '추상적 정서'를 '구체적 심상'으로 보여 주는 형상화의 대표적 방법이 바로 '비유와 상징'이다! 잊지 마라. 물론 모든 시에서 '비유와 상징'이 쓰였다고 할 수는 없겠지만, 문학 교과서나 EBS에 등장하는 교육적 가치가 있는 문학적인 시에서는 99% 비유나 상징이 쓰였다고 봐야 한다.

① (가) △, (나) △ / (가)에는 '구름'이 '쉰다'라고 했으니 의인법이 쓰였고, (나)에는 '그믐처럼'에서 직유법이 쓰였다. 따라서 (가)와 (나) 둘 다 당연하게도 비유가 쓰였다. 수능날 이 말도 안 되는 선지를 은근히 많은 수험생들이 선택했다. 학생들이 문학에 대한 본질적인 공부는 안 하고 작품 정리에 치중하고 있다는 사실이 안타까울 뿐이다.

참고로 비유는 원관념에 추가적인 보조 관념을 연결하는 것으로, 원래는 없던 관념(보조 관념)이 생기는 것이니 사물에 새로운 의미를 부여하는 것은 맞다. 하지만 '새로운 인식을 드러낸다.'라는 것은 조금 애매한 표현이다. '새로운 인식'을 '보조 관념 부여' 정도로 본다면 비유의 당연한 속성이니 넘겨도 되지만, '새로운 깨달음이나 인식' 정도로 본다면 시에서 확인을 해야 한다. (가)와 (나) 모두 사물에 대한 새로운 깨달음이나 인식은 나타나지 않는다.

결론을 내리면, 출제자는 정답을 선정할 때 앞부분 '비유를 통해'에서 확실한 근거를 잡았을 것이다. 그리고 난이도나 정오답 시비를 고려해서 뒷부분 '새로운 인식'을 넣었다고 생각해 볼 수 있다. '비유나 상징이 있다'라는 선지가 평가원에서 정답으로 여러 번 채택된 적이 있다는 것을 감안할 때, 여러분은 앞부분에 주목해서 근거를 잡았으면 좋겠다는 것이 쌤의 입장이다.

② (가) X, (나) X / 두 시 모두 역동적인 분위기가 뚜렷하게 나타나지 않았다.

③ (가) X, (나) X / (가)의 '성긴 빗방울 / 파초 잎에 후두기는 저녁 어스름'에서 하강의 이미지를 확인할 수 있지만, 화자의 현실적 관심을 나타내고 있지는 않다. (나)에서도 상승의 이미지는 나타나지 않았다.

⑤ (가) O, (나) X / '어조'는 '어투'와 같은 의미로, 내용적으로 보면 '화자의 태도'를 의미하고, 형식적으로 보면 '종결 어미'를 의미한다. 여기서는 문맥상 '형식적인 어조'로 보면 된다. (가)는 '산아' 부분을 제외하고는 독백적 어조가 주를 이룬다. 그리고 '외로이 흘러간 한 송이 구름'을 보고 화자는 스스로 '이 밤을 어디메서 쉬리라던고'라고 묻고 있고, 이를 1연과 5연에서 반복하였다. 따라서 평서형과 의문형의 어조 변화가 있으니, '질문을 반복하여' 독백적 어조에 변화를 주었다는 부분을 허용할 수 있다. 그러나 (나)에서는 스스로에게 묻는 질문이 나타나지 않았다.

02

정답설명

⑤ 시를 읽을 때 가장 중요한 것 중 하나는 '화자가 바라보는 대상'과 '화자가 원하는 것'이다. 작품 해설에도 썼지만, 화자는 지금 쉬고 싶어 한

다. 그리고 '어디메'는 화자가 쉬고 싶어하는 공간이기에 화자가 벗어나고자 했던 공간이 아니라, 화자가 원하는 공간이라고 볼 수 있다.

오답설명

① '구름'은 어디에서 쉴지 정해져 있지 않다는 점에서 방랑하는 화자의 처지와 비슷하다. 〈보기〉에서 화자의 태도가 '자연과 하나가 되려는' 일체감을 지향한다고 하고 있으므로, '한 송이 구름'에는 화자의 심정이 투영되어 있는 것으로 볼 수 있다.

② 〈보기〉에서 화자는 '저녁에도 소리를 매개로 자연과 교감하면서 자신을 성찰한다.'라고 했다. 따라서 '성긴 빗방울'이 '후두기는' 소리(청각)는 성찰이 이루어지는 배경이다.

③ 화자는 '푸른 산'을 향해 창을 열고 '날마다 바라도' 그립다고 하므로, '자연 세계를 지향'하는 것이다.

④ 〈보기〉에서 화자가 '소리를 매개로 자연과 교감'한다고 했다. 이를 지문에 적용해 보자. 3연에서 화자는 창을 열고, '푸른 산'을 바라보며 빗소리를 생생하게 듣고 있다. 이때 4연에서 파초 잎에 빗방울이 떨어지는 소리를 '들어도 싫지 않은 물소리'라고 표현하고 있으므로, 화자가 소리를 통해 자연과 교감을 지속하고 있다는 것은 적절한 내용이다.

03

정답설명

③ 지문-〈보기〉-선지의 총체적 비교가 중요하다. 이 선지도 〈보기〉와 선지만 보면 은근히 자연스럽다. 그래서인지 많은 학생들이 이 선지를 그냥 지나쳐 버렸다.

'지문분석'을 보면 알겠지만 시상 전개를 고려했을 때, '눈꽃의 화음'은 분명 긍정적 시어다. 이걸 어떻게 '열악한 상황'으로 볼 수 있지?!

형태쌤의 과외시간

++하나 더! 선지에 있는 개념 중에 평가원이 디테일하게 신경 쓰는 개념이 있다. 그중 하나가 바로 **의지적 태도(부정적 상황에서 극복의 태도를 나타내거나 상황을 변화시키려는 실천적 행동을 보이는 것)**다.

화자는 대상에게 공감의 태도를 보이고 진심 어린 선물을 주지만, 서민들의 상황을 바꾸려고 하지는 않는다. 따라서 '의지'라는 말도 적절하지 않다.

오답설명

① '몇은 감기에 쿨럭이고~한 줌의 톱밥을 불빛 속에 던져 주었다'와 '그리웠던 순간들을 호명하며 나는 / 한 줌의 눈물을 불빛 속에 던져 주었다.'에서 확인할 수 있다.

② '나'는 대합실의 사람들이 '내면 깊숙이 할 말들은 가득해도~모두들 아무 말도 하지 않았다'라고 생각한다. 따라서 화자는 단순히 관찰만 하는 것이 아니라 사람들의 처지를 이해하고, 그에 공감하며 '한 줌의 눈물'을 흘리는 것이다.

④ 작품에 나온 A라는 구절을 A″로 출제자가 해석했다면, 학생 입장에서는 왜 하필 A′가 아니라 A″냐고 딴지를 걸 필요가 없다. 해석은 관점과 기준에 따라 다양한 것이고, 학생은 그중에서 말도 안 되는 해석만을 체크해 주면 되는 것이다.

〈보기〉를 통해 볼 때, '한 줌의 눈물'은 화자가 사람들에게 주는 '선물'이고, 고단한 현실을 견딜 수 있게 하는 힘이 분명하다. 그리고 지문을 보면, '그리웠던 순간들을 호명하며 나는 / 한 줌의 눈물을 불빛 속에 던져 주었다.'라는 구절이 보인다. '한 줌의 눈물'은 '그리웠던 순간'과 연관이 있는 것이다.

이것을 유기적으로 이어보면 '그리웠던 순간-한 줌의 눈물-선물-힘'의 관계가 형성된다. 따라서 '현재를 견디어 내게 해 주는 힘이 과거의 추억(그리웠던 순간)처럼 소박한 데 있음.'으로 볼 수 있는 것이다. 아직도 허용이 안 된다고? 괜찮다. 그럼 다 필요 없고 두 가지만 기억해라.
1) 〈보기〉와 선지만 비교하지 말고, 반드시 지문도 함께 고려해라.
2) 애매한 선지가 나올 때 깔끔하게 지우려고 애쓰지 말고, 가장 확실한 정답을 찾아 선택해라.

⑤ [A]에서 '나'는 '졸고' 있는 사람과 '감기에 쿨럭이'는 이들을 위해 '한 줌의 톱밥'을 던지고 있으며, [C]에서는 삶에서 '낯설음'과 '뼈아픔'을 겪는 사람들을 위해 '한 줌의 눈물'을 던진다. 그러므로 '한 줌의 눈물'은 삶의 고단함을 견디는 데에 힘을 보태려는 화자의 진심이 담긴 것으로 볼 수 있다.

상춘곡 / 어옹 / 동원화수기

지문분석

(가) 상춘곡

송간(松間) 세로(細路)에 두견화(杜鵑花)를 부치들고,
▶ 소나무 사이 좁은 길에 진달래꽃을 잡아서 들고

봉두(峰頭)에 급히 올라 구름 속에 앉아 보니,
▶ 산봉우리에 급히 올라 구름 속에 앉아 보니

천촌만락(千村萬落)이 곳곳에 펼쳐져 있네.
▶ 수많은 촌락들이 곳곳에 펼쳐져 있네.

연하일휘(煙霞日輝)는 금수(錦繡)를 펴 놓은 듯,
▶ 안개와 노을과 빛나는 햇살은 아름다운 비단을 펼쳐 놓은 듯

엊그제 검은 들이 봄빛도 유여(有餘)할사.
▶ 엊그제까지도 거뭇거뭇했던 들판이 이제 봄빛이 넘치는구나.
▶ 산봉우리에서 바라본 봄의 경치를 이야기하고 있어.

공명(功名)도 날 꺼리고 부귀(富貴)도 날 꺼리니,
▶ 공명과 부귀가 모두 나를 꺼리니
▶ 주객전도를 사용해서 화자가 공명과 부귀를 꺼려한다는 것을 표현하고 있구나.

청풍명월(淸風明月) 외에 어떤 벗이 있사올꼬.
▶ 맑은 바람과 밝은 달(자연) 외에 어떤 벗이 있을까.

단표누항(簞瓢陋巷)에 헛된 생각 아니 하네.
▶ 가난하게 살고 있지만 헛된 생각은 하지 않네.

아모타 백년행락(百年行樂)이 이만한들 어찌하리.
▶ 아무튼 한평생 즐겁게 사는 것이 이만한들 어찌하리.

(나) 어옹

헛된 이름 따라 허덕허덕 바삐 다니지 않고,
▶ 화자는 헛된 세속적인 일들을 좇느라 허겁지겁 바쁘게 살지 않고, 세속적인 이익을 지양하는 삶의 자세를 가지고 있어.

평생 물과 구름 가득한 마을을 찾아다녔네.
▶ 화자는 한평생 맑은 자연과 함께 살고자 하는구나.
▶ '헛된 이름'과 대조적인 자연의 이미지는 당연히 찾았겠지?

따스한 봄 잔잔한 호수엔 안개가 천 리에 끼었고,
맑은 가을날 옛 기슭엔 달이 배 한 척 비추네.
▶ 화자의 한가롭고 평화로운 생활을 정경 묘사를 통해 간접적으로 제시하고 있구나.

서울 길의 붉은 먼지 꿈에서도 바라지 않고,
▶ '서울 길의 붉은 먼지'는 세속적인 삶을 비유적으로 나타낸 표현이야.

초록 도롱이 푸른 삿갓과 함께 살아간다네.
▶ 화자는 '도롱이(지푸라기를 엮어서 만든 비옷)'를 입고 '삿갓'을 쓴 채 아무런 욕심 없이 살아간다고 하네.
▶ '초록 도롱이, 푸른 삿갓'은 '서울 길의 붉은 먼지'와 대조되는 표현이야. 대조

적 이미지를 통해 삶의 태도를 강조하고 있는 거지.

어기여차 노랫소리는 뱃사람의 흥취이니,
▶ 청각적 심상을 활용하여 평온한 자연의 모습을 형상화하고 있다.

세상에 옥당(玉堂) 있다고 어찌 부러워하리오.
▶ 화자는 '옥당'('관청'을 의미)과 같은 세속적인 공간을 절대 부러워하지 않겠다고 하는구나.
▶ 설의적 표현을 통해 자연 친화적 삶의 태도를 강조하고 있어.

(다) 동원화수기

나는 성품이 또한 게을러 일찍이 동산을 가꾸지 않았고, 화훼(花卉)에 관심이 없었다. 동쪽 정원에 단지 복숭아나무 한 그루와 잡목 한 그루가 있을 뿐이다. 모두 심지 않았는데도 싹이 트고, 물을 주지 않았는데도 자랐으며, 호미질하지 않았는데도 무성하게 된 것들이다. 바야흐로 춘삼월에 복숭아꽃이 막 피어났는데, 꽃잎이 곱고 꽃부리가 연약하며 꽃술이 향기로웠다. 금으로 둥글리고 옥으로 깎은 듯, 분칠을 엷게 하고 연지를 짙게 찍은 듯하였다. 잡목은 그 곁에 서 있는데, 가지나 잎도 볼 만한 것이 없고 꽃도 피지 않았다. 그저 이름도 모르는 나무일 뿐이기에 잡목이라고 불렀다.
▶ 일단 필자가 주목하는 대상이 나왔다. 바로 '잡목'이다.

하루는 종 녀석이 화원에 가서 한참 바라보더니 복숭아나무로 다가가 어루만지면서 주위를 서성였다. 다시 물을 주고 흙을 북돋아 주고서 떠났는데, 잡목은 거들떠보지 않았다.
▶ 그런데 잡목에 대해 종과 필자의 견해가 다르다. 그 이유가 뭔지 아래에서 찾아보자.

내가 그 이유를 물으니 대답했다.

"지금 복숭아나무가 잎이 막 싹을 틔우고 꽃이 또 봉오리를 맺으니, 그 열매가 익기를 기다리면 먹을 수 있을 것입니다. 이 나무는 사람에게 정말 사랑스러운 데다가 장차 이익까지 주게 됩니다. 저 잡목은 꽃도 잎도 볼 것이 없고, 과실도 먹을 것이 없는 데다가, 그 뿌리가 굳세고 가지가 큽니다. 뿌리가 길게 뻗으면 지맥을 막아 복숭아나무가 번식할 수 없습니다. 가지가 크면 햇볕을 가로막고 방해하여 양기(陽氣)를 소모하게 되니 복숭아나무가 번창하여 무성할 수가 없습니다. 베임을 당하지 않는 것도 다행인데, 우리가 지켜 줄 필요가 있겠습니까?"
▶ 외양과 실용적인 측면을 중시하는 종의 관점을 확인할 수 있다.

내가 말했다.

"그래, 그렇군. 하지만 아니야, 아니야. 너는 큰 도리를 듣지 못했느냐? 하늘의 도(道)는 만물에 두루 은혜를 베풀어서 비와 이슬이 상대를 가리지 않고 내리고, 군자는 남을 두루 사랑하여 다른 사람과 함께 인(仁)의 경지를 이룬단다. 그러므로 태산의 언덕에 소나무, 계수나무가 가죽나무, 상수리나무와 함께 자라고, 달인(達人)의 문하에 어진 이와 어질지 못한 이가 같이 있게 되지. 복숭아나무와 잡목은 예쁘다는 점과 못생겼다는 점, 특이하다는 점과 평범하다는 점에서 정말로 차이가 있지. 하지만 똑같이 천지의 기를 받아 태어났고, 태어나서 또 마침 나의 동산에 심어져 있구나. 사람이 하나는 보호하고 하나는 버린다면, 잡목으로 태어난 존재가 더 무엇을 바랄 수 있겠느냐? 나는 내

화원에 있는 풀 한 포기 나무 한 그루라도 모두 그 사이에 행(幸)과 불행(不幸)이 있게 하고 싶지 않다. 너는 얼른 가서 가꾸어라."

▶ 필자의 관점이 곧 주제. 세상에 존재하는 것들은 모두 존재의 의미와 가치를 지니고 있다는 필자의 생각을 확인하면 되겠다.

문제분석 **01-05번**

번호	정답	정답률 (%)	선지별 선택비율(%)				
			①	②	③	④	⑤
1	②	71	3	71	23	2	1
2	⑤	89	4	2	3	2	89
3	①	55	55	10	12	4	19
4	①	81	81	4	10	3	2
5	④	82	5	2	3	82	8

01

정답설명

② (가)에서는 '공명', '부귀'와 같은 세속적 가치를, (나)에서는 '헛된 이름', '서울길의 붉은 먼지', '옥당'과 같은 세속적 가치를 명확하게 거부하고 있고, (다)에서는 이익을 주는 복숭아나무만 선호하는 종과 달리 세속적 이익을 추구하지 않는 필자의 태도가 드러나고 있다.

오답설명

① (가) X, (나) X, (다) X / 대상에 대한 그리움은 찾을 수 없다.
③ (가) O, (나) O, (다) X / '인간과 자연의 대비'는 인간이 사는 속세와 자연이라는 공간의 대비로 이해할 수 있고, 이는 '순간성 VS 영원성', '인위성 VS 무위성', '시비, 분별 VS 조화, 합일', '욕심(벼슬) VS 무심' 등으로 나타난다.
(가)에서는 속세에서만 이룰 수 있는 '공명, 부귀'를 꺼리는 화자의 모습과 자연을 즐기는 화자의 모습이 제시되고 있다. 따라서 인간과 자연의 대비가 나타난다. (나)도 마찬가지이다.
(다)에서는 자연과 인간을 대비하기보다는 오히려 '나무'와 '인간'을 대응시켜 논지를 전개하고 있다.
④ (가) X, (나) X, (다) X / (가)~(다) 모두 견디기 힘든 현실의 고통은 나와 있지 않다.
⑤ (가) X, (나) X, (다) X / (가)~(다) 모두 현재보다 나은 삶을 살지 못하는 안타까움은 드러나 있지 않다.

02

정답설명

⑤ '청각적 심상'이 두드러진 작품은 (가)가 아니라, '노랫소리'를 제시한 (나)이다.

오답설명

① (가)에서는 화자(주체)가 공명과 부귀(객체)를 꺼리는 것을 공명과 부귀

(객체)가 날(주체) 꺼린다고 표현하였으므로, 주객전도의 표현이 사용되었음을 확인할 수 있다. 이를 통해 세속적 삶을 지양하고 자연 속에서 살아가고자 하는 화자의 인생관이 강조된다.
② 세속을 뜻하는 '붉은 먼지'와 자연을 뜻하는 '초록 도롱이', '푸른 삿갓'이 색채 대비를 이루고 있다.
③ (가)의 '이만한들 어찌하리.', (나)의 '어찌 부러워하리오.'에서 확인할 수 있다.
④ (가)는 산봉우리에서 바라본 봄의 경치를 묘사하며 즐거워하고 있다. (나) 역시 한가롭고 평화로운 자연 속에서의 생활을 묘사하며 즐거워하고 있다.

03

정답설명

① 일단 자연을 교감과 소통의 대상으로 인식하고 있다는 것을 찾을 수도 없고, '달'에 의인법을 쓰지도 않았다. 배를 비춘다는 것은 '달'의 일반적인 속성일 뿐, 사람이 지니는 속성을 부여한 것이 아니다.

형태쌤의 과외시간

참고로 '교감과 소통의 대상'으로 자연을 나타내는 것은 '말을 건네는 방식'을 통해 자연과의 의사소통을 제시하는 것이 일반적이다.
원시 시대의 인간은 주술적(呪術的) 언어를 통해 자연과 교감하였다. 박두진의 「청산도」에는 이러한 주술적 언어의 특성이 나타난다고 볼 수 있다. 그 근거로는 자연을 의사소통의 대상으로 삼는 것, 시어를 반복·변용하는 것, 음성 상징어를 활용하는 것 등을 들 수 있다.
 * 산아. 우뚝 솟은 푸른 산아. 철철철 흐르듯 짙푸른 산아.
 – [2006학년도 수능] 「청산도」의 〈보기〉 –

오답설명

② 화자가 고기잡이로 생계를 유지하는 어부였다면 '배 한 척'은 한가로운 생활을 나타내는 것이 아니었겠지.
③ 시에서 화자는 '초록 도롱이 푸른 삿갓'과 함께 살아가는 것을 긍정적인 삶으로 보고 있다.
④ 화자는 자연, 즉 자신이 원하는 곳에 있으니 흥이 나는 건 당연하겠지.
⑤ 역설(力說) : 힘주어 말하다. / 이것을 '역설(逆說) = 모순 형용'과 혼동한 것은 아니겠지? 화자는 '옥당'과 같은 세속적 공간을 부러워하지 않겠다고 이야기하고 있으니 적절한 설명이다.

04

정답설명

① '나'는 "복숭아나무와 잡목은 예쁘다는 점과 못생겼다는 점~정말로 차이가 있지."라며 복숭아나무는 예쁘고, 잡목은 못생겼다는 점에서 차이를 인정하고 있다. 따라서 잡목의 심미적(審美的) 가치는 인정하지 않고 있다.
하지만 "똑같이 천지의 기를 받아 태어났고"라고 말하는 점에서 존재

가치는 인정하고 있다고 볼 수 있다.

오답설명

② '나'는 복숭아나무의 심미적 가치를 인정하고 있다. 복숭아나무가 예쁘다고 하지 않았니.

③ '종'은 "저 잡목은~과실도 먹을 것이 없는데다가", "베임을 당하지 않는 것도 다행"이라며 잡목의 실용적 가치뿐만 아니라 존재 가치 또한 인정하고 있지 않다.

④ '종'은 "복숭아나무가~먹을 수 있을 것"이고 "장차 이익까지 주게" 된다며 복숭아나무의 실용적 가치를 인정하고 있다.

⑤ '나'는 잡목의 존재 가치를 인정하고 있지만 '종'은 잡목의 존재 가치를 인정하고 있지 않다.

05

정답설명

④ 수필에서는 문맥적 의미가 유사한 사물들을 묶어서 출제하는 경우가 빈번하다. '소나무, 계수나무'='어진 이'='복숭아나무'가 모두 문맥적으로 같은 의미라는 것은 작품 독해를 하며 잡아냈어야 한다. 또한 '두견화'는 진달래꽃으로, '봄'의 이미지를 환기하며 봄에 대한 감흥을 불러일으키는 소재로 볼 수 있다.

오답설명

① ⓐ X, ⓑ X / ⓐ, ⓑ 모두 감정 이입의 대상이 아니다.

② ⓐ O, ⓑ X / '두견화'는 봄을 의미하지만, '소나무', '계수나무'는 특정 계절을 의미하지는 않는다.

③ ⓐ X, ⓑ X / ⓐ를 본 화자가 고향을 그리워하는 부분은 없다. ⓑ는 고독과 무관한 대상이다.

⑤ ⓐ X, ⓑ X / ⓐ는 향토적(고향이나 시골의 정취) 분위기를 조성한다고 보기 어려우며, ⓑ 또한 강한 생명력을 가진 존재라는 근거는 찾을 수 없다.

천만리~ / 청초 우거진~ / 흥망이~

지문분석

(가) 천만리~

천만리(千萬里) 머나먼 길희 고은 님 여희옵고
▶ 천만리 머나먼 길에 고운 님을 이별하고

닉 무음 둘 틱 업셔 냇굿의 안자시니
▶ 내 마음 둘 곳이 없어서 냇가에 앉아 있으니

져 물도 닉 은 굿호여 우러 밤길 녜놋다
▶ 저 물도 내 마음 같아서 울면서 밤길을 흘러가는구나.

(나) 청초 우거진~

청초(靑草) 우거진 골에 자는다 누어는다
▶ 푸른 풀이 우거진 골에 자느냐 누웠느냐.

홍안(紅顔)을 어듸 두고 백골(白骨)만 무첫는다
▶ 젊어서 혈색이 좋은 얼굴은 어디 두고, 백골만 묻혔느냐.

잔(盞) 자바 권(勸)홀 이 업스니 그를 슬허 호노라
▶ 잔 잡아 권할 이 없으니, 그것을 슬퍼하노라.

(다) 흥망이~

흥망(興亡)이 유수(有數)호니 만월대(滿月臺)도 추초(秋草) ㅣ 로다
▶ 흥하고 망하는 것이 흐르는 물과 같으니(물처럼 변화가 심하니), 만월대(고려의 왕궁 터)도 가을 풀만 가득하구나(가을 풀 : 소멸의 이미지).

오백 년(五百年) 왕업(王業)이 목적(牧笛)에 부쳐시니
▶ 오백 년 (고려의) 왕조가 목동의 피리 소리처럼 허무하게 느껴지니

석양(夕陽)에 지나는 객(客)이 눈물계워 호노라
▶ 석양(고려의 멸망을 상징)에 지나가는 나그네(화자)가 눈물겨워 하노라.

3번 <보기> 상춘곡

홍진(紅塵)에 뭇친 분네 이 내 생애(生涯) 엇더호고
▶ 속세에 있는 사람들아 (일단 말을 건네는 방식으로 시작하는구나.) (자연을 즐기는) 나의 삶 어떠니?

녯사롬 풍류(風流)를 미출가 못 미출가
▶ 옛 사람의 풍류에 미치니 못 미치니?

천지간(天地間) 남자(男子) 몸이 날만흔 이 하건마는
▶ 세상에 남자 몸이 나 같은 이가 많건마는

산림(山林)에 뭇쳐 이셔 지락(至樂)을 모를 것가
▶ 자연에 묻혀 있는 지극한 즐거움을 (다른 사람들은 어찌) 모르는가.

수간모옥(數間茅屋)을 벽계수(碧溪水) 앏픠 두고
▶ 초가집을 시냇물 앞에 두고

송죽(松竹) 울울리(鬱鬱裏)예 풍월주인(風月主人) 되여셔라
▶ 소나무와 대나무가 울창한 이 속에 (내가) 자연의 주인이 되었구나.

엇그제 겨울 지나 새봄이 도라오니
도화행화(桃花杏花)는 석양리(夕陽裏)예 퓌여 잇고
▶ 복숭아꽃 살구꽃은 석양 속에 피어 있고
▶ 시간 체크! 봄! 석양!

녹양방초(綠楊芳草)는 세우중(細雨中)에 프르도다
▶ 푸른 버들과 풀은 가랑비 속에 푸르도다.

칼로 몰아낸가 붓으로 그려낸가
조화신공(造化神功)이 물물(物物)마다 헌스룹다
▶ (아름다운 자연을) 칼로 마름질(재단)했는가. 붓으로 그려 냈는가. 조물주의 능력이 사물마다 야단스럽다(대단하다!).

문제분석 01-03번

번호	정답	정답률(%)	선지별 선택비율(%)				
			①	②	③	④	⑤
1	①	83	83	2	9	2	4
2	⑤	87	2	2	3	6	87
3	②	55	4	55	7	3	31

01

정답설명

① (가)에서는 대상과 이별한 상황이, (나)에서는 '백골'로 묻힌 대상의 부재가, (다)에서는 멸망해 버린 대상이 나타난다. 대상이 부재하면 화자가 당연히 그 대상을 그리워하므로, '안타까움'이라는 정서는 굳이 찾을 필요 없이 당연히 허용 가능하다.

오답설명

② (가) X, (나) X, (다) X / 화자가 '궁핍'한 처지에 놓여 있다는 내용은 어디에서도 나타나지 않는다.

③ (가) X, (나) X, (다) X / (가)의 '우러', (나)의 '슬허', (다)의 '눈물계워' 등에서 화자의 서러운 심정을 알 수 있다. 하지만 (가)와 (나)에서는 이별의 상황이 제시되었어도, 그것이 '예기치 않'게 발생한 것인지에 대해서는 알 수 없다. 한편 (다)는 지나가 버린 왕조를 한탄하는 것이다. 따라서 선지의 내용과는 무관하므로 적절하지 않다.

④ (가) X, (나) X, (다) X / 세 작품 모두 자연물이 등장하지만, 자연의 섭리가 아니라 현재 부재하는 대상에 주목하고 있다. 또한 '공경하면서 두려워하는 감정'인 경외감 역시 나타나고 있지 않다.

⑤ (가) X, (나) X, (다) X / 화자의 '이념'이 현실과 대립되는 부분이 없으므로 적절하지 않다.

02

정답설명

⑤ 해당 구절에서 화자는 함께 술을 마시고 싶었던 사람이 이미 무덤에 묻힌 것을 안타까워한다. 따라서 '각박한 세태'의 제시를 통해 '속세를 벗

어나고자 하는 염원'을 드러낸다고 볼 수 없다.

오답설명

① 1리는 약 0.4km이므로, '천만리'의 거리는 4,000,000km에 해당한다. 서울에서 부산까지 거리가 약 400km이므로, '천만리'라면 서울에서 부산까지 10,000번을 다녀온 셈이 된다. 참고로 지구와 달 사이의 거리가 약 380,000km인데 그럼 화자는 '고은 님'을 우주에서 이별한 것이 되는 것인가? 이는 실제의 거리를 설명하는 것이 아니므로 이 정도면 과장법을 사용했다는 것에 이견이 없겠지?

② 화자는 '겨 믈(자연물)'을 보면서 '닉 은(인간의 마음)'과 같아서 울고 있다며 동일시하고 있다. 감정 이입을 통해 자신의 슬픔을 표현하고 있는 것이지.

③ 어두운 밤의 이미지를 통해 화자의 '암담한 심경'을 효과적으로 표현한 것으로 볼 수 있지.

④ '홍안'은 젊고 예쁜 얼굴을 의미하고, '백골'은 죽음을 뜻하니까 두 시어의 의미는 대비되겠지. 그리고 '홍안'은 붉은색, '백골'은 흰색의 이미지라는 점에서 색채 대비도 이루어지고 있어. 과거의 아름다웠던 얼굴이 사라지고 백골만 남았으므로 화자는 당연히 '무상감'을 느낄 수 있겠지.

03

정답설명

② (다)에 제시된 공간은 '만월대'이며 이와 대비되는 공간은 제시되지 않았다. 반면 〈보기〉에서는 '홍진(속세)'에 사는 사람들과 '산림(자연)'에 사는 자신을 대비하고 있다.

오답설명

① 시조와 가사는 기본적으로 4음보라는 것을 기억하겠지? 혹시 1초라도 고민했다면 혼나야 한다.

③ 고전시가에서 '해'가 임금이나 국가를 의미하여 '석양'이 '임금의 죽음'이나 '국가의 멸망'을 의미할 수 있다는 것을 알지 못하더라도, 작품 분위기상 석양이 '하강적 이미지'로 침울한 분위기를 준다는 것 정도는 눈치챘을 것이다. 〈보기〉에서는 '헌ᄉ롭다(대단하다)'면서 자연을 즐기며 예찬하고 있으니, 들뜬 분위기를 충분히 허용할 수 있다.

④ (다)의 '석양'은 '오백 년 왕업'의 몰락을 떠올리게 하므로 화자의 슬픈 정서를 '심화'하고 〈보기〉의 '석양'은 복숭아꽃, 살구꽃이 핀 경치를 더욱 돋보이게 하는구나.

⑤ (다)의 화자는 '-로다, -노라'라는 감탄의 어미를 사용해 '혼잣말'하고 있어. '객이 눈물계워 ᄒ노라'를 보면, 이를 통해 화자가 슬픈 심정을 드러내고 있음을 알 수 있어. 반면 〈보기〉의 화자는 청자를 부른 후(홍진에 뭇친 분네)에 질문의 형식으로(엇더ᄒ고, 미출가 믓 미출가, ᄆ를 것가) 말을 건네어 자연 속에 사는 자신의 즐거움을 드러내고 있지. '상춘곡' 정도의 기본적 작품은 완벽한 해석을 하고 시험장에 들어오라는 평가원의 출제 방식을 확인할 수 있는 좋은 문제. 평가원은 교육청이나 내신과 달리 기본적 작품(학생 입장에서 자주 제목을 들어본 작품)은 디테일한 해석을 요구한다. 고1, 2 때 필수 고전시가를 정리하지 않았다면, 반드시 정리를 해 두자.

11 고전시가
2015학년도 9월A

정석가 / 임이 오마 하거늘~

지문분석

(가) 정석가

구슬이 바위에 떨어진들
구슬이 바위에 떨어진들
끈이야 끊어지겠습니까.

▶ 구슬이 아무리 바위에 떨어진들 (구슬을 꿴) 끈이 끊어지겠습니까.

천 년을 외따로이 살아간들
천 년을 외따로이 살아간들
믿음이야 끊어지겠습니까.

▶ 천 년을 (이별해서) 외롭게 살아간들 (우리의) 믿음이야 끊어지겠습니까.

▶ 끊어지지 않는 '끈'과 '믿음'을 대응시켜서 서로의 끈끈한 믿음을 강조하고 있구나.

〈제6연〉

(나) 임이 오마 하거늘~

임이 오마 하거늘 저녁밥을 일찍 지어 먹고

▶ 일단 임은 아직 오지 않았어. 따라서 화자의 상황은 '임의 부재'이고, 임이 온다고 하니 화자는 지금 굉장히 설레겠구나.

중문(中門) 나서 대문(大門) 나가 지방 위에 올라가 앉아 손을 이마에 대고 오는가 가는가 건넌 산 바라보니 거머희뜩 서 있거늘 저것이 임이로구나.

▶ 뭔가 저쪽에 있어! 임이 온다고 했으니, 저것은 바로 임이야!

버선을 벗어 품에 품고 신 벗어 손에 쥐고 곰비임비 임비곰비 천방지방 지방천방 진 데 마른 데를 가리지 말고 워렁퉁탕 건너가서 정(情)엣말 하려 하고 곁눈으로 흘깃 보니 작년 칠월 사흗날 껍질 벗긴 주추리 삼대가 살뜰히도 날 속였구나.

▶ 정신없이 뛰어가 보니, 임이 아니고 '삼대(삼의 줄기)'였구나. ㅜ.ㅜ

모처라 밤이기에 망정이지 행여나 낮이런들 남 웃길 뻔하였어라.

▶ 밤이니 망정이지 행여나 낮이었으면 남을 웃길 뻔했구나.

▶ 임을 향한 화자의 간절한 마음이 참 코믹하게도 표현되었구나. 삼대를 임으로 오해하고 곁눈질하는 화자의 모습에서 해학과 애틋함이 느껴진다.

문제분석 01-03번

번호	정답	정답률(%)	선지별 선택비율(%)				
			①	②	③	④	⑤
1	⑤	87	3	3	5	2	87
2	③	89	4	2	89	2	3
3	②	76	5	76	4	10	5

01

정답설명

⑤ (가) O, (나) O / (가)는 임과 헤어져 있는 상황이 아무리 오래되어도 서로에 대한 믿음이 끊어지지 않을 것을 강조하기 위해 '천 년'의 상황을 가정하여 과장했다. (나)는 임이 왔다고 착각한 화자가 급하게 달려가는 행동을 묘사한 중장에서 과장이 드러난다.

오답설명

① (가) X, (나) O / (나)의 '저녁밥을 일찍 지어 먹고'에서 시간이, '중문 나서 대문 나가 지방 위에'에서 공간이 드러난다.

② (가) O, (나) X / (가)의 '끈이야 끊어지겠습니까', '믿음이야 끊어지겠습니까'에서 확인할 수 있다.

③ (가) X, (나) X / (가)에는 대조는 있지만 연쇄는 쓰이지 않았다. '구슬'은 '바위'에 떨어지면 깨져버리는 존재이므로 변할 수 있는 소재이고, '끈'은 시련이 닥쳐도(바위에 떨어져도) 변하지 않는 마음을 의미한다는 점에서 대조가 있다고 볼 수 있다. (나)에는 대조도 연쇄도 나타나지 않는다.

형태쌤의 과외시간

'열거'와 '연쇄'는 분명 다르다. '열거'는 단순히 나열만 하면 되는데, '연쇄'는 나열되는 정보가 연결이 되어야 한다. 다만 연쇄법을 쓰면 자연스럽게 열거를 하게 된다. 다음은 연쇄법을 쓴 문장들이다. 자연스럽게 열거가 됨을 확인할 수 있다.

ex) 원숭이 엉덩이는 빨개, 빨간 건 사과, 사과는 맛있어.
ex) 맛있는 바나나, 바나나는 길어, 길면 기차, 기차는 빨라.
ex) 흰 눈은 내려, 내려서 쌓여, 내 슬픔 그 위에 고이 서리다.

④ (가) X, (나) X / (가), (나) 모두 격정적 어조가 나타나지 않는다. 그리고 (나)의 중장은 매우 허둥지둥하는 화자의 모습을 나타내고 있으므로 고요한 분위기도 아니다. 참고로 격정적 어조는 '감정이 강렬하고 갑작스러워 누르기 어려운 어조'를 말한다. '오~ 불살라 버릴 테다. 터질 것 같은 나의 마음이여~' 뭐 이 정도의 표현을 생각하면 되겠다.

02

정답설명

③ 딱 지문의 핵심 포인트를 물어보고 있구나. '천 년을 외따로이' 살아가더라도 임과 나의 믿음은 끊어지지 않을 것임을 표현하려고 구슬과 끈을 사용했다. 여기서 '끈'은 '믿음'과 대응되는데, 좁게는 남녀 간의 사랑을, 넓게는 군신 간의 충의(임금께 충성하는 신하의 마음)를 뜻한다.

오답설명

① 설마 '바위'라고 해서 굳은 충절이라고 해석한 것은 아니겠지? '바위'는 떨어진 구슬을 박살낼 수 있는 사물로, 임과 내가 만난 장애물 정도로

볼 수 있다.

② 떨어지는 행위는 구슬을 깨뜨릴 수 있는 행위인데 이것을 충의와 연결 지을 수는 없겠지.

④ 임과 헤어져 외롭다는 감정은 충의가 아니지.

⑤ '천 년'이라는 것은 임과 헤어져 있는 시간을 과장해서 표현한 것이다.

03

정답설명

② 〈보기〉에 있는 말과 그대로 대응시켜 판단하면 된다. 〈보기〉에 의하면, 화자가 '주추리 삼대'를 '임'으로 착각하는 과정에서 독자는 웃음 지으 면서도, 그런 급한 행동 이면에 있는 임에 대한 절실한 마음이 느껴지 기에 '공감'하게 된다.

오답설명

① 화자는 '임'이 온다는 소식을 듣고 '저녁밥을 일찍 지어 먹고' 임을 기다 린다. 또한 화자의 '혼잣말'은 주추리 삼대를 임으로 착각한 이후에 하 였다.

③ 화자는 '중문 나서 대문 나가' 건넌 산을 보고 있으므로, '집 안 마당'에 서 서성대고 있었다는 표현은 적절하지 않다. 또한 화자가 '건넌 산'을 바라보며 거머희뜩한 것을 보고 '곰비임비~지방천방' 뛰어간 것으로 보 아 산을 느긋하게 바라보지는 않았을 것이다.

④ 화자는 '삼대'를 임으로 착각한 것을 '주추리 삼대가 살뜰히도 날 속였 구나.'라고 표현하여 애꿎은 삼대를 탓하고 있지만, '임'을 원망하는 모 습은 나타나지 않는다.

⑤ 화자는 '임'이 오지 못하는 이유를 '밤'이라고 생각하는 것이 아니라 '주 추리 삼대'를 '임'으로 착각한 이후에 '밤'이라서 다행이라고 말하고 있 다.

박인로 - 상사곡

지문분석

천지간에 어느 일이 남들에겐 서러운가
아마도 서러운 건 임 그리워 서럽도다
▶ 일단 '임의 부재'라는 화자의 상황과 '그리움'이라는 반응을 제시하였다.

양대(陽臺)에 구름비는 내린 지 몇 해인가
▶ 해가 잘 비치는 전망대에 구름비가 내린 지 몇 해인가. (아마도 화자는 임과 이별한 지 몇 해가 되었나 보다.)

반쪽 거울 녹이 슬어 티끌 속에 묻혀 있다
▶ 반쪽 난 거울 녹이 슬어 먼지 속에 묻혀 있다. (반쪽 난 거울은 임과의 인연을 상징하는 것으로 역시 이별의 상황을 나타내고 있어.)

청조(青鳥)도 아니 오고 백안(白鴈)도 그쳤으니
▶ (소식을 주는) 청조도 안 오고 흰 기러기도 보이지 않으니

소식도 못 듣거늘 임의 모습 보겠는가
▶ 소식을 못 듣는데 임의 모습이 보이겠는가.

화조월석(花朝月夕)에 울며 그리워할 뿐이로다
▶ 아침 저녁으로 울면서 그리워할 뿐이로구나.

그리워해도 못 보기에 그리워하지도 말리라 여겨
▶ 아무리 그리워해도 못 보기에 (차라리) 그리워하지 말자고 생각하여

나도 장부(丈夫)로서 모진 마음 지어 내어
▶ 나도 사내 대장부로서 마음을 단단하게 먹어서

이제나 잊자 한들 눈에 절로 밟히거늘 설워 아니 그리워할쏘냐
▶ 이제는 잊자고 했는데 (임이) 눈에 절로 밟히거늘(자꾸 눈에 아른거리거늘) 서러운 마음에 그리워하지 않을 수가 없구나.

그리워해도 못 보니 하루가 삼 년 같도다
▶ 그리워해도 (임을) 못 보니 하루가 삼 년 같구나.

원수(怨讐)가 원수 아니라 못 잊는 게 원수로다
▶ 원수가 따로 있는 것이 아니라 못 잊는 것이 바로 원수로구나.

사택망처(徙宅忘妻)는 그 어떤 사람인고
▶ 이사할 때 아내를 잊어버린다고 하는데 그런 사람은 도대체 어떤 사람이냐. (난 달라~ 떨어져도 임을 잊지 못해요!)

그 있는 곳 알고자 진초(秦楚)엔들 아니 가랴
▶ 사택망처한 사람이 있는 곳 알고자 하니 먼 곳인들 못 가겠냐.

무심하고 쉽게 잊기 배워나 보고 싶구나
▶ 무심하고 쉽게 잊는 것을 배워나 보고 싶구나. (도저히 임을 잊을 수 없어요. ㅠ.ㅠ)

어리석은 분수에 무슨 재주가 있을까마는
▶ 어리석은 분수에 무슨 재주가 있을까마는

임 향한 총명이야 사광(師曠)인들 미칠쏘냐
▶ 임을 향한 기억력은 (기억력이 좋다는) 사광인들 (나에게) 미치겠느냐.

총명도 병이 되어 날이 갈수록 짙어 가니
▶ (아무리 임을 잘 기억해도 볼 수가 없으니) 총명도 병이 되어 날이 갈수록 (임에 대한 기억은) 짙어 가니

먹던 밥 덜 먹히고 자던 잠 덜 자인다
▶ 먹던 밥이 덜 먹히고 자던 잠도 덜 잔다.

수척한 얼굴이 시름 겨워 검어 가니
▶ 수척한 얼굴 시름 겨워 검게 되니

취한 듯 흐릿한 듯 청심원 소합환 먹어도 효험 없다
▶ 취한 듯 흐릿한 듯 청심원 소합환(좋은 약) 먹어도 효과가 없다.

고황(膏肓)에 든 병을 편작(扁鵲)인들 고칠쏘냐
▶ 낫기 어려운 병을 (유명한 의사인) 편작인들 고칠 수 있겠니. (임을 만나지 못하면 고칠 수 없어요~ 임 보고 싶어요~)

목숨이 중한지라 못 죽고 살고 있노라
▶ 목숨이 귀중한지라 못 죽고 살고 있구나.

처음 인연 맺을 적에 이리되자 맺었던가
▶ 처음 인연 맺을 때에 이렇게 (현재처럼) 되자고 (인연을) 맺었던가.

비익조(比翼鳥) 부부 되어 연리지(連理枝) 수풀 아래
▶ 비익조(날개와 눈이 각각 하나씩이라서 암수 쌍이 아니면 날지 못한다는 새) 같은 부부 되어 연리지(뿌리가 다른 나무가 서로 엉켜 자라는 현상) 수풀 아래

나무 얽어 집을 짓고 나무 열매 먹을망정
▶ 나무 얽어서 집을 짓고 나무 열매 먹을망정

이승 동안은 하루도 이별 세상 안 보기를 원했건만
▶ 이승에 있을 동안 하루라도 이별하는 세상을 안 보길 원했건만

동과 서에 따로 살며 그리워하다 다 늙었다
▶ 동과 서에 따로 살며 그리워하다가 다 늙었다.

예로부터 이른 말이 견우직녀를
▶ 옛날부터 이르는 말이 견우직녀를

천상(天上)의 인간 중에 불쌍하다 하건마는
▶ 천상의 인간 중에서 불쌍하다고 하였지만

그래도 저희는 한 해에 한 번을 해마다 보건마는
▶ 그래도 걔네들(견우직녀)은 한 해에 한 번은 해마다 보건마는

애달프구나 우리는 몇 은하가 가려서 이토록 못 보는고
▶ 슬프구나 우리는 몇 개의 은하수가 가렸길래 이토록 못 보는가.

문제분석 01-03번

번호	정답	정답률 (%)	선지별 선택비율(%)				
			①	②	③	④	⑤
1	①	83	83	6	3	6	2
2	④	86	4	3	4	86	3
3	⑤	82	3	8	5	2	82

01

정답설명

① 그냥 주는 문제다. '천지간에 어느 일이 남들에게 서러운가'라고 자문을 한 뒤, '아마도 서러운 건 임 그리워 서럽도다'라고 자답하고 있다.

오답설명

② 풍자의 기법이 쓰이지 않았고, 임에 대한 서운함도 찾을 수 없다.

③ '원수가 원수 아니라 못 잊는 게 원수로다'는 언어유희로 볼 수도 있지만 이를 통해 '담담한 태도'를 드러내는 것은 아니다. 작품 전체적으로 임에 대한 애절한 그리움이 표출되고 있다.

④ 의태어는 사용되지 않았다.

⑤ 작품 제목이 「상사곡」일 뿐만 아니라, 화자의 애절한 심정이 돋보이는 작품에서 애정이 식어 간다니! 말도 안 되는 선지이다.

02

정답설명

④ ㉣은 화자가 '처음'에 임과 만날 때는 이별할 것을 미처 예상하지 못했다는 말이다. 예정된 이별이라니.. 바로 고를 수 있겠다.

오답설명

① ㉠에서 '화조월석'은 꽃피는 아침과 달 밝은 밤을 뜻한다. 보통 임의 부재 상황에서는 자연 배경이 아름다울수록 그리움은 심화가 된다. 화자도 이런 아름다운 경치를 임과 함께 즐기지 못하는 것을 서러워하며 임을 그리워하고 있다.

② 시간은 참 상대적이다. 즐거울 때는 빨리 가고 괴로울 때는 천천히 간다. ㉡의 임을 기다리는 '하루'가 '삼 년'처럼 길게 느껴진다는 부분에서 시어의 대비가 나타나고, 이를 통해 임을 기다리는 간절함이 드러난다.

③ '밥'을 먹고 '잠'을 자는 것은 사람이 살아가는 데 기본적인 생활이다. 그런데 화자는 ㉢에서 임에 대한 그리움 때문에 '밥'도 제대로 먹지 못하고, '잠'도 제대로 자지 못하는 고통을 받고 있다. 그만큼 임에 대한 그리움이 크다는 의미겠지.

⑤ ㉤에서 '은하'라는 시어는 '임과의 만남을 가로막는 존재'로, '단절감'을 잡으면 바로 해결할 수 있다. 고전 시가에서 '은하수', '약수' 등은 단절감을 주는 시어로 빈번하게 제시되니, 알아두는 것이 좋다.

03

정답설명

⑤ 애매한 고사나 낯선 고사 속의 인물은 군이 암기할 필요가 없다는 것을 보여 주는 문제다. 〈보기〉에 제시된 고사와 지문의 내용을 연결 지어 이해해 보자. 화자는 임과 비익조 같은 부부가 되어 살아 있는 동안 헤어지는 일이 없기를 원한 것이지 비익조처럼 재회할 운명임을 말하려고 한 것은 아니다.

오답설명

① '청조도 아니 오고 백안도 그쳤으니 / 소식도 못 듣거늘 임의 모습 보겠

는가'에서 화자와 임 사이에 소식이 끊겼음을 알 수 있어.

② 화자는 '진초'처럼 매우 먼 곳이라 하더라도 '사택망처'한 사람을 찾아가 임을 잊는 것을 배우고 싶다고 할 정도로 임을 잊기 어려워하고 있어.

③ '임 향한 총명이야 사광인들 미칠쏘냐'에서 화자는 임에 대해 기억하는 능력만은 사광이 음률을 기억하는 능력보다도 뛰어나다고 말한다. 이는 그만큼 임에 대한 기억을 떨쳐 낼 수 없음을 강조하는 것이다.

④ '고황에 든 병을 편작인들 고칠쏘냐'에서 화자가 임을 그리워하는 병은 편작도 고칠 수 없다고 말한다. 이는 그만큼 임에 대한 그리움이 매우 깊음을 강조하는 것이겠지.

13 복합
2015학년도 11월A

조찬 / 파초

지문분석

(가) 조찬

해ㅅ살 피여
이윽한 후,

▶ 일단 시간적 배경(햇살이 피는 아침)이 확인되는구나.

머흘 머흘
골을 옮기는 구름.

▶ 구름이 머흘 머흘(험하게 구름이 흐르는 모양) 흘러가는 모습을 보고 있구나.

길경(桔梗) 꽃봉오리
흔들려 씻기우고.

▶ 화자의 시선이 '구름'에서 '꽃봉오리'로 이동했다.

차돌부리
촉 촉 죽순(竹筍) 돋듯.

▶ 죽순이 돋아나듯이 차돌(돌멩이)이 돋아난다고? 아마도 비가 내린 후에 땅에서 드러난 차돌의 모습을 비유한 것 같은데, 시험장에선 이 정도의 해석은 못해도 무방하다. 그냥 화자의 시선이 원경(구름)에서 근경(꽃봉오리-차돌)으로 이동하고 있다는 것만 확인하면 된다.

물 소리에
이가 시리다.

▶ 청각적 이미지를 촉각화해서 표현하고 있구나.

앉음새 갈히여
양지 쪽에 쪼그리고,

▶ 쪼그리고 앉아서 화자가 뭘 하는지 보자.

서러운 새 되어
흰 밥알을 쫏다.

▶ 드디어 정서가 하나 나왔구나. 서러움. 외적인 전제가 없다면 도대체 왜 화자가 서러운지 절대로 알 수 없다. 다만 우리가 알 수 있는 것은, 화자가 외부 배경을 바라보다가 서러운 새처럼 아침밥을 먹고 있다는 사실이다.

▶ '왜 이렇게 시가 불친절하지?' 하고 작가를 봤더니 '정지용'이란다. 아.. 1930년대 작가이기에 일제 치하 지식인의 우울함을 작품에 담아 냈구나. 모더니즘의 대표 주자인 정지용이기에 최대한 정서와 내면을 절제하고 이미지 중심으로 시를 썼구나. 그러나 수능 시험장에서 이 정도의 판단은 필요 없다. 그냥 비문학 독해하듯이 Fact만 확인하고 문제로 가면 된다.

(나) 파초

▶ 파초를 경제적 이득의 대상으로만 생각하는 '앞집 사람'과 교감의 대상으로 생각하는 '나(필자)'의 차이만 확인하면 독해는 끝이다.

문제분석 01-03번

번호	정답	정답률 (%)	선지별 선택비율(%)				
			①	②	③	④	⑤
1	③	74	16	1	74	3	6
2	③	87	7	2	87	2	2
3	④	86	5	2	3	86	4

01

정답설명

③ 2연을 명사(구름)로 마무리한 것은 맞다. 그러나 구름이 머흘 머흘 골을 옮겨 가고 있다고 하였으므로, 정적인 모습을 그리고 있다고 보기는 어렵지.

오답설명

① 1~4연까지는 외부 풍경을 묘사하고, 5연부터 화자의 반응('이가 시리다')이 나오기 시작해서 7연에는 직접적으로 화자의 정서('서러운')가 나왔으니 허용 가능하다.
② 1~7연까지 모두 2행으로 이루어져 있어 형태적 통일성을 추구하고 있다.
④ 2연의 '구름'은 화자로부터 멀리 있는 대상이므로 '원경'이고, 3연의 '길경 꽃봉오리'는 가까이 있는 대상이므로 '근경'이다.
⑤ '차돌부리'는 땅 위로 내밀어진 돌멩이인데 '죽순 돋듯.'이라고 했으므로, '사물에 동적인 이미지'를 부여한 비유법이다.

02

정답설명

③ 실제 감각으로 느끼는 것과 정서적으로 반응하는 것을 구분하며 접근하면 된다. ㉠에서 화자는 실제로 '물 소리'를 들으며(청각적 경험), '이가 시리다'고 느끼므로 감각적 경험이 화자의 정서를 자극한 것이다. ㉡에서 '나'는 실제로 '서늘함'(촉각적 경험)을 느꼈고, 그것을 통해 가슴에 비를 뿌리는 것 같다고 하였으므로 감각적 경험이 '나'의 정서를 자극한 것이다.

오답설명

① 소리를 듣고서 이가 시릴 만한 이유가 없음에도 불구하고, 소리가 차갑게 느껴져서 (자신의 이가) 시린 듯한 느낌을 받는 것이다. 따라서 귀로 들어야 할 '물 소리'를 청각이 아니라 '이가 시린' 촉각으로 느끼고 있으므로 감각의 전이(청각의 촉각화)로 볼 수 있다. 반면, '가슴에 비 뿌리되 옷은 젖지 않는 그 서늘함'과 같은 표현은 감각의 전이(촉각의 시각화)가 일어난 것으로 볼 수 없다. '촉각의 시각화'가 나타나려면, '파랗게 퍼지는 서늘한 느낌' 정도가 나타나야 한다.

주목한 감상)의 태도를 보여 주는 것이다.

형태쌤의 과외시간

감각의 전이(공감각)는 A감각으로 느껴야 할 것을 B감각으로 느끼는 경우를 말한다. 예를 들어, 정지용 「춘설」을 보면, '문 열자 선뜻! 먼 산이 이마에 차다'라는 표현이 있다. 산은 눈으로 보는 시각적 대상인데 내 이마에 차갑게(촉각) 느껴지는 것이 '시각의 촉각화'이다. 이렇듯 본래는 A감각으로 느껴야 할 것을 전혀 다른 B나 C 등의 감각으로 느끼는 것을 공감각이라고 한다.

② (가)에는 머흘 머흘 흘러가는 구름의 이미지만 제시되어 있으므로 ㉠은 '화자'가 구름을 기다리는 이유라고 볼 수 없다. (나)의 '나'는 파초에 비가 퉁기는 소리가 좋아 비를 기다린다고 하였는데 폭염이라니……. ㉡은 '나'가 비를 기다리는 이유라고 볼 수 있다.

④ (가)에서 물에 대한 묘사는 나타나지 않았으므로 화자와 공통점을 드러낸 것으로 보기 어렵다. 또한 (나)에서는 '비 오는 날 다른 화초들은 입을 다문 듯 우울할 때 파초만은 은은히 빗방울을 퉁기어' 듣는 이로 하여금 서늘함을 느끼게 한다고 했으므로, 두 대상의 공통점이 아닌 차이점을 부각하고 있다.

⑤ (가)의 화자는 현재 서러워한다는 것을 통해 부정적 상황에 처했다는 것을 알 수 있지만, 고통에서 벗어날 수 있는 미래를 기대하지는 않는다. (나)의 '나'는 파초에 빗방울이 퉁기는 소리를 즐기고 있는데 이게 고통스러워하는 모습일까? 당연히 적절하지 않은 내용이다.

03

정답설명

④ (가)의 화자는 '흰 밥알을 쫓'으며 '서러움'을 느끼고 있다. 이를 〈보기〉와 관련지으면, 화자는 자연 속에서도 현실의 번뇌와 억압을 느낀다고 볼 수 있으므로, '흰 밥알'은 '현실의 무게'를 나타낸다고 할 수 있다. 그러나 (나)의 '챙'은 파초가 비 맞는 소리를 들을 수 없게 하는 대상이다. 따라서 '챙'은 '나'의 여유를 방해하는 대상이다.

오답설명

① (가)의 1~4연에 자연 풍경이 제시된 후에, 7연에 서러움의 정서가 드러난다. 〈보기〉에 따르면 '자연'은 '현실의 번뇌와 억압'으로 '지향이 좌절되는 공간'으로 나타난다고 했으므로, 화자가 느끼는 서러움이라는 정서는 '초월의 어려움을 자각한 데서 비롯된 것'으로 볼 수 있다.

② '앞집 사람'은 파초를 팔아 '챙'을 하라고 제안한다. 그러나 '나'는 '비 맞는 소리'를 듣기 위해 그 제안을 거절하므로, '나'는 파초 자체를 감상하는 데 더 큰 가치를 부여하고 있음을 알 수 있다.

③ (가)의 화자는 자신의 처지를 '서러운 새'에 비유하고 있다. (나)의 '나'는 자신과 함께 두 여름을 난 파초를 팔지 않으려 하고, 파초의 꽃 핀 모습을 보며 '영광스러운 일'이라고 한다. 따라서 '나'는 파초를 자신과 함께 살아가는 존재로 여기며 교감하고 있음을 알 수 있다.

⑤ (가)는 비 갠 후의 아침 풍경을 묘사하는데, 이는 〈보기〉를 고려하면 화자가 지향하는 '이상적 세계'를 보여 준 것이다. (나)는 파초가 비 맞는 장면을 청각, 시각, 촉각의 감각적 심상을 활용하여 서술하고 있다. 〈보기〉에 따르면 이는 파초에 대한 '나'의 심미적 감상(대상의 아름다움에

이형기 – 낙화

지문분석

▶ 들어가기 전에 : 인간의 삶은 아무것도 모르는 초년기와 열정적인 청년기, 그리고 성숙의 시기인 중장년기와 소멸의 시기인 노년기를 거친다. 이러한 인간의 삶은 사계절의 변화와 비슷하기에 많은 문학 작품에서 인간의 삶을 자연과 대응시켜 얘기하곤 한다.

가야 할 때가 언제인가를
분명히 알고 가는 이의
뒷모습은 얼마나 아름다운가.

▶ 일단 이별을 긍정하며 시상이 시작되었다. 무슨 말을 하고자 하는 걸까?

봄 한철
격정을 인내한
나의 사랑은 지고 있다.

▶ 일단 계절적 배경을 '봄'으로 제시했는데, 제목과 연결 지어 보니, '꽃이 지는 상황'을 '사랑이 지는 상황'으로 얘기하고 있구나.

분분한 낙화⋯⋯
결별이 이룩하는 축복에 싸여
지금은 가야 할 때,

▶ 독자 입장에서 낯설게 느껴지는 역설적 표현을 활용했다는 것은 작가가 그만큼 신경을 쓴 구절이라는 것이다. 결별이 왜 축복인지를 신경 쓰며 계속 읽어 보자.

무성한 녹음과 그리고
머지않아 열매 맺는
가을을 향하여

나의 청춘은 꽃답게 죽는다.

▶ OK. 답 나왔구나. 봄에 꽃이 져야만 여름에 '녹음(무성한 나뭇잎)'이 지고 가을에 열매를 맺는다. 결국 좀 더 나은 미래를 위해 지금의 아픔(낙화)을 긍정하자는 것이구나.

헤어지자
섬세한 손길을 흔들며
하롱하롱 꽃잎이 지는 어느 날

나의 사랑, 나의 결별,
샘터에 물 고이듯 성숙하는
내 영혼의 슬픈 눈.

▶ 그런데 마지막의 '슬픈 눈'은 뭘까? '슬픈 눈'은 성장을 하기 위해 필요한 고통을 의미한다. 이른바 '성장통'이라고 하기도 하고, '통과 의례'라고도 한다. 결국 이 작품은 계절의 흐름을 통해 미성숙에서 성숙으로 나아가는 인간의 삶을 얘기하는 작품이라고 볼 수 있겠다.

문제분석 01-03번

번호	정답	정답률(%)	선지별 선택비율(%)				
			①	②	③	④	⑤
1	③	79	9	3	79	4	5
2	④	85	4	4	3	85	4
3	②	81	3	81	4	7	5

01

정답설명

③ '얼마나 아름다운가.'에서 영탄이 나타나며, 작품 전체적으로 청자에게 말을 건네는 방식이 아닌, 혼잣말을 하는 독백의 어조가 사용되었다. "'얼마나 아름다운가.' 이거 설의 아닙니까!!" 하는 학생들이 있는데, 결론부터 얘기하면 이 구절은 영탄도 되고, 설의도 된다.

형태쌤의 과외시간

설의법은 결론이나 단정 부분에서 의문 형식으로써 강조하는 방법이다. 내용상으로는 의문이 아니며, 누구나 충분히 알고 있어서 결론을 내릴 수 있는 것을 독자의 판단에 맡겨 스스로 결론을 내리도록 표현하는 기교이다. 정말로 몰라서 의문을 나타내는 것은 설의법이 아니다.

[평가원 기출 사례]
- 어둠이 오는 것이 왜 두렵지 않으리 (설의 O)
- 네 본디 영물이라 내 마음 모를소냐 (설의 O)
- 고기도 상관 않거늘 하물며 너 잡으랴 (설의 O)

[추가 예시]
- 어디 닭 우는 소리 들렸으랴. (설의 O)
- 님 향한 일편 단심이야 가실 줄이 이시랴. (설의 O)
- 이번 시험 몇 점이야? (설의 X) / 어머, 이게 점수야? (설의 O)

오답설명

① 혹시 '모순'이라는 단어가 눈에 들어 왔고, '결별이 이룩하는 축복'에서 역설(모순 형용)을 체크한 후에 ①번을 고른 것은 아니겠지? 이 작품에는 어디에도 자조적(자기 자신을 비웃는 듯한 태도) 표현이 나오지 않는다. 참고로 자기 자신을 비웃는 태도를 보인다면, 그의 삶은 문제가 있겠지? 따라서 자조적 표현이 나타나면 삶의 모순은 당연한 것이다. 뒷부분은 고려하지 않아도 된다.

② 의성어도 없고 경쾌한 분위기도 아니다. 참고로 '하롱하롱'은 '작고 가벼운 물체가 떨어지면서 잇따라 흔들리는 모양'으로 의태어다.

④ 감각적 이미지는 있지만, 사랑과 결별을 의미하는 대상인 나무의 모습은 가변적이다. '분분한 낙화→무성한 녹음→열매 맺는 / 가을'을 통해서 확인할 수 있다.

⑤ 동일한 문장 형태가 반복되지 않았고, 순환의 의미도 드러나지 않았다.

또한 '슬픈'이라는 표현에서 이별이 '나'에게 '시련'이었음을 고려할 때, '나'는 시련을 성찰하며 '새로운 자아상을 확립'해 나가는 거겠지.

02

정답설명

④ '나'는 사랑과 결별의 과정을 통해 내 영혼이 '성숙(내적 충만)'한다고 생각하고, 이를 '가을'이 와서 '열매'를 맺는 것에 빗대어 표현했다.

오답설명

① 가야 할 때가 언제인가를 '분명히' 알고 가는 이의 뒷모습이 '얼마나 아름다운가.'라고 했다. 화자가 내적인 방황을 겪고 있다면, 갈까 말까 고민을 했겠지. 가야 할 때를 '분명히' 알고 가는 화자에게 내적 방황이란 표현은 어울리지 않는구나. ㉠은 이별에 대한 화자의 긍정을 드러낸 것이지 내적인 방황과는 관련이 없다.

② 1연에서 '가야 할 때가 언제인가를 / 분명히 알고 가는 이'에 대해 말하고 있으므로, 화자가 지나간 사랑에 연연해한다는 것은 적절하지 않다. 또한 이 선지를 고른 학생이 있다면, '회한'은 자주 등장하는 단어이니 뜻을 정확하게 알아 두고 가자. 회한(悔恨) : 뉘우치고 한탄함.

③ '무성한 녹음(여름)'은 '열매 맺는 / 가을'로 향하는 과정인데, 이는 성숙하고 성장해 가는 것을 의미한다.

⑤ '나'는 '가야 할 때', '가을을 향하여'라고 말하므로 앞으로 나아가겠다는 태도를 보이고 있음을 알 수 있다.

03

정답설명

② 화자가 어떤 사물을 주목할 때는 그것을 통해 인간의 삶을 얘기하는 경우가 많다고 했지? 쌤에게 배운 학생들이나 기출을 통해 이것을 확인한 학생들은 〈보기〉가 없더라도 '자연물과 사계절을 통해 인간의 삶을 얘기하고 있군.'이라고 생각했겠지만, 학생들을 배려한 평가원은 〈보기〉에서 너무도 친절하게 설명해 주고 있다.

문맥적 의미를 파악했다면 가볍게 풀 수 있는 문제다. '봄 한철', '꽃답게 죽는'(청춘기 자아의 시련) 이유는 무엇이라고? 바로 '녹음'과 '열매'(새로운 자아상 확립) 때문이다. '시련에 부딪혀 열정을 잃어가는' 것이 아니라, 성장하고 성숙한 자아상을 확립해 가는 것이지.

오답설명

① '가야 할 때'는 이별을 의미하므로 사랑하던 때와는 상황이 달라. 하지만 이 이별은 '녹음'을 거쳐 '열매'로 이어지게 되므로 '새로운 자아의 모습을 찾게 되는 계기'라고 할 수 있어.

③ '결별'이 '축복'을 이룩한다고 했으니 이별을 긍정적으로 보는 거야. 〈보기〉와 관련지으면 '변화를 인정하고 수용하면서 새로운 자아상을 확립'해 가는 것이겠지.

④ 〈보기〉에서 '이별→시련→정체성 변화의 계기'라고 말하고 있다. 대상과의 이별은 세계와의 관계가 변화했다는 것을 의미하는데, 화자는 이를 아름답게 표현했으니까 세계와의 관계가 변화되었음을 인정하는 자세를 보이고 있다고 할 수 있겠지. 이렇듯 정체성의 변화를 인정하고 수용하면서 화자 역시 '새로운 자아상'을 확보하게 된다.

⑤ '내 영혼의 슬픈 눈'이라는 표현에서 화자는 내 영혼이 '샘터에 물 고이듯 성숙'한다고 보고 있으므로 자신을 '성찰'하고 있음을 알 수 있어.

2015학년도 6월A

국화야 너는~ / 이화에~ / 촉규화

지문분석

(가) 국화야 너는~

국화(菊花)야 너는 어이 삼월동풍(三月東風) 다 지내고

▶ 국화야 너는 어찌 3월의 봄바람 부는 계절은 다 지나 보내고

낙목한천(落木寒天)에 네 홀로 피었느냐

▶ 낙엽 지는 가을에 너 혼자 피어 있느냐. (남들과 다른 포스를 분출하고 있는 네가 참으로 돋보이는구나!!)

아마도 오상고절(傲霜孤節)은 너뿐인가 하노라

▶ 아마도 추위 속에서 절개를 지키는 것은 너뿐인가 하노라. (참으로 절개있는 신하의 모습 같구나.)

(나) 이화에~

이화(梨花)에 월백(月白)하고 은한(銀漢)이 삼경(三更)인 제

▶ 배꽃이 달 속에 하얗게 빛나고, 은하수가 흐르는 한밤중에

일지춘심(一枝春心)을 자규(子規)야 알랴마는

▶ 봄날의 나무를 보며 느끼는 애틋한 마음을 두견새가 알랴마는

다정(多情)도 병(病)인 양하여 잠 못 들어 하노라

▶ 정이 너무 많은 것도 병인 듯하여 잠을 못 자고 있구나.

▶ 간단히 말해서 화자는 너무나 감성적인 사람인데, 봄날 밤에 달빛을 받아 이 화가 하얗게 빛나는 풍경이 너무나 슬프도록 아름다워서 이 생각 저 생각에 잠을 못 자고 있다고 보면 된단다.

(다) 촉규화

쓸쓸하게 황량한 밭 곁에

탐스러운 꽃이 여린 가지 누르고 있네.

▶ 화자가 주목하고 있는 것은 꽃이야. <보기>를 전제로 봤다면 최치원 자기 자 신으로 볼 수 있겠다. '탐스러운 꽃'은 뛰어난 능력을, '황량한 밭'은 출신상의 한계를 의미하는 것으로 볼 수 있겠다.

향기는 매우(梅雨) 지나 희미해지고

그림자는 맥풍(麥風) 맞아 기우뚱하네.

▶ 꽃의 '향기'라면 최치원의 재능이나 능력으로 볼 수 있는데, 그것이 희미해지 고 있구나. 게다가 꽃의 '그림자'는 최치원의 상태로 볼 수 있는데, 기우뚱하고 있으니 그다지 좋아 보이지 않는구나. <보기>를 전제로 본다면 능력을 발휘 할 수 없는 신분적 한계로 인해 괴로워하는 작가의 모습을 나타냈다고 볼 수 있겠다.

수레나 말 탄 사람 그 뉘가 보아 줄까?

벌이나 나비들만 엿볼 따름이네.

▶ '수레나 말 탄 사람'은 높은 지위에 있는 사람들 같은데, 그 사람들의 주목을 받 지 못하고, 원하지도 않는 사람들(벌, 나비)만 최치원의 재능을 엿보고 있구나.

태어난 곳 비천하니 스스로 부끄럽고

사람들이 내버려 두니 그저 한스럽네.

▶ <보기>를 전제로 보면, '출신상의 한계'를 부끄러워하고 있다고 볼 수 있겠다. 그리고 재능을 펼치지 못하고 살아가는 삶이 그저 한스럽다고 한탄하고 있구나.

문제분석 01-03번

번호	정답	정답률 (%)	선지별 선택비율(%)				
			①	②	③	④	⑤
1	③	87	6	2	87	3	2
2	③	74	4	10	74	6	6
3	②	87	4	87	4	3	2

01

정답설명

③ (가) O, (나) O, (다) O / 계절감을 주는 시어는 고전시가에서 자주 물 어보는 요소이니 독해할 때 꼭 신경을 써야 한다. 시간과 관련된 어휘 들이기 때문이지. (가)에서는 '삼월동풍'이 봄을, '국화'와 '낙목한천'이 가을을 나타내고 있다. (나)에서는 '이화', '일지춘심'이 봄을 나타내고, (다)에서는 '매우(초여름 장마)', '맥풍(초여름의 훈훈한 바람)'이 초여름 을 떠올리게 함으로써 '시적 분위기를 조성'하고 있다.

오답설명

① (가) X, (나) X, (다) O / (다)의 '수레나 말 탄 사람 그 뉘가 보아 줄 까?'에서 확인할 수 있다. (가)의 '낙목한천에 네 홀로 피었느냐' 부분에 서 설의적 표현이 나타나지만 이를 통해 냉소적 태도를 드러내는 것은 아니므로 적절하지 않다.

② (가) X, (나) △, (다) X / (나)의 '자규'는 쓸쓸한 분위기를 고조시켜 줄 때 관습적으로 등장하는 새다. 다만 이놈이 현재 울고 있는지, 조용히 있는지 알 수가 없다. 만약 자규가 구슬프게 울고 있다면 청각적 이미 지로 볼 수 있는데, 가만히 있다면 시각적 이미지로 볼 수 있다. 그래서 △로 처리하였다. 고민하지 마라. 좌우에서 X로 쉴드를 쳐주고 있으니 까.^^

④ (가) X, (나) X, (다) X / (가)에 직유법은 나타나지 않으나 '국화야'라고 부르고 있으므로, '대상과의 친밀감'은 나타나고 있다. (나)의 경우 '다 정도 병인 양하여'에서 직유법이 나타나지만 이를 통해 '대상과의 친밀 감'을 드러내지는 않는다.

⑤ (가) X, (나) X, (다) X / (가)의 '낙목한천에 네 홀로 피었느냐', '아마도 오상고절은 너뿐인가 하노라'에서 영탄적 표현이 나타난다. (나)에서는 '다정도 병인 양하여 잠 못 들어 하노라'에서 영탄적 표현이 나타난다. 그러나 이것들 모두 화자의 의지와는 관련이 없다.

02

정답설명

③ (가)의 '동풍'이 불어오는 삼월은 꽃이 피기 좋은 시절이고 (나)의 은한 이 기우는 '삼경(밤 열한 시에서 새벽 한 시 사이)'은 슬픔을 느끼기에 적합한 배경이다. 그러나 대상과 이별하는 시간이라고 말할 순 없다.

오답설명

① '삼월동풍'에 피는 다른 꽃들과 달리 '국화'는 '낙목한천'에 홀로 피었다

는 점에서 다른 꽃들과 대조된다.

② 하얀 달빛을 받는 '이화'에서 느끼는 화자의 정서는 한(恨)의 정서이다. 보통 고전 문학에서 '흰색'은 쓸쓸한 분위기와 한(恨)스러운 분위기를 나타낼 때 자주 나온다. '흰색=순수'라고 단순하게 암기하지 말아라. 게다가 이 한(恨)의 정서가 '자규'를 통해 더욱 깊어진다. 참고로 '자규'는 당대인들에게 한(恨)을 품고 있는 새라고 인식이 되기에 쓸쓸한 분위기에서 자주 등장한다.

④ '오상고절'은 국화의 '굳건한 절개'를 나타낸다. '다정'은 정이 많다는 뜻으로 여기선 '감성이 풍부하다' 정도로 쓰였다. 너무나 감수성이 예민한 화자이기에 봄날 밤에 슬프도록 아름다운 풍경을 보며 잠을 못 자고 있는 것이다. 따라서 '다정'은 '애상적(슬퍼하거나 가슴 아파하는) 정서'로 이해할 수 있다. 우리가 일상에서 쓰는 '다정한 눈빛'의 '다정'을 생각하면 안 된다.

⑤ '너뿐인가 하노라'는 '가을에 이렇게 절개를 지키는 것은 너밖에 없어.'라는 의미로, 이게 바로 예찬이겠지. 그리고 '잠 못 들어' 하는 것은 봄날의 애상적 정서 때문이므로, '감정을 주체하지 못하는 화자의 모습'으로 볼 수 있다.

03

정답설명

② 〈보기〉와 위배되는 선지로 바로 잡아낼 수 있겠다. [B]의 '향기'는 최치원의 재능을 나타내지만 그것이 '희미해지고', '그림자'는 최치원의 상태를 나타내지만 '기우뚱'해지므로 좋지 않은 상황임을 알 수 있다. 즉 조만간 자신의 탁월한 능력을 펼칠 수 있을 것이라는 기대감을 드러내고 있다고는 볼 수 없다.

오답설명

① [A]의 '쓸쓸하게 황량한 밭'은 출신상의 한계로 인해 세상에 크게 쓰이지 못한 최치원의 처지를, '탐스러운 꽃'은 그의 탁월한 능력을 나타낸다. 이는 의미상 서로 대비된다.

③ 화자는 자신을 크게 써 줄 수 있는 '수레나 말 탄 사람'에게서 관심 받지 못하고, 지위가 높지 않은 평범한 사람들인 '벌이나 나비들' 속에서 살아야 하는 것에 대해 한탄하고 있다.

④ 〈보기〉에서 최치원은 '자신의 처지를 촉규화에 투사하여 표현'했다고 했다. 따라서 [D]의 대상이 되는 꽃은 최치원 자기 자신이기에, 자신의 출신과 처지를 스스로 부끄러워하며 한스러워한다고 볼 수 있다.

⑤ 〈보기〉는 해석의 방향을 제시해 준다. 〈보기〉에서 최치원은 자신의 처지를 '촉규화'에 투사하여 표현했다고 하였으니, '최치원=화자=촉규화'를 전제로 해석을 해야 한다. [A]에서 촉규화의 탐스러운 꽃이 여린 가지를 누르고 있는 '외양 묘사'와, [D]의 부끄럽고 한스럽다는 '내면 서술'을 통해 화자의 '처지'가 드러나는구나.

병원 / 나무

지문분석

(가) 병원

    살구나무 그늘로 얼굴을 가리고, 병원 뒤뜰에 누워, 젊은 여자가 흰 옷 아래로 하얀 다리를 드러내 놓고 일광욕을 한다. 한나절이 기울도록 가슴을 앓는다는 이 여자를 찾아오는 이, 나비 한 마리도 없다. 슬프지도 않은 살구나무 가지에는 바람조차 없다.

▶ 일단 화자의 관심사는 외부 대상인 '젊은 여자'에게 있다. 그리고 아픈 그녀의 상황을 제시하고 그 모습을 묘사하고 있다.

    나도 모를 아픔을 오래 참다 처음으로 이곳에 찾아왔다. 그러나 나의 늙은 의사는 젊은이의 병을 모른다. 나한테는 병이 없다고 한다. 이 지나친 시련, 이 지나친 피로, 나는 성내서는 안 된다.

▶ 여기서 주목해야 한다. 외부 대상에서 자기 자신으로 관심사가 바뀔 때에는 외부 대상과 화자의 관계(유사/상반)를 살펴봐야 하는데, 여기선 '유사의 관계'다. 화자도 역시 '젊은 여자'처럼 남들은 모르는 병이 있는 것이다. 일제 치하 작가인 '윤동주'를 고려해 본다면, 아마도 그 병의 원인은 시대적 상황 때문이라고 짐작되지만, <보기>에서 언급이 없으니 그냥 넘어가도 되겠다.

    여자는 자리에서 일어나 옷깃을 여미고 화단에서 금잔화 한 포기를 따 가슴에 꽂고 병실 안으로 사라진다. 나는 그 여자의 건강이 — 아니 내 건강도 속히 회복되기를 바라며 그가 누웠던 자리에 누워 본다.

▶ 대상에 대한 태도가 나왔다. 이른바 동병상련이랄까? 그녀의 병도 그리고 자신의 병도 빨리 낫길 바라며 시가 마무리되는구나.

(나) 나무

    유성에서 조치원으로 가는 어느 들판에 우두커니 서 있는 한 그루 늙은 나무를 만났다. 수도승일까. 묵중하게 서 있었다.

▶ 일단 기본 전제를 깔자. 시인은 외부 세계를 바라볼 때 자신의 내면을 투영해서 바라보게 된단다. 쉽게 말해서 지금 기분에 따라 외부 대상이 보인다는 것이지. 수도승처럼 묵중하게 서 있는 늙은 나무. 화자는 자신의 고독한 내면을 투영해서 나무를 보고 있는 거야.

    다음날은 조치원에서 공주로 가는 어느 가난한 마을 어귀에 그들은 떼를 져 몰려 있었다. 멍청하게 몰려 있는 그들은 어설픈 과객일까. 몹시 추워 보였다.

▶ 역시 자신의 고독과 내면적 추위를 투영하여 나무를 바라보고 있어.

    공주에서 온양으로 우회하는 뒷길 어느 산마루에 그들은 멀리 서 있었다. 하늘 문을 지키는 파수병일까, 외로워 보였다.

▶ 화자가 외로우니까 나무도 외롭게 보였겠지.

    온양에서 서울로 돌아오자, 놀랍게도 그들은 이미 내 안에 뿌리를 펴고 있었다. 묵중한 그들의. 침울한 그들의. 아아 고독한 모습. 그 후로 나는 뽑아낼 수 없는 몇 그루의 나무를 기르게 되었다.

▶ 결국 화자는 여행을 통해 인간의 본질적 고독을 깨달은 거야. 인간은 고독하게 살아갈 수밖에 없는 존재라는 것이지. 물론 이러한 해석은 <보기>가 없으면 어려울 수 있어. 따라서 <보기>에서는 대상을 관찰하며 내면을 성찰하고 대상과 화자의 동일성을 확인한다는 해석의 방향을 설정해 주었을 뿐, 디테일한 해석까진 요구하진 않았지.

번호	정답	정답률 (%)	선지별 선택비율(%)				
			①	②	③	④	⑤
1	④	80	3	3	6	80	8
2	③	88	3	4	88	3	2

01

정답설명

④ (가) X, (나) O / (나)에서 화자는 '~일까'라는 추측을 나타내는 표현을 사용하는데, '수도승일까', '어설픈 과객일까', '하늘 문을 지키는 파수병일까'와 같이 표현을 달리하여 변주하였다. 그리고 유사하게 반복(변주)하든, 동일하게 반복하든 반복이 되면 무조건 '심화'가 된다.

오답설명

① (가) X, (나) X / (가)의 경우 '흰옷', '하얀 다리'에서 색채 이미지가 등장하였다. 환자인 젊은 여인에 대한 표현으로, 여인은 병원 뒤뜰에 누워 일광욕을 하고 있다. 하지만 누워 있는 여성을 사물이라고 할 수도 없고, 역동적이라고 보기도 어렵다. (나)에는 색채 이미지가 활용되어 있지 않다.

② (가) X, (나) X / (가)에서는 '병원'이라는 공간이, (나)에서는 '유성→조치원→공주→온양→서울'로 공간의 이동이 드러난다. (가)의 공간은 일상을 벗어난 공간이라고 할 수 있지만, 이와 대비되는 일상의 공간에 대해서는 언급하지 않았다. 언급을 하지 않았으니 당연히 의미 부여도 할 수 없겠지. (나)의 경우 '서울'이 일상적 공간이고, 나머지가 일상을 벗어난 공간이라고 할 여지는 있으나 이러한 공간의 대비가 명확하게 드러나지 않으므로 선지의 내용을 허용할 수 없다.

③ (가) X, (나) X / (가)에서 일단 사람은 사물이 아니다. "살구나무는 사물이지 않나요?" 그래, 감각적으로 인지 가능하니까 사물은 맞다. 하지만 살구나무의 속성에 대한 분석은 없다. 또한 화자가 자신의 건강이 회복될 것이라고 전망한다기보다는, 회복을 소망한다고 보는 것이 더욱 적절하다. (나)에서는 늙은 나무에 대한 화자의 인식을 '수도승', '과객', '파수병'으로 제시했으니, 사물에 대한 속성 분석은 허용할 여지는 있다. 하지만 미래에 대한 긍정적 전망은 나오지 않았다.

⑤ (가) X, (나) X / (가)에서 현재형 시제를 사용하였지만 이러한 표현을 통해 계절의 상징성을 보여 주는 것은 아니다. 간혹 '금잔화'라는 식물이 특정 계절에 피는 것이라는 이유로 계절을 드러내는 것이 적절하다고 하는 학생들이 있다. 하지만 선지에서는 '계절의 상징성'이 현재형 시제를 통해 나타나는지 여부를 묻고 있다. (나)는 과거형 시제를 사용하였지만 이를 통해 시간에 따른 사물의 변화를 보여준 것이 아니라, '나무'라는 사물에 대한 화자의 인식 변화를 보여 주고 있다.

02

정답설명

③ (가)의 화자가 '늙은 의사'를 원망하는 내용은 표면적으로 나오지 않았다. 아픔을 오래 참다 찾아 왔는데 '늙은 의사'가 병을 몰라주고 치료해 줄 수 없다고 하면 원망이 느껴질 수도 있는 상황이다. 하지만 문학에서 해석의

근거는 언제나 지문과 〈보기〉라는 것을 명심하자. 어디에도 '원망'이라는 표현은 없다. 게다가 화자는 '여자'의 모습을 지켜보며 치유에 대한 소망에 공감하였을 뿐, 서로 이야기를 나누거나 무언가를 공유한 것은 아니다. (나)의 화자가 '멀리 서 있는' 나무들을 본 것은 '나무'의 모습을 통해 자신의 내면을 성찰한 것이지, 나무와 자신의 거리를 좁히려 한 것은 아니다.

오답설명

① (가)의 화자는 병원에서 본 '젊은 여자'의 모습에 주목하여 이를 인식하고 있다. (나)의 화자 역시 여행 중에 만난 '나무'들의 모습을 인식하고 있다. 참고로 여행하는 길을 여로라고 한다.

② 시와 선지만 보면 의아할 수 있지만, 〈보기〉의 내용을 통해 허용할 수 있다. (가)의 화자는 찾는 이가 없는 '가슴을 앓는다는 이 여자'의 처지에 비추어 자신을 '아픔을 오래 참다 처음으로 이곳에 찾아왔다'고 표현하였다. (나)의 화자는 '나무'에게서 본 '수도승', '과객', '파수병'의 모습을 통해 자신의 내면에 있는 묵중함, 침울함, 외로움 등을 발견한다.

④ 〈보기〉에 따르면, (가)의 화자는 '여자'가 지닌 치유에 대한 소망에 공감한다고 하였으므로, '금잔화 한 포기'를 꽂고 병실로 들어가는 '여자'의 모습을 통해 그 여자의 '회복'에 대한 소망을 읽어 냈다고 볼 수 있다. 그러기에 화자는 그 여자의 건강과 자신의 건강이 속히 회복되기를 바라고, 그녀가 누웠던 자리에 누워보며 치유를 바라는 마음에 공감한 것이다. (나)의 화자 역시 나무들이 '외로워 보였다'고 표현함으로써 대상에 대한 자신의 정서를 드러내며 공감하고 있다.

⑤ (가)의 화자는 '젊은 여자'가 했던 행동을 따라 '그가 누웠던' 곳에 누워보며 대상과의 동질성을 드러내고 있다. (나)에서는 '나무'가 이미 '내 안에 뿌리를 펴고' 있으며 '뽑아낼 수 없'다고 표현한 부분에서 화자가 대상과 자신의 동질성을 드러낸다는 것을 알 수 있다.

memo

비평 / 동동 / 가시리

지문분석

(가) 비평

1) 고려 속요의 형성 : 민간 노래+궁중 연향
   연원 : 중국 『시경』의 '풍(風)'
   특성 : 대부분 사랑 노래로 구성

2) 민간 노래의 궁중악 수용 목적 : 왕권 강화+풍속 교화
   인륜 차원으로 확장하여 통치 질서 구현→상·하층 함께 향유
   남녀 애정 구도 : 임금과 신하 관계로 치환

3) '풍'과 구별되는 고려 속요의 특성
   유기적인 형식적 장치→작품 전체의 통일성
   궁중 연향의 특성 : 송축 내용 포함

(나) 동동

▶ 들어가기 전에 : 「동동」에서 화자가 놓인 상황은 임의 부재이므로, 화자의 반응 역시 당연히 그리움과 아쉬움으로 나타나고 있지. 또 임을 생각하면서 그를 예찬하기도 하고 있어. 이 작품의 포인트는 화자와 임을 의미하는 각각의 시어들과 화자의 반응을 심화시켜주는 시어들을 찾는 것에 있어.

덕(德)이란 곰비예 받줍고 복(福)이란 림비예 받줍고

▶ 덕은 뒤에(뒤 잔에, 신령님께) 바치옵고, 복은 앞에(앞 잔에, 임에게) 바치오니,

▶ 임의 부재 때문에 그리움이 나타나야 하는데 '덕'이나 '복'이라는 말이 왜 나오는지 의아하겠지. 이것은 고려 가요의 특성과 관련이 있으니 간단히 살펴보자. 고려 가요는 본래 서민들에 의해 구전되면서 불린 노래인데, 이것을 조선 시대에 『악학궤범』, 『악장가사』, 『시용향악보』 등에 기록한 거야. 그런데 서민들에게 불린 노래이므로 연회장에서 궁중 음악으로 사용하기에 부적절한 부분이 있어서 저속한 부분을 없애거나 여흥을 돋우기 위해 첨가, 삭제, 수정 과정을 거치게 되었어. 이 구절은 바로 '첨가'된 구절로 보면 돼. 이러한 부분은 작품의 전체 흐름과는 상관이 없으니까 <보기>가 제시되었을 때 연결시켜서 해석하면 된다.

덕(德)이여 복(福)이라 호늘 나ᄉ라 오소이다

▶ 덕이며 복이라 하는 것을 바치러 오십시오.

아으 동동(動動)다리

〈서사〉

정월(正月)ㅅ 나릿므른 아으 어져 녹져 ᄒ논딕

▶ 정월의 냇물은 아아, 얼려 녹으려 하는데

▶ 시를 해석할 때는 항상 화자를 중심으로 시어의 의미를 이해해야 해. 화자는 임이 부재하는 상황에서 냇물을 바라보고 있지. 냇물은 얼었다 녹았다 변화하고 있는데 화자는 새해가 돼도 임이 오지 않아서 아무런 변화가 없는 상태야. 따라서 '냇물'은 화자의 정서를 심화시키는 시어라고 할 수 있어. 화자와 상반된 관계에서 그리움을 심화시키는 중요한 포인트니까 반드시 챙겨야 해.

누릿 가온딕 나곤 몸하 ᄒ올로 녈셔

▶ 세상에 태어나서 이 몸이여, 홀로 살아가는구나.

아으 동동(動動)다리

〈정월령〉

이월(二月)ㅅ 보로매 아으 노피 현 등(燈)ㅅ블 다호라

▶ 2월 보름에 아아, 높이 켜 놓은 등불 같구나.

만인(萬人) 비취실 즈싀샷다

▶ 만인을 비추실 모습이다.

▶ 무엇이 만인을 비추실 모습이라고 하는 것일까? 무엇이 '등불'과 같다고 하는 것일까? 바로 임의 모습이지. 등불은 화자가 그리워하는 임의 모습을 나타내는 첫 번째 시어야. 화자는 임을 생각하면서 그를 예찬하고 있어.

아으 동동(動動)다리

〈이월령〉

삼월(三月) 나며 개(開)혼 아으 만춘(滿春) 들욋고지여

▶ 3월 지나며 핀 아아, 늦봄의 진달래꽃이여.

ᄂᆞ미 브롤 즈슬 디녀 나샷다

▶ 남이 부러워할 모습을 지니고 태어나셨구나.

▶ 가득 찬 봄에 핀 진달래꽃을 보면서 남이 부러워할 모습이라고 하고 있어. 진달래꽃을 예찬하고 있지. 따라서 진달래꽃은 임의 모습을 보여 주는 두 번째 시어야.

아으 동동(動動)다리

〈삼월령〉

(다) 가시리

가시리 가시리잇고 나는

▶ 가시렵니까 가시렵니까.

ᄇ리고 가시리잇고 나는

▶ 나를 두고 가시렵니까.

▶ 화자는 임과 이별의 상황에 놓여 있구나. 이별의 상황에서 느끼는 화자의 반응은 무엇일까? 슬픔, 한, 서러움 등을 바로 떠올릴 수 있겠지.

위 증즐가 대평셩딕(大平盛代)

▶ 이별의 상황에 '대평성대'라니? 전혀 상관이 없는 내용이 등장했다. 이 후렴구는 고려 가요가 민간의 노래를 바탕으로 궁중악으로 편입된 것임을 알 수 있는 대목이다.

▶ 궁중에서 연행되었기 때문에 왕을 위한 송축의 내용이 들어간 것이지. 고전시가에서 남녀 간의 사랑을 임금과 신하의 관계로 치환하는 것은 매우 빈번하게 나타나는 현상이라는 것을 기억하자.

날러는 엇디 살라 ᄒ고

▶ 나더러 어떻게 살라고

ᄇ리고 가시리잇고 나는

▶ 버리고 가시렵니까.

▶ 화자를 두고 떠나는 임에게 원망의 정서를 표현하고 있는 부분이지.

위 증즐가 대평셩딕(大平盛代)

잡ᄉ와 두어리마ᄂᆞᄂᆞᆫ

▶ 붙잡아 두고 싶지만

선ᄒ면 아니 올셰라

▶ 서운하면 오지 않을까 두려워

▶ 화자는 임을 붙잡으면 돌아오지 않을 것을 두려워하기 때문에 그를 잡지 못하

고 있어.

위 증즐가 대평셩딕(大平盛代)

셜온 님 보내ᄋᆞᆸ노니 나ᄂᆞᆫ

▶ 서러운(or 서럽게) 임을 보내오니

가시ᄂᆞᆫ ᄃᆞᆺ 도셔 오쇼셔 나ᄂᆞᆫ

▶ 가시자마자 돌아오소서.

▶ 결국 화자는 임을 붙잡지 못한 채 보내고 있어. 그러나 어쩔 수 없이 이별을 받아들이면서도, 임에게 다시 돌아올 것을 당부하면서 재회에 대한 소망을 표현하고 있다.

위 증즐가 대평셩딕(大平盛代)

문제분석 01-03번

번호	정답	정답률(%)	선지별 선택비율(%)				
			①	②	③	④	⑤
1	④	91	2	2	3	91	2
2	③	64	9	6	64	7	14
3	④	75	7	8	3	75	7

01

정답설명

④ (가)의 3문단에 '민간 가요의 궁중 악곡으로의 전환은 하층에서 상층으로의 편입·흡수 과정을 통해 상·하층이 노래를 함께 향유한 화합의 차원으로 볼 수 있다.'라고 제시되어 있다. 따라서 상층 노래가 하층 문화에 영향을 주었다는 설명은 적절하지 않다.

오답설명

① (가)의 1문단 '고려 속요는 고려 시대 궁중에서 형성되어 조선 시대까지 궁중 연향에서 전승되어 불린 노래'라는 부분에서 확인할 수 있다.

② (가)의 2문단에 '풍'에 실린 노래는 궁중 잔치에서도 불렸고, 궁중에서는 이를 참고하여 악곡을 선정하였다는 내용이 제시되어 있다.

③ (가)의 2문단 "'풍'에는 민간의 노래가 실려 있는데 사랑 노래가 대부분이다."와 3문단 '민중의 생활상을 진솔하게 반영한 노래 가운데~궁중악으로 편입되었다.'라는 내용을 통해 확인할 수 있다.

⑤ (가)의 3문단에서 "남녀 간의 사랑 노래는 그 화자와 대상이 '신하'와 '임금'의 구도로 치환되기 용이했기 때문에 궁중악으로 편입될 수 있었다."라고 설명하였다.

02

정답설명

③ (나)의 〈서사〉에서 '아으 동동다리'를 제외한 부분은 '덕'과 '복'을 바친다고 이야기하고 있으므로, 송축의 내용을 담고 있다고 볼 수 있다. 따라서 ㉡의 예로 볼 수 있다. 참고로 '송축(頌祝)'이란 '경사를 기리고 축하한다.'라는 의미이다.

오답설명

① '아으 동동다리'는 연마다 반복되는 후렴구로, 작품 전체에 통일성을 부여하고 리듬감을 살리는 역할을 한다. 따라서 ㉠의 예로 볼 수 있다.

② 〈서사〉에서 '아으 동동다리'를 제외한 부분은 〈서사〉 이후에는 다시 반복되지 않으므로 작품 전체에 통일성을 부여한다고 할 수 없어 ㉠의 예로 볼 수 없다. 또한 이별의 상황과는 관련 없는 내용이므로 ㉢의 예로 적절하다.

④ '위 증즐가 대평셩딕'에서 '대평셩딕'는 '임금이 나라를 잘 다스려 태평한 시대'를 이야기하므로, 송축의 내용인 ㉡이 담겼다고 볼 수도 있다. 한편 이별의 상황과 동떨어진 시어이므로, ㉢의 예로도 볼 수 있다.

⑤ (다)의 1연에서는 떠나는 임에 대한 하소연이 드러난다. 이별의 상황이 경사스럽고 축하할 일은 아니지 않은가? (그렇게 느꼈다면 네가 솔로이기 때문이다.) 따라서 송축의 내용과는 관련이 없다.

03

정답설명

④ (가)의 4문단에 따르면 [A]에서 대칭 구조를 이루는 것은 1행과 2행이 아니라, 1-2행과 3-4행이다. (다)의 1, 2연은 모두 이별의 상황에서 안타까움과 슬픔의 감정을 하소연하고 있는 부분이므로, 대칭 구조라고 볼 수 없다. 또한 [A]와 (다) 모두 대상의 변화도 드러나지 않는다.

오답설명

① [A]에서 짝을 지은 물수리 암수의 모습과 앞으로 짝을 이룰 요조숙녀와 군자의 모습이 대응되는데, 이는 자연과 사람 사이의 조화로움을 노래한 것으로 볼 수 있다. (나)의 〈정월령〉 '누릿 가온ᄃᆡ 나곤 몸하 ᄒᆞ올로 녈셔'(세상에 태어나서 이 몸이여 홀로 살아가는구나) 부분에서 사랑으로 인한 외로움이 드러나 있다.

② '물수리 한 쌍'이 '문왕과 후비'의 덕을 읊은 것, 부부간의 화락과 공경을 읊은 것 등으로 해석되어 왔다는 점에서 '물수리 한 쌍'은 긍정적인 대상을 의미한다고 볼 수 있다. (나)의 '만춘 ᄃᆞᆯ욋곶'은 '남이 부러워할 모습을 지니고 있는 존재'이므로 긍정적 대상이라고 볼 수 있다.

③ '화락'이 뭔지 몰라서 틀렸다면, 그건 핑계일 뿐이다. (가)의 4문단에서 '부부간의 화락과 공경을 읊은 것'이라고 명시해 주었으니, 단어의 의미를 모르더라도 답을 찾을 수 있다. 참고로 '화락(和樂)'이란 화평하고 즐겁다는 뜻이다. 또한 '가시리'가 이별의 상황을 보여 준다는 것은 대한민국 수험생이면 기본적으로 알고 있어야 할 내용이므로 ③을 정답으로 고른 학생들은 정말 열심히!!!! 공부해야 한다.

⑤ (가)의 4문단에서 [A]에 대한 평으로 '풍속 교화의 시초'가 있다고 제시했으므로, [A]는 풍속을 교화할 만한 이상적인 사랑을 읊고 있다고 해석할 수 있다. (나)의 〈이월령〉에서는 임을 높이 켜 놓은 등불에 비유하며, 만인을 비추실 모습이라고 이야기하고 있다. 이 부분을 '모두가 우러러볼 만한 덕'이라고 볼 수 있다. (다)에서는 이별의 상황에서 '님'을 잡지도 못하고 '님'이 돌아오기만을 소망하는 화자의 모습을 통해, '님'에 대한 사랑의 감정을 드러내고 있다.

신흠 - 방옹시여

지문분석

(가)

산촌(山村)에 눈이 오니 돌길이 뭇쳐셰라

▶ 산촌에 눈이 오니 돌길이 (눈에) 묻혔구나.

시비(柴扉)를 여지 마라 날 추즈리 뉘 이스리

▶ 사립문을 열지 마라 날 찾을 이 누가 있겠냐.

밤듕만 일편명월(一片明月)이 긔 벗인가 ᄒ노라

▶ 밤중에 한 조각 달이 그 벗인가 하노라.

▶ 화자는 자연(산촌)에 있고, 속세는 '눈'으로 단절되어 있구나. 이런 상황에서 화자는 '시비(사립문)'를 닫으라는 표현을 통해 속세와 단절되고자 하는 태도를 보여 주고 있어.

〈1수〉

(나)

섯ᄀ래 기나 즈르나 기동이 기우나 트나

▶ 서까래(지붕 받치는 나무)가 길든 짧든, 기둥이 기울었든 틀어졌든

수간모옥(數間茅屋)을 죡은 줄 웃지 마라

▶ 초가가 작은 것을 비웃지 마라.

어즈버 만산 나월(滿山蘿月)이 다 닉 거신가 ᄒ노라

▶ 아아, 풀에 비친 달이 다 내 것인가 하노라.

▶ 자연에서 소박하게 살아가는 자신의 모습에 대한 자부심이 나타나 있구나.

〈8수〉

(다)

한식(寒食) 비 온 밤에 봄빗치 다 퍼졋다

▶ 한식날(4월 초) 비 온 밤에 봄빛이 다 퍼졌다.

무정(無情)ᄒ 화류(花柳)도 째를 아라 피엿거든

▶ 무정한 화류(꽃과 버들)도 때를 알아서 피었거든

엇더타 우리의 님은 가고 아니 오ᄂ고

▶ 어찌하여 우리 임은 가고 아니 오는가.

▶ 어조가 변했다! 기존에는 자연친화와 그에 따른 만족감을 얘기했었는데, 여기부터는 임에 대한 그리움을 얘기하고 있다. 이른바 시상이 전환된 것인데, 연시조에서는 변화가 출제 포인트이니, 꼭 체크했어야 한다.

▶ 봄이 와서 꽃도 피었는데, 임은 오지 않는다고 한탄하고 있다. 계절이 변했는데도 자신의 상황은 변하지 않았다는 것이지. 따라서 꽃피는 봄날은 화자의 정서를 심화시키는 계절이 되겠다.

〈17수〉

(라)

어젯밤 비 온 후(後)에 석류(石榴)곳지 다 픠엿다

▶ 어젯밤 비 온 후에 석류꽃이 다 피었다.

부용 당반(芙蓉塘畔)에 수정렴(水晶簾)을 거더 두고

▶ 연꽃 핀 연못가에 커튼을 걷어 두고

눌 향한 깁흔 시름을 못내 푸러 ᄒ노라

▶ 누구를 향한 깊은 시름을 못내 풀려 하노라.

▶ 〈17수〉와 이어서 본다면, 임이 부재한 상황에 대한 시름을 얘기하고 있다고 볼 수 있겠다.

〈18수〉

(마)

창(窓)밧긔 워셕버셕 님이신가 이러 보니

▶ 창 밖에 바스락바스락 임인가 일어나 보니

혜란 혜경(蕙蘭蹊徑)에 낙엽(落葉)은 무스 일고

▶ 난초 난 지름길에 낙엽은 무슨 일인가.

어즈버 유한ᄒ 간장(肝腸)이 다 끈칠쟈 ᄒ노라

▶ 아아, 유한한 창자가 다 끊어질까 하노라.

▶ 임을 애타게 기다리고 있다 보니, 낙엽 떨어지는 소리에도 임이 왔나 가슴이 콩닥거리고 있구나. 임을 향한 그리움이 집중적으로 나타났다고 볼 수 있다.

〈19수〉

문제분석 01-03번

번호	정답	정답률 (%)	선지별 선택비율(%)				
			①	②	③	④	⑤
1	③	82	5	3	82	7	3
2	④	81	4	4	7	81	4
3	④	82	4	3	4	82	7

01

정답설명

③ (다) 선경후정 O / 선경후정(앞에서는 경치를 말하고, 뒤에서는 화자의 정서를 드러내는 방식)의 전개 방식을 사용하고 있다. 선경후정으로 구성될 때는 유사나 상반의 관계를 보이는 경우가 많다. 여기서 봄비가 내린 뒤에 꽃이 활짝 피어 있는 경치와 임이 오지 않는 화자의 상황은 '상반의 관계'이다. 즉, '상반의 관계'를 통해 화자의 내면을 드러내고 있다. 난도를 높여서 물어볼 때는 '선경과 후정의 관계'를 물어보니, '유사와 상반'은 기억해 두자.

오답설명

① (가) 대상과의 문답 X / 대상과의 문답은 나타나지 않았다. '일편명월'이 '벗'인 것 같다고 표현하였지만, 달에게 말을 걸거나 달과 대화를 한 것은 아니다.

② (나) 과거와 현재 대비 X / 수간모옥(작은 초가집)에서 자연을 누리는 화자의 현재 모습이 드러날 뿐, 화자의 과거 모습은 드러나지 않는다.

④ (라) 감정 이입 X / 대상에 감정을 이입하는 부분은 없다. 게다가 화자의 내면 변화는 (나)에서 (다)로 이동하면서 '자연친화와 만족감→임에 대한 그리움'으로 나타나지, (라)에서 나타나는 것이 아니다. 연시조에서는 연마다 나타나는 변화가 출제의 포인트이니, 변화는 꼭 체크해야 한다.

⑤ (마) 의인화 X, 속성의 점층적 나열 X / 낙엽이 걸어온 것처럼 표현했다면 의인화겠지. 하지만 화자는 낙엽이 떨어지는 소리를 임이 오는 소리로 착각한 것이다. 따라서 대상을 의인화한 것도 아니고, 대상의 속성을 점층적으로 나열하지도 않았다.

02

정답설명

④ (다)에서는 '봄빛'이 퍼지며 꽃들이 때를 알아 피어나고 있다. 하지만 화자가 기다리는 '님'은 오지 않고, 화자는 그리운 마음을 드러내며 탄식하고 있다. 따라서 '봄빛'은 ⓑ와 연관된 소재로, '님'에 대한 그리움을 불러일으킨다는 설명은 적절하다.

오답설명

① 출제자는 〈보기〉에서 '정계에서 밀려난 신흠'이라는 결정적인 단서를 주었다. 정계에서 밀려난 것을 자발적이라고 할 순 없겠지?

② '수간모옥을 죽은 줄 웃지 마라'를 통해, 화자가 수간모옥에서의 삶에 만족하고 있음을 알 수 있다. 따라서 '수간모옥'은 〈보기〉의 ⓐ에 해당되며, 화자의 답답한 심정이 투영된 것이 아니라 '은자로서의 자족감이나 자긍심'이 투영되어 있음을 알 수 있다.

③ 고전문학에서 해와 달이 임이나 임금을 상징하는 경우는 많다. 하지만 이 작품에서 '만산 나월'을 '선왕'으로 본다면, '선왕이 다 내 것'이라는 황당한 해석이 나온다. '만산 나월'은 자연에서의 자족감을 드러내는 ⓐ와 연관된 시어로 봐야 한다.

⑤ (라)에서 화자는 '부용 당반(연못가)'에서 깊은 시름에 잠겨있다. 깊은 시름에 잠긴 것은 임에 대한 그리움 때문이므로 '부용 당반'을 ⓑ와 관련된 시어로 보는 것은 적절하다. 하지만 임과 함께 하지 못하는 것이 시름의 이유이므로, 연모하는 대상과 함께 지내는 공간이라는 설명은 적절하지 않다.

03

형태쌤의 과외시간

벽사창(碧紗窓)이 어른어른커늘 님만 너겨 풀썩 니러나 뚝딱 나셔 보니
→ 창문이 (그림자로) 어른어른하거늘 임인가 여겨 풀썩 일어나 뚝딱 나가 보니

님은 아니오 명월(明月)이 만정(滿庭)흔듸 벽오동(碧梧桐) 저즌 닙희 봉황(鳳凰)이 ㄴ려안자 긴 부리를 휘여다가 두 ㄴ래예 너허 두고 슬금슬적 깃 다듬는 그림자ㅣ로다
→ 임은 아니오, 달이 가득한데 오동나무 젖은 잎에 봉황새가 내려앉아 긴 부리를 휘어다가 두 날개에 넣어 두고 슬금슬적 깃 다듬는 그림자로다.

모쳐로 밤일싀만졍 행여 낫이런들 ㄴ 우일 번ㅎ여라
→ 아이고, 밤이기에 다행이지 행여 낮이었으면 남들을 웃길 뻔했구나.

정답설명

④ (마)의 중장에는 '혜란 혜경에 낙엽'이라는, 착각을 야기한 대상에 대한 언급이 있으나, 이를 묘사로 보기엔 다소 애매하다. 〈보기〉의 중장 역시 그림자의 정체인 봉황을 묘사할 뿐, 대상에 대한 비판이 제시되지는 않았다.

오답설명

① (마)의 초장에서는 '워석버석'이라는 청각적 자극이 임이 오는 소리가 아닐까 착각을 일으키는 원인이 되었고, 〈보기〉에서는 '벽사창이 어른어른'거리는 시각적 자극이 임의 그림자가 아닐까 착각을 일으키는 원인이 되었다.

② (마)의 화자는 창밖의 소리에 즉각 반응하여 임이 왔는지 확인해 보았고, 〈보기〉의 화자 역시 창에 어른거리는 그림자를 보고 뚝딱 나와서 확인해 보았다.

③ (마)의 중장에서는 임이 오는 소리가 아니라 '낙엽'이었다는 것이, 〈보기〉의 중장에서는 임의 그림자가 아니라 '봉황의 그림자'였다는 것이 밝혀졌다.

⑤ (마)의 종장에서 화자는 간장(창자)이 끊어질 것 같다며 가슴 아픈 고통을 토로하고 있다. 반면 〈보기〉의 종장에서는 남들이 봤으면 웃음거리가 될 뻔 했다며 타인의 평가와 조소를 의식하는 화자의 모습을 확인할 수 있다.

나 없이

기출

풀지마라

| 과외식 기출 분석서, 나기출 |

나 없이
기출
풀지마라

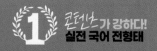

현대 산문

01 현대 산문
2014학년도 11월A

조세희 – 난장이가 쏘아 올린 작은 공

지문분석

[지문에서 체크할 것]

※ 시간

역순행 / 현재 → 과거1(기타 구매) → 과거2(아버지와 지섭의 대화) → 현재("얘들아!"부터)

과거1의 경우 찾기가 어렵긴 하지만, '기타를 치는 영희의 행동이 구체적으로 묘사'되었기 때문에, 과거 장면임을 판단할 수 있다. 인물의 회상을 장면으로 제시한 것이다.

※ 공간

행복동

※ 서술자의 관심사

1인칭 서술자가 자신의 가족이 처한 상황을 중심으로 서술하고 있다.

[전체 줄거리]

낙원구 행복동에 사는 난장이인 아버지, 그리고 어머니, 영수(나), 영호, 영희는 하루하루를 힘겹게 살아가는 도시의 빈민 계층이다. 어느 날 난장이네 집에 도시 재개발 사업으로 철거 계고장이 날아온다. 집이 철거되면 아파트 입주권이 주어지지만, 난장이 가족을 비롯한 행복동 주민들의 대부분은 아파트로 들어갈 돈이 없다. 그러는 중에 아버지는 병에 걸려 일을 못하게 되어 어머니가 대신 공장에 나가 일을 하게 되고, 영호와 영희는 학교를 그만둔다. 그 후 투기업자들의 농간으로 입주권의 값이 뛰어오르자 영수네도 투기업자에게 입주권을 판다. 그런데 집이 헐리는 중에 아버지와 영희가 사라진다. 집이 헐려 가족들이 다른 곳으로 이사 간 사이에, 영희는 투기업자에게서 훔친 아파트 입주권으로 입주 신고를 하고, 이웃이었던 아주머니를 만나 가족들의 소식을 듣는다. 그리고 사라졌던 아버지가 벽돌 공장 굴뚝에서 자살했음을 알게 된다.

문제분석 01-04번

번호	정답	정답률(%)	선지별 선택비율(%)				
			①	②	③	④	⑤
1	①	71	71	4	4	13	8
2	④	93	1	2	2	93	2
3	⑤	90	2	4	2	2	90
4	③	76	6	8	76	2	8

01

정답설명

① '비관적'이라는 것은 인생을 어둡게만 보아 슬퍼하거나 절망스럽게 여기는 태도, 혹은 앞으로의 일이 잘 안 될 것이라고 보는 태도를 말한다. 출제된 지문에서는 1인칭 서술자(영수)가 자신의 상황에 초점을 두고 서술하고 있다. 동사무소로 몰려 사람들이 항의하는 모습을 보며 '쓸데없는 짓이었다. 떠든다고 해결될 문제는 아니었다.'라고 생각하는 부분에서 비관적인 인식이 느껴진다. '누군들 이런 날 일을 할 수 있을까.'에서도 비관적인 인식을 확인할 수 있다. 또한 어머니가 알루미늄 표찰을 떼는 것을 도와주면서도 '마음에 드는 일이 우리에게 일어나 주기를 바랄 수는 없는 일이었다.'라고 생각하며 현재 상황에 대해 비관적인 인식을 보이고 있다.

오답설명

② 아버지가 벽돌 공장의 굴뚝에 올라간 것을 과장된 행동이라고 볼 수도 있다. 하지만 이러한 아버지의 행동은 개인이 어떻게 할 수 없는 상황에 대한 절망의 표현으로, 비극성을 더욱 심화시킨다.

③ 현학적 표현은 학식이 있음을 자랑하는, 쉽게 말해 일반인이 이해하기 어려운 용어를 남발하는 것을 말한다. 이러한 표현을 찾았는가? 지문에는 현학적인 표현이 사용되지 않았다. 또한 현학적인 표현을 사용한다고 해도 1인칭 서술자가 자신의 상황에 초점을 두고 있으므로 사건에 대한 다양한 관점이 제시되는 것도 아니다.

④ 이 글은 과거와 현재를 오가며 서술하고 있지만 상이한 이야기가 아니라 단일한 사건을 다루고 있기에 액자식 구성이라고 할 수 없다. 단순한 과거 장면 제시를 보이고 있는 역순행적 구성이다.

형태쌤의 과외시간

액자식 구성에서 '외부(현재 이야기)'는 '내부(과거 이야기)'로 들어가기 위한 수단에 불과하다. '내부 이야기(과거 이야기)'를 서술하는 것이 목적이기 때문에 '과거'의 비중이 더 크다.

반면 **단순한 과거 장면 제시**는 현재 인물의 상황이나 사건을 말해 주기 위해서 나온다. 과거 사건 제시의 목적이 현재에 있는 것이고, 따라서 과거보다는 '현재'의 비중이 더 크다.

⑤ 동시에 여러 사건이 일어나는 것이 아니라, 여러 사건을 '현재-과거-현재'의 순으로 구성한 것이다. 즉, 선후가 있는 사건들이기에, 동시에 벌어진 사건을 나란히 배치하였다는 설명은 적절하지 않다.

02

정답설명

④ 어머니가 알루미늄 표찰을 떼는 행동은 '무허가 건물 번호가 새겨진 알루미늄 표찰을 빨리 떼어 간직하지 않으면 나중에 괴로운 일이 생길 것'이라는 걸 알고 있었기 때문이다. '미래에 닥칠 일을 대비한 행동'이기에 생활의 의지마저 포기하였다고 보는 것은 부적절하다.

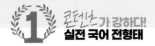
오답설명

① 문맥을 통해 보면, ㉠의 원인은 '철거 계고장을 통해 이 집이 곧 철거될 것을 알게 된 것'이다. 어머니는 부엌 바닥을 한 번 치고 가슴을 한 번 치는 행동을 통해 이 사건에 대한 비통함과 답답한 심정을 구체적으로 보여 주고 있다.

② 무허가 판자촌이고 집이 철거되고 있는, 전혀 행복하지 않은 동네인데 이름이 반어적으로 '행복동'이다. (현진건의 소설 「운수 좋은 날」과 마찬가지로, 반어적인 표현의 대표적인 예시이니 기억해 두자.) 이렇게 현실과 상반된 지명은 현실의 모순을 부각하고, 비극성을 더욱 부각시키고 있다.

③ '어머니'를 비롯하여 행복동 주민들이 동사무소에서 떠들어 대는 이유도 '철거 계고장' 때문이다. '계고장'은 행정상의 의무 이행을 재촉하는 내용을 담은 문서를 말하므로, 어머니는 집을 강제로 철거할 예정이니 얼른 나가라는 내용의 문서를 받은 것이다. 따라서 ㉢을 통해 어머니에게 닥친 문제가 구체적으로 무엇인지 알 수 있다.

⑤ 남편이 공장의 높은 굴뚝 꼭대기에 올라가 있는데, 그 상황에서 태평하게 이야기할 수 있겠는가. 아이들을 부르는 어머니의 목소리는 고조된 음성으로 절박함을 담고 있는 것이 적절하다.

03

정답설명

⑤ 〈보기〉에서 '죽은 땅'은 '욕망'과 '불공평'이라는 속성으로, '달나라'는 '사랑'과 '남을 위한 눈물'이라는 속성으로 정리하였다. 과거 '지섭'은 '아버지'에게 "아저씨는 평생 동안 아무 일도 안 하셨습니까?"라는 질문을 하였는데, 아버지는 "일을 안 하다니? 일을 했지. 열심히 일했어. 우리 식구 모두가 열심히 일했네."라고 대답하였다. 나쁜 짓을 한 적도 없고 법을 어긴 적도 없고, 기도도 열심히 하였지만 지독한 가난에서는 벗어날 수 없었던 것이다. 이것은 개인이 충실하지 않아서가 아니라, '욕망'과 '불공평'이 가득한 모순된 사회 속에 살고 있기 때문이다. '지섭'은 난장이 가족이 현실의 삶에 충실하게 살아왔음에도 불구하고 불공평한 이 세상을 '죽은 땅'이라고 표현하고 있는 것이다.

오답설명

① 〈보기〉를 통해 이 작품이 산업 사회의 이면에 대한 비판을 담고 있다는 내용을 참고하여 감상한다면, '불공평'은 산업화를 통해 부를 얻는 사람들과 산업화의 과정에서 소외된 사람들의 관계로 볼 수 있다. 공고문에는 아파트 입주 절차와 입주를 포기할 경우 받을 수 있는 보조금 액수 등이 적혀 있는데, 동네 주민들은 입주할 돈이 없어서 입주를 포기해야 하고 살던 곳을 떠나야 한다. 가진 것이 없어서 살던 곳을 떠나야 하는 불평등한 상황인 것이다. '공고문'은 산업 사회로의 발전 과정 속에서 가진 자와 가난한 사람들의 불평등한 현실의 문제를 들춰내는 소재라고 할 수 있다.

② '지섭'은 사람들은 사랑 없이 욕망만을 갖고 있어서 단 한 사람도 남을 위해 눈물을 흘릴 줄 모른다고 말하였다. 난장이 가족은 평생 성실하게 살아왔지만 가난에서 벗어나지 못하고 어려움을 겪고 있다. 이것은 자신들을 위한 '욕망'으로 가득 차서 남을 생각하고 배려할 줄 모르는 '죽은 땅'의 현실에서 비롯되었다고 할 수 있다.

③ 〈보기〉에서 '달나라'는 '죽은 땅'과는 다른 공간으로 산업 사회의 이면에 대한 비판과 이상 세계를 보여 준다고 설명하였다. 따라서 '달나라'를 동경하는 마음에는 '죽은 땅'에 대한 '지섭'의 비판적 인식이 포함되었다고 볼 수 있다.

④ '사랑'은 '달나라'에만 있는 속성으로 '죽은 땅'에는 없는 것이다. '지섭' 역시 사람들이 사랑 없는 욕망만 갖고 있기에 이런 사람들이 사는 곳은 '죽은 땅'이라고 말하였던 것이다. 즉, 이들에게서는 사랑을 기대할 수 없다고 판단한 것이다.

04

정답설명

③ '중구난방(衆口難防)'은 '뭇사람의 말을 막기가 어렵다.'라는 뜻으로, 막기 어려울 정도로 여럿이 마구 지껄임을 이르는 말이다. 주민들이 잔뜩 몰려가서 항의하며 동시에 떠들어대는 상황에 가장 적합한 말이다.

오답설명

① '유구무언(有口無言)'은 '입은 있어도 말은 없다.'라는 뜻으로, 변명할 말이 없거나 변명을 못함을 이르는 말이다. @의 상황은 모두 달려들어서 정신없이 떠드는 상황이기에 정반대되는 표현이다.

② '일구이언(一口二言)'은 '한 입으로 두 말을 한다.'라는 뜻으로, 한 가지 일에 대하여 말을 이랬다저랬다 하는 것을 이르는 말이다. 주민들은 철거 계고장이 온 상황에 대해 모두 불만과 걱정 섞인 말을 하는 것이지, 이랬다가 저랬다가 말을 바꾸는 상황이 아니다.

④ '진퇴양난(進退兩難)'은 '이러지도 저러지도 못하는 어려운 처지'를 말한다. 지금 행복동 주민들은 집이 철거되면서 삶의 터전이었던 곳을 떠나야 하는 상황이다. 하지만 문제에서 물어본 것은 전체적인 상황이 아니라 밑줄 친 @ 부분의 상황에 적합한 표현을 고르라는 것이다. '진퇴양난'은 여럿이 떠드는 것과 관련이 없는 말이다.

⑤ '횡설수설(橫說竪說)'은 '조리가 없이 말을 이러쿵저러쿵 지껄이는 것'을 말한다. 다급한 상황에서 하소연을 하다 보면 횡설수설할 수도 있다. 하지만 밑줄 친 부분에서는 그러한 내용을 짐작할 만한 근거가 없다. ④번 선지와 마찬가지로 @의 상황에 가장 적합한 표현을 찾으라고 하였으므로, 그 안에서 드러난 내용만을 가지고 파악해야 한다. 제시한 부분에 없는 내용을 추측해서 판단하는 것은 굉장히 위험한 행동이다.

02

현대 산문

2014학년도 6월A

채만식 – 미스터 방

지문분석

[지문에서 체크할 것]

※ 시간
순행

※ 공간
(중략 이전) 공원 건너편 → 막걸리청 → (중략 이후) 노대

※ 서술자의 관심사
3인칭 서술자는 '미스터 방'에 주목해서 인물의 상황과 심리를 서술하고 있다. 제한적 시점이라고 해서 다른 사람의 심리가 아예 안 나오는 것은 아니다. 일부분 나오기도 한다. 다만 특정한 인물의 심리가 압도적으로 많이 나오고, 특정 인물의 시선으로 다른 인물이나 상황을 바라보는 경우가 많을 때, 제한적 전지적 작가 시점이라고 하는 것이다. 이 지문도 그러하다.

[전체 줄거리]

예전에 머슴살이를 하던 방삼복(미스터 방)은 돈벌이를 위해 떠돌다가 서울로 가서 신기료장수(헌 신을 꿰매어 고치는 일을 직업으로 하는 사람)를 하게 된다. 해방이 되어도 실질적으로 자신한테는 별 도움이 안 되어 기뻐하지 않았던 방삼복은 우연한 기회에 미군 S소위의 통역관이 되고 풍족한 삶을 살게 된다. 이름도 미스터 방으로 바꾼다. 이를 알고 친일파였던 백 주사가 찾아와 몰락한 자신의 사연을 말하며 머리를 조아린다. 방삼복은 백 주사의 부탁을 들어주겠다고 말한 뒤 습관처럼 양치한 물을 바깥으로 내뱉는다. 그런데 때마침 방삼복을 찾아오던 S소위가 양칫물을 뒤집어쓰고 방삼복에게 욕을 한다.

문제분석 01-04번

번호	정답	정답률(%)	선지별 선택비율(%)				
			①	②	③	④	⑤
1	③	88	3	6	88	2	1
2	③	81	8	2	81	2	7
3	②	73	9	73	9	4	5
4	①	81	81	7	3	1	8

01

정답설명

③ 이 소설은 서술자가 모든 인물의 심리 상태를 자세히 묘사하는 작품이다. 서술자가 지문에 직접 드러나지 않기에 중심인물은 '나'가 아닌, '방삼복'이라는 3인칭 형식으로 표현된다. 또한 '삼복은 속을 모르겠고 차라리 쑥스러 보일 따름이었다. 몰려 닫는 군중이 오히려 성가시고,

만세 소리가 귀가 아파 이맛살이 찌푸려질 지경이었다.'라는 부분을 통해 삼복의 심리가 드러난다. 이와 같이 작품 밖에서 인물의 심리를 제시하는 것은 전지적 시점이다.

오답설명

① 서술자가 자신의 이야기를 중심으로 사건을 전개하는 것은 1인칭 주인공 시점이다. 그러나 지문은 전지적 시점이기에 적절하지 않다. 1인칭 시점이려면 지문에 '나'라는 표현이 나와야 하는데, 지문에서는 '백 주사', '미스터 방'이라는 3인칭 표현이 사용되었다.

② 서술자를 작중 인물로 설정하였다는 것은 1인칭 시점(관찰자 또는 주인공)이라는 것이다. 1인칭 시점을 사용하면 현장감을 높일 수 있는 것은 맞지만 이 작품은 서술자가 이야기 밖에 있는 제한적 전지적 작가 시점이기에 적절하지 않은 선지이다.

④ 서술자가 회상을 하면서 외부에서 내부 이야기로 이동하는 것은 액자식 구성의 대표적인 방식이다. 이 소설은 내부와 외부 이야기가 구분되어 있지 않다. 또한 서술자가 회상을 하는 부분도 없다.

⑤ 시간의 흐름대로 사건이 진행되고 있는 순행적 구조이다. '1945년 8월 15일', '이삼 일 지나면서부터야', '그러나 며칠이 못 가서'와 같이 시간의 순서대로 이야기가 진행되고 있다. 과거와 현재를 반복적으로 교차시키면 사건에 입체감이 생기는 것은 맞지만, 지문에서는 과거와 현재가 교차되고 있지 않다.

02

정답설명

③ 해방 이후 '방삼복'은 손님에게 수선비를 이전보다 비싸게 받아도 그만큼 재료를 비싼 값으로 사니 소득에 변화가 없다. 즉, 전체적으로 물가가 상승되어 도가만 이득을 보고 자신의 소득은 변화가 없는 경제 상황에 대해 '방삼복'은 "그눔에 경제겐 다 어디루 가 뒈졌어. 독립은 우라진다구 독립을 헌담."이라며 불편한 심경을 보이고 있다.

오답설명

① '방삼복'은 역사적인 인식이 없는 인물로, 광복의 상황이 어떤 의미가 있는 것인지 제대로 파악하지 못한다. 단지 몰려 닫는 군중과 만세 소리에 귀가 아프다며 인상을 쓰고, 손님이 없는 것에만 불만이 있다. 이는 새로운 국가의 미래를 비관적으로 전망한다기보다는, 역사적인 인식 자체가 없는 사람이라고 보는 것이 더욱 적절하다. 또한 비관적 미래로 인해 복잡한 심정인 것이 아니라, 광복으로 사람들이 몰려다니는 통에 손님이 없는 상황에 반감을 가질 뿐이다.

② '방삼복'은 순사가 없어지자 많은 값을 받아내고 무슨 짓을 해도 무서울 것이 없다며 기뻐하고 있다. 순사가 없어져 치안 부재의 상황인 것은 맞지만, 방삼복은 이로 인해 슬픔과 분노를 느낀다기보다는 마음대로 해도 된다는 사실에 기뻐하고 있다.

④ 친일파였던 '백 주사'는 해방이 되면서 모든 재산을 빼앗기게 된다. 그러자 과거에 떵떵거리던 때와 현재를 비교하면서 스스로 초라함을 느끼고 있다. 이는 전통 윤리를 회복해 타락한 세태를 견뎌내고자 하는 것이 아니다.

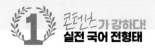
⑤ '방삼복'의 양치하는 행동을 통해 인물의 혼란스러운 내면이 표현되었다고 추론하는 것은 비약이다. 오히려 '방삼복'은 지금의 현실에 혼란스러워 하지 않고, 새로운 세력에 아부하여 권력 잡기에 성공해 '백 주사'에게 의기양양하게 행동하고 있다. 때문에 '방삼복'이 '미스터 방'이 된 후, 양치하는 버릇이 생긴 것은 '방삼복'의 권위가 한순간에 바뀌게 됨에 따라 그의 행동과 태도 또한 바뀌었다는 것을 나타내는 것이다.

03

정답설명

② 친일 행동을 하였던 '백 주사'가 해방이 되자 몰락하였다. 독립한 것을 두고 '백 주사'를 억압하는 부당한 시대로 변화했다고 볼 수 없는 것은 너무나도 당연한 이야기다. 제시된 〈보기〉에서도 '인물과 시대 현실을 비판적으로 이해'하며 소설을 감상하라고 제시하였다. 〈보기〉에서 배경이 되는 시대 현실을 말해주지 않은 것은 '독립' 등과 같은 지문에 나온 단어들을 통해 충분히 시대 현실을 추론할 수 있기 때문이다. '개인을 억압하는 시대 변화'라는 것은 말 그대로 '시대 변화가 개인을 억압하였다'는 것인데, 일제 치하에서 벗어나 독립을 한 시대의 변화가 한 개인을 억압하고 있다는 것은 말도 안 되는 것이다.

오답설명

① 나라가 해방이 되었음에도 불구하고, 자신의 이익만을 따져 해방을 기뻐하지 않는 이기적인 방삼복은 우연한 기회에 미국 통역관이 되어 권력을 얻게 된다. 이러한 인물의 모습과 행동을 통해서 해방 직후의 부정적인 단면을 확인할 수 있다.

③ '백 주사'는 '국가'와 '민족'에는 관심이 없고, '개인'의 부귀영화에만 관심을 기울인다. 올바르게 역사의 흐름을 인식하지 못하고, 새로운 권력에 아부하여 자신의 이익만을 추구하고자 하는 인물이다. 따라서 시대를 바로 보지 못하는, '시대착오적 역사 인식'을 갖는 이기적인 인물이라고 할 수 있겠다. 이러한 인물에 부정적인 태도를 취함으로써, 시대착오적인 역사 인식을 비판적으로 드러낸다는 선지는 적절하다.
참고로 여기서 '시대착오'란 '백 주사'가 그 당시 사람들의 인식에 뒤떨어진 것이 아니라, 작가의 입장에서 바라보았을 때, '백 주사'의 역사 인식이 뒤떨어져 있다는 것을 의미한다. 작가나 현대를 살고 있는 우리의 관점으로 보았을 때, 제대로 된 역사의식을 갖고 있었다면, 해방된 나라의 국민으로서, 권력에 아부하지 않고, 주체적인 행동성을 보여야 한다. 그에 비해 '백 주사'는 해방된 국민으로서 주체적인 행동을 통해 스스로 일어나려 하기보다는 미국의 권력을 얻은 방삼복을 이용하여 옛날의 기득권을 되찾으려 한다. 이러한 '백 주사'의 생각과 행동은 시대착오적인 역사 인식에서 비롯된 것이라고 볼 수 있다.

④ 광복하는 날, 방삼복은 감격한 줄도 기쁜 줄도 몰랐었다. 그는 손님이 부쩍 줄어서 반감만 들었을 뿐이다. 그러다 순사가 없어서 값을 마음껏 받을 수 있게 되자 독립도 할 만한 것이라며 기뻐하였다. 그것도 잠시, 재료의 값이 오르는 판에 소득이 전과 크게 다르지 않자 투덜거렸다. 방삼복은 자신에게 이익이 되는 것만 중심으로 생각하고, 역사와 현실 인식에 대해 무감각한 태도를 보이고 있기에 비판적으로 감상이 가능하다.

⑤ '백 주사'는 친일을 하다가, 해방이 되자 미국의 권력을 얻은 방삼복을 이용하여 옛날의 기득권을 되찾으려 한다. 예전엔 방삼복에 대해 우습게 생각하였지만 현재 큰 세도를 부리고 있음을 확인하고는 그 힘을 빌리기 위해 그의 비위를 맞추며 이중적인 태도를 보인다. 이 모습을 통해 자신의 이익만 추구하는 기회주의적인 모습을 비판할 수 있다.

04

정답설명

① ⓐ는 '백 주사'가 방삼복을 통해 자신의 재산을 빼앗아 간 대상에게 분풀이를 하고 동시에 재산을 다시 찾을 수 있기를 기대하는 상황이므로, 한 가지 일을 통해 두 가지 이상의 이익을 보게 됨을 의미하는 '꿩 먹고 알 먹는다.'가 이에 부합하는 속담이다.

오답설명

② '조금 주고 그 대가로 몇 곱절이나 많이 받는 경우'를 비유적으로 이르는 말이다.

③ '소를 도둑맞은 다음에 빈 외양간을 고치느라 수선을 떤다.'라는 뜻으로, 일이 이미 잘못된 뒤에는 손을 써도 소용이 없음을 이르는 말이다.

④ '상대편이 자기에게 말이나 행동을 좋게 하여야 자기도 상대편에게 좋게 한다.'라는 뜻으로, 말은 누구에게나 점잖고 부드럽게 하여야 한다는 의미이다.

⑤ '욕을 당한 자리에서는 말 못하다가 뒤에 가서 불평하는 것'으로, 화가 난 마음을 애매한 다른 곳에 옮겨 표현하는 것을 말한다.

김원일 – 도요새에 관한 명상

지문분석

[지문에서 체크할 것]

※ 시간
　순행

※ 공간
　(중략 이전) 동진강 부근 → 석교천 (중략 이후) 자갈밭

※ 서술자의 관심사
　1인칭 서술자가 환경 문제에 주목하면서 상황에 대한 자신의 생각을 섬세하게 서술하고 있다.

[전체 줄거리]

　　도요새의 도래지로 유명한 동진강 하구를 배경으로 한 가족의 이야기가 나온다. 북한에서 풍족하게 자란 아버지는 6·25 전쟁에 참여했었다. 그리고 학교 서무과장을 지내면서 아내의 강요로 학교 돈을 다른 데 쓰다가 직업을 잃게 된다. 그는 북에 두고 온 애인을 그리워하며 사는 소극적 인물이며 현실에 무관심한 인물이다. 그런데 그의 아내는 생활력이 강한 적극적인 인물로서 모든 일들을 맡아서 처리하나, 배운 것이 없는 사람이다. 그들은 단지 자식들을 위해서 부부 관계를 유지할 뿐 각자의 생활에 대해서는 서로 무관심하다. 큰아들 병국은 서울의 일류 대학에 다녔으나 시국 사건(현재 당면한 국내 정치 문제)에 뛰어들어 퇴학을 당하고 시골로 이사한다. 그는 환경 문제를 해결할 생각으로 조류와 동진강의 오염에 관심을 갖는다. 둘째 병식은 재수생으로 무기력하고 생각 없이 행동하며, 용돈을 위해서 철새들을 박제하는 일을 하기도 한다. 이렇게 구성된 가족들이 엮어내는 과거와 현재의 다양한 사건들은 아버지와 어머니의 만남, 새떼를 집요하게 추적하면서 환경 문제를 조사해 나가는 병국의 집념, 항상 두고 온 고향을 그리며 살아가는 아버지의 속마음 등으로 이어진다. 한편 병국은 도요새를 몰래 사냥하는 사람들을 쫓고, 새들이 집단으로 죽어가는 원인과 동진강의 오염 상태 등을 추적한다. 병국은 모든 공장들이 동진강을 오염시켰다는 생각을 확고히 하며 언젠가는 자신의 힘으로 동진강을 예전의 모습으로 만들겠다고 결심한다.

문제분석 01-04번

번호	정답	정답률(%)	선지별 선택비율(%)				
			①	②	③	④	⑤
1	③	91	3	1	91	3	2
2	④	93	2	2	2	93	1
3	②	91	2	91	2	3	2
4	④	89	2	2	4	89	3

01

정답설명

③ 1인칭 주인공 시점이라면 당연히 맞는 선지이다. 서술자인 '나'가 도요새를 찾아다니던 일, 도요새의 환청을 들어온 일, 동진강 석교천의 오염 상태를 측정하러 다니던 일에서 '자신의 체험'을 확인할 수 있고, '석교천 물은 이미 죽어 버렸다'는 것에서 '현실에 대한 인식'을 확인할 수 있다.

오답설명

① '어리숙한 인물'이 서술자가 되면, '해학성'은 당연히 강화된다. 하지만 지문에서는 "두고 봐라.~예전의 자연수 상태로 만들고 말 테니."를 통해 서술자가 어리숙한 인물이 아니라 의지가 강한 인물임을 알 수 있다. 그리고 '해학적 진술(우스꽝스럽고 익살스러운 표현)'은 윗글에 나오지 않는다.

② 서술자의 관심사만 신경 썼어도 절대 고를 수 없는 선지다. 윗글은 중심 인물인 '나'가 자신의 주변 상황을 인식하고 그에 대한 현실 인식을 서술하고 있기 때문이다. 즉, '관찰자'가 아닌 '주인공'이라는 것이다.

④ 1인칭 시점은 엄밀하게 말해서 객관적일 수 없다. 따라서 '객관성'이라는 말을 보자마자 지웠어야 한다. 서술자의 경험과 심리 그리고 현실 인식이 드러난다는 점에서 '관찰자의 입장'도 틀렸다.

⑤ 쉽게 출제하고자 노력했던 출제자의 노고가 엿보인다. 윗글은 1인칭 주인공 시점으로 작중 인물이 자신의 시각으로 서술하고 있다.

02

정답설명

④ '나'는 대상인 '도요새'의 존재를 부인하는 것이 아니라, 도요새의 '재잘거림'을 꿈을 꾸거나, 환청으로까지 들을 정도로 대상의 존재를 강하게 인식하고 있다.

오답설명

① '수백 마리로 떼를 이루어 의식의 공간을 무한대로 휘저었다.'는 '나'가 도요새에 대한 생각으로 가득 차 있다는 뜻이다.

② '나'는 초여름이 되어 '북상'한 도요새 무리가 다시 찾아오기를 '간절하게 염원'한다.

③ 도요새가 '내 사고의 굳게 닫힌 문'을 쪼며 밀려들었다는 것은 '나'의 의식이 '각성되고' 있음을 뜻한다. 또한 전체적인 내용과 관련지어 보아도, '나'는 실의의 낙향 생활을 하고 있었는데 도요새의 재잘거림을 듣고 기필코 오염된 물을 자연수 상태로 만들겠다는 의지적 태도를 보이고 있기에 도요새를 통해 '각성'되었다고 볼 수 있다.

⑤ '나'는 석교천과 동진강을 '자연수 상태'로 만들겠다는 생각을 수없이 반복하여 '자기 최면'에 걸릴 정도가 되었으므로, 나의 '의지'가 '확고해진 상태'에 이른 것으로 볼 수 있다.

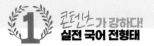
03

정답설명

② [A]의 '우리'는 도요새가 스스로 자신의 무리를 칭하는 것이다. '인간은 거기에 적응하기 위해 사악하고 간사하고 탐욕하고 음란하고 권력욕에 차 있어, 자연의 환경을 파괴하고 끝내 너희들 스스로까지 파멸시키기 위해 기계와 조직의 노예가 되고 있지 않은가' 부분에서 인간 세계에 대한 비판적인 관점을 확인할 수 있다. 도요새의 모습과 인간의 모습을 비교하며 도요새가 인간을 비판하고 꾸짖는 형식을 취하고 있기에 '우화(동식물을 의인화하여 풍자와 교훈을 담은 이야기)적 장치'를 사용하였다는 설명은 적절하다. 따라서 '자연의 환경을 파괴'하고 스스로 기계와 조직의 노예가 되는 인간의 모습을 '비판적 관점'으로 바라본다는 것은 적절하다.

오답설명

① 윗글에 '도요새들 간의 논쟁'은 나오지 않는다. [A]의 도요새는 자연 환경을 파괴하는 인간들을 비판하고 있다.

③ [A]에서 도요새는 '가을이면 지구의 반을 가로지르는 여행길'에 오르는데, 이것을 '이동에 따른 공간 변화'로 허용하더라도 '도요새 무리의 갈등'이 나타나지 않으므로 적절하지 않다.

④ '도요새의 비행경로'는 '나'의 관념 속에서 생각한 것이지, '나'가 직접 관찰한 것이 아니며, 이것이 '인간 문명의 발전 과정'을 나타내는 것도 아니다.

⑤ 도요새와 인간이 모두 '생활환경에 적응'했다는 시각으로 보면, 둘을 비교했다고 볼 수 있다. 그러나 이것은 '인간과 자연이 조화를 이루며 공존하고 있는 현실'을 드러낸 것이 아니라, 도요새가 인간의 욕심을 비판하고 있음을 드러낸 것이다.

04

형태쌤의 과외시간

어리고 성긴 매화 너를 믿지 않았더니
→ 어리석고 듬성듬성하게 핀 매화 너를 믿지 않았는데

눈 기약(期約) 능(能)히 지켜 두세 송이 피었구나
→ 눈 (속에서 피겠다는) 약속을 능히 지켜 두세 송이 피었구나.

촉(燭) 잡고 가까이 사랑할 제 암향부동(暗香浮動)하더라
→ 촛불을 잡고 가까이 사랑할 때 그윽한 향기가 은근히 떠도는구나.
　　　　　　　　　　　　　　　－ 안민영, 「매화사」 제2수 －

정답설명

④ '도요새'는 '자연의 환경을 파괴'하는 인간의 욕심을 비판하므로 '인물에게 교훈을 주는 존재'이고, '매화'는 어리고 성기지만 '눈 기약 능히 지켜' 꽃을 피웠으므로 '화자에게 경이로움을 느끼게 하는 존재'이다.

오답설명

① '작은 도요새의 고통보다는 그 일이 내게 결코 어렵게 생각되지 않았다.'라는 서술을 통해 '도요새'가 인물에게 자신감을 준다는 것은 어느 정도 허용할 수 있다. 하지만 '매화'는 '눈 기약 능히 지켜' 꽃을 피웠으므로 화자에게 믿음을 심어 주는 대상이지, 화자의 자존감을 상실하게 하는 존재가 아니다.

② '매화'는 '화자가 극복해야 할 존재'가 아니라 가까이 두고 보면서 사랑하며 즐기는 대상이다. '나'의 욕망은 '도요새를 보고 싶음'이라고 정리할 수 있는데, '나'는 도요새를 기다리지만 이미 초여름이 되어 북상한 도요새를 보지 못하고, '다시 도요새 무리가 도래할 시절을~기다렸다.'와 같이 욕망을 드러낸다. 작품의 맥락을 볼 때, '도요새'를 보려고 하는 것 그 자체가 인물의 욕망이기에, 도요새가 '나'의 욕망을 '대리'했다고 할 수 없다. '새'가 인물의 욕망을 대리하는 경우는 현대시에서 황지우의 「새들도 세상을 뜨는구나」 정도를 참고할 수 있겠다.

형태쌤의 과외시간

영화가 시작하기 전에 우리는
일제히 일어나 애국가를 경청한다
삼천리 화려 강산의
을숙도에서 일정한 군을 이루며
갈대 숲을 이룩하는 흰 새떼들이
자기들끼리 끼룩거리면서
자기들끼리 낄낄대면서
일렬 이렬 삼렬 횡대로 자기들의 세상을
이 세상에서 떼어 메고
이 세상 밖 어디론가 날아간다
우리도 우리들끼리
낄낄대면서
깔쭉대면서
우리의 대열을 이루며
한세상 떼어 메고
이 세상 밖 어디론가 날아갔으면
하는데 대한 사람 대한으로
길이 보전하세로
각각 자기 자리에 앉는다
주저앉는다

　　　　　　　　　　－ 황지우, 「새들도 세상을 뜨는구나」 －

위 시에서 화자는 현실에서 벗어나지 못하는데, 새는 현실에서 벗어나 자기들의 세상으로 날아가고 있는 것을 관찰하고 있다. 인물의 욕망(현실에서 벗어남)을 새가 대리로 충족해 주고 있는 것이다. 두 작품의 내용을 비교해 본다면 인물의 욕망을 대리 표현한다는 것이 무엇인지 명확하게 파악할 수 있을 것이다.

③ '종속'이라는 것은 자주성이 없어 주가 되는 것에 딸려 붙는 것을 뜻하는 단어이다. 지문의 '도요새'는 스스로 '떠나야 할 때'를 알고 있으며, '자유를 찾기' 위해 여행을 하고 있으므로 누군가에게 종속된 존재라고 볼 수 없다. 만약 도요새가 지문에 나오는 '나'에게 종속되어 있다면 '나'의 행동 또는 '나'의 생각에 의해 좌지우지되는 모습이 지문에 언급

이 되었어야 한다. 하지만 그러한 모습이 나타나 있지 않기 때문에 '도요새'를 '인물에 종속된 존재'로 볼 수 없는 것이다. 한편 '매화'는 화자와 '가까이' 있지만 화자와는 다른 개별적인 존재이므로 '독립된 존재'로 볼 수도 있다.

⑤ '도요새'는 '고통의 길고 긴 도정'을 지나며 '작은 심장으로 숨 가빠 하며 열심히 열심히 혼자 날아'가는 존재이므로, '현실의 문제를 회피'하지 않고 맞부딪히는 존재를 뜻한다. '매화'는 '눈 기약 능히 지켜'낸 모습에서 '화자가 추구하는 이념'을 상징하는 존재로 볼 수 있다.

현진건 - 무영탑

지문분석

[지문에서 체크할 것]

※ 시간

순행

※ 공간

(중략 이전) 서안이 있는 곳 → (중략 이후) 그림자못의 둑

※ 서술자의 관심사

3인칭 서술자는 (중략) 이전엔 유종을 주목하다가 (중략) 이후엔 아사달을 주목하고 있다. 3인칭 제한적 전지적 작가 시점인데, 3인칭 서술자가 주목하는 인물이 바뀌고 있는 경우다. 제한적 전지적 작가 시점은 「소설가 구보씨의 일일」처럼 작품의 처음부터 끝까지 한 명의 인물만 주목하는 경우도 있고, 이 지문처럼 서술자가 주목하는 인물이 바뀌는 경우도 있다. [2017학년도 6평]「삼대」도 이러한 방식으로 서술되었고, 당시 평가원은 서술자가 누구의 시각으로 서술을 하는지 집중적으로 물어보았다.

[전체 줄거리]

신라 경덕왕 때, 아사녀와 결혼한 지 얼마 안 된 부여의 석공 아사달이 불국사 건축을 위해 신라의 서울인 서라벌에 오게 된다. 탑을 만드는 일을 하게 된 아사달은 고향을 떠난 지 3년이 지나는 동안 다보탑은 완성했으나 아직 석가탑은 완성하지 못했다. 초파일 밤, 경덕왕이 불국사에 비공식적으로 찾아왔다. 경덕왕 일행은 다보탑의 정교함에 감탄했다. 이 일행 중 한 명이었던 서라벌 귀족 유종의 딸 주만은 아사달에게 반하게 된다. 아사달은 아내 때문에 괴로워하다가 주만의 사랑을 받아들인다. 그러자 주만을 짝사랑하던 금지의 아들 금성은 두 사람의 사랑을 방해한다. 한편 유종은 금성을 사위로 들이지 않기 위해 왕손인 경신과 딸 주만을 결혼시키려 한다. 이러는 중에 부여에 있던 아사녀가 아사달을 찾아 서라벌에 온다. 하지만 불국사 건축 중에 여자가 들락거리면 안 좋은 일이 생긴다는 문지기의 거절로 아사달을 만나지 못한다. 문지기는 탑이 완성되면 그 그림자가 그림자못에 비치게 될 것이라는 말을 해 준다. 아사녀는 그림자못 근처에 살면서 날마다 물속을 들여다보며 지낸다. 그러다가 우연히 알게 된 뚜쟁이(결혼이 이뤄지도록 중간에서 소개하는 사람을 낮춰 부른 말)에게 속아 어느 대감 집 후처(다시 혼인하여 맞는 아내)로 들어가게 되자 못에 뛰어들어 죽는다. 아사달은 드디어 석가탑을 완성했으나 아내의 소식을 듣고 슬퍼한다. 주만은 아사달에게 함께 달아나자고 애원한다. 그러나 주만은 아사달과 함께 도망하려던 밤에 아버지 유종에게 잡혀 죽임을 당한다. 이에 아사달은 괴로워하다가 그림자못의 바위에 아사녀와 주만의 모습을 합하여 원불을 조각한 뒤, 그림자못에 뛰어든다.

문제분석 01-05번

번호	정답	정답률 (%)	선지별 선택비율(%)				
			①	②	③	④	⑤
1	①	84	84	3	4	5	4
2	⑤	77	5	3	11	4	77
3	⑤	80	5	3	6	6	80
4	④	84	4	3	6	84	3
5	⑤	40	6	10	10	34	40

01

정답설명

① 서술상의 특징 문제를 풀 때는 대화 중심인지 심리 서술 중심인지 빠르게 판단해야 한다. 이 지문에서는 "이 돌에 나를 새겨 주세요. 네, 아사달님, 네, 마지막 청을 들어주세요." 외에 발화가 거의 없다. 따라서 인물의 의식 중심으로 서술한다는 부분을 허용할 수 있다. 그리고 '내적 갈등'은 인물이 처한 상황이 부정적일 때 무조건 있는 것이다. 따라서 인물의 내적 갈등이 표면화되지 않더라도 상황이 부정적이면 내적 갈등이 있다고 허용해 주어야 한다. 이는 시 문학에서 대상이 부재하면 '그리움'의 반응이 있다고 허용해 주는 것과 동일한 논리이고, 기출에 빈번하게 나왔던 논리다. 상황이 반응을 결정하기 때문이다. 지문의 전반부에서는 변화된 현실에서 원하는 사윗감을 얻고 싶으나 쉽사리 찾을 수 없어 고뇌하는 유종이 나오고, 지문의 후반부에서는 아사녀와 주만의 환영으로 괴로워하는 아사달의 모습이 나온다. 따라서 둘 다 부정적 상황에 놓여 있기에 인물의 내적 갈등에 초점을 둔 서술 방식이라는 설명은 적절하다.

오답설명

② 윗글에서 인물들 간의 대화는 드러나지 않을 뿐만 아니라 대화를 통해 특정 인물을 희화화하는 부분이 나타나지 않는다. (희화화 : 어떤 인물의 외모나 성격 또는 사건이 의도적으로 우스꽝스럽게 묘사되거나 풍자됨.)

③ 윗글에서 신분이 낮은 인물은 '천민 석공 아사달'이다. 그리고 아사달은 단 한마디도 발언을 하지 않았다. 단 한마디도!

④ 일단 보자마자 헛소리구나... 하고 지워주면 된다. 인물을 하나씩 대응해 보면, 유종은 자신의 생각에 공명하는 사윗감을 구하고자 하므로 '탈속적 세계'를 지향한다고 보기 어렵다. 그리고 아사달은 사랑하는 여인에 대한 그리움을 돌에 담아 새겨 내는 일에 몰입하고 있으므로 '탈속적 세계를 지향'한다고 보기 힘들다. 게다가 유종은 화랑도를 숭상하며 당학파를 비판한 것이지 '물신주의(물질적인 것을 숭상하는 주의)에 빠진 세태'를 비판하는 것은 아니다. 참고로 탈속적 세계는 사람들 간의 사랑과 갈등이 있고, 부와 명예 같은 현실적 이익이 지배하는 세계와는 단절된 자연친화적 세계를 의미한다.

⑤ 윗글에는 신분이 낮은 인물인 '천민 석공 아사달'의 이야기가 나타나 있다. 아사달의 신분이 '천민'이므로 소외된 개인의 일화가 나타나 있다고는 볼 수 있으나, 아사달은 주만의 얼굴, 주만과의 추억을 떠올리고 있

을 뿐이므로 '주만'을 통해 신분 상승을 도모하는지는 알 수 없다.

02

정답설명

⑤ ㉤의 앞을 보면 바로 정답을 체크할 수 있다. '다른 데 정혼'을 하려는 이유는 '금지로 하여금 다시 입을 열지 못하도록' 하기 위함이다. 자기가 싫어하는 당파의 우두머리 집안에 딸을 시집보내지 않기 위해, 더 이상 혼사 얘기를 주고받지 못하게 하기 위한 것이지 연대를 위한 방도가 아니다.

오답설명

① 유종은 '그네들의 한문(당학)'을 신라를 '문약하게 하는 요인'으로 보고 있다. 참고로 '문약'은 글에만 열중하여 정신적으로나 신체적으로 나약함을 의미한다.

② 인물을 비유적으로 나타낸 부분은 자주 출제된다. '무 밑둥과 같이 동그랗게 자기 혼자만 남았다'는 것은 조정에 자신과 뜻을 같이하는 이가 없고 혼자만 남은 유종을 의미한다.

③ 당학파의 세력에 밀리어 유종과 뜻을 같이하는 사람을 찾기 쉽지 않음에도 불구하고 유종은 당학파의 '기풍'을 거부하고 있다.

④ 유종의 이상은 신라에 화랑도를 숭상하는 기풍을 되살리는 것이다. 이를 실현하기 위해서 '유종'은 자신의 생각에 공명하는 사윗감을 얻어야 한다고 생각한다.

03

정답설명

⑤ [A]는 아사달에게 '주만'의 환영이 나타난 것이고 [B]는 아사달이 '아사녀'의 모습을 머릿속에 떠올린 장면이다. 따라서 [A]와 [B] 모두 실제 모습이 아닌 '환영'이다.

오답설명

① [A]에는 '아사달'에 대한 '주만'의 걱정이 아니라, '아사달'이 돌에 자신의 모습을 새기기를 바라는 '주만'의 바람이 나타나 있다.

② [B]에는 '아사달'이 '아사녀'와 이별하던 때의 모습이 나타나는데, 제시된 지문에 '이별의 원인'은 나타나지 않는다. 참고로 전체 줄거리를 보면 '아사달'이 불국사 건축을 위해 '아사녀'와 이별했음을 알 수 있다.

③ [B]는 '아사달'이 '아사녀'의 모습을 머릿속에 그리는 모습인데, '아사달과 아사녀의 기약'은 나타나지 않는다.

④ [A]와 [B]에서 '아사달'은 각각 '주만'과 '아사녀'를 떠올리고 있다. 이들은 아사달이 잊고자 하는 대상으로 볼 수 없다.

04

정답설명

④ 아사녀와 주만의 환영에서 갈등하던 아사달은 어느 순간 두 환영이 하나로 어우러져 '부처님의 모양'으로 변하자 머릿속이 환하게 밝아짐을 느낀다. 〈보기〉에 따르면 이것은 신앙의 세계로 나아갈 수 없어 절망하는 것이기보다는 '사랑과 예술혼이 하나로 융합되어 신앙의 궁극이라는

새로운 경지'에 이르게 됨을 뜻한다.

오답설명

① '유종'은 당나라 시인인 '이백'을 칭송하는 '금지'를 비판하고 스스로를 화랑도를 따르는 '향도'라고 말하며, 자신의 '주의 주장에 공명하는 사윗감'을 구하고 있다. 이를 통해 '작가의 민족주의적 태도'를 엿볼 수 있다.

② '아사달'은 '아사녀'를 그리워하는 마음을 돌에 담아 새겨 내려 한다. 이를 통해 주인공 아사달의 '사랑과 예술혼'을 '융합'해 내려는 작가의 의도를 허용할 수 있다.

③ '유종'은 '금지'가 당학파의 우두머리이며 '나라를 좀먹게' 한다며 비판한다. 이를 통해 외세를 추종하는 현실을 비판하려는 작가의 태도를 엿볼 수 있다.

⑤ '아사달'은 돌 조각을 새기는 과정에서 '아사녀'와 '주만'의 환영 속에서 갈등한다. 이를 통해 '새로운 예술적 경지에 이르는 과정'에서 빚어진 아사달의 고뇌가 드러남을 알 수 있다.

05

정답설명

⑤ '서사 모티프'란 기존의 이야기를 변형하여 창작했다는 뜻이다. 지문에서는 석공이 아사녀와 주만의 모습을 합하여 원불을 조각한 뒤에 못에 뛰어들어 자살한 내용을 담고 있기에, [자료 1]과 [자료 2]를 모두 반영하였다고 할 수 있다. 따라서 이 작품이 [자료 1]과 [자료 2]의 모티프를 이어받았다는 설명은 적절하다. 하지만 '새로운 돌부처 형상'에 새겨진 것은 석공 아사달의 얼굴이 아니라 아사녀와 주만의 두 얼굴을 하나로 합한 '부처님의 모양'이다. 따라서 '석공의 얼굴이 새겨진 것'이라는 부분이 적절하지 않다.

오답설명

① 윗글과 [자료 1]은 내용이 유사하므로 '아사달-아사녀' 설화를 차용해서 소설로 만들었다고 볼 수 있다.

② 윗글 마지막에 아사녀와 주만의 얼굴이 '부처의 모양'으로 변하는 부분에 주목한다면 허용할 수 있다.

③ 윗글에 등장하는 '유종'과 '주만'은 〈보기〉의 자료에서는 확인할 수 없으니 '유종'과 '주만'의 서사를 추가한 것이겠지.

④ 윗글에서 '아사녀'는 '아사달'을 보기 위해서 그를 찾아갔으나 끝내 만나지 못하였다. '아사달'은 아내가 못에 빠져 죽은 것을 알고, '아사녀'를 그리워하는 마음을 돌에 담아 새겨 내는 작업을 하였으며 조각이 완성되자 자기 역시 아내를 따라 못에 몸을 던졌다. 따라서 못이 부부간의 비극적 사랑 이야기를 환기하는 공간이라는 설명은 적절하다. 또한 [자료 1]의 '연못'은 남편을 그리워하는 공간이고, [자료 2]의 '못'은 아사녀와 석공이 빠져 죽은 공간이다. 이 둘을 비교하면, 윗글과 [자료 2]의 '못'은 [자료 1]에 비해 좀 더 비극적인 사랑 이야기를 환기하는 공간으로 변용되었다고 볼 수 있다.

하근찬 – 나룻배 이야기

지문분석

[지문에서 체크할 것]

※ 시간
　순행

※ 공간
　물가 → 마을 → 읍내 → 나루터

※ 서술자의 관심사

3인칭 서술자는 초반부엔 삼바우를 중심적으로 주목하다가 후반부엔 다양한 인물을 주목하고 있다.

평가원에서 3인칭 제한적 작가 시점(서술자가 특정한 한 인물의 심리와 상황을 중점적으로 서술하는 것)을 자주 출제했기에 오히려 3인칭 제한적 작가 시점에 익숙한 학생들도 있는데, 이 작품의 경우 3인칭 서술자의 관심이 다양한 인물로 분산된 형태로 일반적인 3인칭 전지적 작가 시점이라고 보면 되겠다. 대부분의 3인칭 시점은 이러한 방식으로 서술되었다.

[전체 줄거리]

뱃사공 삼바우는 전쟁터로 나가는 아들 용팔과 마을 청년 두칠, 천달을 강 건너 읍내로 보낸다. 그때까지만 해도 그는 전쟁에 참여하는 사람들이 모두 잘 돌아올 것이라고 믿었다. 곧이어 마을 청년 동식이와 수만이도 영장을 받고 마을을 떠나간다. 다음해 봄, 사윗감으로 점찍었던 두칠이는 한쪽 눈을 잃었고 양 생원의 외동아들 천달이는 유골이 되어 돌아왔으며 자신의 아들 용팔이의 소식은 알 길이 없다. 천달의 유골을 묻던 날, 양복쟁이와 어깨에 총을 멘 사내가 삼바우의 나룻배를 타고 마을로 들어오려 한다. 아들 용팔이는 소식도 없고, 동식이와 수만이도 마찬가지인데 또 마을에서 청년들을 데려가려 하는 것에 참을 수 없어진 삼바우는 그들을 나룻배에 태워주지 않고 혼자서 마을로 돌아온다.

문제분석　**01-04번**

번호	정답	정답률(%)	선지별 선택비율(%)				
			①	②	③	④	⑤
1	①	96	96	1	1	2	0
2	③	89	1	1	89	4	5
3	④	96	1	1	1	96	1
4	⑤	97	1	1	1	0	97

01

정답설명

① 서술상의 특징 문제는 '거시적'으로 접근을 해야 한다. 지문의 2/3가 대화와 행동, 즉 '간접 제시'로 제시되었음을 확인했다면, 혹 '독백적 발화'를 찾지 못했더라도 ①임을 확신했어야 한다.

'독백적 발화'는 '내적 독백'과 다르다. '내적 독백'이 마음속으로 혼자 하는 말이라고 본다면, '독백적 발화'는 혼자 하는 인물의 말이 입 밖으로 나와야 한다. 지문의 끝에 있는 "머 보통이지, 보통이지……."가 '독백적 발화'다. '독백적 발화'는 대화 상대를 의식하지 않고 발화(입 밖으로 내뱉는 것)하는 것을 의미한다. 예를 들면, 아무도 없는데 "아 배고프다! 뭐 먹을 만한 거 없을까?"하고 말하는 것이 '독백적 발화'이고, '아 배고프다! 뭐 먹을 만한 게 없을까?'로 표현이 되었다면 '내적 독백'으로 제시한 것이다.

오답설명

② '의식의 흐름 기법'은 '연관성이 떨어지는 생각을 나열할 때' 쓰는 말이다. 그리고 출제된 지문 전체적으로 의식의 흐름 기법이 쓰여야 한다. 지문의 초반부에 삼바우의 내면이 일부 나타나지만, 이 부분만 가지고 의식의 흐름 기법이 사용됐다고 볼 순 없다. '의식의 흐름'은 지문 전반적으로 인물의 내면 심리가 나타나야 한다. 따라서 이 정도로 대화나 행동 묘사가 많이 나온 지문에서는 '의식의 흐름'이라는 표현을 보자마자 지웠어야 한다. 느낌이 잘 오지 않는 학생은 아래 지문과 비교해 봐라.

다음은 의식의 흐름 기법을 쓴 대표적 작품의 사례다.

형태쌤의 과외시간

나는 그러나 그들의 아무와도 놀지 않는다. 놀지 않을 뿐만 아니라 인사도 않는다. 나는 내 아내와 인사하는 외에 누구와도 인사하고 싶지 않았다. 내 아내 외의 다른 사람과 인사를 하거나 놀거나 하는 것은 내 아내 낯을 보아 좋지 않은 일인 것만 같이 생각이 되었기 때문이다. 나는 이만큼까지 내 아내를 소중히 생각한 것이다. 내가 이렇게까지 내 아내를 소중히 생각한 까닭은 이 33번지 18가구 속에서 내 아내가 내 아내의 명함처럼 제일 작고 제일 아름다운 것을 안 까닭이다. 18가구에 각기 빌어 들은 송이송이 꽃들 가운데서도 내 아내가 특히 아름다운 한 떨기의 꽃으로 이 함석지붕 밑 볕 안드는 지역에서 어디까지든지 찬란하였다. 따라서 그런 한 떨기 꽃을 지키고---아니 그 꽃에 매어달려 사는 나라는 존재가 도무지 형언할 수 없는 거북살스러운 존재가 아닐 수 없었던 것은 물론이다.

- 이상, 「날개」中 -

'그들 → 아내 → 나'로 생각이 이어지고 있다. 언뜻 자연스럽게 이어지는 것 같지만 거시적으로 살펴보면, 한 문단에 화제가 3개나 된다. 즉, 서술자가 머릿속에 떠오르는 생각을 의식이 흐르는 대로 나열한 것이다.

③ '첫서리가 보얗게 내린 어느 날 아침나절', '그로부터 잠시 후', '며칠 뒤, 이른 새벽'에서 시간의 흐름에 따라 이야기가 진행됨을 확인할 수 있다.

④ 지문은 일관되게 3인칭 시점으로 서술된다. 서술자를 교체하는 부분은 나오지 않는다.

⑤ 풍자(諷刺) : 대상의 결점을 빗대어 비판함. 풍자적 서술은 인물에 대한 서술자의 우회적 비판으로 「태평천하」에서 주인공 윤직원 영감에 대한 서술이 대표적인 풍자적 서술이다.

형태쌤의 과외시간

일찍이 윤직원 영감은 그의 소싯적 윤두꺼비 시절에, 자기 부친 말대가리 윤용규가 화적의 손에 무참히 맞아죽은 시체 옆에 서서, 노적이 불타느라고 화광이 충천한 하늘을 우러러, "이놈의 세상, 언제나 망하려느냐?" "우리만 빼놓고 어서 망해라!"하고 부르짖은 적이 있겠다요. 이미 반세기 전, 그리고 그것은 당시의 나한테 불리한 세상에 대한 격분된 저주요, 겸하여 웅장한 투쟁의 선언이었습니다. 해서 윤직원 영감은 과연 승리를 했겠다요.

　　　　　　　　　　　　　　　　　　　　－ 채만식, 「태평천하」 中 －

02

정답설명

③ 마을은 낮에 이미 '난데없는 곡성'에 발칵 뒤집혔고, '밤'이 되어도 뒤숭숭했다고 서술되어 있다. 자식을 잃은 양 생원 댁의 슬픔은 낮에서 밤으로 계속 이어지고 있으므로, '밤'을 불길한 일이 새롭게 발생할 것으로 암시하는 복선으로 보는 것은 적절하지 않다.

오답설명

① 빨간 자전거는 우편배달부가 타는 것으로, 삼바우는 그것을 알아보고 편지가 오는 것이라고 생각한다. 따라서 빨간 자전거는 소식을 전해주는 역할을 한다.

② 군수의 '편지'에는 천달의 사망 소식이 있었다. 따라서 편지를 받은 후 순녀의 울음소리는 순녀의 기대가 좌절되었음을 의미한다.

④ 읍내에 갔던 '양 생원'은 돌아올 때 천달의 뼈를 가지고 왔다. 따라서 읍내는 편지로 확인한 천달의 죽음을 구체적으로 확인하게 되는 공간임을 허용할 수 있다.

⑤ 배경 묘사가 길구나. 당연히 지문을 독해할 때 체크를 해뒀겠지?
천달의 유골이 담긴 상자를 들고 오는 장면에는 '벌건 불길같은 구름, 꽃자주색 강물, 붉은 빛깔의 바람, 황혼'이 배경으로 깔려 있다. 모두 붉은 계열의 색깔인데, 이런 표현들은 천달의 죽음으로 인한 마을의 무거운 분위기를 드러낸다.
소설에서 배경은 인물의 심리와 유사와 상반의 연관성을 갖는 경우가 많으니, 앞으로도 길게 서술되면 무조건 체크해 두자.

03

정답설명

④ 상상하지 말고, 추론하지 말고, 있는 그대로 보면서 출제자의 해석을 조금씩 허용해 가면 쉽게 풀이할 수 있다. 혹시 틀린 학생이 있다면, 오답을 선정한 이유와 정답을 놓친 이유를 메모해 놓고, 철저하게 반성하길 바란다.

참고로 문학 선지에서 '~을 부각/심화/강조/환기한다'는 말이 나올 때는 너무 주목하지 않아도 괜찮다. 학생 입장에서 판단하기 애매한 '부각/심화/강조/환기' 등의 용어를 결정적인 정답과 오답의 근거로 쓸 만큼 평가원은 쩨쩨하지 않다.

[A] 부분을 보면, 순녀의 등에 업힌 어린 대열이는 지금이 어떤 상황인지 알지 못한다. 아빠의 유골을 가지러 가는 식구들에게 어디 가는지 뭐 하러 가는지 묻지만 대답이 없자 칭얼거릴 뿐이다. 어린 아이에게 아빠의 죽음을 차마 말해 줄 수 없는 가족들의 심정이 침묵으로 표현되어 있고, 비극적인 상황이 더욱 부각되고 있는 것이다.

오답설명

① 어른들이 말이 없는 것은 아이에게 차마 이 현실을 그대로 전할 수 없기 때문이다. 말 없는 어른들은 모두 아픔을 겪는 피해자이지, 비판의 대상이 되는 인물이 아니다.

② 아이의 철없는 모습은 허용할 수 있지만, 어른들의 권위적인 모습은 허용할 수 없다. 권위를 이용하여 아이의 대답에 침묵하는 것이 아니라 말할 수 없는 슬픔이기에 침묵하는 것이다.

③ 아이는 엄마가 대답이 없자 할아버지로 질문의 대상을 옮겼다. 둘 다 침묵하자 아이는 칭얼거리며 답답함에 투정을 부릴 뿐이다. 엄마와 할아버지는 같은 아픔을 가지고 슬퍼하는 인물들로, 그들 간의 갈등이 드러나지는 않는다.

⑤ 아이가 어른들에게 질문을 하고 있는 것은 맞지만, 작중 분위기가 반전되지는 않았다. 철없는 아이와 대답할 수 없는 어른들의 모습이 반복되면서 슬픔에 싸인 분위기가 더욱 강조되고 있다.

04

정답설명

⑤ 문제 접근 방식이 잘못된 경우 간혹 틀리는 문제다.
문학에서 〈보기〉는 지문보다 힘이 쎄다. 해석의 여지가 있는 문학 지문을 이렇게 봐라, 저렇게 봐라 등의 조건을 〈보기〉에서 제시하기 때문이다.
〈보기〉에서 언급한 '신체적 손상'과 '정신적 상처'를 함께 안고 살아가는 인물, 자신의 운명을 원망하며 공동체에 잘 적응하지 못하는 인물은 '두칠'이를 가리킨다. '두칠'이는 흉측한 얼굴을 하고 혼잣말을 하면서 '얄궂은 웃음'을 짓고, '얼굴을 실룩'거린다. 이러한 그의 모습을 공동체에 동화되고 있는 모습이라고 한 ⑤는 허용하기 어렵다.
문학 문제에서 제시된 보기는 꼭 문제를 푸는 근거로 삼아야 한다. 〈보기〉의 내용은 전쟁에 의해 신체적, 정신적 상처를 받은 인물이 공동체에 잘 적응하지 못한다는 내용이다. 따라서 지문에서 초점을 두어야 할 부분은 마지막 '그의 하나 남은 눈깔에도 눈물은 어리어 있었다.'라는 내용보다, '두칠이만은 입 언저리에 얄궂은 웃음을 띠고 있다.'인 것이다. 만약 두칠이가 마을 사람들과 적응하여 잘 지냈다면, 모두가 목을 놓아 울고 있는 상황에서 얄궂은 웃음을 띠지 못할 것이다. 따라서 ⑤는 〈보기〉에 근거했을 때, 적절한 선지가 될 수 없는 것이다.

오답설명

① 〈보기〉에서 '전쟁 소설은 전쟁의 비극성을 다각도로 드러낸다.'라고 했

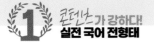

다. 윗글에서 군수의 편지는 전쟁에 나갔던 천달의 죽음을 알리는 것이고, 유골 상자는 그 죽음을 확인하게 되는 것이므로 둘 다 전쟁의 비극성을 나타내는 소재들이다.

② 하나만 남은 두칠의 눈은 전쟁으로 인한 것이므로, 전쟁으로 인한 것인 정신적 상처를 계속 떠올리게 할 것이다. 따라서 '신체적 손상과 정신적 상처를 함께 안고 살아가는 인물'이라는 〈보기〉의 말을 근거로 허용할 수 있다.

③ 〈보기〉에서 '전쟁의 비극성은 전쟁을 체험한 인물의 정신적 상처로 구체화된다.'라고 했다. 윗글에서 두칠이가 '얄궂은 웃음'을 지으며 전쟁터에서 사람이 죽는 일이 '보통'이라고 말은 하지만 '얼굴을 실룩거리며', '눈물'이 어리어 있는 것은 천달의 유골을 보며 전쟁의 상처를 다시 떠올리고 있음을 나타내는 것으로 볼 수 있다.

④ 유골이 배에서 내리자 모두들 나루터로 가 슬퍼하고 있으므로 마을 사람들이 전쟁의 아픔을 공유하고 있음을 보여 준다고 할 수 있다.

최일남 – 흐르는 북

[지문분석]

[지문에서 체크할 것]

※ 시간
　순행

※ 공간
　집 안

※ 서술자의 관심사

3인칭 서술자는 예술과 삶에 대한 가치관이 서로 다른 민 노인과 그의 아들(민대찬), 민대찬과 그의 아들 민성규의 갈등에 주목하고 있다. 그리고 (중략) 이전 '민 노인'의 심리가 집중적으로 드러나는 것을 보면, 3인칭 서술자는 '민 노인'이라는 특정 인물에 주목하고 있음을 알 수 있다.

[전체 줄거리]

선천적인 예술적 기질과 역마살로 인하여 가정을 외면한 채 살아온 민 노인은 현재 유배자와 별반 다름없는 생활을 하고 있다. 민 노인의 아들은 자신의 사회적 체면도 있고, 아버지 민 노인이 북[鼓] 때문에 가정을 버리고 허랑방탕한 한평생을 보낸 것이라고 생각했기 때문에 아버지가 또다시 북 치는 것을 막았다.

그러나 손자인 성규와 성규 친구들의 권유로 민 노인은 그동안 놓았던 북채를 다시 잡게 되고, 아들로부터 핀잔을 듣는다.

가족 중에서 유일하게 민 노인의 예술적 기질과 삶을 이해해 주는 성규는 어느 날, 민 노인에게 자기 학교의 봉산 탈춤 공연에 참여해 달라는 제의를 한다. 많은 고민 끝에 민 노인은 이를 승낙한다. 그리고 아들 내외의 눈을 피해 젊은 패들과 연습에 돌입한다. 비록 연배가 한참 다르나 젊은이들과의 연습은 민 노인에게 큰 즐거움과 행복을 준다.

공연 당일, 민 노인은 다시 찾은 예술혼을 수많은 청중들 앞에서 유감없이 발휘한다. 그러나 아들 내외가 이 사실을 알게 되고 민 노인을 탓함과 동시에 아들 성규를 호되게 꾸짖는다.

일주일 후, 성규는 데모를 하다가 붙잡혀 들어간다. 손녀 수경이와 함께 집에 남게 된 민 노인은 "아무래도 그 녀석이 내 역마살을 닮은 것 같아. 역마살과 데모는 어떻게 다를까."라고 말하며 손녀의 물음에도 아랑곳없이 둥둥둥 더 크게 북을 두드린다.

[문제분석] **01-03번**

번호	정답	정답률 (%)	선지별 선택비율(%)				
			①	②	③	④	⑤
1	⑤	85	4	2	1	8	85
2	④	81	3	4	1	81	11
3	④	83	2	2	7	83	6

01

정답설명

⑤ '성규의 아버지'와 '성규'의 갈등은 예술에 대한 가치관 차이에 의해서 생겨난 것이다. '성규'가 '아버지'에게 또박또박 말대답을 하는 것이 갈등을 심화시킬 순 있지만, 갈등의 근본적 원인은 아니다. 또한 새로운 인물의 발화를 제시한다는 것도 틀렸다. 며느리가 ⓒ을 이야기하긴 했지만, 며느리는 이미 앞에서도 나왔기에 새로운 인물이라고 볼 순 없다.

오답설명

① 3인칭 서술자임에도 '며느리'의 심리를 바로 서술하지 않고, '민 노인'의 시선을 통해서 며느리의 심리를 해석하고 있다.

② 과거 '민 노인'이 가족에 대해 소홀했던 일을 서술자가 요약적으로 제시함으로써 그의 아들과 '민 노인' 사이의 갈등을 짐작하게 한다.

③ '민 노인'의 부인이 살아있었을 때와 부인이 죽은 현재의 상황을 대비하여 '민 노인'의 외로운 처지를 부각시킨다.

④ 대화 상황에서는 대화의 의도를 표면적으로만 받아들이면 안 된다. 상황과 맥락을 고려해서 의미를 파악해야 한다. '아버지'는 '민 노인'과 뜻을 같이하려는 '성규'를 못마땅해 하고 있다. 따라서 '아버지'가 '성규'에게 기특하다고 한 것은 '성규'가 정말로 기특해서가 아니라, '성규'의 생각을 비꼼으로써 '성규'의 의견에 대한 '아버지'의 부정적인 태도를 드러내기 위함이다. 즉, 이 부분은 일종의 반어라 하겠다.

02

정답설명

④ 현실에 대한 집착이 '민 노인'을 이해하려는 마음을 누른다는 것을 '생활인의 감각'이라고 표현했다. 이는 현실에 강한 집착을 보이는 '아버지'를 바라보는 '성규'의 태도를 보여 준다고 할 수 있다.

오답설명

① '세련된 입신'은 성규의 아버지가 지향하는 삶이지, '민 노인'의 소망을 드러내는 것이 아니다. 성규의 아버지는 방황하는 삶을 살고 있지 않으며 현재에도 세속적인 삶을 지향한다. 방황하는 삶을 살았던 것은 과거의 민 노인이다.

② '날씬한 생활'은 성규의 아버지가 지향하는 삶을 민 노인의 시각으로 본 표현이다.

③ '역사의 의미'가 자신에게 이어질까 봐 두려워하는 '성규'의 모습은 보이지 않는다. 성규는 "오히려 전 세대끼리의 갈등이 다음 세대에서 쾌적한 만남으로 이어진다면, 그건 환영할 만한 일"이라고 말하고 있지 않나.

⑤ '할아버지의 삶'을 놓고 '성규'는 '아버지'에게 이렇게 말한다. "할아버지의 삶을 놓고, 아버지와 제가 감정적으로 갈라서는 걸 비극의 차원에서 파악할 것도 아니라고 봅니다." 이 문장을 더욱 자세하게 풀어서 써 본다면, "할아버지의 삶을 놓고 아버지와 제가 서로 감정적으로 싸우고 있는 현재 상황을, 아버지는 아들과 싸우고 있으니 비극적인 상황이라고 생각하시겠지요? 하지만 저와 아버지는 할아버지에 대한 생각이 다른 것뿐입니다. 아버지와 제가 의견이 맞지 않아 싸우는 것을 비극적이라고 생각할 것이 아닙니다. 아버지는 아버지의 방식대로, 저는 저의 방식대로 이렇게 각자

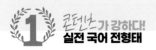
의 방식으로 할아버지를 이해하면 됩니다."라는 의미로 볼 수 있다. '비극의 차원'이란, 결국 아버지의 입장에서 본다면 아들과 감정적으로 갈라서고 있는 상황을 말하는 것인데, 아들(성규)은 아버지에게 그렇게 생각하지 말라며 서로의 생각이 다를 수 있다는 자신의 의견을 이야기하고 있는 것이다.

03

 형태쌤의 과외시간

문학에서 〈보기〉는 절대적이라고 이야기한다. 하지만 〈보기〉를 통해 적절하지 않은 것을 고르라는 문제는 〈보기〉를 참고 정도로 활용하는 경우도 있다. 여기서도 마찬가지다. 하지만 적절한 것 하나를 고르라는 〈보기〉 문제에서는 〈보기〉가 무조건 절대적 힘을 발휘하니, 〈보기〉에 전력을 쏟아야 한다.

정답설명

④ 일단 출제된 지문에서 '성규'는 '민 노인'에게서 예술적 재능을 인정받으려 하지 않았다. 게다가 '성규'는 '아버지'와 '민 노인'을 화해시키려는 마음이 없다. 그 근거는 '성규'의 말에서 찾을 수 있다. "할아버지와의 갈등이 있었다면, 그건 아버지의 몫이지 저와는 상관이 없는 겁니다."에서 말이다.

오답설명

① 〈보기〉를 보면, 가치관의 변화로 세대 간의 경험이 공유되지 못해서 소통의 어려움이 생긴다고 하였다. 이를 통해 지문을 보자. '성규의 아버지'는 예술을 중시하는 '민 노인'의 가치관을 이해하지 못했기 때문에 갈등이 발생했다고 볼 수 있다.

② 〈보기〉를 보면 '소통'은 가치관과 경험의 공유를 전제로 하는데, 산업화 시대에는 가치관의 급격한 변화로 소통에 어려움을 겪는 경우가 많았다고 하였다. 지문에서 '성규'는 할아버지를 예술의 이름으로 용서할 수 있다고 하였고, 이에 '아버지'는 할아버지가 예술을 완성했냐고 비꼬았다. 따라서 '성규'와 '아버지'는 '예술'에 대한 가치관의 차이로 인해 소통이 단절되고 있음을 알 수 있다.

③ 〈보기〉에서 소통은 경험의 공유를 전제로 하며, 인간은 사회적 관계 속에서 자신의 존재 가치를 인정받으려 한다고 하였다. 그러나 '민 노인'은 '북을 메고 떠돌아다니며 아내와 자식을 모른 체'한 아버지였으므로 '북을 놓지 않은 그와 아들의 단절'이 지속되고 있다. 따라서 민 노인은 아들에게 아버지로서 존재 가치를 인정받지 못했고, 이로 인해 예술가로서의 삶도 이해받지 못하고 격려된 것이라 볼 수 있다.

⑤ '아버지는 왜 제 체면을 판판이 우그러뜨리느냐는 게 항변의 줄거리였다.'라는 부분에서 '성규'의 아버지는 '민 노인'의 예술가로서의 삶이 자신의 존재 가치를 인정받는 데에 방해가 된다고 생각하고 있음을 알 수 있다.

07 극
2013학년도 6월

윤대성 - 출세기

지문분석

[전체 줄거리]

탄광의 갱도가 무너져 파묻힌 지 16일 만에 광부 중 유일한 생존자인 김창호는 온갖 방송과 언론의 주목을 받는다. 그런데 갑자기 유명 인사가 된 김창호는 방탕한 생활에 빠지게 된다. 그리고 시간이 흘러 김창호의 상품 가치가 떨어지자 방송과 언론은 그를 외면한다. 결국 김창호는 다시 탄광이 있던 곳으로 내려오게 되고 그런 중에 아내가 사산하게 되자 김창호는 비참한 상황에 절망한다. 김창호는 결국 하늘에서 새로운 기록을 세우겠다고 말하며 가족들을 데리고 탄광을 떠난다.

문제분석 01-03번

번호	정답	정답률(%)	선지별 선택비율(%) ①	②	③	④	⑤
1	②	79	3	79	5	6	7
2	③	82	11	2	82	2	3
3	②	90	2	90	4	2	2

01

정답설명

② 지문에서 핵심 사건이 되는 '동진 광업소 사고'에 대한 주변 인물들의 견해는 유사한 측면이 있다. '홍 기자'를 비롯한 언론계와 '소장' 및 '비서관' 등의 관리자들, '주치의' 등은 모두 '김창호'를 통해 어떤 이익을 꾀하려는 입장을 보이고 있다. 이에 반해 '김창호'는 자신과 관련된 사건에 대해 알지 못한다는 점에서 그들과 대비되는 위치에 있을 뿐, 사건에 대한 상반된 견해를 드러내고 있지는 않으므로 적절하지 않다.

오답설명

① '홍 기자'는 '기자 1', '기자 2'와의 면담에서 "이 사건을 계기로 인간에 대해 다시 한 번 그 존엄성을 확인해야 할 것입니다."라고 하여 사건의 의미를 부여하고 있다. 또한 '주치의'는 "전 국민에게 김창호 씨를 알려야 합니다."라는 대사를 통해 '김창호'가 겪은 사고가 매스컴에 알려질 만한 가치가 있다고 보고 있다.

③ 갱구의 매몰로 11명의 광부가 사망하고, 유일하게 '김창호'만이 '지하 1천5백 미터' 아래에서 생존하고 있는 사건 현장에서 '구경꾼'들은 '손을 흔들며 웃어대는' 중이다. 이를 통해 사건의 심각성과 대비되는 '구경꾼'의 모습을 확인할 수 있다.

④ 공간이 두 개 나왔을 때, 일단은 체크했어야 한다. '10. 사무소와 갱내'는 지상과 지하 공간이라는 서로 다른 공간을 동시에 보여 주는 장면이다. 이를 통해 '갱내'에서 생명이 위급한 '김창호'의 모습과 '사무소'에서 언론의 이목을 끄는 '소장', '비서관' 등의 상황이 효과적으로 제시

되고 있다.

⑤ '홍 기자'의 대사에서 "이 방송은~화장품 제공입니다."와 같은 협찬사에 대한 안내, '소장'의 대사 중에서 "지금 회장님께서 김창호 씨의 건강을 염려하여 비서관님을 보내셨습니다.", '비서관'의 대사 중 "뭐 부족한 거 없습니까?"와 같은 내용은 '상황에 맞지 않는 대사'다. 또한 '비서관'의 대사 중 "나 신난다 비서관입니다."에서 '작위적인 이름(신난다)'을 통해 사건의 긴장감을 이완시키는 작용을 하고 있음을 알 수 있다. 참고로 작위란 '꾸며서 하는 것이 두드러지게 눈에 띈다.'라는 의미이다. 이렇듯 극적 긴장감을 이완시킴으로써 관객의 몰입을 방해하고, 바짝 조였던 정신을 늦추게 할 수 있다.

02

정답설명

③ '9. 현장'에서 '비서관'은 수행원과 경찰의 호위를 받으면서 등장하는데, '사무실에 들어가기 전 카메라에 포즈를 취한다.' 이를 통해 '비서관'이 언론을 상당히 의식하고 있음을 알 수 있다.

오답설명

① '홍 기자'는 '9. 현장'에서 "이런 국민의 여망에 보답하는 뜻으로도 꼭 살아 나와야겠습니다. (감격해서) 생명은 존엄한 것입니다."라고 하며 자신의 감정을 담아 주관적으로 사건을 전달하고 있다. 또한 '14. 기자 회견 석상'에서도 "우리 기자단을 대표해서 김창호 씨의 생환을 환영하는 바입니다."라고 하는 부분에서 사건에 대한 주관적인 평가를 하고 있음을 알 수 있다.

② '9. 현장'에서 '소장'은 "(마이크 앞에 선다) 에헴, 국민 여러분, 감사합니다."라고 하면서 적극적으로 인터뷰를 하고 있다. 따라서 '취재 활동에 대해 비판적인 시각'을 보이고 있다는 것은 적절하지 않은 내용이다.

④ '9. 현장'에서 '기자 1'은 "대단합니다. 전 국민의 성원이 이렇게 뜨겁고 클 줄은 몰랐습니다."라면서 감탄하고 있으며, '기자 2' 역시 "현지 주민들이~눈물이 핑 돌더군요."라고 하면서 '김창호' 사건에 대한 국민들의 관심에 감동을 받고 있다.

⑤ '14. 기자 회견 석상'에서 '주치의'는 기자들에게 '김창호'의 상태에 대해 적극적으로 설명하는 한편, "참으세요, 곧 끝납니다. 전 국민에게 김창호 씨를 알려야 합니다."라고 하면서 기자 회견이 이루어지도록 하고 있다. 또한 '주치의, 귀에 대고 뭐라고 한다.', '주치의, 쉽게 설명해 준다.'의 내용을 통해 그가 기자 회견에 적극적으로 개입하고 있음을 알 수 있다.

03

정답설명

② <보기>에서는 '출세'의 의미를 두 가지로 나눠서 제시하고 있다. 이때 ⓐ에서 '갇혀 있던 사람이 세상에 나오게 된다'의 의미는 '갱내'에 매몰되어 있었던 '김창호'와 관련된 것이다. 한편 '사회적으로 높은 지위에 오르거나 유명하게 된다'의 ⓑ는 언론의 주목을 받은 '김창호'와 관련되어 있지만, 제시된 지문에서 그는 아무것도 모른 채 '주치의'의 말에 따

라 기자 회견을 하고 있다. 이때 '주치의'의 인식이 담긴 ㉡의 말은 '김창호'가 앞으로 유명해질 수 있음을 암시하므로, ⓐ를 계기로 ⓑ로 나아가는 상황에 대한 주변 인물의 인식이 투영되어 있다고 볼 수 있다.

오답설명

① ㉠의 대사는 '갱내'에서 '비서관'과 전화하고 있는 '김창호'의 대답이다. 따라서 ⓐ에 이르기 전의 상태이므로, '김창호'가 ⓐ와 ⓑ를 확신한다는 것은 적절하지 않다. 또한 '김창호'가 기운 없어 한다는 지시문을 봐도 알 수 있다.

③ ㉢은 기자 회견에 임하는 '김창호'의 모습이므로, 이미 ⓐ에서는 벗어나 ⓑ와 관련되어 있다고 할 수 있다. 그러므로 '김창호'가 ⓐ에 대해 갈등을 보인다고 할 수 없다. 그가 '움찔거리는' 이유는 '시력이 약화'된 상태에서 플래시가 터지기 때문이다.

④ "(당황) 뭐가 뭔지 모르겠습니다. 난 집에 가고 싶습니다!"라는 대사를 볼 때 '김창호'의 출세는 자신이 원해서 이룬 것이 아님을 알 수 있다. 따라서 ㉣에서 ⓑ를 추구하고자 하는 주인공의 의지가 담겨 있다는 선지는 적절하지 않다.

⑤ '김창호'가 ㉤처럼 말하는 이유는 '주치의'의 귓속말 때문이다. '주치의'는 ㉡에서도 알 수 있듯이 '김창호'를 ⓑ의 의미로 출세시키고자 하는 주변 인물이다. 그러므로 '김창호'가 ⓐ를 계기로 ⓑ에 이르고자 하는 집념이 있다는 내용은 적절하지 않다.

memo

08 2014학년도 9월AB

이근삼 - 원고지

지문분석

[전체 줄거리]

주인공인 대학 교수는 아내의 돈 벌라는 성화 속에서 거의 정신이 분열된 모습을 보이고 있다. 자녀들인 장남과 장녀는 부모에게는 관심이 없으며 교수에게 끊임없이 용돈을 요구한다. 그는 잠시 잠을 자다가 꿈속에서도 감독관의 원고 독촉을 받는다. 그리고 환상 속에서 젊은 날의 희망과 열정을 뜻하는 천사를 만난다. 그러나 천사는 사라지고 자식들과 아내, 그리고 감독관의 원고 독촉에 교수는 다시 책상으로 다가가서 원고를 정리한다.

문제분석 01-02번

번호	정답	정답률 (%)	선지별 선택비율(%)				
			①	②	③	④	⑤
1	⑤	90	3	1	4	2	90
2	④	74	5	3	14	74	4

01

정답설명

⑤ '철쇄'는 '교수'가 경험하는 사회에서의 억압과 구속을 의미하는 도구이다. '교수'가 자율성을 회복하기 위해서는 '철쇄'뿐만 아니라 그 어떤 것에도 얽매이지 않은 채로 존재해야 한다. 그러나 '처'의 행동을 보여 주는 지문에서 '소파 뒤의 막대기에 감겨 있는 또 하나의 굵은 줄을 풀어 교수 허리에 다시 감아 준다'고 하여, '교수'가 가장으로서 겪어야 하는 억압과 구속이 있음을 강조하고 있다. '철쇄'에서 '줄'로 소도구가 바뀌었을 뿐, 가정에서도 여전히 억압을 받고 있는 교수의 삶을 드러내고 있는 것이다. 따라서 '교수'가 자율성을 회복한 상태라고 볼 수 없다.

오답설명

① '장남'의 대사에서 "아버지는 늘 쾌활한 얼굴에다 발걸음은 참새처럼 가볍지요."라고 말하며 아버지의 모습을 묘사하고 있다. 그러나 이후에 '졸음이 오는 지루한 음악과 더불어 철문 도어가 무겁게 열리며'라고 '교수'의 모습을 표현하고 있으므로, '장남'의 말과 배치됨을 알 수 있다. 가장 가까운 가족임에도 불구하고 '교수'의 모습을 반대로 전달하는 '장남'의 모습은 앞으로 벌어질 사건의 갈등 관계를 알려주면서 동시에 모순된 극의 분위기를 형성한다.

② 인물이 이름이 없이 '교수'라고 나온 것을 통해 신분을 인지할 수 있고, 그가 입은 양복이 원고지 칸으로 보인다는 것을 통해 인물이 업무적으로 억압받고 있는 상황을 알 수 있다. 또한 관객은 반듯한 네모 칸들이 모인 '원고지 칸투성이'를 입은 '교수'의 모습을 통해 그가 현실에서 벗어나지 못한다는 것을 알 수 있다.

③ '교수'의 하품은 '무엇에 두들겨 맞아 죽는 비명같이 비참하게' 들린다고 하였다. 또한 지문 중 '(교수는 머리를 기대고 잠을 자고 있다. 코를 고는데 흡사 고양이 우는 소리다.)'를 볼 때 '교수'는 일상의 억압으로 인해 상당히 피로한 상태임을 알 수 있다. 그러나 '장녀'는 그의 모습을 '달콤한 하품'을 한다고 표현함으로써 가장 친밀해야 할 가족 간의 소통이 원활하지 않은 상태임을 드러내고 있다.

④ '플랫폼 방 불'이 서서히 꺼지고 '처'와 '교수'가 대화를 주고받는 장면으로 이어지며, 관객들은 자연스럽게 '교수'와 '처'의 연기에 시선을 두게 되므로 적절하다.

02

정답설명

④ <보기>에 따라 극중 배역에서 빠져나와 관객에게 발화를 하는 '해설자'는 '장남'과 '장녀'가 하고 있다고 보는 것이 적절하다. '장녀'는 "인제 어머님이 돌아오셔요. 어머님은 늘 아버지의 건강을 염려하세요."라며 '처'에 대한 정보를 알려 준다. 이후에 '처'와 '교수'가 등장한 뒤 '장녀'는 다시 "제 말이 맞았지요?"라고 하며 관객에게 말을 걸고 있다. 이때 '장녀'는 플랫폼에 나타났다가 대사가 끝나면 플랫폼 조명이 꺼지며 무대에서 자연스럽게 퇴장한다. 즉, 해당 극에서 '장녀'와 '처', '교수'를 분리하는 장치로 조명이 활용되고 있는데, 이와 같은 조명 연출은 현재 '장녀'가 있는 공간과 '처', '교수'가 있는 공간이 다르다는 것을 암시하는 기능을 한다.

오답설명

① '장남'은 가족에 대한 소개를 하지만, 그의 마지막 대사에서 "지금이 저녁 일곱 시 반이니 아마 아버지가 곧 돌아올 것입니다."라고 하며, '교수'의 극중 행동을 설명할 뿐 '처'의 행동은 설명하고 있지 않다.

② 주어진 지문에서 '장남'이 다른 인물과 대화를 하는 것은 나타나 있지 않다. 다만 '교수'에 대한 정보를 주어, 그가 등장할 것을 예고하는 역할을 하고 있다.

③ '장녀'의 대사에서 "저의 아버지랍니다.", "인제 어머님이 돌아오셔요." 라고 하며 등장인물에 대한 정보를 주고 있지만, 시·공간적 배경을 명시적으로 알려주고 있지는 않다. 오히려 앞선 '장남'의 대사에서 "저녁 일곱 시 반"이라는 시간적 배경을 명시하고 있다.

⑤ '장녀'가 '교수'의 '토하는 큰 하품'을 '달콤한 하품'이라고 말하는 것이나, "어머님은 늘 아버지의 건강을 염려하세요."라고 전달하는 부분이 실제로는 '처'가 '잠자는 교수의 주머니를 샅샅이' 터는 행동임을 비교해 보면 그가 제공하는 정보가 객관적이지 않음을 알 수 있다. 관객들은 이러한 '장녀'의 해설 내용에 대해 의심을 하게 되므로, 극중 상황에 몰입하기보다는 거리를 두고 비판적으로 볼 가능성이 높다.

09 극

2008학년도 11월

천승세 - 만선

[전체 줄거리]

바다를 삶의 터전으로 삼고 살아가는 곰치는 장년(마흔 안팎의 나이)에 이르도록 자신의 배 한 척을 가지지 못하고 마을의 부자인 임제순에게 삯 배를 빌려 고기를 잡는다. 그는 언제나 만선(물고기 따위를 많이 잡아 가득히 실음. 또는 그런 배)의 꿈을 지니고 고기를 잡지만 빚에서 헤어나지를 못한다.

어느 날, 고기 떼가 몰려왔지만 배의 주인은 빚을 받아 내기 위해 배를 묶어 놓는다. 곰치는 모처럼 찾아온 만선의 기회를 놓칠 수 없어 불리한 조건의 계약서에 손도장을 누르고 배를 빌려 물고기를 잡으러 나간다. 그러나 거센 풍랑을 만나 넷째 아들 도삼과 딸의 애인인 연철을 잃고 자신만 살아서 돌아온다. 그동안 여러 아들을 잃은 그의 아내 구포댁은 빚만 갚으면 뭍으로 떠나려던 꿈이 깨지고 아들인 도삼이마저 죽자 정신 이상자가 된다. 그러나 곰치는 자신의 꿈을 포기하지 않고, 이제 하나 남은 어린 아들이 10살만 되면 그를 어부로 만들리라고 결심한다.

그러던 어느 날, 구포댁은 하나 남은 아들마저 바다에서 죽게 할 수 없다고 생각하며, 높은 파도가 치는데도 빈 배에 어린 아들을 태워 육지로 보내 버린다. 곰치는 배를 멈추러 쫓아 나가고 구포댁은 이를 말린다. 이러는 사이에 애인을 잃은 슬슬이는 큰 충격을 받게 되고, 집안의 빚 때문에 자신이 부자 노인에게 팔려 갈 처지에 이르게 되자 헛간에서 목을 맨다.

01-03번

번호	정답	정답률 (%)	선지별 선택비율(%)				
			①	②	③	④	⑤
1	③	89	4	2	89	2	3
2	⑤	65	6	7	14	8	65
3	③	76	2	4	76	13	5

01

정답설명

③ 세심한 일치 여부를 요구한 문제다. 따라서 정답을 한 번에 잡아내긴 힘들고, 나머지 선지들을 지우다 보니 발견할 수 있었을 것이다. 언어유희는 나오지 않는다.

오답설명

① '임제순'의 대사가 조금 길긴 하지만 지문 전체적으로 보았을 때, 전반적으로 간결한 대화를 쓰고 있음을 확인할 수 있다.

② "석 장은 올랐제?", "믄 소리여?", "배를 묶어라우?" 등을 통해 작품 전반에서 사투리가 사용되었음을 확인할 수 있다. 이와 같이 사투리를 사용하면 현장감을 느낄 수 있다.

④ 그물, 배, 부서(보구치 : 민어과의 바닷물고기를 이르는 방언) 떼 등을 통해 인물의 직업이 어부임을 알 수 있으며, 공간적 배경이 어촌임을 알 수 있다.

⑤ 거의 매 대사마다 앞에 괄호와 함께 지시문이 등장한다.

02

상당히 디테일한 부분을 물어보는 문제로, 시나리오나 희곡이 나왔을 때 학생들의 독해 방향을 얘기해 주는 문제라고 볼 수 있다.

극 문학에서는 반드시 디테일한 일치 문제를 물어본다. 따라서 극문학(시나리오, 희곡)이 나왔을 때는 시간을 투자해서 시간, 공간, 호칭을 통한 관계, 지시문과 대화를 통한 심리 등을 꼼꼼하게 체크하며 읽자. 놓치는 순간 끝난다.

정답설명

⑤ 〈보기〉에 하나씩 밑줄이 그어져 있고, 인물과 관련된 내용이 나와 있다. 이 정도 〈보기〉라면 지문을 독해하기 전에 당연히 미리 읽었어야 한다. '관망하는 것'은 '한발 물러나서 혹은 멀리서 사태나 풍경을 보는 것'을 의미한다. 따라서 '방관자처럼 관망하는 것'은 남 얘기를 듣는 것처럼 한발 물러나 사태를 지켜보는 것이다.

이제 지문에서 임제순이 등장한 다음에 나타난 연철의 대화를 주목해 보자. 연철은 배를 묶겠다고 하는 임제순의 말에 성삼, 도삼과 함께 "배를 묶다니?"라는 반응을 보이고 있다. 멀리서 바라만 보는 방관적 태도로 관망했다면 이렇게 놀라는, 적극적인 반응을 보이지는 않았겠지.

오답설명

① "다 뺏겼오! 아무 것도 없이 다 뺏겼오!", "빚에 싹 잽혔지라우! 그것도 빚은 이만 원이나 남고……"에서 '연철'이 관객과 인물들에게 무대 바깥에서 일어난 사건을 전달하는 것을 확인할 수 있다.

② 기대에 차서 자신을 에워싼 사람들에게 "놀려라우? 맘이 기뻐사 놀릴 맘도 생기지라우!"라는 연철의 첫 대사는 극의 분위기를 반전시킨다.

③ "다 뺏겼오! 아무 것도 없이 다 뺏겼오!", "빚에 싹 잽혔지라우! 그것도 빚은 이만 원이나 남고……"에서 연철은 모든 정보를 대사 한 마디에 제공하지 않고, 여러 대사에 분할하여 점진적으로 제공하고 있음을 알 수 있다.

④ "(사립문 쪽을 가리키며) 쉬잇!"에서 확인할 수 있다.

03

일단 〈보기〉에 대한 명확한 이해가 필요하다. 〈보기〉에서는 움직임에 내재된 인물의 심리를 '접촉'과 '회피'로 규정해 주고 있다. 따라서 인물의 행동이 심리와 상반될 때에도 〈보기〉를 적용해서 심리를 우선으로 놓고 판단을 해야 한다.

정답설명

③ '질책'은 '꾸짖어 나무람.'을 말한다. 곰치가 연철의 팔을 붙든 것은 연

철의 말에 대한 구체적인 답변을 요구하는 부분으로, 꾸짖거나 나무라는 태도가 아니다. 연철의 말이 무슨 소리인지 자세한 설명을 요구하는 '재촉'의 행동인 것이다.

오답설명

① 연철을 에워싸고 곰치와 도삼, 성삼이 질문을 연달아 하는 것으로 보아, 상대에 대한 적극적인 관심을 드러내는 행동이라고 볼 수 있다.

② 연철은 기대에 차서 묻는 사람들에게 비극적인 소식을 전달해야 하는 상황에 놓여 있으므로, 착잡함을 드러내야 한다.

④, ⑤ 〈보기〉에서 임제순은 분명 '접촉하려는 욕망'을 가지고 있다고 하였다. 따라서 행동은 곰치와 '거리를 두는 것'이지만, 내면 심리는 곰치와 '거리를 가깝게' 하고 있다고 봐야 한다. 즉, 임제순의 거부하는 행동에는 곰치를 더욱 자극하여 애가 타게 만들려는 의도가 있다고 봐야 한다.

memo

10 극
2009학년도 9월

이강백 – 파수꾼

지문분석

[전체 줄거리]

어느 마을에 이리 떼의 습격을 미리 알리기 위해 파수꾼 '가', '나', '다'가 망루에서 들판을 지키고 있었다. 새로 파수꾼이 된 '다'는 이리 떼가 나타나지 않았는데도 불구하고 "이리 떼가 나타났다."라고 외치는 파수꾼 '가'와 파수꾼 '나'를 이상하게 생각한다. 파수꾼 '다'는 이리 떼가 없다는 사실을 알려 마을 사람들을 안심시키는 것이 좋겠다고 생각하지만, 마을의 촌장이 나타나 파수꾼 '다'를 설득한다.

촌장은 실제로는 이리 떼가 없지만, 이리 떼가 나타난다는 거짓 정보가 마을의 질서 유지를 위해 꼭 필요하다고 말한다. 그리고 실제로 이리 떼가 없다는 사실을 사람들에게 알리지 않는 조건으로, 사람들이 모르는 산딸기가 많은 장소를 알려 준다. 파수꾼 '다'는 거듭 따지지만 결국 촌장의 설득에 넘어간다. 그리고 자신의 자리를 지키면서 이리 떼가 나타났다는 신호인 양철북을 두드리는 일을 하게 된다.

문제분석 01-03번

번호	정답	정답률 (%)	선지별 선택비율(%)				
			①	②	③	④	⑤
1	③	52	11	25	52	5	7
2	③	87	4	4	87	3	2
3	③	45	5	2	45	41	7

01

정답설명

③ '무대'는 현재 관객이 보고 있는 공간, 극이 진행되고 있는 공간을 말한다.

운반인이 편지를 읽은 것, 사람들에게 이리 떼가 없다고 전한 것, 사람들이 몰려오고 있다는 것은 현재 무대에서 진행되고 있는 사건이 아니다. 촌장의 입을 통해 전달된 무대 밖의 사건이지만, 촌장을 압박하는 사건이고, 파수꾼 다를 설득하는 근거가 되어 무대 내의 사건에 영향을 준다.

오답설명

① 파수꾼 다가 이리 떼가 없다는 것을 인지하고 그것을 촌장에게 말하는 것은 시간의 흐름이 전환된 것이 아니라 시간의 흐름에 따라 전개되는 것이다. 만약 시간의 흐름이 전환되려면, '과거 장면'을 무대에서 보여야 한다. 지금 관객이 보는 앞에서 실시간으로 사건이 진행되는 '극'의 장르적 특성을 고려할 때, '시간의 전환'은 쉬운 일이 아니겠지.

② 출제될 당시에 수많은 학생들을 멘붕에 빠뜨린 선지다. 지문 어디에도 공간적 배경에 대한 정확한 설명은 나오지 않기 때문이다. 공간적 배경

은 파수꾼들의 대화를 고려할 때, '망루' 부근으로 볼 수 있지만, 망루가 마을 안에 있는지 밖에 있는지는 확인이 안 된다. 따라서 확인할 수 없는 정보이니 허용해서는 안 된다.

참고로 이 선지를 깔끔하게 해결하기 위해서는 지문을 독해할 때, '시간과 공간'을 찾으며 독해를 진행한다는 목적의식을 가져야 한다. 목적의식을 가지고 읽어야만, 나중에 지문에서 방황하지 않고 확실하게 판단할 수 있다.

④ 전반부에 드러난 파수꾼 가와 파수꾼 나의 모습을 보고 이 선지를 허용하는 안타까운 학생들도 간혹 있다.

잘 봐라. (중략) 앞 장면의 포인트는 파수꾼 가, 나와 파수꾼 다의 갈등이다. 파수꾼 가와 파수꾼 나의 협력은 해당 장면의 포인트가 아니란 말이다. 서술상의 특징 문제를 풀 때는 지문의 중심적인 내용을 고려해서 판단해야 한다. 지문의 중심적인 내용은 파수꾼 다와 촌장의 갈등이므로, 등장인물들이 서로에게 협력하는 태도를 드러낸다고 볼 수 없다.

⑤ '파수꾼 나'와 '파수꾼 다'의 갈등이 나타나긴 하지만, 이리 떼에 대한 사실을 밝히려는 '파수꾼 다'와 입막음을 하려는 '촌장' 사이의 갈등이 지문의 중심 갈등이다.

02

정답설명

③ 정통극과 서사극의 차이를 기억해라. 인물이 1인 多역을 하면 관객의 몰입은 떨어질 수밖에 없다.

형태쌤의 과외시간

서사극이나 부조리극은 일반적으로 재밌게 볼 수 있고 관객의 감성에 호소하는 정통극과는 달리 시대와 연관된 무거운 주제를 다루는 경우가 많다. 이런 경우 연출자는 관객들이 깨어있기를 바란다. 즉, 지금 보고 있는 연극이 허구임을 감안해서, 무대에 있는 장면을 보며 이성적인 생각을 하길 원한다는 것이다. 따라서 의도적으로 관객의 몰입을 방해하는 장치를 마련한다.

1) 관객에게 말을 거는 방식이다.(1970년대를 다루고 있는 [2008학년도 6평] 「한씨연대기」에서 한혜자는 끊임없이 관객에게 말을 건넨다.)

2) 무대 장치를 의도적으로 노출하여 허구라는 것을 강조할 수도 있고, 1인 多역을 활용하기도 한다.(독재 정권을 다루고 있는 [2009학년도 9평] 「파수꾼」에서 해설자가 촌장 역으로 나오는 것을 주목하자.)

3) 과장되거나 비현실적 소품을 이용하기도 한다.(현대인의 비애를 그린 [2006학년도 9평] 「원고지」에서 교수가 철쇄를 차고 원고지로 된 옷을 입은 것을 기억하자.)

오답설명

① 무대의 배경 그림이나 망루를 실감 나게 제작하여 무대 위의 상황을 현실 상황인 것처럼 보이게 하는 것은 정통 연극에 해당한다.

② 배우들의 내면 연기가 잘 드러나도록 조명을 활용하는 것은 정통 연극에 해당한다.

④ 배역에 각각 고유한 이름을 부여하고 개성을 드러내는 것은 그 배우가

진짜 그 사건의 인물이라고 보이게 하기 위한 것이다. 이는 정통 연극에 해당한다.
⑤ 등장인물의 역할에 어울리는 연기를 하여 관객의 연민을 이끌어낸다면 그것은 관객들을 몰입하게 한 것이므로 정통 연극에 해당한다.

03
정답설명
③ 지문에서 촌장의 캐릭터를 명확하게 잡아내지 못하면 틀릴 수 있는 선지다. 〈보기〉가 있다면 '촌장'이 독재 정권, '이리 떼'가 북한, '파수꾼 다'가 현실을 인식한 지식인이라는 것을 알고, '가상의 적(이리 떼)'을 통해 사람들에게 질서를 강요하는 독재 정권을 풍자하는 작품이라는 판단을 하기 쉽겠지만, 문제에 〈보기〉가 없기에 있는 그대로의 사실을 가지고 촌장의 캐릭터를 판단해야 한다.
결론부터 말하면 촌장은 부정적 인물이다. 마을의 질서와 단결을 위해 거짓말을 했다고 하지만, '질서와 단결'을 마을 사람들이 원했는가? 고마워했는가? 거짓말의 실체를 알고 도끼를 들고 달려 오는데?
촌장은 분명 부정적 인물이다. 있지도 않은 이리 떼를 통해 마을 사람들에게 '강제로' 체제 질서를 강요한 인물이고, 딸기 옆에는 이리 떼(있지도 않은 가상의 적)를 주의하라는 거짓 '팻말'을 세워둔 인물이다. 즉, 촌장은 이리 떼를 주의하라는 명분으로 '팻말'을 세워 그 근처에 있는 '딸기'를 독차지하고 있으므로 선지의 해석은 적절한 것이다.

오답설명
① 본연의 직무에 충실한 파수꾼에게 주는 보상이라기 보다는 '진실을 알고 있는 파수꾼의 입막음을 위해' 주는 뇌물 정도로 볼 수 있겠다.
② 이건 너무하지 않니. 촌장은 '팻말'을 통해 자신의 가치관을 바꾸고 있지 않다.
④ 일단 '이리 떼'는 없다. 또한 '딸기'는 촌장 혼자만 알고 있는 것이므로 '공동체적 가치'로 보기 어렵다.
⑤ '딸기'는 촌장 혼자만 알고 있으므로 '사라지지 않는 희망'으로 볼 수는 없다. 또한 '이리 떼'는 실재하는 위협이 아니기 때문에 틀린 선지이다.

최인훈 – 어디서 무엇이 되어 만나랴

지문분석

[전체 줄거리]

고구려 시대에 온달이라는 사람이 살았는데 하루는 꿈속에서 어떤 여인을 만나 결혼을 약속하게 된다. 한편 고구려 왕실에서 왕의 자녀들 사이에 권력 다툼이 심해지자 왕은 공주에게 절로 들어갈 것을 명령한다. 그날 공주는 궁에서 나와 대사와 함께 암자(작은 절)로 가던 중, 어려서 들었던 온달을 만나고 그의 아내가 되기를 청한다. 공주는 온달이 꿈속에서 만난 바로 그 여인이었다. 그 후 공주는 온달을 통해 고구려 왕실에서 권력을 차지하고 싶은 욕심에 온달을 장군으로 만든다. 10년 후, 공주는 전쟁터에 나간 온달을 걱정하던 중, 피투성이가 된 온달이 작별을 고하는 꿈을 꾸고 온달이 전사했다는 소식을 듣는다. 온달은 왕실 내에서 권력 다툼을 하던 공주의 형제들에게 암살을 당한 것이었다. 싸움터에서 움직이지 않던 온달의 관이 공주의 위로를 받고 움직인다. 공주는 온달이 꿈에서 알려 준 암살자를 찾으려 하지만 실패한다. 그러자 모든 것을 포기한 공주는 온달의 어머니를 모시고 살기로 결심하고 산으로 들어가지만, 결국 궁에서 보낸 장수들에게 죽임을 당한다.

문제분석 01-03번

번호	정답	정답률(%)	선지별 선택비율(%)				
			①	②	③	④	⑤
1	④	92	2	3	2	92	1
2	①	87	87	6	1	2	4
3	②	78	8	78	6	6	2

01

정답설명

④ '장교'의 대사 중에서 "내 말을? 왕명을 받들고 온 사람에게?"를 통해 그가 '부장'의 명을 받고 온 것이 아니라 왕의 명을 받고 온 것을 알 수 있다.

오답설명

① 공주의 "가자, 평양성으로. 그곳에서 잔악한 반역자들을 샅샅이 가려내어 목을 베이리라."에서 확인할 수 있다.

② 장수1의 "공주의 노여워하심이 두렵습니다.", 장수2의 "필시 무슨 기미를 알아보셨음이 틀림없습니다.", 장수3의 "투구를 벗으라고 하신 것이 증거가 아닙니까?"에서 확인할 수 있다.

③ 부장의 "두려워 말라. 공주보다 더 높은 분이 우리 편이야."에서 확인할 수 있다.

⑤ 장교가 잡으라면 병사들이 잡고, 편하게 해 드리라고 하자 칼을 뽑아 공주를 찌르고 있으므로 병사들은 장교의 명령에 복종하고 있음을 알 수 있다.

02

정답설명

① '전기적 요소'를 찾으라는 문제이다. 장례를 치르려고 하는데, 죽은 온달의 한이 서린 '관이 움직이지 않는' 상황이다. 온달의 한을 풀어주고 관을 움직이게 하려는 전혀 현실적이지 않은 부분이다.

오답설명

② 의병장들이 온달의 '관 뚜껑'을 닫고, 관을 들어 올리는 현실적인 행동을 보여 주고 있다.

③ 반역한 장수들의 대화를 보여 주는 부분으로, 현실적이다.

④ '공주'를 죽이려는 '장교'의 모습을 보여 주는 현실적인 장면이다.

⑤ '공주'의 죽음을 보여 주는 현실적인 부분이다.

03

무대 상연을 전제로 하는 희곡에서 무대 배치는 중요한 요소이다. 무대 배치에 관해서는 상세한 일치 문제가 나올 수 있으니 주의하자.

정답설명

② 〈보기〉에서 제시한 '조건'을 명확하게 잡아내서 풀이에 들어가야 한다. 〈보기〉의 조건을 보면, 무대 위 숫자는 등장인물이 서는 '중요도'의 순서임을 알 수 있다. 따라서 '장교'의 입장에서는 2번에 있는 (가)의 경우보다, 1번에 위치한 (나)의 경우 '사건 진행의 주도권'을 더 많이 쥐고 있다고 할 수 있다.

오답설명

① 가까운 공간 배치를 통해 친밀함을 드러낼 수 있다. 지문에서 대사의 말을 통해서도 알 수 있고, 무대 배치로 볼 때도 충분히 허용 가능하다.

③ (나)에서는 관객들이 보기에 장교·병사들과 대사·온모가 좌우 구분이 없이 있기 때문에 갈등이 도드라져 보이지 않는다. 반면 장교·병사들과 공주·온모·대사가 좌우로 나뉘어 있는 (가)는 두 집단의 갈등 관계가 도드라져 보인다.

④ (나)에서는 온모가 장교와 병사들에 의해 가려져 잘 보이지 않지만 (가)에서는 온모가 다른 인물에 가리지 않고 또렷하게 보여 사건을 지켜보는 온모의 역할이 더 잘 드러난다.

⑤ 그림의 숫자는 등장인물이 서는 무대 지역의 중요도 순서라고 하였다. 따라서 병사들이 5번에 있는 (가)보다 2번에 있는 (나)가 위압감이 더 잘 드러난다.

12 극

2012학년도 6월

김영현 - 대장금

지문분석

[전체 줄거리]

조선 초기 수라간에 박명이라는 나인이 있었는데, 수라간 최고 상궁의 지시로 대왕대비의 음식에 독을 넣는 최 나인을 보고 다른 상궁(한 상궁)에게 알린다. 이후 한 상궁과 박 나인은 최고 상궁에 의해 처결된다. 그러나 박 나인은 동료였던 한 나인의 도움으로 목숨을 건지고 서천수의 도움으로 기력을 회복한다. 서천수는 연산군의 모친인 폐비 윤 씨에게 사약을 전달한 사람인데, 연산군이 즉위한 이후 도망 다니던 중 우연히 박 나인을 만나 구하게 된 것이다. 둘은 서로 사랑하게 되고 장금이를 낳게 된다. 어린 장금이는 똑똑하고 활달하였으나 실수로 아버지인 천수를 관아에 끌려가게 만든다. 박 나인과 장금이는 천수를 찾으러 다니나 최 나인의 계략으로 박 나인은 자객에 의해 암살당하고 장금이에게 수라간 상궁이 되어 자신의 억울한 한을 풀어달라는 유언을 남긴다. 장금이는 우연히 강덕구네 가족과 알게 되어 그들의 주조 일을 거들어 주며 산다. 그러다가 훗날 중종이 되는 진성 대군과 인연을 맺게 된다. 진성 대군에게 장금은 수라간 궁녀가 되고 싶다고 하고, 후에 중종의 도움으로 장금은 수라간 궁녀로 들어가게 된다. 장금은 수라간에서 많은 친구들을 만나지만 최 상궁 쪽에 있는 금영과 영로와 차차 대립하며 지내게 된다. 또한 한 상궁(과거 한 나인)과도 알게 되어 그의 가르침을 받으며 성장하게 된다. 한편 장금이는 우연히 죽을 위기에 처한 민정호를 구해주며 인연을 맺게 된다. 수라간에서 최 상궁과 한 상궁이 대립하는 여러 사건을 통해 한 상궁은 장금이가 박 나인의 딸임을 알게 된다. 그러나 최 상궁과의 권력 다툼에서 밀리게 된 한 상궁은 목숨을 잃고 장금이는 제주도로 귀양 가게 된다. 한 상궁은 다시 궁으로 돌아와 달라고 장금에게 유언을 하고, 장금은 제주에서 마음을 잡지 못하고 여러 차례 도망만 다니며 지낸다. 그러던 중 제주 의녀 장덕을 알게 되고, 민정호도 다시 만나게 된다. 장금은 의녀가 되면 궁에 들어갈 수 있다는 것을 알고는 장덕의 가르침을 받게 된다. 제주에서는 왜적들이 침입하고 장금이가 왜장을 치료하는 등 여러 모함과 시련들이 있었지만 장금은 모든 일마다 공을 세우고는 한양에 올라 의녀 시험에 붙어 궁에 들어가게 된다. 장금이는 의녀 생활을 열심히 하면서 최 상궁 무리에 대한 복수의 칼날을 갈게 된다. 또한 중전의 병, 대비의 병 등을 모두 치료하며 궁에서 신임을 얻게 된다. 장금이를 향한 여러 모함들이 끊이지 않았으나 그 모든 것을 이겨 내고 중종의 지병도 치료하여 결국 여성으로는 최초로 왕의 주치의까지 된다. 한편 민정호는 대신들의 탄핵으로 귀양을 가게 된다. 그리고 장금이와 민정호가 서로 사랑한다는 것을 알고 있었던 중종은 자신이 죽을 때가 오자, 몰래 장금이와 민정호가 함께 살 수 있는 길을 마련해 준다. 장금이는 민정호와 함께 8년간 은신 생활을 하며 딸도 낳고 가난한 사람들을 도와주며 살다가 중전의 도움으로 다시 입궐을 하게 된다. 또한 중전의 도움으로 장금이와 민정호는 예전의 지위도 회복한다. 그러나 그 모든 궁에서의 생활을 포기하고 평범한 삶을 선택하며 길을 떠난다.

문제분석 **01-03번**

번호	정답	정답률(%)	선지별 선택비율(%)				
			①	②	③	④	⑤
1	④	69	14	3	10	69	4
2	③	82	7	3	82	4	4
3	②	85	8	85	3	2	2

01

극(희곡/시나리오)도 갈등이 중심이 되는 문학이기에, 인물 간의 관계는 중요한 출제 요소이다. 인물 관계를 파악하기 위해서는 중심인물과 관련된 등장인물들 간의 양상을 보아야 한다.

정답설명

④ S# 29~S# 30과 S# 47~S# 51에서 중심인물이 되는 사람은 '박 나인'으로, 그는 수라간에서 쫓겨난 상황이다. '박 나인'에 대한 우호적인 감정을 가지고 있는 인물은 그에게 해독제를 주었던 '한 나인'과 '박 나인'에게 '연민과 동질감'을 느끼는 '천수'라고 할 수 있다. 한편 '박 나인'의 죄를 묻고 그에게 독을 마시게 하는 '최고 상궁'은 '박 나인'과는 대립적인 관계를 형성하는 인물로 나타난다.

오답설명

① 암시적이고 비유적인 대사들이 활용되는 부분이 나타나지 않았다.
② S# 48과 S# 50에서 친절하게도 '회상'이라고 적어 주고 있다.
③ 분명 밤은 맞다. 하지만 독약을 먹이고 있고, 죽다가 살아나 토를 하고 있는데, '고즈넉한(고요하고 아늑한)' 분위기라니? 지문과 호응되지 않는 선지이다.
⑤ 공간이 변하고 있는 것은 맞지만 이를 통해 갈등이 해결되는 양상이 보이지는 않는다.

02

정답설명

③ 역시 그냥 넘어가지 않고, '판단의 근거'를 정확하게 체크했는지 여부를 물어보고 있다.
S# 50에서 '한 나인'은 '네가 남자와 통정했다는 말을 나는 믿지 않는다.'라고 하여 박 나인의 결백을 믿는다는 뜻을 밝혔으나, 그것은 심정적으로 그렇다는 것일 뿐 앞부분의 '나도 일의 전모는 알 수 없으나'라는 내용으로 보아 구체적인 증거물에 근거한 생각은 아니다.

오답설명

① '그러나, 네가 이걸로 살아날 수 있을지 알 수가 없구나. 살았느냐, 명이야…….'에서 확인할 수 있다.
② '네가 남자와 통정했다는 말을 나는 믿지 않는다.'에서 통정했다는 혐의 때문에 징벌을 당했음을 알 수 있다.
④ '순간, 부자탕은 감두탕이나 녹두로 해독할 수 있다는 네 말이 떠올랐

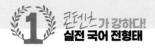
다.'를 통해 확인할 수 있다.
⑤ '한 나인'이 온몸을 사시나무처럼 떨고 있는 부분과, 재빨리 술병 안에 무언가를 넣어 '박 나인'을 살리려고 하는 것을 통해 알 수 있다.

03

정답설명
② 〈보기〉에서 포인트를 정확하게 잡아서 한 방에 해결하는 문제다. '앙각'은 '인물의 권위나 위세'를 표현하기 위해 인물을 '아래쪽'에서 '올려 찍는 기법'이다. ㉠~㉤ 중에서 '권위나 위세'를 가지고 있는 인물과 관련된 부분은 ㉡의 '최고 상궁'의 모습이다. 특히나 '박 나인'의 죄를 묻고 있는 '최고 상궁'의 모습은 위압적으로 느껴지도록 촬영해야 하므로, 아래쪽에서 올려 찍는 '앙각' 방식을 활용하기에 적절하다.

오답설명
①, ③, ④, ⑤ 이 부분은 인물의 권위나 위세를 시각적으로 표현할 만한 부분이 아니다.

| 과외식 기출 분석서, 나기출 |

나 없이
기출
풀지마라

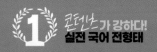

베이직

III

고전 산문

01 고전 산문
2016학년도 6월B

작자 미상 – 전우치전

지문분석

[지문에서 체크할 것]

※ 공간
 (중략) 이전 : 궁 → 가달산
 (중략) 이후 : 궁

※ 서술자의 개입
 ×

[전체 줄거리]

조선 초 송도(개성)의 숭인문 안에 전우치라는 뛰어난 재주를 가진 선비가 있었다. 그는 자신의 자취를 잘 감추는 신묘한 특기를 가진 자였다. 이때, 남방에는 해적들이 판치고 있는 데다 흉년이 계속되어 백성들은 매우 힘든 삶을 살고 있었다. 이에 전우치는 선관(신선)으로 변장하여 구름을 타고 국왕 앞에 나타나 옥황상제의 명으로 하늘에서 태화궁을 지으려 황금 들보를 하나씩 구하고 있으니 이를 만들어 바치라고 명령한다. 국왕이 놀라 이를 만들어 주자 전우치는 그것을 팔아서 곡식을 장만해 빈민에게 나누어 주고 그 뜻을 널리 알렸다. 뒷날 속은 것을 안 국왕은 크게 노하여 전우치를 엄벌하려고 전국에 체포령을 내렸다. 전우치는 자기를 잡으러 온 포도청 병사들을 도술로써 물리친다. 그러나 국왕의 명을 어길 수 없어 호리병 속에 들어가 국왕 앞에 나타나니 국왕은 전우치를 죽이려고 여러 방법을 썼으나 실패한다. 전우치는 환술로써 임금을 농락하고 쉽게 탈출한다. 그는 도술을 부려 구름을 타고 사방으로 돌아다니면서 횡포와 약탈을 일삼는 탐관오리들을 단죄하거나, 교만한 사람을 골려 준다. 또한 그들로부터 탈취한 재물로 가난하고 억울한 사람들을 도와주는 일에 힘쓴다. 그러다가 스스로 국왕에게 나아가 자수를 하고 무관 말직을 얻게 된 전우치는 조정에서 벼슬아치들의 비행을 징벌한다. 이후 도둑의 반란을 평정하는 공을 세웠으나, 역적의 혐의를 받자 전우치는 조정에서 도망쳐 나온다. 이후 전우치는 도술로 세상을 희롱하며 다니던 끝에 친한 벗을 위해 절부(절개를 지키는 부인)의 절개를 깨뜨리려다가 강림 도령에게 제지를 당하고, 서화담(徐花潭)과의 도술 대결에서 패한 뒤, 서화담과 함께 산속으로 들어가 도를 닦는다.

문제분석 01-04번

번호	정답	정답률 (%)	선지별 선택비율(%)				
			①	②	③	④	⑤
1	②	87	1	87	2	5	5
2	⑤	85	2	4	5	4	85
3	④	91	2	1	3	91	3
4	⑤	89	2	2	5	2	89

01

정답설명

② 고전 소설에서는 대화와 행동의 의도를 자주 물어본다. 여기서는 행동의 의도를 물어 본 케이스다. 어주와 인검을 준 것은 우치의 수고를 치하하는 것이 아니라 그 검으로 도적을 물리치라는 것이었다.

오답설명

① 고을 원이 도적을 잡지 못했고, 우치가 "도적의 형세 심히 크다 하오니 신이 홀로 나아가 적세를 보온 후 잡을 묘책을 정하리이다."라고 말했으니 적절하다.

③ '으뜸 도적이 황금 교자에 높이 앉고 좌우에 제장을 차례로 앉히고 크게 잔치하며 그 뒤에 대청이 있으니 미녀 수백 인이 열좌하여 상을 받았거늘'에서 정확히 확인할 수 있다.

④ '집장과 나졸이 힘껏 치나 능히 또 매를 들지 못하고 팔이 아파 치지 못하'자, 우치는 "신이 전일 죄상은~용서하옵소서."라고 하였다.

⑤ 상이 "네 전일 나라를 속이고~어찌 면하리오?"라고 하자 우치가 마음 속으로 '주상이 필경 용서치 않으시리라.'라고 생각하는 부분에서 근거를 찾을 수 있다.

02

정답설명

⑤ 우치는 주상이 용서치 않으리라고 생각하면서 재주를 부려 도망칠 생각을 한다. 그리고 주상은 생각 끝에 우치를 풀어 주고 재주를 부리게 하였으니 이는 우치의 의도대로 상황이 전개되고 있음을 드러내고 있다.

오답설명

① '상이 크게 근심'하는 이유는 도적을 잡지 못해서이다. 도적이 재물을 노략하며 백성을 살해하는 것이 어떻게 우치의 탓이겠니.

② '상이 크게 기뻐'한 이유는 우치로 인해 도적 문제 해결의 실마리를 찾아서라고 볼 수 있다. 그러나 '상이 크게 노'한 것은 해결의 실마리가 사라진 것이 아니라 역도(역적의 무리)의 진술에서 우치의 이름이 나왔기 때문이다.

③ '상이 크게 노'하여 우치를 잡아오라고 했고 나졸들이 우치를 꿇리고 '상이 진노'하였으니 중간에 제삼자가 개입한 부분은 없다. 제삼자는 직접적으로 갈등 관계에 놓이지 않는 사람이라고 이해하면 된다. 갈등을 일으키는 인물을 중심인물로 보고, 갈등과 직접적인 관련이 없는 인물들은 제삼자라고 할 수 있다.

④ '상이 진노'하다가 '헤아리'게 된 이유는 화가 나지만 죽이기 전에 재주를 한번 시험하여 보려는 마음이 들어서이지, 갈등의 원인이 제거되었기 때문이 아니다.

03

정답설명

④ 초월적 존재와 교감? 분명 〈보기〉에서 우치는 조력자 없이 도술로 문제를 해결했다고 이야기했다.

오답설명

① '엄준 토벌'도, '역모 누명'과 연관된 사건도 해결은 우치가 주도하였다.

② '엄준 토벌'에서는 '솔개'로 변하고, '역모 누명'에서는 '그림 안으로 들어가는' 도술을 부린다. 그리고 ⑤를 봐라. 아예 대놓고 힌트를 주고 있다.

③ 연결 고리는 유사성을 통해 얻을 수 있다. 두 개의 사건에서 모두 도술을 사용하고 있고 〈보기〉에서는 삽화들이 도술 사용을 연결 고리로 하여 결합한다고 했으니 당연히 맞는 선지다.

⑤ 사람이 '솔개'로 변하고 '그림 속으로 들어가는 장면'이 신비하지 않을 리가 없다. 또한 〈보기〉에서 주인공이 도술로 문제를 해결해 가는 것은 그에게 신비감을 부여한다고 했으니 적절한 선지다.

04

정답설명

⑤ 엄준이 갑자기 도술을 부리는 전우치 때문에 정신을 진정하지 못하는 모습은 '혼비백산'이 어울리겠다. 기출을 어느 정도 풀어 보았다면, 주인공이 비범한 능력으로 적들을 격퇴할 때 이 성어가 자주 쓰이는 것을 보았을 것이다.

'혼비백산(魂飛魄散)'은 '넋이 날아가고 넋이 흩어지다.'라는 뜻으로, 몹시 놀라 어찌할 바를 모른다는 말이다.

오답설명

① '기호지세(騎虎之勢)'는 '호랑이를 타고 달리는 기세'라는 뜻으로, 범을 타고 달리는 사람이 도중에서 내릴 수 없는 것처럼 도중에 그만두거나 물러설 수 없는 형세를 이르는 말이다.

② '방약무인(傍若無人)'은 '곁에 아무도 없는 것처럼 여긴다.'라는 뜻으로, 주위에 있는 다른 사람을 전혀 의식하지 않고 제멋대로 행동하는 것을 이르는 말이다.

③ '우후죽순(雨後竹筍)'은 '비가 온 뒤에 솟는 죽순'이라는 뜻으로, 어떤 일이 일시에 많이 일어남을 이르는 말이다.

④ '풍수지탄(風樹之嘆)'은 '부모에게 효도를 다하려고 생각할 때에는 이미 돌아가셔서 그 뜻을 이룰 수 없다.'라는 뜻이다.

작자 미상 - 창선감의록

지문분석

[지문에서 체크할 것]

※ 공간

　조문화가 있는 곳 → 진 소저의 집

※ 서술자의 개입

　× / 참고로 [A] 바로 밑의 '오 낭중은 본시 권세를 두려워하여 예예 하고 대답만 할 줄 아는 위인이었다.'라는 표현은 오 낭중에 대한 서술자의 직접 제시에 해당한다.

[전체 줄거리]

〈창선감의록은 본문의 내용도 방대하고, 수많은 이본이 존재하기에 본 줄거리에서는 가장 대표적인 창선감의록의 거시적인 줄거리를 제시한다. 따라서 출제된 지문과의 연계성은 그닥 높지 않을 것이다. 참고 정도로 이용하길 바란다.〉

　병부상서 화욱(花郁)은 심 부인(沈夫人), 요 부인(姚夫人), 정 부인(鄭夫人) 등 부인이 셋 있었다. 요 부인은 딸 태강(太姜)을 낳고 일찍 죽었고, 정 부인이 낳은 아들 진(珍)은 매우 영특하였으나, 그가 장성하기 전에 정 부인이 죽는다. 심 부인이 낳은 아들 춘(瑃)은 이복형제 가운데서도 가장 맏이였으나 사람됨이 변변하지 못하고 어리석었으므로 화욱은 진을 편애하여 심 부인과 춘의 불만을 사게 된다.

　화욱은 조정에서 간신 엄숭이 득세하는 것을 보고 벼슬에서 물러나 고향으로 돌아온다. 맏아들 춘을 결혼시켰지만 딸 태강과 아들 진은 정혼만 한 채 결혼시키기 전에 죽는다. 화욱이 죽은 뒤 심 부인과 화춘은 갖은 방법으로 화진과 그의 아내를 학대한다.

　화진은 과거에 장원하여 벼슬을 하게 되었다. 그러나, 동생의 출세를 시기하던 화춘은 불량배와 결탁하여 윤리와 기강을 어지럽혔다는 죄로 화진을 모함하여 귀양을 가게 하였고, 그의 아내도 누명을 씌워 내쫓는다. 그러나 화진은 물론 그의 아내도 심 부인과 화춘에 대하여 조금도 원망하지 않는다.

　화진이 유배지에서 도사인 곽공(郭公)을 만나 병서를 배우고 있을 즈음에 해적(海賊)인 서산해(徐山海)가 변방을 소란스럽게 하고 노략질을 일삼았다. 화진이 군대를 따라 싸움터로 가서 해적을 토벌하여 공을 세운다. 화진의 능력을 인정한 조정에서는 그를 정남대원수(征南大元帥)에 봉하여 남방의 어지러움을 모두 평정하게 한다. 화진이 남방을 평정하고 이기고 돌아오자, 천자는 그에게 진국공(晉國公)의 봉작을 내린다.

　한편, 심 부인과 화춘도 개과천선하여 착한 사람이 되었으며, 내쫓겨 종적을 감추었던 화진의 아내도 돌아와 심 부인을 지성으로 섬겨 가정의 화목을 이룬다.

문제분석　**01-04번**

번호	정답	정답률 (%)	선지별 선택비율(%)				
			①	②	③	④	⑤
1	①	75	75	17	5	2	1
2	④	79	3	9	5	79	4
3	①	83	83	4	5	4	4
4	②	91	3	91	2	2	2

01

정답설명

① 고전 소설에서는 인물을 지칭하는 말이 다양하게 나타나므로, 호칭에 신경을 쓰면서 독해를 해야 한다. 이 문제 역시 인물들의 호칭을 통해 인물 간의 관계를 파악하는 문제이다. 진 공은 병부에서 벼슬을 살았다고 하였으므로 남성임을 알 수 있고, 진 소저가 아름답다는 말을 듣고 '진 공'에게 혼인을 청했다고 하였으므로 진 소저는 그의 딸임을 유추할 수 있다. 보통 '공'은 관직에 있는 남성을 나타내는 말이며, '소저'는 처녀, '부인'은 누군가의 아내를 지칭하는 말이다. 이러한 기본적인 어휘들은 여러 작품을 읽어보며 익히는 것이 좋다. '진 소저'가 부모님과 이별한 뒤 성례하지 않고 집 안에 머문 것은 혼인의 여부를 결정하려는 것이 아니라, 조문화를 안심시켜 부모가 안전하게 도망갈 시간을 벌기 위해서이다.

오답설명

② (중략) 이후에 '조문화의 아들은 다급하게 서둘러 마지않았다.'라는 말이 나오고 있다. '마지않다(=마지아니하다)'는 '앞말이 뜻하는 행동을 진심으로 함을 강조하여 나타내는 말이다. 즉, '다급하게 서둘러 마지않았다.'라는 말은 진심으로 다급하게 서둘렀다는 의미인 게다. '그분은 내가 존경해 마지않는 분이다.'라고 한다면 '존경하지 않는다'는 것이 아니라, '진심으로 존경한다'는 뜻이다.

하지만 '마지않다'의 의미를 정확히 파악하지 못하더라도, 문맥을 통해 판단할 수도 있다. 진 소저가 '앞으로 수십 일 정도를 보내면서 마음을 조금 진정시킨 연후에 성례하면 좋을 듯합니다."라고 말을 전한 후 '그러나 조문화의 아들은 다급하게 서둘러 마지않았다.'라고 하였으므로, '그러나'라는 접속 부사를 통해 조문화의 아들이 진 소저의 뜻과는 반대로 성례를 다급하게 서둘렀음을 추론할 수 있는 것이다.

③ 조문화는 "서두르지 않는다고 달아날 곳이 있겠느냐?"라며 혼사가 무산될 것이라고 생각하지 못하고 있다.

④ 진 소저는 공의 행차가 멀리 갔으리라 생각한 후 유모, 시녀 운섬 등과 야밤에 간단하게 행장을 꾸리고, 남장을 하고 도망갔다.

⑤ 조문화의 가인은 소저의 집에 소저가 없는 것을 보고 의아하여 마을 사람에게 물어보았으나 마을 사람으로부터 소저의 행방에 관한 답을 들을 수 없었다.

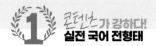
02

정답설명

④ [A]는 조문화가 진형수를 죽일 수도, 살릴 수도 있다고 이야기하며, 혼인을 한다면 진형수를 살릴 수 있으니 진 소저에게 어떻게 할 것인지 물으라고 말하는 부분이다. [B]에서는 오 부인이 원치 않는 혼인을 통해 아버지를 구하려는 진 소저에게 '황금을 걸어놓고 도박을 벌이면 그 지혜가 더욱 어두워진다'는 상황과 비교하여 자신이 올바른 결정을 생각할 수 없으니 진 소저에게 결정을 하라고 말하고 있다.

오답설명

① [A]에서 화자와 청자는 동등한 관계가 아니다. 오 낭중은 '권세를 두려워하여 예예 하고 대답만 할 줄 아는 위인'이며, '공손하게 손을 모은 채 명을 받'들었다는 부분을 통해 조문화와 오 낭중이 상하 관계임을 알 수 있다. [B]는 어머니가 딸에게 말하는 것으로 상하 관계는 드러나지만 자신의 목적을 이루고자 하는 모습은 나타나지 않는다.
② [A]의 청자는 오 낭중으로, 조문화는 청자인 오 낭중이 아닌 진형수에 대한 원한을 드러내었기 때문에 적절하지 않다. [B]에서 오 부인은 '총계정에서 학을 읊은 시'라는 이전에 쓰인 글을 떠올리기는 하지만, 이를 통해 진 소저에게 원망을 표출하지는 않는다.
③ [A]에서 조문화는 선택 가능한 여러 방안을 제시하여 문제를 해결하려는 것이 아니라 혼인을 시키기 위해 협박에 가까운 말을 하고 있다. [B]에서는 청자인 진 소저에게 선택을 맡기고 있다.
⑤ [A], [B] 모두 이상적 가치를 내세워 청자가 자신의 결정을 따르도록 유도하고 있지는 않다.

03

정답설명

① 오 낭중은 단순히 조문화의 말을 전했을 뿐이지, 사리 판별을 하여 가족 구성원이 위기 상황을 극복하게 하고 있지 않다. 지문에서 '오 낭중은 본시 권세를 두려워하여 예예 하고 대답만 할 줄 아는 위인'이라고 하였다. 따라서 오 낭중은 가족 구성원의 위기를 극복하게 하기 위하여 행동한 것이 아니라, 권세를 두려워하여 조문화의 지시에 순응하고 그의 말만 전한 것이다.

오답설명

② 진 공이 옥에 갇힌 이유는 조문화의 무고(거짓 고소)와 사주 때문이고, 이는 권력을 가진 신하(조문화는 양아버지인 엄숭에게 사주를 하고 있으니, 엄밀하게 얘기하면 권력을 가진 신하는 엄숭이다.)가 정치를 좌우하는 모습으로 볼 수 있다.
③ 진 소저는 아버지를 위해 스스로 혼인을 하겠다고 말한 후, 기지를 발휘하여 길을 떠났으므로 문제 상황을 해결해 가는 적극적 인물이라고 볼 수 있다.
④ 가문 간의 결합이 이루어지지 않자, 진 공을 벼슬자리에서 내쫓는 모습을 통해 정치적 문제와 가문의 문제가 연결되었음을 확인할 수 있다.
⑤ 주변 인물인 유모의 도움으로 조문화가 찾아오지 않게 하고, 남장을 하여 도망칠 수 있었다.

04

정답설명

② '없는 자가 찬밥 더운밥을 가리랴.'는 '급하고 아쉬울 때면 좋고 나쁜 것을 가리지 않음.'의 뜻이다. 부친이 중죄를 받을 위기이므로 '혼인을 하겠다, 하지 않겠다'를 논할 수 없다는 의미이다.

오답설명

① '나중에 보자는 사람 무섭지 않다.'는 '당장 화풀이를 하지 못하고 두고 보자는 사람은 두려워할 것이 없다.'라는 말이다.
③ '만사가 욕심대로라면 하늘에다 집도 짓겠다.'는 '무슨 일이나 욕심대로만 되지는 아니한다.'라는 말이다.
④ '산이 높아야 옥이 난다.'는 '훌륭한 인물에게서 훌륭한 자손이 난다.'라는 말이다.
⑤ '빈대 잡으려고 초가삼간 태운다.'는 '손해를 크게 볼 것을 생각하지 않고 당장의 마땅치 아니한 것을 없애려고 그저 덤비기만 하는 경우'를 이르는 말이다.

작자 미상 – 토끼전

지문분석

[지문에서 체크할 것]

※ 공간
  (중략) 이전 : 지상
  (중략) 이후 : 용궁 → 별주부 집

※ 서술자의 개입
  ×

[전체 줄거리]

동해 용왕이 우연히 병이 들었는데, 세 명의 도사가 나타나 토끼의 생간이 약이 된다고 하였다. 이에 자라가 육지로 나가서 토끼를 만나 지상의 어려움을 말하면서 수궁에 가면 높은 벼슬을 준다는 등의 감언이설로 토끼를 유혹하고, 자라의 말에 속은 토끼는 자라를 따라 수궁으로 들어간다. 수궁에 가자마자 용왕은 토끼를 결박하고 간을 내놓으라고 한다. 부귀영화를 과하게 탐낸 것을 후회하던 토끼는 꾀를 내어 간을 육지에 두고 왔다고 말한다. 용왕은 주변 신하들의 말은 듣지 않고 토끼의 말만 믿어 자라를 시켜 육지에 데려다 준다. 그러나 육지에 도착한 토끼는 자라를 꾸짖고 조롱하며 숲속으로 달아난다. 자라는 토끼에게 속았음을 탄식하며 허탈하게 수궁으로 돌아간다. 한편 수궁에서 돌아온 토끼는 경망스럽게 행동하다 독수리에게 붙잡혀 또다시 위기에 처하지만 다시 한 번 꾀를 내어 독수리를 속이고 위기를 모면한다.

문제분석 01-03번

번호	정답	정답률 (%)	선지별 선택비율(%)				
			①	②	③	④	⑤
1	①	77	77	5	7	4	7
2	⑤	86	3	6	3	2	86
3	③	81	3	7	81	4	5

01

정답설명

① 혹시라도 이 지문을 보고 한자어에 대한 학습도 진행해야겠다고 오해하면 안 된다. 최근 평가원에서 어휘에 대한 출제를 자주 하고, [2014학년도 수능B] 「옥루몽」에서는 순우리말의 의미를 직접적으로 물어보기도 했지만 여기서는 한자어의 의미를 모르더라도 문맥을 통해 충분히 정답을 골라낼 수 있다.

자라는 '고기 값이나 하리라.'라고 모진 마음을 먹고, 호랑이의 앞턱을 냅다 물고 매달렸다. 이를 통해 죽음을 각오하고 상대방에게 맞서는 의지를 확

인할 수 있다.

형태쌤의 과외시간

혹시 구절의 의미를 궁금해하는 학생들을 위해 한자어의 의미를 풀어보면 다음과 같다.

일사(一死)면 도무사(都無死)라.
→ 한 번 죽으면 모든 것이 끝이다.
→ 여기서 죽으면 임무를 완수할 수 없다.

무이불식(無以不食)이라, 모조리 먹는다 하니 내 한번 고기 값이나 하리라.
→ 먹지 못할 것이 없다 하니, (호랑이가 나를) 모조리 먹을 수도 있으니, 내 스스로 호랑이의 밥이 되어 보자.
→ 죽을 각오로 달려들어 보자.

오답설명

② 호랑이는 자라의 모습에서 '갑주'와 '방망이 총'을 떠올리며 두려워하고 있으므로, '갑주와 방망이 총'은 상대와 맞설 의지를 갖게 하는 것이 아니다.

③ 호랑이가 바위틈에서 자기 재주를 장담하는 부분은 자신이 아니었다면 죽을 뻔하였다고 말하며 허세를 부리는 것이다. 이것은 자기 스스로 위안을 하는 것이지, 패배를 설욕하겠다(부끄러움을 씻다)는 의지가 아니다.

④ 토끼가 낌새를 보아 떠나라고 한 말을 떠올리며 즉시 가야겠다고 생각하는 것은 용왕을 생각하는 것이 아니라 토끼가 자신의 목숨을 생각하여 도망갈 궁리를 하는 것이다.

⑤ 왕이 별주부 대신 '암자라로 대용'하는 것을 윤허함으로써 별주부 대신 부인이 죽게 된 상황에 대해 별주부는 "일시 경솔한 말로 음해를 만나 무죄한 부인을 이 지경을 당하게 하였"다고 말했다. 그리고 "정성을 다하여 빌면 다시 측은히 생각하여 구하리라."라며 토끼에게 빌겠다고 하였으므로, 아내를 위한 것은 맞으나 자신이 대신 죽겠다는 의지를 보인 것은 아니다.

02

정답설명

⑤ ⓜ은 서술자의 시각으로 논평한 것이 아니라, 단순히 서술자가 사건을 서술하고 있는 것일 뿐이다.

오답설명

① "못 보겟네"의 반복, "나의 충성 부족던가, 나의 정성 부족던가?"에서 대구를 통해 자라의 심경을 드러내고 있다.

② '뚝', '빙빙', '쩔꺽' 등 의태어를 활용하여 대상의 움직이는 모습을 생생하게 보여 주고 있다.

③ 호랑이가 깜짝 놀라 달아나는 행위에 대해 '패왕 포위 뚫고 남쪽으로 달아나듯~왜물 조총 철환 닫듯' 등 다양한 비유를 통해 묘사하여, 호랑이가 처한 긴박한 상황을 역동적으로 보여 주고 있다.

④ '토끼를 다 잡으면 사냥개를 삶아 먹고 높이 뜬 새 없어지면 좋은 활이 숨는다.'라는 고사를 활용하여 왕에게 자신의 의견을 전달하고 있다.

03

정답설명

③ 별주부는 범치가 토끼의 간에 대해 "토끼 뱃속에 간이 출랑출랑"한다고 말한 것을 바탕으로, 토끼가 거짓말을 하고 있다며 꾸짖고 있다. 따라서 토끼를 회유하여 대결을 회피한다고 볼 수 없다.

오답설명

① 별주부는 호랑이에게 자신의 목이 나오게 된 근본을 말하며 자신이 호랑이 보다 우위에 있음을 말하고 있다.

② 호랑이는 자신의 무식함을 드러내며 "별나리, 별나리, 그저 나리도 무섭다 하되"라고 이야기하여 별주부가 자신을 공략할 수 있는 빌미를 제공하였다.

④ 토끼는 잔치가 끝난 후, 왕에게 "오래 묵은 자라를 구하여 쓰면 기운 자연 회복하올 것이요"라고 말하며 자신에게서 별주부로 화제를 옮기고 있다.

⑤ 별주부가 "넓으신 도량으로 짐작하여 잔명을 구하여" 달라고 말하자 토끼는 "네 당초에 날 죽을 곳으로 유인함도 심장에 고이하거늘 하물며 없는 간을 있다 하여 기어이 죽이려 함은 무슨 일이며, 위태한 때에 이르러 애걸하는 것은 나를 조롱함이냐?"라며 과거의 일을 끌어들여 자신의 우위를 강화하고 있다.

04 고전 산문
2015학년도 11월A

작자 미상 – 소대성전

지문분석

[지문에서 체크할 것]

※ 공간
중략 이전 : 이 승상이 있는 곳(현실) → 조대(꿈) → 조대(현실)
중략 이후 : 이 승상이 있는 곳(꿈) → 소나무 밑(현실)

※ 서술자의 개입
승상의 명감이 아니면 그 누가 알리오.

[전체 줄거리]

중국 명나라 때 병부 상서(군대의 최고 벼슬)를 지낸 소량이 자식이 없어서 청룡사 늙은 스님에게 많은 돈을 시주하고 기도하여 소대성을 얻는다. 대성은 10세에 부모님을 모두 잃고 빈털터리가 되어 집을 떠나 생활하게 된다.

한편 이 승상은 막내딸 채봉에게 어울릴 남편감이 없음을 안타까워하다가 꿈을 꾼 후 대성을 발견하고, 그의 영웅됨을 알아보고 집으로 데려온다. 승상이 대성을 사위로 삼을 것이라고 말하지만, 승상의 부인과 아들들은 못마땅해한다. 소대성과 채봉의 결혼 전날 이 승상이 병으로 세상을 뜨자 승상의 부인과 아들들은 대성을 죽이려 한다. 그러자 대성은 집을 떠나 영보산의 청룡사라는 절에서 온갖 무술을 공부한다.

영보산에서 5년째 지내던 해, 대성은 오랑캐의 침입을 미리 예측하고, 죽은 이 승상과 동해 용왕의 도움으로 적을 무찌른다. 그 뒤 황제에 의해 노국의 왕이 된 대성은 그를 기다리던 채봉과 결혼하여 채봉을 왕비로 삼고 행복하게 지낸다.

문제분석 01-04번

번호	정답	정답률 (%)	선지별 선택비율(%)				
			①	②	③	④	⑤
1	①	88	88	2	4	3	3
2	①	39	39	10	18	26	7
3	④	63	4	9	9	63	15
4	②	91	4	91	2	2	1

01

정답설명

① [A] O, [B] O / [A]는 '나무 베는 아이'의 남루한 의상, 흩어진 머리털, 검은 때가 흐르는 두 뺨을 묘사하고 있다. [B]에서는 죽은 승상이 소대성의 손을 잡고 하는 '발화'를 통해 소대성을 다시 만나 반가워하는 '감회'가 드러난다.

오답설명

② [A] X, [B] X / [A]와 [B] 모두 대구적 표현도, 인물에 대한 부정적 인식도 드러나지 않는다.

③ [A] X, [B] X / [A]와 [B] 모두 요약적 서술을 통해 시대적 배경을 제시하지 않는다.

④ [A] X, [B] X / [A]에는 소대성의 발화만, [B]에는 승상의 발화만 나타나므로, [A]와 [B] 모두 인물들 간의 대화는 드러나지 않는다. 또한 소대성과 승상 사이의 갈등도 제시되지 않는다.

⑤ [A] X, [B] X / [A]에는 회상이 나타나지 않는다. [B]에는 소대성이 이 승상이 이미 별세했음을 떠올리는 부분이 나타나지만, 이를 통해 현재 사건의 원인을 제시하는 것은 아니다. 현재 사건의 원인은 승상의 "내 그대를 잊지 못하여 줄 것이 있어 그대를 청하였"다는 말에 나타난다.

02

정답설명

① 승상은 곤히 잠든 '나무 베는 아이'를 깨우지 않고 이를 잡아 주며 기다리고 있다. 여기서 '따뜻한 인정'을 느낄 수 있다. 간혹 '승상이 결국 아이를 깨웠잖아요.'라며 트집을 잡는 학생이 있다. 선지를 잘 봐야 한다. 출제자는 "곤히 잠든 '아이'를 깨우지 않고 이를 잡아 주며 기다리는 모습"이라고 조건을 한정했다.

오답설명

② "내 자식이 무도하여 그대를 알아보지 못하고 망령된 의사를 두었으니 어찌 부끄럽지 아니하리오."에서 볼 수 있듯이 과오를 범한 것은 승상이 아니라 승상의 '자식'이다.

③ "오래지 아니하여 공명을 이루고 용문에 오르면 딸과의 신의를 잊지 말라."를 통해 승상의 신의를 중시하는 가치관을 볼 수 있다. 그러나 '딸과의 신의'를 잊지 않아야 공명을 이룰 수 있는 것은 아니다.

④ 소대성은 '청총마'를 '내일 오시'에 '동해 용왕'을 통해 얻게 될 것이다. 따라서 둘 다 '소생'이 아직 얻은 것이 아니다. 한편, 승상이 "적을 가벼이 여기지 말라"고 한 것은 내일 있을 싸움에 대해 미리 충고를 해 주는 것으로 '승상'의 신중한 자세를 나타낸다.

⑤ 승상은 살아서는 소대성을 자기 집에 묵게 하며 도와주고, 죽은 몸으로는 소대성이 전장에 나가 대공을 세우는 데 도움이 될 '갑주 한 벌'을 준다. 따라서 살아서나 죽어서나 계속해서 도움을 주고 있다.

03

정답설명

④ 지문을 읽을 때, 꿈과 현실 그리고 공간 변화를 집요하게 체크했다면 가볍게 풀 수 있었을 것이다. ⓒ(조대)는 '승상'이 청룡을 본 꿈에서 깨어 '아이(=소대성)'를 보는 현실 공간이고, ⓔ(소나무 밑)는 '소생(=소대성)'이 죽은 이 승상을 만난 것이 꿈이었음을 확인하는 공간이다.

오답설명

① '승상'은 현실 공간인 ⓐ(책상)에 기대어 잠이 들면서 꿈속 공간인 ⓑ(조대)로 나아갔다.

② 〈보기〉에서 '꿈속 공간은 특정 현실 공간에 근거'한다고 했으므로, ⓑ (조대)는 ⓒ(조대)에 근거를 둔 꿈속 공간이다. 또한 초현실 공간(ⓑ)이 특정 현실 공간(ⓒ)에 겹쳐지는 것은 보통 초월적 존재의 등·퇴장과 관련된다고 했으므로, ⓑ에서 본 '청룡'은 ⓒ에서 자고 있는 '아이'인 소대성을 가리킨다.

③ ⓑ(조대)는 승상이 청룡을 본 곳이고, ⓓ(이곳)는 소대성이 죽은 이 승상을 만난 곳이므로 모두 초현실 공간이다. 승상은 ⓑ(조대)에 나아간 이후에 소대성을 만나므로 ⓑ(조대)는 승상을 소대성에게로 이끌기 위해 설정된 공간이며, ⓓ(이곳)는 소대성이 죽은 이 승상을 만난 곳이므로 초월적 존재인 '승상'과의 만남을 위해 설정된 곳이다.

⑤ 〈보기〉에 따르면 죽은 '승상'이 '누웠던 자리(초현실 공간)'에 '갑옷과 투구'가 놓여 있는 것(현실 공간)은 초현실과 현실이 겹쳐진 것이므로 초월적 존재인 '승상'이 퇴장하면서 ⓓ(이곳)도 함께 사라졌다고 볼 수 있다.

04

정답설명

② '자루 속의 송곳'은 송곳은 자루에 있어도 밖으로 삐져나와 그 위치를 알 수 있다는 뜻으로, 재능이 뛰어난 사람은 숨어 있어도 저절로 사람들에게 알려짐을 말한다. ㉡(명감)을 지닌 '승상'이 보기에 소대성은 영웅됨을 가지고 있기에, ㉠처럼 말하는 소대성에게 '자루 속의 송곳'이니 앞으로 진가가 드러날 것이라고 격려해 줄 수 있다.

오답설명

① '굼벵이도 구르는 재주가 있다'라는 것은 '무능력한 사람이 남의 관심을 끌 만한 행동을 함을 놀리며 하는 말'을 뜻한다. '승상'이 보기에 소대성은 이미 '영웅'으로서의 자질을 갖추고 있었다. 따라서 이 속담은 승상이 격려해 줄 말로 적절하지 않다.

③ '장마다 꼴뚜기가 나올까'라는 말은 '시장이 설 때마다 꼴뚜기가 나오는 것이 아니라는 뜻'으로, 아무리 하찮은 것이라도 항상 얻을 수 있는 것이 아님을 뜻한다. 이 속담은 '승상'이 격려해 줄 말로 적절하지 않다.

④ '차면 넘친다'라는 말은 '너무 지나치면 도리어 불완전하게 된다.'라는 뜻이다. 소대성은 욕심을 부리는 것이 아니라 자신의 능력을 알아봐 줄 사람을 찾는 것이므로, 적절하지 않다.

⑤ '하룻강아지 범 무서운 줄 모른다'라는 말은 '철없이 함부로 덤비는 경우'를 의미한다. 소대성은 무모하여 현실을 직시하지 못하는 것이 아니므로 적절한 속담이 아니다.

05 2015학년도 11월B

작자 미상 - 숙향전

지문분석

[지문에서 체크할 것]

※ 공간

(중략) 이전 : 산속 → 궁궐 → 전각

(중략) 이후 : 이선이 있는 곳 → 장안 → 김전이 있는 곳

※ 서술자의 개입

'몸은 비록 아이나 마음은 어른이라.', '반은 죽은 사람이라.' / 상당히 애매한 서술자의 개입이다. 개입이라고 볼 수도 있고, 안 볼 수도 있다. 이 정도의 애매한 개입은 출제하지 않으니, 못 찾아도 괜찮다.

[전체 줄거리]

송나라 때 김전과 장 씨 사이에서 뒤늦게 숙향이 태어난다. 숙향은 5살 때 전쟁이 일어나 부모와 헤어지게 되고, 운 좋게 장 승상 댁 양녀가 되어 자라게 된다. 그러나 숙향은 계집종인 사향의 모함으로 장 승상 댁에서 쫓겨나 자살하려다가 선인의 도움으로 마고할미에게 의탁하게 된다.

어느 날 숙향은 하늘나라 선녀로 놀던 전생의 꿈을 꾸고 그 광경을 수놓으니 마고할미가 그것을 상인에게 판다. 그림을 산 상인은 낙양에서 글씨 잘 쓰기로 이름난 이선을 찾아가 그림에다 시를 써 달라고 하였는데, 이선은 그림이 자신의 꿈과 같아서 놀라 마고할미를 찾아간다. 그리고 숙향과 만나 혼인을 한다.

아들이 멋대로 혼인한 것을 안 이선의 아버지 이 상서가 낙양 태수 김전에게 숙향을 옥에 가두게 한다. 김전은 자신의 딸인 줄 모르고 숙향을 가두고 매를 치게 하였으나 신기한 힘이 이를 막았다. 부인 장씨의 꿈으로 숙향이 낙양 태수의 딸임이 밝혀지자, 이 상서는 김전을 계양 태수로 보내 버린다. 마고할미의 도움으로 풀려난 숙향은 마고할미가 죽자, 혼자 살기 어려워 목숨을 끊으려다가 이선의 부모를 만나게 된다. 이 상서는 숙향의 행동이 곧고 마음씨가 착함을 보고, 과거에 급제한 아들 이선과의 혼인을 인정한다. 이선이 황제의 어머니의 병 치료에 쓸 약을 하늘의 도움으로 구해 오는 등의 일이 있은 후, 이선과 숙향은 행복하게 살다가 하늘나라로 돌아간다.

문제분석 01-03번

번호	정답	정답률(%)	선지별 선택비율(%)				
			①	②	③	④	⑤
1	③	74	4	6	74	13	3
2	⑤	75	9	5	8	3	75
3	②	86	3	86	6	3	2

01

정답설명

③ ㉣ 아래를 보면, "선이 비록 상서의 아들이나 내가 양자로 들였으매 선과 숙향이 혼사를 치르도록 했거늘"이라는 문장이 보인다. 즉, '숙부인'은 '숙향'과 '이선'이 혼사를 치르도록 한 사람이다. 따라서 이미 숙향과 이선은 결혼한 사이이며, 숙부인은 두 사람의 관계를 인정하지 않는 '이 상서'로 하여금 숙향을 받아들이도록 설득하려고 한다. 그리고 만약 자신의 말이 이 상서에게 통하지 않으면 직접 '황후'에게 말하려고 한다.

오답설명

① '후토 부인'은 파랑새를 통해 '숙향'을 명사계로 인도한 후 경액을 마시게 하여 그녀가 전생에 선녀였음을 깨닫게 해 준다.

② '한편 이선은 집에 들어가 울며 숙향이 죽었으면 함께 죽으리라고 하더라.'에서 확인할 수 있다.

④ '김전'은 아내 '장 씨'의 말을 수용하여 숙향을 도로 하옥하고 형 집행을 미루고 있다.

⑤ '장 씨'는 '숙향'을 보고서 죽은 자신의 딸과, 얼굴과 연치(나이)가 같음을 알고 죽은 자식이 살아서 온 것 같은 마음에 깊은 '연민'을 느끼고 있다.

02

정답설명

⑤ 숙향이 큰칼을 쓰고 있는 장면을 통해서는 숙향의 심리가 드러나지 않기 때문에 '심리를 드러내고 있다'는 부분에서 완벽히 틀렸다. '반은 죽은 사람' 같다는 것은 인물의 심리가 아니라 처지를 드러내는 서술자의 설명이다.

참고로 평가원은 '행동 묘사'와 '외양 묘사'를 구분해서 출제를 한다. 따라서 문장에서 '행동'과 '외양' 중 어디에 주목을 하는지 봐야 한다.

형태쌤의 과외시간

〈소설에서 인물의 외양 묘사〉

평가원에서 '외양 묘사'는 단순히 행동을 묘사하는 것이 아니라, 몸이나 얼굴, 복장 등을 자세하게 묘사할 때 허용을 한다. 이 부분은 날카롭게 출제하는 요소이니, 사례와 함께 잘 기억해 둬야 한다.

[13학년도 6평 「임진록」]
육환장을 들어 공중을 향하여 축수하더니 문득 뇌성벽력이 진동하여 산악이 무너지는 듯 천지 컴컴한지라. 왜왕이 이때를 당하여 삼혼(三魂)이 흩어지며 칠백(七魄)이 달아나니라.
→ 인물의 행동이 묘사되었지만, 당시에 외양 묘사는 아니라고 출제하였다.

[15학년도 수능 「소대성전」]
의상이 남루하고 머리털이 흩어져 귀밑을 덮었으며 검은 때 줄줄이 흘러 두 뺨에 가득하니
→ 완벽한 외양 묘사다. 당시 수능에서도 이 부분을 외양 묘사라고 한 선지를 적절한 선지로 출제하였다.

오답설명

① '산은 첩첩', '숲으로 들어가'에서 깊은 산 숲속이라는 공간적 배경을 파악할 수 있으며, '잠자려는 새'를 통해 시간적 배경이 밤이라는 것을 확인할 수 있다. 물론 새들이 야행성일 수도 있다. 하지만 지문에서 제시되지 않은 내용을 가지고 추측하거나 판단을 하는 것은 위험하니 1차적으로 지문에서 나온 내용을 근거로, 예외적인 상황보다는 일반적인 상황에 적용하여 풀이해야 한다. 문장의 문맥을 보면, 숙향은 갈 데 없어 앉아서 울고 있고 ㉠은 인물의 힘든 상황을 부각하는 표현이다. 따라서 그냥 산이 아니라 첩첩 산이라고 표현하고, 물도 중중하다(=겹겹으로 겹쳐져 있다.)고 표현하여 어려움을 강조한 것이다.

② 숙향은 파랑새를 따라 산골짜기의 궁궐로 들어가는데 궁궐이 있는 땅은 '명사계(저승 세계)'이므로, ㉡은 숙향이 현실의 경계(큰 문)를 넘어 초현실의 공간(명사계)으로 진입해 가는 것이다.

③ 숙향은 경액을 받아먹은 후 갑자기 천상의 일과 인간 세상에서의 모든 일을 알게 되었다. 그리고 이러한 변화는 '몸은 비록 아이나 마음은 어른이라.'라는 서술자의 직접 제시로 나타난다.

형태쌤의 과외시간

〈직접 제시와 간접 제시〉
간접 제시(보여 주기)
철수는 머뭇거리며 영희에게 다가갔다. 그리고 영희의 어깨를 쳤다. "이따 수업 끝나고 극장 갈까?" 영희가 하늘을 보며 한숨을 쉰 후에 대답했다. "도대체 너는 생각이 있는 거니?"

직접 제시(말해 주기)
철수는 영희에게 극장에 가자고 했지만, 수능을 앞두고 신경이 날카로운 영희는 거절했다.

간접 제시에 비해 직접 제시는 독자가 상상을 할 필요 없이 서술자의 서술을 그대로 받아들이면 된다. 그래서 간접 제시에 비해 좀 더 요약적이라고 할 수 있다. 보통 소설은 간접 제시와 직접 제시가 섞여 있는 경우가 많으며, 대화나 행동이 묘사되면 간접 제시이고 심리나 상황이 제시가 되면 직접 제시로 보면 된다.

④ 이방 원통의 '발화'를 통해 상서의 명으로 원님이 숙향을 잡아 옥에 가둔 사건을 요약적으로 제시하고 있다.

03

정답설명

② [B]는 숙향이 천상계에서 지은 죄의 대가로 지상계에서 곤욕을 겪고 있을 뿐이지, 천상계에서의 '월궁의 으뜸 선녀'라는 신분은 여전함을 말하고 있다. 따라서 천상계의 신분이 변할 수 있다는 생각이 드러난 것은 아니다.

오답설명

① [A]에서 숙향이 "천상에 득죄하여" 인간 세상에서 고초가 심하다고 말하는 것을 통해 확인할 수 있다.

③ 숙향은 천상계에서 월궁의 으뜸 선녀라는 높은 신분을 가지고 있었으나 죄를 지어 지상계에 내려와 고생을 하고 있으므로 적절한 감상이다.

④ [C]에서 숙향의 부모도 원래는 "봉래산 선관 선녀"인데 죄를 지어 지상계에 내려왔음을 말하고 있으므로, 지상계가 천상계에서 죄를 지은 자들의 귀양지라는 생각은 적절한 감상이다.

⑤ [C]에서 숙향의 부모가 "기한이 차면 봉래로 돌아갈 것"이라고 하였으므로, 천상계에서 지은 죄의 대가를 지상계에서 치르는 '숙향의 부모'는 정해진 고난의 기한이 차야 천상계로 돌아갈 수 있음을 확인할 수 있다.

06 2012학년도 6월

작자 미상 – 심청전

지문분석

[지문에서 체크할 것]

※ 공간

　수궁 → 장 승상 댁 → 강가 → 수궁 → 심 봉사가 있는 곳

※ 서술자의 개입

　1) 심청이 수궁에 머물 적에 옥황상제의 명이니 거행이 오죽하랴.

　2) 십분 의혹하나 어찌 그러하기 쉬우리오.

　3) 눈물 뿌려 통곡하니 천지 미물인들 어찌 아니 감동하리.

[전체 줄거리]

　심청은 태어난 지 7일 만에 어머니를 잃고, 눈 먼 부친 심 봉사 밑에서 자란다. 심청은 어려서부터 효성이 지극하여 아버지를 극진히 모셨다. 심청이 일을 잘한다는 소문을 들은 장 승상 부인은 심청을 양녀로 삼고자 하나 심청은 눈 먼 아버지를 보살펴야 한다며 거절한다. 그러던 어느 날, 심 봉사는 부처님께 바치는 공양미 삼백 석을 시주하면 눈을 뜰 수 있다는 이야기를 듣고, 덥석 공양미를 바치겠다고 약속한 뒤 그 일을 걱정하게 된다. 이에 심청은 상인에게 공양미 삼백 석을 받고 자신의 몸을 팔아 인당수에 몸을 던진다. 물에 빠진 심청은 용궁에서 어머니를 만난 뒤 전생의 일과 앞으로의 운명을 전해 듣고 연꽃에 둘러싸인 채 인당수 물 위로 오른다. 이때 상인들이 돌아오다가 인당수에 떠 있는 연꽃을 발견하여 이를 왕에게 바쳤는데, 왕은 연꽃에서 심청을 발견하고 새 왕비로 맞아들인다. 심청은 심 봉사의 일이 궁금하여 왕에게 맹인 잔치를 열도록 권한다. 맹인 잔치에서 심청과 심 봉사는 다시 만나게 되고, 딸을 만난 기쁨에 심 봉사는 눈을 뜬다.

문제분석　01-04번

번호	정답	정답률(%)	선지별 선택비율(%)				
			①	②	③	④	⑤
1	①	60	60	4	10	17	9
2	③	79	8	4	79	6	3
3	⑤	82	8	3	4	3	82
4	①	89	89	2	4	2	3

01

정답설명

① 초월적 존재는 어떤 한계나 표준을 뛰어 넘는 존재로 문학에서 보통 '신적 존재' 혹은 '기원의 대상'을 지칭한다. 예를 들어 「정과정」에서 화자의 결백을 증명해 주는 '잔월효성(달과 별)', 화자의 소망을 들어주는 대상인 '달', 그리고 고대 신화에서 중매를 관장한다는 신적 존재인 '월하노인' 등이 대표적인 초월적 존재다.

　달에 있는 궁궐인 광한전에서 내려온 '옥진 부인'은 충분히 '초월적 존재'라 볼 수 있다. 고전 소설에서 '초월적 존재'의 발화는 '예언'의 성격을 띠고 있는 경우가 많으니, 특히 신경 써서 독해를 진행해야 한다.

　지문에서는 '옥진 부인'이 "오늘날 나를~어찌 알겠느냐?"와 "후에 다시 만나 즐길 날이 있으리라."라고 하며 심청의 운명을 예고하고 있다.

오답설명

② 심청이 머물고 있는 수궁이라는 공간에 대한 내용은 있지만, 시대적 배경에 대한 내용은 찾을 수 없다. 수궁이 현실적인 공간인가? 아니다. 이곳은 비현실적이고 환상적인 공간이다. 시대적인 배경을 구체적으로 알려 주지도 않았고, 비현실적인 공간 설정으로 인해 오히려 현실감은 떨어진다고 볼 수 있다.

③ 간결한 문체가 되려면 짧은 문장을 많이 사용해야 한다. 지문 초반을 볼까? '사해 용왕이 다 각기 시녀를~상당에는 비단 백 필, 하당에는 진주서 되었다.'까지 한 문장이 여러 줄이 된다. 간결한 문체와는 정반대지? 이렇게 문장이 긴 것은 만연체라고 한다. 일반적으로 만연체를 쓰면 사건의 속도감은 떨어진다.

④ '생동감'은 사건을 대화나 행동을 통해 '간접 제시'하였을 때 나타나는데, 해당 지문에서는 서술자가 상황이나 사건을 독자에게 설명하는 '직접 제시'와 '간접 제시'가 적절히 혼용되고 있으므로 '생동감'은 허용할 수 있다. 하지만 '긴박한 분위기'는 '인물의 위기 상황'에서만 나타난다.

형태쌤의 과외시간

　아래 제시된 선지들은 모두 '인물의 상황'이 위기 상황이 아니기에 오답으로 처리가 되었다. 기억해라. '긴장감', '긴박한 분위기'가 나오면, 일단 형식보다는 내용을 확인하자.

[2005학년도 9평]

– 빠른 장면 전환을 통해 긴박한 분위기를 조성하고 있다.

[2009학년도 수능]

– 빈번한 장면 전환을 통해 인물들 사이의 긴장감을 고조시킨다.

[2010학년도 9평]

– 장면의 빈번한 전환으로 인물 사이의 긴장감을 고조시키고 있다.

[2011학년도 9평]

– 잦은 장면 전환을 통해 긴박한 분위기를 형성하고 있다.

[2012학년도 6평]

– 사건을 생동감 있게 서술하여 긴박한 분위기를 조성하고 있다.

⑤ 독백은 청자 없이 하는 혼잣말이다. 장 승상 댁 부인이 "아아! 슬프다, 심 소저야.~속히 와서 흠향함을 바라노라."라고 말하는 부분에서 독백이 드러난다. 하지만 대화와 함께 반복적으로 교차되지 않았다. 대화가 드러나는 부분은 심청과 옥진 부인이 재회하는 장면인데, 이 부분은 내면 갈등이 드러나는 부분이 아니라, 갈등이 해소되는 부분이라고 보는 것이 더욱 적절하겠다.

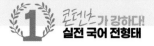
02

정답설명

③ 지문에서 서술자의 개입은 당연히 체크했겠지?

'천지 미물인들 어찌 아니 감동하리.'라는 구절에서 서술자의 개입을 통해 하늘의 감복을 제시하고 있다. 주의해서 봐야 한다. ㉢(맑은 기운)은 장 승상 댁 부인이 도술을 부린 것이 아니라, 장 승상 댁 부인의 간절한 마음에 천지 미물이 감동을 하였음을 의미하는 것이다. ㉢에서 장 승상 댁 부인의 비범한 능력은 확인할 수 없다.

오답설명

① 장 승상 댁 부인은 ㉠(글 족자)에서 물이 흐르고 빛이 변하여 검어지는 것을 통해 심청의 죽음을 짐작하고 탄식하였다. 이후 물이 걷히고 빛이 황홀해지자 심청이 다시 살아났나 생각했다. 물이 흐르고 빛이 검어졌다는 것은 심청이 인당수에 빠진 것을, 물이 걷히고 빛이 황홀해진 것은 수궁에서 다시 살아남을 의미한다고 볼 수 있겠지? 따라서 심청의 생사 여부를 짐작하게 하는 징표로 손색이 없겠다.

② 심청이 물에 빠져 죽었다고 생각하는 장 승상 댁 부인은 ㉡(강가)에 가서 혼을 위로하는 제사를 지냈다. 배를 띄워 제사상을 차리고 슬퍼서 통곡을 하고 보니 안개가 걷히고 화창해지며 가득히 부었던 잔이 반이나 없어졌네? 부인은 이를 소저의 영혼이 다녀간 것이라 생각하고 있다. 부인에게는 ㉡이 심청의 혼을 만날 수 있는 이승과 저승의 경계로 느껴질 것이다.

④ 심청은 ㉣(수궁)에서 옥황상제의 명으로 사해 용왕이 보낸 시녀들의 보살핌을 받고 있다. 주야로 잔치를 베풀고 비단과 진주가 늘어져 있는 상황이 참 부럽구나. 또 얼굴도 몰랐던 어머니를 만나게 되었으니, 이게 보상이 아니면 무엇이겠나.

⑤ 옥진 부인은 "내 끼던 옥지환도 네가 지금 가졌으며~청홍당사 벌매듭도 애고 네가 찼구나."라며 ㉤(옥지환)과 벌매듭을 보고 자신의 딸 심청임을 재차 확인하고 있다.

03

정답설명

⑤ 옥진 부인의 말을 자세히 살펴보자. "내가 너를 보니 반가운 마음이야 너의 부친 너를 잃은 설움에다 비길쏘냐."라는 부분에서는 심청에 대한 반가운 마음과 함께 자식 잃은 심 봉사의 슬픔에 대해 안타까워하는 마음을 확인할 수 있다. 그리고 "너의 부친 가난에 절어 그 모습이 어떠하냐."라며 심 봉사의 안부도 물어보았다. 끝으로 "오늘날 나를 다시 이별하고 너의 부친을 다시 만날 줄을 네가 어찌 알겠느냐?"라며 앞날에 대한 예언도 했다. 하지만 심 봉사의 어리석은 행위에 대한 내용은 찾을 수 없다.

오답설명

① 광한전 옥진 부인이 오신다 하니 수궁이 뒤눕는 듯 용왕이 겁을 내어 사방이 분주했다고 하였다. 이렇게 용왕도 겁을 낼 만큼 지위가 높은 인물의 딸이 심청인 것이다. 이러한 설정은 심청의 위상을 높여 주는 역할을 한다고 보는 것이 적절하다.

② 제사를 지내는 부분을 보면, 배경 묘사가 길게 되어있다. '밤은 깊어 삼경인데 첩첩이 쌓인 안개 산골짜기에 잠겨 있고, 첩첩이 이는 연기 강물에 어리었다.' 이렇게 쓸쓸한 배경 속에서 부인은 제사를 지내며 오열을 하였다. 눈물을 뿌려 통곡을 하니 '밝은 달도 구름 속에 숨어 있고, 사납게 불던 바람도 고요하고, 용왕이 도왔는지 강물도 고요하고, 백사장에 놀던 갈매기도 목을 길게 빼어 꾸루룩 소리 하며, 심상한 어선들은 가던 돛대 머무른다.'라고 묘사하였다. 이렇게 심청의 제사를 지내는 부분에서 슬픈 분위기를 느낄 수 있다.

③ 마을 사람들이 새겨 준 비문의 내용을 살펴보자. '앞 못 보는 아버지 위해 / 제 몸 바쳐 효도하러 용궁에 갔네. / 안개 어린 먼 바다에 마음도 푸르니 / 봄풀에 해마다 한이 가없네.' 강가를 오가는 행인이 비문을 보고 아니 우는 이가 없었다고 하였으니, 심청의 죽음을 안타까워하는 세간의 마음을 보여 준다는 설명은 적절하다.

④ "지금까지 십오 년을 얼굴도 모르오니 천지간 끝없이 깊은 한이 갤 날이 없었습니다.", "손과 발이 고운 것은 어찌 아니 내 딸이랴."와 같이 심청과 옥진 부인이 만나 이야기를 나누는 부분에서 서로에 대한 반가움과 혈연에 대한 친밀감을 느낄 수 있다.

04

정답설명

① '각골통한(刻骨痛恨)'은 '뼈에 사무칠 만큼 원통하고 한스러움.'을 뜻하는 말이다. 심청이 십오 년을 얼굴도 모르고 살아와서 한이 깊다고 하소연을 하고 있으므로, 이 상황에는 '각골통한'이 가장 적절하다.

오답설명

② '물아일체(物我一體)'는 '물질계와 정신계가 어울려 하나가 됨.'을 뜻하는 말이다. 심청과 어머니가 만나서 뭔가 하나를 이룬 것 같아서 골랐다고? 그럼 누가 물질계이고 누가 정신계니. 어머니와 심청을 물질계와 정신계로 구분할 수도 없고, 어머니를 보지 못했던 그동안의 설움과 한을 이야기하고 있는 부분이므로, 상황에 맞는 적절한 표현이 아니다.

③ '이심전심(以心傳心)'은 '말을 하지 않아도 마음과 마음으로 서로 뜻이 통한다.'라는 뜻이다. 심청도 어머니 얼굴을 못 봐서 한이 깊었고, 어머니 역시 심청을 두고 죽으면서 한이 깊었을 수 있다. '둘 다 서로 한이 깊었으니 서로 뜻이 통한 것 아닐까요?'라고 질문할 수 있다. 그런데 밑줄 친 부분을 잘 보자. 해당 부분에서는 심청의 서러움만 나오고 있다. '어머니도 절 그리워하면서 한스러웠겠지요.'와 같은 표현이 있었다면 '이심전심'도 허용해 줄 수 있겠지만, 제시된 부분에는 심청의 한만 드러나므로 허용할 수 없는 것이다.

④ '진퇴양난(進退兩難)'은 '이러지도 저러지도 못하는 어려운 처지'를 말한다. 심청이 이러지도 저러지도 못해서 어려웠다고 했나? 심청은 어머니의 얼굴도 모르고 살아온 것이 깊은 한으로 남은 것이므로 적절하지 않다.

⑤ '천우신조(天佑神助)'는 '하늘이 돕고 신령이 돕는 것'을 말한다. 물에 빠진 심청을 옥황상제와 용왕이 구해 주는 것은 '천우신조'라 할 만하다. 하지만 지금은 자신의 쌓인 한을 이야기하고 있기에 적절하지 않다.

2014학년도 9월B

임춘 - 국순전

지문분석

[지문에서 체크할 것]

※ 공간

사물을 의인화해서 그 일생을 다룬 작품이기에 딱히 사건 전개 과정이 두드러지지 않는다. 따라서 체크할 공간도 뚜렷하게 나타나지 않는다. 이런 지문은 시간의 흐름에 따른 특징 정도를 체크하며 읽어 가면 된다.

※ 서술자의 개입

× / '사신'의 논평이 마지막에 나오긴 하지만, 이는 작가를 대변하는 이일 뿐, 서술자가 직접 나타난 것이 아니기에 서술자의 개입으로 보지 않았다. 문제에서도 '사신이 논평하는 객관적 형식을 활용'했다고 출제하였다.

[전체 줄거리]

국순의 조상 모(보리 牟)는 성품이 맑고 욕심이 없어 백성에게 도움을 주어 높은 벼슬과 국 씨 성을 받았다. 국순의 아버지 주(소주 酎) 또한 출세하여 이름을 떨치다가 대나무 숲으로 돌아가 남은 삶을 보냈다.

국순은 마음이 넓어 사람들에게 많은 사랑을 받았고 국가의 큰일에 참여하게 되었다. 그러나 국순은 자신으로 인해 정치를 제대로 하지 않는 임금에게 올바른 말을 하지 않고 재물을 모으기에 바빴다. 그러던 중 임금이 국순에게 냄새가 난다고 싫어하자 벼슬을 그만두고 집으로 돌아와 곧 죽고 만다. 사신은 그의 잘한 점과 잘못한 점을 평가했다.

문제분석 01-04번

번호	정답	정답률(%)	선지별 선택비율(%)				
			①	②	③	④	⑤
1	③	85	2	8	85	3	2
2	⑤	76	3	11	3	7	76
3	②	87	4	87	4	2	3
4	①	93	93	3	1	1	2

01

정답설명

③ 국순이 섭법사와 담론하여 이름을 알리게 된 일, 벼슬자리에 오른 일, 관상을 잘 보는 이가 높은 벼슬을 얻게 될 것을 예언한 일, 권세를 얻어 임금 가까이에서 지낸 일, 벼슬에서 물러난 일 등을 열거하여 국순이라는 인물의 성격을 드러내고 있다.

오답설명

① 이 작품이 가전체라는 것을 알았다면 더 빠르게 이 선지를 지워낼 수 있었을 것이다. 서술자가 자신의 체험을 직접 서술하는 것은 1인칭 시점을 말한다. 이 소설은 전지적 작가 시점에서 사건을 서술하고 있기에 적절하지 않다.

② 순을 기다리는 사람들의 대화, 임금과 순의 대화 등이 드러난다. 하지만 대화를 통해 작중 정황을 드러낼 뿐, 시·공간적 배경을 드러내고 있지는 않다. 시·공간적 배경은 서술자를 통해 드러난다.

④ 윗글은 시간적 순서대로 인물의 가계와 인물의 일대기를 그리고 있다. 이와 같은 가전체 소설은 대부분 시간적 흐름에 따라 서술되며, 가계 부분, 인물의 행적 부분, 논평 부분으로 나눌 수 있다.

⑤ '갈등'은 항상 쌍방의 대립이 있을 때만 있는 것이 아니다. 한쪽이 일방적으로 싫어하더라도 두 인물은 갈등 관계에 있는 것이다. 지문에서는 국순의 입에서 나는 냄새를 임금이 싫어하니, 국순과 임금 사이에 갈등이 있다고 볼 순 있다. 하지만 이러한 갈등은 권위 있는 인물의 중재로 해소되는 것이 아니라, 국순이 임금의 말을 수용해 벼슬에서 물러나는 것으로 마무리되기에 적절하지 않은 내용이다.

02

정답설명

⑤ 국순이 물러나는 것은 임금이 국순에게 "나이 들고 기운도 없어 나의 부림을 못 견디"는 사람이라고 말했기 때문이다. 쉽게 말해 '나가라'는 것이다. 이러한 상황에서 국순은 임금의 명을 받들어 물러나며, ⑪을 말한 것이다. 따라서 이를 '스스로 물러난 국순의 의지'나 '선조의 뜻을 받들어 자신의 순수했던 성품을 되찾고자' 물러난 것으로 보는 것은 부적절하다.

오답설명

① ㉠의 앞부분에서 '순은 그릇과 도량이 크고 깊었다.'라고 하였다. 그 인품을 '만경창파(萬頃蒼波 : 한없이 넓고 푸른 바다)'에 빗대어 표현한 것으로, 국순이 넓고 깊은 인품을 가졌음을 알 수 있다.

② 산도는 "천하의 백성들을 그르치는 자도 필경 이 아이일 것이다."라면서 국순이 백성들에게 부정적인 영향을 끼칠 것을 예언하였다.

③ 국순은 '평원독우'라는 낮은 벼슬을 하면서 '이 따위 시골 아이들에게 허리를 굽힐 수 없다.'라며 불만족스러운 태도를 보이며 강한 자존심을 내세우고 있다. 또 한편으로는 '내 마땅히 술잔과 술상 사이에 곧추 서서 담론하리라.'라며 더 높은 벼슬로 올라갈 것을 다짐하면서 현재의 처지를 넘어서려는 태도를 보인다.

④ '어진 이와 사귀고 손님을 대접'하였다는 것은 친교 모임에서 역할을 했다는 것을 의미하고, '종묘에 제사를 받드는' 일을 맡아 주관하였다는 것은 공식적인 행사에서 쓰임을 인정받았다는 것을 의미한다.

03

정답설명

② [B]와 [C]가 모두 인물의 행적을 서술하는 부분인 것은 맞다. 하지만 [B]에서는 주인공의 과오를 기술한 것이 아니라, 국순의 이름이 알려지

게 된 계기와 산도의 예언을 다루고 있다. [C]에서는 벼슬을 하게 된 것, 임금의 총애를 받은 것, 국정을 문란하게 한 것, 관직에서 물러나는 것을 시간의 흐름에 따라 기술하고 있다. 따라서 [C]에서 훌륭한 업적을 주로 기술하였다는 것 역시 적절하지 않다.

오답설명

① [A]는 그 조상은 농서 출신이고, 90대 선조가 공이 있었다는 것, 임금의 명으로 예물을 받고, 세상과 더불어 화합하게 된 것을 기술하며 국순의 가문 내력을 소개하고 있다. 90대 선조가 공이 있다는 것과 임금의 명을 받았다는 부분을 통해 유서 깊은 가문 출신이라는 것을 알 수 있다.

③ [C]는 행적에 해당하는 부분으로, 인물의 행동과 말을 통하여 작가가 전달하고자 하는 것을 간접적으로 드러내고 있다. [E]는 논평에 해당하는 부분으로, 작가가 전달하고자 하는 교훈을 요약적으로 제시하고 있다.

④ [D]는 인물의 행적 중 주인공이 죽고 난 후의 이야기를 서술하는 '후일담'에 해당하는 부분이다. 자식은 없었지만 먼 친척이 당나라에서 벼슬에 나아가 번성하였다는 내용을 통해, 국순 가문이 세상에 널리 퍼져 나갔음을 알 수 있다.

⑤ 사신(史臣)은 역사를 기록하는 사람을 말한다. [E] 부분에서는 사신이 논평하는 객관적인 형식을 활용하여 작가 자신의 견해를 드러내고 있다.

04

정답설명

① '함구무언(緘口無言)'은 '입을 다물고 아무 말도 하지 아니한다.'라는 의미이다. 임금이 술에 취하여 정사를 폐하는 상황에서도 간언(옳지 못하거나 잘못된 일을 고치도록 하는 말)을 하지 않는 국순의 모습과 가장 잘 어울리는 표현이다.

오답설명

② '중언부언(重言復言)'은 '한 말을 자꾸 되풀이하는 것'을 의미하는데, '입을 굳게 다문 채'라는 표현과는 어울리지 않는다.

③ '중구난방(衆口難防)'은 '여럿이서 떠들어 대는 모양'을 의미한다. 입을 다무는 것과는 정반대되는 표현이다.

④ '이실직고(以實直告)'는 '사실 그대로 고하는 것'을 의미한다. 국순은 임금이 취해서 정사를 멀리할 때도 임금의 상태를 사실대로 고하지 않고 아무 말도 하지 않았기에 적절하지 않은 표현이다.

⑤ '어불성설(語不成說)'은 '말이 조금도 사리에 맞지 않는 것'을 의미한다. 일단 말을 해야 사리에 맞는지 안 맞는지 판단할 수 있겠지? 국순은 입을 굳게 다물었으므로 어불성설은 어울리지 않는 표현이다.

08 2008학년도 6월

작자 미상 – 임진록

지문분석

[지문에서 체크할 것]

※ 공간
함경도 곡산 김덕령의 집 → 가등청정의 진영

※ 서술자의 개입
아깝도다.

[전체 줄거리]

어느 날 선조가 꿈을 꾸고는 신하들로 하여금 그 꿈을 해몽하라고 하였다. 우의정 최일경은 왜군이 쳐들어올 것이라 해몽하였다. 이에 임금은 태평성대에 요망스런 말을 한다며 그를 동래로 귀양 보내 버렸는데, 귀양지에서 왜침을 목도한 최일경이 조정에 이 사실을 알렸다.

드디어 임진년 3월에 청정, 소서, 평수길 등이 대군을 이끌어 침공했다. 이때, 이순신이 국난을 예측하고 거북선을 만들어 수군을 지휘하여 싸우다 장렬하게 전사하였다. 왜군이 서울을 침공하게 되자, 선조 대왕은 김도경이란 소년이 말고삐를 잡아 줌으로써 간신히 의주로 피난하였다. 왜군은 평양을 점령하였고, 소서는 월선이란 기생을 첩으로 삼았다. 그 사이에 최일경이 의주로 와서 왕과 의논한 결과, 유성룡을 명나라 조정에 보내어 구원군 파견을 요청하도록 결정지었다. 그리고 관운장이 나타나 청정(淸正)을 꾸짖고, 김덕령은 도술을 부려 청정을 곤욕 치르게 하였다.

한편, 최일경은 김응서를 시켜 월선으로 하여금 소서를 암살하도록 하였다. 명나라에 보낸 군대 파견 요청이 실패하자, 관운장이 나타나서 명나라 천자로 하여금 조선에 군사를 파견하게 하였다. 이여송이 압록강에 이르러 물 때문에 건너갈 수 없다고 핑계를 대자, 도술로 강을 육지로 만들고 용탕(龍湯)을 먹여 의주로 안내하였다. 이여송이 선조 대왕을 알현하고 드디어 출전하였다. 이여송과 청정이 승부를 가리지 못하고 있는 가운데, 관운장이 나타나 청정에게 호통하자 이 틈에 청정의 머리를 베었다. 대장을 잃은 왜군은 대패하게 되었고, 곧 본국으로 돌아갔다. 조정에서는 김응서와 강홍립을 대장으로 내세워 왜국의 항서(降書)를 받게 하였다. 두 장군이 가서 도술로 많은 장군을 죽이자 왜왕은 하는 수 없이 화친을 청하였다.

임진왜란이 평정된 지 13년 만에 서산 대사가 꿈을 꾸고 상경하여 선조 대왕을 뵙고, 왜구의 재침략을 막고 묘책을 논의한 끝에 자신의 제자 사명당을 왜국에 보내 강화하게 하였다. 사명당이 생불이라는 소문을 들은 왜왕은 여러 차례로 그를 죽이려 시도하였으나, 사명당은 강력한 도술로 왜왕을 욕보인 후 항서를 받아 돌아온다.

번호	정답	정답률 (%)	선지별 선택비율(%)				
			①	②	③	④	⑤
1	⑤	66	8	7	10	9	66
2	④	66	7	8	9	66	10
3	①	53	53	6	17	15	9

01

정답설명

⑤ 가등청정은 크게 분노하여 김덕령을 "요망한 놈"이라 하며 군졸들로 하여금 그가 지시한 대로 백지를 오려 머리 위에 붙이게 한다. 이는 김덕령의 능력을 두려워해서가 아니라, 그의 능력이 어떤지를 지켜보기 위해서이다.

오답설명

① '공중에서 한 소년이 상복을 입은 채~백지를 거두어 쥐고'에서 확인할 수 있다.

② 어머니의 발화에서 판단의 근거를 체크했다면 한 방에 처리 가능한 오답이다.

거상(居喪) : 상중(喪中)에 있음. / "너는 어찌 무지한 말로 어미를 놀라게 하느냐? 공자는 구 년 거상이요, 군자는 육 년 거상이요, 대부는 삼 년 거상이라. 네 어찌 무슨 지략으로 사정에 어두운 말을 하느냐? 만일 내 말을 거역하면 모자지의를 끊으리라."에서 확인할 수 있다.

③ 상중인 김덕령이 왜적들에게 백지를 오려 군졸 머리 위에 붙이고 기다리라고 하였고, 이후 상복을 입은 소년이 나타나 왜적들을 위협하고 있으므로, 상복을 입은 소년은 김덕령이 둔갑한 인물이라 할 수 있다.

④ 김덕령은 국가에 대한 충성을 중시하여 전쟁터에 나가 신이한 능력을 드러내었으나, 부모에 대한 효도 또한 중시하였기에 재주를 통해 경고만 하고 있을 뿐 전쟁에 적극적으로 참여하고 있지 않다.

02

정답설명

④ 서술자의 개입은 소설에서 필수적으로 찾아야 할 요소 아니니. 지문에서는 '아깝도다.'라고 서술자의 견해가 제시되었지만, 〈보기〉에서는 찾아볼 수 없다.

오답설명

① 〈보기〉의 인물은 자신이 원하는 바가 좌절되었다. 반면 윗글은 전쟁에 직접적으로 참여하지는 않았으나, 왜적들에게 위협을 주었으므로 〈보기〉보다 통쾌한 느낌을 자아낸다고 볼 수 있다.

② 지문에서 김덕령은 어머니의 만류에도 능동적으로 왜적의 진에 찾아가 위협을 하였지만, 〈보기〉의 최척은 의병장의 말에 바로 수긍하였다.

③ 〈보기〉에서는 도술이 등장하지 않는 반면 김덕령은 도술을 부릴 수 있다는 점에서 비현실적이다. 따라서 〈보기〉가 윗글에 비해 사실성이 높

실전 국어 전형태

다는 것을 알 수 있다.
⑤ 지문은 개인보다는 임진왜란이라는 전쟁의 모습을 거시적으로 서술하고
  있다. 이에 비해 〈보기〉에 전시 상황에서 마음대로 집으로 갈 수도, 사
  랑하는 이와 혼례도 치를 수도 없는 개인의 애환이 구체적으로 나타나
  있다.

03

정답설명

① 가등청정이 수문장의 목을 베어 장대에 매닮으로써, 다른 군사들에게
  경계심을 더 갖도록 하는 것이므로, '일벌백계(一罰百戒)'가 정답이다.
  '일벌백계'는 '한 사람을 벌주어 백 사람을 경계(警戒)한다는 뜻으로, 한
  가지 죄와 또는 한 사람을 벌(罰)줌으로써 여러 사람의 경각심을 불러일
  으킴.'을 의미한다.

오답설명

② '유구무언(有口無言)'은 '입은 있으나 말은 없다.'라는 뜻으로, 변명이나
  항변할 말이 없음을 의미한다.
③ '청천벽력(靑天霹靂)'은 '맑게 갠 하늘에서 치는 벼락'이라는 뜻으로 뜻
  밖에 일어난 큰 변고를 뜻한다.
④ '토사구팽(兔死拘烹)'은 '토끼가 죽으면 토끼를 잡던 사냥개가 필요 없게
  되어 주인에게 삶아 먹히게 된다.'라는 뜻으로, 필요할 때는 쓰고 필요
  없을 때에는 야박하게 버리게 되는 경우를 이르는 말이다.
⑤ '비분강개(悲憤慷慨)'는 '슬프고 분해 마음이 북받침.'을 의미한다. 가등
  청정이 몹시 화가 난 것은 사실이지만, 수문장의 목을 벤 것은, 그 행동
  을 통해 다른 군중들의 경각심을 불러일으키는 것이 목적이다. 수문장
  을 베어 장대에 매달아 많은 이들이 보게 한 것을 통해 확인할 수 있다.

memo

09 고전 산문
2008학년도 9월

작자 미상 – 전우치전

지문분석

[지문에서 체크할 것]

※ 공간
　궁

※ 서술자의 개입
　그곳 백성의 참혹한 형상은 이루 붓으로 그리지 못할지라.

[전체 줄거리]

　송도에 사는 전우치라는 사람이 신기한 도술을 얻었으나 재주를 숨기고 산다. 그런데 빈민의 처참한 처지를 보고 참을 수가 없어서 천상 선관으로 가장하여 임금에게 나타나 황금 들보를 만들어 바치라 한다. 황제가 황금 들보를 바치자 그것을 팔아서 곡식을 장만하여 빈민에게 나누어 준다.

　조정에서는 전우치의 이러한 소행을 알고 그를 잡아갔으나 전우치는 용케도 탈출하여 사방을 다니면서 횡포한 무리를 징벌하고 억울하거나 가난한 사람들을 도와준다. 그러다가 자수를 하고 무관 말직을 얻어 도둑의 반란을 평정하는 공을 세운다. 그러나 역적의 혐의를 받자 다시 도망쳐 도술로 세상을 희롱하고 다닌다. 후에 서화담에게 굴복하여 서화담과 함께 산중에 들어가 도를 닦는다.

문제분석 01-04번

번호	정답	정답률 (%)	선지별 선택비율(%)				
			①	②	③	④	⑤
1	②	81	4	81	5	4	6
2	③	61	6	9	61	11	13
3	②	88	4	88	4	2	2
4	④	85	4	3	4	85	4

01

정답설명

② 상세한 일치 여부를 요구하는 고전 소설 문제다.
　정답의 근거는 어렵지 않게 도출된다. 지문의 '이때 우치 문사낭청으로 있더니'에서 잡아낼 수 있다.

오답설명

① **기지(機智)** : 경우에 따라 재치 있게 대응하는 지혜, **국면(局面)** : 어떤 일이 벌어진 장면이나 형편, **타개(打開)** : 매우 어렵거나 막힌 일을 잘 처리하여 해결의 길을 엶. / 그림을 그려 탈출하는 것에서 기지를 발휘하여 어려운 국면을 타개하는 것을 잡아낼 수 있다.

③ "우치 역모함을 짐작하되 나중을 보려 하였더니, 이제 발각되었으니 빨리 잡아오라."에서 확인할 수 있다. 전우치가 역모하리라 짐작하고 있었다.

④ '우치 또한 참다못하여 뜻을 결단하고 집을 버리며 세간을 헤치고, 천하로써 집을 삼고 백성으로써 몸을 삼으려 하더라.'에서 확인할 수 있다.

⑤ "네 전일 나라를 속이고 도처마다 장난함도 용서치 못할 일이거늘, 이제 또 역적죄에 들었으니"에서 확인할 수 있다. 참고로 전일의 뜻은 '일정한 날을 기준으로 한 바로 앞 날'이다.

02

정답설명

③ 〈보기〉와 하나씩 대응하다 보면 쉽게 풀 수 있다.
　득도(得道) : 오묘한 이치나 도를 깨달음. / 설마 '한 달 만에 걷고, 오십 일 만에는 언어를 통달'한 것을 가지고 '득도'라는 말을 허용한 것이니? 차라리 '비범한 능력을 통해 초월적 인물임을 강조했다'고 하면 고민의 여지라도 있지만, '득도의 과정'은 좀 심하지 않았니? [A]와 〈보기〉 모두 우치가 도를 깨달아 가는 과정은 제시되지 않았다.

오답설명

① '신선의 제자가 자신의 덕성을 칭찬하는 꿈을 꾼 후 아들을 얻어서'에 전우치의 태몽이 제시되어 있다. 그리고 '우치는 태어난 지~언어를 통달하였다.'에서 전우치의 신이성을 확인할 수 있다.

② '중보는 재산을 풀어 백성을 구제한 공으로 벼슬을 얻었다.'에서 아버지의 행적을 확인할 수 있고, 꿈속에서 신선의 제자가 중보의 덕성을 칭찬한 뒤 전우치가 태어났으므로, 아버지의 행적이 전우치의 출생과 관련되어 있음을 알 수 있다.

④ '인조 10년에'라고 전우치의 출생 시기가 구체적으로 제시되어 있다. 이렇게 특정 시기가 직접적으로 언급되어 있으면 해당 소설의 인물이 실재 인물인 것처럼 느껴진다. 즉 인물의 역사적 실재성이 부각되는 것이다.

⑤ 전우치의 아버지가 백성을 구제한 공으로 '벼슬'을 얻었고, 벼슬을 얻은 상태에서 아들을 얻었기에, 전우치는 하층 출신이 아니라고 하는 녀석들이 종종 있다. 하지만 〈보기〉의 '근본이 관노였지만'이라는 내용과 선지의 '아버지의 원래 신분을 밝혀'라는 내용을 대응시켜 보면, 전우치의 아버지는 관노 출신의 인물이고, 전우치에게도 관노의 피가 흐른다는 것을 고려할 때 허용할 수 있는 말이다.

03

정답설명

② ㄱ : '나귀 등에 올라 산 동구에 들어가더니 이윽고 간 데 없거늘'에서 잡아낼 수 있겠다.
　ㄷ : 그림을 통해 인물의 비범한 능력을 보여 줬으니, 허용 가능하다.

오답설명

ㄴ : 고민의 여지가 없구나. 전우치는 자신에게 닥친 위기를 도술을 이용하여 벗어난 것이다.

ㄹ : 소설에서 사건을 요약적으로 제시하는 방법에는 1) 서술자의 요약
   적 서술, 2) 등장인물의 대화 내용을 통한 요약적 제시, 3) 노래 가
   사를 통한 요약적 제시 등이 있다.

04

정답설명

④ '각골통한(刻骨痛恨)'은 '뼈에 사무치게 맺힌 원한'을 의미한다.

오답설명

① '침소봉대(針小棒大)'는 '작은 일을 과장해서 말함.'을 의미한다.
② '목불인견(目不忍見)'은 '차마 눈뜨고 볼 수 없는 광경'을 의미한다.
③ '수수방관(袖手傍觀)'은 '간섭하거나 거들지 않고 그대로 버려둠.'을 의
   미한다.
⑤ '기사회생(起死回生)'은 '거의 죽을 뻔하다가 다시 살아남.'을 의미한다.

2013학년도 9월

지문분석

[지문에서 체크할 것]

※ 공간
춘향의 집(공간적 배경은 명확하게 제시되지 않았으나, 장모와 향단을 만난 곳으로 추정되는 장소) → 옥문

※ 서술자의 개입
1) 부른들 대답이나 있을쏘냐.
2) 어찌 아니 한심하랴.

[전체 줄거리]

조선 시대 전라도 남원 지방의 기생 월매의 딸 춘향은 서울에서 내려온 남원 사또의 아들 이몽룡과 만나 사랑하게 된다. 두 사람은 춘향의 집에서 결혼을 약속한 후 행복한 나날을 보낸다. 그러던 어느 날, 몽룡이 아버지를 따라 한양으로 가게 되자, 두 사람은 어쩔 수 없이 이별을 한다. 그 후 새로 남원 사또로 온 변학도는 춘향의 미모에 반해 시중들기를 강요하고, 춘향이가 이를 거역하자 옥에 가두고 갖은 고문을 한다.

한편 서울에 올라간 몽룡은 과거에 합격하여 암행어사가 되어 남원으로 내려온다. 그리고 거지로 변장하여 변 사또의 생일잔치가 한창일 무렵 나타나, 변 사또의 사나운 정치를 비판하는 시를 짓고 사라진다. 심상치 않은 시 내용 때문에 잔치의 흥이 깨지고, 변 사또는 춘향을 처형하려 한다. 이때 몽룡이 암행어사로 나타나 변 사또를 벌하고 춘향을 구한다. 이후 몽룡은 춘향을 서울로 데려가 부인으로 삼고, 둘은 행복하게 살게 된다.

문제분석 01-04번

번호	정답	정답률 (%)	선지별 선택비율(%)				
			①	②	③	④	⑤
1	⑤	95	2	1	1	1	95
2	⑤	47	2	6	10	35	47
3	④	88	3	5	2	88	2
4	②	93	2	93	3	1	1

01

정답설명

⑤ 서술상의 특징을 물어보는 문제는 지문을 거시적으로 볼 수 있어야 한다. 게다가 이처럼 적절한 것을 고르는 문제에서는 지문의 특성을 대표적으로 보여 주는 선지를 골라야 한다. 해당 지문의 대부분은 대화를 통한 간접 제시가 쓰였다. 인물 간의 대화를 통해 춘향이가 옥에

갇혀 고초를 겪고 있으며, 죽을 날을 기다리고 있음을 알 수 있다. 특히 "꿈 가운데 임을 만나 만단정회하였더니, 혹시 서방님께서 기별 왔소? 언제 오신단 소식 왔소?"라는 춘향의 말을 통해서 이몽룡에 대한 간절한 그리움을 알 수 있고, "이내 신세 이리 되어 매에 감겨 죽게 되니"라는 부분에서는 자신의 신세에 대한 한탄이 드러난다. 또한 자신이 죽은 이후에 소망하는 것 등을 이야기하며 주인공이 처한 상황과 내면을 드러내고 있다.

오답설명

① '이때 춘향이 비몽사몽간에 서방님이 오셨는데, 머리에는 금관이요 몸에는 홍삼이라. 상사일념 끝에 만단정회하는 차라' 이 부분은 꿈의 삽입으로 볼 수 있다. 하지만 환상적 분위기를 조성하고 있는 것은 아니다. 가령 꿈의 내용이 그대로 실현되거나, 꿈에서 아이템을 받고 잠에서 깨니 머리맡에 그 아이템이 존재할 경우 꿈을 통해 환상적 분위기를 조성한다고 볼 수 있다. 이몽룡이 나중에 어사의 면모를 드러내긴 하지만 꿈을 깬 직후에는 초라한 모습으로 나타나고 있으니, 꿈을 통한 환상적 분위기를 조성한다고 볼 수 없다.

② '부른들 대답이나 있을쏘냐.', '어찌 아니 한심하랴.' 부분에서 서술자의 직접 개입을 확인할 수 있다. 하지만 이러한 개입으로 인물의 성격을 희화화하고 있지는 않다. 희화화는 풍자에서 주로 쓰이는 방식이고, 어사또(이몽룡)는 풍자의 대상이 아니다.

③ '몽룡이 왔으니 갈등이 해소되겠군.'이라며 단순하게 생각해서는 절대 안 된다. 소설 풀이의 원칙은 출제된 지문에서만 판단하는 것이다. 사건이 시간의 흐름에 따라 순차적으로 진행이 되고 있기는 하지만 출제된 지문에서 갈등이 해소되고 있지 않기에 적절하지 않다. 춘향은 옥에 갇힌 상황에서 벼슬을 하고 내려올 몽룡을 기대하였으나 실상 몽룡은 거지꼴의 차림을 하고 돌아왔다. 몽룡은 "인명이 재천인데 설만들 죽을쏘냐?"라며 신분을 밝히지 않고 춘향이 풀려날 것을 예상하지만, 춘향은 그 상황을 전혀 알지 못하고 자신의 죽음을 예상하고 유언을 남기며 서글퍼하고 있다. 참고로 갈등이 해소되는 것은 결말 부분에서 몽룡이 암행어사로 출두하여 춘향을 구하고 변 사또를 벌하는 부분이다.

④ 우의적이라는 것은 다른 대상에 빗대어 표현하는 것으로, 지문에 제시된 부분에는 우의적인 소재가 등장하지 않았으며, 사건 해결의 실마리를 제공하는 소재도 드러나지 않았다.

02

정답설명

⑤ 춘향의 고향은 남원이고 남원에서 생활하고 있다. 춘향의 조상 묘 역시 남원에 있겠지? 하지만 춘향은 몽룡에게 "한양으로 올려다가 선산발치에 묻어" 달라고 요청을 하고 있다. 죽어서라도 양반가에 묻혀서 신분 상승을 하고 싶은 욕망이 내재된 구절로 볼 수 있다. 따라서 한양에 있는 몽룡의 선산은 춘향이 죽어서 묻히고 싶어 하는 공간이지, 비판하는 공간이 아니다. 게다가 이 선지가 적절하지 않은 결정적인 이유는, 춘향은 '절개를 지키다가' 죽었지만 그것이 자신의 '의지로 인한 선택'이었기 때문이다. 절개를 지키지 않고 수청을 들었으면 얼마든지 살 수 있을 것이다. 춘향이 절개를 지키는 것은 사회의 강요라기보다는 자신

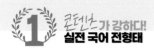
의 주체적인 의지로 볼 수 있기 때문에 적절하지 않은 것이다.

오답설명

① (중략) 이후의 "우리 둘이 처음 만나 놀던 부용당의 적막하고 요적한 데 뉘어 놓고"라는 부분을 통해 '부용당'은 두 사람이 처음 만났던 추억이 어린 공간이라고 할 수 있겠다.

② 춘향은 몽룡에게 자신이 죽거들랑 처음 사랑을 시작했던 그 장소에 자신의 시신을 놓고, 손수 염습하되(서방님께서 직접 제 시체를 닦아 주세요. 춘향이 좀 무섭. ^^;) 혼백을 위로해 달라고 이야기하는 것으로 보아 '부용당'에서 몽룡의 사랑을 다시 확인받고자 한다고 볼 수 있다.

③ '수절원사'란 절개를 지키다가 원통하게 죽었다는 의미이다. 자신의 비석에 그렇게 새겨 달라는 것은 죽어서도 자신의 정절에 대해 보상 받고 자신의 일을 비석에 남기고자 하는 것이다. 따라서 '선산'은 정절에 대한 보상이 이루어지는 공간이라고 할 수 있다.

④ 상당히 난이도가 높은 선지다. 우리가 다들 알고 있는 A급 작품에서는 이 정도로 디테일하게 출제될 수 있음을 기억하자. 자, 그럼 평가원이 어느 정도로 디테일하게 선지를 구성했는지 지문과 함께 하나하나 살펴보자.

춘향전의 주제는 다들 알다시피 '춘향이의 절개와 사랑'이다. 하지만 '이몽룡'이 동네 말뚝이였다면, 춘향이가 그토록 애절하게 절개를 지켰을까? 여기서 춘향전의 이면적 주제가 나온다. 바로 '신분 상승의 욕망'이다. 기생의 딸로 신분이 낮은 춘향이 이몽룡과 결혼하면 자연스럽게 신분이 상승될 수 있고, 이는 당대 민중들의 소망인 것이다.

ⓛ의 앞으로 가 보자. 지금은 대충 염습하고, 나중에 몽룡이 높은 벼슬에 오르면 다시 염습해서 몽룡의 선산에 묻어달라고 한다. 지금은 별 볼 일 없는 남자의 여인으로 죽지만, 나중에 몽룡이 높은 벼슬에 오르면 높은 벼슬아치의 아내로 죽을 수 있다.

이제 ⓛ의 뒤로 가 보자. '신원'은 가슴에 맺힌 원한을 풀어 버리는 것을 의미한다. 몽룡에게 선산(조상들이 대대로 묻히는 무덤이나 산)에 묻어 신원이나 해달라고 이야기하는 부분을 통해 '선산'에 묻는 것이 춘향의 한을 풀어 주는 것임을 짐작할 수 있겠다. 기생의 신분으로 양반들의 선산에 묻히는 것은 춘향의 신분 상승을 의미한다. 즉, 춘향이는 죽어서라도 신분 상승의 꿈을 이루어 신분 상승의 한을 풀려는 것이다. 따라서 ⓛ은 신분 상승에 대한 춘향이의 한이 풀어지는 공간이며, 신분 상승을 상징하는 공간이 되는 것이다.

03

정답설명

④ "너의 서방인지 남방인지, 걸인 하나 내려왔다!"라는 '춘향 모친'의 말에서는 걸인의 모습으로 돌아온 어사또에 대한 불편한 심기를 느낄 수 있다. 만약 어사또가 근사한 모습으로 왔다면, "아이고, 어사또님, 오셨습니까. 얼마나 기다렸는지 아십니까. 어서 춘향이를 만나러 가시지요. 춘향아~ 네가 그토록 기다리던 어사또님께서 오셨단다."와 같이 극진하게 모시며 이야기를 했을 것이다. 덧붙여, "서방인지 남방인지"라는 이 구절은 언어유희(동음이의어나 발음의 유사성을 통한 말장난)가 드러나는 대표적인 문장으로, 반드시 알아 두어야 한다.

오답설명

① 어사또는 "여보 장모! 춘향이나 좀 보아야제?"와 같이 장모에게 말을 낮추고 있다. 반면 춘향 모친은 "그러지요. 서방님이 춘향을 아니 보아서야 인정이라 하오리까?"와 같이 높임 표현을 사용하고 있다. 이유는 어사또는 양반의 신분이고, 춘향 모친은 기생의 신분이기 때문이다.

② 춘향은 몽룡의 목소리가 들리자, 그가 정말 왔을 것이라고는 생각하지 못하고, "잠결인가, 꿈결인가?"하며 의심스러워하고 있다. 따라서 이 부분은 어사또에 대한 그리움이 나타난다는 부분은 허용할 수 있지만 자책은 드러나지 않기에 적절하지 않다.

③ 춘향은 모친에게 "몹쓸 딸자식 생각하와 천방지방 다니다가 낙상하기 쉽소."라고 이야기하며 모친의 건강을 염려하고 있다. 춘향을 보러 찾아오다가 행여라도 넘어지거나 다쳐서 건강을 잃을까봐 염려하고 있는 것으로, 모친에 대한 원망이 드러난다는 설명은 적절하지 않다.

⑤ "내 몸 하나 죽는 것은 설운 마음 없소마는 서방님 이 지경이 웬일이오?"라는 것은 자문자답이 아니라, 몽룡에게 이렇게 돌아온 연유를 묻고 있는 것이다. 또한 어사또에 대한 믿음도 찾아 볼 수 없다. "서방님 이 지경이 웬일이오?"라는 표현을 통해 오히려 서방님에 대한 걱정스러움과 실망스러운 마음이 동시에 드러난다고 할 수 있다.

04

정답설명

② '오매불망(寤寐不忘)'은 '자나 깨나 잊지 못함.'을 뜻하는 말로, 이별 후에 자나 누우나 임을 그리워하는 춘향의 상황에 가장 적절한 표현이다.

오답설명

① '동병상련(同病相憐)'은 '같은 병을 앓는 사람끼리 서로 가엾게 여긴다.'라는 뜻으로, 어려운 처지에 있는 사람끼리 서로 가엾게 여김을 이르는 말이다. 춘향은 이별 후에 서방님을 그리워했음을 이야기하고 있는 상황이다. 혹시 앞부분 '나의 모녀'를 보고 서로 함께 가슴 아파했기에 동병상련이 아니냐고 묻는다면, 춘향 모친과 춘향이가 같은 처지에 있는 것인지 묻고 싶구나. 춘향은 이별한 임을 그리워하는 상황이고, 춘향의 모친은 서방을 기다리는 자식을 보면서 안타까워하는 상황이기에 서로 같은 처지라고 보기 어렵다. 또한 밑줄 부분인 '자나 누우나 임 그리워'와 관련된 표현을 찾아야 하므로 '동병상련'은 적절하지 않다.

③ '이심전심(以心傳心)'은 '마음과 마음으로 서로 뜻이 통함.'을 이르는 말이다. 춘향이 혼자서 몽룡을 외롭게 기다린 상황을 이야기하고 있으므로 이심전심은 어울리지 않는다.

④ '조변석개(朝變夕改)'는 '아침저녁으로 뜯어 고친다.'라는 뜻으로, 계획이나 결정 따위를 일관성이 없이 자주 고침을 이르는 말이다. 춘향은 자나 깨나 한결같이 임을 그리는 태도를 보였기에, 조변석개는 정반대되는 표현이다.

⑤ '풍수지탄(風樹之嘆)'은 '효도를 다하지 못한 채 어버이를 여읜 자식의 슬픔'을 이르는 말이다. 떠난 임을 그리워했던 내용을 말하고 있는 상황에서 어버이에 대한 슬픔은 뜬금없지 않은가. 상황에 적절하지 않은 표현이다.

11 2013학년도 11월

작자 미상 – 금방울전

지문분석

[지문에서 체크할 것]

※ 공간
막 씨의 집(초막) → 장 공의 집

※ 서술자의 개입
×

[전체 줄거리]

해룡은 동해 용왕의 아들이고 금령은 남해 용왕의 딸이었다. 이 둘은 혼인을 하고 신행길에 나섰다가 요괴의 공격을 받아 남해 용왕의 딸은 죽고 동해 용왕의 아들은 장 공 부인의 몸속으로 피신한다. 그후 동해 용왕의 아들은 장 공의 아들 해룡으로, 남해 용왕의 딸은 과부 막 씨에게서 금방울로 태어난다. 금방울은 여러 재주로 어머니인 막 씨를 도와 온갖 어려움을 극복한다. 금방울은 장 공 부인이 병을 얻었을 때 부인의 생명을 구해준 일이 있었는데 이를 계기로 장 공 부부와 막 씨는 인연을 맺게 되고 금방울은 장 공 부부의 사랑을 받는다.

한편 해룡은 세 살 때 피난을 가다가 부모를 잃는 등의 여러 번 죽을 고비를 맞았으나 그때마다 금방울의 도움을 받아 살아난다. 또한 지하국에 사는 요괴에게 납치된 금선공주를 구한 뒤 공주와 혼인하여 황제의 사위가 된다. 그 후 금방울은 액운이 끝나자 허물을 벗고 아름다운 여인으로 변한다. 황제는 금방울을 양녀로 삼아 금령공주라 부르고 해룡과 혼인시킨다. 해룡은 두 부인과 함께 부귀공명을 누리며 행복하게 살다가 하늘로 올라가 신선이 된다.

문제분석 01-04번

번호	정답	정답률 (%)	선지별 선택비율(%)				
			①	②	③	④	⑤
1	②	95	2	95	1	1	1
2	④	47	2	6	10	47	35
3	①	88	88	5	2	3	2
4	①	93	93	2	3	1	1

01

정답설명

② '장 공이 뇌양에 온 후로 몸이 평안하나~더불어 슬퍼하더니' 부분은 요약적 제시에 해당한다. 그리고 "첩의 팔자 기박하여~길이 보중하소서."는 등장인물의 말로 간접 제시에 해당한다. 이를 통해 사건의 경과를 드러내고 있으므로 선지의 내용은 적절하다.

오답설명

① 이 소설은 서술자가 작품 밖에 있는 3인칭 전지적 작가 시점이다. 따라서 주인공으로 등장한다는 것도 적절하지 않고, 자신의 체험을 사실적으로 서술한다는 내용도 적절하지 않다. 서술자가 주인공으로 등장하여 자신의 체험을 서술하는 것은 '1인칭 주인공 시점'의 특징이다. 고전 소설은 대부분 3인칭 전지적 작가 시점이다.

③ [A]에는 인물 간의 갈등이 드러나지 않는다. 오히려 금방울은 '보은초'를 놓고 가며 은혜를 갚고 있기에 갈등이 아니라 감사의 마음이 드러난다고 보는 것이 적절하다.

④ 장 공의 집이라는 것을 추측할 수는 있으나, 배경에 대한 묘사나 언급은 직접적으로 드러나지 않는다.

⑤ [A]에 등장하는 인물은 '장 공'과 '부인', '금방울'인데 이 중에는 부정적인 인물이 없다. 따라서 부정적 인물에 대한 비판 의식을 표현한다는 것은 적절하지 않은 설명이다. 첫 부분에 막 씨를 제압한다는 부분이 있어서 '장 공'을 부정적으로 해석할 여지가 있으나 이후에 이어지는 장 공의 행동으로 보아 장 공을 부정적인 인물로 볼 수 없다.

02

정답설명

④ 금방울의 보은초로 인해 부인의 병세가 회복되어 부인은 막 씨에게 감사하며 형제를 맺었다고 하였다. 따라서 '집'은 막 씨와 장 공 부인의 갈등이 심화되는 공간이 아니라, 둘의 사이가 더욱 '돈독해지는 공간'이라고 할 수 있다.

오답설명

① 초막은 말 그대로 초가로 지은 집을 이야기한다. 막 씨가 아이를 낳을 당시의 빈곤하고 힘겨운 상황을 알려 준다고 할 수 있다.

② 불을 땔 때에 아궁이에 넣었는데 금빛이 더욱 씩씩하고 향내가 진동하였다고 했다. 일반적인 상황이라면 불 속에서 타버려야 하는데, 더욱 향기를 풍기고 빛이 나는 것은 금방울의 신이한 면모라고 할 수 있다.

③ 정문은 효자나 열녀들을 표창하기 위해 집 앞에 세우던 붉은 문을 의미한다. 장 공이 막 씨의 효행을 듣고 뉘우쳐서 효행에 대한 정문을 세워 달마다 돈까지 주며 일생을 편안하게 해 주었다. 따라서 정문은 '효행에 대한 사회적 보상'이라고 볼 수 있다.

⑤ '내가 그의 이름을 불러 주기 전에는 / 그는 다만 하나의 몸짓에 지나지 않았다. 내가 그의 이름을 불러주었을 때 / 그는 나에게로 와서 꽃이 되었다.' 김춘수의 「꽃」이라는 시다. 한 번쯤은 들어봤겠지? 이름을 붙인다는 것은 존재를 인정받음을 의미한다. 그동안 이름 없이 존재하던 금방울이 '금령'이라는 이름을 통해 인격체이자 가족이라는 지위를 획득하였고, 존재 가치를 인정받았다고 볼 수 있다.

03

정답설명

① 〈보기〉에서 금방울은 태어나자마자 어머니로부터 시련을 겪었다고 하였다. 따라서 금방울을 낳고 막 씨가 크게 놀라 괴이하게 여기며 손으로

누르고 돌로 깨쳤던 것은 태어나자마자 겪었던 시련으로 볼 수 있다. 그리고 '집어다가 멀리 버리고 돌아보니'라는 부분에서 버리려는 의도를 확인할 수 있다.

오답설명

② ①번에서 설명한 바와 같이 막 씨는 금방울을 낳고 크게 놀라 해치려 하였다. 버리기도 하고, 물에 던지기도 하고, 터뜨리려고도 하였는데, 이는 〈보기〉에서 설명한 어머니로부터 시련을 겪는 내용에 해당된다.

③ 물에 버려도 떠오르고, 불에 넣어도 더욱 향내가 나고 빛을 냈으며, 거듭 버려도 여전히 굴러 따라오는 것은 〈보기〉에서 설명한 '방울의 모습을 한 채로 자신의 의지를 지니고 다양한 능력을 발휘'하는 것으로 볼 수 있다.

④ 방울의 모습을 하고도 나는 새도 잡고, 산을 평지처럼 올랐다는 것은 일반적으로 하기 힘든 것이다. 이러한 것을 사람도 아닌 방울의 형상이 해냈다는 것은 금방울이 다양한 능력을 지님을 뜻한다.

⑤ 〈보기〉에서 금방울은 '주인공이면서도 타인을 돕는 조력자로서의 모습을 강하게 지닌다'고 설명하였다. 금방울이 보은초를 통해 장 공의 부인을 살려 내는 부분은 조력자로서의 성격이 드러난 것이라고 볼 수 있다.

04

정답설명

① "구천에 돌아간들 어찌 눈을 감으리오?"는 한이 너무 깊어 죽어서도 눈을 감을 수가 없다는 표현이다. '각골통한(刻骨痛恨)'은 '뼈에 사무칠 만큼 원통하고 한스러운 일'을 말하므로, 이 상황에 가장 적절한 표현이다.

오답설명

② '구사일생(九死一生)'은 '아홉 번 죽을 뻔하다 한 번 살아난다.'라는 뜻으로, 죽을 고비를 여러 차례 넘기고 겨우 살아남을 이르는 말이다. 한이 깊다는 표현과는 어울리지 않는다.

③ '사필귀정(事必歸正)'은 '모든 일은 반드시 바른길로 돌아간다.'라는 의미로 한스러운 상황과는 전혀 관련이 없는 표현이다.

④ '순망치한(脣亡齒寒)'은 '입술이 없으면 이가 시리다.'라는 뜻으로, 서로 이해관계가 밀접한 사이에 어느 한쪽이 망하면 다른 한쪽도 그 영향을 받아 온전하기 어려움을 이르는 말이다. ⓐ에서는 서로 이해관계가 얽혀있는 인물 관계가 드러나지 않고, 자신의 한스러움을 이야기 하고 있으므로 적절하지 않다.

⑤ '연목구어(緣木求魚)'는 '나무에 올라가서 물고기를 구한다.'라는 뜻으로, 도저히 불가능한 일을 굳이 하려 함을 비유적으로 이르는 말이다.

박지원 - 호질

지문분석

[지문에서 체크할 것]

※ 공간
　동리자의 집 → 들판

※ 서술자의 개입
　×

[전체 줄거리]

　어느 깊은 산속에서 저녁 무렵 호랑이가 부하들을 모아놓고 저녁거리에 대한 의논을 한다. 사람을 잡아먹으려 하지만 마땅한 것이 없다. 의원은 의심이 많은 자이고, 무당은 속이는 자라서 불결하게 느껴진다. 그래서 깨끗하다는 선비를 잡아먹기로 결정을 한다. 이때에 정(鄭)나라 어느 고을에 존경 받는 북곽 선생이 있었다. 그런데 북곽 선생은 이웃 동네에 사는 동리자라는 과부와 몰래 만나는 사이였다. 그 과부에게는 성 씨가 다른 5명의 아들들이 있었는데, 어머니의 방에서 남자 음성이 들리자 방을 엿보게 된다. 그리고 북곽 선생을 발견하게 되는데, 존경 받는 북곽 선생이 한밤중에 과부의 방에 있을 리가 없다고 생각한 아들들은 여우가 변신한 것으로 생각한다. 그래서 여우를 잡으려고 어머니의 방을 습격한다. 그러자 북곽 선생은 허겁지겁 도망치다가 그만 들판의 똥구덩이에 빠진다. 그리고 구덩이에서 나오자 눈앞에 호랑이가 나타났다. 북곽 선생이 살기 위해 온갖 아첨을 하자, 호랑이가 도리어 유학자의 위선과 아첨 등에 대하여 꾸짖는다. 북곽 선생은 머리를 조아리며 목숨만 살려 주기를 빌었는데, 어느새 날이 새어 호랑이는 사라졌고, 농부가 나와 있었다. 이에 북곽 선생은 하늘을 공경하고 땅을 조심하고 있었다고 위선적인 모습을 보인다.

문제분석 01-04번

번호	정답	정답률 (%)	선지별 선택비율(%)				
			①	②	③	④	⑤
1	③	93	2	1	93	3	1
2	⑤	84	2	2	3	9	84
3	②	79	2	79	13	2	4
4	①	84	84	4	4	4	4

01

정답설명

③ 문단별로 끊어서 지문의 특성을 확인하게 하는 문제로, 서술상의 특징 문제의 변형 문제라고 볼 수 있다. 하지만 풀이 과정 등은 큰 차이가 없다. 기존의 문제가 지문 전체를 거시적으로 봐야한다면, 이 문제는 문단별 비교가 필요해서 좀 더 시간이 걸린다는 것 정도의 차이일 뿐이다.

(다)와 (라)는 명확한 '인과 관계'를 가지고 있다. (다)에서 다섯 아들이 북곽 선생을 여우로 간주한 사실은 (라)에서 북곽 선생이 봉변을 당하는 사건의 계기가 된다. 따라서 (다)는 (라)의 계기라고 볼 수 있다.

오답설명

① (가)에서는 북곽 선생과 동리자에 대한 일반적인 평가를 서술하였고, (나)에서는 그 평가와 달리 둘이 몰래 만나고 있는 부분을 서술하였다. 두 부분에서는 모두 인물간의 갈등이 드러나지 않는다. 인물 간의 갈등 관계는 다섯 아들이 북곽 선생을 여우로 오해하고 잡으려는 부분에서 드러난다고 볼 수 있겠다.

② (나)에는 다섯 아들과 북곽 선생, 동리자의 말이 드러나고, (다)에서는 다섯 아들이 서로 수군대는 대화가 드러난다. 두 문단 모두 서술자가 직접 서술하기보다는 인물의 말과 행동을 통해 보여 주는 간접 제시가 주로 쓰였구나.

④ (라)에서는 도망치는 북곽 선생의 행위를 보여 주었고, (마)에서는 범에게 아첨하는 북곽 선생과 범의 대화를 보여 주었으나, 이러한 행위와 대화로 인해 갈등이 해결되었나? 오히려 북곽 선생의 아첨하는 말로 인해 범과의 갈등은 더욱 깊어졌다고 볼 수 있겠다.

⑤ '구조 면에서 호응'하기 위해서는 반드시 '동일 공간'이나 '동일 소재', '동일 행위' 등의 '호응하는 요소'가 있어야 한다. 그러나 (가)와 (마) 사이에는 '호응하는 요소'를 찾을 수가 없구나.

02

정답설명

⑤ 들판에 대고 절을 하면서 농부에게는 하늘을 공경해서 감히 고개를 들 수 없다는 헛소리를 하고 있지? 북곽 선생이 자신을 성찰하는 것이 아니라, 범에게 무릎을 조아리고 빌었던 모습이 부끄러워서 감추기 위한 '위선적인 태도'를 보이는 공간이라고 볼 수 있다.

오답설명

① 북곽 선생과 동리자는 모두 천자가 가상히 여기고 제후가 사모하는 인물이다. 하지만 북곽 선생은 '과부의 문에는 함부로 들지 않는다.'라는 예법을 무시하고 동리자와 비밀스럽게 만나고 있고, 동리자도 다섯 아들이 저마다 다른 성을 지니고 있다는 것을 통해 정숙한 과부가 아니라는 것을 알 수 있다. 따라서 '밤'이라는 시간은 둘의 위선적인 모습이 벗겨지고 본색이 드러나는 시간으로 볼 수 있겠다.

② '방'에서 북곽 선생은 시를 읊고 있는데, 시의 내용을 보면, 마음속에 일어나는 '흥(興)'의 정서(=욕망)를 드러내고 있다. 이를 통해 '방'에서 북곽 선생이 동리자에 대한 욕망을 표출하고 있다고 볼 수 있다. 어디서 욕망이 느껴지냐고? '원앙'은 예로부터 부부 사이의 금실을 상징하는 새이며, '반딧불'은 밤에 반짝이며 로맨틱한 분위기를 더해준다. 이렇게 시를 해석해 보면 충분히 욕망이 느껴지지?

③ 북곽 선생이 빠진 구덩이는 똥이 가득 차 있는 곳이다. 똥을 뒤집어 쓴 북곽 선생의 모습은 "타락한 그의 모습을 대변하는 것"이라고 할 수 있겠다.

④ 아침이 되어서 마침 밭을 갈러 온 농부를 보며, 다시 위선적인 모습을 보이며 자신의 행위는 하늘을 공경하고 있는 것이라고 둘러댄다. 자신

의 타락과 부정에 대해 반성하는 모습이 아니라 핑계를 대며 상황을 벗어나는 모습에서 다시 한 번 북곽 선생의 위선적인 모습을 확인할 수 있구나.

(마)와 (바)에서 북곽 선생은 범에게 아첨하면서 "저 같은 하토의 천한 신하는 감히 아랫자리에 서옵니다."라고 말하고 머리를 거듭 조아린다. 이런 부분에서 전전긍긍하는 북곽 선생의 태도를 찾을 수 있다.

03

정답설명

② 〈보기〉에서 '여우=북곽 선생'이라는 포인트를 잡았다면, 지문의 내용과 하나씩 대응시키며 풀이를 하면 된다.

정답은 허무할 정도로 쉽게 나온다. (가)의 '벼슬에 뜻이 없는 선비'를 보면 북곽 선생이 벼슬을 하지 않았음을 알 수 있다.

(다)만 보고 문제를 푸는 성급함만 아니었다면 쉽게 해결할 수 있었으리라.

오답설명

① '여우가 사람 시늉을 한다'는 것은 곧 '여우'인 북곽 선생이 선비가 아닌데 선비 시늉을 한다는 것으로 볼 수 있다.

③ 북곽 선생이 자신의 치부를 감추는 행위와 그림자를 감추려는 여우의 행동을 대응시킬 수 있겠지.

④ 북곽 선생이 범 앞에서 비위를 맞추는 행동은 '여우의 꼬리를 얻으면 애교를 잘 부린다'는 행동과 연결할 수 있다.

⑤ '여우'가 북곽 선생을 의미하므로 여우를 죽이자는 것은 북곽 선생이 봉변을 당할 것이라는 게지.

04

정답설명

① '자화자찬(自畫自讚)'은 '자기가 그린 그림을 스스로 칭찬한다.'라는 뜻으로, 자기가 한 일을 스스로 자랑함을 이르는 말이다. (바) 단락에서 농부와 대화를 나누는 북곽 선생의 모습에서 느낄 수 있는 것은 '허위와 위선'이지 자화자찬은 아니다.

오답설명

② '감언이설(甘言利說)'은 '귀가 솔깃하도록 남의 비위를 맞추거나 이로운 조건을 내세워 꾀는 말'이다. (마)에서 "범님의 덕은 지극하시지요. 대인은 그 변화를 본받고~그 위엄을 취합니다."라고 범에게 아첨하는 부분에서 감언이설의 태도를 확인할 수 있다.

③ '임기응변(臨機應變)'은 '그때그때 처한 사태에 맞추어 즉각 그 자리에서 결정하거나 처리하는 것'을 뜻한다. (라)에서 다섯 아들이 쳐들어오자 자기를 알아볼까 두려워하며 이상한 모습으로 내닫는 모습에서 확인할 수 있다. 또한 (마)에서 살기 위해 범에게 아첨을 하는 모습, (바)에서 농부에게 절하는 모습을 들키자 하늘을 공경하는 것이라고 둘러대는 모습에서 임기응변의 태도를 확인할 수 있다.

④ '대경실색(大驚失色)'은 '몹시 놀라 얼굴빛이 하얗게 질림.'을 뜻하는데, (라)에서 다섯 아들이 쳐들어왔을 때 크게 놀라서 도망치는 부분에서 확인할 수 있다. 또한 (마)에서 구덩이에서 간신히 기어올라 머리를 내밀었는데 범이 길을 막고 있는 상황도 대경실색할 만한 상황이겠지?

⑤ '전전긍긍(戰戰兢兢)'은 '몹시 두려워서 벌벌 떨며 조심함.'을 의미한다.

13 고전 산문

2017학년도 6월

조위한 – 최척전

지문분석

[지문에서 체크할 것]

※ 공간

안남(베트남)의 강어귀 → 일본인 배 → 모래밭

※ 서술자의 개입

× / '눈에서는 눈물이 다하자 피가 흘러내려 서로를 볼 수도 없을 지경이었다.' 이 부분은 장면에 대한 서술·제시일 뿐, 서술자가 개입해서 판단이나 정서를 드러낸 구절이 아니다.

[전체 줄거리]

최척은 전라도 남원의 쇠락한 양반가의 아들로, 어릴 적 어머니를 여의고 홀아버지와 살았다. 최척은 아버지의 충고로 정상사 문하에서 공부를 시작한 지 몇 달 만에 학문 수준을 크게 높였는데, 이때 최척의 글 읽는 소리를 듣게 된 옥영이 최척에게 쪽지를 건넨다. 이후 마음이 통한 최척과 옥영은 혼사를 추진하게 되는데, 최척 집안의 가난함이 결연의 장애가 되고 만다. 옥영은 최척의 인물됨을 근거로 어머니를 설득하고, 결국 혼인날을 잡게 되었으나, 남원에서 의병이 일어 말타기와 활쏘기에 능했던 최척은 의병으로 뽑힌다. 최척은 의병장에게 혼인을 이유로 휴가를 요구했으나, 의병장은 허가해 주지 않고, 양부자가 옥영과 자신의 혼인을 추진한다. 옥영은 어머니 심씨에게 거부 의사를 표하지만, 심씨는 딸을 책망하고, 그날 옥영은 자결을 시도한다. 옥영은 겨우 목숨을 부지하고, 이후 양가와의 혼사는 무산된다. 한편 이 이야기를 서신을 통해 알게 된 최척의 병세가 위독해지자, 의병장은 최척의 귀가를 허락한다. 겨우 혼인을 올린 최척과 옥영은 대를 이을 아들을 얻기 위해 불공을 드리고, 옥영의 꿈에 부처님이 나타나 아들을 점지하고, 아들 몽석이 태어난다.

이후 정유재란이 일어나 옥영은 왜병의 포로가 되는데, 한 늙은 왜인(돈우)이 옥영에게 친절히 대하며, 자신의 집에서 생활하도록 한다. 옥영은 수차례 자결을 시도했으나, 꿈에 부처님이 나타나 죽지 말고 후일을 도모하라고 한다. 옥영은 부처님을 믿고, 남장하여 연약한 남자인 양 생활한다. 돈우는 중국을 다니며 장사하는 상인으로, 옥영은 돈우와 함께 배에서 생활한다. 그때쯤 최척은 요흥부에서 여공과 함께 형제처럼 지낸다. 여공이 병들어 죽자 최척은 세상을 떠돌아다닌다. 그러다가 도술을 배우기 위해 촉으로 가고자 한다. 그러던 중 송우라는 사람을 만나 친구가 되고, 최척은 결국 송우와 함께 안남(베트남)을 왕래하게 된다.

그러던 중 최척은 왜선에서 들려오는 구슬픈 염불 소리를 듣고, 피리를 분다. 왜선에 있던 옥영은 최척의 피리 소리를 듣고, 한시를 읊는다. 옥영의 시 읊는 소리를 들은 최척은 다음 날 아침 왜선을 찾아간다. 왜선에서 최척과 옥영은 재회하고, 사람들은 경탄한다. 모든 상황을 알게 된 돈우는 옥영에게 은자를 주었고, 다른 사람들도 이들에게 금은을 주며 축하한다. 최척과 옥영은 송우의 고향으로 함께 와서

살다가 둘째 몽선을 낳는다. 이후 최척은 명나라 군사로 출전하게 되고, 포로가 된다. 최척은 그곳에서 몽선을 만나 조선으로 탈출한다.

최척이 죽은 줄 알았던 옥영은 또다시 죽기를 희망한다. 그러나 꿈에 부처님이 나타나 후에 반드시 좋은 일이 있을 것이라고 말하자, 옥영은 몽선 내외와 함께 배를 타고 조선으로 가기로 한다. 조선을 향해 떠난 세 가족은 해적을 만나 배를 빼앗긴다. 옥영은 자결을 결심하고, 몽선 내외는 이를 말린다. 이후 옥영의 꿈에 다시 부처님이 등장하고, 세 사람은 염불을 왼다. 이틀 후 조선의 무역선이 이들 앞에 나타나고, 이들은 그 배로 순천에 도착하게 된다. 이들은 남원의 옛집에 도착하고, 최척과 남은 가족들과 재회하게 된다. 최척과 옥영은 부모를 받들고 자녀를 돌보며 행복하게 산다.

문제분석 01-03번

번호	정답	정답률 (%)	선지별 선택비율(%)				
			①	②	③	④	⑤
1	②	80	10	80	5	3	2
2	⑤	81	4	5	6	4	81
3	②	69	4	69	12	6	9

01

정답설명

② 옥영이 배 안에서 칠언절구의 시를 읊었는데, 그 시를 들은 최척은 "내 아내가 손수 지은 것이라네. 다른 사람은 평생 저 시를 들어도 절대 알아내지 못할 것일세."라고 이야기한다. 옥영도 최척의 피리 소리를 듣고 '조선의 곡조인 데다 평소에 익히 들었던 것과 너무나 흡사하여서 남편 생각에 감회가 일어' 시를 읊게 된다. 이렇게 두 사람의 재회는 두 인물이 공유하고 있는 '시'와 '피리 소리'라는 과거의 기억을 매개로 하여 이루어진다.

오답설명

① 돈우가 옥영에게 도움을 주기는 하지만, 돈우는 일본인이므로 동포라고 할 수 없다. 또한 옥영과 최척이 재회한 후에 도움을 주었으므로 '동포의 도움을 통해' 우연히 재회하였다는 설명은 적절하지 않다.

③ 최척과 옥영이 주변 사람들과 우호적인 관계를 맺고 있다고 볼 수 있지만, 주변 사람들에게 베푼 자비로 인해 재회가 이루어지지는 않는다.

④ '온 가족이 왜군에게 포로로 잡혀간 일을 말하자, 배 안에 있던 사람들 가운데 비탄에 젖지 않은 사람이 없었다.'라는 부분을 통해 전쟁으로 인하여 우여곡절을 겪었다는 것을 알 수 있다. 돈우가 옥영이 아낙네인 것을 몰랐기 때문에 '오해'했다고 할 수 있지만, 그로 인해 우여곡절을 겪은 것은 아니다.

⑤ 최척과 옥영을 지켜보던 사람들은 모두 비탄에 젖고, 슬퍼하며 눈물을 닦았다고 하였다. 또한 일부에게 의구심을 유발한다는 내용은 찾을 수 없다.

02

정답설명

⑤ 최척은 밤에 시를 읊는 소리를 듣고 아내인가 확인하고 싶었지만 깊은 밤에 시끄럽게 굴면 사람들이 동요할까 걱정하여 아침에 조용히 물어보기로 하였다. 아내일지 궁금해하며 앉은 채로 아침이 되기를 기다리는 부분에서 이야기의 긴장감이 드러난다. 아침이 되어 아내인 것을 확인하고 극적으로 상봉하면서 긴장감은 해소된다.

오답설명

① 밤에는 피리 소리와 시 읊는 소리를 통해 서로를 그리워하고 교감한다고 할 수 있다. 하지만 옥영과 최척을 초월적인 존재라고 볼 수 없다. 또한 최척이 아침에는 아내를 만나 상봉을 하기에 현실적인 문제와 대결하는 시간이 아니라 문제를 해결하는 시간이라고 볼 수 있다.

② 아내를 그리워하며 궁금해하는 시간을 위기 상황이라 할 수 있을까? 또 아침이 되어 아내와 상봉할 때에도 최척이 일본인 배로 가서 직접 시를 읊었던 사람에 대해 물었으므로, 조력자의 등장 역시 확인할 수 없다.

③ 최척은 깊은 밤에 아내가 손수 지은 시구를 듣고, 시구를 읊은 사람이 누구인지 다음 날 아침에 알아보고자 하였다. 따라서 새로운 계획이 구상되고, 그 계획을 실행할지 논의하는 시간은 모두 밤이다. 그리고 이러한 행위는 '배' 위에서 일어났으니 폐쇄적인 공간에서 이루어졌다고 할 수 있다.

④ 아침이 되어 옥영과 최척이 재회하면서 갈등이 해소되었다고 볼 수 있다. 하지만 새로운 인물 간의 갈등은 드러나지 않았다.

03

정답설명

② 옥영이 시를 읊고 한숨을 내쉰 것은 남편에 대한 그리움 때문이다. 이 시는 두 사람이 이별하기 전에 짓고 읊었던 시이기 때문에, '유랑 체험을 계기로' 지어졌다는 해석은 적절하지 않다.

오답설명

① 지문의 첫 부분에서 '경자년(1600년)'이라고 제시하였고, 돈우가 "이 사람을 얻은 지 이제 4년 되었는데"라고 말하는 부분을 통해 둘이 헤어진 시기를 1596년이라고 추측할 수 있다. 이 기간이 실제 임진왜란이 일어난 시기이므로, 역사적 실제성을 지녔다고 할 수 있다.

③ 최척이 옥영과 재회하게 된 원인은 '조선말로 칠언절구'를 읊는 소리를 들었기 때문이다. 옥영도 '조선의 곡조'인 피리 소리에 남편을 그리워한다. 두 사람이 안남(베트남)에서 장사하는 외국인들 사이에 있기 때문에 '조선 말'과 '조선의 곡조'는 더 부각이 되고, 둘의 재회를 이루는 데 중요한 역할을 한다.

④ 눈물을 흘리는 사람들은 일본인, 중국인 등의 외국인이다. 외국인들이 눈물을 흘린 것은 동남아에서 발생한 전쟁들로 인한 국가 간 갈등을 넘어서는 인류애적인 연민의 모습이라고 할 수 있다.

⑤ 돈우는 일본인이지만 둘의 상봉에 감동을 하며 전별금까지 챙겨주는 모습을 보인다. 당시 일본과 조선은 역사적으로 갈등 관계에 있었지만, 소설 안에서는 국가 간 갈등을 뛰어 넘어선 인간적인 배려가 드러난다. (모든 일본인이 돈우 같으면 좋겠구나. ^^)

| 과외식 기출 분석서, 나기출 |

나 없이
기출
풀지마라

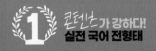

베이직

IV

독서 Part 1

지문분석

소송

→ **공동 소송**

소송 당사자 수 여러 명

장점: (①), 효율적 일괄 구제

단점: 당사자 수 ↑
→ 한꺼번에 진행하기 번거로움
피해 구제 미흡, 기업에 (②) 부여 ✕

해결책: 1) 공동 변호사 선임 2) 선정 당사자 제도

승소 → 소송 당사자들만 배상받음

→ **집단 소송**

피해자들의 일부가 (③)로 소를 제기

소송에 참가하지 않은 사람들에게도 효력 존재

단점: 대표 당사자가 초기에 고액의 소송 비용 부담

제한적 도입 → 증권관련 피해 구제

→ **단체 소송**

법률이 정한, 전문성과 경험을 갖춘 단체가 기업 상대로
침해 행위 중지를 청구하는 소를 제기

단점: (④) 이유에서만 인정
→ 개인 피해자 위한 손해 배상 청구 불가

제한적 도입 → 소비자 분쟁, 개인 정보 피해 구제

형태쌤 Comment

3가지 소송의 의미와 장단점을 제시하는 지문이다. 각 소송의 특징들을 잘 구분해서 체크하고 공통점과 차이점을 명확하게 체크해야 하는 지문이다.

문제분석 01-04번

번호	정답	정답률(%)	선지별 선택비율(%)				
			①	②	③	④	⑤
1	①	87	87	2	6	3	2
2	②	69	4	69	5	8	14
3	④	83	3	2	4	83	8
4	②	72	7	72	5	4	12

01

정답설명

① 이 지문은 온라인 취업 사이트의 예를 통해 공동 소송의 과정을 소개하면서 장점과 한계점을 같이 제시하고 있다. 또한 공동 소송의 단점에 대한 해결 방안으로 집단 소송과 단체 소송을 설명하면서 각각의 한계점도 제시하고 있다.

오답설명

② 공동 소송, 단체 소송, 집단 소송은 대립하는 원칙들이 아니라 소송의 서로 다른 종류일 뿐이다. 또한 각 원칙들의 문제를 검토하여 대안을 제시하지도 않았다.

③ 각각의 소송을 하나의 이론 아래 통합하면서 결론을 제시하고 있지 않다.

④ 이론적으로 설정한 가설은 지문에 제시되어 있지 않다.

⑤ 1문단에서 A회사와 관련된 문제 상황을 제시하고는 있으나, 그것이 일어나게 된 근본 원인에 대해 분석하고 있지 않으며, 일관된 해결책이 아니라 세 종류의 소송에 대해 제시하고 있다.

02

정답설명

② 공동 소송은 소송 당사자가 여럿이어서 한꺼번에 소송을 진행하기에 번거롭다. 따라서 공동 변호사를 선임하거나 선정 당사자를 통해 소송을 진행할 수 있으나, 이는 개인 피해자들을 위한 것이므로 공익적인 성격을 띤다고 볼 수 없다. 또한 '대표 당사자' 개념은 집단 소송에서 나타나며, 공익적 성격을 지닌 것은 단체 소송이므로 완전히 틀린 진술이라고 볼 수 있다.

오답설명

① 2문단을 통해 당사자의 수가 많아 한꺼번에 소송을 진행하기에 번거로울 경우 선정 당사자 제도를 이용한다는 것을 알 수 있다.

③ 5문단의 '단체 소송은 법률이 정한, 전문성과 경험을 갖춘 단체가 기업을 상대로 침해 행위의 중지를 청구하는 소를 제기할 수 있도록 하는 제도이다.'에서 확인할 수 있다.

④ 2문단에서 공동 소송은 개별적으로 수행할 수 있는 소송을 경제성과 효율성을 위하여 일괄 구제하는 제도라고 제시되어 있다. 그러므로 공동 소송을 하지 않고 개인이 단독으로 소송을 수행할 수 있음을 알 수 있다.

⑤ 4문단의 '집단 소송에서 대표 당사자가 수행하여 이루어진 판결은 원칙적으로 소송에 참가하지 않은 사람들에게도 그 효력이 미친다.'에서 확인할 수 있다.

03

정답설명

④ A회사가 개인 정보를 판매한 것이 아니라 누군가 A회사의 시스템 관리가 허술한 것을 알고 링크 파일을 만들어 자신의 블로그에 올린 것이므

로, 개인 정보를 판매한 데 대하여 경각심을 촉구하고자 하지는 않을 것이다.

오답설명

① '사이트 운영의 중지'를 요구했다는 점에서, 개인 정보의 침해가 계속 진행되는 것을 막고자 함을 알 수 있다.
② A회사의 시스템 관리가 허술해서 일어난 사건이므로, 그에 대한 책임을 묻고자 함을 알 수 있다.
③ '피해의 배상'을 청구했다는 점에서, 개인 정보의 침해가 일어난 데에 대한 배상을 받고자 함을 알 수 있다.
⑤ 2문단에 공동 소송은 경제적이며 효율적이라고 제시되어 있기 때문에 허용할 수 있는 선지이다.

04

정답설명

② 집단 소송은 일부 피해자들이 소송을 걸지만, 단체 소송은 전문 단체가 공익적 이유에서 기업을 상대로 소송하기에 손해 배상을 청구할 수 없다. 그리고 우리나라에 제한적으로 도입된 두 소송의 도입 범위를 잘 체크해야 한다. 우리나라에서 집단 소송의 경우 증권관련 집단소송법, 단체 소송의 경우 소비자기본법과 개인정보 보호법에 규정되었다고 제시되어 있다.
6문단의 '먼저 증권관련 집단소송법이 제정되어, 기업이 회계 내용을 허위로 공시하거나 조작하는 등의 사유로 주식 투자에서 피해를 입은 사람들은 집단 소송을 할 수 있게 되었다.'에서 확인할 수 있다.

오답설명

① 단체 소송은 법률로 정한 전문성과 경험을 갖춘 단체가 기업을 상대로 소를 제기해야 한다. 따라서 '가입자'라는 개인들이 단체 소송을 진행할 수는 없다.
③ 집단 소송은 중립적인 단체를 대표 당사자로 세울 수 없다. 집단 소송은 피해자들의 일부가 전체 피해자들의 이익을 대변하는 대표 당사자가 되어 소송을 수행하는 것이기 때문이다.
④ 우리나라에서는 증권에 관련된 사항만 집단 소송을 할 수 있다.
⑤ 전문성 있는 단체가 소를 제기하는 것은 단체 소송인데, 5문단에서 단체 소송은 '개인 피해자들을 위한 손해 배상 청구는 하지 못한다.'라고 하였다.

구조도 정답

① 경제적
② 시스템 개선 동기
③ 대표 당사자
④ 공익적

02 인문
2015학년도 6월B

지문분석

정합설

— (①) 없음
  참인 명제와 모순 없으면 정합적
  참인 명제와 모순 있으면 정합적 X
  (①) : 동시에 참이 될 수도, 거짓이 될 수도 없는 경우
  한계 : 전혀 관계 없는 명제들도 정합적이고 참이 될 수 O

— (②)
  A가 B를 (②)한다
  = A가 참일 때 B도 반드시 참이다
  한계 : 참이 될 수 있는 명제가 과도하게 (③)됨

— (④)
  설명의 대상이 되는 명제와 설명해 주는 명제 사이에
  (④) O → 정합적
  장점 : 함축 관계를 이루는 명제들까지 포괄
  한계 : (④)이 정확하게 어떤 의미인지,
  긴밀도가 어떻게 측정될 수 있는지에 대한 문제

형태쌤 Comment

구조는 간단하지만 시험장에서 학생들의 시간을 은근히 많이 뺏은 지문이기도 하다. 이유는 단순하다. 출제자가 문제를 쉽게 내면 지문의 핵심 정보인 a, b, c의 일치 여부만 물어보는데, 문제의 난이도를 높이고자 하면 a, b, c의 관계(공통점/차이점/포함 여부)를 물어보기 때문이다. 여기서도 마찬가지이다. 단순히 a, b, c인 모순 없음, 함축, 설명적 연관이 무엇인지 확인만 하고 대충 읽었다간 문제가 풀리지 않아 지문으로 계속 돌아왔을 것이다. 명심해야 한다. 평가원은 정보 간의 관계를 물어본다. 단순히 정보의 사실 유무를 확인하는 1차적인 독해에서 나아가 정보 간의 관계(여기서는 문제와 해결의 관계 그리고 포함 관계)를 신경 쓰는 독해를 해야 한다. 그래야 흔들리지 않는다.

문제분석 01-04번

번호	정답	정답률 (%)	선지별 선택비율(%)				
			①	②	③	④	⑤
1	④	60	2	8	27	60	3
2	①	69	69	3	22	3	3
3	⑤	71	7	2	5	15	71
4	③	90	2	2	90	2	4

01

정답설명

④ 출제자가 우리에게 어떠한 독해를 요구하는지 정확하게 알 수 있는 문제다. 정보 간의 관계를 따져가며 독해를 해야만 해결할 수 있는 문제다. '모순 없음'은 말 그대로 정말 명제들 간의 모순만 없으면 되는 것으로 '모순 없음', '함축', '설명적 연관' 중 가장 큰 범위이다. 하지만 문제가 있다. 서로 무관한 명제도 모순만 없으면 참이 되어 버리는 것이다. 따라서 이에 대한 해결로 나온 '함축'은 서로 관련이 없는 명제들을 참으로 보지 않고, 'A가 참일 때 B가 반드시 참'이라는 조건을 제시하였다. 함축 관계를 이루는 명제들은 4문단 말미에 나와 있듯이 필연적으로 '설명적 연관'이 있다. 즉, 서로 연관이 없는 명제도 참으로 인정하는 '모순 없음'의 문제를 해결한 것이다. 따라서 '함축'은 '모순 없음'의 명제들 중에서 관련성이 없는 것들을 배제한 것이기에 '모순 없음'의 집합에 들어간다.

정리하자면 선지에서 '함축'이 '설명적 연관'일 수 있다는 부분은 맞지만, '함축'이 '모순 없음'일 수 없다는 부분은 틀렸다.

오답설명

① 1문단의 '정합적이라는 것은 명제들 간의 특별한 관계인데'를 통해 알 수 있다.

② 1문단의 '정합설에 따르면, 어떤 명제가 참인 것은 그 명제가 다른 명제와 정합적이기 때문이다.'에서 확인할 수 있다.

③ 역시 정보 간의 관계를 집요하게 물어보는 선지이다. '모순 없음'의 문제점은 연관이 없는 명제들도 모순이 없으면 참이 되기에 과도하게 범위가 크다는 것이다. 그리고 '함축'의 문제점은 참이 되는 명제가 과도하게 제한된다는 것이다. 자 그럼 둘의 관계를 따져 보자. 셋 중 가장 범위가 큰 녀석이 '모순 없음'이고 가장 범위가 작은 녀석이 '함축'이다. 따라서 범위가 큰 '모순 없음'으로 봐도 참이 아닌 놈은 범위가 작은 '함축'으로 따져 보면 당연히 참이 아닌 것이다.

지문에 있는 사례를 통해 한 번 더 살펴보자. 2문단에서 예를 든 "은주는 민수의 누나가 아니다."라는 문장은 기존의 명제인 "은주는 민수의 누나이다."와의 관계를 고려했을 때 모순이 발생하므로 참이 아닌 명제라고 볼 수 있다. 만약 이 관계를 '함축'으로 설명한다면, "은주는 민수의 누나가 아니다."가 참이 되기 위해 "은주는 민수의 누나이다."라는 기존 명제가 "은주는 민수의 누나가 아니다."라는 명제를 포괄해야 하나, 포괄하지 못하므로 역시 참이 아니라고 볼 수 있다.

⑤ 5문단의 '연관의 긴밀도가 어떻게 측정될 수 있는지는 아직 완전히 해결되지 않은 문제이다.'에서 확인할 수 있다.

02

정답설명

① 별거 아닌 문제인데, 틀린 학생들이 은근히 많았다. 만약 틀렸다고 해도 크게 고민하지 않아도 된다. 선지에서 오답을 유도하도록 치사하게 말장난을 하였기 때문이다. 조금은 평가원답지 않은 치졸한 출제라고 볼 수 있다.

풀이의 핵심은 '크지 않다'에 대한 판단이다. 크지 않으면 단순히 '작다'가 아니라, '같거나 작다'를 의미한다. 민수가 은주보다 키가 큰 경우와 키가 작거나 같은 경우는 둘 다 참이 될 수도, 둘 다 거짓이 될 수도 없으므로 모순 관계에 있다고 할 수 있다.

오답설명

② '민수는 농구를 좋아한다.'라는 명제와 '민수는 농구보다 축구를 좋아한다.'라는 명제는 동시에 참이 될 수 있다. '민수'가 '농구'도 좋아하고 '축구'도 좋아하는데, '농구'보다 '축구'를 더 좋아하는 경우가 있을 수 있다. 또는, 동시에 거짓이 되는 경우도 존재한다. '민수'가 '농구'를 좋아하지 않으며, '농구'보다 '축구'를 더 좋아하지 않는 경우가 존재할 수 있기 때문이다. 따라서 이는 모순 관계로 볼 수 없다.

③ 이익과 손해는 반대 아니냐며 여기에 낚인 학생들이 은근히 많았다. 그렇다. 이익과 손해는 반대 개념이다. 다만, '본전'이라는 엄청난 개념도 있지 않냐. 따라서 '그것은 민수에게 본전'이기에 이익도 손해도 아닌 경우가 있을 수 있다.

④ '오늘은 화요일이 아니다.'와 '오늘은 수요일이 아니다.'는 '화요일'이면서 '수요일'인 경우가 존재하지 않기 때문에 동시에 거짓일 수는 없지만, 동시에 참이 될 수는 있다. '오늘'이 월, 목, 금, 토, 일요일 중 하나라면 가능하다.

⑤ 민수의 말이 옳으면서 동시에 은주의 말이 틀릴 수 있으므로, 동시에 참이 될 수도, 동시에 거짓이 될 수도 있는 명제이다.

03

정답설명

⑤ '설명적 연관'은 '그럴듯하게' 설명만 해줄 수 있으면 참이다. 동네 전체가 정전이라면 우리 집이 정전이라는 것을 그럴싸하게 설명해 줄 수 있을 것이다.
그리고 "우리 집이 정전되었다."라는 명제는 "우리 동네 전체가 정전되었다."라는 명제와 함축의 관계에 있다. 따라서 ②를 제대로 지우고 왔다면, '함축'은 '설명적 연관'에 포함되기에 보자마자 울컥하고 ⑤를 골라낼 수 있었을 것이다.

오답설명

① '정합적이다'를 단순히 '모순 없음'으로만 여긴다면 우리 동네 전체가 정전된 것과 솔숲이 있는 것이 서로 모순의 관계에 놓여 있지 않기 때문에 참이라고 말할 수 있다.

② '우리 동네 전체'에는 '우리 집'이 포함되므로 "우리 집이 정전되었다."를 참인 명제라고 볼 수 있다.

③ '설명적 연관'으로 '정합적이다'를 이해하는 것은 두 문장이 서로에 대해 그럴싸한 설명이 되는 경우라고 생각하면 된다. 우리 동네 전체가 정전된 이유가 예비 전력의 부족 때문이라고 생각해 보자. 분명 그럴듯하게 이유를 설명할 수 있다.

④ "우리 동네 전체가 정전되었다."가 "우리 동네에는 솔숲이 있다."를 포괄하지 못하므로, '함축'으로 볼 수 없다.

04

정답설명

③ '해결하다'는 '제기된 문제를 해명하거나 얽힌 일을 잘 처리하다.'라는 의미로 사용된다. 하지만 '밝혀내다'로 바꾸게 되면, '문제를 처리하다'라는 의미를 나타낼 수 없으므로 부적합하다.

오답설명

① '인정하다'는 '확실히 그렇다고 여기다.'의 의미이다.
② '발생하다'는 '어떤 일이나 사물이 생겨나다.'의 의미이다.
④ '과도하다'는 '정도에 지나치다.'의 의미이다.
⑤ '포괄하다'는 '일정한 대상이나 현상 따위를 어떤 범위나 한계 안에 모두 끌어 넣다.'의 의미이다.

구조도 정답

① 모순
② 함축
③ 제한
④ 설명적 연관

03 사회
2015학년도 9월A

지문분석

자연법

↳ 보편적이고 정의롭고 도덕적인 법

↳ 중세 신학
  인간 이성에 새겨진 (①) → 종교적 권위 중시

↳ 근대
  오직 (②)으로써 확인할 수 O

  (③) : 중세 전통 + 인간 이성

  (④)은 신의 의지이며 본질적인 것
  국가와 실정법을 초월하는 규범

  근대적 법체계의 기반 제공(자유·평등과 법의 긴밀한 관계)

↳ 19세기
  (④) 사상 퇴조(명확한 확정 어렵다는 비판)
  → (⑤)(실정법만이 법)등장

↳ 오늘날
  전체주의로 인한 세계 대전
  →(④) 에 대한 논의 부흥

  (⑥)이 지향해야 할 이상 제시

형태쌤 Comment

구조는 깔끔하지만 지문이 길어서 시험장에서 힘들어하는 학생들이 간혹 있었다. 지문의 모든 정보를 다 가져갈 수는 없다. 지문에 '통시적 변화'가 있으니, 지문에서 '시간의 흐름'과 '변화의 기준'을 중점적으로 끊어주면서 일치 문제를 대비하면 되겠다. 이런 통시적 지문에서는 특히 무엇이 어떻게 변했는지 기존의 것과 공통점과 차이점을 예리하게 물어보는 경우가 많으니, '변화'를 잘 신경 써줘야 한다. 그래야 은근히 정답률이 낮은 2번 문제를 깔끔하게 해결할 수 있다.

문제분석 01-05번

번호	정답	정답률 (%)	선지별 선택비율(%)				
			①	②	③	④	⑤
1	③	81	9	3	81	4	3
2	④	71	4	2	2	71	21
3	④	79	4	8	5	79	4
4	⑤	73	8	7	8	4	73
5	②	92	4	92	2	1	1

01

정답설명

③ 4문단을 보면 자연법은 서구의 근대적 법체계 수립에 중요한 기반을 제공하였고, 특히 자유와 평등의 가치가 법과 긴밀한 관계를 맺도록 했음을 알 수 있다. 따라서 서구의 근대적 법체계에는 평등의 이념이 담겨 있다고 볼 수 있다.

오답설명

① 5문단에 따르면 실정법은 국가의 입법 기관에서 제정한 법으로, 인간이 만들어내기 때문에 인간의 경험에 앞서 존재할 수 없는 규범이다. 인간의 경험에 앞서 존재하는 규범은 자연법이다.

② 4문단에서 '1776년 미국의 독립 선언에도 자연법의 영향이 나타난다.'라고 언급하고 있다. 따라서 미국의 독립 선언에 실정법만이 법으로 인정될 수 있다는 법률실증주의가 영향을 주었다고는 볼 수 없다. 또한 법률실증주의는 미국의 독립 선언보다 나중(19세기)에 등장했으므로 미국의 독립 선언에 영향을 줄 수 없다.

④ 2문단에 따르면 중세의 신학에서는 자연법을 인간의 이성에 새겨진 신의 법이라고 이해하며 신의 법에 인간의 이성을 관련시켰다.

⑤ 4문단에서 프랑스 대혁명기의 인권 선언에서는 자유권, 소유권, 생존권, 저항권을 불가침의 자연법적 권리로 선포하였다고 하였다.

02

정답설명

④ 3문단에서 '자연법에 기반을 두면 가톨릭, 개신교, 비기독교 할 것 없이 모두가 받아들일 수 있는 규범을 세울 수 있다고 생각했다.'라고 언급하고 있다. 즉, 그로티우스는 실정법을 통합하여 국제법을 만드는 것이 아니라, 자연법을 기반으로 하여 국제법을 만드는 것을 강조하였다.

오답설명

① 그로티우스의 국제법 사상이 드러난 그의 저서 『전쟁과 평화의 법』은 자연법 개념을 바탕으로 국가 간의 관계를 규율하는 법 이론을 구성한다.

② 그로티우스의 국제법 사상이 드러난 그의 저서 『전쟁과 평화의 법』은 개전의 요건, 전쟁 중에 지켜져야 할 행위 등을 다룬다.

③ 그로티우스는 종교에 관계없이 모두가 받아들일 수 있는 규범을 세운다면 그 규범을 바탕으로 각국의 이해를 조절하여 인류의 평화와 번영을 실현할 수 있다고 믿었다.

⑤ 참으로 매력적인 선지다. 2문단에 떡하니 그로티우스가 '중세의 전통'을 수용했다고 나와 있기 때문이다. '중세의 전통'을 수용했는데, '전통적인 신학'을 부정하다니! 울컥하고 고를 만하다. '형태쌤 comment'에서도 얘기했지만, 통시적인 지문에서는 무엇이 어떻게 변하는지가 정말 중요하다. 항상 이 부분을 디테일하게 선지로 구성하기 때문이다. 여기서도 마찬가지다. 2문단과 3문단으로 가서 차근차근 살펴보자.

형태쌤의 과외시간

1) 중세 신학 자연법 : 인간 이성에 새겨진 신의 법, 종교적 권위 중시

2) 그로티우스 : 중세의 전통 수용, 이성 강조

▶ 여기까지 보면, 그로티우스가 중세의 전통을 어디까지 수용했는지 알 수 없다. 뒤를 보면서 정확하게 판단을 해야 한다.

3) 그로티우스 : 자연법은 신의 의지이자 신도 변경할 수 없는 본질적인 것. 따라서 이성을 통해 다다른 자연법은 국가와 실정법을 초월하는 규범.

4) 3문단 그로티우스 : 자연법에 기반을 두면 가톨릭, 개신교, 비기독교 등 모두가 받아들일 수 있음.

▶ 여기서 잡아야 한다. 똑같이 이성을 강조했지만, 중세 신학의 자연법은 이성에 새겨진 신의 법으로 '종교적 권위'를 중시하였다. 하지만 그로티우스의 자연법은 이성을 통해 다다른 법으로 '신도 변경할 수 없는 본질적인 것'이라고 하였다. '종교적 권위'를 중시하지 않고 '누구나 따라야 하는 법(신마저도)'임을 강조했기에, 이에 기반을 두면 '가톨릭, 개신교, 비기독교 할 것 없이 모두가 받아들일 수 있는 규범'이 될 수 있다고 생각한 것이다. 따라서 그로티우스는 종교 전쟁이 일어나는 시대에 '종교적 권위'를 강조한 '전통적인 신학 이론'을 바탕으로 국제법을 구성하면 보편적으로 받아들여질 수 없다고 생각했음을 알 수 있다.

03

정답설명

④ 1문단의 "때와 장소에 관계없이 누구에게나 보편적으로 받아들여질 수 있는 정의롭고 도덕적인 법을 떠올리게 되는 것은 자연스러운 일이다. 전통적으로 이런 법을 '자연법'이라 부르며 논의해 왔다."와 '인간의 본성에 깃든 이성, 다시 말해 참과 거짓, 선과 악을 분별할 수 있는 인간만의 자질은 자연법을 발견해 낼 수 있는 수단이 된다.'를 통해 확인할 수 있는 내용이다.

오답설명

① 2문단에서 '이성의 올바른 인도를 통해 다다르게 되는 자연법은 국가와 실정법을 초월하는 규범이라고 보았다.'라고 언급하고 있다. 따라서 국가의 권위가 자연법에 제한을 둘 수 있다는 진술은 틀린 진술이다.

② 근원적인 법 규범이란 자연법을 말하는데, 1문단에서 자연법은 '누구에게나 보편적으로 받아들여질 수 있는 정의롭고 도덕적인 법'이라고 하였으므로 선지의 진술은 적절하지 않다.

③ 1문단에서 '인간의 본성에 깃든 이성, 다시 말해 참과 거짓, 선과 악을 분별할 수 있는 인간만의 자질은 자연법을 발견해 낼 수 있는 수단이 된다.'라고 언급하고 있으므로, '자연법은 인간의 본성과 대립'한다는 진술은 틀린 진술이다.

⑤ 4문단에 따르면 자연법은 실정법에 없는 내용을 보충하는 데 머무르지 않고 근대적 법체계를 세우는 데 중요한 기반을 제공하고 자유와 평등의 가치가 법과 긴밀한 관계를 맺도록 하는 데 이바지하였다.

04

정답설명

⑤ 5문단에서 '그것(실정법)은 국가 권위에 근거하여 이루어진 것이기에 국민은 이를 따라야 할 의무가 있다.'라고 언급하고 있다. 따라서 법률실증주의가 법을 왜 지켜야 하는지에 대해서 '국가의 권위'를 근거로 하는 것은 맞다. 그러나 '국민의 준수 의지'가 아닌 '의무'를 근거로 들 것이다.

오답설명

① 자연법이란 때와 장소에 관계없이 누구에게나 보편적으로 받아들여질 수 있는 정의롭고 도덕적인 법이다.(1문단)

② 법률실증주의에 따르면 입법자가 합법적인 절차로 제정한 법률은 그 내용이 어떻든 절대적인 법이 된다.(5문단)

③ 현실적으로 자연법을 명확히 확정하기 어렵다는 비판 속에서, 실정법만이 법으로 인정될 수 있어 무엇이 법인지 확정하는 일이 간편한 법률실증주의가 새롭게 등장했다.(5문단)

④ 법률실증주의는 입법자가 합법적인 절차로 제정한 법률은 그 내용이 어떻든 절대적인 법이 되며 국민은 이를 준수할 의무를 가지기 때문에, 심각하게 부당한 내용의 법률이라도 입법의 형식만 거쳤다면 의무적으로 준수해야 한다는 문제점이 있다.(5문단)

05

정답설명

② '실현하다'의 의미는 '꿈, 기대 따위를 실제로 이루다.'이다. '인류의 평화와 번영'을 이룰 수 있다고 믿었다는 의미와 일맥상통하기 위해서는 '어떤 결과나 상태를 생기게 하다.'라는 뜻의 '가져오다'가 적절하다.

오답설명

① '가늠하다'는 '목표나 기준에 맞고 안 맞음을 헤아려 보다.'라는 의미를 가진다. 따라서 '실현하다'를 대체하여 사용될 수 없다.

③ '기다리다'는 '어떤 사람이나 때가 오기를 바라다.'라는 의미를 가진다. 따라서 '실현하다'를 대체하여 사용될 수 없다.

④ '떠올리다'는 '기억이 되살아나거나 잘 구상되지 않던 생각이 나다.'라는 의미를 가지는 '떠오르다'의 사동사이다. 따라서 '실현하다'를 대체하여 사용될 수 없다.

⑤ '헤아리다'는 '짐작하여 가늠하거나 미루어 생각하다.'라는 의미를 가진다. 따라서 '실현하다'를 대체하여 사용될 수 없다.

구조도 정답

① 신의 법 ② 이성
③ 그로티우스 ④ 자연법
⑤ 법률실증주의 ⑥ 실정법

04 과학
2015학년도 9월A

지문분석

```
후각
  ├ 취기재 : ( ① )를 일으키는 물질
  │   코 내벽 후각 수용기 자극 → 냄새 탐지
  │   후각 수용기 개수 : 인간 < 동물
  │   충분한 ( ② ) 존재 → 냄새 인식
  │
  ├ ( ③ ) : 냄새 탐지를 위한 최저 농도
  │   ( ③ ) ↑ → 냄새 탐지 ↓
  │   역치 수준의 농도 → 냄새 존재 인식 O, 냄새 정체 구분 X
  │   정체 인식의 조건 : 취기재의 농도가 역치보다 ( ④ ) 높아야 함
  │
  └ 인간 후각의 특성
      냄새 존재의 탐지 능력 O
      모든 냄새에 대응되는 명명 체계 X, 이름 연결 능력 ↓
      기억과의 관련성 ↑
```

형태쌤 Comment

　지문의 난이도가 쉽기에 각 문단별 핵심 내용만 판단하면서 독해를 진행해도 수월하게 읽을 수 있다. 특히 어떤 정보를 제시했을 때, '그 상태가 되는 이유나 조건'을 출제하는 경우가 많으니, 그 부분만 신경 써서 독해를 하면 되겠다.

문제분석　01-03번

번호	정답	정답률(%)	선지별 선택비율(%)				
			①	②	③	④	⑤
1	③	87	4	2	87	1	6
2	③	83	4	2	83	9	2
3	②	75	9	75	7	6	3

01

정답설명

③ 3문단을 보자. '우리가 메탄올보다 박하 냄새를 더 쉽게 알아챌 수 있는 까닭은 메탄올의 탐지 역치가 박하향에 비해 약 3,500배가량 높기 때문이다.'에 그대로 써 있구나.

오답설명

① 1문단의 '우리가 어떤 냄새가 난다고 탐지할 수 있는 것은 취기재의 분자가 코의 내벽에 있는 후각 수용기를 자극하기 때문이다.'에서 확인할 수 있다.

② 1문단에서 '이처럼 후각은 우리 몸에 해로운 물질을 탐지하는 문지기 역할을 하는 중요한 감각이다.'를 통해 확인할 수 있다.

④ 2문단의 '하지만 개[犬]가 10억 개에 이르는 후각 수용기를 갖고 있는 것에 비해 인간의 후각 수용기는 1천만 개에 불과하여 인간의 후각이 개의 후각보다 둔한 것이다.'를 통해서 확인할 수 있다.

⑤ 2문단의 '물론 인간도 다른 동물과 마찬가지로 취기재의 분자 하나에도 민감하게 반응하는 후각 수용기를 갖고 있다.'에서 취기재 분자 하나에도 인간의 후각 수용기가 반응할 수 있음을 알 수 있다.

02

정답설명

③ 3문단에서는 냄새를 탐지할 수 있는 최저 농도를 '탐지 역치'라고 제시하였다. 이를 통해 탐지 역치가 취기재의 농도와 관련되어 있다는 사실을 알 수 있다. 한편 5문단과 6문단의 내용을 통해 취기재의 이름을 알아맞히는 능력이 향상된 이유는 냄새를 맡는 능력이 아니라 '냄새와 이름을 연결하는 능력'이 향상되었기 때문임을 알 수 있다. 즉 취기재의 이름을 알아맞히는 능력이 향상되면 구별할 수 있는 취기재의 종류가 늘어나는 것이지, 어떠한 취기재를 탐지하기 위한 최저 농도가 변한 것이 아니므로 적절하지 않은 선지이다.

오답설명

① 6문단에서 인간의 후각은 '기억'과 밀접한 관련성을 지닌다고 밝히고 있다. '이에 따르면 어떤 냄새를 맡았을 때 그 냄새와 관련된 과거의 경험이나 감정이 떠오르는 일은 매우 자연스러운 현상이다.'에서 선지의 내용을 확인할 수 있다.

② 5문단의 후각과 관련된 실험에서 '모든 취기재의 이름'을 알려주고, 틀리면 정정하는 과정을 통해 실험 참여자의 '취기재의 이름을 알아맞히는 능력'이 두 배 정도로 향상되었음을 설명하고 있다. 이에 따라 특정 냄새(취기재 물질)와 그에 대한 명칭을 연결하는 능력은 학습을 통해서 향상될 수 있음을 알 수 있다.

④ 5문단에서 '연구에 따르면 인간이 구별할 수 있는 냄새의 가짓수는 10만 개가 넘는다. 하지만 그 취기재가 무엇인지 다 인식해 내지는 못한다.'라고 밝히고 있다. 따라서 인간이 인식할 수 있는 취기재의 가짓수에 비해 구별할 수 있는 냄새의 가짓수는 훨씬 더 많다는 사실을 알 수 있다.

⑤ 4문단의 '한편 같은 취기재들 사이에서는 농도가 평균 11% 정도 차이가 나야 냄새의 세기 차이를 구별할 수 있다고 알려져 있다.'를 통해서, 농도가 11% 미만일 경우에는 냄새의 세기 차이를 구별하기 어려울 것임을 알 수 있다.

03

정답설명

② 문제의 조건을 나누어서 따져 보면 쉽게 해결할 수 있다. ㉠의 조건은 '냄새의 존재 유무를 탐지할 수 있는 상태'와 '취기재의 정체를 인식하지 못하는 상태'로 나누어 볼 수 있다. 먼저 '냄새의 존재' 유무를 아는 것은 취기재를 탐지할 수 있는 최저 농도를 충족한 상태, 즉 탐지 역치

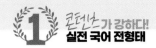
이상인 상태임을 3문단의 내용을 통해서 알 수 있다. 한편 4문단에서는 '취기재의 정체를 인식하려면 취기재의 농도가 탐지 역치보다 3배가량은 높아야 한다.'라고 하였으므로, 주어진 탐지 역치를 만족하되(냄새 존재 유무 탐지 O)에서 3배가 넘지 않는(취기재의 정체 인식 X) 조건을 만족하는 ②가 적절하다.

오답설명

① 탐지 역치에 비해 취기재 농도가 1/2인 상태이므로, '냄새의 존재 유무' 조차 탐지할 수 없는 상태이다.

③ 탐지 역치에 비해 취기재 농도가 3배 이상을 넘어선 상태이므로, '냄새의 존재 유무'를 인식할 뿐만 아니라 '취기재의 정체'까지 파악할 수 있다.

④ 탐지 역치에 비해 취기재 농도가 훨씬 적기 때문에, '냄새의 존재 유무' 조차 탐지할 수 없는 상태이다.

⑤ 탐지 역치에 비해 취기재 농도가 4배 이상을 넘어섰으므로, '취기재의 정체'를 충분히 알 수 있는 상태이다.

구조도 정답

① 냄새
② 취기재 분자
③ 탐지 역치
④ 3배가량

지문분석

점탄성

→ 탄성((①)) + 점성(시간 지연성)

→ 응력 완화

변형된 상태가 고정될 때 (②)이 시간에 따라 감소

ex) 고무줄 당기기

→ (③)

응력이 고정될 때 변형이 서서히 증가

ex 1) 고무줄에 추 매달기

ex 2) 유리 아랫부분이 두꺼워지는 현상

· 분자·원자 간 결합 및 (④)의 차이로 시간차 발생
· 모든 물체는 본질적으로 점탄성체

형태쌤 Comment

지문에서 개념을 중점적으로 설명할 때는 정확하게 이해하고 넘어가는 것이 중요하다. 게다가 사례를 통해서 개념을 이해시킬 때는 디테일하게 개념의 의미를 출제하겠다는 굳은 의지로 봐도 괜찮다. 따라서 이런 경우 구조만 보고 대충 넘기지 말고, 개념의 의미를 정확하게 파악하는 데 주력해야 한다.

문제분석 01-02번

번호	정답	정답률 (%)	선지별 선택비율(%)				
			①	②	③	④	⑤
1	④	78	4	5	3	78	10
2	③	89	2	3	89	3	3

01

정답설명

④ 유리창의 유리 아랫부분이 두꺼워지는 것은 크리프의 한 예이며, 즉각적으로 변형되는 것이 아니라 서서히 변하는 것이기에 '시간 지연성'과 관련이 있다. '시간 지연성'의 개념은 3문단에서 시간이 지남에 따라 겉보기에는 변화가 없어 보이지만 분자들의 배열 구조가 점차 변하며 응력이 서서히 감소하게 되는 것이라고 설명하였다. 유리창의 아랫부분이 두꺼워지는 것은 즉각적으로 이루어지는 현상이 아니라 오랜 세월이 지나면서 중력의 영향을 받아 분자의 배열 구조가 아래로 이동하여 서서히 두꺼워지는 것이기에 '시간 지연성'과 관련이 있는 것이다.

오답설명

① 1문단에 따르면 용수철의 힘과 변형의 관계가 '즉각성'을 갖는 것은 탄성 때문이다.

② 5문단에 따르면 금속은 고온에서 응력 완화와 크리프를 인지할 수 있지만, 상온에서는 관찰이 어렵다. 반면 나일론과 같은 물질의 응력 완화와 크리프는 상온에서도 인지할 수 있고, 온도를 높임에 따라 응력 완화와 크리프는 가속화된다. 이처럼 온도와 물질의 종류에 따라 물질의 유동성 정도가 달라짐을 알 수 있다.

③ 4문단에서 고무줄을 추에 매단 사례를 보면, 점탄성체(점탄성이 있는 물체)가 서서히 변형될 때에 물체를 이루는 분자들의 위치에 변화가 생긴다.

⑤ 비문학 지문에서 제시하는 중심 개념은 명확하게 파악해야만 한다. 중심 개념을 대충 넘긴 학생들이 ⑤를 골랐다.
1문단의 마지막을 보면, 꿀이 흐름에 저항하는 점성을 가지고 있다고 나와 있다. 여기만 보면 중력에 저항하는 점성이 있을 것이고, 응력이 증가할 것 같은 느낌이 든다. 하지만 '응력'은 '물체가 받는 힘'이고, 여기서 물체인 꿀이 받는 힘은 '중력'이다.
그렇다면 ⑤는 판 위의 꿀이 흐르는 동안 중력에 대응하여 꿀이 받는 응력이 서서히 증가한다는 황당한 얘기로구나! 중력은 일정하게 작용하는 힘이므로 꿀이 받는 힘 또한 증가하는 것이 아니라 일정하게 유지된다.

02

정답설명

형태쌤의 과외시간

비문학의 〈보기〉 문제에는 2가지 유형이 있다.

하나는 **지문을 통해 〈보기〉를 바라보는 유형**으로, 지문의 정보와 〈보기〉의 정보를 1:1로 대응시키는 것이 우선이다. 비문학 〈보기〉 문제의 대부분을 차지한다.

또 하나는 **〈보기〉를 통해 지문을 바라보는 유형**으로, 보통 〈보기〉의 정보를 통해 지문의 정보를 반박하거나 비판하는 유형으로 제시가 된다. 문학과 비슷한 유형이라고 보면 된다.

③ 이 문제는 첫 번째 유형으로, 지문에 있는 정보를 통해서 〈보기〉의 사례를 대응시키면 된다. 지문 마지막 문단에서 금속은 고온에서 응력 완화와 크리프를 인지할 수 있지만, 상온에서는 너무 느리게 일어나므로 관찰이 어렵다고 했다. 물체마다 분자나 원자 간의 결합 및 배열된 구조가 다르기 때문에 나일론 재질의 기타 줄은 상온에서 인지할 수 있는 정도로 변화가 일어나지만, 금속 재질은 그보다 변화가 천천히 일어나는 것이다. (가)에서 나일론 재질 대신 금속 재질의 기타 줄을 사용한다면, 상온에서는 응력 완화와 크리프가 느리게 일어나는 금속의 특성에 의해 기타 줄의 팽팽한 정도가 더 느리게 감소할 것이다.

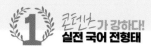
오답설명

① (가)에서 기타 줄이 원래의 길이로 돌아간 것은 기타 줄이 탄성을 가지고 있어 힘과 변형의 관계가 즉각적으로 형성되기 때문이다.

② (가)에서 기타 줄의 팽팽한 정도가 달라진 것은 기타 줄이 변형된 상태가 고정되면서 기타 줄의 분자들의 배열 구조가 점차 변하며 응력이 서서히 감소했기 때문이다.

④ (나)에서 선반이 책 무게 때문에 서서히 변형된 것은 선반에 일정한 응력이 계속 가해져 점성체와 같이 분자들의 위치가 점차 변하는 크리프 현상이 일어났기 때문이다.

⑤ (나)에서 여름과 겨울에 선반의 휘어지는 속력이 차이가 나는 것은 온도가 높을수록 물질의 유동성이 증가하기 때문이다.

구조도 정답

① 즉각성
② 응력
③ 크리프
④ 배열 구조

06 과학
2015학년도 11월A

지문분석

단백질

분해

- 아미노산 간의 결합 → (①)으로 분리
- 오래되거나 손상된 단백질 축적 막음
- 우리 몸에 부족한 에너지 & 포도당 보충
- 세포 내 단백질 분해 과정

  (②) → 유비퀴틴이 결합되어 있는 단백질을 아미노산으로 분해

  - 아미노산75% : 단백질 합성
  - 아미노산25% : 분해됨
    - 아미노기 → (③)로 변환
      → 요소로 합성 → 체외 배출
    - 아미노기 제외 부분 → 에너지, 포도당 생성
      or 지방산으로 합성
      or 체외 배출

합성

- 아미노산 연결 → 긴 사슬
- 합성에 필요한 아미노산 : 세포 내 합성, 음식물 섭취, 체내 단백질 분해 과정에서 생성
- 필수아미노산
  - 체내에서 합성할 수 × → (④)로 섭취
  - 필수아미노산이 균형을 이룰수록 이용 효율 ↑
  - (⑤) : 합성 가능한 단백질 양 제한

형태쌤 Comment

정보가 참 많은 지문이다. 이렇게 정보가 나열된 지문은 크게 구조 중심으로 정보의 위치를 파악한 후에 나중에 문제 풀이 과정에서 위치를 찾아서 돌아와야 한다. 즉, 시간이 당연히 걸리는 지문이니 조급한 마음을 갖지 말라는 것이다. 내가 시간이 많이 걸리는 만큼 다른 수험생들도 절망의 시간을 보내고 있을 거라는 생각으로 접근을 하란 얘기다.

문제분석 01-04번

번호	정답	정답률 (%)	선지별 선택비율(%)				
			①	②	③	④	⑤
1	③	88	2	2	88	3	5
2	①	67	67	3	9	13	8
3	③	85	3	3	85	5	4
4	②	94	3	94	1	1	1

01

지문에서 '과정'의 방식으로 서술이 될 때는 '단계'나 '구조'를 물어본다. 세세한 정보에 신경 쓰지 않고, 큰 틀에서 지문에 있는 정보의 흐름을 봤다면 가볍게 맞힐 수 있다.

정답설명

③ 2문단의 '아미노산이 분해될 때는 아미노기가 아미노산으로부터 분리되어 암모니아로 바뀐 다음, 요소로 합성되어 체외로 배출된다.'를 통해 아미노산에서 분리되어 요소로 합성되는 것은 암모니아로 바뀐 아미노기임을 알 수 있다.

오답설명

① 1문단의 '체내 단백질 분해를 통해 오래되거나 손상된 단백질이 축적되는 것을 막고'에서 확인할 수 있다.

② 2문단의 '프로테아솜은 유비퀴틴이라는 물질이 일정량 이상 결합되어 있는 단백질을 아미노산으로 분해한다.'에서 확인할 수 있다.

④ 1문단의 '단백질 합성에서 아미노산들은 DNA 염기 서열에 담긴 정보에 따라 정해진 순서대로 결합된다.'에서 확인할 수 있다.

⑤ 3문단의 '성장기 어린이의 경우, 체내에서 합성할 수는 있으나 그 양이 너무 적어서 음식물로 보충해야 하는 아미노산도 필수아미노산에 포함된다.'에서 확인할 수 있다.

02

지문에서 정보 간의 관계(여기선 포함 관계)를 정확하게 잡고 있었다면 한 방에 풀어냈을 것이고, 그렇지 않다면 매력적인 오답에 흔들렸을 것이다.

정보 간의 포함 관계는 정보가 많은 지문에서 상당히 자주 출제하는 요소라는 것을 잊지 말자.

정답설명

① 5문단에 '제한아미노산은 단백질 합성에 필요한 각각의 필수아미노산의 양에 비해 공급된 어떤 식품에 포함된 해당 필수아미노산의 양의 비율이 가장 낮은 필수아미노산을 말한다.'라고 나와 있다. 즉, 제한아미노산은 필수아미노산에 포함되므로 필수아미노산이 아닌 것은 제한아미노산이 될 수 없는 것이다.

오답설명

② 3문단의 '체내 단백질 분해를 통해 생성되는 필수아미노산도 다시 단백질 합성에 이용되기도 하지만'에서 확인할 수 있다.

③ 3문단의 '체내 단백질 분해를 통해 생성되는 필수아미노산도~부족한 양이 외부로부터 공급되지 않으면 전체의 체내 단백질 합성량이 줄어들게 된다. 그러므로 필수아미노산은 반드시 음식물을 통해 섭취되어야 한다.'에서 확인할 수 있다.

④ 약간의 생각이 필요한 매력적인 오답이로다. 4문단을 보면 필수아미노산이 균형을 이룰수록 필수아미노산의 이용 효율이 높아 동물성 단백질

은 필수아미노산의 이용 효율이 높고, 식물성 단백질은 제한아미노산을 가지며 필수아미노산의 이용 효율이 상대적으로 낮다고 하였다. 이를 통해 제한아미노산이 없는 식품은 필수아미노산을 균형 있게 함유한 동물성 단백질로 볼 수 있겠지.

⑤ 3문단에서 부족한 필수아미노산이 외부로부터 공급되지 않으면 전체의 체내 단백질 합성량이 줄어들게 된다는 것을 확인할 수 있다.

03

정답설명

③ 5문단을 통해 〈보기〉를 보면, 단백질 Q를 1몰 합성하는 데 필수아미노산 A, B, C가 각각 2몰, 3몰, 1몰이 필요하다고 하였다. 이를 통해 Q를 만들 때에 필수아미노산 A, B, C가 2:3:1의 비율로 필요하다는 것을 알 수 있겠지.
(나)는 (다)와 마찬가지로 B의 부족으로 단백질 Q를 1몰밖에 만들지 못한다. 따라서 (나)와 (다)는 합성된 단백질의 양이 같다.

오답설명

① A 4몰, B 6몰, C 2몰→2:3:1이로구나. 그렇다면 단백질 합성을 제한하는 필수아미노산은 없을 것이다.

② (가)는 단백질 Q를 총 2몰 만들 수 있고, (다)는 Q를 1몰밖에 만들지 못한다. Q를 1몰 만들고 나면 B를 다 사용해 버리기 때문이지. 따라서 (가)가 (다)에 비해 단백질 합성에 이용된 필수아미노산의 총량이 많다고 할 수 있다.

④ 5문단에 따르면 제한아미노산은 '단백질 합성에 필요한 각각의 필수아미노산의 양에 비해 공급된 어떤 식품에 포함된 해당 필수아미노산의 양의 비율이 가장 낮은 필수아미노산'이다. (나)에서는 A : 3몰, B : 1몰, C : 3몰, (다)에서는 A : 2몰, B : 1몰, C : 3몰의 Q를 합성할 수 있는 비율을 가지고 있으므로 (나)와 (다) 모두 비율이 가장 낮은 필수아미노산은 B이다.

⑤ (나)는 Q를 1몰 만들고 나면 A는 6몰-2몰=4몰, B는 3몰-3몰=0몰, C는 3몰-1몰=2몰이 되어, 총 6몰이 남는다. 반면에 (다)는 Q를 1몰 만들고 나면 A는 4몰-2몰=2몰, B는 3몰-3몰=0몰, C는 3몰-1몰=2몰이 되어, 총 4몰이 남는다. 따라서 (나)가 (다)에 비해 합성에 이용되지 못하고 남은 필수아미노산의 총량이 많다.

04

문맥적 의미를 찾는 것은 밑줄 친 부분보다는 주변을 보면서 밑줄 친 부분의 범주를 제한하는 방식이 효과적이다. 밑줄 친 부분의 어휘를 본인이 아는 가장 쉬운 단어로 바꾼 후 선지에 적용을 하는 방식은 통하지 않을 때도 종종 있고 이 경우 당황해서 틀릴 수도 있기 때문이다.

정답설명

② 지문에서 밑줄의 앞을 보면, '이용 효율'이 눈에 들어 온다. 그럼 이것과 가장 유사한 범주의 단어를 선지에서 찾아 보자.
OK. '수입 의존도'가 어떠한 '수치'라는 측면에서 볼 때 '이용 효율'과 가장 유사하구나.

오답설명

① '아래에서부터 위까지 벌어진 사이가 크다.'라는 의미의 '높다'이다. '천장이 높다. / 가을에는 하늘이 높다.'와 같이 쓰인다.

③ '아래에서 위까지의 길이가 길다.'라는 의미로, '굽이 높은 구두 / 산이 높다. / 서울에는 높은 빌딩들이 즐비하다.'와 같이 사용된다.

④ '어떤 의견이 다른 의견보다 많고 우세하다.'라는 의미로, '비난의 소리가 높다. / 양심수를 석방하라는 목소리가 높다. / 형식적인 환경 정책에 비판적인 여론이 높다.'와 같이 사용된다.

⑤ '이름이나 명성 따위가 널리 알려진 상태에 있다.'라는 의미로, '명성이 높은 학자 / 악명이 높다. / 제주 감귤은 세계적으로 이름이 높다.'와 같이 쓰인다.

구조도 정답

① 개별 아미노산
② 프로테아솜
③ 암모니아
④ 음식물
⑤ 제한아미노산

07 인문

2009학년도 11월

지문분석

집단 수준의 인과

→ (①) 수준의 인과 : 개별적인 사례에 해당하는 인과
집단 수준의 인과 : 일반적인 인과

→ **통념**

결과에는 항상 그에 상응하는 (②)이 존재한다고 생각

원인과 결과의 필연성은 개별적인 사례들을 통해 (③)될 수 있음.

집단 수준의 인과가 필연성을 지닌다고 믿음.

→ **집단 수준의 인과를 (④)인 것으로 파악해야 한다고 주장하는 사람들**

개별자 수준의 인과와 집단 수준의 인과는 (⑤)로 존재(독립적)

두 수준의 인과가 서로 다른 방식으로 해명되어야 함.

개별자 수준의 인과가 지닌 복잡성과 (⑥)은 집단 수준의 인과로 설명될 수 X

→ **개별자 수준과 집단 수준의 인과가 연관된다고 주장하는 사람들**

ex) 병의 여러 요인들이 있다 하더라도 여전히 인과의 (⑦)이 성립

If 모든 요인들을 함께 고려할 때
여전히 스트레스가 병의 필수적인 요인
→ 개별자 수준 인과의 (⑦)은 훼손되지 X

⇒ 집단 수준 인과의 (⑦)도 훼손되지 X

형태쌤 Comment

대립적 견해가 서술된 지문이다. 각각의 주장과 판단의 근거에 중점을 두면서 독해를 진행하면 된다.

문제분석 01-03번

번호	정답	정답률 (%)	선지별 선택비율(%)				
			①	②	③	④	⑤
1	④	86	3	5	3	86	3
2	⑤	74	5	2	6	13	74
3	④	59	3	13	5	59	20

01

정답설명

④ 집단 수준 인과의 필연성을 주장하는 관점과 집단 수준 인과의 개연성을 주장하는 관점을 '스트레스가 병의 원인이다.'라는 예시를 들어 설명하고 있다.

오답설명

① 논의된 내용을 종합하면서 새로운 주장을 제기하고 있지 않다.
② 상반된 견해(집단 수준의 인과-필연 or 개연)는 제시되었지만 그에 대한 절충적 대안은 제시되지 않았다.
③ 이론의 장단점을 비교하지 않았다.
⑤ 글의 서두에 일반인의 상식(어떤 결과에는 항상 그에 상응하는 원인이 존재한다고 생각한다.)을 제시하였지만 이에 대한 비판이 드러나지는 않는다.

02

정답설명

⑤ 2문단 마지막 문장의 '개별자 수준의 인과와 집단 수준의 인과는 별개로 존재하게 되는 것이다.'에서 정답을 확인할 수 있다. 그대로 가져오면 된다.

오답설명

① 3문단의 'A의 병은 유전적 요인, 환경적 요인, 개인의 생활 습관 등에서 비롯될 수도 있고 그 요인들이 우연적이며 복합적으로 작용하는 과정을 거치며 발생될 수도 있다.'에서 하나의 결과에는 여러 가지 원인이 존재할 수 있음을 확인할 수 있다.
② 집단 수준 인과의 필연성이 오랫동안 받아들여지지 않았다는 내용은 지문에 제시되지 않았다. 오히려 1문단에서는 '사람들은 오랫동안 이러한 집단 수준의 인과가 필연성을 지닌다고 믿어 왔다.'라고 제시하고 있다.
③ 집단 수준의 인과가 개별자 수준의 인과를 일반화한 것이다. 1문단의 "개별적인 사례에 해당하는 인과를 '개별자 수준의 인과'라 하고, 일반적인 인과를 '집단 수준의 인과'라 한다."에서 확인할 수 있다.
④ 두 견해 모두와 맞지 않는 내용이다. 집단 수준 인과의 필연성을 주장하는 관점은 이를 개별자 수준 인과의 개연성으로 설명하려 하지 않으며, 또 다른 관점은 개별자 수준 인과가 아닌 집단 수준 인과의 개연성을 주장하는 것이다.

03

정답설명

④ 일단 문제부터 제대로 이해하자. ㉠의 입장은 '인과의 필연성'이 성립된다는 입장이다. 그리고 ㉠의 입장에서 [나]와 같은 결론을 '참'으로 이끌기 위해 필요한 문장을 찾는 것이다.

이제 〈보기〉를 분석해 보자.
[가] : 좋은 씨앗을 심어서 좋은 열매를 수확한 경우도 있지만 그렇지

않은 경우도 있다.

[나] : 그러므로 좋은 씨앗과 좋은 열매는 필연적인 관계다.

형태쌤의 과외시간

[가]까지만 보면 좋은 씨앗과 좋은 열매는 필연적인 관계가 형성되지 않는다. 하지만 우리는 [나]와 같은 결론을 이끌어 내야만 한다. 그러기 위해 필요한 문장을 생각해 보라는 것이다. 비문학에서 생각하고 추론해 보라고 할 때, 우리는 멋대로 생각하고 추론을 해서는 안 된다. 지문에서 제시한 상황으로 판단을 제한해야 오답의 세계로 빠지지 않기 때문이고, 평가원은 항상 지문에 정답의 근거를 제시해 놓기 때문이다.

마지막 문단의 마지막 문장으로 가 보자. ㉠의 입장이 잘 나와 있다. 스트레스가 병의 필수적 요인이라면, 개별자 수준 인과의 필연성은 훼손되지 않고, 집단 수준 인과의 필연성도 훼손되지 않는다고 나와 있다. 즉, '스트레스가 병의 필수적 요인'이라는 전제가 필요한 것이다. 이것을 그대로 〈보기〉의 상황에 가져오면 된다.

좋은 씨앗을 심어서 좋은 열매가 나오는 경우도 있지만, 그렇지 않은 경우도 있다. 하지만 좋은 씨앗과 좋은 열매의 필연적 관계를 얘기하기 위해서는 '스트레스가 병의 필수적 요인'인 것처럼 '좋은 씨앗이 좋은 열매의 필수적 요인'이라는 전제가 필요한 것이다. 여기서 좋은 씨앗을 심으면 무조건 좋은 열매가 열린다고 오독하면 안 된다. 철수네와 우리 집은 좋은 씨앗을 심었지만, 좋은 열매가 열리지 않았기 때문이다. '좋은 씨앗이 좋은 열매의 필수적 요인'이라는 것은 좋은 씨앗을 써도 좋은 열매가 열리지 않는 경우도 있지만, 좋은 열매를 맺게 하기 위해서는 반드시 좋은 씨앗을 써야 한다는 것이다.

오답설명

① [나]의 결론과 충돌하는 얘기다.
② [나]의 결론과 상관이 없는 얘기다.
③ [나]의 결론과 상관이 없는 얘기다.
⑤ 병충해 방제와 적절한 물 공급은 결정적 요인이 아니다. 이 내용이 ⓐ에 들어가면 [나]의 결론과 맞지 않는다.

구조도 정답

① 개별자
② 원인
③ 일반화
④ 개연적
⑤ 별개
⑥ 특이성
⑦ 필연성

지문분석

조선군의 전술

> **1) 조선 전기의 전술**
>
> 기병 중심 + (①) 뒷받침
> → 여진족, 왜구 전투 효과적
> but, 일본군 조총 공격→전술적 우위 상쇄

> **2) 16세기 주변국**
>
> 일본 : 조총 도입 → 조총 무장 보병
>
> 중국 : 절강병법 (조총 + (②) 병기)
>   1) 병사 특성에 따른 편제·운용
>   2) 근접전용 무기는 주변에서

> **3) 조선 후기의 전술**
>
> 절강병법 일부 수용 (기병 → 보병 / 삼수병)
>
> 17c 중반 이후 조총의 비중 증가 (활 비중↓)

> **4) 전술 변화에 따른 정치·경제 변화**
>
> 군의 대규모화 (천민 참여)
> 백성에 대한 통제 (호패, 거주지 보고)
> 대동법 (재정의 (③) 집중화)
> 공물 납부 (가호 → (④) 면적)

형태쌤 Comment

변화가 중심이 되는 지문이다. 변화의 중심은 조선군의 전술이다. 주변 국과의 비교가 독해의 첫 번째 관건이고, 전술 변화로 인한 정치, 경제 변화를 파악하는 것이 독해의 두 번째 관건이겠다.

문제분석   **01-03번**

번호	정답	정답률 (%)	선지별 선택비율(%)				
			①	②	③	④	⑤
1	④	89	2	2	6	89	1
2	①	82	82	5	5	4	4
3	⑤	75	9	7	3	6	75

01

정답설명

④ (다)에 명시되어 있구나. 활 대신 조총 비중이 늘었다고.

오답설명

① 지문에 선지의 내용이 그대로 나오길 바라면 안 된다. 얼마든지 말은 바꿔어 출제될 수 있다. 여기 낚인 학생들은 선지의 단어와 지문의 단어를 1:1 대응만 하려는 초보적 독해를 하는 학생들이니, 꼭 반성하길 바란다.
(가)에서 조선 전기 조선군의 전술은 활쏘기와 돌격, 화약 병기 및 활의 사격이었는데, 일본군의 조총 공격에 의해 전술적 우위가 상쇄되었다고 하였으므로 일본이 조선보다 먼저 조총을 사용했다고 볼 수 있다. 그리고 (나)에 따르면 중국의 절강병법은 일본군의 조총에 대응하기 위한 전술이므로, 일본이 중국이나 조선보다 먼저 조총을 썼음을 알 수 있다.

② (나)에 따르면 중국은 절강병법을 통해 근접전 병기를 갖춘 보병을 편성하게 되었고, (다)에 따르면 조선 또한 기병 중심에서 보병 중심으로 변화되었다.

③ (다)에 따르면 절강병법을 그대로 베낀 게 아니다. '일부 수용'이다. 조선의 삼수병에는 절강병법에 없는 활을 담당하는 '사수'가 있다!!

⑤ 공통점을 물어보는 선지로구나. 지문에서 충분히 확인할 수 있는 내용이고, 지문이 쉬우나 어려우나 공통점과 차이점은 항상 물어본다는 사실을 잊지 말자. (나)에 따르면 일본에 조총이 도입되면서 신분이 낮은 계층인 조총 무장 보병이 중요한 전투원으로 등장하였고, (라)에 따르면 중국에서도 주력이 천민을 포함한 일반 농민층이었으며 조선에서도 관노와 사노 등 천민 계층까지 군에 충원되었다고 나와 있다.

02

정답설명

① 〈보기〉에서 포인트를 정확하게 잡지 못하면 헤매는 문제다. 〈보기〉를 하나씩 분석해 보자.

ㄱ. 화포가 짱이고, 왜구가 두려워한다고 한다. (가)에 나온 말들과 대응시켜 보자. 화포 = 다양한 화약 병기, 왜구가 두려워 = 왜구와의 전투에 효과적

ㄴ. 기병도 좋고, 보병도 좋단다. 그런데 우리나라는 지형상 보병이 좋단다. 기병과 보병이 둘 다 있다는 것에 (가)로 낚이는 경우가 간혹 있었다. 우리나라 말은 끝까지 들어 봐야지!! 〈보기〉에서 우리나라는 보병이 갑이라고 하지 않느냐. 따라서 기병과 보병이 둘 다 있다가, 보병이 확대된 (다)를 선택해야 한다.

ㄷ. 어디에도 어울리지 않는다. 지방 군사 제도가 허술하다는 것은 지문에 나타나 있지 않다.

ㄹ. 얼굴이 크면 낭선을, 살기가 있으면 당파를. 이것이 바로 개인의 특성을 고려한 편제 아니냐. 병사의 특성에 따른 편제를 언급한 (나)와 연관이 된다.

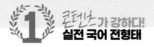

03

추론? 너무 쫄지 마라. 평가원에서 고딩들에게 요구하는 추론은 일치에
서 끝나는 경우가 많다.

정답설명

⑤ 고을의 재정 형편은 조정에 귀속되었다고 하지 않았느냐. 결국은 일치
문제다. 즉, 지방 고을을 담당했던 수령의 입장에서 고을 재량으로 운
영하던 재정이 갑자기 조정으로 귀속되었으니, 고을의 재정 형편이 나
아졌다는 선지는 올바른 반응이 될 수 없다.

오답설명

① (라)에서 '군의 규모는 관노와 사노 등 천민 계층까지 충원'되었다고 하
였다. 따라서 이전에는 '관노'가 군역을 맡지 않았음을 알 수 있다.

② (라)에서 사노(개인 노비)가 군에 갔다고 했지.

③ (라)에서 '성인 남성에게 이름과 군역 등이 새겨진 호패를 차게 하였으
며, 거주지의 변동이 있을 때마다 관가에 보고하게 하였다.'라고 했다.

④ (라)의 마지막 줄에 '공물을 농지 면적에 따라 쌀이나 무명 등으로 납부'
하였다고 했으므로 상대적으로 넓은 면적의 논밭을 갖고 있는 지주들은
공물을 더 많이 내게 되겠지.

구조도 정답

① 보병
② 근접전
③ 중앙
④ 농지

지문분석

```
승선교
 ├─ 구성
 │    홍예 : (   ①   ) 모양 → 구조적 안정성, (   ②   ), 견고함
 │    석축 : 층의 구분 없음 → (   ③   ) 있는 조화미
 │    용머리 장식 : 사람들을 지켜줌
 └─ 의의
      주변 경관과 어우러짐 → 자연스러운 미의식
```

형태쌤 Comment

예술 지문 중에서 특히 건축과 관련한 지문은 정보량이 많기에 부담을 느끼는 학생들이 많다. 이 지문도 그러하다. 특히 2번 문제의 정답률을 보면, 수능 시험장에서 얼마나 많은 학생들이 괴로워했을지 짐작이 간다. 정보량이 많을 땐 지문의 내용을 모두 기억하기는 어렵다. 최대한 구조 중심으로 지문을 나눈 다음에 문제를 풀며 다시 돌아올 생각으로 지문을 읽어야 한다.

문제분석 01-03번

번호	정답	정답률(%)	선지별 선택비율(%)				
			①	②	③	④	⑤
1	②	75	2	75	11	10	2
2	⑤	41	2	7	24	26	41
3	④	95	1	2	1	95	1

01

정답설명

② 4문단 '다리의 홍예가~물 위에 비친 홍예 그림자와 이어져 원 모양을 이루고'에서 확인할 수 있다.

오답설명

① 2문단의 '특별한 접착 물질로 돌과 돌을 이어 붙이지 않았음에도'에서 확인할 수 있다.

③ 2문단을 통해 홍예는 동서양에서 널리 사용되었음을 알 수 있다. 따라서 우리나라 특유의 건축 구조라고 할 수 없다.

④ 2문단을 통해 가설틀이 아니라 장대석의 단면이 사다리꼴임을 알 수 있다. 또한 가설틀은 홍예 모양이라고 하였으므로 무지개 모양이다.

⑤ 2문단에서 홍예는 하중을 좌우의 아래쪽으로 분산시킨다고 제시하고 있다.

02

정답설명

⑤ 3문단에 따르면 승선교의 용머리 장식은 용이 다리를 건너는 사람들이 물로부터 화를 입는 것을 방지한다고 여겨 만든 것이고, 〈보기〉에 따르면 옥천교의 도깨비 장식은 사악한 기운이 다리를 건너 안으로 침범하는 것을 막기 위해 조각된 것이다. 세속을 구원한다는 것은 '세상 사람들을 극락의 세계로 보낸다, 천국으로 보낸다'는 의미를 지니고 있다. 때문에 단순히 사람들을 재앙으로부터 막고자 하는 것을 종교적 의식과 관련짓기에는 무리가 있다.

오답설명

① 승선교는 누구나 건널 수 있는 반면 옥천교는 임금과 임금의 허락을 받은 자들만 건널 수 있는 다리이다. 이를 통해 옥천교는 승선교와 달리 권위적인 영역으로 진입하는 통로임을 알 수 있다.

② 승선교는 홍예 주위에 막돌을 쌓아 올려 만들어진 반면, 옥천교는 미려하게 다듬은 돌만을 사용했다는 점과 난간에 갖가지 조각을 장식했다는 것을 통해 장엄함(씩씩하고 웅장하며 위엄 있고 엄숙함)을 드러내려는 의도가 반영되었다고 볼 수 있다.

③ 옥천교는 궁궐의 정문과 정전을 이어주는 다리지만 승선교는 계곡 사이를 이은 다리이므로 자연의 난관을 해소하기 위함이었음을 허용할 수 있다.

④ 승선교는 번잡한 속세와 경건한 세계, 옥천교는 지엄한 왕의 공간과 궁궐 내의 일상적 공간이라는 이질적인 공간의 경계에 놓여 있다.

03

정답설명

④ ㉣의 '방지하다'는 '어떠한 일이나 현상을 일어나지 못하게 막다.'라는 의미를 지니고 있다. 따라서 '계속되던 일이나 움직임이 멈추거나 끝나다.'라는 의미의 '그치다'가 아닌 '어떤 현상이 일어나지 못하게 하다.'라는 의미의 '막다'로 바꿔 쓰는 것이 적절하다.

오답설명

① '활용되다'는 '충분히 잘 이용되다.'라는 의미이며 '쓰였다', '이용되었다'로 바꿔 쓸 수 있다.

② '견고하다'는 '굳고 단단하다.'라는 의미이므로 '튼튼하게', '단단하게'로 바꿔 써도 무방하다.

③ '돌출되다'는 '예기치 못하게 갑자기 쑥 나오거나 불거지다.'라는 의미이므로 '튀어나와'로 바꿔 쓸 수 있다.

⑤ '선사하다'는 '존경, 친근, 애정의 뜻을 나타내기 위하여 남에게 선물을 주다.'라는 의미이므로, '주다'로 바꿔 써도 무방하다.

구조도 정답

① 무지개
② 곡선미
③ 변화감

10 기술
2014학년도 6월A

지문분석

플래시 메모리

↳ **수많은 (①)들을 켜고 끄는 방식으로 데이터 저장**

플로팅 게이트에 전자 ○ → 1 / 전자 × → 0

↳ **데이터 읽기**

반도체 D에 (+) 전압 가함
: 반도체 S → 반도체 D 전자 이끌림

　　⎧ 플로팅 게이트에 전자 ○ → 이동 ×
　　⎩ 플로팅 게이트에 전자 × → 이동 ○

전자의 (②) 여부로 셀의 값(0 or 1) 판단

↳ **데이터 저장**

　├ **데이터 지우기**

　　모든 셀마다 p형 반도체에 (+) 전압 가함

　　　⎧ 플로팅 게이트에 전자 ○ → (③)로 이동
　　　⎩ 플로팅 게이트에 전자 × → 변화 ×

　　→ 모든 셀이 (④)의 상태가 됨

　└ **데이터 쓰기**

　　1을 쓰려는 셀의 G에 (+) 전압 가함
　　→ p형 반도체에 있던 전자들이 플로팅 게이트로 들어가
　　　저장됨((⑤)의 상태)

↳ **특징**

EPROM의 장점 + EEPROM의 장점

　한 개의 트랜지스터로 셀 구성 → 셀 (⑥)↓(EPROM)

　전기적으로 데이터 쓰고 지움(EEPROM)

(⑦) 메모리 : 전원 꺼도 1이나 0의 상태 유지

　→ 휴대용 디지털 장치에 주로 사용됨

형태쌤 Comment

　정보가 너무 많다. 이렇게 정보가 많은 지문에서는 구조를 중심으로 정보를 분류하고 나중에 돌아와서 확인을 한다는 생각으로 읽어야 한다. 모든 정보를 다 기억한다는 생각으로 지문을 읽는 것은 실전적이지 않다. 화제와 관련된 정보만 최대한 기억하고 구조 중심으로 지문을 봐야 한다.

문제분석　01-03번

번호	정답	정답률 (%)	선지별 선택비율(%)				
			①	②	③	④	⑤
1	①	91	91	2	2	4	1
2	②	77	6	77	7	7	3
3	③	42	41	6	42	6	5

01

정답설명

① 플래시 메모리가 수많은 스위치(셀)들로 이루어져 있다는 것을 언급한 후 셀의 구조를 그림을 통해 보여 주고, 플래시 메모리의 데이터가 어떤 원리로 작동되는지 설명하고 있다.

오답설명

② 대상의 장점은 대상의 작동 원리를 설명한 후 마지막 문단에 제시되어 있다.

③ 대상의 크기를 기준으로 설명하지 않았다.

④ 대상의 구조를 설명한 뒤 작동 원리를 설명한 것이지, 제작 원리를 설명한 것은 아니다.

⑤ EPROM과 EEPROM의 단점이 제시되어 있지만, 이는 글 전체의 중심 소재인 플래시 메모리의 장점을 부각시키기 위한 것이다. 또한 EPROM과 EEPROM의 장점을 취하여 만든 플래시 메모리가 이미 존재하므로, 새로운 방식의 필요성을 제기할 필요가 없다.

02

정답설명

② 3문단에서 '일반 절연체'는 '전류 흐름을 항상 차단'한다고 하였다. 데이터를 지우고 쓰기 위해서는 플로팅 게이트에 있던 전자가 p형 반도체로 이동하고, p형 반도체에 있던 전자들이 플로팅 게이트로 들어가야 한다. 따라서 데이터를 반복해서 지우기 위해서는 일정 이상의 전압이 가해졌을 때 전자를 통과시키는 '터널 절연체'가 반드시 사용되어야 함을 추론할 수 있다.

오답설명

① 2문단의 '플래시 메모리에서 데이터를 읽을 때는 그림의 반도체 D에 3V의 양(+)의 전압을 가한다. 그러면 다른 한 쪽의 반도체인 S로부터 전자들이 D 쪽으로 이끌리게 된다. 플로팅 게이트에 전자가 들어 있을 때는~한편 플로팅 게이트에 전자가 없는 상태에서는 S와 D 사이에 전자가 흐르기 쉽다.'를 통해, D에 양의 전압을 가한다 해서 플로팅 게이트의 전자가 사라지는 것은 아님을 알 수 있다.

③ 5문단에서 EPROM의 경우 데이터를 지울 때 칩을 떼어 내어 자외선으로 소거해야 한다는 단점이 있다고 하였다. 반면 플래시 메모리는 전기적으로 데이터를 쓰고 지울 수 있다고 언급하여, 장점을 부각하고 있다.

④ 셀 면적이 큰 것은 EPROM이 아닌 EEPROM의 단점이다. 따라서 선지의 진술은 적절하지 않다.

⑤ 5문단의 '한편 메모리는 전원 차단 시에 데이터의 보존 유무에 따라 휘발성과 비휘발성 메모리로 구분되는데, 플래시 메모리는 플로팅 게이트가 절연체로 둘러싸여 있기 때문에 전원을 꺼도 1이나 0의 상태가 유지되므로 비휘발성 메모리이다.'를 통해 플래시 메모리는 전력을 계속 공급해 주지 않아도 데이터를 유지할 수 있음을 알 수 있다.

03

정답설명

③ 지문에서 '저장'은 '지우는 과정'과 '쓰기 과정'으로 이루어진다고 하였다.

3문단에서 데이터를 지우는 과정을 '블록에 포함된 모든 셀마다 G에 0V, p형 반도체에 약 20V의 양의 전압을 가하면, 플로팅 게이트에 전자가 있는 경우, 그 전자가 터널 절연체를 넘어 p형 반도체로 이동한다. 반면 전자가 없는 경우는 플로팅 게이트에 변화가 없다. 따라서 해당 블록의 모든 셀은 0의 상태가 된다.'라고 설명하고 있다. 이에 따르면 안에 전자가 있든 없든 모든 셀의 p형 반도체에 전압을 가해야 하므로, ㉠과 ㉡에 전압을 가해야 함을 알 수 있다.

한편, 4문단에서 데이터를 쓰는 과정을 '1을 쓰려는 셀의 G에 약 20V, p형 반도체에는 0V의 전압을 가한다. 그러면 p형 반도체에 있던 전자들이 터널 절연체를 넘어 플로팅 게이트로 들어가 저장된다.'라고 설명하고 있다. 따라서 2단계에서는 오른쪽 셀에만 1을 쓰면 되므로, ㉣에 전압을 가해야 함을 알 수 있다.

memo

구조도 정답

① 스위치(셀)
② 흐름
③ p형 반도체
④ 0
⑤ 1
⑥ 면적
⑦ 비휘발성

디스크 스케줄링

지문해설

① 하드 디스크는 고속으로 회전하는 디스크의 표면에 데이터를 저장한다. 데이터는 동심원으로 된 트랙에 저장되는데, 하드 디스크는 트랙을 여러 개의 섹터로 미리 구획하고, 트랙을 오가는 헤드를 통해 섹터 단위로 읽기와 쓰기를 수행한다. 하드 디스크에서 데이터 입출력 요청을 완료하는 데 걸리는 시간을 접근 시간이라고 하며, 이는 하드 디스크의 성능을 결정하는 기준 중 하나가 된다. 접근 시간은 원하는 트랙까지 헤드가 이동하는 데 소요되는 탐색 시간과, 트랙 위에서 해당 섹터가 헤드의 위치까지 회전해 오는 데 걸리는 대기 시간의 합이다. 하드 디스크의 제어기는 '디스크 스케줄링'을 통해 접근 시간이 최소가 되도록 한다. 필자는 디스크 스케줄링에 관심이 있기 때문에 하드 디스크에 대한 설명을 화두로 제시한 것이다.

접근 시간 = 탐색 시간(헤드 → 트랙) + 대기 시간(섹터 → 헤드)

② 200개의 트랙이 있고 가장 안쪽의 트랙이 0번인 하드 디스크를 생각해 보자. 현재 헤드가 54번 트랙에 있고 대기 큐에는 '99, 35, 123, 15, 66' 트랙에 대한 처리 요청이 들어와 있다고 가정하자. 요청 순서대로 데이터를 처리하는 방법을 FCFS 스케줄링이라 하며, 이때 헤드는 '54→99→35→123→15→66'과 같은 순서로 이동하여 데이터를 처리하므로 헤드의 총 이동 거리는 356이 된다. 고난도 기술 지문이라고 겁먹지 마라. 이건 어차피 국어 시험이니, 필자의 관심사와 지문의 구조만 신경 쓰면서 핵심을 따라가면 된다. 설마 헤드의 이동 거리 356을 확인하려고 열심히 계산하고 있는 건 아니겠지? 비례·증감 관계가 아닌 이상 숫자들에 하나하나 신경 쓸 필요는 없고, 숫자들을 통해 스케줄링 방식을 이해하는 데에만 신경 써라. 2문단에서는 FCFS 스케줄링이 요청 순서대로 데이터를 처리한다는 것만 알면 된다.

③ 만일 헤드가 현재 위치로부터 이동 거리가 가장 가까운 트랙 순서로 이동하면 '54→66→35→15→99→123'의 순서가 되므로, 이때 헤드의 총 이동 거리는 171로 줄어든다. 이러한 방식을 SSTF 스케줄링이라 한다. 이 방법을 사용하면 FCFS 스케줄링에 비해 헤드의 이동 거리가 짧아 탐색 시간이 줄어든다. 하지만 현재 헤드 위치로부터 가까운 트랙에 대한 데이터 처리 요청이 계속 들어오면 먼 트랙에 대한 요청들의 처리가 계속 미뤄지는 문제가 발생할 수 있다. 다른 방식의 스케줄링이 설명되었다. 개념은 밑줄 그어가며 읽기로 했었는데, 간단한 메모도 좋다. SSTF 스케줄링은 가까운 트랙 순서로 이동한다. 따라서 탐색 시간은 FCFS > SSTF 이지만, 멀리 있는 트랙의 처리가 계속 미뤄지는 문제가 발생할 수 있다.

④ 이러한 SSTF 스케줄링의 단점을 개선한 방식이 SCAN 스케줄링이다. SCAN 스케줄링은 헤드가 디스크의 양 끝을 오가면서 이동 경로 위에 포함된 모든 대기 큐에 있는 트랙에 대한 요청을 처리하는 방식이다. 위의 예에서 헤드가 현재 위치에서 트랙 0번 방향으로 이동한다면 '54→35→15→0→66→99→123'의 순서로 처리되며, 이때 헤드

의 총 이동 거리는 177이 된다. 이 방법을 쓰면 현재 헤드 위치에서 멀리 떨어진 트랙이라도 최소한 다음 이동 경로에는 포함되므로 처리가 지나치게 늦어지는 것을 막을 수 있다. SCAN 스케줄링 : 양 끝 이동하며 모든 요청 처리 ⇒ SSTF 스케줄링 단점 개선

SCAN 스케줄링을 개선한 LOOK 스케줄링은 현재 위치로부터 이동 방향에 따라 대기 큐에 있는 트랙의 최솟값과 최댓값 사이에서만 헤드가 이동함으로써 SCAN 스케줄링에서 불필요하게 양 끝까지 헤드가 이동하는 데 걸리는 시간을 없애 탐색 시간을 더욱 줄인다.

LOOK 스케줄링 ≒ SCAN. 대기 큐 최솟값~최댓값 이동
핵심 정보만 정리하면 의외로 간단한 지문이다.
LOOK(최소~최대) < SCAN(양 끝) < SSTF(근처부터) < FCFS 스케줄링(요청 순)
이런 식으로 간단히 메모하며 읽었다면, 문제 푸는 데에도 도움이 될 것이다.

지문분석

디스크 스케줄링

　하드 디스크

여러 개의 (①)로 구획된 (②)에 데이터 저장
헤드 통해 섹터 단위로 읽기/쓰기 수행
'디스크 스케줄링' 통해 (③) 최소화
(③) : 탐색 시간 + 접근 시간

　종류

FCFS 스케줄링 : (④)대로 데이터 처리

SSTF 스케줄링 : 이동 거리 가까운 순서대로 데이터 처리
FCFS 스케줄링에 비해 (⑤) ↓
먼 트랙의 처리가 미뤄지는 문제

SCAN 스케줄링 : 헤드가 디스크의 (⑥)을 오가면서
이동 경로 위에 포함된 모든 요청을 처리
먼 트랙의 처리가 지나치게 늦어지는 것 방지
(SSTF 스케줄링의 단점 개선)

LOOK 스케줄링
: 대기 큐에 있는 트랙의 (⑦) 사이에서만 헤드가 이동
불필요한 이동 ↓ → (⑤) ↓
(SCAN 스케줄링의 단점 개선)

형태쌤 Comment

숫자에 절대 신경 쓰지 마라. 이 지문의 핵심은 분류된 스케줄링의 특징이다. 그런데 숫자에 신경 쓰다 보면, 시험장에서 순식간에 멘붕이 올 수 있고, 정작 중요한 정보가 제대로 인식이 되지 않을 수도 있다. 수학이 아닌 국어 시험이라는 것을 명심하고, 숫자를 통해 말하고자 하는 각 스케줄링의 특징을 정확하게 잡아내야 한다. 네 가지 방식이 나오고, 친숙하지 않은 용어들이 남발되니, 머릿속에 정보가 깔끔하게 정리가 되지 않는 학생들도 있을 것이다. 이런 경우 고민하지 말고, 문제지 한쪽에 각 특징을 아주 간략하게 메모를 해도 괜찮다. 오히려 간단한 메모가 시험장에서 고민의 시간을 줄여줄 수 있다. 참고로 이 지문은 당시 EBS와 연계된 지문인데, 변형된 부분에 관련한 문항에서 오답률이 높았다. 단순하게 EBS의 지문을 정리하는 공부가 얼마나 위험한지 알 수 있는 사례이다.

문제분석 01-03번

번호	정답	정답률(%)	선지별 선택비율(%)				
			①	②	③	④	⑤
1	①	68	68	3	6	21	2
2	③	64	3	20	64	9	4
3	①	61	61	8	14	11	6

01

정답설명

① 1문단에 '데이터는 동심원으로 된 트랙에 저장되는데, 하드 디스크는 트랙을 여러 개의 섹터로 미리 구획하고, 트랙을 오가는 헤드를 통해 섹터 단위로 읽기와 쓰기를 수행한다.'라고 언급되어 있다. 이를 통해 데이터에 따라 섹터 수가 결정되는 것이 아니라, 트랙 당 섹터가 미리 결정된 후 데이터가 저장되는 것임을 알 수 있다.

오답설명

② 1문단을 보면 탐색 시간이란 '원하는 트랙까지 헤드가 이동하는 데 소요되는' 시간임을 알 수 있다. 이를 통해 헤드의 이동 거리가 늘어나면 탐색 시간도 늘어나는 것을 쉽게 알 수 있다.

③ 2, 3, 4문단에서 데이터들을 어떤 순서로 처리하는지에 따른 디스크 스케줄링의 네 가지 종류를 설명하고 있다.

④ 1문단에서 대기 시간이란 '트랙 위에서 해당 섹터가 헤드의 위치까지 회전해 오는 데 걸리는' 시간이라고 말했으므로, 대기 시간은 하드 디스크의 회전 속도에 영향을 받는다고 할 수 있겠다.

⑤ 1문단의 '하드 디스크에서 데이터 입출력 요청을 완료하는 데 걸리는 시간을 접근 시간이라고 하며, 이는 하드 디스크의 성능을 결정하는 기준 중 하나가 된다.'에서 확인할 수 있다.

02

정답설명

③ (가)는 요청 순서(98→183→37→122→14)대로 데이터를 처리하고 있지 않으므로 FCFS 스케줄링은 아니다. 또한, 0이나 199번 트랙으로 이동하지 않았으므로 SCAN 스케줄링도 아니다. 그렇다면, LOOK 아니면 SSTF 스케줄링이다. 이때 〈보기〉의 '조건 2'가 들어와야 한다. 출제자는 절대로 문제를 풀 때 필요 없는 정보를 '조건'으로 제시하지 않는다. '조건 2'에 의하면 헤드는 50번에서 53번으로 진행하는 중이라고 한다. Ok! 헤드는 현재 그래프 상 오른쪽으로 이동하고 있구나. 만약 (가)가 LOOK 방식이라면, 이동 방향에 따라 움직여야 하므로 오른쪽으로 움직여서 98번을 처리해야 한다. 하지만 이동 방향과 반대인 37번을 처리하였다. 왜일까? (가)는 이동 거리가 가까운 트랙을 먼저 처리하는 SSTF 스케줄링이기 때문이다.

(나) 또한 요청 순서(98→183→37→122→14)대로 데이터를 처리하고 있지 않으므로 FCFS 스케줄링은 아니다. 또한, 현재 위치로부터 이동 거리가 가장 가까운 트랙 순서(53→37→14→98→122→183)로 이동하지 않고 있으므로 SSTF 스케줄링도 아니다. SCAN 스케줄링대로라면 0이나 199번 트랙으로 이동했어야 한다. 하지만 (나)는 현재 위치로부터 이동 방향에 따라 대기 큐에 있는 트랙의 최솟값(14)과 최댓값(183) 사이에서만 헤드가 이동하고 있으므로, LOOK 스케줄링이 분명하다.

03

정답설명

형태쌤의 과외시간

간단하게 다시 정리하고 가자.

FC : 순서대로
SSTF : 가까운 순
SCAN : 현재 → 양 끝 찍기
LOOK : SCAN과 비슷! But 최소나 최대만

쌤이 실제 이 지문을 읽으며 했던 메모다. 이 정도 메모는 시험장에서 지문을 읽으면서 해도 괜찮다는 얘기다. 참고로 FCFS를 왜 FC라고 적었냐고 딴지는 걸지 말길 바란다. 시험장에서 나 혼자만 보는 메모를 하는데 굳이 다 적을 필요가 있겠는가. 메모는 요약적으로 하는 것이 최고다. ^^

① 이제 문제로 가자.

풀이의 편의상 요청된 트랙을 '5, 10, 15'라고 가정하자.

내림차순은 숫자가 점점 작아지는 것을 의미한다. 따라서 요청된 트랙 순서는 '15, 10, 5'겠다. SSTF는 가까운 순이다. 현재 위치가 0이니, 일단 가까운 5로 이동을 하겠고, 순차적으로 이동하겠지. 따라서 '0(현재 위치)→5→10→15'의 순서로 이동하겠구나.

LOOK은 일단 최소나 최대를 찍고 와야 하는 방식이다. 그런데 출제자는 감사하게도 현재 위치를 0으로 해주었구나. 따라서 불필요한 이동

없이 현재 위치에서 최솟값인 5를 향해 가면 된다. 그러면 '0(현재 위치)→5→10→15'의 순서로 이동할 테고, 따라서 둘의 이동 거리는 같겠구나.

오답설명

② 내림차순이면, 요청된 트랙 순서는 '15, 10, 5'겠다. FCFS는 우직하게 순서대로 진행하니, 일단 0에서 출발한 헤드는 힘들게도 15까지 가서 처리를 한 후 나머지를 처리할 것이다. 즉, '0(현재 위치)→15→10→5'의 순서라는 얘기다. 하지만 SSTF는 가까운 순이다. 현재 위치가 0이니, 일단 가까운 5로 이동을 하겠고, 순차적으로 이동하겠지. 따라서 '0(현재 위치)→5→10→15'의 순서로 이동하겠지. 따라서 FCFS가 더 오래 걸린다.
   사실 굳이 숫자를 그려서 생각할 필요도 없다. FCFS가 굳이 0에서 15를 찍으러 가는 순간, 이미 오래 걸린다는 판단을 할 수 있다.

③ 오름차순이면, 요청된 트랙 순서는 '5, 10, 15'겠다. FCFS는 순서대로 처리하므로, 이때 헤드는 '0→5→10→15' 순으로 이동함을 알 수 있다. LOOK 방식은 일단 최소나 최대를 찍어야 하는데, 현재 위치가 0이니 불필요한 이동 없이 최솟값인 5를 향해 가면 된다. 그러면 '0→5→10→15' 오호! 똑같구나. 이 조건에선 FCFS와 LOOK의 탐색 시간이 같다.

④ 오름차순이면, 요청된 트랙은 '5, 10, 15'로 정렬될 것이다. FCFS는 순서대로 처리하므로, 헤드는 '0→5→10→15' 순으로 이동한다. 그리고 SCAN인데, 얘는 요청하지 않아도 고지식하게 양 끝을 오가는 녀석이다. 따라서 양 끝인 0과 15를 오가야 하는데, 친절한 출제자는 현재 위치를 0으로 잡아 주었다. 따라서 불필요한 이동 없이 '0→5→10→15'로 이동하겠구나. 오호! 이 조건에서 FCFS와 SCAN의 탐색 시간은 같구나.

⑤ 계산부터 할 생각을 하지 말고, 잠깐만 생각을 해보자. SCAN과 LOOK의 가장 큰 차이가 뭐였지? SCAN은 우직하게 끝까지 찍고 오는 것이고, LOOK은 최소나 최대만 찍고 오는 것이다. 그런데 요청된 트랙에 '끝 트랙'이 포함되었다고 한다. 그렇다면 어차피 끝까지 가야 하니, LOOK과 SCAN은 차이가 없는 것이다.

구조도 정답

① 섹터
② 트랙
③ 접근 시간
④ 요청 순서
⑤ 탐색 시간
⑥ 양 끝
⑦ 최솟값과 최댓값

지문분석

포토리소그래피

→ 반도체 기판 위에 패턴을 형성하는 기술

　　레이저로 (①) 제작 후 반복 복사하여 패턴을 대량으로 만듦

→ 패턴 크기를 줄여 반도체 소자의 (②) ↑

→ 제작 과정

　1) 패턴으로 만들 물질이 코팅된 반도체 기판 위에 감광 물질 바르기
　2) 마스크 위에서 빛 쏘이기
　3) 빛을 받은 부분 현상액으로 제거 → 양성 감광 물질
　　 빛을 받지 않은 부분 현상액으로 제거 → 음성 감광 물질
　4) (③)이 덮여 있지 않은 부분 제거하기
　5) 더 이상 필요가 없는 감광 물질 제거하기

→ 기술 발전을 위한 추가적인 연구 진행 중

형태쌤 Comment

　지문을 읽을 때, '먼저'라는 단어를 보는 순간 펜을 들었어야 한다. 그리고 단계별로 빗금을 그으며 독해를 진행해야 한다. '과정'의 서술 방식이 쓰인 지문에서는 순서나 단계를 꼭 물어보기 때문이다.

문제분석　01-03번

번호	정답	정답률 (%)	선지별 선택비율(%)				
			①	②	③	④	⑤
1	④	82	2	2	1	82	13
2	③	82	6	2	82	3	7
3	②	93	2	93	1	3	1

01

정답설명

④ 4문단의 '마스크의 패턴과 동일한 크기와 모양의 그림자가 감광 물질에 드리우게 되며'를 통해, 마스크에 새겨진 패턴의 크기와 기판 위에 만들어지는 패턴의 크기가 같다는 것을 알 수 있다.

오답설명

① 1문단의 '반도체 소자는 수십에서 수백 나노미터 크기의 패턴으로 이루어져 있다.'에서 확인할 수 있다.
② 2문단의 '원판으로부터 수없이 많은 판화를 종이 위에 찍어 낼 수 있듯이 포토리소그래피의 경우 마스크라는 하나의 원판을 제작한 후, 빛을

사용하여 같은 모양의 패턴을 기판 위에 반복 복사하여 패턴을 대량으로 만든다.'에서 확인할 수 있다.
③ 2문단의 '판화의 원판은 조각칼을 이용하여 만드는 데 비해, 포토리소그래피의 경우 마스크 패턴의 크기가 매우 작기 때문에 레이저를 이용하여 만든다.'에서 확인할 수 있다.
⑤ 5문단의 '짧은 파장의 광원에 반응하는 새로운 감광 물질을 개발하려는 연구'에서 확인할 수 있다.

02

정답설명

③ 〈보기〉를 보고, 4문단의 내용대로 따라 하기만 하면 된다. '양성 감광 물질'이란 빛을 받은 부분만을 현상액으로 제거할 때 사용하는 감광 물질이며, '음성 감광 물질'은 빛을 받지 않은 부분만을 현상액으로 제거할 때 사용하는 감광 물질이다.
　먼저 양성 감광 물질을 패턴으로 만들 물질 위에 바르고 마스크 A를 이용하였다면, 마스크 모양 이외의 부분은 제거되어 ②와 같은 패턴이 된다. 이후 그 위에 음성 감광 물질을 바르고 마스크 B를 이용하여 포토리소그래피 공정을 수행하였다고 하였으므로, 마스크로 인해 빛을 받지 않은 가운데 부분이 제거되어 결과적으로 ③과 같은 패턴이 된다.

03

정답설명

② 1문단에서 '반도체 소자의 크기는 패턴의 크기에 달려 있기 때문에 패턴의 크기를 줄여 반도체 소자의 집적도를 높이는 것이 반도체 생산 공정에서는 매우 중요하다.'라고 언급하고 있다. 이때, 5문단에서 '반도체 기판 위에 새길 수 있는 패턴의 크기는 빛의 파장이 짧을수록 작게 만들 수 있기 때문에'라고 언급하고 있으므로, '빛의 파장↓-패턴 크기↓-집적도↑'임을 판단할 수 있다.

오답설명

① 짧은 파장의 광원을 사용한다 해서 감광 물질 없이 패턴을 형성할 수 있는 것은 아니다. 빛의 파장이 짧을수록 패턴을 작게 만들 수 있으나, 패턴을 만드는 데 감광 물질은 반드시 필요하다.
③ 짧은 파장의 광원 자체가 빛이므로, 빛을 사용하는 것이라 봐야 한다.
④ 짧은 파장의 광원을 사용한다 해서 다양한 반도체 소자를 생산할 수 있다고는 볼 수 없다. 다만 패턴의 크기를 줄일 수 있을 뿐이다.
⑤ 기존에 사용하던 광원을 짧은 파장의 광원으로 바꾸면 패턴의 크기가 줄어들기만 하지, 포토리소그래피 공정 단계가 줄어들지는 않는다.

구조도 정답

① 마스크
② 집적도
③ 감광 물질

지문분석

공자의 예(禮)

예

혼란한 시기 → 극복 방법으로 '예' 제안

도덕적 본성을 사회에 맞게 규범화한 것

1) (①)의 윤리 규범
2) (②)의 질서를 바로잡는 제도
3) 올바른 (③) 형성하는 사회적 장치

정명(正名)

마땅히 해야 할 도리를 행하는 것

예에 기반을 둔 정치는 정명에서 시작됨.

정명을 실현할 주체로 '(④)' 제시
(④) : 도덕적 인격을 완성하기 위해 애쓰는 사람
도덕적 수양을 통해 예를 실현하는 사람

유학적 정치 이념 제시

정치적 지도자의 도덕적 수양과 실천 강조

인간의 도덕적 본성에 근거한 정치 제시

도덕적 수양 + 학문적 소양
소인도 군자가 될 수 있음을 강조
→ 사회 전반에 걸쳐 예의 실현을 구현하고자 함.

(⑤)

유학에서 말하는 이상적인 인간

도덕적 수양이 더 이상 필요 없는 완전한 존재

도덕적 수양의 목표

정치적 지도자 & 일반 서민의 도덕적 수양 강조
→ 이상적 사회로 이끌고자 함

형태쌤 Comment

화제의 흐름에 신경 쓰면서 읽어야 한다. 추상적인 정보가 퍼져 있으므로, 핵심적 정보를 잘 잡으면서 가야 한다.

문제분석 **01-04번**

번호	정답	정답률 (%)	선지별 선택비율(%)				
			①	②	③	④	⑤
1	⑤	94	2	1	1	2	94
2	④	92	2	0	2	92	4
3	⑤	90	2	3	3	2	90
4	④	79	2	17	0	79	2

01

정답설명

⑤ 2문단에서 '만일 군주가 예에 의하지 아니하고 법과 형벌에 기대어 정치를 한다면, 백성들은 형벌을 면하기 위해 법을 지킬 뿐, 무엇이 옳고 그른지 스스로 판단하려 하지 않는 문제가 생길 것이라고 공자는 보았다.'라고 언급하고 있으므로, 공자가 '법과 형벌의 중요성'을 강조하였다는 ⑤가 틀린 선지임을 알 수 있다.

오답설명

① 1문단의 '공자가 살았던 춘추 시대는 주나라 봉건제가 무너지고 제후국들이 주도권을 놓고 치열하게 전쟁을 일삼던 시기였다.'에서 알 수 있다.
② 3문단에서 '원래 군자는 정치적 지배 계층을 가리키는 말로 일반 서민을 가리키는 소인과 대비되는 개념'이었지만, 공자는 이러한 개념을 보다 확장하여 '도덕적 인격을 완성하기 위해 애쓰는 사람'이자 '자신의 도덕적 수양을 통해 예를 실현하는 사람'이라고 정의하였음을 알 수 있다. 또한 4문단의 '인간의 도덕적 본성에 근거한 정치를 시행해야 한다는 유학적 정치 이념을 제시한 것이기 때문이다.'에서 공자가 유학적 정치 이념을 제시하였음을 알 수 있다.
③ 2문단의 '공자는 예에 기반을 둔 정치는 정명에서 시작한다고 하며, 정명을 실현할 주체로서 군자를 제시하였다.'에서 확인할 수 있다.
④ 5문단에서 군자는 도덕적 수양뿐만 아니라 다양한 학문적 소양을 갖춰야 한다고 하였다.

02

정답설명

④ 2문단 중 군주는 군주에게 맞는 예를 실천하고 신하, 부모, 자식도 그래야 한다고 말하는 부분에서 군자와 신하, 부모와 자식 간의 신분적 차이를 분명히 드러내고 있다. 이를 통해서 '예(禮)'는 신분적 평등을 추구하는 것이 아님을 알 수 있다.

오답설명

① 1문단의 '예는 개인의 윤리 규범이면서 사회와 국가의 질서를 바로잡는 제도였으며, 인간관계를 올바르게 형성하는 사회적 장치였다.'를 통해 알 수 있다.
② 1문단에서 사회적 혼란을 극복하기 위한 방법으로 공자가 예를 제안하였다고 하였다.
③ 1문단에서 예란 인간의 도덕적 본성을 그 사회에 맞게 규범화한 것이라고 하였다.

⑤ 2문단의 '군주는 군주다운 덕성을 갖추고 그에 맞는 예를 실천해야 하며, 군주뿐만 아니라 신하, 부모 자식도 그러해야 한다.'에서 확인할 수 있다. 또한, 4문단에서 소인도 군자가 될 수 있다고 말하며 사회 전반에 걸쳐 예의 실천을 구현하고자 하였다는 것을 통해 알 수 있다.

03

정답설명

⑤

ㄷ : 공자가 소인도 군자가 될 수 있다고 강조하였음을 4문단에서 알 수 있으며, 군자가 되기 위해서는 도덕적 수양 및 학문적 소양이 필요하다는 것을 5문단에서 알 수 있다.

ㄹ : 6문단에서 성인은 도덕적 수양이 더 이상 필요 없는, 인간의 도덕적 본성을 완성한 인격자를 가리키므로 군자는 도덕적 수양을 통해 성인의 경지에 도달해야 한다고 했다. 이를 통해 도덕적 수양은 도덕적 본성을 완성하기 위함이며, 군자는 도덕적 본성이 완성되지 않았기 때문에 도덕적 수양을 해야 한다는 것을 알 수 있다. 그러므로 군자와 성인을 구별하는 기준으로 도덕적 본성의 완성 여부를 들 수 있다.

오답설명

ㄱ : 6문단에 따르면, '언제 어디서건 인간의 도리를 벗어나는 일을 하지 않는 완전한 존재'는 '군자'가 아닌 '성인'이다.

ㄴ : 6문단에 따르면, '유학에서 말하는 이상적인 인간', "'인간의 도덕적 본성'을 완성한 인격자"도 '군자'가 아닌 '성인'이다.

04

정답설명

④ '매수(買收)되다'는 '금품이나 그 밖의 수단 따위에 넘어가 그 편이 되다.'의 의미로 사용된다. ⓓ는 '생각이나 마음이 온통 한곳으로 쏠리게 되다.'라는 의미이므로, '매수되다'와는 어울리지 않는 표현이다.

오답설명

① '합당(合當)하다'는 '어떤 기준, 조건, 용도, 도리 따위에 꼭 알맞다.'의 의미로 사용된다.

② '의거(依據)하다'는 '어떤 사실이나 원리 따위에 근거하다.'의 의미로 사용된다.

③ '지칭(指稱)하다'는 '어떤 대상을 가리켜 이르다.'의 의미로 사용된다.

⑤ '성찰(省察)하다'는 '자기의 마음을 반성하고 살피다.'의 의미로 사용된다.

구조도 정답

① 개인
② 사회와 국가
③ 인간관계
④ 군자
⑤ 성인

Free note.

나 없이

기출

풀지마라

| 과외식 기출 분석서, 나기출 |

나 없이
기출
풀지마라

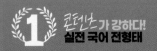

콘텐츠가 강하다!
실전 국어 전형태

베이직

V

독서 Part 2

01 인문
2013학년도 11월

지문분석

논증을 통한 과학적 지식의 정당성 입증

- **논증**
  - (①) : 전제가 참 → 결론도 확실히 참
    지식 확장 X(전제에 이미 결론이 포함)
  - (②) : 전제가 참 → 결론 참일 수, 거짓일 수 O
    수많은 사례 관찰 → 일반화
    지식 확장 O(새로운 지식 획득)
    but, 논리적 문제 존재
- **반증**
  - 연역을 통해 과학적 지식의 정당성을 밝힐 수 O
    - 수많은 반증의 시도로부터 끝까지 살아남은 지식 → (③)
    - 반증이 된 지식 → (④)
    - 경험적 반증이 아예 불가능한 지식 → 과학적 지식이 될 수 X

형태쌤 Comment

이 제시문은 서로 다른 두 가지 개념을 제시하고 있다. 이 개념을 이해해야만 전체의 지문 내용을 확인할 수 있으므로 주어진 예시를 통해 개념을 이해하는 것이 중요하다. 또한 의견이 제시되는 글이니, 판단과 근거를 찾는 것이 중요하다.

문제분석 01-04번

번호	정답	정답률(%)	선지별 선택비율(%)				
			①	②	③	④	⑤
1	⑤	81	3	1	2	13	81
2	②	83	6	83	4	3	4
3	④	65	1	6	6	65	22
4	④	82	2	5	2	82	9

01

정답설명

⑤ 2문단의 '아직 관찰되지 않은 까마귀 중에서 검지 않은 까마귀가 있을 수 있'다는 예시는 전제에 없는 새로운 지식에 대한 예시이다. 이러한 사실이 귀납의 논리적 문제를 낳는다고 지문은 설명하고 있다.

오답설명

① 1문단에서 연역 논증은 결론에서 지식이 확장되는 것처럼 보이지만 실제로는 전제에 이미 포함된 결론을 다른 방식으로 확인하는 것일 뿐이

므로 그렇지 않다고 하였다.

② 1문단을 통해 전제가 참일 때 결론이 확실히 참인 것은 연역 논증임을 알 수 있다. 귀납 논증은 전제들이 모두 참이라고 해도 결론이 확실히 참이 되는 것은 아니다.

③ 2문단에서 아무리 치밀하게 관찰하여도 귀납에는 논리적 문제가 있다고 하였다.

④ 과학적 지식은 반증의 시도로부터 잘 견뎌온 것들이라는 점에서 연역의 결과이다. 다만 새로운 지식을 얻게 되는 논증 방법은 연역이 아니라 귀납이다.

02

정답설명

② 마지막 문단에서, 포퍼는 과학적 지식이 될 수 있는 방법은 반증의 시도들로부터 살아남는 것이며, 반증이 불가능한 지식은 과학적 지식이 될 수 없다고 하였다. 즉, 과학적 지식이 되기 위해서는 반드시 반증의 시도를 거쳐야 하며, 이로부터 살아남아야 하기 때문에 ②는 적절하다.

오답설명

① 포퍼는 '수많은 반증의 시도로부터 끝까지 살아남으면' 성공적인 과학적 지식이 되는 것이라고 언급하였다. 따라서 '반증 없이' 정당화할 수 있다는 해당 진술은 포퍼의 견해와 일치하지 않는다.

③ 실패한 지식은 실제로 반증이 된 가설이고, 성공적인 지식은 수많은 반증의 시도로부터 끝까지 살아남은 가설이다. 둘은 상충되는 개념이므로 실패한 지식이 곧 성공적인 지식이라고 할 수는 없다.

④ 포퍼가 '반증의 시도로부터 끝까지 살아남으면' 성공적인 과학적 지식이 된다고 하였으므로, '반증의 시도'에 대응하지 않는다면 성공적인 과학적 지식이 될 수 없다는 것을 알 수 있다.

⑤ 포퍼는 '귀납이 아닌 연역만으로 과학을 할 수 있는 방법'이 있으며, 이를 통해 '과학적 지식'을 정당화할 수 있다고 말했다. 또한 모든 귀납에는 논리적인 문제가 있다고 언급하였으므로, 귀납 논증으로 정당화하라는 진술은 적절하지 않다.

03

정답설명

④ (가)에서 (나)가 도출되는 것은 귀납적 논증이므로 지식이 확장된다고 볼 수 있다. 하지만 (ㄱ), (ㄴ)을 통해 (ㄷ)이 도출되는 것은 연역적 논증이므로, 지식이 확장된다고 볼 수 없다. 1문단에서 연역 논증은 전제에 이미 포함된 결론을 다른 방식으로 확인하는 것일 뿐, 지식이 확장되는 것은 아니라고 언급하고 있다.

오답설명

① 이것이 바로 2문단에서 얘기한 귀납의 한계이다. '아직 관찰되지 않은 까마귀 중에서 검지 않은 까마귀'가 있을 수 있기 때문이다.

② '검다'라는 것은 감각 기관(눈)을 통해서 얻어낼 수 있는 정보이므로, 그것이 참임을 밝히기 위한 행위는 경험적인 행위라고 볼 수 있다.

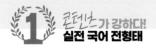
③ '어떤 까마귀는 검지 않다.'는 '모든 까마귀는 검다.'의 반증 사례이므로 (ㄴ)만으로 거짓임이 밝혀진다. 하지만 2문단에서 '아무리 치밀하게 관찰하여도 아직 관찰되지 않은 까마귀 중에서 검지 않은 까마귀가 있을 수 있기 때문이다.'라고 하였으므로 (가)만으로는 '모든 까마귀는 검다.'라는 지식이 참임을 밝힐 수 없다.

⑤ 포퍼에 따르면 과학적 지식이 정당화되는 것은 연역 논증으로 가능하다. (가)에서 (나)가 유추되는 것은 귀납 논증이기에 논리적 문제를 가지고 있다. 따라서 연역 논증인 (ㄱ)~(ㄷ)의 방법을 이용해야 과학적 지식이 증명된다고 포퍼는 생각할 것이다.

04

정답설명

④ '인내(忍耐)하다'는 '괴로움이나 어려움을 참고 견디다.'라는 의미로 사용된다. 하지만 해당 부분의 '견디다'는 '괴로움이나 어려움을 참고 견디다.'의 의미로 사용되기보다는 '반증에 의해 거짓으로 판명되지 않다.'라는 의미로 사용되고 있으므로, 문맥에 어울리지 않는다고 볼 수 있다.

오답설명

① '사용(使用)되다'는 '일정한 목적이나 기능에 맞게 쓰이다.'의 의미로 사용되므로 '쓰이다'와 바꿔 쓰기에 적절하다.

② '실재(實在)하다'는 '실제로 존재하다.'의 의미로 사용되므로 '있다'와 바꿔 쓰기에 적절하다.

③ '입증(立證)하다'는 '어떤 증거 따위를 내세워 증명하다.'의 의미로 사용되므로 '보여 주다'와 바꿔 쓰기에 적절하다.

⑤ '전무(全無)하다'는 '전혀 없다.'의 의미로 사용되므로 '없다'와 바꿔 쓰기에 적절하다.

구조도 정답

① 연역 논증
② 귀납 논증
③ 성공적인 과학적 지식
④ 실패한 과학적 지식

지문분석

역사 연구

> **(①) 이전**
>
> 신화, 전설, 종교 (사실+허구) 통해 과거 지식 전수
>
> ex) 호메로스 <(②)> - 트로이 전쟁
> ― 신화적 세계관에 입각한 서사시

> **(①)**
>
> ― 가까운 과거에 일어난 사건 중시
> ― 직접 확인, 탐구하여 인과적 형식으로 서술
>
> ex) <역사> - 페르시아 전쟁

> **(①) 이후**
>
> 역사가 과거를 통해 미래를 예측하게 한다는 '(③)'
> → 정확, 객관적 서술 중시

> **헬레니즘, 로마 시대**
>
> (④)으로 감동을 주고자 하는 역사 서술
> 중세 시대에도 지속 → 일부 역사가들에게 비판받음

> **15세기 이후**
>
> ― 수사학적 역사 서술 방법 퇴출
> ― 과거에 대한 정확한 탐구, (⑤) 태도 다시금 중시

형태쌤 Comment

역사의 관점에 따른 차이점에 주목해야 한다. 그리고 전형적인 통시적 지문이니, 시간의 흐름에 따라 어떤 식으로 변화하였는지 흐름을 타면서 읽어야 한다.

문제분석 01-03번

번호	정답	정답률 (%)	선지별 선택비율(%)				
			①	②	③	④	⑤
1	①	90	90	6	1	1	2
2	⑤	83	6	1	1	9	83
3	②	73	4	73	13	3	7

01

정답설명

① '역사를 수사학의 테두리 안에 집어넣은' 사람들은 '헬레니즘과 로마 시대의 역사가들'이며, '15세기 이후부터는 수사학적 역사 서술이 역사 서술의 장에서 퇴출'되었다는 마지막 문단의 내용을 통해 정답의 근거를 찾을 수 있다. 즉, 수사학의 범위 안에서 점차 발전되어 온 것이 아니라, 수사학적인 역사가 존재했던 것일 뿐이다.

오답설명

② 1문단의 '헤로도토스는 페르시아 전쟁에 대한 책을 쓰면서 『역사(Historiai)』라는 제목을 붙였다.'라는 부분과 2문단의 '헤로도토스는 가까운 과거에 일어난 사건의 중요성을 인식하고, 이를 직접 확인·탐구하여 인과적 형식으로 서술함으로써 역사라는 새로운 분야를 개척한 것이다.'라는 부분을 종합한다면 알 수 있는 내용이다.

③ 1문단의 "'histor'는 원래 '목격자', '증인'이라는 뜻의 법정 용어였다."에서 확인할 수 있다.

④ 3문단의 "사람들은 역사 서술의 효용성이 과거를 통해 미래를 예측하게 하여 후세인에게 교훈을 주는 데 있다고 인식하게 되었다. 이러한 인식에는 한 번 일어났던 일이 마치 계절처럼 되풀이하여 다시 나타난다는 순환 사관이 바탕에 깔려 있다. 그리하여 오랫동안 역사는 사람을 올바르고 지혜롭게 가르치는 '삶의 학교'로 인식되었다."를 통해 확인이 가능하다.

⑤ 3문단의 '『역사』가 등장한 이후, 사람들은 역사 서술의 효용성이 과거를 통해 미래를 예측하게 하여 후세인에게 교훈을 주는 데 있다고 인식하게 되었다.'에서 확인할 수 있다.

02

정답설명

⑤ '설득력'을 중시하는 것은 '수사학적인 표현으로 독자의 마음을 움직이는 것을 목표로' 했던 '헬레니즘과 로마 시대의 역사가들'이다. (가)는 이에 대해 비판하고 있으므로, 적절하지 않은 선지이다. 또한 (다)는 '순환 사관'에 대해 강조하여 이야기하고 있으므로, '설득력'이 아닌 '교훈성'을 중시한다.

오답설명

① (가)에서 '필라르코스는 자신이 쓴 역사서에서 독자들의 동정심을 일으키고 주의를 끌 만한 장면들을 세세히 묘사하고 있다.'라고 하였다. 즉, 수사학적 역사 서술을 하였기 때문에 '폴리비오스'에게 비판 받고 있는 것이다.

② (나)의 '거울은 맑고 밝게 빛나며 왜곡이나 채색함이 없이 사물의 형상을 있는 그대로 보여 준다.'에서 확인할 수 있다.

③ (다)에서 투키디데스는 '언젠가는 비슷한 형태로 다시 나타날 미래의 일에 대해'라고 언급하며, '미래의 일'이 '과거사'와 비슷한 형태로 일어날 것(순환 사관)이라고 주장하고 있다. 또한, '내 책을 유용하게 여길 것이다.'라고 하며 저작의 효용성을 내세우고 있다.

④ (가)에서 폴리비오스는 등장인물들이 했을 법한 말을 상상하여 서술해

서도 안 된다고 하였으며, (나)에서 루키아노스는 역사는 사물의 형상을 있는 그대로 보여 주는 거울과 같아야 한다고 하였다.

03

정답설명

② 2문단에서 '헤로도토스 이전에는 사실과 허구가 뒤섞인 신화와 전설, 혹은 종교를 통해 과거에 대한 지식이 전수되었다.'라고 언급하고 있다. 즉, '헤로도토스 이전'에 등장한 '호메로스'의 『일리아스』에는 사실뿐만 아니라 '허구'가 뒤섞여 있었다는 것이다. ㉠을 중시하는 사람들의 입장에서는 '객관적 서술 태도'를 강조하지만, '허구'가 섞인 『일리아스』는 오히려 객관적 서술 태도를 배제한 것이므로 해당 선지는 옳지 않은 것이다.

오답설명

① 2문단에서 『일리아스』는 '호메로스가 오래전부터 구전되어 온 트로이 전쟁에 대해 읊은 서사시'라고 하였다. 구전되어 온 정보는 사실에 대한 객관적 서술이 어려우므로 내용이 정확하지 않을 수 있다.

③ '트로이 전쟁의 중요성은 인식하였으나' 부분은 지문에 명시적으로 나오지 않았다. 다만 『일리아스』가 트로이 전쟁에 대해 읊은 서사시이므로 트로이 전쟁의 중요성을 인식하였다는 진술을 허용할 수 있다. 그리고 '구전되어 온' 전쟁에 대해 이야기하였으므로 '실제 사실을 확인하는 데까지는 이르지 못했다.' 부분도 허용할 수 있다.

④ 2문단에서 『일리아스』는 전쟁을 통해 제우스 신의 뜻이 이루어진다고 보았는데, 이처럼 『일리아스』는 신화적 세계관을 중심으로 서술되었기 때문에 과거에 대한 정확한 정보를 추출할 수 없다.

⑤ 2문단의 『일리아스』는 고대 그리스인들이 주로 과거에 대한 지식의 원천으로 삼았다고 한 데에서 과거 지식을 습득하는 수단으로 사용된 것을 확인할 수 있다. 또한 단순히 구전된 것을 서술했다는 점에서 과거를 정확히 탐구하려는 의식을 찾을 수 없다.

구조도 정답

① 헤로도토스
② 일리아스
③ 순환 사관
④ 수사학적 표현
⑤ 객관적 서술

지문분석

공룡의 발자국 화석

→ 형태 → 공룡의 종류

 초식 공룡

  (①) : 타원이나 원형, 앞발 < 뒷발, 4족 보행

  (②) : 세 개의 뭉툭한 발가락, 뒤꿈치 완만, 2족 보행

 육식 공룡

  수각류 : 세 개의 날카로운 발톱, 뒤꿈치 뾰족,
    (③) 보행, 발자국 길이 > 발자국 폭

→ 발길이(FL) → 지면으로부터 골반까지의 높이(h)=4FL

→ 보폭 거리(SL) → 보행 상태

 SL/h < 2.0 → 보통 걸음

 2.0 ≤ SL/h ≤ 2.9 → 빠른 걸음

 SL/h > 2.9 → (④)

→ 퇴적 구조 분석 → 당시의 기후나 환경 짐작

형태쌤 Comment

화제를 구체화한 후 비교·대조하고 있구나. 각각의 공통점과 차이점에 주목해서 지문을 읽어 나가면 무난하게 독해를 진행할 수 있다. 단 지문에 정보량이 많으니, 숫자와 복잡한 계산은 지문을 독해할 때에는 신경 쓰지 말고, 문제에서 물어볼 때 다시 와서 천천히 보는 센스가 필요하겠다.

문제분석 01-03번

번호	정답	정답률(%)	선지별 선택비율(%)				
			①	②	③	④	⑤
1	①	77	77	3	11	5	4
2	①	69	69	4	7	15	5
3	②	78	4	78	4	7	7

01

대놓고 화제를 찾으라고 물어보는구나. 필자가 어디에 관심을 갖고, 주력해서 설명을 했는지 주목하면 답은 쉽게 나온다.

정답설명

① 우리나라 남해안 일대에서 발견된 공룡 발자국 화석을 대상으로 하여, 화석 연구 방법과 그 의미를 밝히고 있다.

오답설명

② 간혹 여기에 낚인 학생들이 있는데, 공룡 얘기가 나오고, 마지막에 기후 얘기가 나오는 것을 보고 대충 때려 맞춘 경우이다.

제목 문제는 어디까지나 필자가 중점적으로 설명한 '화제'를 찾는 문제라는 것을 기억하자. '기후와 환경'은 필자가 마지막에 덧붙인 +@일 뿐 필자의 관심사에서 벗어난 내용이다.

③ 공룡과 '환경'이 연관된 내용은 나오지 않았다.

④ 한반도에 용각류, 조각류, 수각류 등 다양한 공룡이 동시대에 서식했음을 알 수 있지만, 이것이 중심 내용은 아니다.

⑤ 발자국과 함께 발견되는 자국이나 퇴적 구조를 분석하여 당시의 기후나 환경을 짐작할 수 있다고는 하였지만 공룡 골격 화석을 어떻게 학술적으로 활용할 수 있는지에 대해서는 나오지 않았다.

02

지문에서 공룡을 초식 공룡과 육식 공룡으로 나눴고, 다시 초식 공룡을 두 종류로 나눴으니, 당연히 〈보기〉를 통해 대상을 구분하는 문제가 출제될 것을 예상할 수 있어야 한다. 따라서 각각의 특징을 지문에 체크해 놨다면 빠르고 정확하게 풀이를 진행할 수 있겠지.

정답설명

① C는 타원형이나 원형에 가까운 형태를 취하고 있다. 이로부터 C가 초식 동물인 용각류에 속하는 공룡의 발자국이라는 사실을 추정할 수 있다. A는 앞쪽에 세 개의 발가락이 있으며 뒤꿈치는 뾰족한 형태를 보이고 있다. 이는 수각류의 발자국 형태이다. 수각류는 육식 공룡이다. 따라서 A와 C의 공룡이 초식 공룡이었을 것이라는 추론은 적절하지 않다.

최종적으로 정리하자면, A와 D는 2족 보행을 하는 수각류이고, B와 C는 4족 보행을 하는 용각류다. 이 문제를 풀 때 1) 그림의 각 발자국이 의미하는 바가 무엇인지부터 파악한 후 2) A~D옆에 메모를 해두고 3) 그 다음에 선지를 판단했어야 한다.

오답설명

② '건열'의 흔적을 통해 확인 가능하다.

③ 〈보기〉의 'ㅁ'을 통해 공룡과 새가 공존했음을 알 수 있다.

④ 살짝 계산이 필요하지만 그리 어렵진 않다. h=4FL인 것으로 보아 h는 FL과 정비례 관계임을 알 수 있다. B의 FL이 C의 FL보다 작으니, 당연히 h도 B가 더 작겠다.

⑤ 2문단의 '용각류의 발자국은~대체로 4족 보행렬을 나타낸다.', '수각류의 발자국은~조각류처럼 2족 보행렬을 나타내지만'을 통해 확인할 수 있다. 〈보기〉의 그림만 봐도 B는 4족 보행, D는 2족 보행인 것을 알 수 있겠지.

03

〈보기〉에서 조건을 제시하였고, 지문에서 계산법을 제시하였다. 계산을 최소화시킬 것이라는 출제자에 대한 믿음을 갖고 접근하자. 연습 때는 느긋하게 잘하다가 실전에서 급하다고 빨리빨리 하면서 덤벙대는 실수를 하지 말라는 것이다!!!

정답설명

② 곱하기와 나누기를 해야 하는구나.

상대적 보폭 거리는 SL÷h란다. h는 4FL인데, A와 D 모두 100cm(=4
×25cm)이로구나. 따라서 A는 230cm÷100cm, D는 150cm÷100c
m를 하면 상대적 보폭 거리를 구할 수 있다.

구했겠지...?

A=2.3, D=1.5

따라서 A는 빠른 걸음, D는 보통 걸음임을 알 수 있다.

구조도 정답

① 용각류
② 조각류
③ 2족
④ 달림

지문분석

연니

→ 특징

1. 죽은 부유생물 껍질, 골격 + 점토류

2. 1,000년에 1~6cm 퇴적

3. 부유생물 양이 많을수록, 용해 속도가 (①) → 많이 퇴적

→ 종류

석회질연니

석회질 생물체 잔해 30% 이상

따뜻한 곳에 분포 (차가운 해수는 (②)을 용해)

대서양 중앙, 동태평양

(③)연니

(③) 생물체 잔해 30% 이상

탄산염이 녹는 수심보다 깊은 곳에서도 발견

용승이 일어나는 (④) 부근, 태평양의 적도 부근

→ 의의 : 과거의 해양 연구의 열쇠 구실

형태쌤 Comment

화제를 구체화하는 지문이다. '특징' 부분에서는 연니들의 '공통점'을, '종류' 부분에서는 연니들의 '차이점'을 중점적으로 체크하면서 독해를 진행하면 된다. 정보량이 적진 않지만 무난하게 소화할 수 있는 지문이다.

문제분석 01~03번

번호	정답	정답률(%)	선지별 선택비율(%)				
			①	②	③	④	⑤
1	⑤	78	5	8	6	3	78
2	④	85	5	5	3	85	2
3	⑤	68	14	6	6	6	68

01

정답설명

⑤ 지문에 숫자가 나오면, 구체적 수치보다는 '크다/작다', '늘어난다/줄어든다'에 주목해서 기억을 하면 된다. 1문단 '심해저에서 연니를 형성하지 않는 점토류는 1,000년에 걸쳐 2mm 정도가 퇴적되는데 비해, 연니는 1,000년 동안 약 1~6cm가 퇴적된다.'를 통해 확인할 수 있다.

오답설명

① 1문단에 연니들의 '공통점'이 서술되어 있네. '이는 주로 죽은 부유생물의 껍질, 골격 등과 바람이나 유수에 의해 육지로부터 멀리 운반된 점토류가 섞여 형성된다.'에서 확인할 수 있다.

② 2문단에서 '30% 이상'이라고 했으니, 40% 역시 해당되겠지.

③ 1문단에서 잡은 연니들의 '공통점'에 해당한다. 1문단에서 연니는 표층수에 사는 부유생물의 양이 많을수록 많이 퇴적된다고 하였으므로 적절하다.

④ 4문단과 '주석'에 주목했다면 해결할 수 있겠지. 참고로 평가원에서는 주석도 정답의 근거로 사용함을 잊지 말자.

02

정답설명

④ ㄴ : 연니의 유형을 '석회질연니'와 '규질연니'로 나누어 설명하였다.

ㄷ : 석회질연니는 대서양 중앙 부분과 동태평양 등에 집중적으로 분포하며 규질연니는 용승이 일어나고 차가운 해류가 흐르는 남극 부근과 태평양의 적도 부근에 분포한다고 하였다.

ㅁ : 연니의 형성과 분포, 구성물의 내용 등을 과학적으로 분석하면, 퇴적물이 쌓일 당시의 고해양 환경, 생물의 서식 분포 등 다양한 정보를 얻을 수 있다고 하였다.

오답설명

ㄱ : 1,000년이라는 기간 동안 퇴적되는 양이 제시되었을 뿐, 생성 시기에 대해서는 나타나지 않았다.

ㄹ : 연니의 시추 방법에 대해서는 제시되지 않았다.

03

〈보기〉와 지문의 연관성에 주목해서, 지문에서 나눠 놓은 화제를 〈보기〉에 대응시키는 문제로구나.

정답설명

⑤ (가)는 수심이 5,000m이므로 탄산염보상수심보다 깊은 곳이다. 탄산염보상수심보다 깊은 곳은 탄산염 성분으로 구성된 생물체의 골격이나 잔해가 녹아 없어지기 때문에 석회질연니는 분포하지 않고 규질연니가 분포한다. 그리고 (가) 지점은 표층 수온이 낮은 곳이므로 용승이 일어나고 차가운 해류가 흐르는 남극 부근의 C가 된다. → C

(나)는 수심이 비교적 낮고 탄산염 성분의 퇴적물로 구성되어 있는 특징을 보인다. 따라서 석회질연니가 분포하는 곳이 된다. 따라서 (나)는 대서양 중앙 부분인 B이다. → B

(다)는 표층 수온이 높고 표층수에 방산충이 많이 분포하고 있으므로 태평양의 적도 부근인 A이다. → A

구조도 정답

① 느릴수록　② 탄산염

③ 규질　④ 남극

지문분석

기체 분자의 속력 분포

원리 : 분자 하나의 정확한 (①) 확정 X,
일정 구간의 속력 지닌 분자 수 비율 파악

분자들의 운동 (②)를 고려

분자들 사이의 (③)가 멀 경우
: 인력 무시 → 기체 전체의 운동 에너지 변화 X

맥스웰 이론 : 종 모양의 그래프

모든 속력 가능, 꼭짓점(분자 수 비율 최대)

온도↑ → 속력↑ → 그래프 (납작, 넓어짐)

질량↑ → 속력↓ → 그래프 (뾰족, 좁아짐)

밀러와 쿠슈의 실험 장치

일정 속력으로 회전하는 두 원판
→ 특정 속력 구간의 분자들 (④) 통과

맥스웰 속력 분포 이론을 확인함

형태쌤 Comment

정보량이 많으므로, 잘 분류하면서 읽어야 한다. 그리고 3문단과 4, 5문단의 흐름을 놓치지 말고, 관계를 생각하면서 유연하게 바라보아야 한다.

문제분석 01-03번

번호	정답	정답률(%)	선지별 선택비율(%)				
			①	②	③	④	⑤
1	④	93	2	2	2	93	1
2	③	88	3	4	88	3	2
3	④	93	2	1	3	93	1

01

정답설명

④ 2문단에서 근거를 찾을 수 있다. 산소처럼 분자들 사이의 평균 거리가 충분히 먼 경우에는, 분자들이 충돌한다고 해도 기체 전체의 운동 에너지가 변하지 않게 된다고 하였다.

오답설명

① 1문단의 '이들 중 어떤 산소 분자 하나는~이 분자의 운동 방향과 속력이 변할 수 있기 때문에'에서 개별 분자의 속력 변화를 확인할 수 있다.

② 1문단의 '어떤 분자 하나의 정확한 운동 궤적을 아는 것은 불가능하다.'를 통해 확인할 수 있다.

③ 2문단의 '위에서 언급한 상태에 있는 산소처럼~분자의 운동 에너지만 고려하면 된다.'에서 분자들 사이의 평균 거리가 멀 경우 인력을 무시할 수 있음을 알 수 있다.

⑤ 3문단의 '이 속력 분포가 의미하는 것은~분자들의 수가 가장 많다는 것이다.'에서 개별 기체 분자의 속력이 다양한 값을 지닐 수 있음을 알 수 있다.

02

정답설명

③ 평균 속력을 알기 위해, 주어진 정보(질량과 온도)를 이용하자.
크립톤(25℃)는 아르곤(25℃)나 아르곤(727℃)보다 온도는 같거나 작으며, 분자는 더 무겁다. 따라서 크립톤(25℃)가 가장 느리다.
그리고 아르곤(25℃)와 아르곤(727℃)를 비교하면, 무게는 같은데, 온도는 아르곤(727℃)가 아르곤(25℃)보다 더 높으므로, 아르곤(727℃)가 더 빠르다.
따라서, 평균 속력은 '크립톤(25℃) 〈 아르곤(25℃) 〈 아르곤(727℃)'이 된다.
이는 A〈B〈C에 대응된다. 따라서 답은 ③이다.

03

정답설명

④ 5문단에서 근거를 쉽게 찾을 수 있다. 회전 속력이 같고, 틈과 틈 사이의 각도만 커지면 더 느린 분자들이 검출된다.

오답설명

① 4문단의 '그림은 맥스웰 속력 분포를 알아보기 위해서 밀러와 쿠슈가 사용했던 실험 장치를 나타낸 것이다.'를 통해 확인할 수 있다.

② 5문단의 '가열기에서 나와 첫 번째 회전 원판의 가는 틈으로 입사한 기체 분자들 중 조건을 만족하는 분자들만~검출기에 도달할 수 있다.'에서 확인할 수 있다.

③ 5문단의 '첫 번째 원판의 틈을 통과하는 분자들의 속력은 다양하지만'을 통해 알 수 있다.

⑤ 5문단에서 '회전 원판의 회전 속력에 의해 결정되는 특정한 속력 구간을 가진 분자들만 두 번째 원판의 틈을 통과한다.'라고 하였으므로, 회전 속력을 느리게 하면 그에 따라 더 느린 속력 구간의 분자들이 두 번째 회전 원판의 틈을 통과할 것임을 알 수 있다.

구조도 정답

① 운동 궤적   ② 에너지
③ 평균 거리   ④ 선택적

지문분석

맹자의 '의(義)' 사상

→ (①)의 '의' 사상 계승, 강화

자연스러운 도덕 감정인 '(②)'의 실천에 필요한
합리적 기준으로서의 '(③)'

→ '의'의 의미 확장 → '(②)'과 대등

가족 성원 간에도 지켜야 할 규범
가족 → 사회로 유비적 확장
개인의 완성 및 개인과 사회의 조화 위한 필수적 행위 규범

→ 사적 이익 추구와 구분

(④) → '의'의 실천 가로막음, 사회적 혼란

→ 도덕 내재주의

누구나 도덕 행위를 할 수 있는 선한 마음이 선천적으로
내면에 갖춰져 있음 → '의'의 실천을 위한 근거

→ 실천하는 노력이 필요

선한 마음의 확충 + (⑤)

목숨 < 의 : "목숨을 버리고 의를 취한다."

형태쌤 Comment

지문이 조금만 더 어렵거나 구조가 복잡했어도 상당히 난도가 올라갔겠지만, 공자와 맹자를 비교하는 내용도 적고 구조가 깔끔해서, 각 문단별 핵심만 파악하며 읽어갔다면 평이하게 독해할 수 있는 지문이다.

문제분석 01-05번

번호	정답	정답률 (%)	선지별 선택비율(%)				
			①	②	③	④	⑤
1	⑤	93	2	1	2	2	93
2	④	94	2	1	2	94	1
3	①	90	90	2	2	4	2
4	②	89	2	89	5	2	2
5	①	70	70	7	10	2	11

01

정답설명

⑤ 지문의 흐름만 잘 파악하면 가볍게 풀 수 있는 문제다. 지문 분석을 보

면 알겠지만 해당 지문은 맹자의 '의' 사상의 형성 배경(1문단)과 내용 (2~6문단)에 대해 설명하고 있다.

오답설명

① '통념'이란 '일반적으로 널리 통하는 개념'으로 사람들이 흔하게 생각 하는 개념을 말한다. 맹자의 '의' 사상에 대한 사회적 통념은 언급되지 않았다.

② 맹자의 '의' 사상이 가지는 한계를 분석하지 않았다.

③ 맹자의 '의'에 대한 상반된 관점이 나오지 않았다.

④ 맹자의 '의'가 가지는 현대적 의의를 재조명한 부분은 없다.

02

정답설명

④ 3문단의 "맹자는 공자와 마찬가지로 혈연관계에서 자연스럽게 드러나는 도덕 감정인 '인'의 확산이 필요함을 강조하면서도, '의'의 의미를 확장 하여 '의'를 '인'과 대등한 지위로 격상하였다."에서 알 수 있듯, 맹자는 '의'의 의미 확장과 '인'의 확산 모두를 강조하였다.

오답설명

① 6문단에서 알 수 있듯, 맹자는 생활에서 마주하는 사소한 일에서도 '의' 를 실천해야 함 함을 강조했다.

② 6문단에서 알 수 있듯, 맹자는 '의'를 목숨을 버리더라도 실천해야 할 가치로 부각하였다.

③ 3문단에서 알 수 있듯, 맹자는 '의'를 가족 성원 간에도 지켜야 할 규범 이라고 규정하였다.

⑤ 3문단에서 알 수 있듯, 맹자는 '의'가 '인'과 대등한 지위를 지닌다고 보 았다.

03

정답설명

① 세상의 올바른 이치가 모두 인간의 내면에 갖춰져 누구나 도덕 행위를 할 수 있다는 의미로, 도덕 내재주의에 해당한다.

오답설명

② 바른 도리(도덕 행위)를 행하기 위해 분별과 직분, 예의가 필요하다는 견해는 도덕 행위를 위해 필요한 모든 것이 인간의 내면에 갖춰져 있다 고 보는 도덕 내재주의에 해당하지 않는다.

③ 도덕 내재주의는 '인간이라면 누구나' 선한 마음을 가지고 있다고 간주 한다. 따라서 도덕은 '인간의 성품으로부터 생겨난 것이 아니다.'라는 진술은 도덕 내재주의에서 벗어난 진술이다.

④ 도덕 내재주의에 따르면 인간이라면 누구나 도덕 행위를 할 수 있는 선 한 마음을 선천적으로 가지고 있다. 이러한 마음은 의롭지 못한 행위를 하지 않도록 막아 준다는 내용이 5문단에 제시되어 있다.

⑤ 도덕 내재주의에 따르면 인간은 어른을 어른으로 대우하고자 하는 마음 을 선천적으로 가지고 있기 때문에 어른을 어른으로 대우한다. 따라서

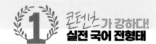
'어른으로 대우하고자 하는 마음이 원래부터 있어서 그런 것이 아니다.' 라는 진술은 도덕 내재주의와 맞지 않는다고 할 수 있겠다.

04

정답설명

형태쌤의 과외시간

비문학의 〈보기〉 문제에는 2가지 유형이 있다.

하나는 **지문을 통해 〈보기〉를 바라보는 유형**으로, 지문의 정보와 〈보기〉의 정보를 1:1로 대응시키는 것이 우선이다. 비문학 〈보기〉 문제의 대부분을 차지한다.

또 하나는 **〈보기〉를 통해 지문을 바라보는 유형**으로, 보통 〈보기〉의 정보를 통해 지문의 정보를 반박하거나 비판하는 유형으로 제시가 된다. 문학과 비슷한 유형이라고 보면 된다.

② 보통 비문학의 〈보기〉는 지문의 내용을 재진술하는 경우가 대부분인데, 이 문제처럼 지문의 내용과 완전히 다른 내용이 〈보기〉에 나올 때는 문학처럼 풀이하면 된다. 즉, 지문과 〈보기〉의 차이점에 주목해서 각각의 특성을 비교하는 것이다.

'맹자'는 이익의 추구가 '의'에서 배제되어야 한다고 주장하며 '의'와 이익을 명확히 구분되는 것으로 보았고, '묵적'은 '의'가 개인과 사회 전체의 이익을 충족한다고 주장하며 '의'와 이익이 밀접하게 관련된다고 보았다.

오답설명

① '맹자'와 '묵적' 모두 '의'라는 개념을 사용하지만 '맹자'는 '의' 개념의 의미를 개인의 완성 및 개인과 사회의 조화를 위해 필수적인 행위 규범으로, '묵적'은 개인과 사회 전체의 이익을 충족시켜 사회 혼란을 해결하는 하늘의 뜻으로 각각 다르게 보았다.

③ '맹자'는 사적인 욕망으로부터 비롯된 이익의 추구는 개인적으로는 '의'의 실천을 가로막고 사회적으로는 혼란을 야기한다고 보았다. '묵적'은 '의'를 개인과 사회 전체의 이익을 충족하는 것으로 보아 '의'를 통해 개인과 사회의 혼란이 해소될 것이라고 보았다.

④ '맹자'는 인간이 자기의 행동이 옳지 못함을 부끄러워하는 마음이 의롭지 못한 행위를 하지 않도록 막아 주는 동기로 작용한다고 보았고, '묵적'은 '의'의 실현이 만물을 주재하는 하늘의 뜻이라고 보았다.

⑤ '맹자'는 '의'가 개인과 사회의 조화를 위해 필수적인 행위 규범이라고 보았고, '묵적'은 '의'를 개인과 사회 전체의 이익을 충족하는 것으로 보았다.

05

정답설명

① 사전적 의미를 파악하는 문제로구나. 틀렸다면 지금까지 본인의 독서량과 모르는 어휘를 찾아봤던 횟수를 떠올려 보며 반성해 보자.

사전적 의미를 물어보는 문제는 완벽한 대비가 사실 불가능하다. 다만 필수 어휘를 중심으로 한자어, 순우리말, 사자성어, 속담 등을 공부함으로써 어느 정도까지는 대비할 수 있겠다. 어휘 올인원을 자주 읽어보길 바란다.

'경도(傾倒)'는 '온 마음을 기울여 사모하거나 열중함.'의 뜻으로, 보통 한쪽으로 치우쳐 빠져 있을 때 많이 쓰는 표현이다. 참고로 '잘못 보거나 잘못 생각함.'의 의미를 지닌 말은 '오인(誤認)'이다.

구조도 정답

① 공자
② 인
③ 정당함
④ 사적 이익 추구
⑤ 욕망의 절제

지문분석

공리주의

> 전통적 공리주의
>> 1) (①)주의 – 행동의 윤리적 가치가 행동의 결과에 의존
>>
>> 2) 행복의 양 : 행동의 결과를 평가할 때의 기준
>>
>>> 최대 다수의 최대 (②)
>>
>> 3) 개개인의 행복을 모두 동일하게 간주 – 전형적 (③)주의

> 반공리주의자
>> 공리주의가 (④)의 개념을 배제한다는 문제 제기

> (⑤) 공리주의자
>> 공리주의도 (④)의 개념을 포함할 수 있음.
>>
>> 어느 사회가 결과적으로 더 많은 행복을 산출하는지 검토
>>
>> 행복을 더 많이 산출하는 (⑤) 형성 → 개인의 행동 제약

형태쌤 Comment

평가원의 특성을 여실히 보여 주는 지문이다. 처음엔 화제를 구체화하는가 싶더니, 중반 이후로는 대립적 견해를 서술하며 각각의 입장을 보여 주고 있다. 다만 무게 중심은 '공리주의'에 싣고 독해를 해야 한다. '반공리주의'는 어디까지나 '공리주의'를 부각하기 위해서 나온 것이기 때문이다. 또한 견해가 나온 만큼 각각의 입장에 대한 정확한 인식, 그리고 판단의 근거를 체크하면서 독해하면 된다.

문제분석 01-04번

번호	정답	정답률 (%)	선지별 선택비율(%)				
			①	②	③	④	⑤
1	②	86	3	86	4	5	2
2	③	61	3	10	61	4	22
3	⑤	84	4	2	4	6	84
4	⑤	95	2	1	1	1	95

01

정답설명

② 전통적 공리주의에서는 '가장 선한 행동은 최대 다수의 최대 행복을 산출하는 것'이라고 판단한다. 전통적 공리주의에서 '갑'의 행동을 선하다고 평가했다면, '갑'의 행동이 결론적으로 최대 다수의 최대 행복을 산출하는 행동이었다고 본 것이다. 따라서 '갑'은 '최대 다수의 최대 행복'을 고려한 것이지 자신만의 행복을 고려했다고 볼 수 없다.

오답설명

① 전통적 공리주의에서는 '행복의 양을 많이 산출할수록 선한 행동'이라고 보기 때문에, '갑'의 행동을 선하다고 보았다면 그 행동은 전체의 행복의 양을 증가시키는 쪽이라고 볼 수 있다.

③ 전통적 공리주의는 '개개인의 행복을 모두 동일하게 중요한 것'으로 간주하기 때문에, 전통적 공리주의의 입장에서 본다면 '갑'은 '친한 사람'에 해당하는 '친구'와 '다친 운전자'의 행복을 모두 동일하게 중요한 것으로 판단했을 것이다.

④ ①번 선지에서도 말했듯, 더 많은 행복을 산출하는 것이 전통적 공리주의가 주장하는 선한 행동이다.

⑤ 전통적 공리주의는 '행동의 윤리적 가치가 행동의 결과에 의존'한다는 입장이므로 '갑'은 자신의 행동이 결과적으로 선할 것이라는 판단에 따라 행동하였을 것임을 추측할 수 있다.

02

정답설명

③ 출제자는 보통 조건을 〈보기〉에서 준다. 하지만 간혹 이렇게 발문에서 주는 경우도 있다. 이 경우 습관화된 풀이 속에서 '발문의 조건'을 제대로 인지하지 못하고 실수를 하는 경우가 많으니, 조심해야 한다. 2문단을 향해 가 보자. '반공리주의자'들이 보기에 '전통적 공리주의자'들은 결과를 위해서 정의에 위배되는 행동을 할 수도 있는 자들이다. 민우는 '진실 증언'을 할 수도 있고 '거짓 증언'을 할 수도 있고 증언을 하지 않을 수 있다. '진실 증언'은 정의로운 선택일 수는 있으나 모두가 불행해지는 결과를 야기할 수 있다. '거짓 증언'은 정의롭지 않은 선택이지만 모두가 불행해지는 결과를 막을 수는 있다. 증언을 하지 않을 경우 불확실성으로 더 위험해질 수 있다. 그런데 민우는 '전통적 공리주의자'다.

다시 문제를 읽어 봐라. '반공리주의자가 원하는 답'이 아니라, '반공리주의자가 (전통적 공리주의자인 민우의 행동으로) 예상하는 답'을 찾아야 한다. '반공리주의자'는 '전통적 공리주의자'가 '정의를 배제한다'고 본다. 정의를 배제하고 결과만을 중요하게 생각하는 자들이라고 본단 얘기다. 그렇다면 '반공리주의자'라면 당연히, '전통적 공리주의자'가 정의를 배제하고 결과를 중시하는 선택을 할 것이라고 예상할 것이다. 즉, '거짓 증언'을 하리라고 예상할 것이라는 얘기다.

03

정답설명

⑤ 의무론자는 결과에 구애받지 않고 절대적으로 규칙을 지켜야 한다고 주장했다. 하지만 규칙 공리주의자는 장기적으로 그것이 모두에게 더 좋은 결과를 가져오기 때문에 규칙을 지켜야 한다고 하지. 둘 사이의 차이점은 산출되는 결과를 고려하는가에 있다는 것을 알 수 있겠지?

오답설명

① 규칙을 무조건적으로 따라야 한다는 것은 의무론자의 주장이다. 규칙

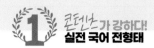

공리주의자는 더 많은 행복을 산출하는 규칙을 만들고 이에 따라 행동하는 것이지 규칙에 무조건적으로 따라야 하는 것이 아니다.

② 의무론자는 결과에 구애받지 않고 절대적으로 규칙을 지켜야 한다고 주장했다. 예상되는 결과에 따라 진실을 말해야 한다고 주장한 것은 의무론자가 아닌 규칙 공리주의자이다.

③ 규칙 공리주의자는 결과의 중요성을 강조했지만 의무론자는 결과와 무관하게 절대적 규칙을 강조했지.

④ 의무론자가 규칙의 절대성을 강조한 것은 맞으나, 규칙 공리주의자가 정의의 배제를 강조한 것은 아니다. 규칙 공리주의자들이 반공리주의자들의 비판에 대응하여 공리주의 또한 정의의 개념을 포함할 수 있다고 하였음을 3문단에서 확인할 수 있다.

04

정답설명

⑤ 문맥적 의미를 찾는 것은 밑줄 친 부분보다는 주변을 보면서 밑줄 친 부분의 범주를 제한하는 방식이 효과적이다. 밑줄 친 부분의 어휘를 본인이 아는 가장 쉬운 단어로 바꾼 후 선지에 적용을 하는 방식은 통하지 않을 때도 종종 있고, 이 경우 당황해서 틀릴 수도 있기 때문이다.

본문에서 ⓐ는 "행동의 결과를 평가할 때의 유일한 기준은 바로 행동의 결과가 산출할, 계산 가능한 '행복의 양'이다."라는 명제에 대한 서술어이며, '어떤 경우, 사실이나 기준 따위에 의거하다.'의 의미로 사용되었다. ⑤의 '따르면' 역시 '원칙'에 의거한다는 의미를 나타내므로, ⑤가 ⓐ와 가장 가까운 뜻으로 쓰였음을 판단할 수 있다.

오답설명

① ①의 '따르다'는 '어머니 말씀'에 대해 '관례, 유행이나 명령, 의견 따위를 그대로 실행하다.'의 의미로 사용되었다.

② ②의 '따르다'는 '나'에 대해 '좋아하거나 존경하여 가까이 좇다.'의 의미로 사용되었다.

③ ③의 '따르다'는 '남이 하는 대로 같이 하다.'의 의미로 사용되었다.

④ ④의 '따르다'는 '앞선 것을 좇아 같은 수준에 이르다.'의 의미로 사용되었다.

구조도 정답

① 결과
② 행복
③ 공평
④ 정의
⑤ 규칙

지문분석

```
자산의 개혁
   ├─ 사상적 기초
   │    인간이 자연 변화를 파악하면 재난 대비 가능
   │    인간사는 인간 (  ①  ) 해결할 문제
   │
   ├─ 시대적 배경
   │    정나라의 상황 : (  ②  )의 쟁탈 대상, (  ③  ) 간 정치 투쟁
   │    개혁의 초점 : 귀족의 특권 약화 → 부국강병
   │
   ├─ 개혁의 내용
   │    (  ④  )의 토지 소유
   │    (  ⑤  ) 정치 득실 논할 수 있게 함.
   │    (  ⑥  )의 성문화
   │
   └─ 성과와 폐단
        성과 : 부국강병, 백성의 위상 높임(교육)
        폐단 : 역치 → 엄한 형벌, 과중한 세금 수취
```

형태쌤 Comment

다양한 정보가 나열된 것 같지만, 내적으로 살펴보면 화제(자산의 개혁)를 중심으로 긴밀하게 연결되어 있음을 확인할 수 있다. 특히 2문단에서 개혁의 초점을 잊지 말고 3문단으로 들어가야만 세분화된 개혁의 공통점을 놓치지 않고 흐름을 탈 수 있다. 난이도가 높지 않은 지문이므로 독해는 어렵지 않았으리라.

문제분석 01-04번

번호	정답	정답률 (%)	선지별 선택비율(%)				
			①	②	③	④	⑤
1	⑤	95	2	1	1	1	95
2	⑤	84	3	1	11	1	84
3	①	79	79	17	2	1	1
4	②	76	3	76	1	3	17

01

정답설명

⑤ 지문에서 '자산이 단행한 개혁'에 대한 내용은 등장하지만, 그 후로 그 개혁이 어떻게 '계승'되었는지는 언급되지 않는다.

오답설명

① 1문단의 "천도는 멀고, 인도는 가깝다.", '인간이 자연 변화를 파악하면 얼마든지 재난을 대비할 수 있고, 인간사는 인간 스스로 해결할 문제라 생각한 것이다.' 등에서 개혁의 '사상적 기초'를 확인할 수 있다.

② 2문단의 '정나라는 요충지에 위치한 작은 나라였기 때문에 춘추 초기부터 제후국의 쟁탈 대상이었고, 실제로 다른 나라의 침략을 받기도 하였다. 춘추 중기에는 귀족 간의 정치 투쟁이 벌어져 자산이 집정하기 직전까지도 정변이 이어졌다.'에서 개혁의 '시대적 배경'을 확인할 수 있다.

③ 3문단의 '그는 귀족이 독점하던 토지를 백성들도 소유할 수 있게 하였고, 이것을 문서화하여 세금을 부과하였다.', '아울러 그는 중간 계급도 정치 득실을 논할 수 있도록 하여 귀족들의 정치 기반을 약화시키는 한편, 중국 역사상 처음으로 형법을 성문화하여 정에 새김으로써 모든 백성이 법을 알고 법에 따라 처신하게 하는 법치의 체계를 세웠다.' 등에서 '개혁 조치의 내용'을 확인할 수 있다.

④ 4문단에서 자산의 개혁 조치에 따라 정나라는 부국강병을 이루었고, 백성들이 교육을 받을 수 있는 계기가 되는 등 이전보다 상대적으로 백성의 위상을 높였지만, 역치의 가능성과 국가의 엄한 형벌, 과중한 세금 수취로 이어지는 폐단을 낳은 '개혁 조치의 영향'을 확인할 수 있다.

02

정답설명

⑤ 3문단의 '중간 계급도 정치 득실을 논할 수 있도록 하여'라는 부분을 통해 '중간 계급의 정치력 강화' 부분은 맞는 진술로 처리할 수 있다. 하지만 자산의 개혁 내용 중 하나가 형법을 성문화하여 법치의 체계를 세운 것이므로, 선지의 뒷부분인 '법치 전통을 세워야겠군.'은 옳지 않은 것으로 판단할 수 있다. 또한, 성문법의 도입은 귀족들의 임의적인 법 제정과 집행을 막아 지배력을 약화시키는 조치였으므로, 귀족은 법치를 지지하지 않았을 것이라고 판단할 수 있다.

오답설명

① 성문법의 도입은 귀족의 '임의적인 법 제정과 집행'을 막았다고 했으니, 일관성 있는 법 적용을 받겠다는 반응은 적절하다.

② 성문화(成文化)란 '글이나 문서로 나타냄.'이라는 뜻이야. 혹시 몰랐더라도 4문단에 친절하게 제시된 '법을 알려면 글을 알아야 하기 때문에, 성문법 도입은 백성들도 교육을 받을 수 있는 계기가 되는 등'을 통해 유추 가능해.

③ 3문단을 보면, 백성들도 토지를 소유할 수 있게 하였고, 그것을 문서화하여 세금을 부과했다고 나와 있다. 이에 따라 백성들도 개간(거친 땅이나 버려 둔 땅을 일구는 것)을 통해 경작지를 늘렸다고 하였으니, 주인 없는 땅을 개간하여 재산으로 만든다는 선지를 허용할 수 있다. 만약, "국가가 경작지를 계량하고 등록함으로써 민부를 국부로 연결시켰으니, 결국 개간된 땅은 국가의 것 아닌가요?"라고 물어본다면, 지문을 오독한 것이다. 대충 보고 상상하지 말고, 문맥을 잘 따져 보자. 바로 위를 보면, '귀족이 독점하던 토지를 백성들도 소유할 수 있게 하였고, 이것을 문서화하여 세금을 부과하였다.'라고 하였다. 그리고 이에

따라 백성들이 개간을 통해 경작지를 늘려 생산을 증대했다고 하니, 개간을 통해 늘린 경작지는 '백성'의 소유가 됨을 알 수 있다. 또한 '국가는 경작지를 계량하고 등록함으로써 민부를 국부로 연결시켰다.'를 '문서화하여 세금을 부과'한 것과 대응시킬 수 있다. 민부를 국부로 빼앗은 것이 아니라, 백성들의 생산이 증대되어 민부가 늘어난 것이고, 국가도 세금을 더 거둘 수 있으니 국부도 늘어난 것이다.

④ 백성의 토지 소유가 귀족의 입지를 약화시킨다고 명시적으로 나와 있지는 않다. 그러나 2문단 마지막에서 '귀족에게 집중됐던 정치적, 경제적 특권을 약화'시킨다고 하였고 3문단에서 귀족이 독점하던 토지를 백성도 소유하게 하고 이것을 문서화하여 세금을 부과한다고 했으므로, 백성들의 토지 소유로 귀족의 입지가 약화된다고 충분히 유추할 수 있다.

03

〈보기〉를 통해 지문을 바라보는 문제이다. 일단 〈보기〉에서 포인트를 정확하게 잡고 들어가야겠지. 〈보기〉의 포인트는 '자연스럽고 무의지적인 자연의 원리를 따르는 삶의 강조 및 인위적 허위 해체' 정도가 되겠다.

정답설명

① 〈보기〉의 노자는 인간이 자연의 원리에 따라 삶을 영위해야 한다고 주장하였다. 또한, 인위적인 도덕, 법률, 제도 등의 해체를 주장하였다. 따라서 '인간사는 인간 스스로 해결할 문제'라 생각하여 '법치의 체계'를 세운 자산의 개혁을 노자는 허위라고 할 것이다.

오답설명

② 앞부분인 '자연이 인간의 화복을 주관하지 않는다는 생각'은 자산의 주장이 맞다. 하지만 뒤 부분의 '자연의 의지'라는 말 자체가 성립되지 않는다. 〈보기〉에서 노자는 만물의 생성과 변화는 자연스럽고 '무의지적'이라고 제시하고 있다.

③ 노자는 통치자의 '무위(無爲)'를 강조하였다. 따라서 인위적으로 무엇인가를 바꾸고자 하는 '개혁' 자체를 부정적으로 바라볼 것이다.

④ 노자는 사회의 제도가 인간의 삶을 인위적으로 규정하는 '허위'라고 하였으므로, 사회 제도에 의거하는 정치 개혁이 사회 발전을 극대화한다는 것은 노자의 입장으로 볼 수 없다.

⑤ 노자는 '규범' 등과 같이 인위적인 것들의 해체를 주장하였다. 그리고 '규범'을 '법제화' 한다는 것도 노자의 입장과는 맞지 않는다. 더불어 '자발적인 도덕의 실현'에 대해서도 언급한 바가 없다.

04

사전적 의미를 파악하는 문제로구나. 틀렸다면 지금까지 본인의 독서량과 모르는 어휘를 찾아봤던 횟수를 떠올려 보며 반성해 보자.

사전적 의미를 물어보는 문제는 완벽한 대비가 사실 불가능하다. 다만 필수 어휘를 중심으로 한자어, 순우리말, 사자성어, 속담 등을 공부함으로써 어느 정도까지는 대비할 수 있겠다. 어휘 올인원을 자주 읽어보길 바란다.

정답설명

② '집정(執政)'은 단순히 '정권을 잡다.'라는 의미이다. '군주가 직접 통치

할 수 없을 때에 군주를 대신하여 나라를 다스림.'은 '섭정(攝政)'의 의미이다.

구조도 정답

① 스스로
② 제후국
③ 귀족
④ 백성
⑤ 중간 계급
⑥ 형법

09 2014학년도 9월A

동물들의 길찾기

지문해설

① 동물은 다양한 방식으로 중요한 장소의 위치를 기억하고 이를 활용하여 자신의 은신처까지 길을 찾아올 수 있다. 동물의 길찾기 방법에는 '장소기억', '재정위', '경로적분' 등이 있다. **동물들의 길찾기 방법을 종류를 나누어 설명하고 있다. 세부 분류형 지문이구나! 각각의 개념들을 체크해 두어야겠지?**
'장소기억'은 장소의 몇몇 표지만을 영상 정보로 기억해 두었다가 그 영상과의 일치 여부를 확인하며 길을 찾는 방법이다. 기억된 영상은 어떤 각도에서 바라보는지에 따라 달라지기에, 이 방법을 활용하는 꿀벌은 특정 장소를 특정 각도에서 본 영상으로 기억해 두었다가 다시 그곳으로 갈 때는 자신이 보는 영상과 기억된 영상이 일치하도록 비행한다. 장소기억은 곤충과 포유류를 비롯한 많은 동물이 길찾기에 활용한다. **첫 번째 길찾기 방법인 '장소기억'의 개념, 사례가 제시되었다. 곤충, 포유류 등이 특정 장소·각도의 몇몇 표지를 기억한 영상 정보와의 일치 여부로 길을 찾는 방법이구나.**

② '재정위'는 방향 기억이 헝클어진 상황에서도 장소의 기하학적 특징을 활용하여 방향을 다시 찾는 방법이다. 예를 들어, 직사각형 방에 갇힌 배고픈 흰쥐에게 특정 장소에만 먹이를 두고 찾게 하면, 긴 벽이 오른쪽에 있었는지와 같은 공간적 정보만을 활용하여 먹이를 찾는다. 이런 정보는 흰쥐의 방향 감각을 혼란시킨 상황에서도 보존되는데, 흰쥐는 재정위 과정에서 장소기억 관련 정보를 무시한다. 하지만 최근 연구에 따르면, 원숭이는 재정위 과정에서 벽 색깔과 같은 장소기억 정보도 함께 활용한다는 점이 밝혀졌다. **길찾기 두 번째 방법, '재정위'는 방향 기억이 헝클어져 있어도 장소의 기하학적 특징을 이용해 방향을 찾는 방법이다. 기하학적 특징이라는 말은 선, 면, 도형 등의 특징이라고 생각하면 된다.**

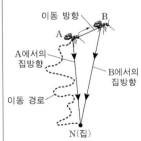

③ '경로적분'은 곤충과 새의 가장 기본적인 길찾기 방법으로 이를 활용하는 능력은 타고나는 것으로 알려졌다. 예를 들어 먹이를 찾아 길을 나선 사하라 사막의 사막개미는 집 근처를 이리저리 탐색하다가 일단 먹이를 찾으면 집을 향해 거의 일직선으로 돌아온다. 사막개미는 장소기억 능력이 있지만 눈에 띄는 지형지물이 거의 없는 사막에서는 장소기억을 사용할 수 없기 때문에 경로적분을 활용한다. **곤충, 새가 타고난 능력인 '경로적분'이 세 번째 길찾기 방법으로 제시되었다. 그런데, 경로적분을 활용하는 이유가 뭐라고 했지? 사막에서는 지형지물이 거의 없어 장소기억을 사용할 수 없기 때문이다. 바꿔 말하면, 사막개미는 지형지물이 있는 곳에서는 장소기억을 사용하여 길을 찾는다는 것이다! 지문을 흘려 읽다 보면 놓칠 수 있는 부분이다. 지문을 대충 읽고 문제로 가버리면, 정답과 오답 사이에서 고생하게 될 것이다. 지문을 정확히 파악하고 문제로 넘어가야 한다!!**
사막개미의 이러한 놀라운 집찾기는 집을 출발하여 먹이를 찾아 이동하면서 자신의 위치에서 집 방향을 계속하여 다시 계산함으로써 가능

하다. 가령, 그림에서 이동 경로를 따라 A에 도달한 사막개미가 먹이를 찾았다면 그때 파악한 집 방향 $\overrightarrow{AN}$으로 집을 향해 갈 것이다. 만약 A에서 먹이를 찾지 못해 B로 한 걸음 이동했다고 가정하자. 이때 사막개미는 A에서 B로의 이동 방향과 거리에 근거하여 새로운 집 방향 $\overrightarrow{BN}$을 계산한다. 사막개미는 먹이를 찾을 때까지 이러한 과정을 반복하여 매 위치에서의 집 방향을 파악한다. **경로적분의 예로 제시된 사막개미는 이동 방향, 거리에 근거해 매 위치에서 집 방향을 파악한다고 한다. 설명이 이어지고 있으니 좀 더 읽어 보자.**

④ 한편, 이동 경로상의 매 지점에서 사막개미가 방향을 결정하기 위해서는 기준이 있어야 한다. 이 기준을 정하기 위해 사막개미는 태양의 위치와 산란된 햇빛을 함께 이용한다. 태양의 위치는 태양이 높이 떠 있거나 구름에 가려 보이지 않을 때는 유용하지 않다. 이때 결정적 도움을 주는 것이 산란된 햇빛 정보이다. 사막개미는 마치 하늘을 망원경으로 관찰하는 천문학자처럼 하늘을 끊임없이 관찰하고 있는 셈이다. **사막개미는 태양의 위치, 산란된 햇빛을 기준 삼아 방향을 결정한다고 한다. 어두운 밤에는 길찾기가 불가능하겠구나. 필자의 관심사인 길찾기 방법 세 가지에 대해 명확히 정리했겠지? 구조를 파악하는 데는 어려움이 없었을 거야.**

지문분석

동물들의 길찾기

장소기억

장소의 표지를 (①)로 기억

특정 각도에서 본 영상을 기억

ex) 꿀벌 : 기억된 영상과 일치하게 비행

(②)

장소의 (③) 활용

ex 1) 흰쥐 : 공간적 정보 활용, 재정위 과정에서
　　　　　 장소기억 정보 무시

ex 2) 원숭이 : 재정위 과정에서 장소기억 정보도 활용

경로적분

자신의 위치에서 (④)을 계속 계산

ex) 사막개미 : 태양 위치, 산란된 햇빛 이용

형태쌤 Comment

이 글은 동물들이 자신의 은신처까지 길을 찾아오는 방법인 '장소기억'과 '재정위' 그리고 '경로적분'의 세 가지 원리를 소개하고 있다. 지문을 읽어나가면서 각 방법의 특징들을 잘 체크하는 것이 중요하다.

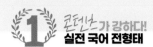

문제분석 01-03번

번호	정답	정답률 (%)	선지별 선택비율(%)				
			①	②	③	④	⑤
1	④	76	2	4	1	76	17
2	③	40	3	2	40	2	53
3	③	59	19	5	59	8	9

01

정답설명

④ 2문단에서는 재정위를 통해 길을 찾는 동물로 흰쥐와 원숭이를 예로 들어 설명하였다. 흰쥐는 재정위 과정에서 장소기억 관련 정보를 무시하는 반면, 원숭이는 재정위 과정에서 벽 색깔과 같은 장소기억 정보도 함께 활용한다고 설명하였다. 또한 재정위는 장소의 기하학적 특징을 활용하여 방향을 다시 찾는 방법이라고 언급했으므로 ④의 내용이 가장 적절하다.

오답설명

① 3문단의 첫 문장에서 경로적분은 '곤충과 새의 가장 기본적인 길찾기 방법'이라고 제시되어 있다. 이리저리 먹이를 탐색하던 사막개미는 일직선으로 집을 향해 돌아오는데, 이것은 경로적분을 사용한 것이다. 개미가 곤충이 아니면 무엇이겠니.

② 3문단의 첫 문장에서 새의 기본적인 길찾기 방법은 경로적분이라고 언급하였고, 곤충과 새는 경로적분을 활용하는 능력을 타고난다고 설명하였다.

③ 흰쥐는 재정위 과정에서 장소의 기하학적 특징을 활용한다. 산란된 햇빛 정보를 활용하는 동물은 사막개미이고 이들은 재정위 과정이 아니라 경로적분 과정에서 이 정보를 활용한다.

⑤ 1문단에서 꿀벌은 여러 각도에서 바라본 영상을 활용하는 것이 아니라 특정 장소를 특정 각도에서 바라본 영상을 활용한다고 하였다.

02

정답설명

③ 3문단에서 사막개미가 장소기억 능력이 있지만 사용할 수 없는 이유는 사막에 지형지물이 거의 없기 때문이라고 하였다. 즉, 비유하자면 돈은 있지만 살 것이 없어서 안 쓰는 것이 바로 개미의 상황인 것이다. 따라서 지형지물이 많은 곳에서는 장소기억을 활용할 수 있다는 것을 알 수 있다.

오답설명

① 마지막 문단에서 사막개미가 방향을 결정하는 기준을 정하기 위해 태양의 위치와 산란된 햇빛을 이용한다고 하였다. 따라서 암흑 속에서는 집 방향을 계산할 수 없다는 것을 추론할 수 있다.

② 3문단에서 사막개미와 같은 곤충의 경로적분 능력은 타고나는 것이라고 하였다.

④ 3문단에서 사막개미는 먹이를 찾으러 이리저리 움직이지만 집으로 되돌아갈 때는 '거의 일직선'으로 돌아온다고 하였다. 따라서 왔던 경로를 따라간다는 선지는 허용할 수 없다.

⑤ 화제와 중요한 정보는 상당히 디테일하게 출제한다는 것을 명심하고 3문단을 보자. '이동하면서 자신의 위치에서 집 방향을 계속하여 다시 계산함으로써 가능하다.'라고 나와 있다. 다만 여기서 '계산'은 '거리'에 대한 것이 아니라 분명 '집 방향'에 대한 것이다. 따라서 '직선 거리'라는 말이 틀린 것이다.

03

정답설명

③ 재정위는 장소의 기하학적 특징을 활용하여 방향을 다시 찾는 방법이며 이때 기하학적 특징이란 '긴 벽이 오른쪽에 있었는지'와 같은 것임이 지문 2문단에서 제시되어 있다. 〈보기〉에서 먹이가 있는 A의 기하학적 특징은 '긴 벽이 왼쪽에 있다.'라는 것이다. 병아리가 먹이를 먹으러 갔을 때 긴 벽이 왼쪽에 있었다는 것이다. 그렇다면, B는 어떤가. 병아리가 바라보기에 B는 긴 벽이 오른쪽에 놓여 있다. 그렇다면 B는 낮은 빈도로 탐색할 것이며, C의 경우에는 병아리가 바라보기에 긴 벽이 왼쪽에 놓여 있으므로 A와 같이 높은 빈도로 탐색할 것이다. D는 긴 벽이 오른쪽에 놓여 있으니 B와 마찬가지로 낮은 빈도로 탐색하겠지.

오답설명

① A를 높은 빈도로 탐색하는 것은 맞지만, C 역시 병아리에게는 긴 벽이 왼쪽에 있다는 공간적 정보를 만족시키는 곳이므로, C도 높은 빈도로 탐색할 것이다.

② B는 오른쪽에 긴 벽이 위치한다. 병아리는 먹이가 있는 곳을 '긴 벽이 왼쪽에 있다.'라는 정보를 가지고 탐색을 하므로, 긴 벽의 위치가 오른쪽인 B에 대한 탐색은 낮은 빈도로 할 것이다.

④ D는 오른쪽에 긴 벽이 위치하고 있기에, 병아리는 먹이가 있는 곳이라고 판단하지 않을 것이다. 따라서 탐색하는 빈도가 낮을 것이다.

⑤ 〈보기〉의 병아리는 긴 벽이 왼쪽에 있다는 공간적 정보와 함께 먹이가 있는 곳을 기억하였다. 따라서 긴 벽이 왼쪽에 있는 공간적 정보를 만족시키는 A와 C는 높은 빈도로 탐색하고, 긴 벽이 오른쪽에 있어서 공간적 정보를 만족시키지 못하는 B와 D는 낮은 빈도로 탐색하는 것이다. 병아리에게 장소의 위치를 기억하고 활용하는 능력이 없다면 A, B, C, D를 모두 비슷한 정도의 빈도로 탐색할 것이지만 〈보기〉에서는 분명 병아리가 재정위 과정에서 기하학적 특징을 활용한다고 하였다.

구조도 정답

① 영상 정보
② 재정위
③ 기하학적 특징
④ 집 방향

10 과학

2014년도 9월B

각운동량

지문해설

① 회전 운동을 하는 물체는 외부로부터 돌림힘이 작용하지 않는다면 일정한 빠르기로 회전 운동을 유지하는데, 이를 각운동량 보존 법칙이라 한다. 각운동량은 질량이 m인 작은 알갱이가 회전축으로부터 r만큼 떨어져 속도 v로 운동하고 있을 때 mvr로 표현된다. 그런데 회전하는 물체에 회전 방향으로 힘이 가해지거나 마찰 또는 공기 저항이 작용하게 되면, 회전하는 물체의 각운동량이 변화하여 회전 속도는 빨라지거나 느려지게 된다. 이렇게 회전하는 물체의 각운동량을 변화시키는 힘을 돌림힘이라고 한다. 첫 문단부터 개념 정의가 많다. 쉽지 않은 지문일 것 같은 느낌이 들지? 주요 개념의 정의는 밑줄을 그어 두자.

회전 운동하는 물체
- 돌림힘 X = 일정한 빠르기 회전 유지 ⇒ 각운동량 보존 법칙
  (질량×속도×거리 = mvr)
- 돌림힘 O = 각운동량 변화 → 회전 속도 변화

② 그러면 팽이와 같은 물체의 각운동량은 어떻게 표현할까? 아주 작은 균일한 알갱이들로 팽이가 이루어졌다고 볼 때, 이 알갱이 하나하나를 질량 요소라고 한다. 이 질량 요소 각각의 각운동량의 총합이 팽이 전체의 각운동량에 해당한다. 회전 운동에서 물체의 각운동량은 (각속도)×(회전 관성)으로 나타낸다. 여기에서 각속도는 회전 운동에서 물체가 단위 시간당 회전하는 각이다. 질량이 직선 운동에서 물체의 속도를 변화시키기 어려운 정도를 나타내듯이, 회전 관성은 회전 운동에서 각속도를 변화시키기 어려운 정도를 나타낸다. 즉, 회전체의 회전 관성이 클수록 그것의 회전 속도를 변화시키기 어렵다. 자, 팽이의 예를 들어가며 이렇게 자세히 설명해 주는 데에는 다 이유가 있을 것이다. 개념을 차분히 정리해 보자.

팽이의 질량 요소 각각의 각운동량 총합 = 팽이 전체 각운동량
[각속도 × 회전 관성]
단위 시간당 회전각 ↲   ↳ 각속도를 변화시키기 어려운 정도

③ 회전체의 회전 관성은 회전체를 구성하는 질량 요소들의 회전 관성의 합과 같은데, 질량 요소들의 회전 관성은 질량 요소가 회전축에서 떨어져 있는 거리가 멀수록 커진다. 그러므로 질량이 같은 두 팽이가 있을 때 홀쭉하고 키가 큰 팽이보다 넓적하고 키가 작은 팽이가 회전 관성이 크다. 과학 지문에서 개념 간의 비례 관계가 나올 때는 간단한 화살표나 기호로 메모해 두면 이해가 더 쉽다.
[질량 요소의 회전축과의 거리↑ 회전 관성↑] 처럼.

④ 각운동량 보존의 원리는 스포츠에서도 쉽게 확인할 수 있다. 피겨 선수에게 공중 회전수는 중요한데 이를 확보하기 위해서는 공중회전을 하는 동안 각속도를 크게 해야 한다. 이를 위해 피겨 선수가 공중

에서 팔을 몸에 바짝 붙인 상태로 회전하는 것을 볼 수 있다. 피겨 선수의 회전 관성은 몸을 이루는 질량 요소들의 회전 관성의 합과 같다. 따라서 팔을 몸에 붙이면 팔을 구성하는 질량 요소들이 회전축에 가까워져서 팔을 폈을 때보다 몸 전체의 회전 관성이 줄어들게 된다. 점프 이후에 공중에서 각운동량은 보존되기 때문에 팔을 붙였을 때가 폈을 때보다 각속도가 커지는 것이다. 반대로 착지 직전에는 각속도를 줄여 착지 실수를 없애야 하기 때문에 양팔을 한껏 펼쳐 회전 관성을 크게 만드는 것이 유리하다. 개념 설명 다음에 예를 제시해 주는 이유는 사례를 통해 이해를 돕기 위한 것이니, 사례와 개념을 대응해 가며 읽으면 지문의 핵심 내용을 이해할 수 있다.

지문분석

각운동량

→ 각운동량 보존 법칙
  돌림힘 X : 일정 빠르기로 회전 운동 유지
  돌림힘 O : 각운동량 변화 → (①) 변화

→ 각운동량 : 각속도 × 회전 관성
  (②) 각각의 각운동량의 총합
  각속도 : 단위 시간당 회전하는 각
  (③) : 회전 운동에서 각속도를 변화시키기 어려운 정도

→ 각운동량 보존 원리의 적용
  각속도↑ → 회전 관성↓ : 반비례
  ex) 피겨 스케이팅 : 공중 회전 및 착지 직전의 팔 동작

형태쌤 Comment

지문에서 어떠한 개념을 집중적으로 제시하고 사례를 통해서 이것을 구체화할 때에는 일단, 개념 정의에 해당하는 부분은 무조건 밑줄을 그어야 한다. 그리고 반드시 개념과 사례를 1:1 대응시키며 읽어가야 한다. 특히 이런 지문에서는 반드시 증감과 관련한 내용을 출제하니, 상황의 변화에 따른 증감을 잘 체크하면서 읽어야 한다.

문제분석 01-02번

번호	정답	정답률 (%)	선지별 선택비율(%)				
			①	②	③	④	⑤
1	④	34	4	5	42	34	15
2	⑤	60	14	4	12	10	60

01

정답설명

④ 비문학에서는 지문에서 A라고 나올 때 A′로 선지를 구성하기도 한다. 지문에 있는 말이 항상 그대로 선지로 나올 것이라고 기대하면 안 된다는 것이다. 따라서 '속이 빈 쇠공'과 '속이 찬 플라스틱 공'을 보며 멘붕에 빠져서는 안 된다. 어떤 사례를 통해 지문의 주요 개념인 '회전 관성'을 물어보고 있다면, 그 개념의 의미를 통해 사례를 바라볼 수 있어야 한다. 2문단에서 회전 관성의 의미를 제시하였고, 3문단에 '회전 관성은 질량 요소가 회전축에서 떨어져 있는 거리가 멀수록 커진다.'라고 나와 있다. 따라서 '질량 요소와 회전축의 거리'를 통해 '속이 빈 쇠공'과 '속이 찬 플라스틱 공'의 의미를 찾아내야 한다.

크기와 질량이 동일하다고 하였으므로, '속이 빈 쇠공'은 '속이 찬 플라스틱 공'보다 더 많은 질량 요소들이 껍데기 부분을 이루고 있음을 알 수 있다. '속이 빈 쇠공'의 경우, 모든 질량 요소들이 회전축과 가장 멀리 떨어진 껍데기 부분에 위치하고, '속이 찬 플라스틱 공'의 경우, 질량 요소들이 회전축과 가까운 경우도, 멀리 떨어진 경우도 있으므로, 3문단의 '질량 요소들의 회전 관성은 질량 요소가 회전축에서 떨어져 있는 거리가 멀수록 커진다.'에 따라 '속이 빈 쇠공'의 경우에 회전 관성이 더 클 것임을 알 수 있다.

오답설명

① 2문단에서 '회전 관성이 클수록 그것의 회전 속도를 변화시키기 어렵다.'라고 언급하고 있다.

② 1문단에서 '회전 운동을 하는 물체는 외부로부터 돌림힘이 작용하지 않는다면 일정한 빠르기로 회전 운동을 유지'한다고 하였다. 따라서 돌림힘의 작용 '없이'는 팽이의 회전을 멈출 수 '없음'을 알 수 있다.

③ 선지를 대충 본 학생들을 참으로 많이 낚아낸 오답 선지다. 언뜻 보면 '마찰'이 팽이의 '각운동량'을 줄게 한다는 진술은 맞아 보인다. 1문단을 보면, '힘이 가해지거나 마찰 또는 공기 저항이 작용하게 되면, 회전하는 물체의 각운동량이 변화하여 회전 속도는 빨라지거나 느려지게 된다.'라고 나와 있기 때문이다. 따라서 마찰이 있으면 분명 각운동량은 줄 수 있고, 회전 속도는 느려질 수 있다. 하지만 마찰이 질량 요소와 회전축의 거리를 바꿀 수는 없다. 3문단을 보면 회전 관성에는 '질량 요소가 회전축에서 떨어져 있는 거리'가 영향을 미친다고 했다. 즉, 마찰이 각운동량을 줄게 하는 것은 맞지만, 회전 관성을 작게 만든다는 진술은 성립할 수 없기 때문에 적절하지 않은 것이다.

이 선지 구성을 잘 기억해 두자. 평가원은 이전과 비슷한 유형으로 선지를 구성하는 경우가 많기 때문이다. 'A는 B하여 C하게 한다.' 여기서 'A'와 'C'만 보고 대충 넘기면 안 된다는 것을 꼭 기억하자.

⑤ 2문단에 따르면 각속도는 '회전 운동에서 물체가 단위 시간당 회전하는 각'이다. 회전하는 하나의 시곗바늘 위에 두 점이 있다면 중앙의 동일한 회전축을 중심으로 회전 운동을 하게 되므로, 동일한 시간에 두 점이 회전하는 각도는 동일하게 된다. 예를 들어, 시곗바늘이 1에서 2로 회전했다면, 30°만큼 회전한 것이다. 이때 시곗바늘 위의 임의의 점 2개는 축으로부터 가깝든 멀든 같은 시간 동안 동일하게 30°만큼 이동했으므로, 각속도가 동일하다고 할 수 있다.

02

정답설명

⑤ 복잡한 그림에 쫄지 말고 지문의 개념을 〈보기〉의 정보에 1:1 대응시키며 들어가면 된다.

각운동량은 각속도와 회전 관성의 곱으로 나타낸다. 만약 각운동량이 보존된다면, 회전 관성과 각속도는 반비례 관계를 이루게 된다. 그림에서 선수의 동작을 보고 일단 회전 관성을 알아보자.

회전 관성은 질량 요소들이 회전축에서 떨어진 거리와 비례하므로, B에서 가장 작고, C와 D를 거치면서 점점 커진다.

그리고 각속도는 회전 관성과 반비례하므로 B에서 가장 크고, C와 D를 거치면서 점점 작아진다.

따라서 각속도가 가장 큰 B의 자세로 계속 회전 운동을 하면 최대 각속도로 운동을 하는 것이니, 단위 시간당 회전하는 각이 더 커짐을 알 수 있다. 그러므로 A~E 단계를 거칠 때 회전하게 되는 1.5바퀴보다 더 많이 회전하게 될 것이다. 이는 4문단의 피겨 선수의 예를 통해서도 확인할 수 있다. 피겨 선수는 공중 회전수를 확보하기 위해서 팔을 몸에 바짝 붙인다고 했는데, 이는 질량 요소와 회전축의 거리를 최대한 좁혀 각속도를 높이기 위한 것이다.

오답설명

① 〈보기〉에서 '다이빙 선수가 공중에 머무는 동안은 외부에서 돌림힘이 작용하지 않는다고 간주한다.'라고 언급하고 있다. 1문단에서 '회전 운동을 하는 물체는 외부로부터 돌림힘이 작용하지 않는다면 일정한 빠르기로 회전 운동을 유지하는데, 이를 각운동량 보존 법칙이라 한다.'라고 하였다. 따라서 각운동량이 보존되는 〈보기〉의 A~E 상태에서는 각운동량의 크기가 동일할 것임을 알 수 있다.

② A~E 단계는 모두 같은 다이빙 선수가 다이빙을 하는 경우이기 때문에 질량 요소들의 합은 늘 같다. D에서는 B에서보다 '회전축과 질량 요소들의 거리'가 멀어지는 것이다.

③ B 단계에서 회전축과 질량 요소들의 거리가 가장 가까워진다. 회전축과의 거리가 가까워지면 회전 관성이 작아져 각속도는 커지게 된다. 따라서 B 단계에서 가장 큰 각속도를 가지게 될 것이다.

④ 회전축과 질량 요소들의 거리가 멀어지면, 회전 관성이 커져 각속도가 작아지게 된다.

구조도 정답

① 회전 속도
② 질량 요소
③ 회전 관성

지문분석

분광 분석법

> **창안 : 분젠 + 키르히호프**

> **발견 과정**
>
> 빛 → (①)에 통과 → 스펙트럼 관찰
>
> 특정 금속의 밝은 선 → 항상 같은 위치 (②) 발견으로 입증

> (③)로 확장
>
> 태양 대기에 (④)이 있음을 알아냄
>
> 철, 헬륨도 태양 대기에 존재함을 알아냄
>
> 천체 대기의 화학적 조성 밝혀냄

 형태쌤 Comment

분광 분석법의 발견 과정과 천문학적 적용을 다루고 있는 지문이다. 과학 용어들이 비교적 많이 제시되어 다소 어려운 지문일 수 있으나 화제에 근거하여 중요 내용만 잘 체크한다면 문제는 비교적 간단히 해결할 수 있다.

문제분석 01-03번

번호	정답	정답률 (%)	선지별 선택비율(%)				
			①	②	③	④	⑤
1	⑤	76	4	4	3	13	76
2	③	94	1	1	94	2	2
3	④	84	3	5	4	84	4

01

정답설명

⑤ 키르히호프의 업적을 정리하고 문제에 접근해야 한다. 1문단을 통해 ㉠이 프리즘을 통한 분석을 제안했음을 알 수 있고 분광 분석법을 창안하는 데 큰 역할을 했음을 알 수 있다. 또한 3문단을 통해 분광 분석법을 천문학 분야로 확장해 태양의 대기에 나트륨이 있다는 사실을 밝혀냈음을 알 수 있다.

오답설명

① 2문단을 통해 ㉠은 화학 반응을 이용하는 전통적인 분석 화학의 방법에 의존하지 '않고도' 정확하게 화합물의 원소를 판별해 내는 분광 분석법을 창안했음을 알 수 있다.

② 3문단을 통해 프리즘을 이용하여 태양빛의 스펙트럼에 검은 선이 존재함을 알아낸 사람은 ㉠이 아닌 '프라운호퍼'임을 알 수 있다.

③ 1문단을 통해 물질을 불꽃에 넣으면 독특한 불꽃색이 나타나는 불꽃 반응은 ㉠ 이전에 이미 있었음을 알 수 있다.

④ 3문단을 통해 1810년대에 '프라운호퍼'가 프리즘을 이용하여 태양빛의 스펙트럼에서 검은 선을 발견했다는 것을 통해 '키르히호프'가 창안한 것은 아님을 알 수 있다.

02

정답설명

③ 2문단에서 특정한 금속의 스펙트럼에서 밝은 선의 위치는 그 금속이 홀원소로 존재하든 다른 원소와 결합하여 존재하든 '불꽃의 온도에 상관없이 항상 같다'는 것을 알 수 있다.

오답설명

① 2문단에서 분젠과 키르히호프가 분광 분석법을 통해서 새로운 금속 원소인 세슘과 루비듐을 발견했음을 알 수 있다.

② 2문단을 통해 '빛의 파장이 짧을수록 굴절하는 각이 커지'는 것을 알 수 있다.

④ 3, 4문단에서 분광 분석법을 통해 나트륨이 태양 대기에 존재한다는 사실이 밝혀진 뒤, 이러한 원리의 적용을 통해 철과 헬륨 같은 다른 원소들도 태양 대기 중에 존재함이 밝혀졌음을 알 수 있다.

⑤ 1문단을 통해 분젠이 버너 불꽃의 색을 제거한 버너를 고안했으나, 두 종류 이상의 금속이 섞인 물질의 불꽃은 색깔이 겹쳐서 분간이 어려웠음을 알 수 있다.

03

3문단을 보면, 태양의 검은 선과 나트륨의 밝은 선이 서로 겹쳐지는 현상을 통해 태양의 대기에 나트륨이 있음을 알아내었다는 것을 알 수 있다. 검은 선과 밝은 선이 서로 겹쳐진다는 것은 해당 물질이 대기에 있다는 것이며, 겹쳐지지 않는다는 것은 해당 물질이 대기에 없다는 의미이다. 〈보기〉의 내용을 정리해 보면, 항성 α의 검은 선은 나트륨 스펙트럼의 밝은 선과 겹치지 않고, 리튬 스펙트럼의 밝은 선들과 겹쳤다. 항성 β의 검은 선은 나트륨 스펙트럼의 밝은 선과는 겹쳐졌지만, 리튬 스펙트럼의 밝은 선과는 겹치지 않았다. 이를 바탕으로 〈보기〉에 접근해 보면 항성 α의 대기에는 나트륨이 없고 리튬이 있으며, 항성 β에는 나트륨은 있지만 리튬이 없음을 알 수 있다.

정답설명

④ 3문단에서, D선은 태양 대기 중에 존재하는 나트륨 때문에 생기는 것임을 알 수 있다. 항성 β와 태양의 대기에는 나트륨이 공통적으로 있으므로 항성 β의 별빛 스펙트럼의 검은 선에는 D선과 일치하는 선이 있을 것이다.

오답설명

① 나트륨 스펙트럼의 밝은 선과 항성 α의 별빛 스펙트럼의 검은 선이 겹치지 않기에 항성 α에는 나트륨이 없다는 사실을 알 수 있다. 태양에 나트륨이 있다는 내용이 3문단에 제시되어 있으므로 항성 α는 태양이

아님을 알 수 있다.

②, ⑤ 검은 선이 나타나는 이유는 특정 원소가 특정한 파장의 빛을 흡수하기 때문이다. 해당 내용은 3문단을 통해 확인할 수 있다.

③ 리튬 스펙트럼의 밝은 선들은 항성 β의 검은 선들과 겹쳐지지 않았으므로, 리튬이 존재하지 않음을 확인할 수 있다.

구조도 정답

① 프리즘
② 세슘, 루비듐
③ 천문학 분야
④ 나트륨

12 사회
2015학년도 11월B

지문분석

사회 이론
↳ **시민 사회론**

헤겔

배경 : (①)의 잔재, 산업 자본주의 미성숙
→ 빈부 격차, 계급 갈등 해결이 필요

사익의 극대화는 국부를 증대 → (②) 긍정
but, 빈부 격차나 계급 갈등 해결할 수는 없다고 봄

(③)·복지 행정 조직 :
시민 사회를 이상적 국가로 이끄는 연결 고리

사회 문제를 해결하고 공적 질서를 확립할 최종 주체로
국가 설정 → 시민 사회가 국가에 협력해야 함

뒤르켐

배경 : 프랑스 혁명 이후 빈부 격차·계급 갈등 격화
→ 아노미(무규범) 상태

공리주의가 아노미를 조장한다고 생각
→ 도덕적 (④)의 규범에 주목,
수행 주체로 (③) 강조

직업 단체 : 정치적 중간 집단으로서
구성원의 이해관계를 국가에 전달 +
국가를 견제해야 한다고 봄.

형태쌤 Comment

　단순하게 지문의 내용을 받아들이는 것이 아니라, 화제의 흐름을 파악하는 것이 중요한 지문이다. 헤겔과 뒤르켐의 견해도 파악을 해야겠지만, 이들을 통해 필자가 무엇을 말하는지, 둘의 관계는 무엇인지 파악하는 거시적인 시각이 필요하다.

문제분석 01-04번

번호	정답	정답률(%)	선지별 선택비율(%)				
			①	②	③	④	⑤
1	①	43	43	2	2	21	32
2	②	84	2	84	4	5	5
3	①	83	83	2	3	2	10
4	⑤	80	5	4	4	7	80

01

정답설명

① 2015학년도 수능 B형 오답률 2위 문제로, 글 전체의 흐름을 꿰뚫고 있어야 맞힐 수 있는 중요한 문제다. 시험장에서 얼마나 많은 학생들이 지문의 흐름을 보지 못하고 지엽적인 정보만을 인식하면서 풀이를 하는지 정확하게 보여 주는 문제다. 필자는 과학적 방법을 적용하면서도 사회·역사에 영향을 받는 사회 이론의 특성을 논지로 제시한 후, 시대의 산물인 '헤겔', '뒤르켐'의 시민 사회론을 사례로 검토하였다. 이를 통해 '과학적 연구로서 객관적으로 타당하다는 평가'를 받으면서도 '현실의 문제 상황이나 이론가의 주관적인 문제의식'의 영향을 받는 사회 이론의 특성을 명료하게 정리해 주고 있지.

오답설명

② 글의 처음 부분에서 화제를 소개하는 것은 맞으나, 예외적인 사례를 배제하는 과정을 통해 주제를 일반화하는 과정은 나타나지 않았다.

③ '사회 이론'이란 논지가 제시된 것이지, 특정한 주장이 제시된 후 반증 사례를 검토하는 과정이 드러난 것은 아니다.

④ 대충 지문을 보면 낚이기 쉬운 선지이고, 실제로 수능날 많은 학생들을 낚았던 선지다. 정보의 의미는 관계를 통해 구체화된다. 따라서 단순히 분산된 정보만 보는 것이 아니라 흐름을 통해 정보의 관계를 보는 눈이 필요하다.
　'쟁점(爭點)'은 서로 다투는 중심이 되는 점을 말한다. ④가 정답이 되려면, 지문의 초반에서 헤겔과 뒤르켐이 다투는 화제에 대해 언급을 한 후에 각각의 근거 사례를 비교하고, 필자가 어떤 하나의 견해를 지지하거나 절충을 하거나 새로운 견해를 도입하면서 주제를 제시해야 한다. 그런데 헤겔과 뒤르켐이 서로 어떠한 개념을 두고 다투는 것은 아니다. 헤겔과 뒤르켐은 필자가 전달하고자 하는 개념을 구체화하기 위한 사례에 불과하다.

⑤ 이 글은 '사회 이론'이라는 동일한 사례를 헤겔과 뒤르켐이 다른 관점에서 분석하였음을 나타내는 것이 아니다. 사회 상황에 따라 달리 전개된 '헤겔의 시민 사회론', '뒤르켐의 시민 사회론'을 사례로 제시하며 사회 이론의 '사회 상황이나 역사적 조건에 긴밀히 연관된다는 특징'(1문단)을 설명하고 있는 것이다.

02

정답설명

② 3문단의 '사회는 사익을 추구하는 파편화된 개인들의 각축장이 되어 있었고', '이 법은 분출되는 사익의 추구를 억제하지도 못하면서'를 통해 적절하지 않은 선지임을 확인할 수 있다.

오답설명

① 2문단의 '유럽의 후진국인 프러시아에는 절대주의 시대의 잔재가 아직 남아 있었다. 산업 자본주의도 미성숙했던 때여서'에서 확인할 수 있다.

③ 2문단의 '그는 국가를 사회 문제를 해결하고 공적 질서를 확립할 최종 주체로 설정하면서'에서 확인할 수 있다.

④ 3문단의 '이러한 혼란을 극복하기 위해~뒤르켐은 이러한 상황을 아노미, 곧 무규범 상태로 파악하고'에서 확인할 수 있다.

⑤ 2문단의 '그(헤겔)는 사익의 극대화가 국부를 증대해 준다는 점에서 공리주의를 긍정했으나,~빈부 격차나 계급 갈등을 해결할 수는 없다고 보았다.', 3문단의 '뒤르켐은 이러한 상황을 아노미,~공리주의가 사실은 개인의 이기심을 전제로 하고 있기에 아노미를 조장할 뿐이라고 생각했다.'에서 확인할 수 있다.

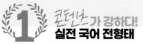

03

정답설명

① 2문단의 '시민 사회 내에서 사익 조정과 공익 실현에 기여하는 직업 단체'와 3문단의 '사익을 조정하고 공익과 공동체적 연대를 실현할 도덕적 개인주의의 규범에 주목하면서, 이를 수행할 주체로서 직업 단체의 역할을 강조하였다.'를 통해 확인할 수 있다.

오답설명

② ㉡에만 해당하는 설명이다. 3문단을 통해 뒤르켐은 직업 단체가 정치적 중간 집단으로서 국가를 견제하는 기능을 해야 한다고 보았음을, 2문단을 통해 헤겔은 직업 단체가 시민 사회를 이상적인 국가로 이끌 연결 고리가 되어 국가에 협력해야 한다고 보았음을 알 수 있다.

③ 2문단에 따르면 복지 및 치안 문제를 해결하는 것은 헤겔이 말한 '복지 행정 조직'이며, ㉠과 ㉡에 해당하지 않는다.

④ ㉡에만 해당하는 설명이다. 3문단을 보면, 뒤르켐이 공리주의가 아노미를 조장할 뿐이라고 생각하고, 공익과 공동체적 연대를 실현할 도덕적 개인주의의 규범을 수행할 주체로 직업 단체의 역할을 강조하였다는 것을 알 수 있다.

⑤ 헤겔이 ㉠이 시민 사회를 이상적인 국가로 이끌 연결 고리가 될 것으로 기대했으나, 그것은 시민 사회 외부의 것이 아닌 내부의 것이다. 2문단의 '시민 사회 내에서 사익 조정과 공익 실현에 기여하는 직업 단체'에서 이를 확인할 수 있다.

04

정답설명

⑤ 1문단을 보면, '사회 이론은 과학적 방법을 적용하면서도 연구 대상뿐 아니라 이론 자체가 사회 상황이나 역사적 조건에 긴밀히 연관된다는 특징을 지닌다. 19세기의 시민 사회론을 이야기할 때 그 시대를 함께 살펴보게 되는 것도 바로 이와 같은 이유 때문이다.'라고 매우 친절하게 나와 있다.

오답설명

① 1문단의 '사회 이론은 과학적 방법을 적용하면서도'와 4문단의 '이들의 이론은 과학적 연구로서 객관적으로 타당하다는 평가를 받기도 하지만'에서 적절하지 않은 선지임을 확인할 수 있다.

② 4문단의 '이론이 갖는 객관적 속성은 그 이론이 마주 선 현실의 문제 상황이나 이론가의 주관적인 문제의식으로부터 근본적으로 자유로울 수는 없는 것이다.'에서 적절하지 않은 선지임을 확인할 수 있다.

③, ④ 1문단의 '사회 이론은 과학적 방법을 적용하면서도 연구 대상뿐 아니라 이론 자체가 사회 상황이나 역사적 조건에 긴밀히 연관된다는 특징을 지닌다.'와 4문단의 '이들의 이론은 과학적 연구로서 객관적으로 타당하다는 평가를 받기도 하지만, 이론이 갖는 객관적 속성은 그 이론이 마주 선 현실의 문제 상황이나 이론가의 주관적인 문제의식으로부터 근본적으로 자유로울 수는 없는 것이다.'에서 적절하지 않은 선지임을 확인할 수 있다.

구조도 정답

① 절대주의 시대
② 공리주의
③ 직업 단체
④ 개인주의

손해 배상 책임

지문해설

① 일반적으로 법률에서는 일정한 법률 효과와 함께 그것을 일으키는 요건을 규율한다. 이를테면, 민법 제750조에서는 불법 행위에 따른 손해 배상 책임을 규정하는데, 그 배상 책임의 성립 요건을 다음과 같이 정한다. '고의나 과실'로 말미암은 '위법 행위'가 있어야 하고, '손해가 발생'하여야 하며, 바로 그 위법 행위 때문에 손해가 생겼다는, 이른바 '인과 관계'가 있어야 한다. 이 요건들이 모두 충족되어야, 법률 효과로서 가해자는 피해자에게 손해를 배상할 책임이 생기는 것이다. **손해 배상 책임의 성립 요건에 대해 설명하는 것으로 보아, 필자는 손해 배상 책임에 관심이 있는 것 같다. 세 가지 성립 요건을 체크해 두고, 좀 더 읽어 보자.**

② 소송에서는 이런 요건들을 입증해야 한다. 소송에서 입증은 주장하는 사실을 법관이 의심 없이 확신하도록 만드는 일이다. 어떤 사실의 존재 여부에 대해 법관이 확신을 갖지 못하면, 다시 말해 입증되지 않으면 원고와 피고 가운데 누군가는 패소의 불이익을 당하게 된다. 이런 불이익을 받게 될 당사자는 입증의 부담을 안을 수밖에 없고, 이를 입증 책임이라 부른다. **손해 배상 소송에서는 배상 책임의 성립 요건을 입증해야 한다. 소송에서의 입증 책임 설명이 이어지는 것을 보니 필자의 관심사는 손해 배상 책임 입증인 것 같지? '입증 책임'에 대한 설명이 다음에 나올 것 같구나.**

③ 대체로 어떤 사실이 존재함을 증명하는 것이 존재하지 않음을 증명하는 것보다 쉽다. 이 둘 가운데 어느 한 쪽에 부담을 지워야 한다면, 쉬운 쪽에 지우는 것이 공평할 것이다. 이런 형평성을 고려하여 특정한 사실의 발생을 주장하는 이에게 그 사실의 존재에 대한 입증 책임을 지도록 하였다. 그리하여 상대방에게 불법 행위의 책임이 있다고 주장하는 피해자는 소송에서 원고가 되어, 앞의 민법 조문에서 규정하는 요건들이 이루어졌다고 입증해야 한다. **피해자는 당한 사람이니까 책임이 없을 거라고 생각하기 쉬운데, 철저히 지문에 근거해서만 생각해야 한다. 사실이 존재함을 증명하는 것이, 존재하지 않음을 증명하는 것보다 쉽기 때문에 형평성을 고려하여, 손해 사실의 입증 책임은 원고인 피해자가 지는 것이다. 비문학 지문에서는 우리의 상식을 뒤집는 내용이나 개념이 나오는 경우가 종종 있는데, 이때는 반드시 지문의 입장을 따라야 한다. 대충 "~겠지." 하면서 독해를 진행하다간 문제에서 막힐 수밖에 없다.**

④ 그런데 이들 요건 가운데 인과 관계는 그 입증의 어려움 때문에 공해 사건 등에서 문제가 된다. 공해에 관하여는 현재의 과학 수준으로도 해명되지 않는 일이 많다. 그런데도 피해자에게 공해와 손해 발생 사이의 인과 관계를 하나하나의 연결 고리까지 자연 과학적으로 증명하도록 요구한다면, 사실상 사법적 구제를 거부하는 일이 될 수 있다. 더구나 관련 기업은 월등한 지식과 기술을 가지고 훨씬 더 쉽게 원인 조사를 할 수 있는 상황이기에, 피해자인 상대방에게만 엄격한 부담을 지우는 데 대한 형평성 문제도 제기된다. **형평성을 고려해서 피해자에게 입증 책임을 부과했는데, 공해 관련 사건에서는 현실적으로 피해자가**

'인과 관계' 요건을 충족시키기 어렵기 때문에 오히려 형평성이 어긋나는 상황이 발생할 수 있다는 것이지.

⑤ 공해 소송에서도 인과 관계에 대한 입증 책임은 여전히 피해자인 원고에 있다. 판례도 이 원칙을 바꾸지는 않는다. 다만 입증되었다고 보는 정도를 낮추어 인과 관계 입증의 어려움을 덜어 주려 한다. 곧 공해 소송에서는 예외적으로 인과 관계의 입증에 관하여 의심 없는 확신의 단계까지 요구하지 않고, 다소 낮은 정도의 규명으로도 입증되었다고 인정하는 판례가 등장하는 것이다. 이렇게 해서 인과 관계가 인정되면 가해자인 피고는 인과 관계의 성립을 방해하는 증거를 제출하여 책임을 면해야 한다. **피해자가 인과 관계를 입증하기 어려운 공해 소송에서의 입증 책임을 완화하였다는 내용으로 지문이 마무리되었다. 의외로 지문이 어렵지 않게 읽혔지?**

지문분석

손해 배상 책임

┗ **요건**
> 1. 고의, 과실로 인한 위법 행위 ○
> 2. 손해의 발생
> 3. 위법 행위 – 손해 간의 (①)

┗ **입증 책임**

(②) : 주장하는 사실에 대해 법관이 의심 없이 확신하도록 만드는 일

입증 X → 패소 불이익 발생
　　　→ 불이익의 당사자 : 입증 부담(=입증 책임)

피해자 = (③) = 입증 책임 ○

　이유 : '존재함'의 증명이 '존재하지 않음' 증명보다 쉬움

　공해 소송

　　┗ 과학적으로 입증 어려움, 형평성 문제

　　┗ 다소 낮은 정도의 규명만으로도 입증 인정

형태쌤 Comment

　어떤 현상이나 판단이 제시될 때는 항상 근거를 출제한다. 이 지문에서도 배상 책임과 관련한 '입증 책임'을 누구에게 왜 부여하는지 집요하게 신경 쓰면서 독해를 진행해야 한다.

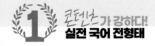

문제분석 01-02번

번호	정답	정답률 (%)	선지별 선택비율(%)				
			①	②	③	④	⑤
1	①	56	56	13	7	8	16
2	④	73	5	7	5	73	10

01

정답설명

① "피해자가 입증 책임을 지고 입증을 하니까 공평한 것이 아니잖아요."라고 단순하게 생각하면 안 된다. 사회 지문, 특히 법과 관련된 지문에서는 지문의 개념을 정확하게 판단하면서 가야 한다.
　일단 3문단으로 가자. '대체로 어떤 사실이 존재함을 증명하는 것이 존재하지 않음을 증명하는 것보다 쉽다. 이 둘 가운데 어느 한 쪽에 부담을 지워야 한다면, 쉬운 쪽에 지우는 것이 공평할 것이다.' 부분에서 확인할 수 있다. 우리가 일반적으로 생각할 때는 입증의 부담을 똑같이 분배하는 것이 공평한 것이다. 하지만 지문에서는 분명 달랐다. 똑같이 분배할 수는 없고, 어느 한 쪽에 부담을 줘야 하는 상황인 것이다. 이런 상황에서는 쉬운 쪽에 책임을 주는 것이 법에서는 '공평'한 것이다.

오답설명

② 2문단에서 '소송에서 입증은 주장하는 사실을 법관이 의심 없이 확신하도록 만드는 일이다.'라고 언급하고 있다. 따라서 어떤 사실이 일어났을지도 모른다는 개연성만으로는 '원칙적으로' 입증이 성공하였다고 이야기할 수 없는 것이다. 다만, 뒤에 나오는 공해 소송에서는 '예외적으로' 허용을 해주는 것이다.

③ 3문단을 통해 입증 책임은 원고(=피해자)에게 있음을 알 수 있다.

④ 1문단을 통해 손해 배상 책임이 성립하기 위해서는 '고의나 과실'이 있어야 함을 알 수 있다.

⑤ 입증 책임은 어떤 사실이 일어났다고 주장하는 쪽에 있으므로, 문제되는 사실이 실제로 일어났는지 밝혀지지 않으면, 입증 책임이 있는 쪽이 소송에서 불이익을 받는다.

02

정답설명

④ 마지막 문단을 제대로 읽었다면 애매한 오답 선지에 낚이지 않고 확실하게 체크할 수 있다. 〈보기〉에서 대법원이 입증 책임의 부담을 덜어주기 위해 '폐수가 해류를 따라 양식장에 이르렀다는 것만 증명하면 인과 관계를 입증하는 데 충분하다고 인정'하기는 했으나, 입증 책임이 회사 쪽에 있다고 인정한 것은 아니다. 마지막 문단에 따르면 '공해 소송에서도 인과 관계에 대한 입증 책임은 여전히 피해자인 원고에 있다.'라고 했다.

오답설명

① 마지막 문단에서 '입증되었다고 보는 정도를 낮추어 인과 관계 입증의 어려움을 덜어 주려 한다.'라고 하였다. 이는 〈보기〉의 '이에 대해~충

분하다고 인정하였다'에 적용되었다.

② 원래는 어민들이 세 가지 모두를 자연 과학적으로 밝혀야 하는데, 하나만 증명하면 인과 관계를 입증하는 데 충분하다고 본 것은 나머지 두 개와의 자연 과학적 연결 고리를 대법원이 인정해주는 것이다.

③ 3문단에서 입증의 책임은 사실의 존재를 주장하는 피해자에게 있다고 했으므로, 김이 폐사했다고 주장하는 어민들이 공장 폐수가 김 양식장으로 흘러들었다는 사실을 입증해야 한다.

⑤ 마지막 문단의 '인과 관계가 인정되면~책임을 면해야 한다.'를 통해 원고가 인과 관계를 입증하면 피고인 회사는 인과 관계의 성립을 방해하는 증거를 제출해야 손해 배상 책임을 면할 수 있음을 알 수 있다.

구조도 정답

① 인과 관계

② 입증

③ 원고

| 과외식 기출 분석서, 나기출 |

나 없이
기출
풀지마라

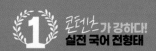

베이직

VI

독서 Part 3

지문분석

저작물의 공정 이용

> 저작권 보호와 저작물 공정 이용의 균형이 필요함

> **저작물의 공정한 이용**
>
> (①) 일부 제한하여, 허락 없이 저작물을 자유롭게 이용
>
> 오래전부터 '저작권 제한' 규정 존재
> but, 디지털 환경에서 여러 장애 발생
> → '저작물의 공정한 이용' 규정이 저작권법에 별도로 신설
> : 저작권자 동의 없이 저작물 공정하게 이용할 수 있는 영역 확장
>
> 한계 : 공정 이용 여부에 대한 시비 → 법적 절차로 해소

> **'저작물의 공유' 캠페인**
>
> 이용 허락 조건 표시 후 무료 개방
>
> 자신과 타인의 저작권 존중
>
> 저작물 공유 (②) → 저작물 이용 활성화
> → 창의적이고 풍성한 정보 교류
>
> but, 허용 범위 벗어나면 법적 책임

> **'저작물의 공유' 캠페인에 반대하는 입장**
>
> 저작물 공유 확산 → 저작물을 (③)하려는 사람들의 동기 감소
> → 저작물 수 감소 → 이용자의 피해
>
> 사용료 지불 절차 간단
> → '저작물의 공정한 이용' 규정 필요성 X
>
> '저작물의 공유' 캠페인과 신설된 공정 이용 규정은
> 저작권 (④)에 해당 → 시정 필요

형태쌤 Comment

저작물의 공정 이용에 관한 두 입장을 제시하고 있는 지문이다. 지문을 읽을 때 각 입장의 주장들을 잘 체크하고 특히 저작물의 공정 이용을 찬성하는 사람들의 여러 가지 입장을 중점적으로 체크해야 한다.

문제분석 01-03번

번호	정답	정답률(%)	선지별 선택비율(%) ①	②	③	④	⑤
1	⑤	80	4	3	6	7	80
2	④	89	3	1	3	89	4
3	④	69	3	5	12	69	11

01

저작권 공정 이용을 찬성하는 사람들의 입장을 잘 파악한 뒤 문제에 접근해야 한다.

정답설명

⑤ 4문단의 '누구의 저작물이든 개별적인 저작권을 인정하지 않고 모두가 공동으로 소유하자고 주장하는 사람들과 달리, 이 캠페인을 펼치는 사람들은 기본적으로 자신과 타인의 저작권을 존중한다.'에서 확인할 수 있다.

오답설명

① 1문단에서 '문화가 발전하려면 저작자의 권리 보호와 저작물의 공정 이용이 균형을 이루어야 한다.'라고 제시되어 있다.

② 1문단, 2문단에서 우리나라의 저작권법에는 오래전부터 저작권 제한 규정이 있었고 이것이 디지털 환경에서 장애에 부딪혔다고 제시되어 있다. 따라서 디지털 환경 이전에도 공정 이용과 관련된 규정(저작권 제한 규정)이 있었음을 알 수 있다.

③ 3문단에서 '저작물의 공정한 이용' 규정이 신설되어 저작권자의 동의가 없어도 저작물을 공정하게 이용할 수 있는 영역이 확장되었다고 하였다.

④ 1문단에 의하면 저작물의 공정 이용이란 '저작권자의 권리를 일부 제한하여 저작권자의 허락이 없어도 저작물을 자유롭게 이용하는 것'을 말한다. 즉, 공정 이용의 대상이 되는 저작물에도 저작권이 인정되며 단지 저작권자의 권리가 일부 제한되는 것일 뿐이다.

02

형태쌤의 과외시간

지문의 5문단에 제시되어 있는, 저작물의 공정 이용을 부정적으로 바라보는 사람들의 입장을 정리해 보자.

1) 저작물 공유 캠페인은 사람들의 창작 동기를 감소시켜 이용자들에게까지 피해를 줄 수 있다.
2) 디지털 환경에서는 공정한 이용을 위한 규정이 필요 없다.
3) 저작물의 공정 이용으로 인해 저작권자들의 권리가 침해되고 있다.

정답설명

④ ㉠의 첫 번째 주장을 통해 허용할 수 있는 선지이다. 이들은 저작권자들이 대가를 받지 못하면 창작 동기가 감소한다고 생각한다. 따라서 저작권자들이 정당한 대가를 받을수록 창작 의욕이 더 커질 것이라고 바라볼 것이다.

오답설명

① 이용 허락 조건을 표시해서 이용자들에게 배포하는 것은 ㉠이 아니라 '저작물의 공유' 캠페인을 펼치는 사람들이다.

② 이는 '저작물의 공유' 캠페인 참여자들의 주장이다.

③ 저작물 이용이 비영리적인 경우 저작권자의 동의가 없어도 복제가 허용되는 영역을 확대해야 한다는 주장은 지문에 나와 있지 않다.

⑤ 이는 '저작물의 공유' 캠페인 참여자들의 주장이라고 볼 수 있다. 이 캠페인의 참여자들은 저작권자와 이용자들의 자발적 참여를 통해 자유롭게 활용할 수 있는 저작물의 양과 범위를 확대하려고 하고, 공유를 통해 인터넷이 더욱 창의적이고 풍성한 정보 교류의 장이 될 것이라고 생각하기 때문이다.

03

형태쌤의 과외시간

지문 4문단에 제시되어 있는 '저작물의 공유' 캠페인에 대해 정확히 파악한 뒤 문제에 접근해야 한다.

1) 이용 허락 조건 표시 ○ → 무료 이용
2) 서로의 저작권을 존중하면서 저작물의 자유로운 이용을 추구
3) 이용 허락 조건을 어길 경우 법적 책임

또한 【자료 2】에 제시된 사례를 분석해 보자. A는 조건 표시를 한 후에 자신의 미술 평론과 돌잔치 영상을 올렸다. 따라서 A는 저작물의 공유 캠페인에 참여한 사람인 것이다. 그러나 B가 자신의 저작물인 예술 사진을 올릴 때 그가 캠페인에 참여했을지 여부는 알 수 없다.

정답설명
④ 공정 이용이란 '저작권자의 권리를 일부 제한하여 저작권자의 허락이 없어도 저작물을 자유롭게 이용'할 수 있도록 하는 것으로, 공정 이용 규정이 없었다면 B는 A에게 사용료 지불을 요구할 수 있을 것이다.

오답설명
① 【자료 1】에서 해당 표시를 "저작물 공유 캠페인의 '자유 이용 허락' 조건 표시의 한 예"라고 하였으므로, A는 저작물 공유 캠페인에 참여하는 사람임을 알 수 있다.
② A가 자신의 자료에 '출처를 표시하고 자유롭게 사용 가능함.'이라는 표시만을 달아 놓았으므로, 표시의 조건을 지키며 자료를 이용한 B에게 사용료 지불을 요구할 수 없다.
③ 저작물의 공정 이용은 '저작권자의 권리를 일부 제한하여 저작권자의 허락이 없어도 저작물을 자유롭게 이용하는 것'이다. A의 행위가 공정 이용에 해당한다면, B의 권리가 일부 제한되어 B의 허락이 없어도 자료를 자유롭게 이용할 수 있게 되므로, A가 B에게 사용료를 지불하지 않아도 된다.
⑤ A가 자료에 표시한 것은 '출처를 표시하고 자유롭게 사용 가능함.'이라는 의미를 지니고 있으므로, A의 블로그라는 '출처를 표시'한다면 A의 동의를 별도로 받지 않더라도 그 일부를 편집할 수도, 자신의 블로그에 올릴 수도 있게 된다.

구조도 정답
① 저작권자의 권리
② 확산
③ 창조
④ 침해

02 2014학년도 11월B

지문분석

베토벤의 교향곡이 19세기 중심이 된 이유

↳ **내적인 원리**

음악 (①)를 개발

(②)의 탁월함 ex) 제3번 교향곡 '영웅'

↳ **외재적 요인**

청중의 음악관 : (③)을 원함

비평가(슐레겔, 호프만) : 음악 = 능동적으로 (④) 해야 할 대상

천재성 담론
: 전통 수용 + 독창적 색채 → 교향곡의 새로운 지평을 열었다

형태쌤 Comment

베토벤의 교향곡이 19세기의 중심이 된 요인을 내적인 원리과 외재적 요인으로 분류하여 제시하는 지문이다. 특히 외재적 요인은 3가지로 세부적으로 나누어 언급하고 있으므로 각각의 요인을 잘 체크하고 넘어가야 한다.

문제분석 01-03번

번호	정답	정답률 (%)	선지별 선택비율(%)				
			①	②	③	④	⑤
1	⑤	88	4	3	3	2	88
2	④	81	3	13	1	81	2
3	①	75	75	4	5	9	7

01

정답설명

⑤ 5문단에 의하면 당시의 천재상은 기존의 관습에서 벗어나 새로운 전통을 창조하는 사람이었다. 베토벤은 기존의 교향곡의 전통을 수용하면서도 자신만의 독창적인 색채를 더하여 교향곡의 새로운 지평을 열었기에 베토벤이야말로 천재라는 인식이 널리 받아들여지게 되었다. 따라서 기존의 음악적 관습을 부정하였다는 것은 적절하지 않다. 오히려 기존의 음악적 관습을 수용하고 거기에 자신만의 독창적인 것을 더한 것이다.

오답설명

① 2문단의 '베토벤의 신화를 이해하기 위해서는 19세기 초 음악사의 중심에 서고자 했던 독일 민족의 암묵적 염원을 들여다볼 필요가 있다.'를 통해 허용할 수 있다. 4문단의 '당시의 빈의 청중과 독일의 음악 비평가들은 베토벤의 교향곡이 음악의 독립적 가치를 극대화한 음악이자 독

일 민족의 보편적 가치를 실현해 주는 순수 기악의 정수'라고 평가하였다는 부분에서도 베토벤 신화 형성 과정에 독일 민족의 음악적 이상이 반영되었다는 내용을 판단할 수 있다.

② 1문단의 '유례없이 늘어난 교향곡의 길이는 그들이 넘어서야 할 산이었다.'를 통해 확인할 수 있다.

③ 1문단에 '단순한 소재에서 착상하여 이를 다양한 방식으로 가공함으로써 성취해 낸 복잡성'이라고 제시되어 있다.

④ 1문단의 "제3번 교향곡 '영웅'에서 베토벤은~다양한 변주와 변형 기법을 통해 통일성을 유지하면서도 가락을 다채롭게 들리게 했다."에서 확인할 수 있다.

02

3문단에서 '새로운 청중의 귀는 유럽의 다른 지역 청중과는 달리 순수 기악을 향해 열려 있었다.'라고 하였다. 순수 기악은 '악기에서 나오는 소리 외에는 다른 어떤 것과도 연합되지 않는 음악'이며 당시 청중들은 '언어가 순수 기악이 주는 의미를 담기에 부족하다고 생각'하였다.

정답설명

④ 언어를 초월하는 것은 순수 기악의 핵심이다. 3문단에서 새로운 청중(㉠)은 언어가 순수 기악이 주는 의미를 담기에 부족하다고 생각했다는 내용과 말로 형용할 수 없는 무한을 향해 열려 있는 '음악 그 자체'를 원했다는 내용을 통해서 그들이 음악은 언어를 초월한다는 관점을 가지고 있다는 것을 알 수 있다.

오답설명

① 새로운 청중의 입장에서 순수 기악은 인간의 정서를 순화시켜서가 아니라 그 자체로서 의미 있는 음악이다.

② 순수 기악을 바라는 청중들은 음악이 감정을 전달하는 수단이 아니라 그 자체로 가치 있는 것이라고 본다.

③ 새로운 청중들은 가사와 같은 음악 외적 단서를 바라지 않는다.

⑤ 3문단에 따르면 새로운 청중은 '언어가 순수 기악이 주는 의미를 담기에 부족하다고 생각했기 때문에 제목이나 가사 등의 음악 외적 단서를 원치 않았다.'라고 하였다.

03

윗글에서 베토벤의 교향곡을 긍정적으로 평가한 사람은 독일의 비평가인 '슐레겔'과 '호프만'이며 이들은 공통적으로 '순수 기악'을 추구했다. 그와 대조적으로 <보기>에서 '로시니'를 긍정적으로 평가한 사람은 '스탕달'이며 그는 '유려한 가락'의 음악을 추구했다.

정답설명

① 4문단을 보면, '슐레겔은 모든 순수 기악이 철학적이라고' 보았고, 당시 독일의 음악 비평가들은 베토벤의 교향곡이 음악의 독립적 가치를 극대화한 음악이자 독일 민족의 보편적 가치를 실현해 주는 순수 기악의 정수라고 여겼다. 슐레겔은 순수 기악을 추구했기 때문에 로시니보다 베

토벤을 더 높이 평가했을 것이다.

오답설명

② 4문단에 따르면 호프만은 베토벤의 교향곡을 '보편적 진리를 향한 문'으로 보았으며, 프랑스나 이탈리아에서 여전히 유행했던 오페라가 새로운 전통을 창조한 것으로 보지 않았을 것이다.

③ 음악을 '앎의 방식'으로 바라보는 것은 순수 기악을 추구하는 관점이기 때문에 오페라보다 교향곡을 더 우월한 장르로 평가할 것이다.

④ 스탕달은 로시니가 빈의 현학적인 음악가들과는 다르다고 생각했으므로, 로시니의 음악을 베토벤을 따른 음악이라고는 평가하지 않을 것이다.

⑤ 음악을 능동적 이해의 대상으로 보려는 청중들은 오페라보다 순수 기악 교향곡을 더 추구할 것이다.

memo

구조도 정답

① 소재
② 창작 기법
③ 순수 기악
④ 이해

03 예술
2011학년도 6월

지문분석

회화적 재현

↳ 피카소의 일화 – 스타인의 초상화

↳ 미술사의 차원

  르네상스 시대 화가 : (　①　)적 그림

    원근법

  인상주의자 : (　②　)에 맺히는 대로 그림

    고유색 X

  세잔 : (　③　)이나 (　④　)

    단순 O, 윤곽선 O, 원근법 X

  입체주의 : (　④　)의 재현

    여러 시점에서 본 대상을 한 화면에 결합

↳ 철학적 차원

  곰브리치와 굿맨 : 사실적 그림이란 (　⑤　)한 재현 체계를 따른 것

    회화적 재현에 대한 피카소의 통찰

 형태쌤 Comment

　1문단에서 정확하게 화제를 잡아내는 것이 일단 중요하다. 화제에 대한 답변을 두 개(미술사적 차원, 철학적 차원)로 나눠서 제시하는데, 세분화된 화제를 비교 대조하면서도 전체 흐름을 놓치지 않는 힘이 필요하다. 정보량도 어느 정도 있고, 구조도 완벽한 딱 평가원식 지문이라고 보면 되겠다.

문제분석　01-05번

번호	정답	정답률(%)	선지별 선택비율(%)				
			①	②	③	④	⑤
1	①	85	85	8	2	4	1
2	③	88	3	2	88	5	2
3	③	77	6	5	77	9	3
4	⑤	91	2	2	2	3	91
5	⑤	43	18	8	8	23	43

01

정답설명

① 화제를 물어보는 문제이다. 지문에서는 회화적 재현과 관련하여 피카소의 일화를 이야기하면서 다양한 관점의 특징을 서술하였다. 크게 나눠 본다면 대상과 똑같이 그려야 한다는 의견과 본질(실재)을 그려야 한다는 의견으로 나눌 수 있다. 피카소는 본질(실재)을 그려야 한다는 쪽이기에, '스타인의 외양이 아니라 그녀의 본질을 재현'하려 했다는 선지의 내용은 적절하다. 지문 마지막 문단에서도 피카소의 수수께끼 같은 답변(앞으로 닮게 될 것)과 자신감 속에는 회화적 재현의 본성에 대한 통찰이 깔려있다고 하였다. 이 말은 스타인을 닮지 않은 스타인의 초상화를 통해 그녀의 본질을 재현하려고 한 것이라고 볼 수 있다.

오답설명

② 대상의 본질을 재현하기 위함이지 훗날 변하게 될 스타인의 모습을 나타내기 위한 의도로 그린 것이 아니다.

③ 고전적인 미의 기준은 지문에서 언급하지 않았다.

④ 눈으로 관찰할 수 있는 모습을 가감(더하거나 빼는 일) 없이 묘사하려 한 것은 인상주의자들에 가깝다. 피카소는 현재 스타인의 모습이 아니라 스타인의 본질적인 모습을 그린 것이기 때문에 눈으로 관찰할 수 있는 스타인의 모습을 그린 것이라 볼 수 없다.

⑤ 지문에서 스타인이 역동적으로 움직인 모습을 그렸다고 한 적은 없다.

02

정답설명

③ 2, 3문단에 따르면, 모네는 대상을 사실적으로 그리려 했고, 세잔은 외관보다는 사물의 본질이나 실재를 그리려 했다. 또한 세잔은 형태를 실물보다 단순하게 하고 원근법조차도 정확하지 않게 그렸는데, 이것은 모두 대상의 존재를 잘 드러내기 위함이었다. 따라서 모네의 그림인 (가)는 원근법을 사용하여 사실적인 그림을 그린 것이고, 세잔의 그림인 (나)는 원근법을 정확하게 사용하고 있지 않다고 할 수 있다.

오답설명

① 뚜렷한 윤곽선은 (나)의 특징이며, (가)는 해당되지 않는다. 3문단을 통해 세잔의 그림은 '모네의 그림에서는 볼 수 없었던 부자연스러운 윤곽선이 둘러져 있'었다는 내용을 확인할 수 있다.

② 대상이 빛에 따라 달라지는 모습을 그린 것은 (가)이다. 2문단에서 '모네의 낟가리 연작'은 햇빛의 조건에 따라 다르게 그려진 예라고 설명하였다. 그러나 (나)와 (다)에는 해당되지 않는 설명이다.

④ (가)는 사물의 고유색을 인정하지 않는다. 2문단에서 모네와 같은 인상주의자들은 '대상의 고유한 색 같은 것은 부정'하였다고 설명하였다.

⑤ 2문단에 따르면 '세상을 향한 창'과 같은 것은 사실적인 그림을 말한다. 사실성을 목표로 하는 그림은 (가)만 해당되며, (나)와 (다)는 사실성보다는 대상의 본질과 실재를 드러내는 것을 목표로 하였다.

03

정답설명

③ 당시에 은근히 많은 학생들이 틀린 문제였다. 지문에서 포인트를 정확하게 잡고, 문제의 의도를 찾아내면 쉽게 풀 수 있는데, 쓸데없는 '생각의 과잉'이 오답률을 높였다.

형태쌤의 과외시간

1) 곰브리치와 굿맨
- 있는 그대로 보는 순수한 눈은 없다.
- 객관적 사실성은 없다.
- 사실적인 그림은 '익숙한 재현 체계'를 따른 그림이다.
→ 모든 그림의 해석에는 감상자의 주관(인식의 틀)이 반영된다.

2) 인상주의자들
- 사실성이 중요해.
- 망막에 맺힌 상을 있는 그대로 그려야 해.
- 빛을 받으면 모두 주제가 될 수 있고, 고유색 따위는 개나 줘버려!

자. 곰브리치와 굿맨은 '사실성'을 부정했고, 인상주의자들은 '사실성'을 강조했다. 그럼 답은 쉽게 나오지 않겠냐.

오답설명

① '망막에 맺힌 상'을 비판하는 것 같이 보였니? 속지 말고 뒷부분을 보자. '순수한 눈'을 왜곡할 수 있다고? 곰브리치와 굿맨은 '순수한 눈' 같은 것은 없다고 하였다.

② 곰브리치와 굿맨은 객관적 사실성 자체를 부정하였다.

④ 곰브리치와 굿맨은 '지각은 우리가 속한 관습과 문화, 믿음 체계, 배경 지식의 영향을 받아 구성'된다고 하였지 눈 이외의 다른 감각 기관이 필요하다고 한 적은 없었다.

⑤ 곰브리치와 굿맨은 사실성 자체를 부정하였다. 또한 인상주의 재현 체계는 사실성을 추구한다.

04

정답설명

⑤ 마지막 문단에서 곰브리치와 굿맨에 따르면, '지각은 우리가 속한 관습과 문화, 믿음 체계, 배경 지식의 영향을 받아 구성된다고' 하였다. 따라서 우리는 '나무를 그린 그림'이라는 '사전 지식'으로 인하여 불분명한 대상에 '나무'라는 지각을 형성하게 되는 것이다.

오답설명

① 지각은 우리가 속한 '관습과 문화, 믿음 체계, 배경 지식'의 영향을 받는다고 했지? 우리는 동양의 관습과 문화 안에서 살고 있으니 수묵화나 사군자화가 익숙하다. 따라서 이러한 작품들을 어려움 없이 감상할 수 있으나, 서양 사람들에게는 익숙한 것이 아니기 때문에 그들은 감상의

어려움을 겪을 것이다.

② 문화의 영향에 따라 지각할 수 있는 것이 다르기 때문에, 서로 다른 문화에 속한 사람들은 그림에 재현된 대상을 알아보는 능력이 다를 수밖에 없다. 자신이 속한 문화의 그림이나 대상은 잘 알아볼 수 있겠지만, 그렇지 않은 대상은 알아보기 힘들 것이다. 여러 가지 문화가 섞여 있거나 다문화의 사회에서 살고 있는 사람이라면 알아볼 수 있는 대상이 많겠지만, 하나의 문화만 가지고 살아가는 사회에서는 그들의 문화와 관련된 것만 이해할 수 있는 것이다. 따라서 대상을 알아보는 능력은 문화마다 다르게 나타날 것이다.

③ ㉠은 객관적인 사실성이란 없는 것이라며 사실성을 부정하는 입장인데, 사실적으로 나타낼 수 있다고 말했으니 틀린 것이다.

④ 관습이나 문화, 배경 지식 같은 것은 선천적으로 가지고 태어나는 것이 아니다. 이러한 것들은 '후천적'으로 학습하며 터득해 가는 것이다. 따라서 지각을 선천적 능력이라고 보는 것은 적절하지 않다.

05

정답설명

⑤ ⓐ의 '얻다'는 '구하거나 찾아서 가지다.'의 의미를 지니고 있으므로 '얻어 내거나 얻어 가지다.'의 의미를 가진 '획득(獲得)하다'와 바꾸어 쓸 수 있다.

오답설명

① '습득(習得)하다'는 '학문이나 기술 따위를 배워서 자기 것으로 하다.'의 의미를 지니고 있다.

② '체득(體得)하다'는 '몸소 체험하여 알게 되다. 또는 뜻을 깊이 이해하여 실천으로써 본뜨다.'의 의미를 지니고 있다.

③ '취득(取得)하다'는 '자기 것으로 만들어 가지다.'의 의미를 지니고 있다.

④ '터득(攄得)하다'는 '깊이 생각하여 이치를 깨달아 알아내다.'의 의미를 지니고 있다.

구조도 정답

① 사실
② 망막
③ 본질
④ 실재
⑤ 익숙

지문분석

환율과 경상 수지의 관계

┌─ **일반적인 경우**

│　　**환율↑ → 경상 수지 (①)**

│　　수출품 외화 표시 가격↓ 수출량↑ → 수출액↑

│　　수입품 원화 표시 가격↑ 소비량↓ → 수입액↓

├─ **일반적이지 않은 경우**

│　　**환율↑ → 경상 수지 (②) 후 점차 개선**

│　　(③) 현상

│　　　외국 기업의 매출 감소 우려 → 수입품 (④) 표시 가격
　　　　인상 지연

│　　　수입, 수출품 가격 변화에 따른 소비량 변화에 상당 기간 소요

│　　　기존에 상승한 환율 지속 → 가격, 물량 조정 → (⑤) 개선

│　　**환율↑ → 경상 수지 개선 X**

│　　　가격 조정에 따른 국내외 상품 수요 반응에 따라 달라짐

│　　　장기적 차원 : 품질 개선, 원가 절감 노력 X → (⑥) 잃음

└─ **환율 정책의 신중한 검토 필요**

형태쌤 Comment

현상의 원리를 설명하는 지문이다. 원리는 과정이나 인과로 설명되는데, 이 지문은 인과 중심으로 설명되고 있다. 독해의 포인트는 필자가 관심을 가지는 현상을 정확하게 잡고, 현상의 원인을 잡아내는 데 있다.

문제분석　01-04번

번호	정답	정답률 (%)	선지별 선택비율(%)				
			①	②	③	④	⑤
1	②	76	4	76	8	5	7
2	②	78	4	78	3	10	5
3	③	76	9	7	76	5	3
4	①	91	91	2	2	2	3

01

정답설명

② 4문단에서 '경상 수지가 적자 상태라면 일반적으로 고환율 정책이 선호된다.'라고 하였지만, 그 후에 '그러나 이상에서 언급한 환율과 경상 수지 간의 복잡한 관계 때문에 환율 정책은 신중하게 검토되어야 한다.'라고 하였으므로, 경상 수지 개선에 고환율 정책이 '필연'적이라고 볼 수 없다. 즉, 경상 수지 개선에 고환율 정책이 반드시 필요한 것은 아니다.

오답설명

① 1문단의 '수입 상품의 원화 표시 가격은 상승하여'에서 확인할 수 있다.

③ 2문단의 '국내 기업이 수출 상품의 외화 표시 가격을 낮추더라도 외국 소비자가 이를 인식하고 소비를 늘리기까지는 다소 시간이 걸린다.'에서 확인할 수 있다.

④ 3문단의 '상품의 가격 조정이 일어나도 국내외의 상품 수요가 가격에 어떻게 반응하는가 하는 수요 구조에 따라 경상 수지는 개선되지 못하기도 한다.'에서 확인할 수 있다.

⑤ 1문단의 '이와 같이 환율 상승이 항상 경상 수지를 개선할 것 같지만'에서 확인할 수 있다.

02

그래프가 나왔구나. 비문학에서 그래프가 나올 때는, 기본적으로 X축과 Y축에 해당하는 값을 신경 써야 한다. 그 후 그래프의 증감과 화제와의 상관 관계만 파악하면 가분하게 문제를 해결할 수 있다.

정답설명

② 일단 지문에 나온 'J커브 현상'의 개념부터 탑재하고 가보자. J커브 현상은 '환율이 올라도 단기적으로는 경상 수지가 오히려 악화되었다가 점차 개선되는 현상'이다. 그 이유로 1) 외국 기업이 바로 가격 인상을 하지 않는 것, 2) 국내 소비자들의 수입품 소비 변화에 상당 기간이 소요된다는 것, 3) 수출 상품에 대한 외국 소비자들의 소비 변화에 시간이 소요된다는 것. 이렇게 3개를 제시하였다.

또한 Y축에서, 마이너스에서 플러스로 가지 못하는 경우의 원인을 1) 국내외 상품 수요의 가격 민감도, 2) 수출 기업의 환율 상승 의존, 품질 개선이나 원가 절감 노력 X. 이렇게 2가지로 제시하였다.

ㄱ : 2문단에서 '경상 수지가 악화되는 원인 중 하나로, 환율이 오른 비율만큼 수입 상품의 가격이 오르지 않는 것을 꼽을 수 있다.'라고 하였다. 증감 관계만 바꿔 보자. '수입 상품 가격이 환율 상승 비율만큼 상승하면 경상 수지가 악화되지 않는다'가 되겠지? 그러니 '수입 상품 가격의 상승 비율이 환율 상승 비율에 가까울수록 ⓐ의 골이 얕아진다.'는 옳은 진술이다.

ㄹ : 2문단에 따르면 J커브 현상은 '환율이 올라도 단기적으로는 경상 수지가 오히려 악화되었다가 점차 개선되는 현상'이다. 따라서 경상 수지가 흑자 상태(+)로 돌아서고 있는 ⓒ는 '환율 상승을 통해 경상 수지 개선 효과가 나타나는 구간'이라고 볼 수 있다.

오답설명

ㄴ : '수출 기업의 품질 및 원가 경쟁력이 강화될수록' → 3문단에서 수출 기업이 품질 개선이나 원가 절감의 노력을 하지 않는다면 경상 수지가 악화될 수 있다고 하였다. 그런데 그 반대라면? ⓐ 구간(경상 수지의 ⊖ 상태)은 좁아지게 되겠지.

ㄷ : Y축은 경상 수지에 해당하니, ⓑ를 기점으로 상승하는 것은 환율이 아니라 경상 수지이다. J커브 현상은 '환율이 올라도 단기적으로는 경상 수지가 오히려 악화되었다가 점차 개선되는 현상'이다. 기본 전제는 '환율이 올랐다.'라는 것이다. 또한 2문단의 'J커브의 형태가 보여 주듯이,

당초에 올랐던 환율이 지속되는 상황에서 어느 정도 시간이 지나 상품의 가격 및 물량의 조정이 제대로 이루어진다면 경상 수지가 개선된다.'를 통해 ⓐ~ⓒ 모두 환율이 상승된 상태로 유지되고 있음을 알 수 있다.

03

현상의 이유를 물어보는 문제이다. 이런 경우, 선지를 비교·분석하는 것이 아니라, 지문에서 포인트를 잡고 바로 들어가서 해결하는 것이 좋다. 오히려 선지를 비교 분석하다 보면 엉뚱한 추론을 해버릴 수 있기 때문이다.

정답설명

③ ㉠의 앞을 보자. 환율 상승 후 '상품의 가격 조정이 일어나도 **국내외의 상품 수요가 가격에 어떻게 반응하는가** 하는 수요 구조에 따라 경상 수지는 개선되지 못하기도 한다.'라고 나와 있다. 환율이 상승하면 1문단의 내용처럼 상품이 가격 경쟁력을 얻을 수 있는데, 정작 소비자들의 수요가 변하지 않으면 경상 수지는 개선이 안 된다는 것이다. 즉, 소비자들이 가격에 민감하지 않으면 상품 수요는 변하지 않고, 이런 경우 경상 수지 개선이 안 된다는 것이다.

오답설명

① 환율이 상승하면 국내외 상품의 수요 구조에 따라 수출 상품의 가격 조정이 선행될 수 있다는 것과 ㉠과는 무관하다.

② ㉠은 **가격 조정이 일어나도** 경상 수지가 개선되지 못하는 경우를 제시하고 있다. 국내외 기업의 가격 조정이 ㉠의 이유가 될 수는 없겠지?

④ 거듭 말하지만, ㉠은 상품의 가격 조정이 일어나도 수요가 어떻게 반응하는가 하는 수요 구조에 따라 경상 수지가 개선되지 못하는 경우에 해당한다. 즉, 수요가 가격에 민감하게 반응하지 않은 경우를 말하고 있는 것이지. 따라서 ④는 어울리는 진술로 볼 수 없다.

⑤ 상품의 가격 조정이 일어나도 국내외의 상품 수요가 가격에 어떻게 반응하는가 하는 수요 구조에 따라 경상 수지는 개선되지 못하기도 한다고 했으니, 상품 수요와 가격 민감도가 경상 수지 개선과 무관하다는 것은 ㉠의 내용과 반대되는 선지다.

04

정답설명

① '감나무 밑에 누워 홍시 떨어지기를 바란다.'는 '불로소득이나 요행만을 바라고 노력하지 않는 태도'를 비판하는 말이다. 따라서 ㉡의 상황과 어울리는 속담으로 볼 수 있다.

오답설명

② '소도 비빌 언덕이 있어야 비빈다.'는 '누구나 의지할 곳이 있어야 무슨 일이든 시작하거나 이룰 수 있다'는 말이다.

③ '가난 구제는 나라님도 어렵다.'는 '가난한 상황은 극복이 어렵다'는 말이다.

④ '원숭이도 나무에서 떨어진다.'는 '잘하는 사람도 실수는 있다'는 말이다.

⑤ '말 타면 경마 잡히고 싶다.'는 '사람의 욕심은 끝이 없다'는 말이다.

구조도 정답

① 개선
② 악화
③ J커브
④ 원화
⑤ 경상 수지
⑥ 경쟁력

지문분석

소프트웨어 자료 관리 구조

- **배열**
  - 물리적으로 연속된 저장소
  - 논리적 순서와 (①) 순서 일치
  - 삽입하거나 삭제하는 자료의 순번이 빠를수록 → 나머지 자료의 재정렬 시간이 (②)

- **연결 리스트**
  - (③) 자료와 (④) 자료의 포인터를 (⑤) 저장
  - 물리적 저장 위치와 상관없이 논리적 순서로 저장
  - 자료의 논리적 순서에 따라 접근 시간에 차이가 있다

- **이중 연결 리스트**
  - 논리순으로 앞에 연결된 저장소의 포인터를 (⑥) 저장
  - 연결 리스트보다 자료 접근이 (⑦)하다

형태쌤 Comment

단순한 구조를 보이고 있다. 화제를 크게 두 개로 세분화해서 비교·대조하고 있고, 나중에 하나를 추가하여 총 세 개로 세분화하고 있다. 정보가 이렇게 나눠지는 경우 공통점과 차이점을 신경 쓰며 독해를 진행하면 되고, 특히 지문에서 처리 시간을 중심으로 비교하고 있으니, 이 부분에 신경을 쓰며 비교·대조를 해야 한다.

문제분석 01-02번

번호	정답	정답률 (%)	선지별 선택비율(%)				
			①	②	③	④	⑤
1	③	69	3	4	69	12	12
2	①	78	78	4	8	5	5

01

정답설명

③ 자료의 논리적 순서에 따라 자료 접근 시간이 달라지는 것은 '배열'이 아닌 '연결 리스트'이다. 3문단의 '특정 자료를 읽으려면 접근을 시작하는 포인터부터 그 자료까지 저장소들을 차례로 읽어야 하므로 자료의 논리적 순서에 따라 접근 시간에 차이가 있다.'에서 확인할 수 있다. 2문단의 '이때 원하는 자료의 논리적인 순서만 알면 해당 포인터 값을 계산할 수 있으므로, 바로 접근하여 읽기와 쓰기를 할 수 있다.'를 통해 '배열'에서는 자료의 논리적 순서에 따라 자료 접근 시간이 달라지지

않음을 알 수 있다.

오답설명

① 2문단의 포인터 값을 계산할 수 있어 바로 접근할 수 있다는 정보와 3문단의 '접근을 시작하는 포인터'를 통해 확인할 수 있다.

② '배열'은 논리적 순서를 통해 포인터 값을 계산하여 접근하지만, '연결 리스트'는 포인터부터 특정 자료까지 저장소들을 차례로 읽으며 접근하기 때문에 자료 관리 구조에 따라 자료 접근 과정이 다르다.

④ 3문단에서 "자료의 삽입과 삭제는 '다음 포인터'의 내용 변경으로 가능하므로 상대적으로 간단하다."라고 설명하였다. 따라서 자료가 변할 때 편하게 쓸 수 있겠지.

⑤ 4문단에 따르면 '이중 연결 리스트'의 저장소에는 '앞에 연결된 저장소의 포인터, 저장될 자료, 다음에 올 자료의 포인터'가 저장된다.

02

정답설명

① ㉠은 하나의 자료를 삭제하면 나머지 자료 전체가 재정렬된다. 반면 ㉡은 '다음 포인터 변경'을 통해 자료 삭제가 상대적으로 간단하다. 따라서 ㉠이 ㉡에 비해 삭제 실험에서 더 오랜 시간이 걸린다.

오답설명

② ㉠에 비해 ㉢은 '다음 포인터'뿐만 아니라 논리순으로 앞에 연결된 저장소의 포인터를 담을 공간이 더 필요하므로 ㉢의 메모리 사용량이 더 많다.

③ 3문단의 ㉡에 대한 설명에서 "자료의 삽입과 삭제는 '다음 포인터'의 내용 변경으로 가능하므로 상대적으로 간단하다."라고 하였다. '상대적으로 간단'하다는 것은 앞의 ㉠과 비교하여 나온 것이므로 ㉡이 ㉠에 비해 삽입에 걸리는 시간이 짧음을 알 수 있다.

④ 하나의 자료를 저장할 때 ㉠은 1개, ㉡은 2개, ㉢은 3개의 정보를 저장하니까 메모리 사용량은 ㉠ 〈 ㉡ 〈 ㉢ 순서다.

⑤ ㉡의 경우 특정 자료를 읽기 위해 접근을 시작하는 포인터부터 그 자료까지 저장소들을 차례로 읽어야 하므로 자료의 논리적 순서에 따라 접근 시간에 차이가 있지만, ㉢은 ㉡보다 자료 접근이 용이하다고 하였으므로 ㉢이 ㉡에 비해 읽기 실험에 걸리는 총시간이 짧거나 같음을 알 수 있다.

구조도 정답

① 실제 저장
② 늘어난다
③ 저장될
④ 다음에 올
⑤ 함께
⑥ 하나 더
⑦ 용이

06 기술

2012학년도 6월

지문분석

반도체의 개발 과정

→ **진공관 발명 과정**

→ **진공관의 문제점**

    진공관 - (①)가 큼
    유리관 - 깨지기 쉬움
    필라멘트 - (②) 필요, 끊어지기 쉬움

→ **문제 해결 - 반도체**

    n형 반도체

      (③)가 전류를 더 잘 흐르게 함

    p형 반도체

      (④)이 전류를 잘 흐르게 함

    접합 소자

      pn 접합 소자 : (⑤) 기능

      트랜지스터(pnp, npn 접합 소자) :
      가운데 반도체가 그리드 역할 → (⑥) 기능

형태쌤 Comment

　지문의 정보량은 어느 정도 되지만, 문제의 답을 찾아내는 것은 어렵지 않다. 전체적으로 지문을 읽을 때 정보를 잘 분류하면서 읽어나가야 한다. 또한, 2문단부터 마지막 문단까지는 평가원의 주된 출제 요소 중 하나인 '문제 - 해결 과정'을 상기하면서 바라보자.

문제분석　01-04번

번호	정답	정답률 (%)	선지별 선택비율(%)				
			①	②	③	④	⑤
1	①	87	87	3	3	4	3
2	④	77	8	3	4	77	8
3	④	80	9	3	4	80	4
4	①	89	89	4	3	2	2

01

정답설명

① 4문단에서 가운데 위치한 반도체가 진공관의 그리드와 '같은' 역할을 한다고 한 것이지, 그리드를 사용하는 것이 아니다. 그리드를 사용하는 것은 3극 진공관으로, 반도체는 진공관의 기능을 대체한 것이기 때문에 그리드를 사용하지 않는다.

오답설명

② 2문단에서 '진공관의 개발은 라디오, 텔레비전, 컴퓨터의 출현 및 발전에 지대한 역할'을 했다고 하였다.

③ 1문단의 '이후 개발된 3극 진공관은 2극 진공관의'에서 확인할 수 있다.

④ 4문단에서 pn 접합 소자를 만들면 정류 기능을 할 수 있다고 하였다.

⑤ 1문단에서 '필라멘트는 고온으로 가열되면 표면에서 전자(-)가 방출된다.'라고 하였다.

02

정답설명

④ 4문단에서 'n형이나 p형을 3개 접합하면 트랜지스터라 불리는 pnp 혹은 npn 접합 소자를 만들 수 있다. 이때 가운데 위치한 반도체가 진공관의 그리드와 같은 역할을 하여 트랜지스터는 증폭 기능을 한다.'라고 언급하고 있다. (가)는 n형, (나)는 p형 반도체이므로, (가), (나), (가)를 차례로 접합하면 증폭 기능을 하는 npn 접합 소자를 만들 수 있다.

오답설명

① 2문단에서 원자의 '결합에 참여하지 않는 1개의 잉여 전자'라고 하였다.

② 2문단에서 순수한 규소는 전류가 흐르기 힘들다고 한 반면 3문단에서는 (나)와 같이 붕소를 첨가하면 정공이 생겨 전류가 잘 흐른다고 하였다.

③ (가)는 n형 반도체이다.

⑤ (가)는 n형 반도체이며, (나)는 p형 반도체이다. 4문단에서 p형에 (+)전압을, n형에 (-)전압을 걸어 주면 전류가 흐른다고 하였다.

03

정답설명

④ 4문단에, '반도체 소자는 진공을 만들거나 필라멘트를 가열하지 않고도 진공관의 기능을 대체했을 뿐 아니라 소형화도 이룰 수 있었다.'라고 제시되어 있다. 즉, 반도체 소자는 진공으로 만들 필요가 없다. '반도체 소자를 적용한 보청기'라면, 진공관의 문제점(유리관, 필라멘트가 약함)을 개선하였을 것이고 내구성이 어느 정도 생겼을 것이라고 볼 수 있겠다. 그런데 '내구성'이라는 목적 달성을 위해 진공으로 만든다고? 말도 안 되는 소리이다.

오답설명

① 4문단에서 반도체 소자는 필라멘트를 가열하지 않고도 진공관의 기능을 대체하였다고 하였다.

② 4문단에서 반도체 소자는 소형화도 이룰 수 있었다고 하였다.

③ 4문단에서 트랜지스터가 증폭 기능을 한다고 하였다.

⑤ 2문단에서 '게르마늄(Ge)과 규소(Si)에 불순물을 첨가하면 전류가 잘 흐르게 된다는 사실'을 발견했다고 하였으며, 순수한 규소는 전류가 흐르기 힘들다고 하였으므로 순수한 규소와 게르마늄만으로는 보청기를 만들 수 없음을 알 수 있다.

04

정답설명

① '토대(土臺)'란 어떤 사물이나 사업의 밑바탕이 되는 '기초와 밑천'을 비유적으로 이르는 말이다. 그런데 '기준(基準)'은 '기본이 되는 표준'이라는 말이므로 ㉠과 바꿔 쓰기에 적절하지 않다.

오답설명

② '기초'는 '사물이나 일 따위 기본이 되는 토대'를 이르므로 바꿔 쓰기에 적절하다.

③ '기틀'은 '어떤 일의 가장 중요한 계기나 조건'을 이르므로 바꿔 쓰기에 적절하다.

④ '바탕'은 '사물이나 현상의 근본을 이루는 기초'를 이르므로 바꿔 쓰기에 적절하다.

⑤ '발판'은 '다른 곳으로 진출하기 위하여 이용하는 수단'을 비유적으로 이르므로 바꿔 쓰기에 적절하다.

구조도 정답

① 부피
② 예열
③ 잉여 전자
④ 정공
⑤ 정류
⑥ 증폭

지문분석

디지털 피아노의 작동 원리

작동 과정

1) 건반의 (①)을 1번 센서가 감지

   CPU가 해당 건반의 소리 데이터를 읽어 옴

2) (②)에 따른 2번, 3번 센서 작동 시간 간격 변화

   CPU가 음의 크기 처리 (센서 시차↓ → 음의 크기↑)

3) (③)(디지털 – 아날로그 신호 변환 장치)를 통한 아날로그화

4) 앰프/스피커를 통한 소리 (④)

건반의 소리가 디지털 데이터로 변하는 과정

1) 샘플링

   일정한 (⑤) 설정 후 파동의 크기를 측정하여 수치화

2) 양자화

   샘플링된 측정값을 (⑥) 부호로 바꾸는 과정

형태쌤 Comment

  정보를 잘 분류하면서 처리하고, 정보 간의 관계도 유념하면서 읽어야 한다. 과정의 서술 방식은 반드시 지문의 내용을 단계별로 끊으면서 읽어야 한다. 그리고 많은 정보에 당황하지 말고, 문제 풀 때 돌아올 생각으로 가볍게 읽어야 한다.

문제분석   01-04번

번호	정답	정답률(%)	선지별 선택비율(%) ①	②	③	④	⑤
1	③	92	1	2	92	2	3
2	②	81	11	81	4	2	2
3	①	82	82	4	9	3	2
4	②	94	2	94	1	2	1

01

정답설명

③ 2문단의 '각 센서는 정해진 순서대로 작동하는데, 가장 먼저 작동하는 센서는 건반의 눌림 동작을 감지하고, 나머지 둘은 건반을 누르는 세기를 감지한다.'에서 눌림 동작을 감지하는 첫 센서가 먼저 작동한 후 세기를 감지하는 두 번째와 세 번째 센서가 나중에 작동함을 확인할 수

있다.

오답설명

① 1문단에서 건반의 소리는 디지털 데이터 형태로 녹음되어 저장되어 있다고 하였다.

② 2문단의 '각 건반마다 설치된 3개의 센서'를 통해 확인할 수 있다.

④ 4문단의 '샘플링은~소리 파동의 모양에 대한 정보를 얻기 위해'를 통해 확인할 수 있다.

⑤ 5문단에서 양자화 표는 소리의 최대 변화 폭을 일정한 수의 구간으로 나누어 이진수로 표현되는 부호를 일대일로 대응시켜 할당한 표라고 하였으므로, 양자화 구간마다 할당된 부호는 서로 '다르다'고 볼 수 있다.

02

정답설명

② 〈보기〉에는 작동 원리 과정이 나타나 있다. 지문을 과정별로 잘 체크하면서 읽은 후 대응해야 한다. 그리고 '녹음하는 과정'이 아닌 '디지털 피아노의 작동 원리'에 대해 묻고 있음을 유념해야 한다.

샘플링은 각 건반의 소리가 저장 장치에 저장되는 과정 중 하나이다. 샘플링된 소리값이 양자화를 거쳐 디지털 데이터로 녹음된 후 저장 장치에 저장되므로, 내장 컴퓨터에 저장되기 이전인 ⓑ에 '샘플링된 소리의 측정값'이 들어갈 수는 없다.

오답설명

① 2문단에서 세 개의 센서는 건반의 눌림 동작, 세기를 감지하고 세기에 따라 음의 크기가 달라지도록 하기 위해 건반이 움직이는 속도를 감지한다고 하였다.

③ 2문단에서 건반의 센서로부터 건반의 움직임이 감지되면 CPU는 해당 건반에 대응하는 소리 데이터를 저장 장치로부터 읽어온다고 하였다.

④ 3문단에서 CPU는 적절한 소리의 크기로 소리 데이터를 처리하고, 이렇게 처리가 끝난 소리 데이터는 DAC를 거친다고 하였다.

⑤ 3문단에서 DAC는 CPU가 보낸 소리 데이터를 아날로그 신호로 바꾸어 앰프와 스피커를 통해 소리를 재생한다고 하였다.

03

정답설명

① 4문단에서 샘플링 주기가 짧아지면 생성되는 데이터의 양도 많아진다고 하였으므로, 데이터의 개수를 결정하는 것은 소리 파동의 모양이 아니라 샘플링 주기의 길이이다.

오답설명

② 5문단에서 부호의 자릿수가 늘어나면 소리를 세밀하게 표현할 수 있다고 하였다.

③ 5문단에서 양자화 구간의 개수는 부호에 사용되는 이진수의 자릿수에 의해 결정된다고 하였다.

④ 5문단에서 양자화는 샘플링을 통해 얻어진 측정값을 양자화 표를 이용

해 디지털 부호로 바꾸는 것이라고 하였다.

⑤ 4문단에서 샘플링 주기를 짧게 설정할수록 음질이 좋아진다고 하였다.

04

정답설명

② A : ㉯는 ㉮를 구성하는 '일부분'이다. 이에 해당하는 것은 ②와 ④이다.

　B : ㉮는 ㉯에 포함된다. 이에 해당하는 것은 ②, ③, ⑤이다.

　따라서 둘 다 충족시키는 것은 ②이다.

　A : '피아노'를 구성하는 일부분 '건반'

　　　'비행기'를 구성하는 일부분 '날개'

　B : '악기'는 '피아노'의 상위 개념

　　　'과일'은 '복숭아'의 상위 개념

오답설명

① '개'는 '동물'을 구성하는 일부분으로 볼 수 없다. 오히려 '동물'과 '개'는 상의·하의 관계이므로 B의 관계에 가깝다. 또한 '나라'와 '국민'은 상의·하의 포함 관계라기보다 A의 관계에 가깝다.

③ '구두'가 '신발'의 일종인 것은 맞으나, '택시'는 '버스'를 구성하는 일부분으로 볼 수 없다.

④ '꼬리'가 '고양이'를 구성하는 일부분인 것은 맞으나, '사람'이 '인간'의 일종인 것은 아니다.

⑤ '옷장'이 '가구'의 일종인 것은 맞으나, '딸'은 '아들'을 구성하는 일부분이 아니다.

구조도 정답

① 눌림 동작

② 누르는 세기

③ DAC

④ 재현

⑤ 시간 간격/구간/샘플링 주기

⑥ 디지털

지문분석

```
공익 서비스에서의 한계 비용

  ↳ 한계 비용의 개념
      재화의 생산량을 한 단위 (  ①  )시킬 때 추가되는 (  ②  )
  ┄┄┄┄┄┄┄┄┄┄┄┄┄┄┄┄┄┄┄┄┄┄┄┄┄┄┄┄┄┄┄┄
  ↳ 한계 비용과 가격과의 관계
      가격 > 한계 비용 : 수요량, 거래량, 생산량↓, 사회적 만족도↓
      가격 = 한계 비용 : 자원의 효율적 배분, 사회적 만족도↑

  ↳ 공익 서비스
      한계 비용 수준의 가격 설정의 한계점
          초기 (  ③  ) 비용이 막대함.
          한계 비용은 매우 적다
          한계 비용으로 공공요금 결정 → 기업 손실
      해결 방법
          1. 정부의 (  ④  ) 제공
          2. (  ⑤  )의 공공요금
```

형태쌤 Comment

정보의 양이 어느 정도 되므로, 정보 간의 관계를 잘 처리하면서 초반부를 읽어야 한다. 그리고 예시에 제시된 원리도 앞뒤 문단의 관계 속에서 잘 처리해야 한다. 문제와 그 해결 과정에도 포인트를 두고 읽어보자.

문제분석   01-03번

번호	정답	정답률 (%)	선지별 선택비율(%)				
			①	②	③	④	⑤
1	⑤	70	1	2	21	6	70
2	⑤	82	2	4	5	7	82
3	③	96	1	1	96	1	1

01

정답설명

⑤ '평균 비용이 한계 비용보다 큰 경우' → 3문단의 공공요금인 상수도 서비스 예시를 통해 '평균 비용이 계속 줄어들더라도 한계 비용 아래로는 결코 내려가지 않는다.'라는 사실을 알 수 있다.
'공공요금을 평균 비용 수준에서 결정하면 자원의 낭비를 방지할 수 있다.' → 4문단에서 공공요금을 평균 비용 수준으로 정할 경우 총수입과 총비용이 같아져 기업이 손실을 보지는 않으나 요금이 한계 비용보다 높기 때문에 사회 전체의 관점에서 자원의 효율적 배분에 문제가 생긴

다는 것을 알 수 있다.

오답설명

① 1문단의 '재화의 생산 과정에 들어가는 자원이~만족도가 가장 커진다.'를 통해 확인할 수 있다.

② 1문단의 '가격이 한계 비용보다 높아지면~결과적으로 생산량도 감소한다.'를 통해 확인할 수 있다.

③ 1문단의 '한계 비용 곡선과 수요 곡선이 만나는 점에서 가격이 정해지면 재화의 생산 과정에 들어가는 자원이 낭비 없이 효율적으로 배분되며,'와 2문단의 '일반 재화와 마찬가지로 수도, 전기, 철도와 같은 공익 서비스도 자원 배분의 효율성을 생각하면 한계 비용 수준으로 가격(=공공요금)을 결정하는 것이 바람직하다.'를 통해 확인할 수 있다.

④ 4문단의 '하나는 정부가 공익 서비스 제공 기업에 손실분만큼 보조금을 주는 것이고'에서 확인할 수 있다.

02

X축과 Y축을 먼저 확인하고, 각각의 그래프를 파악한 후 [A]와 대응시키자. 그리고 [A]뿐만 아니라, 다른 부분의 지문 내용들도 잘 염두에 두고 있어야 한다.

정답설명

⑤ 4문단의 '평균 비용 곡선과~문제가 생긴다.'를 통해, 요금 결정 지점이 ⓐ에서 ⓑ로 이동하면 사회 전체의 관점에서 자원의 효율적 배분에 문제가 생긴다는 것을 알 수 있다. 여기서 정답을 결정해도 좋고, 1문단의 '한계 비용 곡선과 수요 곡선이 만나는 점에서~이때 사회 전체의 만족도가 가장 커진다.'라는 부분을 통해서, ⓐ에서 사회 전체의 만족도가 가장 크다는 것을 알고 정답을 결정해도 된다.

오답설명

① [A]에서 '한계 비용으로 수도 요금을 결정하면 총비용보다 총수입이 적으므로 수도 사업자는 손실을 보게 된다.'라고 언급하고 있다.

② [A]에서 '톤당 1달러의 한계 비용으로 수돗물을 생산하는 상수도 서비스'를 가정하였으므로 ⓐ에서 수도 요금을 결정하면 수도 요금은 톤당 1달러가 된다.

③ 4문단의 '평균 비용 곡선과 수요 곡선이 교차하는 점에서 요금을 정하는 후자의 경우에는 총수입과 총비용이 같아져 기업이 손실을 보지는 않는다.'를 통해 확인 가능하다.

④ 〈보기〉의 그래프를 통해 수돗물 생산량이 증가함에 따라 평균 비용과 한계 비용의 격차가 줄어들고 있는 것을 확인할 수 있다.

03

사전적 의미를 파악하는 문제로구나. 틀렸다면 지금까지 본인의 독서량과 모르는 어휘를 찾아봤던 횟수를 떠올려 보며 반성해 보자.
사전적 의미를 물어보는 문제는 완벽한 대비가 사실 불가능하다. 다만 필수 어휘를 중심으로 한자어, 순우리말, 사자성어, 속담 등을 공부함으

로써 어느 정도까지는 대비할 수 있겠다. 어휘 올인원을 자주 읽어보길 바란다.

정답설명

③ '추정(推定)하다'는 '추측하여 판정하다.'라는 의미를 지닌 단어이다. 효율성을 추측하는 것이 아니므로, 바꾸어 사용할 수 없다. 이때는 '추정하다'보다 '생각하고 헤아려 보다.'라는 의미를 지닌 '고려(考慮)하다' 정도가 적절하다.

오답설명

① '투입(投入)되다'는 '사람이나 물자, 자본 따위가 필요한 곳에 넣어지다.'라는 의미를 지닌 단어이다. 따라서 '들어가다'를 대체하여 사용할 수 있다.

② '초래(招來)하다'는 '어떤 결과를 가져오게 하다.'라는 의미를 지닌 단어이다. 따라서 '낳다'를 대체하여 사용할 수 있다.

④ '지급(支給)하다'는 '돈이나 물품 따위를 정하여진 몫만큼 내주다.'라는 의미를 지닌 단어이다. 따라서 '주다'를 대체하여 사용할 수 있다.

⑤ '감소(減少)하다'는 '양이나 수치가 줄다.'라는 의미를 지닌 단어이다. 따라서 '줄어들다'를 대체하여 사용할 수 있다.

구조도 정답

① 증가
② 비용
③ 시설 투자
④ 보조금
⑤ 평균 비용 수준

지문분석

외부성

→ **'외부성'의 개념**
경제 행위가 제3자에게 (①)하지 않게 이익이나 손해를 주는 것

→ **'외부성'의 문제점**
(②) 초래 : 사회 전체로 보면 이익 극대화 X

→ **전통적인 경제학의 해결책**
(③)의 개입 (보조금 제공, 벌금 징수)

→ **해결책의 한계점**
정부 개입에 시간과 노력이 든다는 점을 (④)한다

형태쌤 Comment

문제와 그 해결 과정에 주목하면서 읽어보자. 내용 자체의 난이도는 높지 않다.

문제분석 01-02번

번호	정답	정답률(%)	선지별 선택비율(%)				
			①	②	③	④	⑤
1	②	77	1	77	7	10	5
2	①	67	67	4	8	5	16

01

정답설명

② 2문단에 따르면 제3자에게 이익을 준다 할지라도, 사회 전체적으로 보았을 때 비효율적일 수 있다. 2문단의 사례와 같이 과수원의 과일 생산이 인접한 양봉업자에게 벌꿀 생산과 관련한 이익을 준다고 가정할 때, 양봉업자의 이윤이 증가한 것보다 과수원의 이윤이 감소한 것이 더 크다면, 사회 전체적으로 보았을 때는 비효율적이라고 볼 수 있다.

오답설명

① 2문단의 '개별 경제 주체가 제3자의 이익이나 손해까지 고려하여 행동하지는 않을 것이기 때문이다.'를 통해 확인할 수 있다.

③ 4문단의 '전통적인 경제학은 모든 시장 거래와 정부 개입에 시간과 노력, 즉 비용이 든다는 점을 간과하고 있다.'를 통해 전통적인 경제학은 정부의 개입인 보조금 지급이나 벌금 부과에 따르는 비용을 고려하지

않는다는 것을 알 수 있다.

④ 2문단의 '외부성은 사회 전체로 보면 이익이 극대화되지 않는 비효율성을 초래할 수 있다.'라는 말을 통해 이익이 극대화되지 않으면, 즉 이익을 더 늘릴 여지가 있다면 사회적 효율성이 충족된 것이 아니라는 것을 알 수 있다.

⑤ 4문단의 '외부성은 이익이나 손해에 관한 협상이 너무 어려워 거래가 일어나지 못하는 경우'에서 확인할 수 있다.

02

형태쌤의 과외시간

일단 지문의 내용을 정리해 보자.
과수원 생산량↑ ⇒ 과수원 이윤↓ < 양봉업자 이윤↑ ⇒ 사회 전체의 이익↑ ⇒ 사회적으로 바람직하다.

이제 <보기>로 가자.
이윤을 극대화하는 생산량을 넘어서는 것도 이윤이 줄어드는 것이지만, 그 생산량에 미치지 못하는 것 또한 이윤이 줄어드는 경우이다. 그렇기 때문에 일단 ㉮에는 '줄이면', '늘리면'이 모두 들어갈 수 있는 상황이다.

다음으로 가보자.
지문에서는 과수원의 생산량 변화에 따라 양봉업자의 이윤이 증가되었는데, <보기>에서는 다르다. '주민들의 피해(환경오염이나 소음을 예상해 볼 수 있겠다.)'가 변수로 등장했다. 분명 지문과 다른 부분이다. 여기에 주목을 해야 한다. '피해'만 보고 무조건 '작다면'으로 손이 가면 안 된다. '피해 감소'까지 봐야 한다. '피해'는 작아야 하지만, '피해 감소'는 '커야' 한다. 이 부분을 제대로 보지 않은 학생들은 손이 '작다면'으로 가는 안타까운 상황이 발생하게 된다.

정답설명

① 정리해 보자.
공장이 이윤을 극대화하는 수치보다 생산량을 '㉮ 줄이면/늘리면' 공장의 이윤은 줄어든다. 하지만 공장의 이윤 감소보다 주민들의 '피해 감소'가 더 '㉯ 크다면' 사회 전체적으로는 공장이 생산량을 '㉰ 줄이는/늘리는'것이 바람직하다.

㉠에 따르면 주민들의 피해를 감소시키려면 공장이 생산량을 줄여야 하므로 ㉮ 역시 '줄이면'이 맞고 그럼 ㉰는 '줄이는'이 맞겠지.

구조도 정답

① 의도

② 비효율성

③ 정부

④ 간과

10 사회
2013학년도 6월

간접 민주주의

└→ **간접 민주주의의 딜레마**

'대표자 ↔ 국민'의 상황

└→ (①) 방식

대표자가 자신의 권한을 국민의 뜻에 따라 행사

(②)의 본래 의미 실현 가능
but, 국민의 뜻이 국가 전체의 이익에 위배될 수 O

└→ (③) 방식

대표자가 자신의 소신에 따라 자유롭게 결정

국민의 뜻 (④) 국가의 이익

직접 통제 X → 신뢰 관계 약화

→ 민주주의의 본래 의미 퇴색될 가능성

* 보완책 : (⑤) 민주주의적 제도의 부분적 도입

형태쌤 Comment

'간접민주주의 내에서의 국민과 대표자 사이의 관계'에 대한 두 가지 관점을 분류하여 설명한 글이다. '명령적 위임 방식'과 '자유 위임 방식'의 차이점과 특징들을 잘 파악하면서 읽어보자.

문제분석 01-04번

번호	정답	정답률 (%)	선지별 선택비율(%)				
			①	②	③	④	⑤
1	①	91	91	2	4	1	2
2	⑤	80	4	8	5	3	80
3	④	69	6	3	17	69	5
4	①	82	82	2	9	5	2

01

정답설명

① 윗글은 명령적 위임 방식과 자유 위임 방식 두 견해의 특징과 장단점을 제시한 지문이므로 적절한 선지이다.

오답설명

② 명령적 위임 방식과 자유 위임 방식을 시간적 순서에 따라 설명하고 있

지 않다.
③ 두 견해가 인과 관계에 놓여 있지 않다.
④ 두 견해의 공통점을 부각하고 있지 않다.
⑤ 한 견해의 관점에서 다른 견해를 비판하고 있지 않다.

02

정답설명

⑤ 자유 위임 방식(ⓛ)이란 대표자가 소신에 따라 자유롭게 의사를 결정할 수 있는 것이다. 따라서 주민들의 반대(주민들의 우려)와 상관없이, 자기 의사대로 찬성/반대를 결정할 수 있으므로 A는 X에 찬성할 수 있다.

오답설명

① 명령적 위임 방식(㉠)에서는 대표자가 자신의 권한을 국민의 뜻에 따라 행사하므로, A는 법안 X에 반대해야 한다.
② 명령적 위임 방식에서는 대표자가 자신의 권한을 국민의 뜻에 따라 행사하므로, A는 법안 X에 반대해야 한다. 기권은 자신의 권리를 행사하지 않음으로써 의견을 내세우지 않겠다는 것이다.
③ 선거 공약과 항상 일치하도록 행동해야 한다는 것은 지문에서 찾을 수 없다. 자유 위임 방식에서는 대표자가 소신에 따라 자유롭게 결정할 수 있다. 따라서 반대하기로 선거 공약을 했더라도, 국민의 뜻이 아닌 '자신의 소신'에 따라 결정할 수 있다.
④ ⓛ은 대표자가 소속 정당의 지시에도, 국민의 뜻에도 반드시 따를 필요가 없는 경우이다. 자신의 소신에 따라 자유롭게 결정할 수 있다고 하였으므로 소속 정당의 당론에 무조건 따를 필요는 없다.

03

정답설명

④ 국민에게 '대표자 선출권'을 부여하는 것은 '간접적으로 대표자를 통제'하는 방식에 해당한다. 3문단의 '자유 위임 방식에서는~국민은 대표자 선출권을 통해 간접적으로 대표자를 통제한다.'라고 하였으므로, 선출권 자체를 직접 민주주의적 제도(㉮)로 볼 수 없다. 직접 민주주의적 제도는 국가의 의사 결정에 국민이 직접 참여하거나 대표자를 직접 통제할 수 있는 것이다.

오답설명

① 4문단의 '이런 문제점을 보완하기 위해 국가에 따라서는 국가의 의사 결정에 국민이 직접 참여하거나 대표자를 직접 통제할 수 있는 직접 민주주의적 제도를 부분적으로 도입하기도 한다.'에서 확인할 수 있다.
② 4문단에서 '국가의 의사 결정에 국민이 직접 참여'하는 방식이 직접 민주주의적 제도라고 하였으므로 법률안 등을 국민이 투표로 결정하는 제도는 국가의 의사 결정에 국민이 직접 참여하는 직접 민주주의적 제도로 볼 수 있다.
③ 명령적 위임 방식은 대표자가 자신의 권한을 국민의 뜻에 따라 행사하는 것이며, 직접 민주주의적 제도 역시 국민의 뜻에 따라 중대사가 결

정된다. 따라서 명령적 위임 방식에서 나타나는, 국민의 뜻이 국가의 이익에 배치될 수 있다는 문제점이 직접 민주주의적 제도에서도 나타날 수 있다.

⑤ 4문단에서 자유 위임 방식에서는 국민이 대표자를 직접적으로 통제할 수 없어 국민과 대표자 사이의 신뢰 관계가 약화되어 민주주의의 원래 의미가 퇴색될 우려가 있다고 하였다. 이 문제점을 보완하기 위해 직접 민주주의적 제도를 도입한다고 하였으므로 ⑤번의 내용은 옳다.

04

정답설명

① '무엇'을 찾는지 잘 보자. 바로 '근거'를 찾는 것이다. 이와 유사한 것을 살펴보면 '실마리'가 바로 보인다. 이때 '찾다'는 '모르는 것을 알아내고 밝혀내려고 애쓰다.'라는 의미로 사용되었다. 물론 '찾다'를 '발견하다'로 바꿔서 대입해도 쉽게 풀린다. 하지만 밑줄 친 어휘를 교체한 후 대입하는 방식은 허점이 많기에 굳이 '범주를 제한하는 방식'을 고수하고 있는 것이다.

시험장에서는 일단 '교체와 대입'을 써보고, 헷갈리는 선지 두 개가 남으면, '범주를 제한하는 방식'을 써도 괜찮다.

오답설명

② 해당 문장에서의 '찾다'는 '원상태를 회복하다.'라는 의미이므로 적절하지 않다.

③ 해당 문장에서의 '찾다'는 '자신감, 명예, 긍지 따위를 회복하다.'라는 의미이므로 적절하지 않다.

④, ⑤ 해당 문장에서의 '찾다'는 '어떤 것을 구하다.'라는 의미이므로 적절하지 않다.

구조도 정답

① 명령적 위임
② 민주주의
③ 자유 위임
④ 〈
⑤ 직접

memo

11 과학
2014학년도 6월A

지문분석

빛의 산란

↳ 원리 : 빛이 물질에 부딪치며 흩어지는 현상

↳ 종류 : 입자의 직경과 (①)에 따라 나뉨

(②) 산란

- 입자의 직경이 파장의 1/10보다 작은 경우
- 세기는 파장의 네제곱에 (③)
- 맑은 날, 주로 공기 입자 → 하늘 파랗게

미 산란

- 입자의 직경이 파장의 1/10보다 클 경우
- 주로 (④), 구름 입자 → 구름 하얗게

형태쌤 Comment

빛의 산란을 2가지 종류로 분류하고 각각의 산란에 대한 특징을 설명하고 있는 지문이다. 각 산란의 공통점과 차이점을 체크하며 읽는 것이 중요하다.

문제분석 01-03번

번호	정답	정답률(%)	선지별 선택비율(%)				
			①	②	③	④	⑤
1	①	92	92	2	2	2	2
2	③	81	4	3	81	9	3
3	③	80	4	9	80	4	3

01

정답설명

① 이 글의 화제가 무엇인지 물어보는 문제이다. 첫 번째 문단에서 산란의 원리를 설명하고 두 번째 문단에서는 레일리 산란의 특징을, 세 번째 문단에서는 미 산란의 특징을 설명하였다. 산란의 원리를 설명하고, 유형을 둘로 나눠 레일리 산란과 미 산란을 구분하여 설명하고 있으므로 '산란의 원리와 유형'이 이 글의 중심 내용으로 가장 적절하다.

오답설명

② 무지갯빛의 형성 원리는 1문단과 3문단에서 산란의 특징을 설명하면서 잠깐 언급한 것이다. 지문의 전체 내용을 포괄하는 것이 아니기에 적절하지 않다.

③ 1문단에 따르면 빛의 파장과 진동수는 반비례 관계인데 이는 글의 중심 내용이 아니다.

④ 미 산란의 원리와 구름의 색을 설명하고 있지만, 이와 대등하게 레일리

산란의 원리와 하늘의 색도 설명하고 있으므로 중심 내용으로 볼 수 없다.

⑤ 지문의 중심 내용은 산란의 원리와 종류이다. 가시광선의 종류와는 전혀 관련이 없다.

02

정답설명

③ 2문단에서 레일리 산란에서 '보랏빛'이 가장 강하게 산란되지만 우리 눈은 파란빛을 더 잘 감지한다고 설명하고 있으므로 이는 옳지 못한 설명이다.

오답설명

① 1문단에 '진동수는 보랏빛이 가장 크고'라는 내용이 제시되어 있다.

② 1문단에서 다양한 파장의 가시광선이 혼합되어 태양빛이 흰색으로 보인다고 설명했으므로 이는 맞는 선지이다.

④ 1문단에서 빛의 진동수는 파장과 반비례한다고 하였고 2문단에서 산란의 세기는 파장의 네제곱에 반비례한다고 제시하였다. 이를 기준으로 선지를 분석해 보자. 진동수가 2배가 되면 파장은 1/2배가 된다. 따라서 산란의 세기는 16배가 된다.

⑤ 3문단에서 '대기가 없는 달과 달리 지구는 산란 효과에 의해 파란 하늘과 흰 구름을 볼 수 있는 것'이라고 설명하였다. 바꿔 말하면 대기가 없는 달에서는 파란 하늘과 흰 구름을 볼 수 없다는 것이며, 이는 달의 하늘에서는 공기 입자에 의한 태양빛의 산란이 일어나지 않는다는 것이다.

03

정답설명

③ 레일리 산란과 미 산란의 특징을 지문에서 잘 체크했다면 쉽게 접근할 수 있다. 이 둘의 가장 큰 차이점은 레일리 산란은 파란 하늘을, 미 산란은 흰 구름을 보이게 만든다는 점이다. 이를 토대로 〈보기〉에 접근하면 A 도시에서는 레일리 산란이, B 도시에서는 미 산란(낮은 하늘)과 레일리 산란(높은 하늘)이 모두 일어나고 있다는 것을 알 수 있다. 따라서 B 도시에서 낮은 하늘이 하얗게 보이는 것은 미 산란 때문이다.

오답설명

① 하늘이 파랗게 보이는 것은 레일리 산란 때문이다.

② 비가 오기 전에는 먼지 미립자에 의해 산란이 되어 옅은 파란빛의 레일리 산란이 일어났다. 그리고 비가 온 후에는 먼지 미립자가 사라지고 공기 입자에 의해 레일리 산란이 일어나 더 파랗게 보이는 것이다.

④ B 도시에서 높은 하늘이 파랗게 보이는 것은 레일리 산란 때문이지만 구름이 희게 보이는 것은 미 산란 때문이다.

⑤ A 도시에서는 미 산란이 아니라 레일리 산란이 일어나고 있는 것이다.

구조도 정답

① 빛의 파장   ② 레일리

③ 반비례   ④ 에어로졸

지문분석

근섬유

→ 운동 단위 : 하나의 운동 신경과 이에 의해 지배되는 근섬유들을 이르는 말

분류

지근섬유

근육 내 미오글로빈의 함량이 높아 (①)색을 띰 (적근섬유)

하나의 운동 신경에 10~180개 정도가 연결

속근섬유

미오글로빈의 함량이 적어 (②)색을 띰 (백근섬유)

하나의 운동 신경에 300~800개 정도가 연결

종류에 따라 수축력, 수축 속도, 피로에 대한 저항력이 다름

(③) : b형 속근섬유>a형 속근섬유>지근섬유

(④) : b형 속근섬유>a형 속근섬유>지근섬유

(⑤) : 지근섬유>a형 속근섬유>b형 속근섬유

크기의 원리

운동 강도가 점차 높아지면 운동 단위는 크기에 따라
(⑥)적으로 동원됨

(⑦)강도 : 지근섬유

(⑧)강도 : 지근섬유+a형 속근섬유

(⑨)강도 : 지근섬유+a형 속근섬유+b형 속근섬유

형태쌤 Comment

정보가 많아 보이지만, 비슷한 개념이나 의미로 꼬인 정보가 없기에 긴장만 하지 않으면 무난하게 읽어갈 수 있다. 지문에서 중심 정보와 흐름을 파악한 후, 문제와 지문을 왔다 갔다 하며 풀이해 나가면 된다.

문제분석 01-04번

번호	정답	정답률 (%)	선지별 선택비율(%)				
			①	②	③	④	⑤
1	⑤	82	8	4	4	2	82
2	③	79	7	4	79	3	7
3	②	78	11	78	5	3	3
4	④	84	7	3	3	84	3

01

정답설명

⑤ 2문단에 '지근섬유는 하나의 운동 신경에 10~180개 정도가 연결되고, 속근섬유는 300~800개 정도가 연결된다.'라고 나와 있다. 단순한 일치 문제다.

오답설명

① 2문단의 "이때 하나의 운동 신경과 이에 의해 지배되는 근섬유들을 '운동 단위'라고 부른다."에서 확인할 수 있다.

② 2문단의 '상대적으로 미오글로빈의 함량이 적어 흰색을 띠는 속근섬유는 백근섬유라고 한다.'에서 확인할 수 있다.

③ 2문단에서 골격근은 수많은 근섬유들로 이루어져 있는데, 근섬유들은 운동 신경의 자극에 의해 수축된다고 하였다.

④ 2문단의 '하나의 운동 신경에 연결되는 근섬유가 많을수록 근육의 수축력은 증가한다.'에서 확인할 수 있다.

02

정답설명

③ 4문단의 내용을 통해 쉽게 확인 가능하다. 운동 단위는 크기에 따라 '순차적'으로 동원된다고 하였고, 저강도 운동일 때에는 '지근섬유'가, 중강도의 운동에서는 '지근섬유+a형 속근섬유'가, 고강도의 운동에서는 '지근섬유+a형 속근섬유+b형 속근섬유'가 활성화된다고 하였다. 그래프에서 운동 강도가 강해짐에 따라 차례대로 '지근섬유+a형 속근섬유+b형 속근섬유'가 사용되고 있음을 확인할 수 있다.

오답설명

① 어떤 운동 강도에서든지 모든 종류의 근섬유가 사용되는 모양이므로 ㉠의 내용과는 전혀 다른 그래프이다.

② 주어진 그래프는 저강도에서는 '지근섬유'만, 중강도에서는 'a형 속근섬유'만, 고강도에서는 'b형 속근섬유'만 사용하는 것을 나타낸 것이므로 적절하지 않다.

④ 저강도일 때에는 '지근섬유+a형 속근섬유+b형 속근섬유'가 모두 사용되다가 고강도가 될수록 순차적으로 제거되어 결국 '지근섬유'만 사용하고 있는 양상이므로 ㉠과는 반대되는 모습이다.

⑤ 운동 강도에 따른 근섬유들의 사용 비율이 어느 정도 중첩되어 있는 양상이다. 그래프에서 고강도 운동에서는 '지근섬유'는 아예 사용되지 않는 것 보이니? 지문에서는 '순차적'으로 덧붙이고 있다고 하였으므로 해당 그래프는 적절하지 않다.

03

〈보기〉에서 속근섬유 외의 다른 것은 고려하지 않는다고 하였기 때문에, 문제의 답을 찾기 편하다. 근섬유는 크게 지근섬유와 속근섬유로 구분된다고 하였으므로 속근섬유 비율을 제외한 나머지 비율은 지근섬유의 비율임을 알 수 있다. '[개를 바탕으로'라고 문제에 제시되어 있지만, 2문단의 내용 또한 잊어버려서는 안 된다. 이렇듯 **평가원의 문제는 해당 부분**

뿐만 아니라 그 부분의 앞뒤 맥락 속에서 생각하길 요구한다.

정답설명

② B는 C보다 속근섬유 비율이 낮다. 근섬유는 지근섬유와 속근섬유로 구
분되므로(2문단) B가 C보다 지근섬유 비율이 높다는 것을 알 수 있다.
[가]에서 확인할 수 있듯이, 지근섬유는 속근섬유에 비해 느린 수축 속
도를 지니므로, B는 C보다 근육의 수축 속도가 느리다.

오답설명

① A는 B보다 지근섬유 비율이 높다. 때문에 피로 저항력이 높다.
③ C는 A보다 지근섬유 비율이 낮다. 때문에 근육 수축력이 높다.
④ [가]에서 속근섬유 비율이 높은 사람이 단거리 운동에 적합하다고 하였
다. 속근섬유 비율이 가장 높은 사람은 C이다.
⑤ [가]에서 지근섬유 비율이 높은 사람이 장거리 운동에 적합하다고 하였
다. 지근섬유 비율이 가장 높은 사람은 A이다.

04

문맥적 의미를 찾는 것은 밑줄 친 부분보다는 주변을 보면서 밑줄 친
부분의 범주를 제한하는 방식이 효과적이다. 밑줄 친 부분의 어휘를 본
인이 아는 가장 쉬운 단어로 바꾼 후 선지에 적용을 하는 방식이 통하
지 않을 때도 종종 있고, 이 경우 당황해서 틀릴 수도 있기 때문이다.

정답설명

④ '무엇이' 가벼운지 확인해 봐라. 바로 뒤에 등장하는 '걷는 행동'이다.
'활동'과 '행동'은 서로 유사하지? 또한 '빠르게 뛰는 행동'과 대조되고
있으므로, 이때 쓰인 '가볍다'는 '노력이나 부담 따위가 적다.'의 의미임
을 알 수 있다.

오답설명

① '가벼운' 대상은 바로 '이불'이다. '무게가 일반적이거나 기준이 되는 대
상의 것보다 적다.'라는 의미이므로 적절하지 않다.
② '주머니가 가볍다'는 표현은 '가지고 있는 돈이 적다.'를 가리키는 비유
적인 의미의 관용구이므로 적절하지 않다.
③ '입이 가볍다'는 것은 '생각이나 언어, 행동이 침착하지 못하거나 진득
하지 못하다.'라는 의미이므로 적절하지 않다.
⑤ '사태를 가볍게 보다'에서의 '가볍다'는 '정도가 대수롭지 않고 예사롭
다.'라는 의미이므로 적절하지 않다.

구조도 정답

① 붉은　　　　② 흰
③ 수축력　　　④ 수축 속도
⑤ 피로 저항력　⑥ 순차
⑦ 저　　　　　⑧ 중
⑨ 고

지문분석

데카르트 좌표계

↳ 데카르트
(①)의 개념 제시
해석 기하학의 토대를 놓음

→ 직교하는 직선들이 만드는 좌표계

→ 모든 기하학적 형태를 수의 집합으로 나타낼 수 있음

→ 기하학과 대수학이 연결되어 해석 기하학 탄생
전통적으로 도형을 다루는 수학은 기하학 : (②) 방법
- 도형 다루기 어려움
데카르트가 좌표 개념 도입 - 도형을 (③)으로 표현

형태쌤 Comment

쫄지 말고 들어가라. 수학 지문이 아니라 국어 지문이다. 지문에 있는 피타고라스의 정리가 뭔지 몰라도 지문을 읽어가는 데에는 전혀 지장이 없다. 화제인 '데카르트'에 대한 정보만 파악하면서 가볍게 읽어보자.

문제분석 01-03번

번호	정답	정답률(%)	선지별 선택비율(%)				
			①	②	③	④	⑤
1	③	89	1	1	89	2	7
2	④	96	1	1	1	96	1
3	③	67	8	4	67	6	15

01

정답설명

③ 1문단을 보면, '좌표' 개념을 제시한 사람은 데카르트이다. 데카르트는 '근대' 철학자이므로, 그보다 이전인 '고대'에서 좌표 개념이 제시될 순 없다.

오답설명

① 2문단의 '서로 직교하는 세 평면 각각에서 파리가 있는 곳까지의 거리를 알면 파리의 위치가 정확하게 결정되는 것이다.'를 통해 확인할 수 있다.

②, ④ 3문단의 '피타고라스의 정리를 이용하면 이 원 위에 있는 점 (x, y)

는 원의 방정식 $x^2 + y^2 = 5^2$을 만족시킨다는 것'을 통해 확인할 수 있다.

⑤ 방 안에 날아다니는 파리의 순간적인 위치를 좌표를 통해 알 수 있다는 것을 통해, 움직이는 대상의 순간적인 위치들을 좌표 상에 나타내면 움직인 경로가 된다는 것을 추측할 수 있다.

02

정답설명

④ 3, 4문단을 통해 쉽게 알 수 있다. 3, 4문단에서는 전체적으로 '데카르트 좌표계'의 의의를 설명하고 있다. 4문단에서 데카르트가 좌표 개념을 도입하여 여러 가지 도형을 대수학의 방정식으로 표현함으로써 기하학을 통해 도형을 다루는 것의 어려움을 극복했다는 것을 확인할 수 있다.

오답설명

①, ②, ⑤ 지문에 제시되지 않았다.

③ 다양한 형태의 도형을 연역적 증명의 방법으로 설명한 것은 데카르트 이전의 기하학이다.

03

정답설명

③ 원점으로부터 사무실까지의 거리에 따라 사무실의 호수가 정해진다고? 그렇다면 312와 321은 원점으로부터 거리가 같은데(그림에서 서로 대칭이다.), 왜 사무실 호수가 다르지? 원점으로부터 사무실까지의 거리가 아니라, 〈보기〉에서 알 수 있듯이 원점에서 가장 먼 꼭짓점의 좌표 (k, l, m)를 호수로 정하는 거니까 그렇다.

쉽게 답을 고른 학생은 넘어가면 되지만 힘들었던 학생들도 있다. '원점에서 가장 먼 꼭짓점의 좌표로 호수를 정한 것이 곧 원점으로부터 사무실까지의 거리라고도 볼 수 있는 건가? 거리를 고려한 거 같기도 한데?' 이런 사고로 충분히 이어질 수 있기 때문이다.

명심해라. 화제와 직결된 정보는 반드시 출제하고, 화제는 단순한 직선 거리가 아니라, X축과 Y축이 나오는 **좌표**라는 것을.

오답설명

① 좌표계는 직교하는 직선들로 인해 같은 크기의 정사각형들(3차원일 경우 정육면체)로 구성되었으며, 〈보기〉 또한 건물이 같은 크기의 정육면체들로 구성된 데 착안하여 좌표계를 활용한 것이다.

② 좌표(k, l, m)를 세 자리의 수 'klm'으로 만들어 그 사무실의 호수를 정한다고 하였으므로, 사무실의 층이 사무실 호수의 백의 자리임을 알 수 있다.

④ A의 꼭짓점 중 원점에서 가장 먼 꼭짓점의 좌표는 원점으로부터 위로 5칸 떨어져 있으므로 k는 5, 북쪽으로 3칸 떨어져 있으므로 l은 3, 서쪽으로 3칸 떨어져 있으므로 m은 3이다. 따라서 좌표는 (5,3,3)이다.

⑤ 1) 벽면이 위로 맞닿아 있는 경우, 원점으로부터 서쪽으로 떨어진 거리와 북쪽으로 떨어진 거리가 각각 일치하니 m과 l의 좌표가 일치하며,

2) 벽면이 북쪽으로 맞닿아 있는 경우, 원점으로부터 위쪽으로 떨어진 거리와 서쪽으로 떨어진 거리가 각각 일치하니 k와 m의 좌표가 일치한다. 또한 3) 벽면이 서쪽으로 맞닿아 있는 경우 원점으로부터 위쪽으로 떨어진 거리와 북쪽으로 떨어진 거리가 각각 일치하니 k와 l의 좌표가 일치한다.

쉽게 생각해서 111 사무실을 기준으로 위와 양 옆에 붙어 있는 사무실의 호수를 생각하면 된다. 위로 맞닿은 사무실의 호수는 211이며, 북쪽으로 맞닿아 있는 사무실의 호수는 121, 서쪽으로 맞닿아 있는 사무실의 호수는 112이다.

memo

구조도 정답

① 좌표

② 연역적

③ 대수학의 방정식

보험

지문해설

① 보험은 같은 위험을 보유한 다수인이 위험 공동체를 형성하여 보험료를 납부하고 보험 사고가 발생하면 보험금을 지급받는 제도이다. 보험 상품을 구입한 사람은 장래의 우연한 사고로 인한 경제적 손실에 대비할 수 있다. 보험금 지급은 사고 발생이라는 우연적 조건에 따라 결정되는데, 이처럼 보험은 조건의 실현 여부에 따라 받을 수 있는 재화나 서비스가 달라지는 조건부 상품이다.

보험의 개념과 특징에 대해 자세히 설명하는 것으로 보아, 필자는 보험에 관심이 있는 것 같다. 이어서 읽어 보자.

② 위험 공동체의 구성원이 납부하는 보험료와 지급받는 보험금은 그 위험 공동체의 사고 발생 확률을 근거로 산정된다. 특정 사고가 발생할 확률은 정확히 알 수 없지만 그동안 발생된 사고를 바탕으로 그 확률을 예측한다면 관찰 대상이 많아짐에 따라 실제 사고 발생 확률에 근접하게 된다. 본래 보험 가입의 목적은 금전적 이득을 취하는 데 있는 것이 아니라 장래의 경제적 손실을 보상받는 데 있으므로 위험 공동체의 구성원은 자신이 속한 위험 공동체의 위험에 상응하는 보험료를 납부하는 것이 공정할 것이다. 따라서 공정한 보험에서는 구성원 각자가 납부하는 보험료와 그가 지급받을 보험금에 대한 기댓값이 일치해야 하며 구성원 전체의 보험료 총액과 보험금 총액이 일치해야 한다. 이때 보험금에 대한 기댓값은 사고가 발생할 확률에 사고 발생 시 수령할 보험금을 곱한 값이다. 보험금에 대한 보험료의 비율(보험료/보험금)을 보험료율이라 하는데, 보험료율이 사고 발생 확률보다 높으면 구성원 전체의 보험료 총액이 보험금 총액보다 더 많고, 그 반대의 경우에는 구성원 전체의 보험료 총액이 보험금 총액보다 더 적게 된다. 따라서 공정한 보험에서는 보험료율과 사고 발생 확률이 같아야 한다.

공정한 보험에서의 보험금이 구체적으로 설명되고 있다. 내용이 많으니 간략하게 메모해 본다면, 이렇게 되겠지.

> · 각자 보험료 = 보험금 기댓값
> 　　　　　 = 사고가 발생할 확률 × 사고 발생 시 수령할 보험금
> · 전체 보험료 총액 = 보험금 총액
> · 보험료율 = 보험료÷보험금 = 사고 발생 확률

③ 물론 현실에서 보험사는 영업 활동에 소요되는 비용 등을 보험료에 반영하기 때문에 공정한 보험이 적용되기 어렵지만 기본적으로 위와 같은 원리를 바탕으로 보험료와 보험금을 산정한다. 그런데 보험 가입자들이 자신이 가진 위험의 정도에 대해 진실한 정보를 알려 주지 않는 한, 보험사는 보험 가입자 개개인이 가진 위험의 정도를 정확히 파악하여 거기에 상응하는 보험료를 책정하기 어렵다. 이러한 이유로 사고 발생 확률이 비슷하다고 예상되는 사람들로 구성된 어떤 위험 공동체에 사고 발생 확률이 더 높은 사람들이 동일한 보험료를 납부하고 진입하게 되면, 그 위험 공동체의 사고 발생 빈도가 높아져 보험사가 지급하는 보험금의 총액이 증가한다. 보험사는 이를 보전하기

위해 구성원이 납부해야 할 보험료를 인상할 수밖에 없다. 결국 자신의 위험 정도에 상응하는 보험료보다 더 높은 보험료를 납부하는 사람이 생기게 되는 것이다. 이러한 문제는 정보의 비대칭성에서 비롯되는데 보험 가입자의 위험 정도에 대한 정보는 보험 가입자가 보험사보다 더 많이 갖고 있기 때문이다. 이를 해결하기 위해 보험사는 보험 가입자의 감춰진 특성을 파악할 수 있는 수단이 필요하다.

문제와 원인, 정확히 파악했니? 자신의 위험 정도에 상응하는 보험료보다 더 높은 보험료를 납부하는 사람이 생기게 되는 것이 문제이고, 그 문제가 발생한 원인은 자신의 위험 정보를 보험사보다 많이 가진 보험 가입자(∵정보의 비대칭성)가 그 정보를 보험사에 정확히 알려주지 않았기 때문이지.

④ 우리 상법에 규정되어 있는 고지 의무는 이러한 수단이 법적으로 구현된 제도이다. 보험 계약은 보험 가입자의 청약과 보험사의 승낙으로 성립된다. 보험 가입자는 반드시 계약을 체결하기 전에 '중요한 사항'을 알려야 하고, 이를 사실과 다르게 진술해서는 안 된다. 여기서 '중요한 사항'은 보험사가 보험 가입자의 청약에 대한 승낙을 결정하거나 차등적인 보험료를 책정하는 근거가 된다. 따라서 고지 의무는 결과적으로 다수의 사람들이 자신의 위험 정도에 상응하는 보험료보다 더 높은 보험료를 납부해야 하거나, 이를 이유로 아예 보험에 가입할 동기를 상실하게 되는 것을 방지한다.

정보의 비대칭성에 대한 해결 방안인 고지 의무라는 제도에 대한 설명이 이어지고 있다. 고지 의무란 보험 가입자가 보험사에 계약을 체결하기 전에 '중요한 사항'을 알려야 한다는 것이고, 이는 다른 이들의 과도한 보험료 납부를 방지하기 위해 필요한 것이라는 얘기지.

⑤ 보험 계약 체결 전 보험 가입자가 고의나 중대한 과실로 '중요한 사항'을 보험사에 알리지 않거나 사실과 다르게 알리면 고지 의무를 위반하게 된다. 이러한 경우에 우리 상법은 보험사에 계약 해지권을 부여한다. 보험사는 보험 사고가 발생하기 이전이나 이후에 상관없이 고지 의무 위반을 이유로 계약을 해지할 수 있고, 해지권 행사는 보험사의 일방적인 의사 표시로 가능하다. 해지를 하면 보험사는 보험금을 지급할 책임이 없게 되며, 이미 보험금을 지급했다면 그에 대한 반환을 청구할 수 있다. 일반적으로 법에서 의무를 위반하게 되면 위반한 자에게 그 의무를 이행하도록 강제하거나 손해 배상을 청구할 수 있는 것과 달리, 보험 가입자가 고지 의무를 위반했을 때에는 보험사가 해지권만 행사할 수 있다. 그런데 보험사의 계약 해지권이 제한되는 경우도 있다. 계약 당시에 보험사가 고지 의무 위반에 대한 사실을 알았거나 중대한 과실로 인해 알지 못한 경우에는 보험 가입자가 고지 의무를 위반했어도 보험사의 해지권은 배제된다. 이는 보험 가입자의 잘못보다 보험사의 잘못에 더 책임을 둔 것이라 할 수 있다. 또 보험사가 해지권을 행사할 수 있는 기간에도 일정한 제한을 두고 있는데, 이는 양자의 법률관계를 신속히 확정함으로써 보험 가입자가 불안정한 법적 상태에 장기간 놓여 있는 것을 방지하려는 것이다. 그러나 고지해야 할 '중요한 사항' 중 고지 의무 위반에 해당되는 사항이 보험 사고와 인과 관계가 없을 때에는 보험사는 보험금을 지급할 책임이 있다. 그렇지만 이때에도 해지권은 행사할 수 있다.

보험사의 권리가 제한되는 경우가 설명되고 있다.

해지권 행사 X : 계약 당시 보험사가 고지 의무 위반에 대한 사실을 알았거나 중대한 과실로 인해 알지 못한 경우.

고지 의무 위반에 해당되는 사항이 보험 사고와 인과 관계 X ⇒ 보험금 지급, 해지권 행사는 O

6 보험에서 고지 의무는 보험에 가입하려는 사람의 특성을 검증함으로써 다른 가입자에게 보험료가 부당하게 전가되는 것을 막는 기능을 한다. 이로써 사고의 위험에 따른 경제적 손실에 대비하고자 하는 보험 본연의 목적이 달성될 수 있다.

길이가 상당히 긴 지문이었지만, 필자의 관심사를 따라가며 핵심 내용을 잘 체크하다 보면 깔끔하게 읽힌다.

형태쌤 Comment

길이의 압박이 있는 장문 독서 지문이다. 하지만 지문이 길더라도 출제 요소는 변하지 않는다. 빨리 읽어내야 한다는 조급함을 누르고, 초반부에 있는 개념(특히 2문단의 개념-보험료, 보험금, 기댓값)을 정확하게 잡아내서 읽고, 중반부터 제시되는 문제(위험 정도보다 높은 보험료 납부)와 원인(정보의 비대칭성) 그리고 해결(고지 의무)을 체크하면서 독해를 진행하면 문제는 깔끔하게 풀린다.

지문분석

보험

> 개념
>
> 같은 위험을 보유한 다수인이 위험 공동체 형성하여 보험료 납부하고 사고 발생 시 보험금 지급받는 제도
>
> 조건 (사고 발생) 실현 여부에 따라 지급받는 재화가 달라지는 (①) 상품

> 공정한 보험
>
> 납부 보험료 = 지급받을 보험금 (②)
>
> = (③) × 사고 발생 시 수령할 보험금
>
> 구성원 전체의 보험료 총액 = 보험금 총액
>
> (④)(보험료÷보험금) = 사고 발생 확률

> 가입자의 (⑤)
>
> 개념 : 보험사가 보험 가입자의 감춰진 특성을 파악할 수 있는 법적 수단
>
> 필요성
>
> 보험 가입자의 위험 정보에 대한 (⑥)
> → 위험 정도에 비해 높은 보험료 납부하는 가입자 발생
>
> 부당한 보험료 전가, 보험 가입 동기 상실을 방지
> → 보험의 목적 달성 O
>
> 가입자는 보험사에 청약 시 '중요한 사항'을 알려야 함
>
> 위반
>
> 가입자가 고의, 중대한 과실로 '중요한 사항'을 알리지 않거나 사실과 다르게 알릴 경우
>
> 보험사 (⑦) 행사 O, 보험금 지급 책임 X
>
> 계약 당시 보험사가 고지 의무 위반 사실을 알았거나 중대한 과실로 알지 못한 경우
>
> 보험사 해지권 행사 X
>
> 고지 의무 위반에 해당되는 사항이 보험 사고와 (⑧) 관계가 없을 경우
>
> 보험사 해지권 행사 O, 보험금 지급 책임 O

문제분석 01-06번

번호	정답	정답률 (%)	선지별 선택비율(%)				
			①	②	③	④	⑤
1	③	80	8	6	80	4	2
2	④	72	6	3	10	72	9
3	⑤	25	13	21	20	21	25
4	①	71	71	6	7	6	10
5	④	61	10	6	17	61	6
6	①	61	61	4	3	22	10

01

정답설명

③ 단순한 일치 문제가 아니라, 지문의 흐름을 타면서 거시적인 뼈대를 잘 잡았는지를 물어보는 문제이다. 2문단에서 공정한 보험에 대한 설명을 하고, 이후에 4문단에서 보험에서 발생할 수 있는 문제와 해결(고지 의무)을 제시하고 있다. 따라서 '공정한 보험의 경제학적 원리(2문단)와 보험의 목적을 실현하는 데 기여하는 법적 의무(고지 의무)'를 살피고 있다고 볼 수 있다.

오답설명

① 보험 계약 시 준수해야 할 법률 규정으로 '고지 의무'에 대해 언급하고 있으나, 이는 보험사가 준수해야 할 법률 규정이 아닌 보험 가입자가 준수해야 할 법률 규정이다. 또한 그 실효성에 대해 논하고 있지도 않다.

② 보험사의 보험 상품 판매 전략이나, 그와 관련된 경제학적 원리와 법적 규제의 필요성에 대해 논하고 있지 않다.

④ 보험금 지급을 두고 벌어지는 분쟁에 대해 언급하고 있지 않다.

⑤ 보험 상품 거래에 부정적으로 작용하는 법률 조항에 대해 설명하고 있지 않다.

02

정답설명

④ 4문단을 보면, '중요한 사항'은 보험사가 보험 가입자의 청약에 대한 승낙을 결정하거나 차등적인 보험료를 책정하는 근거가 된다고 언급하고 있다. 따라서 보험사는 '중요한 사항'에 따라 가입자의 보험 가입 청약을 거절할 수 있다.

오답설명

① 청약-승낙 개념은 4문단에서 '보험 계약'을 언급하며 사용되었다. 보험 계약은 보험 가입자의 청약과 보험사의 승낙으로 성립된다. 계약 해지에 대해서는 보험 가입자가 고지 의무를 위반했을 경우, 보험사가 일방적으로 계약을 해지할 수 있는 계약 해지권에 대해서만 언급하고 있다.

② 2문단의 '공정한 보험에서는 구성원 각자가 납부하는 보험료와 그가 지급받을 보험금에 대한 기댓값이 일치해야 하며 구성원 전체의 보험료 총액과 보험금 총액이 일치해야 한다.'에서 확인할 수 있다.

③ 1문단에서 '보험금 지급은 사고 발생이라는 우연적 조건에 따라 결정되는데, 이처럼 보험은 조건의 실현 여부에 따라 받을 수 있는 재화나 서비스가 달라지는 조건부 상품이다.'라고 하였다. 따라서 사고 발생 여부와 관계없이 같은 보험료를 낸다고 해서 동일한 보험금을 받지 않음을 알 수 있다.

⑤ 우리 상법은 보험 가입자의 잘못보다 보험사의 잘못을 더 중시하기 때문에 경우에 따라 보험사의 계약 해지권을 배제한다. 5문단의 '보험사의 계약 해지권이 제한되는~보험사의 잘못에 더 책임을 둔 것이라 할 수 있다.'에서 이를 확인할 수 있다.

03

정답설명

⑤ 성급하게 들어가지 말고, 일단 지문에서 제시한 개념은 명확하게 잡고 들어가야 한다.

형태쌤의 과외시간

2문단에서 잡아야 하는 개념은 다음과 같다.
- 공정한 보험의 경우
1) 각자 보험료 = 기댓값(사고 발생 확률 × 보험금)
2) 구성원 총 보험료 = 총 보험금
3) 보험료율 = 보험료 ÷ 보험금 = 사고 발생 확률

자, 이제 〈보기〉로 가자.
〈보기〉의 핵심은 A와 B의 사고 발생 확률이 0.1과 0.2로 고정되었다는 것이고, 항상 공정한 보험이 적용된다는 것이다. 즉, 지문에 나온 개념이 그대로 적용된다는 것이다.

숫자가 나오면 일단 가슴이 콩닥거리는 쌤 같은 문과 학생이라면, 다음과 같이 간단히 메모하고 풀이에 들어갈 수 있겠다.
A의 각자 보험료(=기댓값) = 0.1 × 보험금
B의 각자 보험료(=기댓값) = 0.2 × 보험금
열심히 오답 선지를 지워가다가 ⑤에 이르니 허망한 말이 나와 있다. A와 B의 보험료가 같다면, 기댓값도 같다!!

아니, 이렇게 허무할 수가 있을까?
공정한 보험에서는 각자 보험료와 기댓값이 동일하다고 지문에 그대로 나와 있다. 즉, 보험료가 같다면, 공정한 보험에서는 기댓값도 당연히 같은 것이다. ㅠ.ㅠ 계산이 필요 없는 그냥 일치 문제였구나.
이 허망한 문제의 정답률이 이렇게 낮았던 것은 수능이라는 기본적 압박감과 시험 전체적으로 부족했던 시간, 그리고 긴 지문과 숫자가 들어간 〈보기〉의 압박 때문이다.
잊지 말자. 정답은 항상 이렇게 너무도 선명하게 나오니까, 쫄지 말고 필요한 것만 챙겨서 싸울 준비만 하면, 이미 싸움은 끝났다는 것이다.

오답설명

① 보험료가 2배가 되려면, 사고 발생 확률이 고정된 상태에서는 보험금이 2배가 되는 수밖에 없다. 따라서 선지에 나온 '보험금은 두 배가 되지만' 부분은 적절하다. 하지만 뒷부분이 틀렸다. 공정한 보험에서는 보험료와 기댓값이 일치하기 때문에, 보험료가 2배가 되면 기댓값도 2배가 된다.

② 보험금이 2배가 되면, 보험료는 고정된 사고 발생 확률에 보험금을 곱하는 것이니, 당연히 보험료도 2배가 된다. 보험금에 대한 기댓값은 사고 발생 확률에 보험금을 곱한 것이므로, '보험금에 대한 기댓값은 두 배가 된다.' 부분은 맞는 진술이다.

③ 보험료율을 구하기 위해 '보험료'와 '보험금'을 따질 필요는 없다. 위에 제시한 개념 3)에 의해 공정한 보험에서는 보험료율이 사고 발생 확률과 동일하다. 따라서 A와 B는 사고 발생 확률이 다르기에 보험료율도 다를 수밖에 없다.

④ 보험금을 100원이라고 하자. A의 보험료는 0.1×100 = 10원이고, B의 보험료는 0.2×100 = 20원이다. 따라서 A의 보험료는 B의 1/2이다.

04

정답설명

① 고지 의무를 위반한 보험 가입자라 해도, 보험사에 손해 배상은 할 필요가 없다. 5문단에서 일반적으로는 의무를 위반한 자에게 손해 배상을 청구할 수 있지만, 보험 가입자가 고지 의무를 위반했을 때는 보험사가 해지권만 행사할 수 있다고 하였기 때문이지.

오답설명

② 4문단의 "여기서 '중요한 사항'은 보험사가 보험 가입자의 청약에 대한 승낙을 결정하거나 차등적인 보험료를 책정하는 근거가 된다."에서 확인할 수 있다.

③ 고지 의무는 정보의 비대칭성을 해결하기 위한 것으로, 보험 가입자가 계약 체결 전에 자신에 대한 정보를 스스로 알리는 것이다. 따라서 보험사가 가입자들의 특성을 파악하는 데 드는 어려움을 줄여 준다고 할 수 있다.

④ 3문단의 '이러한 문제는 정보의 비대칭성에서 비롯되는데 보험 가입자의 위험 정도에 대한 정보는 보험 가입자가 보험사보다 더 많이 갖고 있기 때문이다. 이를 해결하기 위해 보험사는 보험 가입자의 감춰진 특성을 파악할 수 있는 수단이 필요하다.'와 4문단의 '우리 상법에 규정되어 있는 고지 의무는 이러한 수단이 법적으로 구현된 제도이다.'에서 확인할 수 있다.

⑤ 4문단의 '고지 의무는 결과적으로 다수의 사람들이 자신의 위험 정도에 상응하는 보험료보다 더 높은 보험료를 납부해야 하거나, 이를 이유로 아예 보험에 가입할 동기를 상실하게 되는 것을 방지한다.'에서 확인할 수 있다.

05

정답설명

④ 일단 5문단에는 가입자의 '중대한 과실'과 보험사의 '중대한 과실' 모두에 대해 언급하고 있다. 이 부분을 분명하게 구분해 가면서 독해를 진행해야 한다.

5문단을 보면, 보험 가입자가 고의나 중대한 과실로 고지 의무를 위반하면, 보험사는 계약을 해지할 수 있고, 이미 지급한 보험금에 대한 반환을 청구할 수 있다.

〈보기〉에서는 이미 보험금을 지급한 후이고, 뒤늦게 고지 의무 위반을 알게 되었으니, 보험금 반환을 청구할 수 있다. 다만 5문단 마지막 부분을 보면, 고지해야 할 중요한 사항이 보험 사고와 인과 관계가 없을 때에는 보험금을 지급할 책임이 있다고 하였다. 따라서 인과 관계가 없을 땐 보험금을 돌려받을 수 없다.

오답설명

① 5문단 중간을 보면, '계약 당시에 보험사가 (가입자의) 고지 의무 위반에 대한 사실을 알았거나 (보험사의) 중대한 과실로 인해 알지 못한 경우에는 보험 가입자가 고지 의무를 위반했어도 보험사의 해지권은 배제된다.(→ 해지할 수 없다.)'라고 나왔다. 따라서 계약 체결 당시 보험사 A에게 중대한 과실이 있었다면, 계약을 해지할 수 없고, 고지 의무를

위반하더라도 계약이 유지가 되니, 고지 위반을 근거로 보험금을 돌려받을 수 없다.

② 5문단을 보면, 보험 가입자가 고의나 중대한 과실로 고지 의무를 위반하면 보험사는 계약을 해지할 수 있고, 이미 지급한 보험금에 대한 반환을 청구할 수 있다.

③ 5문단 중간을 보면, '계약 당시에 보험사가 (가입자의) 고지 의무 위반에 대한 사실을 알았거나 (보험사의) 중대한 과실로 인해 알지 못한 경우에는 보험 가입자가 고지 의무를 위반했어도 보험사의 해지권은 배제된다.'라고 나왔다. 보험사와 가입자 둘 다 잘못을 했는데도 가입자의 손을 들어준 이유로 '보험 가입자의 잘못보다 보험사의 잘못에 더 책임을 둔 것'이라고 나와 있다. 즉 보험 계약 당사자 둘 다 잘못을 했더라도, 계약은 유지가 되니 A는 고지 위반을 근거로 B에게 지급한 보험금을 돌려받을 수 없다.

⑤ 5문단 시작 부분을 보면, 중요한 사항은 '계약 체결 전'에 알려야 하는 것이다. 따라서 사고 발생 후에 즉시 알렸든 사고 전에 알렸든, B는 고지 의무를 위반한 것이다.

06

정답설명

① '손실'이라는 단어가 지문과 선지에 둘 다 등장해서 실수를 유발시켰던 사악한 문제였다. ⓐ의 '대비(對備)'는 '미리 준비'한다는 의미로 사용되었고, ①의 '대비(對比)'는 '차이를 비교'한다는 의미로 사용되었기에 적절하지 않다.

오답설명

② ⓑ와 ②의 '파악(把握)'은 모두 '어떤 대상의 내용이나 본질을 확실하게 이해하여 앎.'이라는 의미로 사용되었다.

③ ⓒ와 ③의 '인상(引上)'은 모두 '물건값, 봉급, 요금 따위를 올림.'이라는 의미로 사용되었다.

④ ⓓ와 ④의 '배제(排除)'는 모두 '받아들이지 아니하고 물리쳐 제외함.'이라는 의미로 사용되었다.

⑤ ⓔ와 ⑤의 '전가(轉嫁)'는 모두 '잘못이나 책임을 다른 사람에게 넘겨씌움.'이라는 의미로 사용되었다.

구조도 정답

① 조건부
② 기댓값
③ 사고 발생 확률
④ 보험료율
⑤ 고지 의무
⑥ 정보의 비대칭성
⑦ 해지권
⑧ 인과

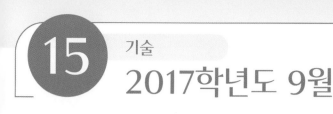

콘크리트

지문해설

① '콘크리트'는 건축 재료로 다양하게 사용되고 있다. 일반적으로 콘크리트가 근대 기술의 산물로 알려져 있지만 콘크리트는 이미 고대 로마 시대에도 사용되었다. 로마 시대의 탁월한 건축미를 보여 주는 판테온은 콘크리트 구조물인데, 반구형의 지붕인 돔은 오직 콘크리트로만 이루어져 있다. 로마인들은 콘크리트의 골재 배합을 달리하면서 돔의 상부로 갈수록 두께를 점점 줄여 지붕을 가볍게 할 수 있었다. 돔 지붕이 지름 45m 남짓의 넓은 원형 내부 공간과 이어지도록 하였고, 지붕의 중앙에는 지름 9m가 넘는 원형의 천창을 내어 빛이 내부 공간을 채울 수 있도록 하였다.

지문의 도입부에서 화제를 잘 파악해 줘야 독해의 방향을 제대로 잡을 수 있다. 로마 시대부터 건축에 사용되어 온 '콘크리트'가 이 지문의 화제이다.

② 콘크리트는 시멘트에 모래와 자갈 등의 골재를 섞어 물로 반죽한 혼합물이다. 콘크리트에서 결합재 역할을 하는 시멘트가 물과 만나면 점성을 띠는 상태가 되며, 시간이 지남에 따라 수화 반응이 일어나 골재, 물, 시멘트가 결합하면서 굳어진다. 콘크리트의 수화 반응은 상온에서 일어나기 때문에 작업하기에도 좋다. 반죽 상태의 콘크리트를 거푸집에 부어 경화시키면 다양한 형태와 크기의 구조물을 만들 수 있다. 콘크리트의 골재는 종류에 따라 강도와 밀도가 다양하므로 골재의 종류와 비율을 조절하여 콘크리트의 강도와 밀도를 다양하게 변화시킬 수 있다. 그리고 골재들 간의 접촉을 높여야 강도가 높아지기 때문에, 서로 다른 크기의 골재를 배합하는 것이 효과적이다.

콘크리트의 특징을 설명하고 있구나. 콘크리트는 시멘트 + 물 + 골재 혼합물인데, 물로 인해 점성이 생겨 수화 반응(상온에서 일어나 작업하기 좋음)이 일어나 굳어지는 것이라 한다. [콘크리트 반죽 → 거푸집 → 경화 → 구조물]의 과정을 거친다.
콘크리트 강도, 밀도 변화
1) 골재의 종류, 비율 조절
2) 골재들 간의 접촉↑ → 강도↑이므로 다른 크기의 골재 배합이 효과적

③ 콘크리트가 철근 콘크리트로 발전함에 따라 건축은 구조적으로 더욱 견고해지고, 형태 면에서는 더욱 다양하고 자유로운 표현이 가능해졌다. 일반적으로 콘크리트는 누르는 힘인 압축력에는 쉽게 부서지지 않지만 당기는 힘인 인장력에는 쉽게 부서진다. 압축력이나 인장력에 재료가 부서지지 않고 그 힘에 견딜 수 있는, 단위 면적당 최대의 힘을 각각 압축 강도와 인장 강도라 한다. 콘크리트의 압축 강도는 인장 강도보다 10배 이상 높다. 또한 압축력을 가했을 때 최대한 줄어드는 길이는 인장력을 가했을 때 최대한 늘어나는 길이보다 훨씬 길다. 그런데 철근이나 철골과 같은 철재는 인장력과 압축력에 의한 변형 정도가 콘크리트보다 작은 데다가 압축 강도와 인장 강도 모두가 콘크리트보다 높다. 특히 인장 강도는 월등히 더 높다. 따라서 보강재로 철근을 콘크리트에 넣어 대부분의 인장력을 철근이 받도록 하면 인장력에 취약한 콘크리트의 단점이 크게 보완된다. 다만 철근은 무겁고 비싸기 때문에, 대개는 인장력을 많이 받는 부분을 정확히 계산하여 그 지점을 위주로 철근을 보강한다. 또한 가해진 힘의 방향에 수직인

방향으로 재료가 변형되는 점도 고려해야 하는데, 이때 필요한 것이 포아송 비이다. 철재는 콘크리트보다 포아송 비가 크며, 대체로 철재의 포아송 비는 0.3, 콘크리트는 0.15 정도이다.

콘크리트는 구조·형태 측면에서 장점이 있지만, 인장력에 약하다는 단점도 있지. 이를 극복한 것이 철근 콘크리트라고 한다. 증감, 비례 관계는 도식화한 메모가 도움이 된다고 했었지?
[콘크리트 : 압축력 > 인장력, 압축 강도↑, 인장 강도↓]
[철재 (콘크리트와 비교) : 인장력·압축력 변형 정도↓, 압축 강도·인장 강도↑]
따라서 철재를 콘크리트에 넣어 인장력을 받도록 하면 단점이 개선되는 것이다. 철재는 무겁고 비싸므로 인장력을 많이 받는 부분 위주로 보강하여 철근 콘크리트를 만든다.

④ 강도가 높고 지지력이 좋아진 철근 콘크리트를 건축 재료로 사용하면서, 대형 공간을 축조하고 기둥의 간격도 넓힐 수 있게 되었다. 20세기에 들어서면서부터 근대 건축에서 철근 콘크리트는 예술적 영감을 줄 수 있는 재료로 인식되기 시작하였다. 기술이 예술의 가장 중요한 근원이라는 신념을 가졌던 르 코르뷔지에는 철근 콘크리트 구조의 장점을 사보아 주택에서 완벽히 구현하였다. 사보아 주택은, 벽이 건물의 무게를 지탱하는 구조로 설계된 건축물과는 달리 기둥만으로 건물 본체의 하중을 지탱하도록 설계되어 건물이 공중에 떠 있는 듯한 느낌을 준다. 2층 거실을 둘러싼 벽에는 수평으로 긴 창이 나 있고, 건축가가 '건축적 산책로'라고 이름 붙인 경사로는 지상의 출입구에서 2층의 주거 공간으로 이어지다가 다시 테라스로 나와 지붕까지 연결된다. 목욕실 지붕에 설치된 작은 천창을 통해 하늘을 바라보면 이 주택이 자신을 중심으로 펼쳐진 또 다른 소우주임을 느낄 수 있다. 평평하고 넓은 지붕에는 정원이 조성되어, 여기서 산책하다 보면 대지를 바다 삼아 항해하는 기선의 갑판에 서 있는 듯하다.

사보아 주택이라는 건축물을 사례로 들어, 철근 콘크리트가 예술적 영감을 줄 수 있는 건축 재료로 인식되었다는 것을 설명하고 있다.

⑤ 철근 콘크리트는 근대 이후 가장 중요한 건축 재료로 널리 사용되어 왔지만 철근 콘크리트의 인장 강도를 높이려는 연구가 계속되어 프리스트레스트 콘크리트가 등장하였다. 프리스트레스트 콘크리트는 다음과 같이 제작된다. 먼저, 거푸집에 철근을 넣고 철근을 당긴 상태에서 콘크리트 반죽을 붓는다. 콘크리트가 굳은 뒤에 당기는 힘을 제거하면, 철근이 줄어들면서 콘크리트에 압축력이 작용하여 외부의 인장력에 대한 저항성이 높아진 프리스트레스트 콘크리트가 만들어진다.

철근 콘크리트보다 인장 강도를 더 높인 프리스트레스트 콘크리트의 제작 과정이다. 거푸집에 인장력을 가한 철근을 넣고 콘크리트를 경화시킨 뒤, 인장력을 제거하면 철근이 원래대로 돌아오겠지? 늘어난 철근이 원상 복귀되는 힘에 의해 콘크리트가 압축력을 받으면, 반대로 인장 강도가 높아지는 것이다.
킴벨 미술관은 개방감을 주기 위하여 기둥 사이를 30m 이상 벌리고 내부의 전시 공간을 하나의 층으로 만들었다. 이 간격은 프리스트레스트 콘크리트 구조를 활용하였기에 구현할 수 있었고, 일반적인 철근 콘크리트로는 구현하기 어려웠다. 이 구조로 이루어진 긴 지붕의 틈새로 들어오는 빛이 넓은 실내를 환하게 채우며 철근 콘크리트로 이루어진 내부를 대리석처럼 빛나게 한다.

인장 강도가 높은 프리스트레스트 콘크리트 덕에, 킴벨 미술관의 개방감을 구현할 수 있었다. 사보아 주택과 마찬가지로, 콘크리트를 활용한 예술적 건축의 사

례로 제시된 것이지.

⑥ 이처럼 건축 재료에 대한 기술적 탐구는 언제나 새로운 건축 미학의 원동력이 되어 왔다. 특히 근대 이후에는 급격한 기술의 발전으로 혁신적인 건축 작품들이 탄생할 수 있었다. 건축 재료와 건축 미학의 유기적인 관계는 앞으로도 지속될 것이다.

지문의 길이가 상당해서 압박감이 들었을 것이다. 그러나 독해의 기본은 변치 않는다. 필자의 관심사에 따라 구조적으로 접근하되, 중심 개념을 집요하게 끌고 갈 것!

형태쌤 Comment

길이 깡패라고 할 수 있는 장문 지문이다. 2,450 글자 내외의 긴 지문이 2017학년도 6평 이후 계속 출제가 되고 있다. 시험장에선 상당한 압박감이 들겠지만, 자주 출제되는 요소가 바뀐 것은 아니다. 지문의 정보가 통시적으로 전개되고 있으니, 시기에 따른 변화를 체크해 주고, 구조적으로 끊어서 읽어 가면 된다.

지문분석

콘크리트

→ 고대 로마 시대부터 사용되어 온 건축 재료 ex) 판테온

→ 시멘트 + 골재 (모래, 자갈 등) + 물

(①)이 상온에서 일어남 → 작업하기 좋음

거푸집 크기·형태에 따라 다양한 구조물 생산 가능

(②) 종류·비율 조절해 콘크리트 강도·밀도 변화시킬 수 ○

→ (③) 강도↑, (④) 강도↓

but, 철재 - (⑤) 정도↓, 압축 강도·인장 강도↑
→ 철근을 콘크리트에 넣어 콘크리트의 단점 보완

→ 철근 콘크리트로 발전

견고한 구조 (강도, 지지력↑), 다양하고 자유로운 표현

(⑥)을 많이 받는 부분 위주로 철근 보강

포아송 비 : 철근 > 콘크리트

ex) 사보아 주택

→ 프리스트레스트 콘크리트로 발전

거푸집 + (⑦) 상태의 철근 + 콘크리트 반죽
→ 콘크리트가 굳은 뒤 당기는 힘 제거
→ 철근이 줄어들며 콘크리트에 (⑧) 작용
→ 외부(⑥)에 대한 저항성↑
ex) 킴벨 미술관

→ 건축 재료와 건축 미학의 유기적 관계 지속될 것

문제분석 01-06번

번호	정답	정답률(%)	선지별 선택비율(%)				
			①	②	③	④	⑤
1	①	88	88	3	3	2	4
2	⑤	78	4	3	6	9	78
3	④	77	8	6	6	77	3
4	④	35	10	18	23	35	14
5	④	77	5	10	5	77	3
6	②	90	4	90	2	2	2

01

정답설명

형태쌤의 과외시간

접근이 중요하다. '윗글에 대한 설명으로 가장 적절한 것'을 고르라는 문제는 지문의 중점적인 내용인 '화제'를 고르라는 것이다. 단순히 일치 문제 풀듯이 선지를 보면서 지워 나갈 생각을 하지 말고, 빠르게 화제에 해당하는 선지를 '찾으러' 가야 한다. 그래야 시험장에서 시간을 조금이라도 세이브할 수 있다.

① 지문에서는 건축 재료인 '콘크리트'의 특성과 발전(콘크리트 → 철근 콘크리트 → 프리스트레스트 콘크리트)을 서술하면서, 각 건축물들(판테온, 사보아 주택, 킴벨 미술관)의 공간적 특징을 설명하였다.

오답설명

② 각 건축 재료의 특성에 기초하여 건축물들의 특징을 밝히고 있는 것은 맞으나, 그것들에 대한 상반된 평가가 나타나지는 않고 있다.

③ 콘크리트가 고대 로마 시대에도 사용되었음을 밝히고는 있으나, 그 기원(사물이 처음으로 생김)을 검토하고 있지는 않다. 또한 다양한 건축물들의 미학적 특성을 밝히고 있는 것은 맞으나, 한계를 평가하고 있지는 않다.

④ 콘크리트의 시각적 특성을 설명하고 있지 않으며, 각 재료와 건축물들의 경제적 가치를 탐색하고 있는 부분도 찾을 수 없다.

⑤ 건축물들의 특징은 밝히고 있으나, 평가가 시대에 따라 달라진 원인을 밝히고 있지는 않다.

02

정답설명

⑤ 5문단의 '개방감을 주기 위하여 기둥 사이를 30m 이상 벌리고 내부의 전시 공간을 하나의 층으로 만들었다.'에서 킴벨 미술관이 층을 구분하지 않도록 구성되었다는 것을 알 수 있다. 하지만 4문단의 '2층 거실', '2층의 주거 공간' 등의 표현을 통해, 사보아 주택은 층이 구분되어 있음을 알 수 있다.

오답설명

① 1문단의 '돔의 상부로 갈수록 두께를 점점 줄여 지붕을 가볍게 할 수 있었다.'에서 확인할 수 있다.
② 4문단의 '지붕에는 정원이 조성되어, 여기서 산책하다 보면 대지를 바다 삼아 항해하는 기선의 갑판에 서 있는 듯하다.'에서 확인할 수 있다.
③ 5문단의 '철근 콘크리트의 인장 강도를 높이려는 연구가 계속되어 프리스트레스트 콘크리트가 등장하였다.'와 '킴벨 미술관은 개방감을 주기 위하여~구현할 수 있었고'에서 확인할 수 있다.
④ 1문단의 '지붕의 중앙에는 지름 9m가 넘는 원형의 천창을 내어 빛이 내부 공간을 채울 수 있도록 하였다.'와 4문단의 '목욕실 지붕에 설치된 작은 천창을 통해 하늘을 바라보면 이 주택이 자신을 중심으로 펼쳐진 또 다른 소우주임을 느낄 수 있다.'에서 확인할 수 있다.

03

정답설명

④ 5문단의 '거푸집에 철근을 넣고 철근을 당긴 상태에서 콘크리트 반죽을 붓는다. 콘크리트가 굳은 뒤에 당기는 힘을 제거하면, 철근이 줄어들면서 콘크리트에 압축력이 작용하여 외부의 인장력에 대한 저항성이 높아진 프리스트레스트 콘크리트가 만들어진다.'에서 확인할 수 있다.

오답설명

① 3문단에 따르면 철근 콘크리트는 인장력에 취약한 콘크리트의 단점을 보완하기 위해 보강재로 철근을 넣어 대부분의 인장력을 철근이 받도록 하는 것이다. 인장력을 많이 받는 부분 위주로 철근을 보강한다고 하였으므로, '철근 콘크리트'의 인장 강도가 '철재'보다 높다고 할 수는 없다.
② 3문단에서 압축력이 아닌, 인장력을 많이 받는 부분 위주로 철근을 보강한다고 하였다.
③ 5문단에 따르면 프리스트레스트 콘크리트는 철근이 줄어들면서 콘크리트에 압축력이 작용하여 높은 강도를 얻게 되는 것이며, 수화 반응 역시 일어난다. 프리스트레스트 콘크리트를 만들 때는 철근을 당긴 상태에서 콘크리트 반죽을 붓고 콘크리트를 굳게 하므로, 수화 반응이 일어날 것임을 알 수 있다.
⑤ 2문단의 '골재들 간의 접촉을 높여야 강도가 높아지기 때문에, 서로 다른 크기의 골재를 배합하는 것이 효과적이다.'에서 확인할 수 있다.

04

정답설명

형태쌤의 과외시간

비문학의 〈보기〉 문제에는 2가지 유형이 있다.

하나는 **지문을 통해 〈보기〉를 바라보는 유형**으로, 지문의 정보와 〈보기〉의 정보를 1:1로 대응시키는 것이 우선이다. 비문학 〈보기〉 문제의 대부분을 차지한다.

또 하나는 **〈보기〉를 통해 지문을 바라보는 유형**으로, 보통 〈보기〉의 정보를 통해 지문의 정보를 반박하거나 비판하는 유형으로 제시가 된다. 문학과 비슷한 유형이라고 보면 된다.

④ 이 문제는 첫 번째 유형의 변형이다. 변형? 일반적 길이의 지문이라면 '포아송 비'에 대한 설명이 지문에 전부 들어가 있고 〈보기〉엔 없어야 한다. 그래서 지문에서 제시한 개념을 토대로 〈보기〉의 사례에 적용을 해야 하는데, 이 지문의 경우 전체 지문 길이를 감안해서 '포아송 비'에 대한 개념 설명이 〈보기〉로 가 있는 것이다.

어찌 되었든 우리에게 필요한 것은 '포아송 비'의 개념이고, 철재와 콘크리트의 차이점이다. 그 정보가 지문에 있든 〈보기〉에 있든 정리한 후에 풀이로 들어가자.

형태쌤의 과외시간

자. 정리해 보자!!

포아송 비 : 지름 변화량의 절댓값 / 높이 변화량의 절댓값
인장력 : 철재 〉〉〉〉〉〉 (넘사벽) 〉〉〉〉〉〉 콘크리트
압축력 : 철재 〉 콘크리트

A(철재)의 포아송 비는 3/10이고, B(콘크리트)의 포아송 비는 1.5/10이다. 즉 A의 높이의 변화량이 1000이라면 지름의 변화량은 300이고, B의 높이의 변화량이 1000이라면 지름의 변화량은 150이다. 따라서 A의 지름의 변화량이 B의 지름의 변화량보다 높음을 알 수 있다.

혹시 3문단의 '압축력을 가했을 때 최대 줄어드는 길이는 인장력을 가했을 때 최대 늘어나는 길이보다 훨씬 길다.'에 주목해서 "압축력과 인장력이 작용할 때 '포아송 비'가 각각 다르지 않을까?"라고 생각했다면, 쓸데없는 변수를 생각한 것이다. 만약 그러했다면 '포아송 비'에 대한 설명에서 한 줄이라도 그런 언급이 있었을 것이다. 하지만 출제자는 〈보기〉에서 포아송 비는 변하지 않는다는 말만 했을 뿐이다. 단순하게 생각해라. 비문학에서 지문에 없는 예외 상황을 고려하면 오히려 사고가 꼬여 간단한 정답을 잡아내지 못한다. 깊이 사고하는 것뿐만 아니라, 정확하게 사고하는 것이 비문학에선 중요하다.

오답설명

① 철재는 인장력과 압축력에 의한 변형 정도가 콘크리트보다 작고, 압축 강도와 인장 강도 모두가 콘크리트보다 높다고 하였다. 따라서 동일한 압축력을 가했다면 B(콘크리트)의 높이가 더 줄어들 것임을 알 수 있다.

② A의 포아송 비는 3/10이고, 변형 정도에 상관없이 그 값이 변하지 않았다고 하였으므로, 지름의 변화량과 높이의 변화량의 비가 3:10임을 알 수 있다. 따라서 높이의 변화량의 절댓값이 지름의 변화량의 절댓값보다 컸을 것임을 알 수 있다.

③ B의 포아송 비는 1.5/10이고, 변형 정도에 상관없이 그 값이 변하지 않았다고 하였으므로, 지름의 변화량과 높이의 변화량의 비가 15:100임을 알 수 있다. 따라서 지름의 변화량의 절댓값이 높이의 변화량의 절댓값보다 작았을 것임을 알 수 있다.

⑤ A의 포아송 비는 3/10이고, B의 포아송 비는 1.5/10이다. 즉, A의 지름의 변화량이 30이라면 높이의 변화량은 100이고, B의 지름의 변화량이 30이라면 높이의 변화량은 200이다. 따라서 A의 높이의 변화량이 B의 높이의 변화량보다 적음을 알 수 있다.

05

정답설명

④ 〈보기〉에서 '철근 콘크리트 대신 철골을 사용하여 기둥을 만들면 더 가는 기둥으로도 간격을 더욱 벌려 세울 수 있어 훨씬 넓은 공간 구현이 가능하다.'라고 언급하고 있다.

오답설명

① 〈보기〉에서 철골 기둥은 산화되어 녹이 슨다는 단점이 있고, 따라서 내식성 페인트를 칠하거나 콘크리트를 덧입히는 등의 산화 방지 조치를 하여 철골 기둥을 사용한다고 하였다.

② 〈보기〉에서 철골은 규격화된 직선의 형태로 제작된다고 하였다.

③ 〈보기〉의 내용을 통해 베를린 신국립미술관에는 철골 기둥이, 5문단의 내용을 통해 킴벨 미술관에는 프리스트레스트 콘크리트 기둥이 사용되었음을 알 수 있다. 또한, 두 건축물 모두 개방감을 구현하였다는 공통점을 가진다.

⑤ 4문단에서 사보아 주택은 기둥만으로 건물 본체의 하중을 지탱하도록 설계되어 건물이 공중에 떠 있는 듯한 느낌을 준다고 언급하였다. 또한 〈보기〉에서 베를린 신국립미술관의 거대한 평면 지붕은 여덟 개의 십자형 철골 기둥만이 떠받치고 있고, 지붕과 지면 사이에는 가벼운 유리벽이 사면을 둘러싸고 있다고 하였다.

06

정답설명

② ㉡의 '원형(圓形)'은 '둥근 모양'을 뜻하나, ②에 쓰인 '원형(原型)'은 '같거나 비슷한 여러 개가 만들어져 나온 본바탕'을 뜻하므로 적절하지 않다.

오답설명

① ㉠과 ①에 쓰인 '산물(産物)'은 모두 '어떤 것에 의하여 생겨나는 사물이나 현상을 비유적으로 이르는 말'이라는 의미로 사용되었다.

③ ㉢과 ③에 쓰인 '점성(粘性)'은 모두 '차지고 끈끈한 성질'이라는 의미로 사용되었다.

④ ㉣과 ④에 쓰인 '위주(爲主)'는 모두 '으뜸으로 삼음.'이라는 의미로 사용되었다.

⑤ ㉤과 ⑤에 쓰인 '영감(靈感)'은 모두 '창조적인 일의 계기가 되는 기발한 착상이나 자극'이라는 의미로 사용되었다.

구조도 정답

① 수화 반응
② 골재
③ 압축
④ 인장
⑤ 변형
⑥ 인장력
⑦ 당긴
⑧ 압축력

나 없이

기출

풀지마라

Free note.

나 없이

기출

풀지마라